Anja Langmajer

Berufs-und Studienorientierung am Gymnasium –

eine empirische Untersuchung zum Berufswahlprozess bayerischer Gymnasiasten sowie Darstellung und Vergleich der Vorgaben sämtlicher Bundesländer Deutschlands anhand ausgewählter Aspekte

FAU Lehren und Lernen

Band 6

Herausgeber der Reihe:
Prof. Dr. Holger Arndt, Friedrich-Alexander-Universität Erlangen-Nürnberg (Didaktik Wirtschaft und Recht)

Anja Langmajer

Berufs- und Studienorientierung am Gymnasium –

eine empirische Untersuchung zum Berufswahlprozess bayerischer Gymnasiasten sowie Darstellung und Vergleich der Vorgaben sämtlicher Bundesländer Deutschlands anhand ausgewählter Aspekte

Erlangen
FAU University Press
2021

Bibliografische Information der Deutschen Nationalbibliothek:
Die Deutsche Nationalbibliothek verzeichnet diese Publikation in der Deutschen Nationalbibliografie; detaillierte bibliografische Daten sind im Internet über http://dnb.d-nb.de abrufbar.

Bitte zitieren als
Langmajer, Anja. 2021. *Berufs- und Studienorientierung am Gymnasium – eine empirische Untersuchung zum Berufswahlprozess bayerischer Gymnasiasten sowie Darstellung und Vergleich der Vorgaben sämtlicher Bundesländer Deutschlands anhand ausgewählter Aspekte.* FAU Lehren und Lernen Band 6. Erlangen: FAU University Press. DOI: 10.25593/978-3-96147-454-7.

Der vollständige Inhalt des Buchs ist als PDF über den OPUS-Server der Friedrich-Alexander-Universität Erlangen-Nürnberg abrufbar: https://opus4.kobv.de/opus4-fau/home

Verlag und Auslieferung:
FAU University Press, Universitätsstraße 4, 91054 Erlangen

Umschlagbild: shutterstock_1339454462

Druck: docupoint GmbH

ISBN: 978-3-96147-453-0 (Druckausgabe)
eISBN: 978-3-96147-454-7 (Online-Ausgabe)
ISSN: 2511-0632
DOI: 10.25593/978-3-96147-454-7

Berufs- und Studienorientierung am Gymnasium

–

eine empirische Untersuchung zum Berufswahlprozess bayerischer Gymnasiasten sowie Darstellung und Vergleich der Vorgaben sämtlicher Bundesländer Deutschlands anhand ausgewählter Aspekte

Der Philosophischen Fakultät und
dem Fachbereich Theologie
der Friedrich-Alexander-Universität
Erlangen-Nürnberg
zur
Erlangung des Doktorgrades Dr. phil.
vorgelegt von

Anja Langmajer
aus Fürth

Als Dissertation genehmigt von der Philosophischen Fakultät
und dem Fachbereich Theologie der
Friedrich-Alexander-Universität Erlangen-Nürnberg

Tag der mündlichen Prüfung: 26. März 2021

Vorsitzender des Promotionsorgans: Prof. Dr. Thomas Demmelhuber

Gutachter: Prof. Dr. Holger Arndt
Prof. Dr. Volker Frederking

Inhaltsverzeichnis

Abbildungsverzeichnis

Tabellenverzeichnis

Abkürzungsverzeichnis

BA:	Bundesagentur für Arbeit
BAföG:	Bundesausbildungsförderungsgesetz
BayEUG:	Bayerisches Gesetz über das Erziehungs- und Unterrichtswesen
BaySchO:	Bayerische Schulordnung
BIBB:	Bundesinstitut für Berufsbildung
BiZ:	Berufsinformationszentrum der Agenturen für Arbeit
BO:	Berufliche Orientierung
BOGY:	Prozess der Berufs- und Studienorientierung an den allgemein bildenden Gymnasien in Baden-Württemberg
BOSO:	Servicestelle Berufs- und Studienorientierung für Hamburg
BSO:	Berufs- und Studienorientierung (im Land Berlin)
BuS:	Berufs- und Studienorientierung
FF:	Forschungsfrage
G8:	Achtjähriges Gymnasium
G9:	Neunjähriges Gymnasium
GSO:	Gymnasialschulordnung
HJ:	(Schul-)Halbjahr
Hrsg:	Herausgeber
IfT:	Institut für Talententwicklung
ISB:	Staatsinstitut für Schulqualität und Bildungsforschung
JArbSchG:	Jugendarbeitsschutzgesetz
JS:	Jahrgangsstufe
KAoA:	Landesinitiative „Kein Abschluss ohne Anschluss“ des Landes Nordrhein-Westfalen

KBO:	Koordinator für Berufliche Orientierung
LBB:	Lebensbegleitende Berufsberatung
LPO:	Lehramtsprüfungsordnung
M:	Mittelwert
MSO:	Mittelschulordnung
MuG:	Musisches Gymnasium (Bayern)
n:	Anzahl Teilnehmer
NC:	Numerus Clausus
NRW:	Nordrhein-Westfalen
NTG:	Naturwissenschaftlich-technologisches Gymnasium (Bayern)
p:	Signifikanz
P-Seminar:	Projekt-Seminar zur Studien- und Berufsorientierung (Bayern)
r:	Korrelationskoeffizient nach Bravais-Pearson
r_s:	Korrelationskoeffizient nach Spearman (Spearman's Rho)
RSO:	Realschulordnung
SD:	Standardabweichung
Sek:	Sekundarstufe
SG:	Sprachliches Gymnasium (Bayern)
TBWP:	Thüringer Berufswahlpass
UStd:	Unterrichtsstunde
WAT:	Wirtschaft-Arbeit-Technik (Schulfach in Berlin, Brandenburg und Bremen)
WBS:	Wirtschaft/Berufs- und Studienorientierung (Schulfach in Baden-Württemberg)
WR:	Wirtschaft-Recht (Schulfach in Bayern)
W-Seminar:	Wissenschaftpropädeutisches Seminar (Bayern)

WSG-S: Wirtschafts- und Sozialwissenschaftliches Gymnasium mit sozialwissenschaftlichem Profil (G8 in Bayern)

WSG-W: Wirtschafts- und Sozialwissenschaftliches Gymnasium mit wirtschaftswissenschaftlichem Profil (G8 in Bayern)

α: Signifikanzniveau (in vorliegender Arbeit standardmäßig 0,05)

Genderhinweis

Um den Lesefluss nicht zu beeinträchtigen, wurde in der vorliegenden Arbeit bei den Personenbezeichnungen auf genderspezifische Unterscheidungen verzichtet und stattdessen lediglich die gebräuchlichere maskuline Form gewählt. In jedem Fall sind jedoch Personen aller Geschlechter gemeint.

Vorwort

Die vorliegende Dissertation richtet sich zum einen an Lehrkräfte, Schulleitungen, Schüler, Eltern und die Unternehmerseite als potenzielle Arbeitgeber für Berufswähler, Hochschulen als Ausbildungsinstitutionen sowie an alle thematisch Interessierte. Sie soll neben einer Situationsdarstellung und -analyse auch klare Handlungshinweise für die Praxis bieten und die Besonderheiten der Vorgaben sämtlicher Bundesländer Deutschlands darstellen und vergleichen.

In Kapitel 1 werden neben der thematischen Problemstellung wie der teilweise defizitären Berufsorientierung am bayerischen Gymnasium auch die Ziele der Arbeit beschrieben. Aufgrund der unterschiedlichen Verwendung bestimmter Begriffe der Domäne der Berufs- und Studienorientierung werden diese in Kapitel 2 erläutert und für deren Verwendungszwecke in der Dissertation definiert. Kapitel 3 dient der Offenlegung theoretischer Grundlagen der Thematik. Die Historie der Berufswahl und die Beschreibung früherer Denkweisen und Entwicklungen sollen ein tieferes Verständnis für die heutigen Gegebenheiten an der Schwelle von der Schule in die Arbeitswelt schaffen. Die Erfahrungen aus der Vergangenheit haben die heutige Situation maßgeblich mitgeformt; ebenso wie die klassischen Berufswahltheorien, welche ihren Ursprung teilweise im frühen 20. Jahrhundert finden und deren bedeutendsten Modelle dargestellt werden. Moderne Theorien, welche teilweise auf den klassischen Ansätzen basieren, runden die Darstellung ab und dienen ebenfalls dem besseren Verständnis des Themenbereichs. Da die Erhebungen für die vorliegende Längsschnittstudie ausschließlich den Untersuchungen an einem bayerischen Gymnasium entstammen, werden die Vorgaben des Freistaates in Kapitel 4 umfassend dargestellt. So soll ein Verständnis für die gesetzlichen und organisatorischen Rahmenbedingungen der beruflichen Orientierung der Studienteilnehmer geschaffen werden. Eine der Erkenntnisse der Arbeit ist die große Bedeutung schulexterner Partner für eine ganzheitliche, zielgerichtete Berufs- und Studienorientierung. Aus diesem Grund werden unter anderem Möglichkeiten zur Zusammenarbeit mit der Bundesagentur für Arbeit sowie das Berufswahl-SIEGEL des Netzwerks SCHULEWIRTSCHAFT vorgestellt und empirische Befunde zu deren Wirkungsweisen dargelegt. Auch die Bedeutung regionaler Betriebe für die Durchführung des am bayerischen Gymnasium nicht obligatorischen Schülerbetriebspraktikums wird genauer untersucht und Hinweise für die Praxis abgeleitet. Kapitel 5 beschreibt eingangs die Konzeption der unternommenen Längsschnittuntersuchung. Die Forschungsfragen beziehen sich dabei zunächst auf die Entwicklungen der Gymnasiasten von der neunten Jahrgangsstufe bis zur ersten Berufs- bzw. Studienwahl nach dem Abitur und der Einschätzung der Situation durch die Eltern der Jugendlichen, Praktikumsbetreuer und Lehrkräfte. Weiterhin werden einzelne Aspekte der in Kapitel 3 beschriebenen klassischen Berufswahltheorien überprüft. Im anschließenden empirischen Teil werden die Ergebnisse der Studie dargestellt, diskutiert und erneut Konsequenzen für die Arbeit in der Praxis abgeleitet. In Kapitel 6 wird die Berufs- und Studienorientierung im Zeichen des Föderalismus betrachtet. Jedes Bundesland besitzt eigene Vorgaben, wie bezüglich der Berufs- und Studienorientierung an den dortigen Gymnasien verfahren werden soll. Diese werden zunächst im Einzelnen dargestellt und schließlich verglichen. Ziel ist die Ableitung entsprechender Handlungshinweise für die Arbeit am bayerischen Gymnasium. Insgesamt sollen sämtliche Erkenntnisse der vorliegenden Arbeit auch bei der Ausarbeitung praktischer Vorgehensweisen helfen und so einen Beitrag zur erfolgreichen Berufs- und Studienorientierung am Gymnasium leisten.

Mein besonderer Dank gilt Herrn Prof. Dr. Arndt, der auch für mich als externe Doktorandin während des gesamten Arbeitsprozesses ansprechbar war und mir geduldig sämtliche Fragen zur wissenschaftlichen Arbeit beantwortet hat. Vielen Dank für die mir überlassene Freiheit bei der Themenfindung und das wohlwollende Gegenüberstehen bei der Entstehung meiner Dissertation.

Weiterhin bedanke ich mich bei...

... Herrn Prof. Dr. Frederking für die bereitwillige Übernahme des Zweitgutachtens sowie Frau Prof. Dr. Michalak für ihre Tätigkeit als Drittprüferin.

... der Schulleitung des Nürnberger Gymnasiums, an welchem die Befragung durchgeführt wurde, für die Genehmigung meiner außerschulischen Tätigkeiten als Wissenschaftlerin und die Erlaubnis zur Durchführung der Untersuchung an der Schule.

... den Schülern, die mir die Erhebungen durch ihre Bereitschaft zur Teilnahme an der Befragung erst ermöglicht haben. Alles Gute für Euch – im Privaten wie auch im (hoffentlich erfüllenden) Berufsleben.

... den Eltern, welche ihren Kindern die Teilnahme an der Studie erlaubt haben und mich durch das Ausfüllen eines Fragebogens auch an ihren Gedanken zur Berufs- und Studienorientierung am Gymnasium haben teilhaben lassen.

... den Praktikumsbetreuern meiner Schüler, welche mir durch ihre Teilnahme an der Befragung einen interessanten Blick auf die Sichtweisen der Unternehmensseite erlaubten.

... den Kollegen, welche jeweils ein Projekt-Seminar des befragten Jahrganges betreuten und mir durch ihre Antworten im Gespräch wie auch im Fragebogen aufzeigten, wie Berufs- und Studienorientierung abseits meiner eigenen Vorstellungen aussehen kann.

... allen Experten aus der gesamten Bundesrepublik, welche mir fernmündlich, per E-Mail oder auch persönlich mit der Bereitstellung von Unterlagen und Informationen eine große Hilfe waren. Vielen Dank für Ihre Unterstützung und die teilweise Erlaubnis, Sie in meiner Dissertation zitieren zu dürfen.

... den studentischen Hilfskräften, die mir bei der Digitalisierung der erhobenen Daten behilflich waren.

... den Kollegen der Methodenberatung des Zentralinstituts für Lehr-Lernforschung der Friedrich-Alexander-Universität Erlangen-Nürnberg für die Unterstützung bei der empirischen Arbeit.

... den Mitarbeitern des Instituts für empirische Sozialforschung für die wertvolle Orientierungshilfe zu Beginn der Untersuchung.

... meinen Freunden Katrin, Iris, Simone und Henning sowie meinem Vater für die Bereitschaft, meine Arbeit zu lesen, kritisch zu beurteilen und Optimierungsvorschläge zu machen. Ihr seid großartig!

... meiner Familie für die fortwährende Unterstützung und Motivation zur Verfolgung meines Vorhabens. Danke an meine Eltern und Patrick, für die viele Zeit, die ihr mir für die Arbeit an der Dissertation geschenkt habt. Danke Ben, dass Du so ein wundervolles Kind bist und Deiner Mama oft gezeigt hast, worauf es im Leben wirklich ankommt. Danke, Max, für Deine Geduld und Dein großartiges Wesen.

"Der Beruf ist das Rückgrat des Lebens
und seine Wahl die wichtigste Entscheidung,
die der Mensch treffen muss"[1].

Friedrich Nietzsche (1844 – 1900)

1 Einleitung

Oben genanntes Zitat zeigt die Bedeutung, welche der Berufswahl (nicht nur in philosophischem Sinne) zugemessen wird. Es kann bis heute als Leitspruch für Lehrpersonen dienen, die ihre Schüler auf dem Weg in die Arbeits- und Studienwelt begleiten und sie dabei unterstützen möchten, einen Beruf zu ergreifen, der sie idealerweise ein Leben lang zufriedenstellt. Im Abschlussjahr 2018 beendeten 28,2% der gleichaltrigen Wohnbevölkerung in Bayern ihre Schullaufbahn an einem Gymnasium mit der allgemeinen Hochschulreife – Tendenz steigend.[2] Dieser im Bundesländervergleich zwar eher niedrigen Abiturientenquote, aber absolut gesehen doch recht hohen Anzahl von 37.816 Absolventen an bayerischen Gymnasien, gilt es Rechnung zu tragen und die jungen Erwachsenen auf ihren beruflichen Lebensweg vorzubereiten.[3] Wachsende Anforderungen der modernen Berufswelt verändern auch die Anforderungen an die Berufsvorbereitung in den Schulen; Grund genug also den Status Quo zu untersuchen, Erfolge bzw. Defizite zu erkennen und somit Optimierungspotenziale aufzuzeigen.

Aufgrund der bestehenden Lehrplanvorgaben in Bayern (siehe Kapitel 4.2) scheinen besonders Fachlehrkräfte für Wirtschaft und Recht prädestiniert für die wichtigen Aufgaben der Berufs- und Studienorientierung. Tatsächlich wird an einigen bayerischen Gymnasien dieser Themenbereich schon seit vielen Jahren primär von den Wirtschaft-Recht-Lehrkräften abgedeckt. Auch das Kultusministerium reagierte auf den offensichtlichen Bedarf und verpflichtete ab dem Schuljahr 2017/18 alle

[1] Sowi-online e.V.: https://www.sowi-online.de/reader/berufsorientierung/beruf_historischen_kontext.html, zuletzt aufgerufen am 10. Mai 2020.
[2] Bayerisches Staatsministerium für Unterricht und Kultus (2019): S. 16.
[3] Bayerisches Staatsministerium für Unterricht und Kultus (2019): S. 15.
Sekretariat der Ständigen Konferenz der Kultusminister der Länder in der Bundesrepublik Deutschland (2020): S. 382.

bayerischen Gymnasien, eine Lehrkraft mit den Aufgaben des Beauftragten für berufliche Orientierung zu betrauen.[4] Die Erwartungshaltung verschiedener Mitglieder der Schulfamilie gab Anlass, über die allgemeine Situation der Berufsorientierung am Gymnasium nachzudenken und weckte das Interesse an einer wissenschaftlichen Analyse der Lage.

Bereits in den 1950er Jahren wurde in Deutschland bemängelt, dass die Jugend für den Einstieg ins Berufsleben zu gering qualifiziert gewesen wäre. Die Folge dessen war, dass eine Forderung nach besseren Berufsvorbereitungsmaßnahmen laut wurde – sowohl in den allgemeinbildenden Schulen als auch in den Ausbildungsbetrieben.[5] Bis heute haben die Gymnasiasten gegenüber den Absolventen der Mittel- oder Realschule zwei wichtige Vorteile. Zum einen haben sie durch den länger andauernden Schulbesuch mehr Zeit, sich über ihre berufliche Laufbahn zu informieren und sich einen geeigneten Beruf zu suchen. Zum anderen sind sie beim Eintritt in das Berufsleben in der Regel einige Jahre älter als Mittel- und Realschüler und haben somit bereits einen höheren Reifungs- und Entwicklungsstand erreicht, was für das erfolgreiche Abschließen einer betrieblichen Ausbildung entscheidend sein kann. Oberflächlich betrachtet scheint es aus Sicht der Autorin jedoch auch heute noch so, als ob die Gymnasien die genannten Vorteile teilweise nicht nutzen würden und es noch immer (möglicherweise berechtigte) Kritik über eine defizitäre Berufs- und Studienorientierung am Gymnasium gibt. Diese und andere Thesen gilt es zu überprüfen.

1.1 Themensuche

Schon nach wenigen Jahren im Lehrberuf wurde der Autorin der vorliegenden Arbeit bewusst, dass im Fach Wirtschaft und Recht kaum ein anderes Unterrichtsthema auf so viel Interesse seitens der Schüler trifft und gleichzeitig so viel Zuspruch durch die Elternschaft und Unternehmerseite erfährt, wie die Berufsorientierung in der neunten Jahrgangsstufe. Die Beteiligten, allen voran freilich die Jugendlichen und ihre Eltern, werden zu verschiedenen Zeiten nervös, wenn das Kind noch keinerlei Vorstellung bezüglich der eigenen beruflichen Zukunft hat. Viele scheinen dankbar, wenn die Schule das Thema aufgreift und die Gymnasiasten Gelegenheit bekommen oder zumindest ein wenig angeleitet

[4] Bayerisches Staatsministerium für Bildung und Kultus, Wissenschaft und Kunst (2017): S. 4f.

[5] Dedering (2002): S. 17f.

werden, sich damit zu beschäftigen. Auch in der Oberstufe findet das Konzept des Projekt-Seminars zur Studien- und Berufsorientierung (siehe Kapitel 4.2.2) reichlich Anklang. Die wohl am häufigsten genannten Gründe sind die Aussichten auf Gestaltungsmöglichkeiten der eigenen beruflichen Zukunft, die Lust daran, diese Zukunft in die Hand zu nehmen und die eindeutig zu erkennende Sinnhaftigkeit, sich mit diesem Themenkomplex auseinanderzusetzen. Die Jugendlichen sehen hier oft eine erste Möglichkeit im gymnasialen Alltag, sich mit ihrer Vorstellung ihres eigenen späteren Lebens auseinanderzusetzen. Umso erfreulicher ist es für Lehrer und andere berufsberatende Stellen, wenn der zu begleitende Berufswahlprozess für die Schüler erfolgreich abläuft und die Schüler zu einer befriedigenden Entscheidung kommen. Doch welche Entwicklungen können über die Zeit der gymnasialen Mittel- und Oberstufe festgestellt werden? Wie schätzen die Beteiligten die Situation zur Berufs- und Studienorientierung am Gymnasium ein? Wie bewältigen die anderen Bundesländer die Herausforderung der Berufs- und Studienorientierung am Gymnasium? Diese ersten Fragen kamen im Jahr 2014 auf, weitere Fragen folgten und sollten schließlich im Rahmen einer Dissertation beantwortet werden.

1.2 Problemstellung und Stand der Forschung

Viele bayerische Abiturienten fühlen sich trotz vorbereitender Maßnahmen seitens der Schule mit der Frage der Berufswahl überfordert.[6] Über die Gründe kann an dieser Stelle nur spekuliert werden: beispielsweise das große Angebot an Studiengängen bzw. Ausbildungsberufen, Unwissenheit über die Bedeutung der unterschiedlichen Hochschulabschlüsse oder die mangelnde Vorbereitung auf die Berufs- und Studienwelt während der gymnasialen Ausbildung können die Jugendlichen verunsichern. Auch Ausbildungsbetriebe beklagen, dass die Jugendlichen häufig völlig falsche Vorstellungen von Berufsbildern haben und dann erst während ihrer Ausbildung mit der Realität der Berufswelt konfrontiert werden.[7] Sich rasch wandelnde Berufsfelder, neue Studiengänge und überhaupt ein dynamischer Arbeitsmarkt sind nur drei Beispiele, welche

[6] SCHULEWIRTSCHAFT Bayern: https://www.sprungbrett-bayern.de/eltern/wiejugendlichefuerpraktikamotivieren/, zuletzt aufgerufen am 28. Juli 2020.

[7] Idowa (2016): https://www.idowa.de/inhalt.nuernberg-falsche-vorstellung-vom-beruf-viele-azubis-schmeissen-vorzeitig-hin.5de98e00-a9f6-40be-ab9e-3859b28a1376.html, zuletzt aufgerufen am 28. Juli 2020.

die Situation für alle Beteiligten zusätzlich erschweren. Gelöste Ausbildungsverträge bzw. Studienabbrüche sind häufig die Folge und führen zu Frustration bei den Arbeitgebern und den Auszubildenden.[8] Die Vorgaben in der für die Schüler wohl wichtigsten Phase der Berufsvorbereitung am Gymnasium, nämlich der Oberstufe, sind im bayerischen Lehrplan nur sehr vage angegeben (siehe hierzu Kapitel 4.2.2). Sämtliche Schüler der bayerischen Oberstufe müssen am achtjährigen Gymnasium an einem Projekt-Seminar zur Studien- und Berufsorientierung (P-Seminar) teilnehmen (siehe Kapitel 4.2.2). Im Rahmen eines Projektes ist hier auch die Durchführung der beruflichen Orientierung vorgeschrieben. Doch wie genau diese Berufs- und Studienorientierung abläuft ist zum größten Teil den Lehrkräften überlassen.[9] Diese wurden in der Regel nicht besonders auf die Aufgaben der Unterstützung bei der Berufswahl vorbereitet (siehe Kapitel 4.4). Es ist davon auszugehen, dass sie sich ihr Wissen über Berufsorientierung oft erst anlesen, ohne zum Beispiel jemals selbst eine Bewerbung geschrieben zu haben. In diesem Zusammenhang soll beispielsweise der Frage nachgegangen werden, welche Aufgaben die Schulen übernehmen sollten, da sie die Elternhäuser möglicherweise nicht leisten können. Welche Themen sind dabei besonders relevant? Sind die Lehrkräfte mit den Ergebnissen ihrer Bemühungen zufrieden? Sowohl Hochschulen als auch Unternehmen beklagen wiederholt Defizite im Bereich der Berufs- und Studienorientierung.[10] Die vorliegende Dissertation soll dabei helfen, Defizite zu identifizieren und gleichzeitig als Grundlage für Optimierungsmaßnahmen dienen.

Der Bildungsföderalismus in Deutschland bedingt auch, dass die Ausgestaltung der Lehrpläne und sonstiger schulischer Rahmenbedingungen Ländersache ist. Trotz einer grundlegenden Übereinstimmung hinsichtlich der Belange der Domäne der Berufs- und Studienorientierung können somit die Vorgaben innerhalb des Bundesgebietes stark differieren.[11] Dies kann zum einen bei einem Wohnortwechsel in ein anderes Bundesland sowohl für Schüler als auch Lehrkräfte problematisch sein. Zum anderen kann der Umstand der unterschiedlichen Schulgesetze und

[8] Bundesagentur für Arbeit, SCHULEWIRTSCHAFT Deutschland (2016): S. 4.
[9] ISB Staatsinstitut für Schulqualität und Bildungsforschung: http://www.gym8-lehrplan.bayern.de/contentserv/3.1.neu/g8.de/id_26174.html, zuletzt aufgerufen am 25. Juni 2019.
[10] Hoffmann, Henry-Huthmacher (2016): S. 5.
[11] Bundesagentur für Arbeit, SCHULEWIRTSCHAFT Deutschland (2016): S. 5.
Bundesministerium für Bildung und Forschung: https://www.bmbf.de/de/kooperation-von-bund-und-laendern-in-wissenschaft-und-bildung-77.html, zuletzt aufgerufen am 6. September 2020.

Vorgaben auch als Chance verstanden werden, wenn aus einem entsprechenden Vergleich positive Impulse und Konsequenzen für die Praxis gezogen werden können. Eben dies soll auch die vorliegende Arbeit leisten, da ein hinreichend aktueller, die gymnasialen Vorgaben aller 16 Bundesländer darstellender, vergleichender und speziell für die bayerischen Gymnasien Schlussfolgerungen ziehender Diskurs nach Kenntnis der Autorin bislang noch nicht existiert.

Bislang wurden in verschiedenen Studien Berufsorientierungs- bzw. Berufswahlprozesse untersucht. Oft wurden dabei Schüler der Abschlussklassen einmalig oder auch in einem Längsschnitt befragt, um zum Beispiel anschließend Rückschlüsse auf die schulische Unterstützung bei der Berufsorientierung durch die einzelnen Schularten ziehen zu können.[12] „Meist bleibt es aber bei der wenig überraschenden Feststellung, dass die Schulform (Hauptschule, Realschule, Gymnasium, Gesamtschule) die Berufswahl maßgeblich beeinflusst."[13] Weitere Untersuchungen konnten zeigen, dass die schulische Berufsorientierung (insbesondere im Hinblick auf einzelne Interaktionen) bei den Schülern nur wenig erreicht.[14] Im Rahmen einer Untersuchung des Instituts für Demoskopie Allensbach im Auftrag der Vodafone Stiftung mit dem Untertitel „Herausforderungen bei der Berufsorientierung von Schülern in Deutschland"[15] wurden 528 Schülern verschiedener Schularten und 483 Eltern in mündlich-persönlichen Interviews befragt. Die Autoren fassen die wichtigsten Ergebnisse folgendermaßen zusammen (Auswahl): „Unsicherheit und Sorgen dominieren bei vielen Schülern"[16], es bestehen

---

[12] Knauf (2009): S. 230.
Lange (1978): S. 138ff.
Fobe, Minx (1996): S. 27.
Raab (1996)
Popp (1992): S. 56ff.
Lemmermöhle, Nägele (1999): S. 27ff.
Kracke (2006): S. 539ff.
[13] Knauf (2009): S. 230.
[14] Ebenda.
Dimbath (2007): S. 179.
[15] Institut für Demoskopie Allensbach (2014): S. 1.
[16] Institut für Demoskopie Allensbach (2014): S. 4.

„[g]ravierende Informationsdefizite in der Ausbildungs- und Berufsorientierung“[17], „Schüler suchen authentische und praxisnahe Informationen; im Internet und beim Arbeitsamt[18] werden sie nur selten fündig“[19], „Eltern spielen eine zentrale Rolle bei der Ausbildungs- und Berufsorientierung“[20] und von „den Schülern, die sich mehr Unterstützung bei der Ausbildungs- und Berufswahl wünschen, fordern 81% diese Hilfe von der Schule und ihren Lehrern.“[21] Wissenschaftliche Arbeiten, welche den Status Quo und die Entwicklungen der Gymnasiasten bereits ab der neunten Jahrgangsstufe betrachten, verschiedene Interessensgruppen (Schüler, Eltern, Praktikumsbetreuer, Lehrkräfte) miteinbeziehen und dabei konkret die bayerischen Gymnasien zum Fokus machen, sind nicht bekannt. Im Gegensatz dazu existieren reichlich Forschungsarbeiten zur Überprüfung der klassischen Berufswahltheorien. Doch auch hier gibt es kein Äquivalent zur vorliegenden Dissertation: Viele Arbeiten stammen aus dem nordamerikanischen Raum.[22] Die dortigen Schularten bzw. Schulsysteme lassen sich jedoch nur in Teilen mit den Gegebenheiten in Deutschland vergleichen. Bei den deutschsprachigen Untersuchungen wird wiederum nur selten die Berufs- und Studienorientierung am Gymnasium fokussiert oder eine regionale Begrenzung auf das Land Bayern vorgenommen.[23] Die genaue Kombination an praktischen sowie theoretischen Fragestellungen wie in der vorliegenden Dissertation wurde für eine Untersuchung an einem bayerischen Gymnasium noch nicht unternommen, die Erhebungsinstrumente (Fragebögen) für diese Studie wurden daher von der Autorin eigens erstellt. Eine ganze Reihe weiterer einschlägiger Beispiele für die verschiedenen Forschungsthemen findet sich in Kapitel 3. Internationale bzw. nationale Vergleiche curricularer Vorgaben können sich ebenfalls aufgrund unter-

[17] Institut für Demoskopie Allensbach (2014): S. 4.
[18] Anmerkung: Hier ist vermutlich die heutige Bundesagentur für Arbeit gemeint.
[19] Institut für Demoskopie Allensbach (2014): S. 4.
[20] Institut für Demoskopie Allensbach (2014): S. 5.
[21] Ebenda.
[22] Astin (1965): S. 33f.
Noeth, Engen und Noeth (1984)
[23] Pfitzner, Lange, Pitsoulis (2018)
Lemmermöhle, Nägele (1999)
Raab (1996)
Kracke (2006)
Lange (1978)
Löffler (2010)

schiedlicher Schulsysteme oft nur auf einen Teil der Vorgaben beziehen.[24] Um den Rahmen der Arbeit nicht zu sprengen, konzentriert sich auch der beinhaltete Bundesländervergleich auf den Vergleich obligatorischer Lehrplan-Vorgaben in den Sekundarstufen I und II, insbesondere zum Schülerbetriebspraktikum, sowie die Verankerung in der Lehrerausbildung. Herausstechend ist dabei die Berücksichtigung aller 16 Bundesländer Deutschlands.

1.3 Aufbau und Zielsetzung

Zum Adressatenkreis der vorliegenden Arbeit zählen neben sämtlichen gymnasialen Schulfamilienmitgliedern wie Schülern, Lehrkräften, Schulleitungen und Eltern auch die Unternehmerseite als potenzielle Arbeitgeber für Berufswähler, Hochschulen als Ausbildungsinstitutionen sowie die Gesamtheit aller thematisch Interessierten. Die Situationsanalyse soll im Wesentlichen auf zwei Säulen aufbauen.

Die erste Säule stellt dabei eine Längsschnittstudie zur Berufs- und Studienorientierung am bayerischen Gymnasium dar. Dabei sollte die Entwicklung der Berufswähler hinsichtlich ihrer Ansichten und Orientierungen von der neunten bis in die zwölfte Klasse ebenso untersucht werden, wie die Einschätzungen anderer Beteiligter (Eltern, Praktikumsbetreuer, Lehrkräfte). Zentrale Komponenten klassischer Berufswahltheorien sollten überprüft werden. Aus der alltäglichen Praxis an Gymnasien heraus wurde im Vorfeld vermutet, dass nur wenige (Vor-) Abschlussklassenschüler sich bereits völlig im Klaren sind, welchen beruflichen Weg sie einschlagen möchten. Es wurde angenommen, sie seien oft sogar unschlüssig, ob nach dem Abitur eine Ausbildung, ein Studium oder ein beide Varianten kombinierendes duales Studium angestrebt werden soll. Die Berufs-und Studienorientierung am Gymnasium im Rahmen des Projekt-Seminars soll hier Abhilfe schaffen. In der Untersuchung soll unter anderem dieser Problematik nachgegangen und analysiert werden, wie sich die Beziehung der Schüler zur Berufsorientierung über die Zeit von der Mittel- bis in die Oberstufe verändert. Die Bewerbungsfristen für Studiengänge und Ausbildungen enden für die jeweiligen Abiturjahrgänge oft bereits, während sich die Gymnasiasten noch in der zwölften Jahrgangsstufe befinden – eine Zeit, in der die meisten mit den schulischen Verpflichtungen bereits völlig ausgelastet sind und wenig

[24] Berger (2016): S. 86.

Raum ist für Überlegungen, die das berufliche Leben nach dem Schulabschluss betreffen. Dabei ist doch gerade eine erfolgreiche Bewältigung der Anforderungen der modernen Berufswelt das Hauptziel vieler Jugendlicher und überhaupt einer der wichtigsten Motivationsgründe für das Erlangen der Hochschulreife. Im Gegensatz zu anderen Untersuchungen wie beispielsweise von Schmidt-Koddenberg und Zorn (2012) wird in der vorliegenden Forschungsarbeit bereits in der Sekundarstufe I, also in der neunten Jahrgangsstufe angesetzt und so eine längerfristige Beobachtung gewährleistet. Dadurch konnten bereits die möglichen Entwicklungen nach dem ersten Kontakt der Schüler mit der Berufsorientierung erfasst werden. Quantitative und qualitative Forschungsmethoden wurden kombiniert, die Darstellung erfolgt unter Anwendung sowohl deskriptiver als auch schließender Statistik.

Die zweite Säule stellt ein Vergleich der laut Lehrplänen vorgegebenen Inhalte und zu praktizierenden Methoden der Berufsorientierung in den verschiedenen Bundesländern Deutschlands dar. Die Vorbereitung der Jugendlichen auf den Berufsfindungsprozess ist ein Teil der schulartspezifischen Lehrpläne in Bayern.[25] Auch in anderen Bundesländern findet Berufsorientierung an den verschiedenen Schularten statt, in Hamburg beispielsweise schon ab der Grundschule.[26] In der Sekundarstufe I bzw. II richten sich die Vorgaben der Länder für die Berufsorientierung freilich nach dem angestrebten Schulabschluss der Jugendlichen, da dieser die Auswahl an potenziellen Lehrberufen maßgeblich beeinflusst. Während es verschiedene Studien zum Verhältnis schulischer Programme und der Entwicklung von Berufsorientierung gibt, wird laut Knauf (2009) eher selten untersucht, welche Angebote die einzelnen Schulen bieten können.[27] In diesem Zusammenhang soll in der vorliegenden Arbeit analysiert werden, wie die Länder ihre Abiturienten auf die Berufs- und Studienwahl vorbereiten. Markante Unterschiede der Länder bezüglich der Vorgaben zum allgemeinbekannten Angebot an Maßnahmen (insbesondere dem Schülerbetriebspraktikum), der Einflechtung der beruflichen Orientierung in die Lehrpläne sowie der Lehreraus-

[25] ISB Staatsinstitut für Schulqualität und Bildungsforschung: http://www.isb-gym8-lehrplan.de/contentserv/3.1.neu/g8.de/index.php?StoryID=26440, zuletzt aufgerufen am 25. Juni 2019.

[26] Freie und Hansestadt Hamburg - Behörde für Schule und Berufsbildung: http://www.hamburg.de/contentblob/2481804/data/aufgabegebiete-gs.pdf, zuletzt aufgerufen am 10. Mai 2020.

[27] Knauf (2009): S. 230.

und -fortbildung sollen schwerpunktmäßig aufgezeigt werden. Die hierfür benötigten Informationen werden unter anderem durch Analyse der jeweiligen Lehrpläne der Kultusministerien gewonnen. So können verschiedene Stärken und Schwächen der Bildungspläne aufgedeckt und verglichen werden. Im Anschluss sollen mögliche Konsequenzen für die Praxis am bayerischen Gymnasium abgeleitet werden. So soll abermals ein Beitrag zur Optimierung schulischer Maßnahmen der Berufs- und Studienorientierung geleistet werden.

2 Begriffsklärungen

Die seit einigen Jahren andauernde Umbruchsituation der Arbeitswelt fordert angesichts der sich ständig verändernden Anforderungsprofile neue Konzepte und Strategien zur Erreichung der neuen Zielvorgaben. Oft werden diese Veränderungen durch die traditionellen Begriffe nicht ausreichend abgebildet.[28] Zusätzlich ist die Domäne der Berufs- und Studienorientierung ein sehr weites Themenfeld und viele Ausdrücke werden von verschiedenen Autoren unterschiedlich verwendet. Um die Inhalte der Kernelemente der vorliegenden Arbeit deutlich zu machen, werden zunächst einige Begriffe definiert.

2.1 Beruf(swahl)

Laut dem Deutschen Universalwörterbuch Duden handelt es sich bei einem Beruf um eine „(erlernte) Arbeit, Tätigkeit, mit der jmd. sein Geld verdient; Erwerbstätigkeit“[29]. Zusätzlich wird je nach wissenschaftlicher Ausrichtung der Berufsbegriff unterschiedlich definiert. Für Juristen ist ein Beruf im Sinne des Art 12 des Grundgesetzes „jede auf Dauer angelegte, der Schaffung und Erhaltung einer Lebensgrundlage dienende (...) Tätigkeit, die nicht schlechthin gemeinschädlich (...) ist.“[30] Für den Soziologen Max Weber (1972) war ein Beruf „jene Spezifizierung, Spezialisierung und Kombination von Leistungen einer Person..., welche für sie Grundlage einer kontinuierlichen Versorgungs- und Erwerbschance ist“[31]. Ein Beruf sichert den Menschen meist die materielle Existenz und dient der persönlichen Entfaltung.[32] Er markiert den ökonomischen und sozialen Status eines Individuums in der Gesellschaft. Zu betonen ist die Unterscheidung zwischen Arbeit und Beruf. Der Begriff der Arbeit

[28] Ratschinski (2008): S. 73.

[29] Bibliographisches Institut GmbH: https://www.duden.de/rechtschreibung/Beruf, zuletzt aufgerufen am 22. Juli 2020.

[30] Universität Trier: https://www.uni-trier.de/fileadmin/fb5/prof/OEF005/Andrea_Grundrechte/Fall_6/D1_Fall_6_Schutzbereich__Art._12_.docx.pdf, zuletzt aufgerufen am 22. Juli 2020

[31] Weber (1972): S. 80, zitiert nach Maiwald (2004): S. 27.

[32] Deichsel (1992): S. 58.

beschreibt eher die Ausübung eines Berufes. Dies beinhaltet sowohl bezahlte Erwerbsarbeit, als auch unbezahlte Familienarbeit, beispielsweise die Arbeiten einer Hausfrau.[33]

Im Allgemeinen wurde der Begriff der Berufswahl häufig genutzt, um die Phase des Übergangs eines Jugendlichen von der Schule in die Ausbildung zu beschreiben. Heutzutage wird für diese Situation eher der Begriff der Berufsentscheidung verwendet, während man unter der Berufswahl insbesondere aus entwicklungspsychologischer Sicht einen lebenslangen Prozess versteht (siehe hierzu auch die entwicklungspsychologischen Berufswahltheorien in Kapitel 3.2.2). Die Menschen sehen sich demnach immer wieder den verschiedenen Anforderungen der Berufswahl gegenüber gestellt.[34] „Berufswähler müssen sich in Bezug auf allgemeine Anforderungen und Rahmenbedingungen in der Arbeits- und Berufswelt orientieren, die eigenen Fähigkeiten, Interessen und Kenntnisse explorieren, Berufsentscheidungen treffen und verantworten und verschiedene Lebenswelten im beruflichen, familiären und sozialen Umfeld mit ihren unterschiedlichen Wertemustern, Regeln und Anforderungen integrieren."[35] Bußhoff (1992) definiert die Berufswahl „als

- eine in eine lebenslange berufliche Entwicklung eingebundene (...) und
- unter bestimmten gesellschaftlichen Bedingungen und Einflüssen stehende sowie
- in der Regel wiederholt sich einstellende
- interaktive Lern- und Entscheidungsphase (...),
- deren jeweiliges Ergebnis dazu beiträgt, daß Menschen unterschiedliche berufliche Tätigkeiten ausüben."[36]

In der vorliegenden Arbeit werden die Begriffe Berufswahl und Berufs(wahl)entscheidung synonym verwendet, da es thematisch ausschließlich um die Situation am Übergang von der Schule in die Ausbildung gehen soll. Der Zeitpunkt der Berufswahl ist nach diesem Verständnis für die Schüler nicht frei wählbar, sondern ergibt sich durch das Ende der Schulzeit – begründet mit dem Bedürfnis, durch die aufzunehmende Arbeit ein vollwertiges Mitglied der Gesellschaft zu sein.[37] Der

[33] Driesel-Lange (2011): S. 52.
[34] Driesel-Lange (2011): S. 53.
[35] Ebenda.
[36] Bußhoff (1992): S. 88.
[37] Schober (1997): S. 104.

Begriff Berufswahlprozess wird hingegen genutzt, um die gesamte Dauer des Zeitraums zu beschreiben, in welchem die Schüler auf die Entwicklung ihrer Berufswahlkompetenz hinarbeiten. Außerdem ist in den Quellen meist der Begriff der Berufswahl gebräuchlicher. Ist ausdrücklich die Beschreibung des lebenslangen Prozesses gemeint, so ist dies im Text vermerkt.

2.2 Berufswahlreife vs. Berufswahlkompetenz

Als Ziel der Berufsorientierung wird häufig die Berufswahlreife genannt, auch verstanden als allgemeines Bildungsziel. Heutzutage ist der Begriff der Berufswahlkompetenz jedoch vorherrschend. Zum einen, weil „Reife" als zu biologisch behaftet und nicht zeitgemäß angesehen wird; zum anderen, weil die Pädagogik heute stark auf die Ausbildung von Kompetenzen fokussiert ist, was auch in den Vorgaben der Kultusministerkonferenz (2019) der Bundesländer deutlich ersichtlich ist.[38] Dibbern (1983a) versteht die Berufswahlkompetenz als „(...) Fähigkeit des Schulabgängers, eine weitgehend rational begründete (...) und möglichst selbständige Entscheidung für eine schulische oder betriebliche Ausbildung in einem bestimmten Berufsfeld zu treffen und in Handlung umzusetzen (...)"[39]. Dedering (2006) fasst sich deutlich kürzer. Er meint mit Berufswahlkompetenz „die Fähigkeit des Berufswählers (...), sich begründet für einen Erstberuf zu entscheiden."[40] Diese Definition wurde für die vorliegende Arbeit übernommen.

2.3 Berufliche Orientierung, Berufs- und Studienorientierung

In der Literatur wird die Berufsorientierung oft als lebenslanger Prozess verstanden, welcher damit zeitlich weit über die erste Berufswahl hinausgeht.[41] Doch der Begriff der Berufsorientierung wird ebenfalls als der

[38] Ratschinski (2008): S. 73ff.
Hartkopf (2013): S. 45f.
[39] Dibbern (1983a): S. 324.
[40] Dedering (2006): S. 217.
[41] Butz (2008): S. 50.
Super (1994)
Bußhoff (1992): S. 80.
Tiedeman, O'Hara (1963), zitiert nach Moll (2015): S. 63.

Teil der Berufswahlvorbereitung verstanden, welcher im Rahmen des Unterrichts stattfindet.[42] Für die vorliegende Arbeit gilt letztere sehr allgemein gefasste Definition ebenfalls, wobei der Unterricht nicht zwangsweise in der Schule stattfinden muss. Stattdessen wird eine enge Zusammenarbeit mit der Berufsberatung, beispielsweise der Bundesagentur für Arbeit, sowie anderen Kooperationspartnern als sehr sinnvoll angesehen (siehe Kapitel 4.5). Auch im Rahmen der individuellen Berufsberatung kann Berufsorientierung durchaus stattfinden. Solche Einzelgespräche können zwar im Rahmen des Unterrichts vorbereitet und auch von der Schule organisiert werden; bei der Beratung selbst ist in der Regel jedoch kein Vertreter der Schule mit anwesend. Mit dem bestandenen Abitur haben die Jugendlichen den in Deutschland höchstmöglichen Schulabschluss erreicht. Somit stehen ihnen die Türen auch für eine akademische Laufbahn offen. Der Begriff der Studienorientierung kann ähnlich wie die Berufsorientierung verstanden werden, wobei hier der Fokus auf einer Laufbahn an einer Hochschule liegt. Hierbei werden verschiedene Studiengänge und Möglichkeiten der Studienabschlüsse in Betracht gezogen. Die Förderung der Studierfähigkeit ist ebenfalls ein wichtiges Ziel der Maßnahmen der Studienorientierung.

Ein vom Staatsinstitut für Schulqualität und Bildungsforschung München (ISB) organisierter Arbeitskreis hat für die bayerischen Gymnasien die Berufs- und Studienorientierung folgendermaßen definiert: „Berufsorientierung ist der Abgleich zwischen Anforderungen und Möglichkeiten der Berufswelt einerseits und persönlichen Voraussetzungen und Interessen andererseits. Am bayerischen Gymnasium setzt die Studien- und Berufsorientierung als fächerübergreifende Aufgabe bereits in der Mittelstufe (vornehmlich (...) [Jahrgangsstufe] 9) ein. Diese zielt darauf ab, bei den Schülerinnen und Schülern einen Prozess der individuellen beruflichen Orientierung in Gang zu setzen, der über die Angebote der Berufsorientierung im P-Seminar der Oberstufe fortgeführt wird und bis zum Erwerb der Allgemeinen Hochschulreife seinen Abschluss findet. Zusätzlich erwerben die Schülerinnen und Schüler Voraussetzungen für eine berufliche Ausbildung außerhalb der Universität bzw. Hochschule. Sofern sich bereits während der Schullaufbahn ein Übertritt ins Berufsleben abzeichnet, findet eine individuelle Beratung statt. In der Oberstufe liegt der Fokus neben (Ausbildungs-)Berufen, deren Qualifikationsgang ein Abitur erfordert, entsprechend des Bildungsauftrags des

[42] Beinke (2006): S. 28.

Gymnasiums vor allem auf der Studienorientierung."[43] Mit dieser Definition wird das ISB Bayern verschiedenen wissenschaftlichen Berufswahltheorien teilweise gerecht, etwa dem Modell der Persönlichkeitstypen nach Holland (1973, siehe Kapitel 3.2.3.1). Er postulierte ebenfalls den Abgleich bestimmter Persönlichkeitsmerkmale mit einem Beruf mit entsprechenden Anforderungen. Gleichzeitig widerspricht die Definition und deren praktische Umsetzung der Idee, dass es sich bei der Berufswahl um einen lebenslangen Prozess handelt, der für einige Wissenschaftler bereits in der frühen Kindheit einsetzt, etwa laut dem Entwicklungsstufenmodell nach Super (1994, siehe Kapitel 3.2.2.1) und eben nicht erst in der neunten Jahrgangsstufe. Auch später ist demnach allein aufgrund der sich ständig wandelnden Arbeitswelt ein neues Abwägen und Austarieren notwendig.[44] Entsprechend der Veröffentlichung „Empfehlung zur Beruflichen Orientierung an Schulen" der Kultusministerkonferenz (2017) sollen unter dem Begriff der beruflichen Orientierung in den Ländern alle Synonyme der Berufs- und Studienorientierung gefasst werden. Auch in der vorliegenden Arbeit werden die Begriffe „Berufsorientierung" und „berufliche Orientierung" synonym verwendet. Zur Schreibweise sei gesagt, dass der Ausdruck der beruflichen Orientierung in manchen Quellen als Eigenname verstanden und daher als „Berufliche" Orientierung festgehalten wird. In der vorliegenden Arbeit wurde diese Schreibweise in Fällen direkter Zitate oder als Eigenname im Zusammenhang mit der Funktion der Koordination zur Beruflichen Orientierung übernommen; ansonsten wurde jedoch die allgemeinere Form der beruflichen Orientierung verwendet. Die Studienorientierung ist als eine spezielle Ausprägung der beruflichen Orientierung anzusehen. Sie beschreibt dabei eine spezifische inhaltliche Ausrichtung des Orientierungsprozesses auf die Aufnahme eines Studiums an einer Hochschule.[45]

---

[43] ISB Staatsinstitut für Schulqualität und Bildungsforschung (unveröffentlicht): Anlage 1 zur Niederschrift über die 1. Sitzung des Arbeitskreises „Studien- und Berufsorientierung am Gymnasium".

[44] Butz (2008): S. 50.

[45] Kultusministerkonferenz (2017): S. 2.

2.4 Berufsberatung

Berufsberatung im Sinne der vorliegenden Arbeit zielt darauf ab, Menschen jeden Alters bei der Berufs- und Studienwahl ihren Stärken, Fähigkeiten und Interessen entsprechend zu unterstützen.[46] Bis 1998 war das Arbeitsamt (die heutige Bundesagentur für Arbeit) die einzige Institution, welche berechtigt war, Berufsberatung anzubieten. Dieses Monopol wurde abgeschafft und mittlerweile gibt es ein breites Beratungsangebot auch ehrenamtlicher oder kommerzieller Institutionen.[47] Die Autorin hat jedoch keine praktischen Erfahrungen mit derartigen alternativen Angeboten, da die Empfehlung gebührenpflichtiger Beratungsstellung ohne gesicherte Einsichten in die Praxis der Einrichtungen keinesfalls an Schüler gegeben werden kann. Aus diesem Grund sind in der Dissertation mit dem Begriff der „Berufsberatung" im Zusammenhang mit dem bayerischen Gymnasium auch stets die Angebote der Bundesagentur für Arbeit gemeint. Diese können sowohl im Rahmen des Unterrichts, als auch in Form von Einzel- oder Gruppengesprächen in der Schule mit einem Berufsberater der Bundesagentur oder außerschulisch in den Räumlichkeiten der Bundesagentur (zum Beispiel auch im Berufsinformationszentrum BiZ) stattfinden. Auch die Zurverfügungstellung von Materialien wie Print- und Online-Medien durch die Bundesagentur fällt im Sinne der vorliegenden Arbeit unter den Begriff der Berufsberatung. Ist ganz generell von der Berufsberatung die Rede, also ohne speziellen Bezug zur Arbeit am bayerischen Gymnasium, sind hingegen alle Angebotsformen sämtlicher Anbieter der Berufsberatung gemeint. Dies gilt auch und insbesondere für die Verwendung des Begriffs im Zusammenhang mit den aufgezeigten Berufswahltheorien.

---

[46] Bundesagentur für Arbeit (2019): S. 5.

[47] Plant, Watts (2002): S. 2680.

3 Theoretische Grundlagen

Die Beschreibung der historischen Entwicklung der schulischen Berufsorientierung und früherer Denkweisen zur Berufswahl sollen ein tieferes Verständnis für die heutigen Gegebenheiten beim Übertritt von der Schule in die Arbeitswelt schaffen. Die Geschichte hat die heutige Situation maßgeblich geprägt; ebenso wie die Berufswahltheorien, welche ihren Ursprung zum Teil im frühen 20. Jahrhundert finden. Die bis heute bedeutendsten klassischen Modelle werden im Folgenden dargestellt. Die Darstellung neuerer Theorien, welche teilweise auf Basis der klassischen Ansätze entwickelt wurden, dient ebenfalls dem besseren Verständnis des Themenbereichs.

3.1 Historie der Berufswahl

Bereits im 13. Jahrhundert, zu Beginn des Spätmittelalters, war die Berufswahl für junge Menschen keineswegs einfach. Schon damals erschwerte eine große Auswahl an Berufen die Bemühungen, in die Arbeitswelt einzutreten – wenngleich die Auswahl von damals im Vergleich zum Angebot, mit welchem sich die Jugend heute konfrontiert sieht, sehr übersichtlich wirkt. Im Jahr 1268 wurde in Frankreich eine Liste mit 101 geordneten (das heißt gegliedert in Lehrlings-, Gesellen- und Meisterstatus) Ausbildungsberufen geführt. Die Anzahl stieg über die Jahrhunderte deutlich, wenn auch regional unterschiedlich. So waren im Jahr 1698 bereits 200 Berufe gelistet, bis 1841 stieg die Anzahl beispielsweise in England auf 431. Schon zu damaliger Zeit waren nicht alle angebotenen Berufe gleich beliebt. Die Berufswähler mussten sich für einen Beruf entscheiden, wobei die Auswahl durch den Stand bzw. Beruf der Eltern bereits stark vorstrukturiert war. Spätere Berufswechsel waren nahezu unmöglich. Erst im 18. Jahrhundert wandte man sich von der ständischen Ordnung und der Ansicht, die Berufswahl sei abhängig von göttlicher Fügung, ab. Stattdessen geriet die Bedeutung der natürlichen Begabung verstärkt in den Vordergrund. Gleichzeitig traute man den Eltern und Jugendlichen nicht mehr zu, den passenden Beruf sicher wählen zu können. Nur das Auge eines erfahrenen Meisters könne diese Berufseignung erkennen. Mit Einführung der Berufswahlfreiheit wurden Forderungen laut, der Lehrling solle zudem den Anforderungen des

Berufes gewachsen sein und der Beruf solle seinen Neigungen und Wünschen entsprechen.[48] Außerdem konkurrierten diese Forderungen mit der damals noch verbreiteten Vorstellung der Berufevererbung, wonach Söhne prinzipiell die Berufe ihrer Väter erlernen sollten. Doch wie sollte überhaupt festgestellt werden, wozu der Berufsanfänger von der Natur vorgesehen ist? Der Berliner Enzyklopädist Johann Georg Krünitz stellte 1773 einen Katalog auf, nach welchen Kriterien der spätere Beruf ausgewählt werden sollte:

„1. sollte der Beruf gewählt werden, zu dem der Jugendliche die meisten Fähigkeiten und die größte Lust verspürt,
2. sollte er den Beruf suchen, der in der Gesellschaft bestehen könnte,
3. sollte die Vorbereitung früh erfolgen,
4. sollte der Beruf nicht über dem Stand der Eltern liegen,
5. sollte er nicht unter dem Stand der Familie liegen und sollte – wenn mehrere Gelegenheiten zur Wahl stünden – derjenige gewählt werden, der der Gesellschaft den größten Nutzen brächte."[49]

Im 18. Jahrhundert wurde in Deutschland eine Reihe von Schulen nach dem Vorbild der Hecker'schen Realschule in Berlin gegründet. Sie resultierten aus einem Vorschlag von Johann Julius Hecker zur „Anlegung einer mechanischen Real-Classe bey einer Schule"[50]. Dort wurden die Schüler angeleitet, verschiedene Handwerksberufe kennenzulernen und so einen Eindruck vom Tätigkeitsprofil zu erlangen. Ferner waren Unternehmensbesichtigungen und sachbezogener Unterricht vorgesehen. So sollten die Jugendlichen eine bewusste Berufsentscheidung treffen können und Fehlentscheidungen vermieden werden. Heckers Mitarbeiter Johann Friedrich Hähn begründete 1759 die Notwendigkeit einer solchen Realschule unter anderem mit der unzureichenden Fähigkeit oder fehlendem Willen der Eltern, die Berufswahl ihrer Kinder pädagogisch zu begleiten.[51] Dennoch blieb man der Ansicht, dass sich erst bei der alltäglichen praktischen Arbeit herausstellen könne, ob die getroffene Entscheidung für einen Beruf richtig gewesen sei. Somit blieb häufig der Lehrherr weiterhin die letzte Entscheidungsinstanz für diese Frage.[52]

---

[48] Beinke (2006): S. 17ff.
[49] wiedergegeben von Stratmann (1967): S. 226, hier zitiert nach Beinke (2006): S. 19.
[50] Stratmann (1967): S. 216.
[51] Beinke (2006): S. 20f.
Hentrich (2011): S. 18.
Stratmann (1967): S. 216.
[52] Stratmann (1967): S. 221.

In Artikel 6 des Reichsgesetzes vom 27. Dezember 1848 heißt es: „Es steht einem jeden frei, seinen Beruf zu wählen und sich für denselben auszubilden, wie und wo er will.“[53] Damit war die Berufswahlfreiheit erstmals in der Verfassung des Deutschen Reiches verankert, der Zunftzwang war aufgehoben. Um als Bürger seine Wahlfreiheit ausüben zu können, bedurfte es allerdings der Kenntnis entsprechender Alternativen. Die Vielfalt der Berufe und die Unterschiede der Tätigkeiten in einer arbeitsteiligen Gesellschaft erschweren es jedoch bis heute, sich diese Kenntnisse selbständig einzuholen. Eine allumfassende Erlangung ist wohl gar unmöglich. Dieses Dilemma sollte durch die Einrichtung von Beratungsstellen (unter anderem auch Schulen) zumindest teilweise gelöst werden. Ihre Aufgabe war bereits damals die Aufklärung der Jugendlichen über die unterschiedlichen Tätigkeitsprofile und die zukünftigen körperlichen, geistigen und seelischen Anforderungen im Beruf. Ziel war es, dass der Berufswähler schon vor seiner Entscheidung möglichst genau wusste, was ihn erwarten würde und ob er die entsprechenden Voraussetzungen erfüllen konnte. In der Einzelberatung fand statt, was im eigentlichen Sinne unter Berufsberatung verstanden wurde. Diese basierte auf den beiden Säulen der Erteilung von Rat und der Erteilung von Auskunft. Letzteres bedeutete eine rein sachliche Gabe von Informationen und die Beantwortung konkreter Fragen. Es stand dem Berufsanwärter frei, ob er darüber hinaus noch einen Rat in Bezug auf seine persönliche Situation in Anspruch nehmen wollte.[54]

Heute ist die amtliche Berufsberatung durch die Agentur für Arbeit mit Sitz in Nürnberg und deren Landesagenturen sowie regionalen Agenturen organisiert. Für die institutionelle Beratung gelten gesetzliche Vorgaben. Auf dem beispielsweise im Jahr 1922 verabschiedeten Arbeitsnachweisgesetz basieren bis heute weitere Gesetze, 1923 wurden Bestimmungen für die Berufsberatung formuliert. Durch diese und andere gesetzliche Vorgaben hatte die Reichsanstalt und später die Agentur für Arbeit eine Monopolstellung für die Berufsberatung inne. Doch in der Praxis bildete sich eine immer mehr gleichberechtigte Arbeitsteilung zwischen den Schulen und der öffentlichen Berufsberatung heraus. Die Verwaltungsorgane der Schulen forderten für sich mehr Verantwortung bei der Berufswahl ein. Schließlich wurde im Jahr 1927 eine Konferenz einberufen, welche die Kompetenzen und Befugnisse klären sollte.

[53] Institut für Geschichtliche Landeskunde an der Universität Mainz e.V. (11. Mai 2007), zuletzt aufgerufen am 16.10.2018.
[54] Beinke (2006): S. 21ff.

Walther Schreiber, der damalige Minister für Handel und Gewerbe, machte noch vor Erscheinen der Ergebnisse der Konferenz deutlich, was sein Ministerium von berufsorientierenden Maßnahmen durch Schulen hielt. Er ordnete im März 1927 „für alle (ihm) unterstellten Schulen (...) an, daß sie sich sowohl der Berufsberatung als auch der Lehrstellenvermittlung zu enthalten haben.“[55] Erklärt wurde dies damit, dass die Berufsberatung für das Ministerium primär eine Maßnahme zur Verbesserung der Lage auf dem Arbeitsmarkt war. Somit war den Schulen die Möglichkeit zur Mitwirkung an der Berufswahl aberkannt worden.[56] Für andere wie beispielsweise den früheren badischen Unterrichtsminister Willy Hellpach war die Zusammenarbeit der Berufsberatung der Arbeitsämter mit den Schulen weiterhin ein gestecktes Ziel. Für ihn war die Berufsberatung ein wichtiger Teil der Erziehung der Jugend. Sie sollte genauso wie die Berufsorientierung in einer Zusammenarbeit aus Erwachsenen und der Jugend, genauer gesagt in einem gleichseitigen Dreieck aus Familie, Berufswähler und Schule, stattfinden. Er begründete dies damit, dass der Jugendliche einerseits der Familie durch irrationale Faktoren subjektiv vertrauter und andererseits auch der Schule durch das intellektuelle Beobachten objektiv bekannter ist. Gleichzeitig bemängelte er bereits für die damalige Zeit die Brauchbarkeit der Elternhäuser für die Berufswahl und schrieb den Schulen somit eine erhöhte Verantwortung zu. Er erkannte, dass wenn die Monopolstellung der Arbeitsämter in Sachen der Berufsberatung tatsächlich beibehalten würden, bliebe ein Zuständigkeitsbereich gänzlich unbesetzt – nämlich der der Berufsorientierung im Sinne des unterrichtlichen Teils der Berufswahlvorbereitung. Die hierfür notwendigen menschlichen Beziehungen könnten von Behörden gar nicht aufgebaut werden. Stattdessen postulierte er – wie auch heute vielfach in Form von zum Beispiel Betriebserkundungen oder -praktika in den Lehrplänen der allgemeinbildenden Schulen verankert – die Weitergabe von Informationen durch Berufserfahrene. So sollte man sich seiner Ansicht nach aus dem Zustand der Abhängigkeit von der Berufsberatung der Behörden befreien.[57]

Am 1. Oktober 1927 trat das Gesetz über Arbeitsvermittlung und Arbeitslosenversicherung in Kraft.[58] Es sah die Berufsberatung nicht als Zusatzaufgabe an, sondern als – wenn auch nachrangige – Pflichtaufgabe. Es

[55] Reichsarbeitsverwaltung (Hrsg.), 1927, zitiert nach Beinke (2006): S. 25.
[56] Beinke (2006)S. 24ff.
[57] Beinke (2006):S. 27f.
[58] Frerich, Frey (1996): S. 199.

wurde 1969 durch das Arbeitsförderungsgesetz abgelöst, welches wiederum 1998 durch das Dritte Buch Sozialgesetzbuch ersetzt wurde.[59] Im Jahr 1971 wurde die Rahmenvereinbarung über eine verbesserte Zusammenarbeit von Schule und Berufsberatung von der Ständigen Konferenz der Kultusminister nach Absprache mit der Bundesanstalt (später Bundesagentur) für Arbeit veröffentlicht. Darin wurden insbesondere die Berufsberatungsstellen aufgefordert, den Kontakt zu Schulen ihres jeweiligen Bezirks und den beauftragten Lehrkräften herzustellen und so die Zusammenarbeit gemeinsam zu koordinieren. Die Schulen sollten mit ihren entsprechend fortgebildeten Lehrkräften die Jugendlichen über den Unterricht zur Wirtschafts- und Arbeitswelt hinführen, während die Bundesanstalt Informationen und mithilfe von Schulvertretern entwickelte Unterrichtsmaterialien bereitstellen sollte. Die Bundesanstalt behielt durch das Arbeitsförderungsgesetz das Monopol auf die individuelle Berufsberatung und die Vermittlung von Lehr- und Arbeitsstellen. Die Schulen sollten die Inanspruchnahme der entsprechenden Beratungsangebote empfehlen. Doch trotz dieser Rahmenvereinbarung konnte das Problem einer umfassenden, wirksamen Berufsorientierung nicht gelöst werden: Es mangelte weiterhin an einer didaktischen Konzeption, die die Gemeinsamkeiten und Abgrenzungen zwischen den Aufgaben der Schulen und der Berufsberatung geklärt hätte.[60] Doch ohne verbindlich durchzuführende berufsorientierende Maßnahmen können auch keine festen Vorgaben für die Zusammenarbeit mit der Berufsberatung existieren. Die heutigen Zuständigkeiten und Vorgaben für die Kooperation zwischen der Bundesagentur für Arbeit und den bayerischen Gymnasien sind in Kapitel 4.5.1 dargestellt.

3.2 Klassische Berufswahltheorien

Seit vielen Jahrzehnten werden Berufswahltheorien von Wissenschaftlern immer wieder neu entwickelt, überarbeitet und erweitert. [61] Bis heute gibt es keine einheitliche, allgemein anerkannte Theorie zur Berufs- und Studienorientierung.[62] Während soziologische Theorien vorwiegend äußere Faktoren der Berufswahl wie etwa gesellschaftliche,

---

[59] Beinke (2006): S. 24.
[60] Dibbern et al. (1974): S. 30f.
[61] Hirschi (2013): S. 30.
Bußhoff (1992): S. 77.
Steffens (1979): S. 186.
[62] Dreer (2016): S. 31.

wirtschaftliche oder politische Bedingungen untersuchen, beschäftigt man sich bei psychologischen Theorien mit den inneren Prozessen des Berufswählers.[63] Die Modelle können auch für Pädagogen als Orientierungshilfe bei der Begleitung der Berufswähler dienen. Dadurch sind sie auch für die Berufswahldidaktik am Gymnasium relevant. Der Überblick über verschiedene Grundmodelle soll einen Einblick in die Theorie der Berufswahl geben und einzelne Aspekte der Ansätze wiederum anhand der durchgeführten Längsschnittstudie an einem Nürnberger Gymnasium teilweise überprüft werden. So soll ein Beitrag zur Entwicklung praktischer Konzepte zur Berufs- und Studienorientierung am Gymnasium geliefert werden. Schulen, welche diesen Prozess noch nicht abgeschlossen haben, können aus den Erkenntnissen wichtige Konsequenzen für die Praxis ableiten. Zunächst wurden die klassischen Berufswahltheorien ausgewählt, welche am weitesten verbreitet sind und in der Forschung seit vielen Jahren Anerkennung finden. Ziel ist zum einen die Schaffung eines tieferen Verständnisses der Berufswahltheorie und deren Bedeutung für die Praxis. Die Ergebnisse der verschiedenen empirischen Untersuchungen können Forschern und auch Lehrkräften weiterhin wichtige Hinweise zur Umsetzung an der Schule liefern und damit auch dem Streben nach einer befriedigenden Berufswahl für möglichst viele Jugendliche dienen. Aufgrund der großen Menge an verschiedenen existierenden Berufswahltheorien ist es unmöglich, an dieser Stelle alle Modelle und ihre jeweiligen Varianten vorzustellen. Dies hätte zum einen den Rahmen der vorliegenden Arbeit gesprengt und leserunfreundliche Redundanzen verursacht. Zum anderen scheiden Theorien, welche die Berufswahl als zufälliges, von außen nicht bestimmbares Ergebnis deuten, für den didaktischen Zweck von vornherein aus.[64] Dies ist primär damit zu begründen, dass der Zufall bei der Berufswahl durchaus eine wichtige Rolle spielt. Außerdem hat der Berufswähler die Möglichkeit, äußere Rahmenbedingungen zu verarbeiten und nach eigener Intention zu entscheiden.[65] Die in der vorliegenden Dissertation beschriebenen klassischen Ansätze sollten alle relevanten Kategorien abdecken. Innerhalb der Kategorien bestehen freilich zahlreiche weitere Theorien. Auf eine detaillierte Beschreibung weiterer Ansätze wird jedoch verzichtet. Diese haben für die eigene Untersuchung weniger

[63] Driesel-Lange (2011): S. 51.
[64] Dibbern (1983b): S. 443.
[65] Seifert (1977): S. 175f.

Relevanz, da sie teilweise in ähnliche Richtungen gehen wie die beschriebenen Ansätze bzw. ihre Wurzeln darin zu finden sind oder im Gegenteil doch recht weit weg von den bekannten Theorien und der Idee der vorliegenden Studie sind. Bei sämtlichen Ausführungen kann keinesfalls ein Anspruch auf Vollständigkeit gestellt werden. Im Folgenden sollen also einige Theorien aufgezeigt werden, welche bei der Erklärung des Berufswahlprozesses von einem gewissen Entscheidungs- und Handlungsspielraum des einzelnen ausgehen und welche auch bereits umfassend empirisch gestützt werden konnten. Die Auswahl richtet sich in erster Linie nach dem didaktischen Interesse, welches sich im Wesentlichen auf folgende Grundfragen konzentriert:[66]

- Berufswahl als Entscheidungsprozess: „Nach welchen Gesichtspunkten entscheidet der einzelne zwischen beruflichen Möglichkeiten (...)?“[67]
- Berufswahl als Entwicklungsprozess: „In welchem Zusammenhang steht die Berufswahl mit der individuellen Entwicklung (...)?“[68]
- Berufswahl als Allokationsprozess: „Durch welche Sozialmechanismen werden die Berufswähler in die verfügbaren beruflichen Positionen verteilt (...)?“[69]
- Berufswahl als sozialer Lernprozess: „Welchen Einfluß haben die Wechselbeziehungen individueller und sozialer Faktoren auf die Berufswahl (...)?“[70]
- (von Autorin ergänzt) Berufswahl als matching-Prozess: Welche Bedeutung haben Persönlichkeitsmerkmale für die Berufswahl?

3.2.1 Berufs- und Studienorientierung als Entscheidungsprozess

3.2.1.1 Beschreibung des Konzepts

Die entscheidungstheoretischen Berufswahlmodelle betrachten die Struktur der Entscheidungssituation bzw. das Verhalten der entscheidenden Person. Das Augenmerk liegt nicht auf der langen Vorbereitung

[66] Dibbern (1983b): S. 445.
[67] Ebenda.
[68] Ebenda.
[69] Ebenda.
[70] Ebenda.

der Entscheidung, sondern auf der Entscheidung selbst. Die verschiedenen Theorien haben ihren Ursprung in einem gemeinsamen Grundmodell. Dabei sieht sich das Entscheidungssubjekt (= Berufswähler) mit der Notwendigkeit konfrontiert, eine berufsbezogene Wahl zu treffen. Entscheidungsregeln helfen ihm dabei, die zur Lösung dieses Problems vorhandenen Informationen über die eigene Person und die verschiedenen Berufsalternativen zu verarbeiten. Auf der Basis mehr oder weniger rationaler Überlegungen entscheidet sich die Person schließlich und realisiert die getroffene Wahl.[71] Es lassen sich zunächst zwei Grundvarianten der Entscheidungsmodelle unterscheiden. Zum einen die normative Vorstellung des geschlossenen Entscheidungsmodells, welche von der Prämisse ausgeht, die Entscheidungssituation sei klar strukturiert, die Entscheidung für einen Beruf könne gänzlich rational getroffen werden. Dies ist möglich, weil der entscheidenden Person alle Handlungsalternativen und deren Konsequenzen bewusst sind. Es kann eine Präferenzskala nach dem persönlichen Nutzen entstehen und die subjektiv am besten bewertete Alternative ausgewählt werden. Gemäß der Vorstellung des geschlossenen Ansatzes wird oft angenommen, dass Jugendliche bereits über vollständige Informationen und die notwendigen Fähigkeiten für rationale Entscheidungen verfügen. Es stellt sich jedoch die Frage, ob gerade im Jugendalter die Berufswähler immer in der Lage sind, gänzlich rationale Entscheidungen zu treffen und den Entscheidungsprozess so zu durchlaufen, wie die Theorie es vorgibt. Dieser dem geschlossenen Ansatz scheinbar fehlende Bezug zur Realität soll beim offenen Ansatz gefunden werden. Laut diesem Ansatz, auch individuelle Orientierung oder heuristische Entscheidungsmodelle genannt, sind der entscheidenden Person die genannten Kriterien eben nicht bekannt.[72] Diese Modelle gehen von einem schrittweisen, tastenden Vorgehen aus. Eine subjektive Rangfolge von Zielen oder Kenntnisse über Entscheidungsregeln fehlen. Somit wird die Entscheidungssituation als wirkliche Problemsituation aufgefasst, das Entscheidungsverhalten wird zum Problemlösungsverhalten. Die persönlichen Entscheidungsfähigkeiten sollen bei dem Vorhaben, die Problemlösungsstrategien mithilfe einer Art Entscheidungsbaum nach und nach zu verbessern, nicht über-

[71] Moll (2015): S. 62.
[72] Bußhoff (1989): S. 39ff.
Ertelt (1992): S. 95.
ISB Staatsinstitut für Schulqualität und Bildungsforschung (2005): Kapitel 4, S. 18.

stiegen werden. Lehrpersonen, Berufsberater und andere Experten sehen sich in der Praxis vermutlich eher Jugendlichen gegenüber, für welche die Voraussetzungen der offenen Entscheidungsmodelle zutreffen. Dennoch lassen sich in beiden Modellarten die Wurzeln verschiedener Entscheidungsmodelle finden.[73]

Bei den offenen Entscheidungstheorien wird wie beschrieben eben nicht von vollständig strukturierten, statischen Situationen ausgegangen. Stattdessen werden beeinflussende Faktoren mit berücksichtigt.[74] Janis und Mann (1977) entwickelten ein Modell, welches die genannten Aspekte noch stärker als andere Theorien berücksichtigt. Sie erstellten folgenden Entscheidungsbaum in fünf Stufen mit jeweils charakteristischen Fragen.[75]

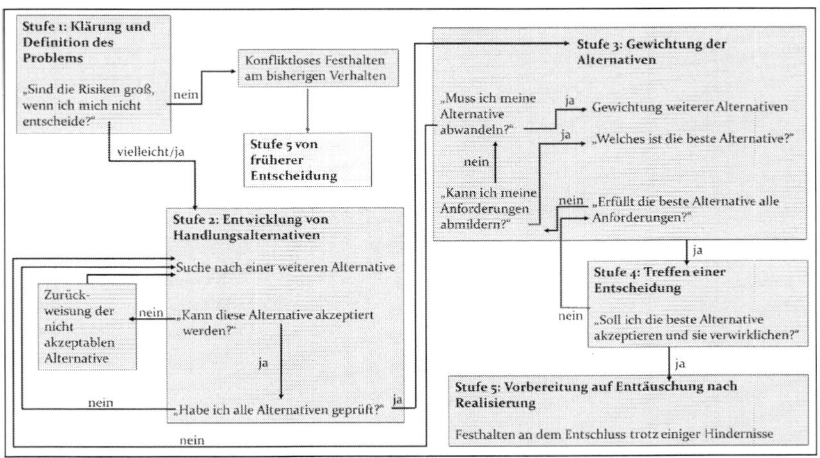

Abbildung 1: Ablauf eines Entscheidungsprozesses nach Janis und Mann. Eigene Darstellung nach Janis und Mann (1977): S. 190, übersetzt nach Ertelt (1992): S. 98.

73 Bußhoff (1989): S. 39f.
ISB Staatsinstitut für Schulqualität und Bildungsforschung (2005): Kapitel 4, S. 19.

74 Moll (2015): S. 63.

75 Ertelt (1992): S. 97.
ISB Staatsinstitut für Schulqualität und Bildungsforschung (2005): Kapitel 4, S. 20ff.

Emotionen, Zufälle, Konflikte und das Problem der Informationsflut sind für Janis und Mann (1977) von großer Relevanz. Für das Entscheidungssubjekt entstehen Konflikte ihrer Ansicht nach immer dann, wenn es sich der drohenden Nachteile einer Fehlentscheidung bewusst wird, vor allem wenn der Eindruck entsteht, die Entscheidung sei unwiderruflich. Der psychische Druck auf den Entscheider soll durch den ständigen Verweis auf die Widerruflichkeit der Entscheidungen reduziert werden. Die Problemlösungs- und Entscheidungskompetenzen sollen durch Vereinfachungsstrategien schrittweise verbessert werden. Es wird eine geringe Anzahl bzw. zunächst nur eine einzelne Alternative, welche als vorläufiges Lösungskonzept dient, in die Überlegungen mit einbezogen. Anhand nur einiger Kriterien soll dann durch tastendes Vorgehen überprüft werden, inwieweit die vorläufig gewählte Alternative mit den Kriterien vereinbar ist. Die Vorgehensweise entspricht dem ausprobierenden Abarbeiten eines Entscheidungsbaumes unter dem Einfluss verschiedener Zufälle.[76]

Auch laut Ertelt (1992) lässt sich der Entscheidungsprozess in einzelne Stufen mit verschiedenen Informationsaktivitäten unterteilen:

Beginn der Problemlösung 	„(...) Informationen zur Strukturierung, d.h. Definition der unklaren neuen Situation, zu Niveau und Art des verlangten Entschlusses sowie zu dem zu erwartenden Informationsaufwand“ werden benötigt.
Suche nach Handlungs-alternativen 	Persönliche Folgen der jeweiligen Alternative werden erkannt. „(...) (V)erzweigende und die Differenziertheit aufzeigende Informationswegweiser, die sich der individuellen Suchheuristik flexibel anpassen können“, sind hilfreich.
Bewertung von Handlungswegen 	Hier „bedarf es Informationen zur Bewußtmachung relevanter Wertungskriterien, mit Hilfe derer die instrumentelle Bedeutung einer Alternative für die eigenen Ziele eingeschätzt werden (kann).“

[76] Ertelt (1992): S. 97.
ISB Staatsinstitut für Schulqualität und Bildungsforschung (2005): Kapitel 4, S. 20ff.

Endgültige Festlegung auf einen Handlungsweg 	„(B)ei existentiell wichtigen Entscheidungen (...) (kommt es) zu mehr oder weniger großen Konflikten, die in extremen Fällen zur krankhaften Unentschlossenheit führen." Informationen zum Handlungsspielraum einer Person, „zu möglichen (auch negativen) Entschlußfolgen und deren Bewältigung, zu Nachteilen einer Nichtentscheidung oder Hinauszögerung" sind erforderlich. Typisch ist die „Nachfrage nach wertenden und sogar eindeutig richtungweisenden Informationen durch ‚wichtige andere' Personen."
Nachentscheidung	Zur Bewältigung charakteristischer Diskrepanzerlebnisse werden „beschreibende und interpretierende Informationen" benötigt. Vor allem solche, „die sich an den Zuschreibungsmustern (...) für Erfolg bzw. Mißerfolg orientieren."

Abbildung 2: Phasen eines Entscheidungsprozesses nach Ertelt.
Eigene Darstellung nach Ertelt (1992): S. 96f.

Die Qualität des Entscheidungs- und Informationsverhaltens der Schüler kann sich je nach Rahmenbedingungen stark unterscheiden. Bei mangelndem Entscheidungsdruck und im Falle dessen, dass individuell keine ernsthaften Nachteile zu befürchten sind, wird der Entscheider kein Interesse an (nicht) bestätigenden Informationen haben. Steigt jedoch der Druck, sich bald entscheiden zu müssen und werden die jeweiligen Nachteile der Alternativen bewusst, wobei keine Hoffnung auf eine zufriedenstellende Lösung besteht, dann „sind die Bedingungen für eine defensive Umgehung der Situation gegeben."[77] Ist kein zeitlicher Druck zu spüren, dann neigen die Individuen zur Aufschiebung einer Entscheidung. Es besteht zwar ein geringes Interesse an bestätigenden Information, sämtliche Handlungsaufforderungen werden aber trotzdem ausgeblendet. Ist der Entscheidungsdruck sehr stark und besteht die Option, die anstehende Entscheidung auf andere abzuwälzen, so werden gerne Experten zu Rate gezogen, welche die Verantwortung ganz oder teilweise übernehmen sollen. Falls dies nicht gelingt, so werden abgemilderte Formen der defensiven Umgehungsstrategien angewandt, nämlich die selektive und aktive Suche nach bestätigenden Informationen. Auf

[77] Ertelt (1992): S. 99.

diese Weise sollen beunruhigende Informationen vermieden werden.[78] Bleibt nicht mehr genug Zeit, um eine befriedigende Lösung zu finden, obwohl der Entscheider prinzipiell glaubt, dass es eine solche gibt, kann es zu panikartigem Handeln kommen. In einer derartigen Situation folgt häufig eine hastige Informationsaktivität. Zwischen relevanten und irrelevanten, zuverlässigen und unzuverlässigen Daten kann dann nicht mehr differenziert werden. Somit können Informationsstress oder Informationsüberlastung entstehen. Doch nur, wenn Risiken abgewägt werden, ausreichend Zeit vorhanden ist und davon ausgegangen wird, dass eine zufriedenstellende Lösung zu finden ist, werden sowohl bestätigende als auch nicht bestätigende Informationen beachtet. Und nur dann, wenn man bei der Betrachtung möglicher Handlungsalternativen (Stufe 2) beide Seiten berücksichtigt, sehen Janis und Mann in den nachfolgenden Stufen eine tragfähige Entscheidung gewährleistet.[79] Für eine Optimierung der Qualität des Informations- und Entscheidungsverhaltens ist es hilfreich, wenn die relevanten Rahmenbedingungen bekannt sind. Daher ging die vorliegende Studie unter anderem der Frage des Zusammenhangs zwischen dem subjektiv verspürten Entscheidungsdruck und dem Bedürfnis nach Gesprächen mit qualifizierten Ansprechpartnern ebenfalls nach. Die Ergebnisse sind in Kapitel 5.2.3.1 (Forschungsfrage 3.1) dargestellt.

Die Modelle von Ries (1970), Tiedeman und O'Hara (1963), Vroom (1964) und Lange (1978) folgen ebenfalls tendenziell dem offenen Entscheidungsmodell. Dennoch sind Elemente des geschlossenen Ansatzes erkennbar. So definiert Ries (1970) die Berufswahl als rationalen Entscheidungsprozess zur Behebung einer durch die Gesellschaft und ihre Normen bewirkte Statusunvollkommenheit. „Der Wahl- oder Entscheidungsprozess wird durch die Ungeklärtheit der Situation ausgelöst und bildet eine auf eine multivalente Situation bezogene Struktur von Verhaltenssequenzen."[80] Diese Statusunvollkommenheit ist für Ries darin begründet, dass der Berufswähler im Jugendalter zwar nicht mehr als Kind, aber eben auch noch nicht als Erwachsener angesehen wird. Der Akteur muss seine schulische Laufbahn aufgeben, das bisherige Lebenskontinuum erfährt damit einen Bruch. Er versucht nun durch die

---

[78] Ertelt (1992): S. 98f.
[79] Ertelt (1992): S. 99.
[80] Ries (1970): S. 90.

Berufswahl den Erwachsenenstatus zu erhalten. Ries betont dabei ausdrücklich, dass er mit seinem Modell lediglich die rationale Berufswahl erklären will.[81]

Phase	Stufe	Beschreibung
Phase der Antizipation	Exploration ⇩	„Das Individuum befasst sich mit den zur Verfügung stehenden beruflichen Entwicklungsmöglichkeiten (...)."
	Kristallisation ⇩	Der Entscheider „fokussiert aus den Alternativen bestimmte Vorlieben heraus (...)."
	Wahl ⇩	„Sobald sich die Präferenzen stabilisiert haben, erfolgt die Wahl oder Entscheidung (...)."
	Spezifikation ⇩	Die Person beschäftigt sich „mental mit dem Berufseintritt, indem sie sich den beruflichen Alltag vorstellt und ggf. vorhandene Zweifel nochmals reflektiert (...)."
Phase der Verwirklichung/Anpassung	Einführung ⇩	„Beim Eintritt in das Berufs- bzw. Arbeitsleben befasst sich die Person insbesondere mit der Aufgabe der Einführung und Integration in das soziale System des gewählten Berufs- und Tätigkeitsfeldes (...)."
	Umgestaltung ⇩	„Verhält sich das Individuum anfangs noch passiv aufnehmend, so beginnt es bei erfolgter Integration und Anerkennung seitens der Kollegen auf das soziale Umfeld ebenfalls einzuwirken (...)."
	Integration	„Dabei sind jedoch auch Kompromisse unausweichlich, welche seitens der Person sowie ihres sozialen Umfeldes in ein dynamisches Gleichgewicht gebracht werden müssen (...)."

Abbildung 3: Phasen eines Entscheidungsprozesses nach Tiedeman und O'Hara. Eigene Darstellung nach Moll (2015): S. 64.

[81] Bußhoff (1989): S. 42.
Ries (1970): S. 129ff.

O'Hara und Tiedeman (1959), Tiedeman und O'Hara (1963) sowie Tiedeman und Miller-Tiedeman (1984) setzten sich mit den Erklärungsansätzen von Ginzberg und Super (siehe Kapitel 3.2.2) auseinander. Auch sie sehen die berufliche Entwicklung als einen lebenslangen Prozess. Tiedeman und O'Hara (1963) definieren die berufliche Entwicklung demnach als „lebenszeitlichen Prozess, welcher fortwährend von Entscheidungen geformt und strukturiert wird."[82] Die Wissenschaftler erklären den Ablauf des Wahl- bzw. Entscheidungsprozesses in einem Modell, welches in Abbildung 3 dargestellt ist. Ziel des Entscheidungsprozesses nach Tiedeman und O'Hara (1963) ist die Identifikation mit der Arbeit. Die Wissenschaftler sind aber gleichzeitig der Ansicht, dass die entwicklungstheoretischen Ansätze (siehe Kapitel 3.2.2) wichtige entscheidungstheoretische Aspekte vernachlässigen. Diesen Mangel will Tiedeman (1961) beheben und erklärt die berufliche Entwicklung als eine lebenslang andauernde Serie von Entscheidungsprozessen. Er definiert die beiden Hauptphasen der Antizipation (mit den Subphasen der Exploration, Kristallisation, Wahl und Spezifikation) und der Verwirklichung (mit den Subphasen der Einführung, Umgestaltung und Integration).[83]

Auch Vroom (1964) entwarf ein Modell zur Erklärung beruflicher Entscheidungsprozesse. Dieses wird oft als motivationstheoretischer Ansatz oder Instrumentalitätstheorie bezeichnet, weil er die erstrebenswerten Folgen der Berufsausübung in den Fokus setzt. Diese können beispielsweise soziale Anerkennung, Sozialkontakte oder Sicherheit sein. Sie sind der Motivator für die Berufswahl als Handlung und den antizipierten Berufen als Ergebnis der Berufswahl. Ob sich ein Individuum tatsächlich für einen Beruf entscheidet hängt für Vroom (1964) zum einen davon ab, für wie wahrscheinlich es der Berufswähler hält, die bevorzugte Berufsalternative realisieren zu können (expectancy). Zum anderen ist bedeutend, ob die Berufsalternative dazu taugt, die persönlichen Motivziele zu erreichen (instrumentality) und welche Bedeutung die Person den Berufsausübungsfolgen beimisst (valence).

Lange (1978) erachtete die Berufswahl als eine Situation, welche wiederum aus zwei Teilsituationen besteht. Diese sind die subjektive und die sozio-ökonomische Berufswahlsituation. Erstere stellt die Gesamtheit verschiedener individueller Entscheidungsprämissen dar. Der Autor

[82] Tiedeman und O'Hara (1963), zitiert nach Moll (2015): S. 63.
[83] Tiedeman (1961): S. 15ff.

führt hier zum einen evaluative Entscheidungsprämissen (Entscheidungskriterien) an, also individuelle Merkmale, welche zur Bewertung von Berufsalternativen genutzt werden. So bestimmen für Lange (1978) Wertorientierungen, Interessen, Fähigkeiten und Fertigkeiten die Wahl des Berufsbereiches. Das Anspruchsniveau hingegen bestimmt die Wahl des Berufsniveaus. Zum anderen nennt der Autor die wahrgenommenen Berufsalternativen als kognitive Entscheidungsprämissen und Entscheidungsregeln als modale Entscheidungsprämissen. Die sozio-ökonomische Berufswahlsituation ist durch Geschlecht, Familie, Freunde, Bekannte, Schule, Berufsberatung und regionale Arbeitsmarktbedingungen gekennzeichnet. Die beiden Berufswahlsituationen beeinflussen sich gegenseitig, die Berufswahl wird von Lange (1978) als ein interaktiver Entscheidungsprozess gesehen.[84]

Auf Basis verschiedener Erklärungsansätze wie jenen von unter anderem Ries (1970), Vroom (1964) und Lange (1978) gelangte Bußhoff (1992) zu eigenen Grundannahmen. Für ihn liegt eine Entscheidungssituation vor, „wenn

- ein Entscheidungssubjekt (oder eine Entscheidungsinstanz)
- unter bestimmten Situationsbedingungen
- Handlungsmöglichkeiten oder -zwänge wahrnimmt,
- diese aufarbeitet (informatorisch, vergleichend, erweiternd)
- und sich auf die Alternative festlegt bzw. zu der Alternative tendiert,
- deren Ergebnisse vorteilhaft und erreichbar erscheinen
- und dadurch zum Verwirklichungshandeln motivieren.“[85]

Die Berufswahl wird somit als rational bestimmter Prozess betrachtet. Die einzelnen Schritte dieses Prozesses nach Bußhoff (1989, 1992) sind in Abbildung 4 dargestellt. Die einzelnen Phasen des Entscheidungsprozesses brauchen dabei nicht zwangsweise linear durchlaufen zu werden. Stattdessen sind in der Praxis durchaus Wiederholungen, Überschneidungen und das Überspringen einzelner Phasen üblich.[86] Zur Charakterisierung des Entscheidungsverhaltens schlägt Bußhoff (1992) folgende gegenseitige Antonyme vor:

---

[84] Bußhoff (1989): S. 45f.
Lange (1978): S. 7ff.
[85] Bußhoff (1992): S. 85.
[86] Bußhoff (1992): S. 86.

rational	↔	intuitiv
aktiv	↔	passiv
autonom	↔	abhängig

Der Autor gibt dabei an, dass nach vorliegenden Befunden bei der Berufswahl der meisten Jugendlichen von einer eher geringen Rationalität, Aktivität und Autonomie auszugehen ist.[87]

Problemwahrnehmung	Der Entscheidungsprozess beginnt mit einer bislang ungeklärten Situation. Diese soll durch eine bestimmte Handlung gelöst werden.
⇩	
Informationssuche und -verarbeitung	Zunächst werden vom Individuum mehrere Handlungsalternativen in Erwägung gezogen und mental durchgespielt. Das Individuum verfügt zum Zeitpunkt des Problems über Informationen, es werden während des Entscheidungsprozesses aber auch weitere Informationen eingeholt.
⇩	
Entwicklung von Alternativen	Aus dem Einholen von Informationen und mentalen Probehandlungen folgt eine kognitive und motivationale Strukturierung der Situation.
⇩	
Entscheidung	Die Anzahl der Alternativen wird nach und nach reduziert. Die letztlich verbleibende Entscheidungsalternative wird getroffen.
⇩	
Realisierung	Die getroffene Entscheidung wird umgesetzt.
⇩	
Bewältigung von Nachentscheidungsproblemen	Umgang z.B. mit Enttäuschung, weil die Realität nicht das hält, was man sich versprochen hat oder Bedauern hinsichtlich einer nicht gewählten Alternative, welche nun attraktiver erscheint.

Abbildung 4: Phasen eines Entscheidungsprozesses nach Bußhoff.
Eigene Darstellung nach Bußhoff (1989): S. 50, Bußhoff (1992): S. 85 und Moll (2015): S. 63.

[87] Bußhoff (1992): S. 86.

3.2.1.2 Empirische Befunde zur Berufswahl als Entscheidungsprozess

Die Existenz der vier Subphasen der Antizipation wie im Modell von Tiedeman und O'Hara (1963) dargestellt, wurde von Harren (1966) untersucht und bestätigt. „The existence of the stages has been verified by the results."[88] Die Untersuchungsergebnisse ließen außerdem den Schluss zu, dass die einzelnen Stadien des Berufswahl- bzw. Entscheidungsprozesses vermutlich noch zahlreicher und komplexer sind als von Tiedeman und O'Hara (1963) angenommen.[89] Vrooms (1964) Hypothesen hingegen konnten laut Bußhoff (1989) kaum empirisch nachgewiesen werden, da der Ansatz den geschlossenen Entscheidungsmodellen sehr ähnlich ist, der Mensch aber nur bedingt rational handelt.[90] Allerdings konnte Sonntag (1975) belegen, dass „Berufswähler deshalb Berufe wählen, weil sie als geeignete Mittel angesehen wurden, negative Berufsausübungsfolgen zu verhindern."[91] Außerdem sei plausibel, dass die Person durch die für sie wichtigen Motivziele angetrieben werde und die Realisierungserwartung sie in ihrer Berufswahl beeinflusse.[92] Laut Bußhoff (1989) ist davon auszugehen, dass der durchschnittliche Berufswähler die verschiedenen Kriterien, wie Vroom (1964) sie beschrieben hat (siehe oben: expectancy, instrumentality, valence), nur bedingt wahrnimmt und somit auch nur eingeschränkt systematisch in die Entscheidung einfließen lassen kann.

Nach sogenannten Rational-Choice-Theorien wie dem geschlossenen Entscheidungsmodell wählen zum Beispiel Frauen eher Berufe, die sich ihrer Ansicht nach am besten mit der geplanten familiären Situation vereinbaren lassen. Doch nicht immer werden berufliche Entscheidungen rein rational getroffen. Kritiker sind der Ansicht, dass diese Ansätze das Individuum zu sehr in den Vordergrund stellen und sozio-ökonomische Aspekte vernachlässigen.[93] Golisch (2002) meint hierzu, der Gesellschaft werde „vielfach (nur) eine Funktion als Startfaktor (Empfinden von Statusunvollständigkeit gegenüber sozialen Normen) und Schlusspunkt

88 Harren (1966): S. 276.
89 Bußhoff (1989): S. 43.
90 Bußhoff (1989): S. 45.
91 Sonntag (1975), zitiert nach Bußhoff (1989): S. 45.
92 Bußhoff (1989): S. 45.
93 Köck (2018): S. 161.
Golisch (2002): S. 36.

(Akzeptanz von Rollenansprüchen durch die Gesellschaft) zugewiesen."[94] Die wenigsten Jugendlichen sind wirklich in der Lage rational, aktiv und autonom zu entscheiden. So werden etwa Zufälle, Emotionen, die Einflussnahme der Eltern oder Peer-Group häufig vernachlässigt. Dies mindert die Bereitschaft der Schüler, an entsprechenden berufswahlvorbereitenden Maßnahmen teilzunehmen. In den letzten Jahrzehnten nahm die Versorgung mit Informationen immer weiter zu. Dies kann zu Überlastungen führen. Untersuchungen haben gezeigt, dass dies die Qualität individueller Entscheidungen sogar eher vermindert als sie zu steigern. Die beeinflussenden Faktoren müssen daher erst erkannt und akzeptiert werden, um anschließend mit ihnen umgehen zu können.[95]

Zu den Hauptzielen der schulischen Berufs- und Studienorientierung gehört zweifellos die Begleitung der Schüler hin zu einer befriedigenden Entscheidung. Abgebrochene Ausbildungen und Universitätsabgänge ohne Abschluss kosten die Berufswähler unnötig Zeit, sorgen für Frust und sollen daher vermieden werden. Das vorzeitige Lösen eines Ausbildungsvertrages wird häufig als Versagen der Auszubildenden interpretiert. Untersuchungen haben aber gezeigt, dass neben dem Effekt des Schulabschlusses auch betriebliche und berufliche Merkmale, wie Ausbildungsbedingungen, Ausbildungsvergütung und Attraktivität des Berufes, deutliche Auswirkungen auf das Vertragslösungsrisiko haben.[96] Das Bundesinstitut für Berufsbildung (BIBB) fordert, die jungen Menschen bei ihrer Entscheidungsfindung zu unterstützen. Als sinnvolle Maßnahmen werden „[e]ine Verbesserung der Berufsorientierung und die Begleitung der Jugendlichen beim Übergang von der Schule in die Berufsausbildung, Präventionsmaßnahmen der Berufsberatung oder an Berufsschulen sowie ausbildungsbegleitende Hilfen nach Sozialgesetzbuch"[97] erachtet. Das Bundesministerium für Bildung und Forschung veröffentlicht jährlich den sogenannten Berufsbildungsbericht. Ihm kann unter anderem entnommen werden, wie sich die Berufswähler in Abhängigkeit ihres jeweiligen Schulabschlusses letztlich entschieden haben. Dabei ist jedoch zu beachten, dass „Aussagen zur schulischen

---

[94] Golisch (2002): S. 36.
[95] ISB Staatsinstitut für Schulqualität und Bildungsforschung (2005): Kapitel 4, S. 20.
Ertelt (1992): S. 95.
[96] Rohrbach-Schmidt, Uhly (2015)
Bundesinstitut für Berufsbildung (2018): S. 158.
[97] Bundesinstitut für Berufsbildung (2018): S. 158.

Vorbildung der Auszubildenden mit neu abgeschlossenem Ausbildungsvertrag (...) anhand der Daten der BIBB-Erhebung über die neu abgeschlossenen Ausbildungsverträge zum 30. September nicht möglich (sind), da die schulische Vorbildung nicht als Merkmal im Rahmen der Erhebung erfasst wird. Daher wird die Berufsbildungsstatistik der Statistischen Ämter des Bundes und der Länder (Berufsbildungsstatistik zum 31. Dezember) (...) als Quelle herangezogen. Als aktuellste Angabe liegen Daten für 2016 vor."[98] Aufgrund der bestehenden Unberechenbarkeiten infolge der starken Zuwanderung von teilweise minderjährigen Flüchtlingen in den letzten Jahren entschloss sich die Kultusministerkonferenz der Länder im März 2016, die Hochrechnungen für Schüler- und Absolventenzahlen auszusetzen. Dies erschwert natürlich Prognosen für die kommenden Jahre.[99] Im Jahr 2013 lag die Zahl der Studienanfänger erstmals über der Anzahl derer, die sich für den Beginn einer dualen Berufsausbildung entschieden hatten. Dies ist unter anderem auf den zunehmenden Trend zu höheren Schulabschlüssen und der gestiegenen Studierneigung, aber auch auf den in einigen Bundesländer vollzogene Wechsel vom neunjährigen zum achtjährigen Gymnasium zurückzuführen. So stellte Bayern das System im Jahr 2011 um, was zum doppelten Abiturjahrgang und entsprechend mehr Studienanfängern führte.[100] Bei der Auswertung des Datenmaterials ist zu berücksichtigen, dass sich unter den Studierenden auch jene befinden, welche ihre Hochschulzugangsberechtigung im Ausland erworben haben (2016 in Deutschland ca. 101.300 an der Zahl, das entspricht etwa 20 % der Studienanfänger). Gleichzeitig entscheiden sich jährlich einige Deutsche für ein Studium im Ausland. Hier liegen lediglich Daten bis ins Jahr 2015 vor, als rund 30.000 junge Menschen zum Studieren ins Ausland gingen.[101]

Im Jahr 2016 betrug die Zahl der Schulabgänger mit Studienberechtigung 298.000. 28,7 % der Auszubildenden mit im Jahr 2016 neu abgeschlossenem Ausbildungsvertrag verfügten über eine Studienberechtigung.[102] Die Anteile der Hochschulberechtigten an den einzelnen Zuständigkeitsbereichen ist in Abbildung 5 dargestellt.

[98] Bundesministerium für Bildung und Forschung (2018): S. 46.
[99] Bundesministerium für Bildung und Forschung (2018): S. 53.
[100] Bundesministerium für Bildung und Forschung (2018): S. 47f.
[101] Bundesministerium für Bildung und Forschung (2018): S. 52.
[102] Bundesministerium für Bildung und Forschung (2018): S. 46f.

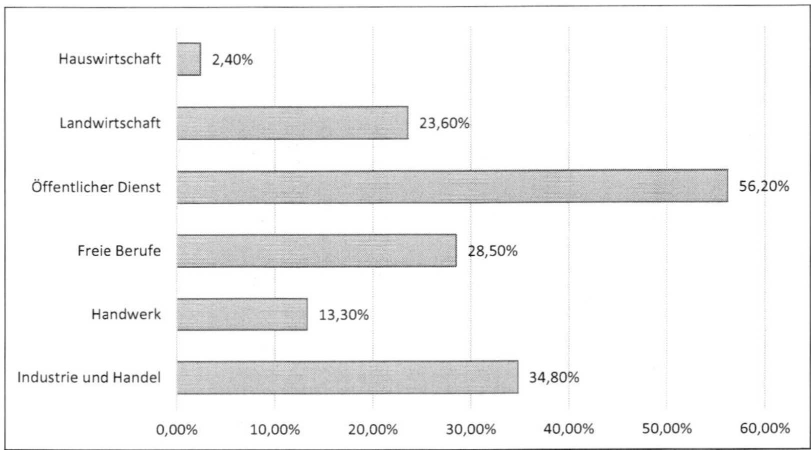

Abbildung 5: Anteil Auszubildende mit Studienberechtigung an Gesamtzahl der geschlossenen Verträge im Jahr 2016 nach Zuständigkeitsbereichen in Deutschland 2016.
Eigene Darstellung nach Bundesministerium für Bildung und Forschung (2018): S. 46.

Es ist ersichtlich, dass die Anteile der Berufseinsteiger in den einzelnen Bereichen deutlich variieren. Im Vergleich zum Jahr 2009 sind die Anteile der Berufswähler mit Studienberechtigung in allen Bereichen gestiegen. Dies liegt freilich unter anderem daran, dass die Zahl der Hochschulberechtigten zugenommen hat.[103] Dennoch wächst der Anteil derer, welche sich mit einer Studienberechtigung für den Beginn einer Berufsausbildung entscheiden, seit einigen Jahren stetig.

Ein möglicher Erklärungsansatz für vorzeitig gelöste Ausbildungsverträge bezieht sich auf den Zusammenhang zwischen vorhandenem Schulabschluss und der Vertragslösung. So entscheiden sich Jugendliche mit Hauptschulabschluss häufiger für Berufe mit instabilen Ausbildungsverhältnissen, beispielsweise im Handwerk mit oft kleinbetrieblichen Strukturen. Bei ihrer Wahl haben sie weniger Entscheidungsfreiraum als Abiturienten und haben so geringere Chancen in ihrem Traumberuf unterzukommen, was die Lösungsquote (definiert als „vor Ablauf der im Berufsausbildungsvertrag genannten Ausbildungszeit gelöste

[103] Bundesministerium für Bildung und Forschung (2018): S. 47.

Ausbildungsverträge"[104]) ebenfalls steigen lässt.[105] Bei der Betrachtung der Lösungsquoten ist zu bedenken, dass ein gelöster Ausbildungsvertrag nicht unbedingt gleichbedeutend ist mit einem Ausbildungsabbruch. Auch werden Vertragslösungen, welche vor Ausbildungsantritt unternommen werden, nicht erfasst.[106] Die Lösungsquoten nach Schulabschlüssen und Zeitpunkt der Vertragslösung im Jahr 2016 sind in Tabelle 1 ersichtlich.

Tabelle 1: Vertragslösungsquoten in % nach Schulabschlüssen in Deutschland 2016. Eigene Darstellung nach Bundesinstitut für Berufsbildung (2018): S. 155.

Höchster allgemeinbildender Schulabschluss	**Insgesamt**	**Während der Probezeit (max. 4 Monate)**	**Nach der Probezeit**
ohne Hauptschulabschluss	38,7	11,2	27,5
mit Hauptschulabschluss	38,2	12,3	25,8
mit Realschulabschluss	23,3	7,9	15,4
mit Studienberechtigung	15,0	5,4	9,6

Es wurde klar, dass die Lösungsquoten bei Auszubildenden mit und ohne Hauptschulabschluss deutlich höher lagen als bei Berufsanfängern mit Studienberechtigung. Diese Rangfolge zeigte sich ähnlich in allen Zuständigkeitsbereichen. Doch im Handwerk und auch in den freien Berufen lagen die Vertragslösungsquoten mit über 20 % im Vergleich eher hoch. Die Relationen von Lösungsquoten während und nach Ablauf der maximal vier Monate dauernden Probezeit fiel über alle allgemeinbildenden Schulabschlüsse hinweg recht ähnlich aus. Jedoch war der Anteil derjenigen, deren Ausbildungsvertrag nach der Probezeit vorzeitig gelöst wurde, an der Gesamtlösungsquote der jeweiligen Vorbildungsgruppe umso größer, je niedriger der Schulabschluss war.[107]

Seit einigen Jahren kann der Presse entnommen werden, dass auch immer mehr Studenten ihre Entscheidung für ein Studium bzw. ein Studienfach überholen; ca. ein Drittel der Studenten soll im Jahr 2017 die

[104] Bundesinstitut für Berufsbildung (2018): S. 148.
[105] Bundesinstitut für Berufsbildung (2018): S. 158.
[106] Bundesinstitut für Berufsbildung (2018): S. 148.
[107] Bundesinstitut für Berufsbildung (2018): S. 154f.

Universität ohne Abschluss verlassen haben.[108] Viele Aspekte der Entscheidung für einen Studiengang haben auch maßgeblichen Einfluss auf das erfolgreiche Abschließen bzw. das vorzeitige Beenden des Studiums.[109] In einem logistischen Regressionsmodell zur Erklärung des Studienerfolgs durch Faktoren der Studienfachwahl, welches von Heublein et al. (2017) im Rahmen eines Projektes des Deutschen Zentrums für Hochschul- und Wissenschaftsforschung veröffentlicht wurde, wurde im Jahr 2016 untersucht (n = 3852), „welchen Einfluss wesentliche deskriptiv differenzierende Faktoren der Studienentscheidung auf die Studienerfolgswahrscheinlichkeit haben (...).“[110] Dazu wurden unter anderem fünf verschiedene logistische Regressionsmodelle zu den einzelnen Gruppen von Einflussfaktoren der Studienentscheidung geschätzt. „Die abhängige Variable ist dabei jeweils Studienerfolg im Vergleich zu Studienabbruch. Die ersten fünf Modelle untersuchen den Einfluss der Studienmotivation auf den Studienerfolg.“[111]

- Modell 1: Intrinsische Motive der Studienfachwahl
  Bei der Studienfachwahl intrinsisch motivierte Entscheider mit starkem fachlichen Interesse haben eine um 7 % höhere Wahrscheinlichkeit, das Studium erfolgreich zu absolvieren.
- Modell 2: Extrinsische Motivation der Studienfachwahl
  Extrinsisch motivierte Entscheider, welche sich zum Beispiel stark an der Arbeitsmarktlage oder den späteren Verdienstmöglichkeiten orientieren, haben dagegen eine um 4 % geringere Wahrscheinlichkeit, den gewählten Studiengang mit einem Abschluss zu beenden.
- Modell 3: Soziale Motive der Studienfachwahl
  Laut der Untersuchung des Deutschen Zentrums für Hochschul- und Wissenschaftsforschung hat eine durch soziale Motive geprägte Entscheidung keine maßgebliche Bedeutung für den Erfolg oder Abbruch des Studiums.
- Modell 4: Rat anderer als Motiv der Studienfachwahl
  Studierende, die bei ihrer Entscheidung für ein Studienfach dem Rat anderer folgten, haben eine um 2 % geringere Wahrscheinlichkeit, das Studium erfolgreich abzuschließen.
- Modell 5: Wahl des Wunschfaches

[108] Frankfurter Allgemeine Zeitung (27. Juli 2018), zuletzt aufgerufen am 16. September 2018.
[109] Heublein et al. (2017): S. 144.
[110] Ebenda.
[111] Ebenda.

> Die Wahl des „Traumstudiums" erhöht die Wahrscheinlichkeit, zu einem erfolgreichen Abschluss zu kommen, um signifikante 17 % im Vergleich zu jenen, welche ihre Entscheidung getroffen haben, ohne ihre erste Wahl verwirklicht zu haben bzw. keinen speziellen Wunsch hatten.[112]

Diejenigen, welche ihre Entscheidung umkehrten und die Universität bzw. den Studiengang verließen, waren während der Entscheidungsphase häufiger extrinsisch motiviert, hörten eher auf den Rat anderer und wählten seltener ihr Wunschstudium. Den erfolgreichen Absolventen hingegen gelang der Studieneinstieg deutlich besser. Sie waren bei ihrer Studienentscheidung häufiger intrinsisch und sozial motiviert, besser über die Anforderungen informiert und setzten sich im Vorfeld öfter mit ihrer persönlichen Eignung für ein Studium bzw. einen Studiengang auseinander.[113] Die vorgestellte Untersuchung ist also ein weiterer Hinweis auf die große Bedeutung eines bewussten Entscheidungsprozesses und die Notwendigkeit der Vermittlung der entsprechenden Entscheidungskompetenzen.

3.2.1.3 Konsequenzen für die Praxis

Nach der Betrachtung der entscheidungstheoretischen Theorien und der zugehörigen empirischen Befunde stellt sich die Frage, weshalb einige junge Erwachsene ihre anfänglich getroffene Entscheidung für einen bestimmten Ausbildungsvertrag bzw. ein Studienfach letztlich doch revidieren. Außerdem ergibt sich für Lehrkräfte in den allgemeinbildenden Schulen der Auftrag, Fehlentscheidungen so weit wie möglich zu verhindern. Vielen Jugendlichen fehlt es möglicherweise an der Kenntnis der Alternativen. Sie befinden sich noch in der Entwicklung und können die geforderte Zielanalyse erst durchführen, nachdem sie diese Kenntnis erlangt haben. Somit wird deutlich, dass die Entscheidungssubjekte im Rahmen der Berufs- und Studienorientierung mit der notwendigen Entscheidungskompetenz ausgestattet werden sollten. Es geht darum, Urteilsvermögen, Entscheidungsfreude und Entscheidungsfähigkeit zu vermitteln. Die Struktur des Entscheidungsprozesses soll begriffen werden, die Berufseinsteiger sollen lernen, ihre Entschei-

[112] Heublein et al. (2017): S. 145f.
[113] Heublein et al. (2017): S. 144.

dungskriterien und Handlungsalternativen zu suchen, zu systematisieren und gegeneinander abzuwägen.[114] Erst dann ist ein erfolgreicher, d.h. befriedigender Abschluss des Entscheidungsprozesses möglich.

Der fehlende Termindruck für Gymnasiasten lässt die berufsvorbereitenden Maßnahmen der Schule jedoch oft ohne nachhaltige Wirkung vorübergehen. Vorliegende Studie zeigte, dass der subjektiv empfundene Druck bei den Befragten in den höheren Jahrgangsstufen sogar teilweise abnahm. Aus Gesprächen sowohl mit Schülern als auch mit Eltern und Lehrkräften ging hervor, dass die Beteiligten häufig keine Notwendigkeit sehen, die zukünftigen Abiturienten schon in der Mittelstufe auf die Berufswelt vorzubereiten. Die vorliegende Untersuchung belegt dies teilweise: 36 % der befragten Gymnasiasten (n = 50) waren der Ansicht, sie hätten in der zehnten Jahrgangsstufe nicht intensiver auf die Berufs-/Studienwahl vorbereitet werden müssen, obwohl in diesem Schuljahr kaum Maßnahmen hierzu von der Schule organisiert wurden. Auch die vorgestellten Modelle der Entscheidungstheorien bieten keine Vorgaben, in welchem Alter der jeweilige Entscheidungsprozess beginnen soll. Sinnvollerweise sollten sich Schüler des achtjährigen Gymnasiums in der elften Jahrgangsstufe für einen beruflichen Weg bzw. ein Studium entschieden haben, um die jeweiligen Fristen für Bewerbungen bei Ausbildungsbetrieben bzw. Hochschulen einhalten zu können. Doch auch später in der Abschlussklasse kommt es zu Konflikten, weil manche Schüler mit dem plötzlichen Druck nicht umgehen können und panisch mit unstrukturiertem Einholen der Informationen reagieren oder eben gegenteilig resignieren und die Entscheidung (auf oft unbestimmte Zeit) aufschieben. Gleichzeitig kann aufgrund persönlicher Gespräche mit Lehrkräften und der eigenen Unterrichtserfahrung der Autorin berichtet werden, dass gerade die Neuntklässler häufig große Lust verspüren, sich etwa im Fach Wirtschaft und Recht mit Fragen der Berufswahl auseinanderzusetzen (siehe zum Beispiel hierzu auch die vorliegende Untersuchung zur Bewertung des Betriebspraktikums, Kapitel 5.2.1.1, Forschungsfrage 1.2.1). Sie interessieren sich oft sehr für persönliche Stärken- und Schwächenanalysen, verfassen gerne ihren eigenen Lebenslauf oder üben Vorstellungsgespräche in Form von Rollenspielen. Auch Eltern begrüßen es, dass das Thema zum Beispiel im bayerischen Lehrplan der neunten Klasse verbindlich festgeschrieben ist. Insbesondere auf das

[114] ISB Staatsinstitut für Schulqualität und Bildungsforschung (2005): Kapitel 4, S. 20. Köck (2018): S. 161.

an manchen bayerischen Gymnasien angebotene (aber nicht vom Lehrplan vorgeschriebene) Betriebspraktikum freuen sich viele der Jugendlichen. 86 % der für die vorliegende Dissertation befragten Neuntklässler fanden die Verpflichtung, ein Praktikum abzuleisten, gut. Dennoch ist den Schülern oft bald bewusst, dass sie sich in ihrem Alter keinesfalls festlegen müssen, welchen Beruf bzw. welches Studium sie Jahre später ergreifen wollen. Insofern lässt das anfängliche Interesse häufig mit der Zeit nach, sie beschäftigen sich nach Abschluss der Unterrichtseinheit in ihrer Freizeit nicht mehr weiter damit.

Für Lehrkräfte besteht in der Praxis außerdem das Problem, dass die Schüler einer Klasse bzw. in der Oberstufe eines Kurses/Seminars sich auf unterschiedlichen Stufen des Entscheidungsprozesses befinden. Allen Jugendlichen gleichermaßen gerecht zu werden scheint also unmöglich. Durch die enge Zusammenarbeit mit der Bundesagentur für Arbeit, welche eine wirklich individuelle Berufsberatung bieten kann, kann dieses Problem teilweise gelöst werden. Dies gilt jedoch nur für die Schüler, welche bereit sind, sich aktiv an die Berufsberater zu wenden, mit den gebotenen Informationen auseinanderzusetzen und Handlungsalternativen aufzeigen zu lassen. Zurück bleiben diejenigen, welche bereits unter Informationsstress leiden bzw. resigniert haben. Ihnen sollte bewusst gemacht werden, dass ihre Entscheidungen durchaus revidierbar sind. Ein motivierter, positiv gestimmter Schüler kann den Entscheidungsprozess erfolgreich durchlaufen und zu einer für ihn (zu gegebener Zeit) passenden Problemlösung kommen. Unabhängig davon, welchem der vorgestellten Entscheidungsprozesse ein Berufswähler folgt, scheint es also darauf anzukommen, dass er während der gesamten Zeit begleitet, unterstützt und bestärkt wird. Doch auf den Entscheidungswillen des Schülers kann keinesfalls verzichtet werden. Ist die Motivation, zu einer Lösung zu kommen, nicht vorhanden, dann können die Maßnahmen nicht greifen. Durch das Vermitteln entsprechender Kompetenzen und der Bewusstmachung der verschiedenen Entscheidungsmotive kann zumindest die Wahrscheinlichkeit für das erfolgreiche Absolvieren eines Studiengangs bzw. einer Berufsausbildung erhöht werden. Insgesamt lässt sich für die Maßnahmen am Gymnasium festhalten, dass die Zusammenarbeit zwischen der Schule und der Berufsberatung der Bundesagentur für Arbeit sowie anderen Kooperationspartnern für alle Seiten einen hohen Stellenwert haben sollte, um den Anforderungen gerecht werden zu können.

3.2.2 Berufs- und Studienorientierung als Entwicklungsprozess

3.2.2.1 Beschreibung des Konzepts

Befragt man Kinder zu ihrem späteren Berufswunsch, so sind die Antworten breit gefächert. Von Fantasieberufen wie Königin über heldenhaft verehrten Berufen wie Feuerwehrmann und Astronautin bis hin zu elterlich geprägten Vorbildern wie Busfahrer und Friseurin. Andere Kinder haben wiederum kaum eine Vorstellung von der Arbeitswelt – sei es weil die Eltern keiner Beschäftigung nachgehen oder zu Hause selbst wenig von ihren beruflichen Tätigkeiten berichten.[115] Über die Jahre der kindlichen Entwicklung bis ins Jugend- und frühe Erwachsenenalter ändern sich die eigene Persönlichkeit und auch die Vorstellungen vom vermeintlichen „Traumberuf" häufig. Je nachdem, welches Modell betrachtet wird, wird dem Berufswahlprozess eine bis zu lebenslang andauernde Entwicklung zugeschrieben, welche im Rahmen der Entwicklung der Gesamtpersönlichkeit stattfindet und sich in einzelne Phasen unterteilen lässt. Die Entwicklungsmodelle entstanden vor der Frage, in welcher Lebensphase sich welche beruflich relevanten Persönlichkeitsmerkmale ausbilden und welchen Einfluss jeweils die soziale Umwelt ausübt. Das (berufliche) Selbstkonzept entwickelt sich dabei stets weiter und wird durch exogene und endogene Einflüsse wie das Milieu, Verhalten der Eltern, Lernerfahrungen, Feedback von z. B. Arbeitgebern etc. beeinflusst. Obwohl sich Persönlichkeitsmerkmale durch Realitätsanpassung ausdifferenzieren, bleiben sie relevant, wenn sie erst einmal ausgebildet worden sind.[116]

Das erste entwicklungspsychologische Berufswahlmodell stammt von Ginzberg et al. aus dem Jahr 1951. Ihre Phasentheorie der Berufswahl beschreibt die Berufswahl als eine Abfolge beruflicher Entscheidungsprozesse. Die drei Entwicklungsstufen umfassen eine Dauer von etwa zehn Jahren. Je weiter der Entwicklungsprozess vorangeschritten ist, umso irreversibler wird er. Begründet wird diese Irreversibilität damit, dass der zeitliche und materielle Aufwand sowie der psychische Einsatz zu groß wären, um bereits getroffene Entscheidungen zu korrigieren. Zur dama-

[115] Kracke (2014): S. 16.
Lazarsfeld (1931): S. 90f.
[116] Bußhoff (1989): S. 15.
Köck (2018): S 162f.

ligen Zeit wurde noch nicht zwischen Berufswahl und beruflicher Entwicklung unterschieden. Es ist jedoch deutlich erkennbar, dass Ginzberg et al. den Entwicklungsaspekt unterstreichen möchten, auch wenn sie von Berufswahl (im Englischen „occupational choice"[117]) sprechen. Ginzberg et al. sehen die letztlich getroffene Wahl als einen Kompromiss zwischen der Idealvorstellung des Berufsanwärters und den real verfügbaren Optionen (z. B. durch Arbeitsmarktlage beschränkt) an.[118] „(...) occupational choice (...) is a process; the process is largely irreversible; compromise is an essential aspect of every choice."[119] Ginzberg und seine Mitarbeiter führten eine Querschnittuntersuchung bei Jugendlichen im Alter von elf bis 24 Jahren durch und leiteten aus den dabei gewonnenen Ergebnissen die drei Entwicklungsperioden der Berufswahl ab.[120] Die Phasen, in denen das Individuum seine Impulse und Bedürfnisse in eine Berufswahl überträgt, werden von Ginzberg et al. (1963) bzw. Ginzberg (1984) demnach folgendermaßen beschrieben:[121]

Fantasy Period: Auf dieser Stufe der Fantasiewahlen wäre das Kind gerne erwachsen. Es kann weder seine eigenen Fähigkeiten noch die Möglichkeiten und Grenzen der Realität einschätzen. Somit glaubt es, alle Berufe ergreifen zu können, welches es nur möchte. Die Wahl ist willkürlich.

Tentative Period: Das Individuum wird sich nun des Problems, einen Beruf auswählen zu müssen, bewusst. Die Lösung ist eher hinsichtlich der wahrscheinlichen zukünftigen Zufriedenheit zu suchen als der gegenwärtigen Befriedigung. In dieser Phase basiert die Vorstellung der beruflichen Zukunft ausschließlich auf subjektiven Überlegungen wie Interessen, Fähigkeiten und Werten. Am Ende dieser Periode der vorläufigen Wahl bemerken die meisten Individuen, dass ihre Herangehensweise zu subjektiv war. Sie nehmen ihre Wahl als vorläufig an und erkennen, dass für eine endgültige Lösung weitere Erfahrungen gemacht und in die Überlegungen miteinbezogen werden müssen.

Realistic Period: Auf der Stufe der realistischen Wahlen sind die Überlegungen von den Einflüssen und Erfahrungen der Realität derart beein-

117 Ginzberg et al. (1963): S. 186.
118 Bußhoff (1989): S. 15.
Scheller (1976): S. 31f.
119 Ginzberg et al. (1963): S. 186.
120 Bußhoff (1989): S. 16.
121 Ginzberg et al. (1963): S. 185ff.
Ginzberg (1984): S. 173ff.

flusst, dass eine vereinigende Lösung schwierig ist. Das Individuum erkennt, dass es einen Kompromiss zwischen den eigenen Wünschen und den für ihn erreichbaren Möglichkeiten ausarbeiten muss.

Ginzberg et al. (1963) unterstreichen die Irreversibilität als ein bedeutendes Merkmal des Berufswahlprozesses. Auch zu einem späteren Zeitpunkt ist es für das Individuum meist schwierig, getroffene Entscheidungen rückgängig zu machen. Für die meisten Menschen bedarf es eines triftigen Grundes und in der Folge großen Aufwands, in einen bis dato unbekannten Beruf zu wechseln oder eine bereits länger andauernde Lehre abzubrechen und eine neue Ausbildungsstelle zu suchen. Die Hindernisse werden immer größer, je mehr berufliche Erfahrungen das Individuum bereits gemacht hat, der Entscheidungsspielraum wird immer kleiner. „Der schließlich ausgeübte Beruf ist nach Ginzberg et al. das Produkt eines kumulativen Prozesses, Endglied einer Kette von determinierenden Wahlen, die auf verschiedenen Entwicklungsstufen stattfinden“[122]. Biologische und psychologische Faktoren sowie Umwelteinflüsse beeinflussen wiederum die Variabilität bezüglich des Zeitpunkts beruflicher Entscheidungen. Bereits gesammelte Berufserfahrungen, die Identifizierung mit Rollenmodellen sowie berufliche bzw. private Interessen determinieren die Wahl ebenfalls. Zaccaria (1970) beschreibt den Ginzberg-Ansatz „as a process, ... the process is systematic,... it is predictable, and... occupational choice culminates in an eventual decision to enter a specific occupation.“[123]

Auch Donald E. Super (1953) entwickelte ein Phasenmodell, welches den Entwicklungsprozess in fünf Stadien mit jeweils zwei bis drei Phasen gliedert. Rücksprünge waren für ihn dabei durchaus denkbar.[124] Innerhalb der Bewältigung der jeweiligen Entwicklungsaufgaben bildet sich das Selbstkonzept, „also das Wissen über die eigenen Fähigkeiten, Interessen und Werte in Bezug auf die beruflichen Möglichkeiten, die sich in der jeweiligen Lebenswelt der Individuen (...) bieten“[125], heraus. Diese Entfaltung und Verwirklichung des Selbstkonzepts stellte für Super den Prozess der beruflichen Entwicklung dar. „... people tend to choose occupations that they construe as representing the characteristics they see in themselves.“[126] Dieses Bild, das das Individuum von sich selbst hat,

[122] Scheller (1976): S. 33.
[123] Zaccaria (1970): S. 42, zitiert nach Scheller (1976): S. 33.
[124] Köck (2018): S. 162f.
[125] Kracke (2014): S. 17.
[126] Super, Bohn (1970): S. 109.

wird zunächst in außerberuflichen Situationen, vor allem innerhalb der Familie, herausgebildet, dann auf berufliche Situationen übertragen und letztlich in beruflichen Situationen verwirklicht.[127]

Super ging davon aus, dass für die erfolgreiche Ausübung eines Berufes bestimmte Persönlichkeitsmuster und Fähigkeiten notwendig sind.[128] Als zentrales Element seiner Arbeit gelten zehn zusammenfassende Thesen (Super 1953), welche in den folgenden Jahrzehnten immer wieder überarbeitet und zunächst auf zwölf (Super 1984) und schließlich auf vierzehn (Super 1994) Stück erweitert wurden. Eine deutsche Übersetzung der Thesen findet sich bei Driesel-Lange (2011).

„1. People differ in their abilities, interests, and personalities.
2. They are qualified, by virtue of these characteristics, each for a number of occupations.
3. Each of these occupations requires a characteristic pattern of abilities, interests, and personality traits, with tolerances wide enough, however, to allow both some variety of occupations for each individual and some variety of individuals in each occupation.
4. Vocational preferences and competencies, the situations in which people live and work, and hence their self concepts, change with time and experience (although self concepts are generally fairly stable from late adolescence until late maturity), making choice and adjustment a continuous process.
5. This process may be summed up in a series of life stages characterized as those of growth, exploration, establishment, maintenance, and decline as these stages may in turn be subdivided into (a) the fantasy, tentative, and realistic phases of the exploratory stage, and (b) the trial and stable phases of the establishment stage.
6. The nature of the career pattern (that is, the occupational level attained and the sequence, frequency, and duration of trial and stable jobs) is determined by the individual's parental socioeconomic level, mental ability, and personality characteristics, and by the opportunities to which he is exposed.
7. Development through the life stages can be guided, partly by facilitating the process of maturation of abilities and interests and partly by aiding in reality testing and in the development of the self concept.

127 Bußhoff (1989): S. 21.
128 Scheller (1976): S. 38.

8. The process of vocational development is essentially that of developing and implementing a self concept: it is a compromise process in which the self concept is a product of the interaction of inherited aptitudes, neural and endocrine make-up, opportunity to play various roles, and evaluations of the extent to which the results of role playing meet with the approval of superiors and fellows.
9. The process of compromise between individual and social factors, between self concept and reality, is one of role playing, whether the role is played in fantasy, in the counseling interview, or in real life activities such as school classes, clubs, part-time work, and entry jobs.
10. Work satisfactions and life satisfactions depend upon the extent to which the individual finds adequate outlets for his abilities, interests, personality traits, and values; they depend upon his establishment in a type of work, a work situation, and a way of life in which he can play the kind of role which his growth and exploratory experiences have led him to consider congenial and appropriate.“[129]

Die in These Nummer 5 erwähnten Lebensstadien wurden schon früher von verschiedenen Autoren wie beispielsweise Lazarsfeld (1931), Bühler (1933) oder Miller und Form (1951) konzipiert. Der oben beschriebene Ginzberg-Ansatz aus dem Jahr 1951 bildete für Super schließlich den Rahmen für die Formulierung der Idee der beruflichen Entwicklung.[130] Die dabei durchlaufenen Stadien skizzierte er folgendermaßen (Super 1957):

Growth Stage (bis 14 Jahre): Stufe des Wachstums, der allgemeinen physischen und geistigen Entwicklung. Zunächst besteht keinerlei berufliches Interesse, dann werden Fantasiewahlen getroffen. Ab ca. elf Jahren bestimmen persönliche Neigungen und Abneigungen das berufliche Denken, ab ca. 13 Jahren werden vor allem Fähigkeiten und Fertigkeiten in die Überlegungen mit einbezogen.

Exploratory Stage (15 bis 25 Jahre): Stufe der Exploration, das Individuum entwickelt ein Verständnis für sich selbst, probiert sich in seiner Rolle als angehender Erwachsener aus und versucht seinen Platz innerhalb der Gesellschaft und einen Beruf zu finden. Die Vorgaben der Realität, beispielsweise des Arbeitsmarktes, werden zum Ende der Phase immer mehr berücksichtigt. Es erfolgen nach der getroffenen Berufswahl erste probeweise Betätigungen.

[129] Super (1953): S. 189f.
[130] Scheller (1976): S. 38ff.

Establishment Stage (25 bis 45 Jahre): Die Stufe der beruflichen Festlegung beinhaltet die Gründung einer Familie, eines Heims, die gesellschaftliche und berufliche Etablierung. Das Individuum korrigiert nicht zufriedenstellende Wahlen bis die angestrebte Dauerstellung erreicht wurde.

Maintenance Stage (45 bis 65 Jahre): In der Stufe der Festigung geht es um die Wahrung der gegründeten Familie, des gesellschaftlichen und beruflichen Standes.

Decline Stage (ab 65 Jahre): Stufe des beruflichen Abbaus, berufliche und auch gesellschaftliche Aktivitäten nehmen zunächst ab und werden schließlich gänzlich beendet. Die Verantwortlichkeiten für die Familie und später auch für sich selbst werden geringer.[131]

In den 1960er Jahren rückte für Super die Bedeutung des beruflichen Selbstkonzepts als ein Teil des gesamten Selbstkonzepts weiter in den Vordergrund. Dieses entwickelt sich auf der Stufe des Wachstums und der Exploration, also bis zum 25. Lebensjahr. Die fünf Stadien konnten dabei lediglich den allgemeinen Rahmen für Supers Konzept bilden. Doch welche spezifischen Verlaufsformen kann diese Entwicklung annehmen? Super fand für sich die Antwort auf diese Frage im Konzept der Laufbahnmuster. Zwar durchlaufen alle Individuen die gleichen allgemeinen Stadien, doch sie unterscheiden sich in Bezug auf Art, Sequenz und Dauer der beruflichen Aktivitäten.[132] So betrachtete Super (1957) beispielsweise verschiedene Laufbahnmuster für Frauen und Männer.[133] Während die Frau für die damalige Zeit typischerweise etwa schon nach recht kurzer Beschäftigungsdauer heiratete und somit mindestens für die Zeit nach der Geburt der Kinder oder gar für immer aus dem Berufsleben ausschied, sah Super für Männer die Möglichkeit der permanenten Beschäftigung in einem Berufsfeld. Neben dem Geschlecht sah Super (1957) auch noch andere Determinanten, welche die Laufbahnmuster beeinflussen konnten. Sie lassen sich in vier Kategorien zusammenfassen. Diese sind zum einen beim Individuum selbst (z. B. psychologische und physische Voraussetzungen), bei der persönlichen Lebenssituation des Individuums (z. B. familiäre Bedingungen) oder bei den Umweltbedingungen (z. B. ökonomische Faktoren) zu finden oder

[131] Scheller (1976): S. 40.
Super (1957): S. 71ff.
[132] Scheller (1976): S. 38ff.
[133] Super (1957): S. 71ff.

auch schlichtweg unvorhersehbar (z. B. Naturkatastrophen, überraschend auftretende Chancen).[134] Super (1994) erkennt an, dass die gängige Meinung sich bis in die 1990er Jahre in der Hinsicht verändert hat, dass das Alter des Individuums nicht notwendigerweise der Auslöser für die jeweiligen Übergänge in die nächsten Entwicklungsstufen sein muss. Stattdessen wird der Zeitpunkt des Übergangs von der Persönlichkeit, den Fähigkeiten der Person und der Situation, in der sie sich befindet, bestimmt. Außerdem hat sich die Annahme, dass die berufliche Explorationsphase in der Mitte der Adoleszenz abgeschlossen sei, als ungültig herausgestellt. Diese Phase kann vielmehr bis Mitte oder Ende Zwanzig, in manchen Fällen gar bis Anfang Dreißig andauern.[135] Sie beginnt auch häufig von neuem, „erscheint in Form von konventionellen, unstabilen oder mehrfachen Laufbahnmustern auf Probe und bei den sogenannten Krisen in der Berufsmitte."[136]

Neuere Theorien stellen besonders die Individualität des berufsbezogenen Entwicklungsprozesses in den Vordergrund. Gleichzeitig entwickelt sich die Arbeitswelt immer weiter, wird immer komplexer und weniger vorhersehbar. Der Zufall, der die Individuen in ihrer Entwicklung beeinflusst, spielt eine wichtige Rolle. Durch die Komplexität der Berufs- und Studienwelt ist auch die Bewertung dessen, was denn eine „erfolgreiche" berufsbezogene Entscheidung ist, in hohem Maße subjektiv. Ideal wäre es, wenn die Individuen es schaffen könnten, negative Erfahrungen nicht einzig auf eigenes Versagen zurückzuführen, sondern stattdessen gestärkt, selbstverantwortlich und aktiv weiterzumachen.[137]

3.2.2.2 Empirische Befunde zur Berufswahl als Entwicklungsprozess

Für Bußhoff (1989) hat der Ginzberg-Ansatz seine Berechtigung darin, dass er den entwicklungstheoretischen Aspekt in die Berufswahlforschung eingebracht hat und eine Reihe an Untersuchungen angeregt hat. So konnten zumindest die Überlegungen zu den Perioden der Fantasy und der Realistic Period weitgehend bestätigt werden, nicht jedoch

[134] Scheller (1976): S. 38ff.
[135] Super (1994): S. 254f.
[136] Super (1994): S. 255.
[137] Kracke (2014): S. 17.

die zur Tentative Period.[138] Es konnte nicht belegt werden, dass bestimmte persönliche Faktoren, und zwar zunächst Interessen, dann Fähigkeiten und schließlich Wertvorstellungen, die beruflichen Entscheidungen phasenweise beherrschen würden.[139] Unbestritten und empirisch ausreichend belegt ist jedoch die Erkenntnis, dass Interessen, Fähigkeiten und Werte zumindest eine wichtige Rolle in der Tentative Period spielen. Gleichzeitig kritisiert Bußhoff (1989), dass die Theorie empirisch nicht ausreichend abgesichert ist, weil die Stichprobe, anhand derer Ginzberg und seine Mitarbeiter die Theorie erarbeitet haben, nicht repräsentativ war. Auch die postulierte Irreversibilität kann durch die Betrachtung der häufig stattfindenden Berufswechsel leicht widerlegt werden. Die Annahme, die Berufswahl sei abgeschlossen, sobald das Individuum eine erste berufliche Tätigkeit aufgenommen hat, ist damit nicht mehr haltbar.[140] Ginzberg (1972) hat dies später auch erkannt und die These über die Irreversibilität der Berufswahl zurückgenommen. „...I now believe that the choice process is coextensive with a person's working life; he may reopen the issue at any time."[141] Seine daraufhin neu formulierte Theorie fasst er so zusammen: „... occupational choice is a lifelong process of decision-making in which the individual seeks to find the optimal fit between his career preparation and goals and the realities of the world of work."[142]

Nach langjähriger Forschungsarbeit war Super (1983) der Ansicht, seine Theorie zur Berufslaufbahn sei ausreichend untersucht worden und gelte als anerkannt.[143] Seine Beschreibung der zur Bestimmung der Berufslaufbahnreife (im Englischen „Career Maturity"[144]) relevanten Dimensionen kann bei Super (1983: S. 557) eingesehen werden. Er hielt bereits früher fest: „That boys who are given opportunities in school and out-of-school, and who use these opportunities during their school years, tend also to make good use of their later career opportunities, suggests the value of the good use of educational resources."[145] Super und Overstreet (1960) konnten empirisch belegen, dass in der neunten Jahrgangsstufe bestimmte Korrelationen zwischen beruflicher Stellung der

[138] Crites (1969): S. 186ff.
[139] Bußhoff (1989): S. 17.
[140] Bußhoff (1989): S. 17f.
[141] Ginzberg (1972): S. 169.
[142] Ginzberg (1972): S. 172.
[143] Super (1983): S. 557.
[144] Ebenda.
[145] Super (1969): S. 6.

Eltern und verschiedenen Werten der beruflichen Reife bestehen.[146] Die Korrelationen reichten von 0.06 bis 0.26 oder 0.27, verglichen mit dem Durchschnittswert der besten Einzelreifemessung.[147] Super (1994) gibt an, dass diese Beziehung zwar theoretisch bedeutungsvoll sei und auch für die berufliche Ausbildung und Erziehung relevant sei; gleichzeitig räumt er jedoch ein, dass sie zu gering ist, um für die individuelle Berufsberatung von praktischem Nutzen zu sein.[148] Dieselbe Beziehung wurde in der zwölften Jahrgangsstufe von Jordaan und Heyde (1979) untersucht. Die Korrelationen reichten nun von 0.19 bis 0.34.[149] Es ist also deutlich, dass der Einfluss des sozio-ökonomischen Status auf die Berufsreife bis zum Schulabschluss zwar vorhanden, aber nicht sehr groß ist. Im Rahmen verschiedener Studien wurde diese Beziehung bei Zweit- und Drittsemestern an der High-School und Universitätsstudenten untersucht. Auch hier konnte bestätigt werden, dass die Auswirkungen des sozio-ökonomischen Status auf die Berufsreife nur minimal sind.[150] Auch Untersuchungen wie die von Hollingshead (1949) oder Miller und Form (1951) konnten den bestehenden Einfluss des sozio-ökonomischen Status auf die Laufbahnmuster, wie Super sie beschreibt, dokumentieren. Das bedeutet, dass den Wohlhabenden und den wirtschaftlich Benachteiligten Individuen Berufe am jeweils anderen Ende der sozio-ökonomischen Skala kaum zugänglich sind. Vor allem ist laut Centers (1949) bei Kindern aus ärmeren Verhältnissen die Wahrscheinlichkeit von unstabilen oder abgebrochenen Laufbahnen höher, während Kinder aus wirtschaftlich privilegierten Verhältnissen eher zu stabilen Laufbahnmustern und befriedigenden Tätigkeiten neigen. „Dies Ergebnis wird regelmäßig durch Meinungsumfragen bestätigt."[151]

Die von Super postulierten Dimensionen bilden die Grundlage für die Entwicklung verschiedener Testverfahren zur Bestimmung der Berufslaufbahnreife. Durch die Untersuchung der Ausprägung der Einstellungen, Fähigkeiten und Verhaltensweisen der Individuen auf verschiedenen Entwicklungsstufen konnten Normwerte bestimmt werden. Diese ermöglichen eine Einschätzung der individuellen Berufslaufbahnreife.

[146] Super, Overstreet (1960): S. 97ff.
[147] Super (1994): S. 243.
[148] Ebenda.
[149] Super (1994): S. 244.
[150] Nevill, Super (1988)
Super, Nevill (1984)
[151] Super (1994): S. 245.

So gibt es einige Forschungsarbeiten zum Zusammenhang zwischen Berufslaufbahnreife und beispielsweise Alter, Bildungsniveau, Intelligenzniveau, beruflicher Entschiedenheit, Eintrittsaktivitäten und Eintrittserfolg sowie Erfolg und Zufriedenheit im Beruf. Die gewonnenen Ergebnisse bestätigen einen schwach positiven Zusammenhang zwischen den meisten der genannten Entwicklungsindikatoren und der Berufslaufbahnreife.[152] Andere Wissenschaftler der heutigen Zeit wie beispielsweise Hirschi (2013) sind der Ansicht, Supers Konzept in seiner ursprünglichen Form sei nicht mehr zeitgemäß. Um die Bereitschaft zur Berufswahl in vollem Umfang abprüfen zu können stehen seiner Ansicht nach zumindest im deutschen Sprachraum noch heute keine vollständig etablierten Instrumente zur Verfügung.[153] Laut Kracke (2014) erkennen verschiedene Übersichtsartikel und Sammelbände einige Einzelbefunde zu Teilen des Entwicklungsprozesses. Jedoch mangelt es bisher an langfristig angelegten Untersuchungen von der Kindheit bis ins Erwachsenenalter, welche unter Einbezug der kognitiven, sozio-emotionalen und motivationalen Aspekte die Entwicklung des Selbstkonzeptes sowie Entscheidungen im Berufswahlprozess verfolgen. Zusammenfassend kann lediglich gesagt werden, dass sich das Selbstkonzept, also Vorstellungen von Werten, Interessen und Fähigkeiten, sowie Kenntnisse über die Arbeitswelt durch Beobachtungen, Vorbilder, Erfahrungen, Rückmeldungen sowie (Miss-) Erfolgserlebnisse im schulischen und außerschulischen Kontext in einem Entwicklungsprozess herausbilden.[154] Gymnasiale Oberstufenschüler verspüren häufig Termindruck, sich für einen Weg nach der Schullaufbahn entscheiden zu müssen. Gleichzeitig haben sie gegenüber beispielsweise Mittelschul- und Realschulabsolventen den Vorteil, dass sie in der Regel ein paar Jahre älter sind und somit mehr Zeit haben, sich beispielsweise im Rahmen von Praktika ein persönliches Berufsbild zu erschaffen. Sie sind aufgrund ihrer Entwicklung theoretisch besser in der Lage, auch abstraktere Merkmale bestimmter Tätigkeiten wie die Vereinbarkeit von Beruf und privaten Lebensvorstellungen oder Einstellungschancen in ihre Überlegungen einfließen zu lassen. Es stellt sich jedoch die Frage, ob dieser Entwicklungsvorteil von allen Gymnasiasten genutzt wird. Der Zeitdruck kann zwar die genannten Überlegungen auslösen; der Zeitraum, der aktiv für die letztliche

---

[152] Bußhoff (1989): S. 22.
[153] Hirschi (2013): S. 29.
[154] Kracke (2014): S. 18.

Berufswahl genutzt wird, ist dadurch jedoch möglicherweise nicht verlängert. Stattdessen kann dieser Entwicklungsschritt häufig einfach nur später einsetzen, als bei anderen Jugendlichen. Kracke (2014) beschreibt, dass die notwendigen Persönlichkeitsmerkmale durch das Ausmaß an erfahrener Sicherheit im sozialen Miteinander, sei es in der Schule, im Familienleben oder bei ersten Erfahrungen in der Berufswelt, beeinflusst werden. Eltern, Lehrkräfte und andere Beteiligte, welche die Jugendlichen anregen, ihnen Freiräume lassen, Rückmeldungen geben und sie bei Misserfolg ermutigen, fördern die individuelle Entwicklung und ein planvolles Informieren über die Arbeitswelt und den damit verbundenen Entscheidungen.[155] Zur optimalen Unterstützung sollte bekannt sein, wie bedeutend verschiedene Ansprechpartner für die Jugendlichen sind. Dies wurde in der vorliegenden Studie (siehe Kapitel 5.2.1) untersucht, um entsprechende Konsequenzen für die Praxis ziehen zu können. Für die befragten Jugendlichen stellten die Eltern mit großem Abstand die wichtigsten Ansprechpartner zum Thema der beruflichen Orientierung dar, gefolgt von Freunden und Mitarbeitern der Bundesagentur für Arbeit.

3.2.2.3 Konsequenzen für die Praxis

Für die Berufs- und Studienorientierung am Gymnasium ist das Stadium der Exploration von besonderer Bedeutung. In der neunten bis elften Jahrgangsstufe befinden sich die meisten Schüler in der tentativen Phase, probieren also viel aus und nehmen (in Gedanken) versuchsweise bzw. vorläufige Wahlen vor. Bußhoff (1992) schreibt im Rahmen entwicklungstheoretischer Ansätze wie von Super vorgeschlagen den „beraterische(n)“[156] Maßnahmen aufgrund der langjährigen Entwicklung und der damit einhergehenden Stabilität berufsrelevanter Persönlichkeitsmerkmale nur wenig Wirkung zu. Durch Eignungsuntersuchungen können zwar neue Erkenntnisse über den Berufswähler erlangt werden. Sie in die Persönlichkeit zu integrieren benötigt jedoch sehr viel Zeit. Stattdessen sollten die jungen Gymnasiasten eigene Erfahrungen in der Arbeitswelt sammeln. Dies kann in der angesprochenen Altersstufe beispielsweise durch das Ermöglichen eines Betriebspraktikums unterstützt werden. Am bayerischen Gymnasium ist eine solche Praxiserfah-

[155] Kracke (2014): S. 18
[156] Bußhoff (1992): S. 81.

rung laut Lehrplan nicht obligatorisch, die Schulen können die Jugendlichen jedoch trotzdem im Rahmen eines schulinternen Curriculums verpflichten, ein Praktikum abzuleisten.[157] Das Stadium der Exploration nach Super (1957) fällt in das Alter der meisten Oberstufenschüler. Hier werden in erster Linie Realitätsbetrachtungen und Anstrengungen zur Verwirklichung des Selbstkonzeptes unternommen.[158] Das P-Seminar, welches von jedem bayerischen Gymnasiasten in der Oberstufe abzuleisten ist (siehe Kapitel 4.2.2), soll die Schüler im Rahmen des Seminarthemas dabei unterstützen. Bestimmte Berufs- und Studienfelder werden genau betrachtet und von den Abiturienten auf ihre persönliche Eignung hin untersucht.

Wie auch bei anderen Berufswahlmodellen ergibt sich für die Praxis das Problem der unterschiedlichen Situationen, in welchen sich die Individuen befinden. Über welche Verhaltensweisen, Einstellungen und Eigenschaften muss ein Mensch verfügen, um die Aufgaben der Berufswahl in den jeweiligen Entwicklungsstufen den Erwartungen entsprechend lösen zu können? Super (1963) hat im Rahmen seines Modells für das frühe und mittlere Jugendalter folgende Aspekte als relevant eingestuft:

„1. Awareness of the need to crystallize
2. Use of resources
3. Awareness of factors to consider
4. Awareness of contingencies which may affect goals
5. Differentiation of interests and goals
6. Awareness of present-future relationships
7. Formulation of a generalized preference
8. Consistency of preference
9. Possession of information concerning the preferred occupation
10. Planning fort he preferred occupation
11. Wisdom of the vocational preference“[159]

Das ISB Bayern, welches auch den bayerischen Lehrplan für die Gymnasien herausgibt, schlägt vor, einen solchen Katalog als eine Art Lernziel-

---

157 ISB Bayern: http://www.isb-gym8-lehrplan.de/contentserv/3.1.neu/g8.de/index.php?StoryID=26440, zuletzt aufgerufen am 25. Juni 2019.
158 Köck (2018): S. 163.
159 Super (1963): S. 84.

liste für berufs- und studienwahlvorbereitende Maßnahmen zu verwenden.[160] Eine individuelle Abstimmung der Maßnahmen auf die Anforderungen der Jugendlichen ist dennoch notwendig und fordert von den Beratern, Lehrkräften, Eltern etc. großes Engagement und Kompetenz. Die Schüler sollten erkennen können, welchen Sinn es für sie persönlich hat, sich zu einem bestimmten Zeitpunkt mit Fragen der Berufs- und Studienorientierung auseinanderzusetzen. Es kann kaum erwartet werden, dass junge Menschen konkrete Vorstellungen über ihre berufliche Zukunft haben. Stattdessen kann jedoch erwartet werden, dass sie sich zielgerichtet informieren. Voraussetzung hierfür ist die Erkenntnis, weshalb der Informationsgewinn für sie von Nutzen ist. Für eine wertschätzende, weder unter- noch überfordernde Hilfestellung sollte den Unterstützern die Situation, in denen sich die Jugendlichen befinden, bekannt sein. Dazu gehört das Wissen über individuelle Vorstellungen, Werte, Talente und Interessen der Schüler.[161] Um dieses Wissen zu erlangen, sollte sich die Lehrkraft viel Zeit für den Austausch mit den Jugendlichen nehmen. Dies scheint angesichts des gering bemessenen Zeitkontingents für die Berufs- und Studienorientierung im P-Seminar jedoch schwer umsetzbar.

3.2.3 Berufs- und Studienorientierung als matching-Prozess

3.2.3.1 Beschreibung des Konzepts

Der Ansatz, Berufs- und Studienwahl als matching-Prozess anzusehen, geht davon aus, dass ein Wähler sich für den Beruf bzw. Studiengang entscheiden muss, dessen Anforderungen er am besten mit seinen Persönlichkeitsmerkmalen abdecken kann. Der Idealfall beschreibt eine Passung des Profils der jeweiligen Berufswelt (notwendige Fähigkeiten, Möglichkeiten der Interessensbefriedigung etc.) mit dem Profil desjenigen, der den Beruf ergreift (Fähigkeiten, Interessen, Werte etc.). So soll die Wahrscheinlichkeit für Zufriedenheit im Beruf und eine stabile Laufbahnentwicklung steigen.[162] Der Ansatz wird oft auch als trait-factor-theory (eigenschaftstheoretisch-faktorenanalytischer Ansatz) bezeichnet, wodurch die Bedeutung der beobachtbaren Personeneigenschaften

[160] ISB Staatsinstitut für Schulqualität und Bildungsforschung (2005): Kapitel 4, S. 7f.
[161] Kracke (2014): S. 19.
[162] Köck (2018): S. 169.
ISB Staatsinstitut für Schulqualität und Bildungsforschung (2005): Kapitel 4, S. 15.

(traits) und der durch Faktorenanalyse ermittelbaren Persönlichkeitsfaktoren (factors) betont wird.[163] Einer der bekanntesten Vertreter des Ansatzes war der Psychologe John Lewis Holland. Er entwickelte eine Typologie von Individuen und Berufswelten, welche grundlegende Persönlichkeits- bzw. Berufsmerkmale beschreibt. Die Wahl des Berufsniveaus hängt für Holland vom Anspruchsniveau des Wählers, welches sich aus seiner Intelligenz und Selbstbewertung ergibt, ab. Doch nicht nur der Berufswähler möchte den für ihn optimal passenden Beruf finden. Auch die Arbeits-Umwelt sucht nach entsprechend passenden Persönlichkeiten.[164] Für unseren Kulturkreis beschrieb der Wissenschaftler insgesamt sechs verschiedene Persönlichkeitstypen, welche im Folgenden dargestellt sind.[165]

R – The Realistic Type: Der praktisch-technische Typ bevorzugt den geordneten, systematischen Umgang mit Materialien, Werkzeugen, Maschinen, Tieren etc. mit konkreten, sichtbaren Ergebnissen. Aufgrund seiner Veranlagungen und Erfahrungen entwickelt er eine Abneigung gegen pädagogische oder therapeutische Tätigkeiten. Diese Verhaltensweisen führen zur Aneignung handwerklicher, mechanischer, landwirtschaftlicher, elektrotechnischer und technischer Kompetenzen und zum Mangel an sozialen und pädagogischen Kompetenzen. Typische Berufe für diesen Typus sind beispielsweise Handwerker oder Landwirt.

I – The Investigative Type: Der intellektuell-forschende Typ bevorzugt Tätigkeiten, welche die systematische Beobachtung physikalischer, biologischer oder kultureller Phänomene beinhalten. Ziel ist dabei das Verstehen und die Kontrolle über diese Erscheinungen. Der Typus entwickelt eine Abneigung gegen beredsame, soziale oder sich wiederholende Tätigkeiten. Er verfügt über naturwissenschaftliche und mathematische Kompetenzen. Typische Berufe sind beispielsweise Chemiker oder Radiotechniker.

A – The Artistic Type: Der Typ mit künstlerisch-sprachlicher Orientierung bevorzugt unstrukturierte, freie Tätigkeiten. Er produziert gerne Kunstformen und stellt sich selbst dar durch Sprache, bildende Kunst, Musik, Schauspiel und Schriftstellerei. Ihm fehlt es an notwendigen

163 Bußhoff (1992): S. 84.
164 ISB Staatsinstitut für Schulqualität und Bildungsforschung (2005): Kapitel 4, S. 16f.
165 Holland (1973): S. 14ff.
Marti (2011): S. 1ff.

Kompetenzen für die Büroarbeit oder Unternehmertätigkeiten. Typische Berufe sind zum Beispiel Goldschmied oder Musiker.

S – The Social Type: Der soziale Typ befasst sich gerne mit anderen Menschen, welche er beispielsweise informieren, unterrichten, ausbilden, versorgen oder pflegen kann. Er verfügt über zwischenmenschliche und pädagogische Kompetenzen, während es ihm an handwerklichen und technischen Fähigkeiten mangelt. Er meidet Tätigkeiten mit Materialien, Werkzeugen oder Maschinen. Typische Berufe sind etwa Krankenschwester oder Barkeeper.

E – The Enterprising Type: Der Typ mit unternehmerischer Orientierung ist leistungsorientiert und bevorzugt Tätigkeiten, bei denen er andere Menschen beeinflussen kann, etwa um ökonomischen Nutzen aus ihnen ziehen zu können. Er meidet beobachtende Tätigkeiten, ist lieber selbst aktiv. Seine Stärken sind im Bereich der Überzeugungs- und Führungskompetenzen zu finden. Er hat ein Defizit bei den naturwissenschaftlichen Fähigkeiten. Typische Berufe sind beispielsweise Verkäufer oder Manager.

C – The Conventional Type: Der konventionelle Typ bevorzugt Tätigkeiten, bei denen er sich auf strukturelle Weise mit Daten auseinandersetzen kann, etwa dem Aufzeichnen und Archivieren von Informationen, dem Verwalten von Schriftstücken und Zahlenmaterial. Er arbeitet gerne mit Büromaschinen. Hingegen meidet dieser Typus unsystematische, freie, forschende Arbeiten. Er hat rechnerische und geschäftliche Kompetenzen entwickelt, während es an künstlerischen Fähigkeiten mangelt. Typische Berufe sind zum Beispiel Buchhalter oder Jurist.

Die beschriebene Typologie darf nicht dahingehend missverstanden werden, dass ein Berufswähler absolut einem der dargestellten Persönlichkeitstypen entspricht. Vielmehr verfügt jeder Mensch über mehr oder weniger Merkmale der verschiedenen Typen und wird dem Typ zugeordnet, mit welchem er die größte Ähnlichkeit aufweist.[166] Verschiedene Studien zeigten, dass Menschen oder Berufe, welche derselben Kategorie zugeordnet werden können, auch ähnliche Charaktereigenschaften haben. Holland (1973) konnte erkennen, dass Menschen des gleichen Typs auch ähnliche Interessen, Selbsteinschätzungen, Lebensziele, Fähigkeiten, Charakterzüge und Einstellungen haben.[167]

[166] ISB Staatsinstitut für Schulqualität und Bildungsforschung (2005): Kapitel 4, S. 16.
[167] Holland (1973): S. 79.

Im hexagonalen Modell von Holland (1973) sind die sechs Persönlichkeitstypen dargestellt. Je näher der Persönlichkeitstyp und der Typ der Arbeits-Umwelt in der Darstellung beieinander liegen, umso höher ist der Grad der Kongruenz („Degree of Congruence"[168]). Personen und Umwelten können außerdem eine gewisse Differenziertheit oder Konsistenz aufweisen. Sind sie eher differenziert, so bedeutet das, dass die einzelnen Orientierungen stark ausgeprägt sind. Eher konsistente Personen bzw. Umwelten dagegen weisen eher verwandte, also im hexagonalen Modell benachbarte Orientierungen auf.[169]

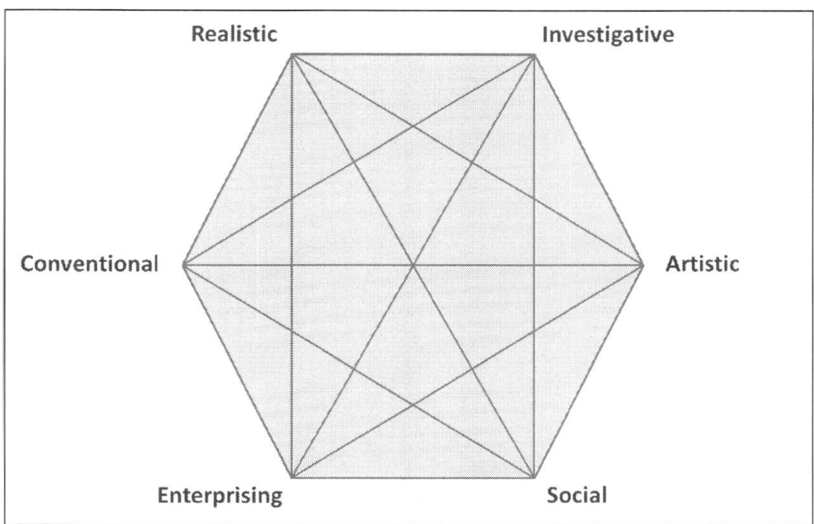

Abbildung 6: Ähnlichkeit der Persönlichkeitsmodelle nach Holland.
Eigene Darstellung nach Holland (1973): S. 23.

„Vocational satisfaction, stability, and achievement depend on the congruence between one's personality and the environment (composed largely of other people) in which one works."[170] Die jeweilige Übereinstimmung (Kongruenz) zwischen Berufswähler und Arbeits-Umwelt hat

[168] Holland (1973): S. 37.
[169] Eder, Bergmann (1988): S. 301.
[170] Holland (1973): S. 9.

Holland über empirische Arbeiten bestimmt und kann für alle Persönlichkeitstypen in folgende Kategorien unterteilt werden:[171]

- Maximale Person-Umwelt-Kongruenz: z. B. ein Persönlichkeitstyp mit praktisch-technischer Orientierung ergreift einen praktisch-technischen Beruf.
- Mittlere Person-Umwelt-Kongruenz: z. B. ein Persönlichkeitstyp mit praktisch-technischer Orientierung ergreift einen konventionellen Beruf.
- Niedrige Person-Umwelt-Kongruenz: z. B. ein Persönlichkeitstyp mit praktisch-technischer Orientierung ergreift einen künstlerisch-sprachlichen oder unternehmerischen Beruf.
- Inkongruente Wahl: z. B. ein Persönlichkeitstyp mit praktisch-technischer Orientierung ergreift einen sozialen Beruf.

Ein sozialer Typ, der in einem sozialen Arbeitsumfeld tätig ist, ist aus vielerlei Gründen ein Beispiel für einen hohen Grad an Kongruenz. Die Person hat die Möglichkeit, sich an sozialen Aktivitäten zu beteiligen, seine Sozialkompetenz einzubringen und so Arbeiten zu verrichten, deren Wert er hoch einschätzt. Außerdem kann er Persönlichkeitsmerkmale wie Großzügigkeit, Freundlichkeit und Geselligkeit einbringen. Im Gegenzug verstärkt die soziale Arbeits-Umwelt das Selbstbild, welches der soziale Typ mitbringt und belohnt ihn so für seine Persönlichkeitsmerkmale. Gleichzeitig kann die Person Tätigkeiten vermeiden, die er nicht mag, für die ihm die entsprechenden Kompetenzen fehlen oder die seine Persönlichkeitsmerkmale nicht fördern. Umgekehrt kann beispielsweise ein konventioneller Typ die Anforderungen einer künstlerisch-sprachlichen Umwelt schlecht erfüllen, seine Persönlichkeitsmerkmale werden von dieser Arbeits-Umwelt als negativ angesehen. Diese negativen Wechselwirkungen führen auf beiden Seiten zu großer Unzufriedenheit und dazu, dass die Person die Arbeits-Umwelt wohl verlassen würde.[172] Personen mit hochgradig kongruentem Interaktionsverhalten treffen laut Holland stabilere Berufswahlen und sie können bessere berufliche bzw. akademische Leistungen erbringen.[173] Wie stabil die eigene Einschätzung der für die vorliegende Untersuchung befragten Schüler bezüglich ihres eigenen Persönlichkeitstypus von der zehnten bis in die zwölfte Jahrgangsstufe ist und welchen Grad der Kongruenz

[171] Holland (1973): S. 37f.
ISB Staatsinstitut für Schulqualität und Bildungsforschung (2005): Kapitel 4, S. 17.
[172] Holland (1973): S. 38.
[173] Scheller (1976): S. 69.

die Schüler mit ihrer nach dem Abitur gewählten Arbeits-Umwelt aufweisen, wurde für die vorliegende Studie untersucht; die Ergebnisse können in Kapitel 5.2.3.1 (Forschungsfragen 3.3.1 und 3.3.2) eingesehen werden. In komplexeren Untersuchungen können weitere Grade der Übereinstimmung abgeleitet werden, indem die betrachtete Person und die jeweilige Arbeits-Umwelt nicht nur auf Basis des Typs mit der größten Ähnlichkeit (z. B. R) verglichen werden, sondern auch die zweit- (z. B. I) oder gar auch drittgrößte (z. B. C) Passung berücksichtigt wird. So entsteht beispielsweise das Persönlichkeitsmuster RIC, also ein realistisch-intellektuell-konventioneller Typus. Je genauer die Analyse und Zuordnung stattfindet, umso besser kann der Grad der Kongruenz bestimmt werden.[174]

3.2.3.2 Empirische Befunde zur Berufswahl als matching-Prozess

Eine zentrale These des matching-Modells lautet, dass „zwischen dem Grad der Übereinstimmung (Kongruenz) von Persönlichkeitsmuster und Berufsmuster einerseits und beruflichem Erfolg sowie beruflicher Zufriedenheit andererseits ein positiver Zusammenhang besteht (...).“[175] Dies konnte in empirischen Untersuchungen jedoch nicht vollständig untermauert werden. So konnte zwar belegt werden, dass ein hohes Maß an Person-Umwelt-Kongruenz positiv mit der Zufriedenheit im Beruf korreliert; für die Kongruenz-Erfolgs-Hypothese fehlen jedoch trotz zahlreicher Studien die entsprechenden Nachweise. Lediglich das Gesamtniveau der Fähigkeiten bzw. das Intelligenzniveau des Individuums lassen Rückschlüsse auf die Wahrscheinlichkeit des Erfolgs im Beruf zu.[176] Assouline und Meir (1987) betrachteten in ihrer Arbeit „Meta-Analysis of the Relationship between Congruence and Well-Being Measures“ insgesamt 41 verschiedene Studien zu Hollands Berufswahltheorie und kamen unter anderem zu folgenden Ergebnissen: „Results show congruence-achievement and congruence-stability correlations of .06 and .15, respectively, with negligible residual variance. The mean congruence-satisfaction correlation was .21, and after two further breakdowns – by environmental reference and congruence measuring method – mean congruence-satisfaction correlations exceeding .35 were

[174] Holland (1973): S. 38.
[175] Bußhoff (1992): S. 84.
[176] Ebenda.

found, with almost all total nonrandom variance among findings of different congruence studies explained."[177] Neben einem moderat positiven Zusammenhang zwischen einem hohen Grad an Kongruenz und Zufriedenheit, Wohlbefinden und Leistung scheint die Kongruenz zwischen Interesse und Berufswünschen mit zunehmendem Jugendalter zu steigen. Dies kann wohl mit der Tatsache begründet werden, dass Jugendliche mit fortschreitendem Alter ihre Berufswünsche den persönlichen Interessen besser anpassen können.[178] Einige Wissenschaftler haben sich auch mit der Überprüfung der psychologischen Ähnlichkeiten zwischen Typen bzw. Umwelten nach der geometrischen Anordnung in Hollands Hexagon befasst. Demnach bedeuten kleine Abstände im Modell eine enge Beziehung zwischen den Typen bzw. Umwelten. Die logische Schlussfolgerung lautet, dass ein Verstoß gegen das Modell vorliegt, „wenn sich die Korrelation zwischen zwei benachbarten Skalen im Hexagon als niedriger erweist als die Korrelation zwischen zwei weiter voneinander entfernten Skalen."[179] Holland selbst und auch eine Vielzahl anderer Autoren wie Cole und Hanson (1971), Cole et al. (1971), Edwards und Whitney (1972), Cole (1973), Wakefield und Doughtie (1973), Nafziger und Helms (1974), Schussel (1974) oder Toenjes und Borgen (1974) überprüften die Hypothesen immer wieder und konnten sie bestätigen. Crabtree und Hales (1974) befragten beispielsweise insgesamt 1.431 Schüler, deren Eltern überwiegend als Land- und Fabrikarbeiter der unteren Mittelschicht angehörten. Mit ihren Ergebnissen konnten die beiden Autoren Hollands Ergebnisse aus den 1960er Jahren replizieren. Die Befunde „können als brauchbarer Beleg für die Gültigkeit des hexagonalen Modells in Bezug auf durchschnittlich begabte Landschüler angesehen werden."[180] Ein Vergleich der Forschungsergebnisse Hollands mit den Daten von Crabtree und Hales ist bei Crabtree und Hales (1974: S. 221) zu finden.

Wakefield et al. (1975) konnten zudem zeigen, dass das Modell für weiße Studenten eine höhere Validität besitzt als für schwarze. „The scales for the black subjects correspond generally to Holland's model but not as well as they do for white subjects."[181] Einige empirische Untersuchungen

[177] Assouline, Meir (1987): S. 319.
[178] Hirschi (2013): S. 27.
Hirschi, Vondracek (2009): S. 124ff.
Hirschi, Niles, Akos (2011): S. 176ff.
[179] Scheller (1976): S. 80.
[180] Ebenda.
[181] Wakefield et al. (1975): S. 58.

konnten ferner belegen, dass Hollands Interessentypen in hohem Maß mit grundlegenden Persönlichkeitseigenschaften zusammenhängen. Menschen, die eher extravertiert auftreten, haben in der Regel eher Interesse am unternehmerischen oder sozialen Bereich. Personen, die gerne neue Erfahrungen machen, interessieren sich dagegen häufiger für künstlerisch-sprachliche oder intellektuell-forschende Gebiete. Hirschi (2013) konnte mithilfe von Untersuchungen zeigen, dass die Kongruenz zwischen Interessen und Berufswünschen bei Jugendlichen mit zunehmendem Alter wächst. Dies ist vermutlich darauf zurückzuführen, dass die jungen Menschen ihre Berufsvorstellungen über die Zeit immer besser den individuellen Interessen anpassen.[182] Mehr als 40 % der für die vorliegende Forschungsarbeit befragten Jugendlichen wählten nach dem Abitur eine Ausbildung bzw. ein Studium mit maximaler Person-Umwelt-Kongruenz. Detaillierte Ergebnisse und entsprechende Diskussionsansätze finden sich in Kapitel 5.2.3.

3.2.3.3 Konsequenzen für die Praxis

Trotz der Beliebtheit der trait-factor-theory in der Praxis lassen sich schnell mehrere Mankos für die Anwendung an den Gymnasien erkennen. So setzt das Modell zeitlich erst kurz vor der tatsächlich anfallenden Entscheidung für einen Beruf an. Es lässt also keine Rückschlüsse für eine langfristig angesetzte Berufs- und Studienorientierung zu. Ein bayerischer Gymnasiast beginnt aber laut Lehrplan bereits in der neunten Jahrgangsstufe damit, sich gezielt mit der eigenen Berufswahl auseinanderzusetzen (siehe Kapitel 4.2.1).[183] Ferner setzt Holland eine Rationalität der Jugendlichen voraus, welche in vielen Fällen schlichtweg (noch) nicht vorhanden ist. Stattdessen ist die Herausbildung der relevanten Persönlichkeitsmerkmale oft noch nicht abgeschlossen bzw. können diese sich lebenslänglich verändern. Dies kann bewusst (z. B. im Rahmen einer Therapie) oder unbewusst bzw. ungewollt (z. B. durch Schicksalsschläge) geschehen. Gerade im Alter der Abiturienten ist die Typologie schwierig und lediglich als Momentaufnahme zu sehen. Auch die Berufs- und Studienwelt ist Veränderungen unterlegen. Sie entwickelt sich in Abhängigkeit der Berufswähler und umgekehrt.[184] Ferner

---

[182] Hirschi (2013): S. 27f.

[183] ISB Bayern: http://www.isb-gym8-lehrplan.de/contentserv/3.1.neu/g8.de/index.php?StoryID=26440, zuletzt aufgerufen am 25. Juni 2019.

[184] Bußhoff (1992): S. 84.
ISB Staatsinstitut für Schulqualität und Bildungsforschung (2005): Kapitel 4, S. 17f.

finden sozio-ökonomische Bedingungen in diesem Ansatz kaum Berücksichtigung.[185] Doch gerade für die Gymnasiasten, welche in der Regel noch nicht wirtschaftlich autark leben können, spielen beispielsweise Geld, sozialer Status oder Familienorientierung wichtige Rollen. Diese Faktoren sollten mit in die Überlegungen zur Berufs- und Studienwahl einfließen. So können beispielsweise ein bestimmter Ausbildungsort und damit ein Beruf für die jungen Erwachsenen ausscheiden, weil die notwendigen räumlichen Veränderungen aus monetären Gründen nicht realisiert werden können. Auch aus den Antworten der für die vorliegende Studie Befragten geht diese Sorge teilweise hervor. Auf die Frage, welche Grenzen die Schüler für sich persönlich bei der Berufswahl sehen, wurde in der elften Jahrgangsstufe unter „Sonstiges" unter anderem genannt: „Sehr hohe Kosten an manchen Studienorten".

Unter Umständen sind manche Jugendliche von den umfangreichen Explorations-, Informations- und Zuordnungsaufgaben, welche der Ansatz mit sich bringt, überfordert.[186] Es kann beobachtet werden, dass manche Jugendliche gerade in dieser Phase geneigt sind, sich eher passiv zu verhalten. Die Lehrkraft oder eine andere Beratungsperson darf ihnen diese Aufgaben nicht abnehmen und die Ergebnisse vorgeben, da die Berufswähler ansonsten keine Möglichkeit haben, die Ergebnisse zu verarbeiten und entsprechend zu handeln.[187]

Der Ansatz, die Berufswahl als matching-Prozess zu sehen, ist also gerade für die unmittelbare Entscheidungsphase von Bedeutung. So können etwa Tests zur Selbsterkundung, welche auf Hollands Überlegungen basieren, als Grundlage der Berufs- und Studienorientierung in der Oberstufe dienen. Das Konzept „Studien- und Berufswahl begleiten!" etwa bietet bayerischen Gymnasiallehrkräften verschiedene Unterrichtseinheiten, welche zum Ziel haben Interessen, Stärken und Schwächen zu erkennen und dann mit der realen Berufs- und Studienwelt abzugleichen.[188] Laut Bußhoff (1992) sollte bei der Eignungsfeststellung für einzelne Berufe die motivationale Dimension eine übergeordnete Rolle spielen. Die Fähigkeitsdimension sollte zurückstehen und lediglich im Hinblick auf Ausbildungs- und Berufsniveaus betrachtet werden. Er empfiehlt unter anderem den Berufswahltest (BWT), welcher auch heute noch vom Berufspsychologischen Service der Bundesagentur für

---

[185] Köck (2018): S. 170.
[186] Bußhoff (1992): S. 85.
[187] Ebenda.
[188] Wittmer-Gerber (2015): S. 3.

Arbeit (2017) angeboten wird.[189] Die Leitfragen lauten dabei „Bringe ich die Voraussetzungen für meinen Wunschberuf/meine Wunschberufe mit? Wie kann ich mehr über meine Fähigkeiten und beruflichen Interessen erfahren? Welche Berufe/Berufsbereiche passen zu mir?“[190]. Auch das in den letzten Jahren in Bayern etablierte Konzept „Studien- und Berufswahl begleiten!“ richtet sich nach der Vorstellung, dass sich eine erfolgreiche Studien- und Berufswahl aus Schülerperspektive aus der Schnittmenge der Kriterien „Das will ich! (Wünsche, Erwartungen)“[191], „Das kann ich! Das lerne ich! (Stärken, Entwicklungsfelder)“[192] und „Das gibt es! (Studienfächer, Berufe)“[193] entwickeln lässt.[194] Hollands Ansatz kann jedoch nicht die alleinige Basis für eine langfristig angelegte Berufs- und Studienorientierung sein, da eine Bestimmung des individuellen Persönlichkeitstypen in vielen Fällen kurz vor dem Schulabschluss noch nicht abgeschlossen ist und es dann für den Beginn des Berufswahlprozesses auch zu spät ist. Auch die vorliegende Studie bestätigt dies insofern, als dass einige der befragten Gymnasiasten die Einschätzung des eigenen Persönlichkeitstypen von der zehnten bis in die zwölfte Jahrgangsstufe nicht aufrecht erhielten (siehe Kapitel 5.2.3.1, Forschungsfrage 3.3.1). Stattdessen sollte also an Gymnasien schon zu einem früheren Zeitpunkt angesetzt werden, wobei der Persönlichkeitstyp noch als variable Größe zu berücksichtigen wäre. Als Grundlage für die Maßnahmen, welche in früheren Jahren der Entwicklung der Jugendlichen ansetzen, sollten also andere Modelle dienen.

3.2.4 Berufs- und Studienorientierung als Allokationsprozess

3.2.4.1 Beschreibung des Konzepts

Berufswahl wird häufig als ein Vorgang beschrieben, welcher vom Individuum selbst ausgeht. Die Person kann demnach aus einer großen Palette an Berufen frei wählen, welcher Tätigkeit sie gerne nachgehen möchte. Die Realität verhindert diese freie Auswahl jedoch durch verschiedene soziale und ökonomische Einschränkungen. Außerdem

---

[189] Bußhoff (1992): S. 85.
[190] Bundesagentur für Arbeit (2017): S. 2.
[191] Wittmer-Gerber (2015): S. 11.
[192] Ebenda.
[193] Ebenda.
[194] Ebenda.

entscheidet das Individuum über die Berufsalternativen nach Kriterien (Interessen, Fähigkeiten, Wertvorstellungen), welche ihrerseits unter sozialen und ökonomischen Einflüssen entstanden sind. Werden diese Einflüsse in das Zentrum der Berufswahlanalyse gerückt, so erscheint die Berufswahl als ein gesellschaftlich gesteuerter Prozess der Berufszuweisung, also der Allokation.[195]

Auch der Soziologe Hansjürgen Daheim (1970) fasste die Berufswahl als Prozess auf, durch welchen Individuum und Berufsposition einander zugeteilt werden. Es handelt sich für ihn um einen lebenslang andauernden, dreistufigen Prozess. Die Anzahl beruflicher Optionen engen sich dabei immer weiter ein, bis ihm schließlich eine Berufsposition zugeordnet werden kann. Maßgeblich für diese Einengung sind beispielsweise Schichtzugehörigkeit, Geschlecht, Rasse, Kenntnis der Berufswelt, körperliche und geistige Fähigkeiten und die realen Bedingungen auf dem Arbeitsmarkt bzw. Zulassungsvoraussetzungen der Hochschulen.[196] Auf allen drei in Abbildung 7 dargestellten Stufen finden sich für den Berufswähler relevante Personen, welche den Akteur in seiner Entscheidung beeinflussen. Die erste Stufe bildet die Entscheidung für eine bestimmte Schulbildung. Diese bedingt wiederum den Zugang zu bestimmten Ausbildungsorganisationen. Die Wahl der Schulart und damit des entsprechenden Abschlusses wird häufig von den Familien maßgeblich beeinflusst, wenn nicht sogar letztendlich gefällt. Schule und Familie wirken auf dieser ersten Stufe entscheidend mit „bei der Formulierung der sehr vagen beruflichen Ziele, bei der Einübung adäquater Normen, dem Aufbau einer adäquaten Motivation und dem Erwerb der adäquaten Mittel."[197]

[195] Bußhoff (1989): S. 13.
[196] Daheim (1970): S. 75ff.
Moll (2015): S. 55.
Driesel-Lange (2011): S. 55.
[197] Daheim (1970): S. 75.

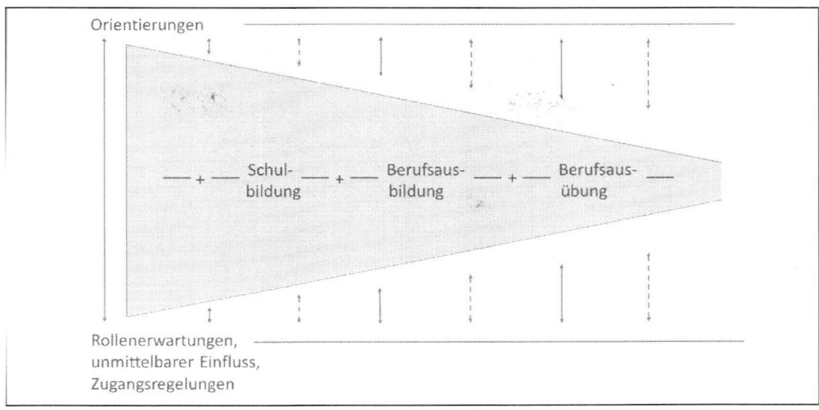

Abbildung 7: Berufswahl als Zuweisung nach Daheim.
Eigene Darstellung nach Bußhoff (1989): S. 15.

Die Aussprache einer Empfehlung für bzw. gegen die gymnasiale Laufbahn durch die Grundschullehrkraft kann die folgenden Stufen und damit auch das ganze Leben beeinflussen. Mit dem Abitur steht dem Jugendlichen eine größere Bandbereite an Berufs- und Studienmöglichkeiten offen, als wenn sich die Eltern bzw. Lehrer im Kindesalter für die Mittel- oder Realschule entschieden hätten. Auf der zweiten Stufe in Daheims Theorie geht es um die Entscheidung für eine Berufsausbildung bzw. eine Berufsposition. Die Familie tritt als Einflussnehmer in den Hintergrund; stattdessen gewinnen Lehrer, die Peer-Group, Berufsberater und Menschen, welche den angestrebten Beruf ausüben, an Bedeutung. Auf der dritten und letzten Stufe geht es für den Berufswähler um die Wahl zwischen Berufspositionen innerhalb seines Arbeitslebens. Im Gegensatz zu den vorherigen Stufen gibt es hier nur noch wenige Wendepunkte. Es geht in erster Linie um mögliche Berufswechsel – also die Entscheidung für andere Berufspositionen als die Person bisher besetzte. Derartige Entscheidungen werden oft von Arbeitskollegen, Personen der gleichen Berufsgruppe, Vorgesetzten und der vom Individuum gegründeten Familie beeinflusst.[198]

[198] Daheim (1970): S. 75ff.

3.2.4.2 Empirische Befunde zur Berufswahl als Allokationsprozess

Schon 1931 untersuchte Lazarsfeld den Einfluss der ökonomischen Struktur von Großstädten auf die Berufswünsche junger Menschen und kam dabei zu folgendem Schluss: „Die freien Berufswünsche der großstädtischen Jugend spiegeln in ihrer statistischen Verteilung deutlich den ökonomischen Aufbau der Städte und seine Konjunkturschwankungen wieder, überlagert von kleinen psychologischen Konstanten und Quasikonstanten, die entwicklungspsychologisch bedingten Vorlieben und Abneigungen entsprechen.“[199] So sei die Berufswahl weniger individuell bestimmt, als vielmehr durch äußere Berufseindrücke, wie die Präsenz von Vertretern der jeweiligen Berufe und die sich daraus ergebenden Erfahrungen der Jugendlichen zurückzuführen. „Je mehr Metallarbeiter es gibt, umso mehr und umso öfter werden die Jugendlichen von diesem Beruf hören und umso öfter werden sie zu seiner Wahl angeregt werden.“[200]

Das Daheimsche Berufswahlmodell thematisiert mit seinen sozialen und ökonomischen Determinanten einen wichtigen Aspekt der Berufswahl. Einige Aussagen des Autors sind jedoch so allgemein gehalten, dass ihre Übertragung in empirisch überprüfbare Hypothesen eher schwierig ist. Der Zusammenhang zwischen der Schul- und Berufslaufbahn und verschiedenen äußeren Faktoren konnte allerdings in vielen Untersuchungen nachgewiesen werden, etwa von Saterdag und Stegmann (1980) oder Rolff (1980).[201] Als Vertreter der Allokationstheorie zeigten Daheim (1970) und zum Beispiel auch Scharmann (1966) die Bedeutung der Bildungsbeteiligung und Herkunft für die Berufswahl auf. Dieser Zusammenhang wurde durch viele Untersuchungen nachgewiesen.[202] Scharmann (1966) meinte, dass die Berufsvorbereitung aufgrund ihrer in den 1960er Jahren noch vorindustriell geprägten Berufsideologie in dem Augenblick versagte, „in welchem die Bereitschaft zu beruflicher (vertikaler) Mobilität, die Gunst der wirtschaftlichen Verhältnisse und öffentliche Begabungsförderung die faktische Realisierung der Berufs-

[199] Lazarsfeld (1931): S. 7.
[200] Lazarsfeld (1931): S. 13.
[201] Bußhoff (1989): S. 14.
[202] Driesel-Lange (2011): S. 56.

wünsche unserer Kinder aus den breiten werktätigen Schichten ermöglich[t]en (...).“[203] Die Berufsvorstellungen der Ober- und Mittelschichten entsprachen also nur bedingt den Anforderungen der damals modernen Arbeitswelt.[204] Beck et al. (1979) legten beispielsweise die Schulbildung der Eltern, ihre Berufe und Konsumverhalten als Milieuvariablen fest und gelangten unter anderem zu dem Ergebnis, dass es unwahrscheinlich ist, dass „ein Berufsanwärter einen Beruf erhält, dessen Fähigkeitsmuster sich nicht mit dem seines Herkunftsmilieus deckt. Für jedes Herkunftsmilieu gibt es aufgrund der für es typischen Fähigkeitskombinationen mehr oder weniger ‘angemessene‘, ihm sozial verwandte Berufe, die auch bei der Berufswahl von Angehörigen dieser Milieus faktisch bevorzugt werden.“[205] In Kapitel 5.2.2 wurde unter anderem untersucht, ob es bei der Einschätzung des Unterstützungsbedarfs des jeweils eigenen Kindes Unterschiede zwischen Eltern mit und ohne akademischer Ausbildung gibt. Auch die Frage, ob Eltern mit ihren Kindern eher über Bildungswege sprechen, welche den eigenen ähnlich sind und somit vielleicht die Berufswahl beeinflussen, sollte beantwortet werden.

3.2.4.3 Konsequenzen für die Praxis

Aus Sicht der Vertreter der Allokationstheorie basiert die Berufswahl maßgeblich auf dem Einfluss des Milieus, also der Eltern, Freunde, Lehrer etc. und des Arbeitsmarktes. Besonders bedeutende – hauptsächlich gesellschaftlich bedingte – Einflüsse bestimmen die Berufswahl von außen, auch wenn der Akteur selbst sie als subjektive Entscheidung wahrnimmt. Diese gesellschaftlichen Bedingungsfaktoren sollen auch hauptsächlich Gegenstand des Berufswahlunterrichts sein. Der fest vorgegebene gesellschaftliche Rahmen soll von den Jugendlichen analysiert werden. Die Berufs- und Studienorientierung in der Schule sollte den Jugendlichen die verschiedenen Einflüsse bewusstmachen und ihnen beibringen, limitierende Einwirkungen zu erkennen und zu vermeiden. Daraufhin können sie befähigt werden, berufliche Handlungsalternativen zu erkennen und Lösungsstrategien für etwaige Probleme entwickeln. Aufgabe der Lehrkräfte ist es dabei, den Schülern Chancen und

---

[203] Scharmann (1966): S. 131f.

[204] Scharmann (1966): S. 131.

[205] Beck et al. (1979): S. 59.

Grenzen ihrer Handlungsspielräume zu zeigen und sie so zur finalen Berufswahlentscheidung zu befähigen.[206] Inwieweit den Teilnehmern der vorliegenden Studie Grenzen ihrer beruflichen Möglichkeiten bewusst sind, wurde untersucht und in Kapitel 5.2.3 (Forschungsfrage 3.4) dargestellt.

Scharmanns oben dargelegte These, Information und Berufsvorbereitung würden nicht ausreichen, da sie noch vorindustriell bürgerlich orientiert seien, stammt aus den 1960er Jahren. Jedoch kann aus eigener Erfahrung festgehalten werden, dass besonders in den Großstädten die Bindung an bestimmte Berufe aufgrund der Herkunftsmilieus der Jugendlichen stark gelockert ist. Wer die gymnasiale Laufbahn bewältigen kann, bekommt zwar meist schnell eine vage Vorstellung davon, dass ihm nahezu alle beruflichen Möglichkeiten offenstehen, die Bedeutung dieser Aussicht ist jedoch oftmals nicht klar. Die Eltern der Gymnasiasten sind in einigen Fällen nicht in der Lage, ihre Kinder entsprechend detailliert über die Berufs- und Studienwahl zu informieren. Als betreffende Themenfelder wurden im Rahmen der vorliegenden Studie beispielsweise Berufsmöglichkeiten im Ausland, Informationen über verschiedene Berufe und Studienmodelle sowie Karrierechancen eruiert. Für die Unterrichtspraxis ist es also umso wichtiger, die Schüler individuell zu begleiten und ihnen die vielfältigen Möglichkeiten, welche sie von zu Hause eben nicht kennen (können), vorzustellen.

3.2.5 Die Berufswahl als sozialer Lernprozess

3.2.5.1 Beschreibung des Konzepts

Schon seit langem haben Berufswahlforscher wie beispielsweise auch Super (1953) erkannt, dass die Berufswahl eng mit Lernprozessen verknüpft ist. Besonders deutlich ist dieser Zusammenhang zwischen Erkenntnissen aus der Lernforschung und der Berufswahl bei Krumboltz und seinen Mitarbeitern.[207] „The social learning theory of career selection was designed as a first step toward understanding more precisely

[206] Dedering (2000): S. 305f.
ISB Staatsinstitut für Schulqualität und Bildungsforschung (2005): Kapitel 4, S. 2.
[207] Bußhoff (1989): S. 29.

what specific kinds of learning experiences contribute to the development of occupational preferences."[208] Die Theorie soll erklären, wie berufliche Präferenzen und Fähigkeiten herausgebildet werden und wie die Berufswahl getätigt wird. Sie zeigt die Wechselwirkung von vier Faktorengruppen, welche das Entscheidungsverhalten beeinflussen. Diese sind die genetische Ausstattung und besondere Begabungen, Umweltbedingungen und -ereignisse, Lernerfahrungen sowie Aufgaben- und Problemlösefähigkeiten.[209]

Genetische Ausstattung und besondere Begabungen: Der Mensch wird mit bestimmten Eigenschaften geboren, welche seine beruflichen Präferenzen, Fähigkeiten und Entscheidungen unter Umständen eingrenzen. So beispielsweise ethnische Herkunft, Geschlecht, physische Konstitution, Behinderungen etc. Manche Fähigkeiten hängen von bestimmten Neigungen ab, andere von Einflüssen aus der Umwelt. Menschen sind mehr oder weniger mit der Fähigkeit ausgestattet, von situativen Lernerfahrungen zu profitieren bzw. aufgrund der angeborenen Eigenschaften von vornherein anderen Umwelterfahrungen ausgesetzt. Spezielle Begabungen wie Musikalität, Intelligenz, künstlerisches Talent oder körperliche Koordinationsfähigkeit ergeben sich aus dem Zusammenspiel von ererbten Veranlagungen und Umwelterfahrungen.

Umweltbedingungen und -ereignisse: Manche Rahmenbedingungen können geplant werden, andere nicht. Sie können durch menschliches Handeln verursacht werden (zum Beispiel sozial, kulturell, politisch, ökonomisch) oder auch durch natürliche Kräfte (z. B. Ressourcenvorkommen, Naturkatastrophen). Abhängig von diesen Faktoren ereignen sich bestimmte Vorkommnisse oder Bedingungen, welche wiederum die Berufsvorlieben, Fähigkeiten, Ziele und Aktivitäten beeinflussen. Krumboltz und seine Mitarbeiter (1976) nennen hier:[210]

- Anzahl und Art der Berufsmöglichkeiten
- Anzahl und Art der Ausbildungsmöglichkeiten
- Soziale Regeln und Auswahlverfahren für Auszubildende und Arbeitnehmer
- Bezahlung in verschiedenen Berufen
- Arbeitsgesetze und Gewerkschaftsregeln

[208] Krumboltz (1976): S. 17.
[209] Krumboltz, Mitchell, Jones (1976): S. 71ff.
Mitchell, Krumboltz (1994): S. 161ff.
[210] Krumboltz, Mitchell, Jones (1976): S. 71ff.

- Naturkatastrophen wie Erdbeben, Dürren, Fluten und Orkane
- Ressourcenvorkommen und -nachfrage
- Technologische Entwicklungen
- Veränderungen im Sozialsystem
- Bildungssystem
- Gesellschaftliche Einflüsse

Lernerfahrungen: Die genaue Ausprägung und Reihenfolge der gemachten Lernerfahrungen sind in der Regel nicht rekonstruierbar, weil die Variationsmöglichkeiten der Reiz- und Verstärkungsmuster sehr komplex und beinahe unendlich variierbar sind. Dennoch gehen die Autoren davon aus, dass jeder Mensch eine individuelle Geschichte von Lernerfahrungen hat, welche zur Wahl eines bestimmten Berufsweges führt. Zwei Kategorien des Lernens sind für die Berufswahlentscheidung bestimmend. Das instrumentelle Lernen und das assoziative Lernen. „Bei einer instrumentellen Lernerfahrung wirkt das Individuum so auf seine Umwelt ein, daß bestimmte Konsequenzen daraus entstehen.“[211] Jede dieser Erfahrungen besteht aus drei Hauptkomponenten, nämlich die Vorläufer, Verhaltensreaktionen (offen und verdeckt) und Konsequenzen. Krumboltz, Mitchell und Jones (1976) bzw. Mitchell und Krumboltz (1984, 1994) stellen die instrumentelle Lernerfahrung als ein H-förmiges Schema dar (siehe Abbildung 8). Die genetische Ausstattung, spezielle Fähigkeiten, Umweltbedingungen und Umweltereignisse bilden wie oben bereits beschrieben zusammen mit den Merkmalen der spezifischen Aufgabe bzw. des spezifischen Problems die Vorstufen einer instrumentellen Lernerfahrung. Die Verhaltensreaktionen umfassen dabei sowohl kognitive und emotionale Reaktionen als auch beobachtbares Verhalten. Das Verhalten wiederum ruft unmittelbare und verzögerte Konsequenzen hervor – auch auf andere Menschen. Sie schließen die kognitiven und emotionalen Reaktionen, die der Einzelne als Empfänger dieser Konsequenz erlebt, ebenfalls mit ein. In Abhängigkeit davon, welche Bedeutung die Person den positiven bzw. negativen Folgen beimisst, kommt es zu einer Wiederholung des Verhaltens oder eben nicht.[212]

---

[211] Mitchell, Krumboltz (1994): S. 164.
[212] Krumboltz, Mitchell, Jones (1976): S. 73.
Mitchell, Krumboltz (1984): S. 242.
Mitchell, Krumboltz (1994): S. 165.

Vorläufer	Verhalten	Konsequenzen
Erbanlagen Spezielle Begabungen und Fähigkeiten		Direkt beobachtbare Handlungsergebnisse
Geplante und ungeplante Umweltbedingungen und -ereignisse	Offene und verdeckte Handlungen	Verdeckte Reaktionen auf Konsequenzen (kognitive und emotionale Reaktionen)
Aufgabe oder Problem		Auswirkungen auf signifikante andere

Abbildung 8: Instrumentelle Lernerfahrung.
Eigene Darstellung nach Mitchell, Krumboltz (1994): S. 165.

„Bei einer assoziativen Lernerfahrung erkennt das Individuum einen Zusammenhang zwischen einzelnen Umweltreizen."[213] Auch das Lernen durch Beobachtung von realen bzw. fiktiven Modellen wird als assoziative Lernerfahrung bezeichnet. Einige Umweltreize wecken bestimmte emotionale Assoziationen – positive wie negative. Mitchell und Krumboltz (1994) bzw. Krumboltz, Mitchell und Jones (1976) stellen dies in einem allgemeinen Modell in Form eines Kreises dar (siehe Abbildung 9). Wenn Reize, welche zuvor noch neutral waren, mit emotional positiven oder negativen Reizen verbunden werden, dann verwandeln sich die neutralen Reize in der Wahrnehmung des Individuums ebenfalls in positive bzw. negative Merkmale. Möglicherweise verbindet eine Person, welche bestimmte Äußerungen über gewisse Berufe hört oder liest, diese Berufe dann mit positiven bzw. negativen Merkmalen. Die Autoren nennen als Beispiele „All lawyers are crooked"[214] oder „Plumbers make a lot of money"[215]. So entstehen berufliche Klischees, die sich für immer einprägen und den beruflichen Entscheidungsprozess so massiv beeinflussen. Spätere geplante oder auch zufällige Lernerfahrungen

[213] Mitchell, Krumboltz (1994): S. 166.
[214] Krumboltz, Mitchell, Jones (1976): S. 72.
[215] Ebenda.

können die Assoziationen jedoch überschreiben und so zu deren Auflösung führen.[216] Eine wertvolle und zumindest in weiten Teilen planbare Erfahrung kann ein Schülerbetriebspraktikum sein. Die vorliegende Studie untersuchte unter anderem, ob Schüler, welche eine überwiegend positive Praktikumserfahrung machen konnten, eher gewillt waren, zusätzliche freiwillige Praktika in den Ferien abzuleisten (siehe Kapitel 5.2.3).

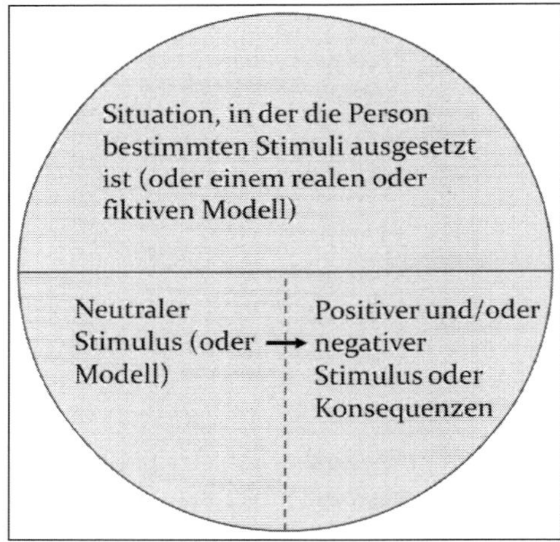

Abbildung 9: Assoziative Lernerfahrung.
Eigene Darstellung nach Mitchell, Krumboltz (1994): S. 168.

<u>Aufgaben- und Problemlösefähigkeit</u>: Aus dem Zusammenspiel von genetischen Merkmalen, speziellen Begabungen, Umwelteinflüssen und Lernerfahrungen entstehen Problemlösefähigkeiten, wie etwa Arbeitsstandards und -werte, Arbeitsgewohnheiten, Wahrnehmungs- und Erkenntnisprozesse, Einstellungen oder emotionale Reaktionen. Früher erlernte Problemlösefähigkeiten beeinflussen die Lösung jeder neuen Aufgabe. Ein passabler Tennisspieler könnte möglicherweise die meisten Leute aus seinem Bekanntenkreis leicht schlagen. Entscheidet sich

216 Krumboltz, Mitchell, Jones (1976): S. 72f.
Mitchell, Krumboltz (1994): S. 168.

diese Person jedoch, professionelles Tennis als Berufsweg einzuschlagen, würde er unter Umständen schnell einige Niederlagen erleiden. Diese Niederlagen könnten ihn dazu animieren, beträchtliche Anstrengungen zu unternehmen, um seine Problemlösefähigkeiten für den Sport zu verbessern. Somit sind Problemlösefähigkeiten Faktoren, welche sowohl Ergebnisse beeinflussen als auch selbst Ergebnisse sind.[217]

Krumboltz und seine Mitarbeiter (1976) zeigen die Wechselwirkungen zwischen einer Reihe an Lernerfahrungen und Entscheidungen. An jedem Entscheidungspunkt im Leben haben die Entscheider eine oder mehrere Reaktionsmöglichkeiten. Interne (persönliche) und externe (von der Umwelt ausgehende) Einflüsse formen die Art und Anzahl dieser Möglichkeiten und die Reaktionsweise des Individuums. Es kann vorkommen, dass die Optionen so zahlreich sind, dass die Person sich nicht in der Lage fühlt, eine Entscheidung zu treffen. Andererseits können die Möglichkeiten zahlenmäßig so gering oder unverhältnismäßig sein, dass der Entscheidende das Gefühl hat, nur eine einzelne Möglichkeit sei tatsächlich verfügbar, eine wirkliche Wahl bestünde nicht. Laut Krumboltz, Mitchell und Jones (1976) gibt es jedoch immer mehrere Möglichkeiten, selbst wenn eine davon ist, sich eben nicht zu entscheiden. Eine Entscheidung zwischen mindestens zwei Alternativen wird, wenn sie einmal getroffen ist, Teil einer neuen Umwelt. Denn sie ruft wiederum Konsequenzen hervor, welche abermals die Anzahl an Optionen für zukünftige Wahlmöglichkeiten beeinflussen.[218] Ferner stellen Mitchell und Krumboltz (1994) die Hypothese auf, dass schulische und berufliche Präferenzen sich herausbilden, „(1) wenn die Person positive Verstärkung dafür erhält, daß sie ein bestimmtes berufsbezogenes Verhalten zeigt oder ein Verhalten, das für die Erlernung eines bestimmten Berufes relevant ist, (2) wenn die Person ein positiv bewertetes Modell beobachtet, bei dem dieses Verhalten verstärkt wird und (3) wenn die Person positive Verstärkung von einem Menschen erhält, den sie schätzt und der dieses Verhalten empfiehlt."[219]

[217] Mitchell, Krumboltz (1994): S. 168ff.
[218] Krumboltz, Mitchell, Jones (1976): S. 71.
[219] Mitchell, Krumboltz (1994): S. 182.

3.2.5.2 Empirische Befunde zur Berufswahl als sozialer Lernprozess

Es existieren verschiedene Studien, in welchen Forscher sich mit den Hypothesen der Theorie des sozialen Lernens auseinandersetzten. Kerr und Ghrist-Priebe (1988) beispielsweise untersuchten den Effekt eines eintägigen Berufsworkshops für hochbegabte Schüler auf deren Berufs- und Ausbildungspläne. 31 % der Teilnehmer haben ihre Vorhaben aufgrund der Veranstaltung geändert, weitere 38 % sahen sich hingegen in ihren Plänen bestätigt. Gar 100 % empfanden die Beratung in dem Workshop als hilfreich. Auch die Hypothese, dass generalisierte Selbstbeobachtungen über berufliche Präferenzen eher ausgedrückt werden, nachdem die Person für Verhaltensweisen, die mit diesem Beruf verknüpft sind, positiv verstärkt wurden, konnte in verschiedenen Untersuchungen gestützt werden.[220] Krumboltz konnte in zwei Untersuchungen mit verschiedenen Kollegen belegen, dass berufliche Interessen durch Erfolgserlebnisse geformt werden können.[221] Probanden, welche von Osipow (1972) mit einem Placebo-Erfolgsfeedback für ihre Aufgaben verstärkt wurden, zeigten eine erhöhte Vorliebe für verstärkte Aufgaben im Gegensatz zu den nicht durch Feedback verstärkten Aufgaben.[222] Mansfield (1973) stellte die Hypothese auf, „individuals... choose the occupation that gave the best fit between what they perceived as their own abilities or aptitudes and the abilities or aptitudes they perceived as necessary in an occupation"[223] und ermittelte, dass Studenten jene Berufe bevorzugten und anstrebten, welche nach ihrer Einschätzung am besten zu ihren Fähigkeiten passten.[224] Astin (1965) konnte die Hypothese stützen, dass sich ausbildungs- und berufsspezifische Präferenzen über die Beobachtung eines geschätzten Modells, welches für eine bestimmte berufliche Aktivität positiv verstärkt wird, entwickeln. Er stellte in einer Studie mit 3.538 Studenten von 73 Colleges und Universitäten fest, dass die jungen Erwachsenen zu einer Berufsentscheidung neigten, welche auch ein relativ hoher Anteil anderer Studenten ihrer Hochschule anstrebte. „A student's chance of eventually pursuing a particular type of career appears to be increased somewhat if he attends a college in which

[220] Kerr, Ghrist-Priebe (1988): S. 368.
Mitchell, Krumboltz (1994): S. 182ff.
[221] Krumboltz, Baker (1973): S. 274.
[222] Osipow (1972): S. 179f.
[223] Mansfield (1973): S. 435.
[224] Mansfield (1973): S. 439.

a relatively high proportion of the other students are planning careers of that type.“[225] Er räumte jedoch ein, dass dies daran liegen könnte, dass Colleges, welche zum Beispiel vermehrt von Studenten mit unternehmerischer (E – enterprising: siehe Kapitel 3.2.3.1) Orientierung nach Holland besucht werden, auch unternehmerische Interessen und Karrierepläne besonders unterstützen.[226] Little und Roach (1974) zeigten 110 Collegestudentinnen einen Film, in dem die Modelle einen nicht-traditionellen Beruf wählten und für ihre abweichende Entscheidung verstärkt wurden. Ein größerer Teil der Betrachterinnen entschied sich danach ebenfalls für einen für Frauen eher untypischen Beruf als jene Frauen, welchen den Film nicht gesehen hatten.[227] Die Ergebnisse von Astin (1965) sowie Little und Roach (1974) zeigen, dass generalisierte Selbstbeobachtungen über berufliche Interessen eher für Berufe geäußert werden, für die das Individuum ein positiv bewertetes Rollenmodell beobachtet hat, welches für berufsrelevante Verhaltensweisen verstärkt wurde.[228] Trent und Medsker (1968) zeigten auf, dass der Einfluss der Eltern auf High-School-Absolventen und deren Entscheidung für einen Collegebesuch besonders groß ist. Hatten die Kinder der Untersuchung das Gefühl, dass die Eltern Interesse an ihrer wissenschaftlichen Weiterbildung hatten und sie darin unterstützen, hielten sie eher am Plan, den Abschluss zu machen, fest, als andere. „College persisters were much more likely to report that even before they entered college, their parents had highly encouraged them to attend.“[229]

Die bereits genannten Thesen der Berufswahl des sozialen Lernens über die Auswirkung der positiven Verstärkung für die Entwicklung der generalisierten Selbstbeobachtungen und Problemlösefähigkeiten lassen sich jedoch auch umkehren, um somit Aussagen über die Auswirkungen von Strafkonsequenzen treffen zu können. Mitchell und Krumboltz (1994) gehen davon aus, „daß eine Person eine bestimmte Ausbildungs- oder Berufswahl ablehnen wird, (1) wenn die Person negative Konsequenzen erlebt, weil sie bestimmte berufsbezogene Verhaltensweisen an den Tag legt, (2) wenn die Person ein positiv bewertetes Rollenmodell beobachtet, das für diese Aktivitäten negative Folgen erlebt, oder (3) wenn die Person positive Verstärkung von einem positiv bewerteten

[225] Astin (1965): S. 33f.
[226] Astin (1965): S. 34.
[227] Little, Roach (1974): S. 135ff.
[228] Mitchell, Krumboltz (1994): S. 185.
[229] Trent, Medsker (1968): S. 253.

Menschen erhält, der dieses Verhalten nicht ausübt oder aktiv von diesem Verhalten abrät."[230] Über die Auswirkungen negativer Folgen liegen weniger empirische Nachweise vor, als über die Effekte bei positiver Verstärkung. Hind und Wirth (1969) wiesen nach, dass Strafkonsequenzen wie schlechte Zensuren dazu führen, dass Menschen frühere berufliche Präferenzen ablehnen. „... students, even those of apparently high ability, are driven away from 'academic' careers and the 'traditional professions' if they receive low average grades."[231] Sie beobachteten 920 männliche Collegestudenten des Abschlussjahrganges 1965 und stellten fest, dass diese ihre Hauptfächer wechselten, wenn sie während ihrer akademischen Laufbahn schlechte Noten in diesen Fächern erhielten, auch wenn im jeweiligen Fach eine Begabung vorlag. These (3) von Mitchell und Krumboltz (1994), wonach positive Verstärkung durch eine respektierte Person, welche bestimmte berufsbezogene Verhaltensweisen nicht empfiehlt oder ausdrücklich davon abrät, zur Ablehnung dieser Verhaltensweisen führt, konnte von Rehberg, Sinclair und Schafer (1970) bestätigt werden. Sie führten eine Untersuchung mit 1.455 männlichen Studienanfängern durch und kamen zu dem Ergebnis, dass Jugendliche mit niedrigen Berufsambitionen eher berichteten, dass auch ihre Eltern keinen Wert auf Ehrgeiz und Erfolg bei ihren Kindern gelegt hätten.

Krumboltz und Mitchell (1994) geben an, dass eine Studienauswertung von Krumboltz und Rude (1981) zu dem Ergebnis kam, dass die Informationssuche die am häufigsten untersuchte Problemlösefähigkeit ist.[232] Krumboltz und Thoresen (1964) fanden in ihrer Untersuchung heraus, dass Problemlösefähigkeiten eher erlernt werden, wenn die Bemühungen um diese positiv verstärkt worden sind. Personen, welche für die Äußerung, mehr berufliche Informationen einholen zu wollen, verstärkt wurden, bemühten sich anschließend zunehmend um die Informationssuche. Gleiches gilt für die Beobachtung an Modellen. Verschiedene Studien, unter anderem von Krumboltz und Thoresen (1964), Fisher, Reardon und Burck (1976), Krumboltz, Varenhorst und Thoresen (1967) oder Thoresen und Krumboltz (1968), kamen zu dem Ergebnis, dass Klienten, welche Tonband- bzw. Videoaufnahmen von Modellen sahen, welche für die Nutzung mehrerer Informationsquellen gelobt wurden, ihre eigene Informationssuche intensivierten. „Results showed increased type and frequency of information-seeking behavior for students viewing the

[230] Mitchell, Krumboltz (1994): S. 186.
[231] Hind, Wirth (1969): S. 65.
[232] Mitchell, Krumboltz (1994): S. 187.

model videotape in comparison to other students using the program."[233] „The results clearly indicate that the presentation of the models produced a greater frequency and variety of information-seeking behavior than either control procedure."[234] Eine weitere Hypothese von Mitchell und Krumboltz lautet „(...) ein Mensch wird eher Handlungsschritte unternehmen, die zur Aufnahme einer bestimmten Ausbildung oder zum Eintritt in einen bestimmten Beruf führen, wenn er zuvor eine Vorliebe für diese Ausbildungsrichtung oder diesen Beruf geäußert hat."[235] Diese hypothetische Beziehung zwischen selbstformulierter Präferenz und tatsächlich stattfindenden Handlungen konnte in zahlreichen Studien bestätigt werden. Astin (1965) kommt in seiner Untersuchung beispielsweise zu dem Schluss, dass die endgültige Berufswahl in erster Linie von der Auswahl bestimmt wird, welche der Jugendliche bereits zu Beginn der Collegezeit getroffen hatte.[236] Die geäußerte Präferenz scheint hier also ein valider Indikator für die spätere Berufswahl zu sein. Für die Autoren der Theorie zum sozialen Lernen der Berufswahl „leitet ein Mensch außerdem eher Aktionen in die Wege, die zur Beschäftigung in einem bestimmten Beruf führen, wenn er praktische Lern- oder Arbeitsmöglichkeiten in diesem Beruf erhalten hat."[237] Horner, Buterbaugh und Carefoot (1967) konnten diese Hypothese bestätigen. Sie werteten Studien zu verschiedenen, für die Berufswahl jugendlicher Landbevölkerung bedeutenden, pädagogischen, soziologischen, psychologischen und wirtschaftlichen Faktoren aus. Die relevantesten Ergebnisse für die oben genannte Hypothese sind, dass praktische Erfahrungen („on-the-job experience"[238]) die Berufswahl bestimmen und dass der Farmerberuf häufig vom Vater auf den Sohn übertragen wird.[239] Letzteres gilt möglicherweise, weil Söhne häufig in der Landwirtschaft mithelfen müssen und so einen guten Einblick in den Beruf haben. Dies wurde auch von Noeth, Engen und Noeth (1984) bestätigt, die untersuchten, wie hilfreich befragte High-School-Schüler verschiedene Faktoren für zukünftige Berufsentscheidungen einschätzten. So beurteilten 51 % der Befragten interessante Schulfächer als sehr hilfreich. Die Plätze zwei bis vier belegten die Familie mit 39 %, praktische Arbeitserfahrungen mit 32 %

[233] Fisher, Reardon, Burck (1976): S. 234.
[234] Krumboltz, Varenhorst, Thoresen (1967): S. 416.
[235] Mitchell, Krumboltz (1994): S. 189.
[236] Astin (1965): S. 28ff.
[237] Mitchell, Krumboltz (1994): S. 189.
[238] Horner, Buterbaugh, Carefoot (1967): S. 29.
[239] Horner, Buterbaugh, Carefoot (1967): S. 7, 29.

und Zensuren mit 31 %. „Teachers, parents, and friends play a part in this process, although their involvement is often a function of circumstances rather than prescription.“[240] Students „also rated friends, high school grades, and scores on a statewide precollege test given in the spring of their junior year as helpful in the process. Since [students] indicated receiving a relatively low level of help from school counselors, it is suggested that as counselors proceed in their career development roles, they should be mindful of the need for consistent self-evaluation of their work and its impact.”[241] Aus Krumboltz Theorie des sozialen Lernens der Berufsentscheidung lässt sich ebenfalls die These ableiten, dass “eine Person eher geneigt ist, Initiativen zu ergreifen, die zum Einstieg in einen bestimmten Beruf führen, wenn ihre erlernten Fähigkeiten den schulischen oder beruflichen Anforderungen entsprechen.”[242] Mansfield (1973) konnte belegen, dass Studenten ihre Erfolgschancen im gewählten Beruf höher einschätzten als in anderen Berufen. „[I]ndividuals (...) are more likely to see themselves as possessing a higher percentage of the abilities they think essential for their chosen occupation than the abilities they think essential in a second, unchosen occupation.“[243] Er nahm daraufhin an, dass Menschen eher einen Beruf wählen, für den sie sich selbst als qualifiziert einschätzen als andere Berufe, für die sie sich nicht geeignet fühlen.[244]

Die aufgeführten empirischen Untersuchungen zeigen die Validität der Theorie nach Krumboltz in Bezug auf die Art von Lernerfahrungen, welche zur Entwicklung schulischer bzw. beruflicher Präferenzen und Problemlösefähigkeit führen. Mitchell und Krumboltz (1994) räumen jedoch ein, dass die Nachweise für Faktoren, welche berufsrelevante Aktivitäten auslösen, weniger eindeutig sind.[245]

3.2.5.3 Konsequenzen für die Praxis

Die Theorie des sozialen Lernens kann mit einem hohen Maß an Plausibilität dienen, da sie sich auf durch viele Untersuchungen abgesicherte Erkenntnisse aus der allgemeinen Lernforschung stützt. Gleichwohl ist

[240] Noeth, Engen, Noeth (1984): S. 240.
[241] PsycINFO Database Record (2016): https://psycnet.apa.org/record/1984-27347-001, zuletzt aufgerufen am 11. Mai 2019.
[242] Mitchell, Krumboltz (1994): S. 190.
[243] Mansfield (1973): S. 439.
[244] Mitchell, Krumboltz (1994): S. 190f.
[245] Mitchell, Krumboltz (1994): S. 191.

zu erwähnen, dass dennoch wichtige Probleme der Berufswahl unerklärt bleiben. Hierzu gehören die Fragen, „wie häufig verstärkte Lernerfahrungen gemacht werden müssen, bis Fähigkeiten und Interessen in das Selbstkonzept integriert werden oder bis Problemlösungsmethoden sich zu abrufbaren Fertigkeiten ausgebildet haben (...)."[246] Zusätzlich bleibt offen, wie die Berufswahl abläuft, wenn sich bei den gemachten Lernerfahrungen keine eindeutigen Interessensschwerpunkte herauskristallisiert haben. Oder wenn bis zum Zeitpunkt der notwendigen Entscheidung kein ausreichender Bezug zwischen den Interessen und einem Beruf hergestellt werden konnte. Zusammenfassend kann gesagt werden, dass der Ansatz Entscheidungsprozesse vernachlässigt.[247]

Laut Mitchell und Krumboltz (1994) sind nach der Theorie Krumboltzs vier Ergebnisse von Lernerfahrungen zu erwarten, nämlich generalisierte Selbstbeobachtungen, Weltanschauungen, Problemlösefähigkeiten sowie Aktivitäten. Ein Schüler, der Hilfe bei der Berufswahl benötigt, hat unter Umständen in einem oder mehreren dieser Bereiche Probleme. Um die benötigte Hilfe bieten zu können, sollte der Berufsberater (bzw. Lehrer) zunächst eruieren, welcher Bereich im Einzelfall problematisch ist. Die Autoren stellen in ihrem gemeinsamen Werk einige Probleme, welche in der Berufsberatung, im Assessment bzw. in der Intervention entstehen können, sowie entsprechende Techniken zu deren Einschätzung vor.[248] Der lerntheoretische Ansatz besagt weiterhin, dass Personen mit ihrem Beruf besonders erfolgreich und damit zufrieden sind, wenn sie für ähnliche Tätigkeiten bereits positives Feedback erhalten haben.[249] Um bereits während des Berufswahlprozesses herausfinden zu können, inwieweit eine Tätigkeit zu einer Person passt, sollten die zur Überprüfung der Passung zwischen Individuum und Beruf notwendigen Informationen bereits im Vorfeld bekannt sein. So kann laut Mitchell und Krumboltz (1994) für eine bestmögliche Karriereplanung gesorgt werden.[250] Dies kann beispielsweise durch Praxiserfahrungen stattfinden. Doch gerade den Gymnasiasten fehlt es oft an solchen Praktika. Selbst wenn während der Mittelstufe ein Schülerbetriebspraktikum abgeleistet wird, dient dies in den seltensten Fällen der bewussten Überprüfung eines Berufes für die Zeit nach dem Abitur. Stattdessen geht es

---

[246] Bußhoff (1984): S. 32.
[247] Bußhoff (1984): S. 32f.
[248] Mitchell, Krumboltz (1994): S. 195f.
[249] Krumboltz, Baker (1973): S. 274.
[250] Mitchell, Krumboltz (1994): S. 209.

um die allgemeine Berufsorientierung, dem Kennenlernen eines Arbeitsalltags und einiger betriebswirtschaftlicher Prozesse. (Freiwillige) Tätigkeiten in den Ferien scheinen hier eine gute Lösung für die Jugendlichen, um möglichst viele verschiedene Optionen für die eigene berufliche Zukunft erkennen zu können. Lehrkräfte können ihre Schüler anleiten und animieren, diese wichtigen Erfahrungen zu machen und entsprechende Rückmeldungen nutzen zu können.

Die Theorie der Berufswahl als sozialer Lernprozess beschäftigt sich nicht nur mit der Frage, welchen Einfluss die Umwelt auf den Berufswähler hat, sondern auch damit, wie der Berufswähler Einfluss auf seine Umwelt ausüben kann. Viele Organisationen verhalten sich aufgrund zahlreicher Bemühungen um soziale Veränderungen bewusster, etwa bei der Personalauswahl, Stellenbesetzungen oder bei Beförderungen.[251] Die Diskriminierung aufgrund von Geschlecht, Hautfarbe, Religion oder aus anderen Gründen darf heutzutage kein Thema mehr sein – auch wenn der Autorin durchaus bewusst ist, dass dies in der Realität sicher noch zu optimieren ist. Laut Mitchell und Krumboltz (1994) „bleibt zu hoffen, daß ein ähnlicher Verhaltenswandel auch zu einer Verbesserung der Arbeitsumwelt führen wird.“[252] Sie empfehlen neben ausgiebiger Überprüfung der Einstellungspraktiken auch sorgfältige Arbeitsplatzanalysen zur optimalen Personalentwicklung. Die meisten Unternehmen sind in ihrer Hierarchie pyramidenförmig aufgebaut. Somit können nur wenige Mitarbeiter in die oberen Ränge aufsteigen und durch anspruchsvolle Aufgaben Befriedigung und Zufriedenheit erlangen. Laterale Arbeitsplatzbewegungen wie Job Rotation, Projektarbeit oder wechselnde Aufgaben scheinen hier gute Lösungsansätze zu sein.[253]

3.3 Neuere Berufswahltheorien

Innerhalb der vergangenen fünfzehn Jahre haben sich einige neue Berufswahltheorien herausgebildet, welche teilweise auf den bereits beschriebenen klassischen Theorien aus den 1950er bis 1970er Jahren aufbauen. Die neuen Trends machen die älteren Modelle jedoch nicht überflüssig, sondern ergänzen sie in ihrer Bedeutung auch für die moderne Praxis. Holland (1973) konzentrierte sich bei seiner Betrachtung auf die Einzelperson. Bestimmte Persönlichkeitsmerkmale deuteten für ihn auf

[251] Mitchell, Krumboltz (1994): S. 210.
[252] Ebenda.
[253] Mitchell, Krumboltz (1994): S. 206ff.

den idealen Beruf hin, gemessen an der Person-Umwelt-Kongruenz. Andere klassische Theorien wie beispielsweise das Phasenmodell nach Super (1953) zeigen auf, dass Berufswahlprozesse in relativ klar definierten Phasen erfolgen, welche in Abhängigkeit vom Lebensalter chronologisch ablaufen. Doch nach einem modernen Verständnis ist die Berufswahl „ein komplexes, dynamisches und kontextuelles Phänomen, das sich nicht auf Einzelpersonen oder bestimmte, festgelegte Phasen reduzieren lässt.“[254] So geht man heutzutage davon aus, dass die Berufswahl und später auch die Zufriedenheit eines Menschen von verschiedenen Faktoren und nicht ausschließlich von den Eigenschaften einer Person abhängen. Auch die Frage danach, wer zu welchem Zeitpunkt welche beruflichen Entwicklungsaufgaben zu bewältigen hat, kann nach heutiger Auffassung aufgrund der Abhängigkeit der Antwort von der jeweiligen Umwelt und dem Kontext nicht allgemeingültig beantwortet werden.[255] Hirschi (2013) fasst verschiedene Aspekte der modernen Ansätze zusammen:

- „(...) Die Person-im-Kontext ist der Fokus in der Berufsberatung (...).
- (...) Nicht nur persönliche Interessen, sondern auch soziale Einflüsse, Hindernisse in der Umwelt, Zufälle und unerwartete Gelegenheiten bestimmen die Berufslaufbahn. Es gibt keinen bestimmten und allgemein gültigen Entwicklungsverlauf von Berufslaufbahnen.
- Laufbahnentwicklung wird konstruktivistisch gesehen, das heißt, nicht so sehr objektive Daten wie gemessene Interessen oder Fähigkeiten, sondern die subjektive Interpretation und Bedeutungszuschreibung der Person ist zentral.
- Eine erfolgreiche Berufswahl und Karriere definiert sich über den subjektiven Karriereerfolg, das heißt die persönliche Zufriedenheit mit und Sinnhaftigkeit der Arbeit.
- Arbeit ist untrennbar mit anderen Lebensbereichen verbunden. Berufsberatung und ‘Lebensberatung‘ lassen sich nicht trennen.
- Laufbahnentwicklung basiert auf einer aktiven Selbstgestaltung des Entwicklungsverlaufs (...).
- Berufswahltheorien und Berufsberatung sollten (...) für alle Personen relevant [sein] – nicht nur für eine privilegierte Gruppe von

[254] Hirschi (2013): S. 31.
[255] Ebenda.

> gutausgebildeten Personen mit der Möglichkeit der 'freien' Berufswahl und Selbstverwirklichung bei der Arbeit."[256]

Die folgenden neueren Ansätze sollen lediglich einen kleinen Einblick in die Theorie der modernen Berufswahl geben. Auch hier ist eine erschöpfende Darstellung nicht das Ziel. Die Auswahl erfolgte nach der Aktualität und Praxisnähe der Ansätze. Außerdem ist das Kooperationsmodell eines von wenigen Beispielen, welches die Rolle der Schule im Berufswahlprozess der Jugendlichen explizit berücksichtigt. Bis heute ist kein einheitliches Modell entwickelt worden.[257] In Kapitel 3.4 wird genauer aufgezeigt, warum eine solche Vereinheitlichung teilweise schwerfällt. Die folgenden Ausführungen sollen einem tieferen Verständnis der Thematik dienen und hierbei besonders einen Einblick in die moderne Berufswahltheorie bieten. Inwieweit sich moderner Berufsorientierungsunterricht auf die neueren Theorien stützen kann und welche Konsequenzen sich für die schulische Praxis ableiten lassen, wird in Kapitel 3.3.4 erläutert.

3.3.1 Konstruktivistische Laufbahnentwicklung

Den Konzepten der konstruktivistischen Laufbahnentwicklung und des Life Designing nach bildet die Geschichte einer Person die Basis der Berufslaufbahn, wobei es um die Herausbildung eines persönlich sinnvollen und bedeutungsvollen Lebensweges geht. Savickas (1995, 1997, 2002, 2005) formulierte die konstruktivistische Theorie der Laufbahnentwicklung als Fortentwicklung der Lebensspannentheorie nach Super (1957). Laut Savickas (2002) arbeiten Individuen eine subjektive Realität aktiv aus, anstatt aufgrund der objektiven Realität zu agieren. Er versteht Entwicklung als die Anpassung an die Umwelt und nicht als innere Reifung. So werden Interaktionsprozesse und soziale Interaktionen betont. Die drei zentralen Konzepte der konstruktivistischen Theorie sind die „berufliche Persönlichkeit"[258], die „Lebensthemen"[259] und die „Laufbahn-Adaptabilität"[260]. Das Konzept der beruflichen Persönlichkeit beschreibt zum einen eine objektive Perspektive, welche Menschen anhand ihrer

---

[256] Hirschi (2013): S. 31.
[257] Moll (2015): S. 64.
Köck (2018): S. 172.
[258] Hirschi (2013): S. 35.
[259] Ebenda.
[260] Hirschi (2013): S. 36.

Persönlichkeitseigenschaften oder Interessen kategorisiert. Zum anderen wird auch das subjektive Konzept, welches eine Person von sich selbst, ihren Ideen, Emotionen, der Arbeit und dem Leben hat, berücksichtigt. Das subjektive Konzept führt zu erfahrener Sinnhaftigkeit im Leben und damit zu Savickas (2002) zweiter Säule der konstruktivistischen Laufbahntheorie: den Lebensthemen, welche sich schließlich in der persönlichen Berufsentwicklung ausdrücken. Die Theorie basiert auf Supers (1994) Ansatz, dass Menschen ihr Selbstkonzept durch den Beruf und die optimale Passung zwischen Person und Umwelt ausdrücken möchten. Arbeit hat für viele Menschen eine tiefe Bedeutung und umgekehrt gibt ein Lebensthema der Arbeit einen bestimmten Sinn im Leben. Aus Erfahrungen konstruiert die Person sich dieses Lebensthema aktiv zu einer kohärenten eigenen Lebensgeschichte. Diese Geschichte spiegelt die Motivation und die Geltung der Arbeit im Leben wider. Die dritte Säule der Theorie bildet die Laufbahn-Adaptabilität, also die Anpassungsfähigkeit des Individuums. Sie beschreibt die Haltungen, Kompetenzen und Verhaltensweisen einer Person mit dem Ziel, eine gute Passung zwischen sich selbst und der Arbeit herzustellen. Das eigene Selbstkonzept soll durch die Arbeit bestätigt werden.[261] Folgende vier Dimensionen bilden den Kern dieser dritten Säule:[262]

1.) Bewusstwerden über die eigene Zukunft als Berufstätiger
2.) Ausweitung der persönlichen Verantwortung für die eigene berufliche Zukunft
3.) Neugier zeigen durch Exploration möglicher Zukunftsszenarien
4.) Stärkung des Vertrauens auf das Erreichen der eigenen Ziele

Insgesamt soll die Berufsberatung laut Savickas (2005) dem Berufswähler dabei helfen, das Leben führen zu können, welches das Individuum sich vorgestellt hat.[263]

3.3.2 Der Life-Designing-Ansatz

Beeinflusst von Savickas (2005) konstruktivistischer Laufbahntheorie haben Savickas et al. (2009a) in einer internationalen Zusammenarbeit

[261] Savickas (2002): S. 151ff.
Savickas (2005): S. 48ff.
Dreer (2013): S. 39.
Hirschi (2013): S. 35ff.
[262] Savickas (2005): S. 52.
[263] Savickas (2005): S. 68.

gemeinsam ein neues Konzept der Laufbahnberatung und -entwicklung erstellt. Ausgangspunkt war dabei die Erkenntnis, dass sich die Rahmenbedingungen für die Berufswahl durch den rasanten technologischen und ökonomischen Wandel ab der Jahrtausendwende grundlegend verändert haben. Zu den Themen der Gegenwart gehören abnehmende Planungssicherheit und Patchwork-Biografien genauso wie weniger stabile Charaktereigenschaften und nichtlineare Abfolgen objektiver Lebensstufen. So entstand das an das 21. Jahrhundert und die immer dynamischer und individueller werdenden Berufslaufbahnen angepasste Konzept des Life Designing.[264] Den Rahmen des Ansatzes bildet die Forderung nach lebenslangen, ganzheitlichen, kontextuellen, präventiven Maßnahmen der Berufswahl.[265]

Tabelle 2: Interventionen im Rahmen des Life-Designing.
Eigene Darstellung nach Savickas et al. (2009a): S. 244f.

Life-long	„A support system for life designing and building must do more than just help people acquire skills to deal with current changes and developmental issues. It should also help them to determine for themselves which skills and knowledge they value in their lifelong development and then help them to determine 'how' (the needed method), 'who' (the person or specialist that can give the support), 'where' (the environment in which it should take place), and 'when' (the best moment for the intervention) these skills and knowledge may be acquired."
Holistic	„This means that, although the vocational aspects related to the work and student roles are at the center of attention, other important life roles such as family member, citizen, and hobbyist should be taken into account (...)."
Contextual	„(...) the importance of the environment should be stressed. Even more, the environments from the past and the present, the interaction of the person with these environments, and the way the environments were observed and interpreted by the individual need to be incorporated."

[264] Hirschi (2013): S. 36.
Rübner, Höft (2019): S. 48f.
[265] Savickas et al. (2009a): S. 244f.

Preventive	„In the framework of life-design counseling this means taking an interest in people's future much earlier than when they have to face the difficulties of transitions, so that their actual choice opportunities can be increased with special attention devoted to at-risk situations.“

Ziele des Life-Designing-Beratungsansatzes sind die Erweiterung der Anpassungsfähigkeit, Narratibilität und Aktivität der Ratsuchenden.[266] „Anpassungsfähigkeit bezieht sich auf den Wandel, Narratibilität auf die Kontinuität. Anpassungsfähigkeit und Narratibilität zusammen befähigen den Einzelnen zu Flexibilität und Treue zu sich selbst, welche die Grundlage bilden für sinnvolles Handeln und Bewährung in der Wissensgesellschaft.“[267] Dieser für Berufsberater wichtige Ansatz basiert also auf der Annahme, dass sich Arbeit und das übrige Leben nicht voneinander trennen lassen und deshalb als integratives Ganzes betrachtet werden sollen. Berufsberater (zu denen nach diesem Verständnis wohl auch Lehrkräfte gehören können) agieren dabei als sogenannte „Change Agents“[268] und stehen der Person bei, ihr Leben aktiv zu gestalten. Um den gesamten dynamischen Lebenskontext eines Menschen auszumachen, sind objektive Persönlichkeits- oder Interessenstests laut den Wissenschaftlern nicht ausreichend. Berufsberatung dient nicht nur der bloßen Vermittlung von Informationen, sondern der Begleitung beim Erlernen von Anpassungsstrategien, um erforderliche Kompetenzen wie beispielsweise Sozial- oder Entscheidungskompetenzen zu erlernen. Ferner werden nicht nur die berufliche Identität, sondern auch andere Lebensbereiche in der Beratung berücksichtigt. Es sollen verschiedene Perspektiven in Bezug auf den persönlichen Lebensweg eingenommen werden und so vermieden werden, in einer standardisierten, unpassenden Denkweise zu verharren.[269] In den Fokus tritt so die aktive und flexible Gestaltung des eigenen Lebenslaufes.[270] „Berufswahl und berufliche Entwicklung werden in den Gesamtkontext der individuellen Lebensgestaltung eingebettet und nicht mehr in ein Kongruenzmodell wie bei

[266] Savickas et al. (2009a): S. 239ff.
Savickas et al. (2009b): S. 1ff.
[267] Savickas et al. (2009b): S. 15.
[268] Savickas et al. (2009a): S. 247.
[269] Hirschi (2013): S. 36.
[270] Rübner, Höft (2019): S. 49.

Holland oder einen Maxi-Zyklus wie bei Super."[271] Stattdessen ist die Stärkung der eigenen Handlungsfähigkeit über das Erkennen und Gestalten von Reflexionsräumen über die eigene Vergangenheit und Zukunft zentrales Element des Life-Designing-Ansatzes.

Maree (2013) hält fest: „Using Savickas' approach, career counsellors can overcome many of the weaknesses associated with traditional approaches to career counselling (...)."[272] Wie dieses Potenzial teilweise in der unterrichtlichen Praxis genutzt werden kann, wird in Kapitel 3.3.4 aufgezeigt.

3.3.3 Das Kooperationsmodell

Erwin Egloff und Daniel Jungo (2007) entwickelten das sogenannte Kooperationsmodell, welches auf dem übergangstheoretischen und dem entwicklungstheoretischen Ansatz basiert. Demnach stellt die Berufswahl einen lebenslangen Entwicklungsprozess dar, bei dem die Person zu bestimmten Zeiten vorgegebene Fähigkeiten erlangt haben sollte.[273] Für Egloff und Jungo darf der jugendliche Berufswähler in der Phase der Berufswahlvorbereitung nicht allein gelassen werden. Stattdessen soll das gesamte betroffene soziale Umfeld des Jugendlichen in koordinierter Weise zusammenarbeiten. Die Autoren denken dabei neben den Jugendlichen selbst besonders an die Eltern, die Schule, Berufsberater und Berufsbildungsverantwortliche aus der Wirtschaft.[274] Damit ist der Ansatz einer der wenigen, welcher die Rolle der Schule hinreichend berücksichtigt. „Nach dem Kooperationsmodell ist die Aufgabe der Schule bei der Berufswahlvorbereitung begrenzt auf die Vermittlung jener Lernschritte in den Bereichen der Ich-Bildung, der Selbsterfahrung und der Berufserkundung, welche die Schüler und Schülerinnen befähigen, den weiteren Weg der individuellen Berufsfindung relativ selbstständig zu gehen. ‚Selbstständig' bedeutet in diesem Zusammenhang nicht ‚für sich alleine', sondern es bedeutet eher, dass der Jugendliche seinen Weg aus eigenem Antrieb geht und fähig ist, bei der eigentlichen Berufsfin-

[271] Rübner, Höft (2019): S. 49.
[272] Maree (2013): S. 418.
[273] Moll (2015): S. 68.
[274] Egloff, Jungo: https://a.berufswahlvorbereitung.ch/page/content/index.asp?MenuID=1711&ID=2568&Menu=11&Item=6, zuletzt aufgerufen am 15. November 2018.

dung mit Eltern, Berufsberatung und eventuell auch mit Berufspraktikern zu kooperieren."[275] Die Eltern sind für Egloff und Jungo zum einen gesetzlich[276], zum anderen von der Beziehungsnähe her an der Herausbildung der (beruflichen) Persönlichkeit ihrer Kinder beteiligt. Auch die Lehrkräfte, insbesondere die in der Oberstufe unterrichtenden, haben wichtigen Einfluss auf die Persönlichkeit der Jugendlichen. Bei den Institutionen der Berufsberatung können die Berufswähler sich Beratung und Informationen einholen, die Wirtschaft bildet die Alltagswirklichkeit der Arbeits- und Berufswelt. Sie bietet ebenfalls (praktische) Informationen und einen Großteil der Ausbildungsplätze auf dem Markt.[277] Die verschiedenen Kooperationspartner sollen die Jugend dabei unterstützen, den Berufswahlprozess erfolgreich zu durchlaufen. Zwar wird dem Berufswähler einiges an Eigenverantwortung und Initiative zugetraut; dennoch sollten Rücksprachen zwischen den sozialen Systemen und dem Jugendlichen stattfinden und auch die Zusammenarbeit zwischen den einzelnen Kooperationspartnern wird betont.[278] Dies wird in Abbildung 10 zusammenfassend dargestellt. „Ein besonderer Stellenwert wird der Erkundung der Arbeitswelt sowie der Unterstützung durch die Eltern zugemessen. Entscheidend ist, dass die Jugendlichen zunächst hinsichtlich ihrer Persönlichkeitsentwicklung bei der Erlangung der Berufswahlreife unterstützt werden. Durch Selbsterfahrungen lernen sich die Jugendlichen besser kennen und können einen Beruf aussuchen, der ihren Interessen und Fähigkeiten entspricht. Dabei sollen die (...) Hilfsangebote der Interaktionspartner den Jugendlichen nicht übergestülpt werden, vielmehr sollen die Jugendlichen lernen, entsprechende Angebote selbst anzufordern."[279]

---

[275] Egloff, Jungo: https://a.berufswahlvorbereitung.ch/page/content/index.asp?MenuID=1711&ID=2568&Menu=11&Item=6, zuletzt aufgerufen am 15. November 2018.

[276] Schweizerisches Zivilgesetzbuch, Artikel 302: „1 Die Eltern haben das Kind ihren Verhältnissen entsprechend zu erziehen und seine körperliche, geistige und sittliche Entfaltung zu fördern und zu schützen. 2 Sie haben dem Kind, insbesondere auch dem körperlich oder geistig gebrechlichen, eine angemessene, seinen Fähigkeiten und Neigungen soweit möglich entsprechende allgemeine und berufliche Ausbildung zu verschaffen. 3 Zu diesem Zweck sollen sie in geeigneter Weise mit der Schule und, wo es die Umstände erfordern, mit der öffentlichen und gemeinnützigen Jugendhilfe zusammenarbeiten."

[277] Egloff, Jungo (2007): S. 78.

[278] Egloff, Jungo: https://a.berufswahlvorbereitung.ch/page/content/index.asp?MenuID=1711&ID=2568&Menu=11&Item=6, zuletzt aufgerufen am 15. November 2018.

[279] Moll (2015): S. 69.

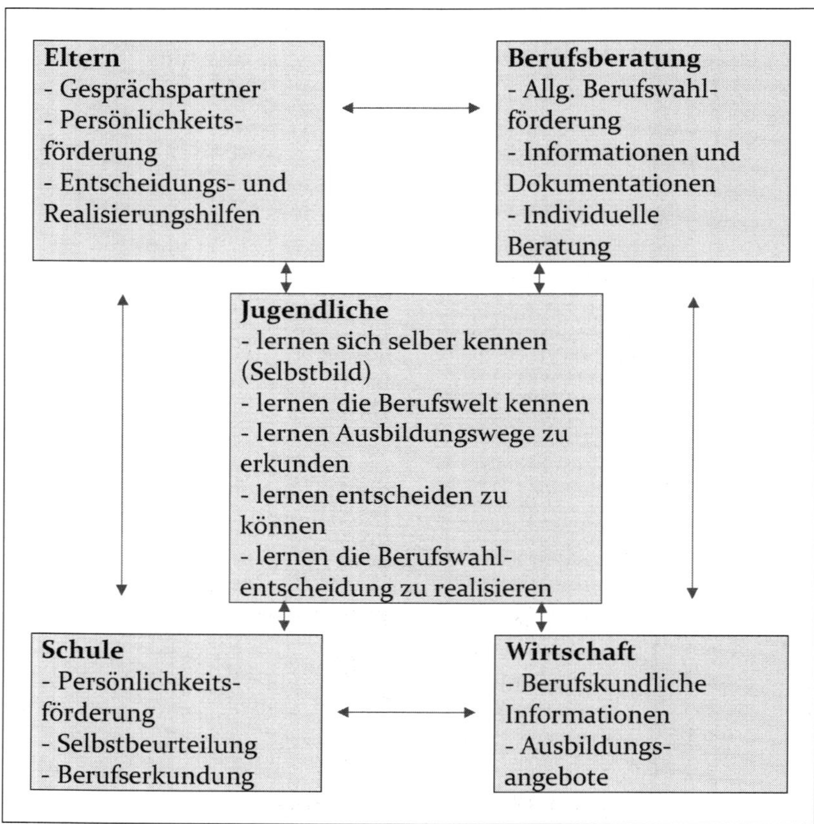

Abbildung 10: Das Kooperationsmodell: Die wichtigsten Kooperationspartner. Eigene Darstellung nach Egloff, Jungo (2007): S. 78 und Egloff, Jungo: https://a.berufswahlvorbereitung.ch/page/content/index.asp?MenuID=1711&ID=2568&Menu=11&Item=6, zuletzt aufgerufen am 15. November 2018.

Nach eigenen Angaben bemühen sich die Autoren außerdem besonders, „den Grundsatz zu verwirklichen, dass die Berufswahl keine Frage des Geschlechtes ist und alle Berufe beiden Geschlechtern offenstehen.“[280] Die Kooperationspartner sind also auch angehalten, der Genderun-

[280] Egloff, Jungo: https://a.berufswahlvorbereitung.ch/page/content/index.asp?MenuID=1711&ID=2568&Menu=11&Item=6, zuletzt aufgerufen am 15. November 2018.

gleichheit entgegenzuwirken und gemeinsam daran zu arbeiten, bestehende Strukturen, welche der Gleichberechtigung der Geschlechter oft noch entgegenstehen, zu verändern.[281]

3.3.4 Empirische Befunde und Konsequenzen für die Praxis

Die konstruktivistische Laufbahnentwicklung fordert unter anderem ein Bewusstsein für die eigene berufliche Persönlichkeit und die Verantwortung der Berufswähler für die eigene berufliche Zukunft. Die Schaffung dieses Bewusstseins stellt eine wichtige Herausforderung für die Schulen dar. In einem geschützten Rahmen sollen sie die Jugendlichen unterstützen, die drei beschriebenen zentralen Konzepte der konstruktivistischen Theorie anhand der eigenen Person zu entdecken und ihnen so neue Wege aufzeigen.[282] Dabei reichen die reine Informationsvermittlung oder objektive Persönlichkeitstests nicht aus. Stattdessen ist der persönliche Hintergrund der Schüler zu berücksichtigen.[283] Ähnliches gilt für den Life-Designing-Ansatz. Maree (2013) fasst diesen zusammen: „Briefly summarized, the ultimate aim of career construction and life designing is to equip career counsellors with the skills and strategy needed to help people fit careers into their lives rather than fit their lives into their work."[284] Dieses Potenzial gilt es auch in der unterrichtlichen Praxis zu nutzen und entsprechend umzusetzen. Die vorliegende Studie konnte zeigen, dass die Durchführung von Schwächenanalysen in der Oberstufe eine gern angewandte Maßnahme der Berufs- und Studienorientierung im Projekt-Seminar ist (siehe Kapitel 5.2.2.1, Forschungsfrage 2.3.1). Sechs der sieben befragten Lehrkräfte führten mit den Schülern eine solche Analyse durch – ohne dass sie in irgendeiner Form von zentraler Stelle vorgeschrieben gewesen wäre. Doch der Life-Designing-Ansatz impliziert nach Ansicht der Autorin, den Berufswählern nicht nur das jeweils aktuelle Fehlen bestimmter Fähigkeiten und Fertigkeiten und unmittelbar erforderliche Optimierungsmaßnahmen aufzuzeigen.

---

[281] Egloff, Jungo: https://a.berufswahlvorbereitung.ch/page/content/index.asp?MenuID=1711&ID=2568&Menu=11&Item=6, zuletzt aufgerufen am 15. November 2018.
[282] Savickas (2005): S. 68.
[283] Hirschi (2013): S. 36f.
[284] Maree (2013): S. 418.

Stattdessen sollte ein langfristiger Ausblick gegeben werden, welche Fähigkeiten wie, von wem, wo und wann erlernt werden können.[285] Das Wissen um die möglicherweise zeitlich aufschiebbare Behebung von Defiziten kann den Entscheidungsdruck der Jugendlichen reduzieren und so die Konzentration auf unmittelbar notwendige Handlungsfelder ermöglichen. Zudem berücksichtigt das Life Designing weitere Lebensrollen der Berufswähler. Die vorliegende Studie zeigte, dass auch Gymnasiasten bereits während der Schulzeit den Blick auf mögliche spätere Lebensrollen richten. 61 % der befragten Zwölftklässler (n = 41) gaben an, dass ihnen eine gute Vereinbarkeit mit dem Familienleben für ihr späteres Berufsleben wichtig sei. Diese späteren Rollen und ihre entsprechende Bedeutung für die Berufswahl sollten auch in der Unterrichtspraxis thematisiert werden, um eine ganzheitliche Berufs- und Studienorientierung zu ermöglichen. Ein weiterer zu berücksichtigender Aspekt, welcher durch Savickas (2009a) Konzept vorgegeben wird, ist die Berücksichtigung äußerer Umstände, welche sich beispielsweise aus dem Elternhaus ergeben. Hierfür ist es erforderlich, dass die Lehrkräfte die Rahmenbedingungen, unter deren Einfluss der Berufswahlprozess der Schüler steht, auch kennen. Regelmäßige Rücksprachen und Erkundigungen nach dem Befinden gehören hier ebenso zum Maßnahmenrepertoire wie die Akzeptanz dessen, wenn die Jugendlichen der Schule keinen Einblick in die persönlichen Lebensumstände geben wollen. Eine umfassende Darlegung des möglichen Umgangs mit verschiedenen theoretischen, beispielhaft beschriebenen Umwelten kann dieses Problem zumindest teilweise auffangen. Zur Theorie finden sich ansonsten in der Literatur hauptsächlich Anwendungsszenarien und Einzelfallstudien. Bislang mangelt es jedoch an weiteren Untersuchungen.[286]

Egloff und Jungo (2007) betonen in ihrem Modell die Bedeutung der Kooperationspartner für die Berufswahl. Unter anderem Saterdag und Stegmann (1980) konnten belegen, dass die Eltern und die peer-group die wichtigsten Ansprechpartner in Sachen Berufswahl sind.[287] Auch die vorliegende Untersuchung beschäftigte sich mit der Bedeutung der Eltern und Freunde für die jungen Berufswähler (siehe Kapitel 5.2.1). Die Eltern gehören laut dem Kooperationsmodell zu den wichtigsten Part-

[285] Savickas et al. (2009a): S. 244f.
[286] Rübner, Höft (2019): S. 49.
[287] Saterdag, Stegmann (1980): S. 81.

nern für die Berufswahl vieler Jugendlichen. Die Schulen können Elternkontakte anregen und vorbereiten.[288] Selbst das möglicherweise vorkommende Ausbleiben unterstützender Aktivitäten seitens der Eltern ist vermutlich in den seltensten Fällen Ignoranz oder böser Wille, sondern eher Unwissenheit was die Notwendigkeiten und Möglichkeiten sinnvoller Hilfestellungen angeht. Es ist Aufgabe der Schule, diese Barriere aufzulösen und Elternkontakte qualitativ und quantitativ auszuweiten. In einzelnen kantonalen Oberstufenlehrplänen der Schweiz, wo ein ganzheitliches Berufsorientierungskonzept nach Egloff exemplarisch durchgeführt wird, diente das Kooperationsmodell als Grundlage bei der Ausarbeitung von Konzepten und Lehrplänen zur Berufswahlvorbereitung. Dabei sind unter anderem kollektive Elternveranstaltungen zur Berufswahlvorbereitung vorgeschrieben.[289] In Bayern gilt dies nicht verbindlich. Dennoch ist die Information der Erziehungsberechtigten auch dort in Form von beispielsweise Elternabenden wünschenswert. Eine weitgehende Unterstützung beim Berufsorientierungsprozess ist insbesondere in wirtschaftlich schwierigen Zeiten und bei Risikogruppen geboten. Doch trotz der Aufforderung zur Kooperation der einzelnen Systeme geben Egloff und Jungo an, dass die Berufswahlentscheidung und das Finden einer Ausbildungsstelle grundsätzlich den Jugendlichen und ihren Eltern obliegen. Berufsberater können jedoch für die individuelle Berufswahlhilfe herangezogen werden. Eines der Lernziele der Berufswahlvorbereitung ist es, die entsprechenden Anlaufstellen kennenzulernen und zu gegebener Zeit in Anspruch nehmen zu können.[290]

Hirschi (2013) schränkt die Erweiterung der klassischen Berufswahltheorien durch die modernen Ansätze insofern ein, als dass er festhält, „dass es sich häufig eher um grundsätzliche Ideen und Beratungsperspektiven als um konkret überprüfbare Modelle handelt, die Berufswahlprozesse

---

[288] Egloff, Jungo: https://a.berufswahlvorbereitung.ch/page/content/index.asp?MenuID=1711&ID=2568&Menu=11&Item=6, zuletzt aufgerufen am 15. November 2018.

[289] Ebenda.
Egloff, Jungo (2007): S. 78.
Moll (2015): S. 69.

[290] Egloff, Jungo: https://a.berufswahlvorbereitung.ch/page/content/index.asp?MenuID=1711&ID=2568&Menu=11&Item=6, zuletzt aufgerufen am 15. November 2018.

beschreiben."[291] Es besteht also weiterhin ein großer Bedarf an Forschung und weiteren theoretischen Spezifizierungen, ehe die Ansätze als empirisch fundiert bezeichnet werden können.[292]

3.4 Der Wunsch nach einer einheitlichen Theorie zur Berufswahl

In den vorhergehenden Kapiteln wurde deutlich, dass eine große Anzahl an komplexen Einflüssen auf die Berufswahl einwirkt. Dieser Umstand wiederum erschwert die Herausbildung eines gemeinsamen, allgemeingültigen Konzeptes maßgeblich, weshalb auch heutzutage noch keine einheitliche Theorie besteht.[293] In den 1990er Jahren bestand beispielsweise in den USA das Bestreben, die Vielzahl an Theoriemodellen in einem übergeordneten Gesamtkonzept zusammenzufassen. Doch bislang scheiterten diese Versuche.[294] Stattdessen besteht die allgemeine Ansicht, die klassischen Theorien könnten nebeneinander existieren und sich gegenseitig ergänzen. Die Faktoren, welche auf die Berufswahl einwirken, werden von den Theorien jeweils unterschiedlich beleuchtet. Statt die verschiedenen Konzepte als Konkurrenten zu erachten, wird die Weiterentwicklung von Theoriegruppen angestrebt. Ähnliche Modelle sollen also zusammengefasst werden. Beispielhaft kann hier das berufliche Selbstkonzept von Super (1994) und das verwandte Modell nach Mitchell und Krumboltz (1994) genannt werden. [295] Selbst bei scheinbar gegenläufigen Modellen wie den geschlossenen und offenen Entscheidungsmodellen lassen sich gemeinsame Modellvariablen ansetzen (Berufswähler als Entscheidungssubjekt, anstehende Entscheidung, Informationen, welche das Individuum hat bzw. sucht, Übersetzung in eine Entscheidung).[296] Bei sämtlichen Integrationsversuchen besteht jedoch das Problem, dass essentielle Aspekte der einzelnen Theorien leicht verloren gehen. Zusammenfassend kann festgehalten werden,

[291] Hirschi (2013): S. 38.
[292] Ebenda.
[293] Moll (2015): S. 64.
[294] Swanson, Gore (2000): S. 233ff.
Hurni (2007): S. 8f.
[295] Hurni (2007): S. 9.
[296] Bußhoff (1984): S. 32.

dass das Erkennen von Gemeinsamkeiten der einzelnen Konzepte gegenüber deren Vereinheitlichung zu favorisieren ist. Dies stellt gleichzeitig das Ziel der modernen laufbahntheoretischen Forschung dar.[297]

3.5 Einordnung der Arbeit

Die Domäne der Berufsorientierung lässt sich disziplinär sowohl der ökonomischen Bildung als auch der Wirtschaftspädagogik zuordnen.[298] Arndt (2020) begründet die Bedeutung der Berufsorientierung für die ökonomische Bildung unter anderem mit der Tatsache, dass die „Lebensweltorientierung (...) eine Ausrichtung auf Kompetenzen, Lernziele und Unterrichtsinhalte nahe (legt), die sich an den Anforderungen orientiert, die [unter anderem] an (...) Erwerbstätige (zum Beispiel Berufswahl, Selbstständigkeit) (...) gestellt werden (...)."[299] Ostendorf (2009) meint, das Berufliche sei sehr eng mit gesellschaftspolitischen Fragen verbunden.[300] Somit wird laut Dreisiebner (2019) „die Beschäftigung mit Berufsfindungsprozessen historisch bedingt zu einem Forschungsfeld der Wirtschaftspädagogik (...)"[301].Historisch wurde die Notwendigkeit der Auseinandersetzung mit den Themen der Berufswahl und Berufsberatung „meist aus sozialpolitischer Perspektive begründet."[302] Krasensky (1952) postulierte etwa, Wirtschaftspädagogik sei „angewandte Sozialpädagogik"[303]. Auch für Wolfenstädter (1962) greift „die Berufswahl mitten in die Auseinandersetzungen der wirtschaftspädagogischen Theorie und Praxis"[304] hinein. Laut Sloane (2001) ist die Wirtschaftspädagogik „eine Disziplin genau zwischen Berufs- und Sozialpädagogik"[305]. Für Dreisiebner (2019) ergibt sich die Zugehörigkeit des Forschungsfeldes auch schon allein aus der Tatsache, dass sich sehr viele Wirtschaftspädagogen aktiv mit der Domäne auseinandersetzen. Er nennt unter anderem den ersten Lehrstuhlinhaber für Wirtschaftspädagogik der Universität Linz

297 Hurni (2007): S. 9.
298 Dreisiebner (2019): S. 31.
Arndt (2020): S. 234.
299 Arndt (2020): S. 120.
300 Ostendorf (2009): S. 6.
301 Dreisiebner (2019): S. 31.
302 Ebenda.
303 Krasensky (1952): S. 15.
304 Wolfenstädter (1962): S. 122.
305 Sloane (2001): S. 9.

Karl Heinz Seifert (1977), der mit seinem „Handbuch der Berufspsychologie" ein bis heute bedeutendes und häufig zitiertes Werk hinsichtlich der Struktur von Berufswahltheorien geschaffen hat.[306] Seifert (1977) wiederum zitiert unter anderem die „für die Entwicklung der Wirtschaftspädagogik entscheidenden Akteure"[307] Spranger (1924), Kerschensteiner (1914) und Fischer (1918).[308] Zu den Forschungs- und Praxisfeldern der Wirtschaftspädagogik gehört freilich auch die Schulpädagogik, insbesondere der beruflichen Schulen.[309] In diesen Bereich wiederum fällt auch die Fachdidaktik Wirtschaft und Recht. In der vorliegenden Arbeit wird unter dem Begriff des Leitfaches jenes Unterrichtsfach verstanden, in dessen Rahmen die Aufgaben der Berufs- und Studienorientierung primär übernommen werden. Mit der Ernennung zum Leitfach für die berufliche Orientierung am bayerischen Gymnasium werden die Bedeutung des Wirtschaft-Recht-Unterrichts sowie die damit verbundenen Herausforderungen für die Wirtschaftslehrer deutlich. In manchen Fällen wie beispielsweise in Sachsen-Anhalt kann dies auch von mehreren Leitfächern gemeinsam geleistet werden.

Betrachtet man die in der vorliegenden Arbeit aufgezeigten Theorien zur Berufs- und Studienorientierung, so fällt schnell auf, dass die meisten Ansätze und auch Untersuchungen aus den 1950er bis 1970er Jahren und außerdem aus dem angloamerikanischen Raum stammen. Aufgrund der Tatsache, dass die Bildungspolitik in der Bundesrepublik Deutschland Aufgabe der einzelnen Länder ist[310], ist der bayerische Lehrplan in seinem Aufbau singulär. Es wurden in den letzten Jahrzehnten immer wieder Bemühungen angestellt, ihn an die Bedingungen der Arbeitswelt anzupassen. Der unbefriedigende Zustand, dass speziell über die Situation der bayerischen Gymnasiasten kaum Untersuchungen vorliegen, soll zumindest teilweise durch diese Arbeit ausgeräumt werden. Es soll versucht werden, einige der Theorien in Ansätzen anhand der vorgenommenen Längsschnittstudie zu überprüfen. Die heutige Zeit bietet den an der Berufswahl junger Erwachsener Beteiligten, sprich den Jugendlichen selbst, ihren Eltern, Lehrern, potenziellen Arbeitgebern und Berufsberatern, Möglichkeiten, welche zur Zeit der

---

306 Dreisiebner (2019): S. 33.

307 Ebenda.

308 Seifert (1977): S. 180.

309 Dreisiebner (2019): S. 33.

310 Bundesministerium für Bildung und Forschung: https://www.bmbf.de/de/kooperation-von-bund-und-laendern-in-wissenschaft-und-bildung-77.html, zuletzt aufgerufen am 6. September 2020.

Aufstellung der meisten klassischen Hypothesen noch nicht gegeben waren. Informationen sind beispielsweise im Internet sehr einfach und in kürzester Zeit einzuholen. Das Selbstbewusstsein, mit dem Nachwuchskräfte auf den Arbeitsmarkt treten, ist immens.[311] Die Fragen, vor deren Hintergrund diese Arbeit steht, lauten unter anderem: Wie ist der Status Quo dieser jungen Generation, der sogenannten „Generation Z"[312] (geboren zwischen 1995 und ca. 2012) oder „Digital Natives"[313] (von Geburt an mit digitalen Medien Vertraute)? Was denken und erhoffen sich die Gymnasiasten, die auf den durch Fachkräftemangel gebeutelten Arbeitsmarkt strömen? Die in Kapitel 5.1.6 aufgezeigten Forschungsfragen können nicht durch eine der Berufswahltheorien beantwortet werden. Stattdessen bedarf es einer Untersuchung, in der die Mitglieder der Generation Z befragt werden und ihre Sicht der Dinge deutlich wird. Gleichzeitig sollen die Ansichten, Erwartungen und Möglichkeiten zur Beteiligung am Berufswahlprozess der Eltern, Lehrkräfte und Praktikumsbetreuer dargestellt werden.

[311] Wisdorff (2013): https://www.welt.de/wirtschaft/article119370856/Deutschlands-Jugend-strotzt-vor-Selbstbewusstsein.html, zuletzt aufgerufen am 20. Mai 2019.
[312] MM New Media GmbH: https://unternehmer.de/lexikon/online-marketing-lexikon/generation-z, zuletzt aufgerufen am 29. Juli 2020.
[313] Ebenda.

4 Berufs- und Studienorientierung am bayerischen Gymnasium

Durch die folgenden Ausführungen zur Situation der Berufs- und Studienorientierung am bayerischen Gymnasium soll zum einen ein tieferes Verständnis für die gesetzlichen und organisatorischen Rahmenbedingungen der beruflichen Orientierung der Teilnehmer der vorliegenden Studie geschaffen werden. Sie dient damit der besseren Nachvollziehbarkeit bestimmter Umstände und möglicherweise von diesem Kontext abhängigen Antworten. Zum anderen ermöglichen die Ausführungen den späteren Vergleich mit den Vorgaben der anderen Bundesländer (siehe Kapitel 6.2) und das Ableiten entsprechender Konsequenzen für die bayerische Praxis. In Kapitel 3.3.3 wurde das Kooperationsmodell als neuere Berufswahltheorie beschrieben, welches die große Bedeutung der Zusammenarbeit zwischen den Beteiligten betont. Auch aus der Befragung der Nürnberger Gymnasiasten, ihrer Eltern, Praktikumsbetreuer und Lehrkräfte konnte die Relevanz guter Kooperationen für eine befriedigende Berufs- und Studienorientierung abgeleitet werden (siehe Kapitel 5.2). Die Darstellung außerschulischer Kooperationen in Kapitel 4.5 trägt dieser Erkenntnis Rechnung, indem sie beispielhaft eine Auswahl von Zusammenarbeiten abbildet.

4.1 Rechtliche Grundlagen

Verschiedene gesetzliche Regelungen und Erlasse geben in Deutschland die Vorgaben zur beruflichen Orientierung an allgemeinbildenden Schulen.[314] Die für die Berufs- und Studienorientierung an bayerischen Gymnasien maßgeblichen Texte sind das Bayerische Gesetz über das Erziehungs- und Unterrichtswesen (BayEUG), die Bayerische Schulordnung (BaySchO) sowie die Schulordnung für die Gymnasien in Bayern (GSO). Zusätzlich gelten die verbindlichen Vorgaben des aktuell gültigen Lehrplans der jeweiligen Schulart. Laut Artikel 2 des BayEUG ist es unter anderem Aufgabe der Schule „auf Arbeitswelt und Beruf vorzube-

[314] Kultusministerkonferenz (2019): S. 4ff.

reiten, in der Berufswahl zu unterstützen und dabei insbesondere Mädchen und Frauen zu ermutigen, ihr Berufsspektrum zu erweitern"[315]. Absatz 4 des Artikels fordert außerdem die Zusammenarbeit mit Betrieben und Einrichtungen der Weiterbildung.[316] Als besondere Aufgabe des Gymnasiums sieht Artikel 9 die Vermittlung einer vertieften allgemeinen Bildung, „die für ein Hochschulstudium vorausgesetzt wird; (...) [das Gymnasium] schafft auch zusätzliche Voraussetzungen für eine berufliche Ausbildung außerhalb der Hochschule."[317] Die Bayerische Schulordnung gilt schulartübergreifend und somit auch für alle Gymnasien in Bayern. §21 BaySchO regelt die verpflichtenden Vorgaben für Schülerfirmen, Betriebspraktika und sonstige Praxismaßnahmen. So dürfen die Jugendlichen nur mit schriftlichem Einverständnis ihrer Erziehungsberechtigten an den genannten Maßnahmen teilnehmen. Das Abschließen einer Schülerhaftpflichtversicherung ist obligatorisch.[318] Eine solche praktische Maßnahme wird am Beispiel des Betriebspraktikums in Kapitel 4.5.3 genauer aufgezeigt. §20 der GSO verpflichtet die Schüler der Oberstufe unter anderem dazu, ein Projekt-Seminar zur Studien- und Berufsorientierung zu belegen. „Seminare können in allen Fächern des Pflicht- und Wahlpflichtangebots und ggf. auch fächerübergreifend angeboten werden."[319] Genauere Informationen hierzu können dem Kapitel 4.2.2 entnommen werden.

Das primäre Ziel des Gymnasiums ist das Erlangen der allgemeinen Hochschulreife, welche zum Studium an Universitäten und Hochschulen berechtigt. Bereits durch das Bestehen der neunten Jahrgangsstufe erlangen die Jugendlichen die Möglichkeit zur Aufnahme einer beruflichen Ausbildung. Das Erreichen des Klassenziels der zehnten Jahrgangsstufe schließt den Nachweis eines mittleren Schulabschlusses ein und berechtigt gleichzeitig zum Besuch der gymnasialen Oberstufe bzw. zum Übertritt an eine Fachoberschule.[320] Diese verschiedenen Optionen lassen die beruflichen Möglichkeiten für die Gymnasiasten schier grenzenlos erscheinen und machen eine umfassende Berufs- und Studienorientierung notwendig. Der Bewerbungsprozess sollte frühzeitig erlernt werden, praktische Erfahrungen möglichst bald gesammelt werden und

[315] BayEUG, Artikel 2 Abs. I Satz 1.
[316] BayEUG, Artikel 2 Abs. IV Satz 2.
[317] BayEUG, Artikel 9 Abs. I Satz 1.
[318] BaySchO, §21 Abs. I Satz 1-3.
[319] GSO, §20 Satz 3.
[320] Bayerisches Staatsministerium für Bildung und Kultus, Wissenschaft und Kunst (2015): S. 27.

Berufe bzw. Studiengänge für alle möglichen Schulabschlüsse sollten vorgestellt werden. So können die verschiedenen den Jugendlichen offenstehende Lebenswege so weit wie möglich Berücksichtigung finden.

4.2 Berufs- und Studienorientierung im bayerischen Lehrplan

Wie in allen Bundesländern ist auch der Lehrplan in Bayern singulär und ausschließlich für die Schulen im Freistaat bindend. Für die Berufs- und Studienorientierung am bayerischen Gymnasium relevante Aspekte des Curriculums sollen im Folgenden zusammengefasst werden.

4.2.1 Berufs- und Studienorientierung in der gymnasialen Unter- und Mittelstufe

Auf der vom ISB, dem Herausgeber der verbindlichen Lehrpläne in Bayern, eigens zum Thema Berufsorientierung erstellten Homepage heißt es: „Berufliche Orientierung ist ein fächerübergreifendes Bildungs- und Erziehungsziel."[321] Dieser Anspruch soll durch die curriculare Verankerung erfüllt werden. Der Prozess der Berufsorientierung umfasst dabei im Wesentlichen vier Stufen:

Selbstfindung: „Der/Die Schüler/in lernt sich selbst besser kennen und entwickelt hierdurch eine Lebensperspektive. Dabei stehen im Fokus:

- Erkennen eigener Interessen
- Kompetenzanalyse
- Formulierung persönlicher Ziele
- Interessenausprägung an konkreten Berufsfeldern"[322]

Information: „Der/Die Schüler/in sammelt und bewertet Informationen insbesondere über:

- Berufsfelder und Berufe
- Ausbildungen u. Studiengänge
- Duales Studium

[321] ISB Staatsinstitut für Schulqualität und Bildungsforschung: http://www.berufsorientierung-gymnasium.bayern.de/curriculare-verankerung/, zuletzt aufgerufen am 23. Juni 2019.

[322] ISB Staatsinstitut für Schulqualität und Bildungsforschung: http://www.berufsorientierung-gymnasium.bayern.de/curriculare-verankerung/phasen/, zuletzt aufgerufen am 23. Juni 2019.

- Soziale Dienste
- BAföG etc.
- Berufswahltests“[323]

Entscheidung: „Der/Die Schüler/in trifft auf Basis der Erkenntnisse aus der Selbstfindungs- und Informationsphase seine reflektierte Berufswahlentscheidung hinsichtlich:

- Wahl eines Studiengangs
  → Wahl einer Hochschule
- Wahl einer dualen Ausbildung
  → Wahl eines Ausbildungsbetriebs“[324]

Realisierung: „Der/Die Schüler/in unternimmt die notwendigen Schritte zur Verwirklichung seiner/ihrer Entscheidung.

- Bewerbungstraining
- Studienplatzbewerbung“[325]

Die einzelnen Phasen werden dabei nicht progressiv durchlaufen, sondern sollen in ständiger Wechselwirkung miteinander stehen. So geben Selbstfindungsphasen die Zielrichtung für Informations- und Entscheidungsprozesse vor, während die Gymnasiasten innerhalb der Realisierungsphase neue Erfahrungen machen sollen. Bei der Betrachtung geeigneter Anknüpfungspunkte in den Lehrplänen der einzelnen Fächer fällt auf, dass sich die berufliche Orientierung in der Unterstufe eher auf die Möglichkeiten der Selbsterkundung (zum Beispiel „Wahrnehmung und Wirklichkeit“[326] in Ethik, 5. JS) konzentriert. Ab der Mittelstufe nimmt der Stellenwert der Information (zum Beispiel „Schule, Abitur, Beruf – wozu?“[327] in katholischer Religionslehre, 9. JS) und Entscheidungsfindung (zum Beispiel „Reflexion eigener beruflicher und privater Pläne“[328] in Sozialkunde, 11. JS) zu. Die Realisierung findet in der neunten

[323] ISB Staatsinstitut für Schulqualität und Bildungsforschung: http://www.berufsorientierung-gymnasium.bayern.de/curriculare-verankerung/phasen/, zuletzt aufgerufen am 23. Juni 2019.
[324] Ebenda.
[325] Ebenda.
[326] ISB Staatsinstitut für Schulqualität und Bildungsforschung: http://www.berufsorientierung-gymnasium.bayern.de/curriculare-verankerung/anknuepfungen-im-fachlehrplan/, zuletzt aufgerufen am 23. Juni 2019.
[327] Ebenda.
[328] Ebenda.

Jahrgangsstufe erstmals Anwendung, etwa in Form von Bewerbungsgesprächen in Deutsch oder auch in den Fremdsprachen.[329] Leitfach ist jedoch Wirtschaft und Recht, welches an Gymnasien mit naturwissenschaftlich-technischer, sprachlicher, musischer oder sozialwissenschaftlicher Ausrichtung ab der neunten Jahrgangsstufe unterrichtet wird. Eben dann, wenn sich den Schülern eine erste Möglichkeit bietet, die Schullaufbahn zu beenden und in eine Ausbildung zu wechseln, wird die berufliche Orientierung unter dem Punkt „WR 9.1.3 Entscheidungen im Zusammenhang mit Ausbildung und Berufswahl“ [330] im Lehrplan genannt. So heißt es dort:

„Die Jugendlichen werden befähigt, ihre Ausbildungs-, Studien- und Berufswahl verantwortungsvoll vorzubereiten. Dabei wird ihnen bewusst, dass die Bereitschaft zu lebenslangem Lernen von entscheidender Bedeutung für die Entwicklung ihrer Persönlichkeit und die Gestaltung der Zukunft ist.

- Entwicklung von Berufen, Anforderungen der modernen Arbeitswelt (ggf. im Rahmen eines Praktikums)
- Kriterien und Prozess der Berufswahlentscheidung, Informationsbeschaffung und -bewertung
- Auswahlverfahren, Bewerbungsschreiben und Lebenslauf, Vorstellungsgespräch
- Wege schulischer und beruflicher Qualifikation“[331]

Im Lehrplan für Gymnasien mit wirtschaftswissenschaftlicher Ausrichtung, an welchen das Fach Wirtschaft und Recht bereits ab der achten Jahrgangsstufe unterrichtet wird, ist die Thematik der beruflichen Orientierung ebenfalls in der neunten Klasse zum ersten Mal zu finden. Dort heißt es unter „9.1 Projekt: Ausbildung und Berufswahl“[332]:

„In möglichst engem Kontakt zur beruflichen Praxis (z. B. Expertenbefragung, Praktikum) erkunden die Schüler verschiedene Berufsbilder

---

[329] ISB Staatsinstitut für Schulqualität und Bildungsforschung: http://www.berufsorientierung-gymnasium.bayern.de/curriculare-verankerung/anknuepfungen-im-fachlehrplan/, zuletzt aufgerufen am 23. Juni 2019.

[330] ISB Staatsinstitut für Schulqualität und Bildungsforschung: http://www.isb-gym8-lehrplan.de/contentserv/3.1.neu/g8.de/index.php?StoryID=26440, zuletzt aufgerufen am 25. Juni 2019.

[331] Ebenda.

[332] ISB Staatsinstitut für Schulqualität und Bildungsforschung: http://www.gym8-lehrplan.bayern.de/contentserv/3.1.neu/g8.de/index.php?StoryID=26441, zuletzt aufgerufen am 13. Mai 2020.

und üben Techniken der Bewerbung sowie der Präsentation. Den Jugendlichen soll dabei bewusstwerden, dass die richtige Ausbildungs-, Studien- und Berufswahl und die Bereitschaft zu lebenslangem Lernen von entscheidender Bedeutung für die Entwicklung ihrer Persönlichkeit und die Gestaltung der Zukunft sind.

- Anforderungen der modernen Arbeitswelt, ggf. im Rahmen eines berufskundlichen Praktikums
- Kriterien und Prozess der Berufswahlentscheidung, Informationsbeschaffung und -bewertung
- Auswahlverfahren, Bewerbungsschreiben und Lebenslauf, Vorstellungsgespräch
- Präsentation der Projektergebnisse
- Wege schulischer und beruflicher Qualifikation "[333]

Es ist ersichtlich, dass die Vorgaben für Gymnasiasten mit unterschiedlicher Zweigwahl zumindest in weiten Teilen identisch sind. Es obliegt den Fachlehrern für Wirtschaft und Recht, wie sie die Inhalte vermitteln und wo sie Schwerpunkte setzen. Die Jugendlichen sollen sich mit den Merkmalen und Anforderungen der modernen Arbeitswelt auseinandersetzen und die Wege schulischer und beruflicher Qualifikation kennenlernen. Der Ablauf der Berufswahlentscheidung wird analysiert, einzelne Schritte des Bewerbungsverfahrens werden simuliert. Für die genannten Inhalte sind im Lehrplan neun Unterrichtsstunden veranschlagt. Das Schülerbetriebspraktikum ist nicht obligatorisch; dennoch haben die Schulen die Möglichkeit, den Gymnasiasten diese Praxiserfahrung zu bieten.[334] Maßnahmen wie Expertengespräche, Betriebserkundungen, der Besuch eines BiZ oder ähnliches sind möglich und verschaffen direkte Zugänge in die Arbeits- und Berufswelt.[335]

[333] ISB Staatsinstitut für Schulqualität und Bildungsforschung: http://www.gym8-lehrplan.bayern.de/contentserv/3.1.neu/g8.de/index.php?StoryID=26441, zuletzt aufgerufen am 13. Mai 2020.

[334] ISB Staatsinstitut für Schulqualität und Bildungsforschung: http://www.isb-gym8-lehrplan.de/contentserv/3.1.neu/g8.de/index.php?StoryID=26440, zuletzt aufgerufen am 25. Juni 2019.

[335] Bayerisches Staatsministerium für Bildung und Kultus, Wissenschaft und Kunst (2015): S. 28.

4.2.2 Berufs- und Studienorientierung in der gymnasialen Oberstufe

In der gymnasialen Oberstufe in Bayern werden die Klassenverbände aufgelöst, stattdessen findet das Kurssystem Anwendung. Alle Oberstufenschüler sind verpflichtet, sowohl ein Projekt-Seminar zur Studien- und Berufsorientierung (P-Seminar) als auch ein wissenschaftspropädeutisches Seminar (W-Seminar) zu belegen. Diese dienen dazu, die Gymnasiasten gezielt auf den Übertritt an eine Hochschule oder andere berufliche Ausbildungsgänge vorzubereiten. Beide Seminare erstrecken sich über einen Zeitraum von anderthalb Jahren in den Jahrgangsstufen 11/1 bis einschließlich 12/1 und können von den Schülern in beliebigen von den Gymnasien angebotenen Unterrichtsfächern belegt werden. Für beide werden jeweils über den gesamten Zeitraum hinweg in der Stundentafel zwei Wochenstunden veranschlagt.[336] Die Inhalte sollen sich an den von Hochschulen und der Arbeitswelt geforderten methodischen, personalen und sozialen Kompetenzen orientieren.[337] Auf der offiziellen Homepage zum Lehrplan des ISB heißt es: „Für die beiden Seminare gibt es keine zentralen Lehrpläne, so dass den Gymnasien vor Ort der erwünschte und insbesondere für die Einbindung externer Partner notwendige Gestaltungsfreiraum bleibt."[338] Ziel des W-Seminars ist die Erlangung notwendiger Fach- und Methodenkompetenzen für ein Studium. Hierfür vertiefen die Oberstufenschüler sich in ein ausgewähltes Fachgebiet und verfassen und präsentieren eine Seminararbeit. Das P-Seminar dient primär dem begleiteten Berufswahlprozess.[339] Im Rahmen eines weitestgehend frei gestaltbaren Projektes, „das durch Kontakte mit außerschulischen Partnern geprägt ist"[340], sollen die Gymnasiasten allgemeine Berufs- und Studienorientierung erfahren. Das Staatsinstitut für Schulqualität und Bildungsforschung empfiehlt hierfür eine Gruppengröße von 18 Schülern pro Seminar. [341] Eine Unterbietung dessen kann eine noch individuellere Begleitung und Förderung der Jugendlichen ermöglichen. Die Schüler sollen angeleitet werden, ihre Interessen

[336] ISB Staatsinstitut für Schulqualität und Bildungsforschung (2008): S. 8.

[337] ISB Staatsinstitut für Schulqualität und Bildungsforschung: http://www.gym8-lehrplan.bayern.de/contentserv/3.1.neu/g8.de/id_26174.html, zuletzt aufgerufen am 25. Juni 2019.

[338] Ebenda.

[339] Bayerisches Staatsministerium für Bildung und Kultus, Wissenschaft und Kunst (2015): S. 29.

[340] ISB Staatsinstitut für Schulqualität und Bildungsforschung (2008): S. 34.

[341] ISB Staatsinstitut für Schulqualität und Bildungsforschung (2008): S. 34ff.

und Fähigkeiten zu reflektieren und zu prüfen, welcher Beruf bzw. welcher Studiengang am besten zu ihnen passt. Zu diesem Zweck sammeln, ordnen und bewerten die Jugendlichen selbständig Informationen zu Berufsfeldern und Studiengängen. „Ziele und Inhalte des Seminars sind zum einen die Orientierung über Studiengänge und Berufsfelder sowie eigene Stärken und Schwächen (Berufswahlkompetenz) und zum anderen die schulische Projektarbeit mit Bezug zur wissenschaftlichen und/oder beruflichen Praxis (Berufsweltkompetenz). Ziel ist es, die Schülerinnen und Schüler zu einer persönlichen Entscheidung für ihren Ausbildungsweg nach dem Abitur zu führen."[342] Es ist jedoch nicht vorgesehen, dass die Lehrkraft im P-Seminar Faktenwissen zu Ausbildungswegen, Zulassungsvoraussetzungen etc. vermittelt. Hierfür sind die entsprechenden Beratungs- und Informationsstellen zuständig. Stattdessen ist es Aufgabe der Lehrkraft, „den Rahmen für eine bewusste Auseinandersetzung mit der eigenen Studien- und Berufswahl zu schaffen (...)"[343]. Die Lehrkraft sollte sich eher als Begleiter, Coach und Mentor sehen.[344] Im Fokus steht dabei die ebenfalls möglichst selbständige Arbeit an einem Projekt, in dem die Seminarteilnehmer praxisbezogene Kompetenzen wie Projektmanagement oder Teamarbeit üben und vertiefen sollen. Dabei sollen explizit externe Partner aus der Arbeitswelt (Unternehmen) sowie Hochschulen mit eingebunden werden. So können unter anderem die Angebote der Hochschulen (zum Beispiel die FAU-Tage) genutzt werden, Partnerschaften mit Betrieben geschlossen werden oder die Bundesagentur für Arbeit zu verschiedenen Themen mit ins Boot geholt werden.[345] Verschiedene Beispiele hierzu werden in Kapitel 4.5 aufgezeigt.

Auch im P-Seminar sind die Vorgaben zur Berufs- und Studienorientierung recht offen formuliert. Das Hauptproblem aus Sicht der Autorin ist hier die sich aus dem engen Korsett des Seminarthemas häufig ergebende Konzentration auf bestimmte Branchen bzw. Berufsgruppen. Eine Lehrkraft für Mathematik und Physik zum Beispiel ist Naturwissenschaftler, kann ausschließlich im Rahmen seiner Fakultas ein solches Seminar anbieten und dementsprechend auch in erster Linie über „seine" Domäne informieren. Abgemildert werden kann dieses Problem

[342] Staatsministerium für Unterricht und Kultus (2010): S. 2.
[343] Wittmer-Gerber (2015): S. 12.
[344] Ebenda.
[345] Bayerisches Staatsministerium für Bildung und Kultus, Wissenschaft und Kunst (2015): S. 29.

lediglich durch die Hinzunahme entsprechender außerschulischer Experten. Für den Fall, dass dabei beispielsweise Fahrt-, Personal- oder Sachkosten für Maßnahmen der Berufs- und Studienorientierung anfallen und diese laut entsprechender Prüfung gerechtfertigt sind, können bayerische Gymnasien zur Unterstützung Haushaltsmittel in Höhe von bis zu 300€ pro P-Seminar (für drei Kurshalbjahre) beantragen.[346] Doch auch für außerschulische Zusammenarbeiten gibt es keine verbindlichen Vorgaben, was die Anzahl der Partner, Rahmenbedingungen und den Umfang der Kooperation angeht. Demnach ist es im Extremfall möglich, dass ein Abiturient zu keinem Zeitpunkt durch die Schule beispielsweise über handwerkliche Lehrberufe informiert worden ist. Ein klares Manko also, welches auf die vagen Vorgaben durch den Lehrplan zurückzuführen ist. Nach Ansicht der Autorin wiederum positiv zu bewerten ist die ebenfalls lockere Vorgabe zur Benotung der Seminarteilnehmer. So besteht kein Zwang, die Leistungen der Schüler im Bereich der Berufs- und Studienorientierung zu bewerten. Möglich und auch sinnvoll ist dies beispielsweise im Rahmen des anzulegenden Portfolios (z. B. Recherche-Ergebnisse), des Anfertigens einer Bewerbungsmappe nach besprochenen Standards oder der professionellen Kontaktaufnahme zu außerschulischen Projektpartnern. Die Ergebnisse der Selbsterkundungsphase sollen in keiner Weise bewertet werden.[347] In den offiziellen Vorgaben steht: „Das Projekt-Seminar ist geprägt von einer Kultur der helfenden Rückmeldung. Häufige Prüfungssituationen sind zu vermeiden."[348] Und: „Im P-Seminar werden mindestens zwei kleine Leistungsnachweise – insbesondere individuelle Projektbeiträge der Schülerinnen und Schüler – gefordert. Bei Projekten können mündliche, schriftliche und praktische Leistungen bewertet werden."[349] Berufs- und Studienorientierung kann also in einem bewertungsfreien Rahmen stattfinden. Diese Offenheit ermöglicht es der Lehrkraft, den Schülern eine gewisse Freiheit zu gewähren und sich völlig auf ihre ganz persönlichen Bedürfnisse zu konzentrieren. Auch die Atmosphäre eines bewertungsfreien Unterrichtsgespräches erleichtert vielen Jugendlichen den

[346] ISB Staatsinstitut für Schulqualität und Bildungsforschung: http://www.oberstufenseminare.bayern.de/p-seminar/p-seminar-planen/p-seminar-rechtliche-hinweise/p-seminar-seminarpauschale-finanzierung/, zuletzt aufgerufen am 25. Mai 2020.

[347] ISB Staatsinstitut für Schulqualität und Bildungsforschung (2010): S. 49.

[348] ISB Staatsinstitut für Schulqualität und Bildungsforschung: http://www.oberstufenseminare.bayern.de/p-seminar/p-seminar-bewerten/, zuletzt aufgerufen am 5. Oktober 2019.

[349] ISB Staatsinstitut für Schulqualität und Bildungsforschung: http://www.oberstufenseminare.bayern.de/p-seminar/p-seminar-bewerten/p-seminar-bewertung-regelung-leistungserhebung/, zuletzt aufgerufen am 5. Oktober 2019.

Berufsorientierungsprozess. Dabei dürfen durch die gewährten Freiheiten nicht die Bedeutung der Thematik und die Notwendigkeit des konzentrierten Arbeitens in Vergessenheit geraten.

4.2.3 Der LehrplanPLUS für das neue bayerische G9

Im neuen LehrplanPLUS für das neunjährige bayerische Gymnasium ist für die neunte Jahrgangsstufe (gültig ab dem Schuljahr 2021/22) ein „Modul zur beruflichen Orientierung“[350] enthalten und in Teilen bereits veröffentlicht. Die inhaltlichen Vorgaben lauten dabei:

- „Persönlichkeit und Lebensvorstellungen, u.a. Interessen, Stärken, Werte und Ziele
- Selbst- und Fremdeinschätzung
- mögliche Einflüsse, z. B. Erwartungen von Eltern und Peer-Groups, Sachzwänge, Klischees
- inner- und außerschulische Informationsquellen zu Berufsfeldern
- Möglichkeiten schulischer und beruflicher Qualifikation, z. B. Berufsfachschule, duale Ausbildung, (duales) Studium
- Bewerbung: Anschreiben, Lebenslauf
- Anforderungen der Arbeitswelt, u.a. Hard Skills, Soft Skills
- aktuelle Entwicklungen der Arbeitswelt, z. B. digitale und globale Ökonomie, flexible Beschäftigungsverhältnisse, Wissensgesellschaft
- Portfolio, ggf. digital: Form und Struktur“[351]

Bezüglich der Kompetenzerwartungen ist an selbiger Stelle notiert, dass sich die Schüler mit „ihrer Persönlichkeit sowie ihren Lebensvorstellungen“[352] auseinander setzen sollen, „um Orientierungspunkte für ihren Berufswahlprozess zu gewinnen.“[353] Sie „identifizieren (...) passende Berufsfelder“[354] und „recherchieren (...) Möglichkeiten schulischer und beruflicher Qualifikation.“[355] Die Erstellung einer „Bewerbung in digitaler

---

[350] ISB Staatsinstitut für Schulqualität und Bildungsforschung: https://www.lehrplanplus.bayern.de/fachlehrplan/gymnasium/9/berufliche_orientierung, zuletzt aufgerufen am 3. Mai 2020.
[351] Ebenda.
[352] Ebenda.
[353] Ebenda.
[354] Ebenda.
[355] Ebenda.

Form“[356] unter Berücksichtigung der „Faktoren einer erfolgreichen Bewerbung“[357] wird ebenso gefordert wie die Abgleichung der „Vorstellungen (...) ihrer beruflichen Zukunft mit aktuellen Anforderungen sowie Trends der Arbeitswelt“[358] durch die Schüler. In diesem Zusammenhang bietet der neue Lehrplan auch die Möglichkeit, ein Betriebspraktikum abzuhalten. Auch dieses wird jedoch wieder fakultativ sein.[359] Die eigene berufliche Orientierung soll als kontinuierlicher Prozess verstanden werden und „in Form eines Portfolios“[360] dokumentiert werden. Weitere verbindliche Vorgaben des LehrplanPLUS, welche die berufliche Orientierung am Gymnasium betreffen, sind bis zum Abschluss der Recherchearbeiten für vorliegende Dissertation noch nicht veröffentlicht.

4.3 Die Funktion der „Koordination der Beruflichen Orientierung“

Lehrpläne und Funktionenbeschreibungen verpflichten viele verschiedene schulische Akteure zur Unterstützung der Jugendlichen bei der beruflichen Orientierung. Dazu gehören die Schulleitung, die Beratungslehrkraft, Stufenbetreuer und Lehrkräfte aller Fachschaften (Fachschaft bedeutet im schulischen Kontext die Gesamtheit sämtlicher Lehrer eines Unterrichtsfaches innerhalb einer Schule). Auch Eltern und ehemalige Schüler sollen bestmöglich mit in den Prozess eingebunden werden. Im Zentrum stehen freilich die Berufswähler selbst, deren Interessen und Wünsche mit in den Abstimmungsprozess einfließen sollten. Es ist also offensichtlich, dass die Berufs- und Studienorientierung im Idealfall eine Teamaufgabe ist, welche auch als solche angegangen werden sollte. Hierfür bedarf es einer zentralen Stelle, welche die unterschiedlichen Maßnahmen koordiniert und die Angebote systematisch vernetzt. Genau diesen Bedarf sollen die sogenannten Koordinatoren für Berufliche Orientierung (KBO) decken. Alle bayerischen Gymnasien wurden ange-

[356] ISB Staatsinstitut für Schulqualität und Bildungsforschung: https://www.lehrplanplus.bayern.de/fachlehrplan/gymnasium/9/berufliche_orientierung, zuletzt aufgerufen am 3. Mai 2020.
[357] Ebenda.
[358] Ebenda.
[359] Ebenda.
[360] Ebenda.

wiesen, zu Beginn des Schuljahres 2017/18 die Aufgaben der Koordination der Beruflichen Orientierung zu vergeben.[361] Im Funktionenkatalog des ISB heißt es hierzu:

„Funktionsnummer 8038: Koordination der Beruflichen Orientierung

Funktionsbeschreibung: Der Aufgabenbereich der Lehrkraft für die Koordination der Beruflichen Orientierung umfasst die Steuerung und Koordination eines schulspezifischen und stufenübergreifenden Informations- und Beratungsangebots. Dies beinhaltet die Entwicklung und Gestaltung eines auf die Einzelschule abgestimmten Curriculums aus unterrichtlichen und außerunterrichtlichen Bausteinen, die Teamleitung einer Steuerungsgruppe, die Netzwerkpflege zu externen Partnern, die Einbindung der Eltern sowie die regelmäßige Evaluation und Fortentwicklung von Maßnahmen zur Beruflichen Orientierung.“[362]

„Die/Der KBO koordiniert die verschiedenen Verantwortlichkeiten und Zuständigkeiten im innerschulischen Team zur Beruflichen Orientierung. Sie/Er stimmt die verschiedenen Angebote aufeinander ab, setzt dadurch wichtige Meilensteine für die Berufliche Orientierung im Terminplan der Schule und bindet die unterschiedlichen Akteure der Schulgemeinschaft ein.“[363] Dabei ist es die Aufgabe des KBO, ein differenziertes, schulspezifisches Curriculum der beruflichen Orientierung zu erstellen. Individuelle Schwerpunkte, welche regionale Besonderheiten berücksichtigen, sollen gesetzt werden sowie unterrichtliche und außerunterrichtliche Bausteine festgelegt werden. Maßgeblich sind hierfür die Vorgaben aus den Lehrplänen. Doch etwa der Besuch von Berufsmessen, die Organisation von Schülerpraktika oder die Durchführung von Bewerbungstrainings und Assessment-Centern bieten zusätzlich vielfältige Möglichkeiten der Selbsterkundung sowie Gelegenheiten zur Kontaktaufnahme mit der Arbeitswelt.[364] Die Angebote sollten also über den Fachunterricht hinausgehen, weshalb die KBO auch wichtige Bindeglieder zum außerschulischen Netzwerk sein sollen.

---

[361] Bayerisches Staatsministerium für Bildung und Kultus, Wissenschaft und Kunst (2017): S. 4f.

[362] ISB Staatsinstitut für Schulqualität und Bildungsforschung: Berufliche Orientierung. Leitfaden. S. 1.

[363] ISB Staatsinstitut für Schulqualität und Bildungsforschung: Berufliche Orientierung. Gesamtkonzept. S. 8.

[364] Ebenda.

Schon in einem im Jahr 2006 veröffentlichten Amtsblatt der Bayerischen Staatsministerien für Unterricht und Kultus und Wissenschaft, Forschung und Kunst heißt es: „Der Aufbau von regionalen Netzwerken aller Akteure des Betätigungsfelds ‚Berufswahlvorbereitung‘ (z. B. Schule, Hochschule, Berufsberatung, Wirtschaft, Kammern, Sozialpartner, Einrichtungen und Dienste der Kinder- und Jugendhilfe, Träger nach dem SGB II) ist zu betreiben.“[365] Zahlreiche Einrichtungen und Institutionen wie die Agenturen für Arbeit, die Staatliche Schulberatung, der Arbeitskreis SCHULE-WIRTSCHAFT im Bildungswerk der Bayerischen Wirtschaft e.V., die Bayerischen Handwerkskammern, die Vereinigung der Bayerischen Wirtschaft e.V., die Bayerischen Industrie- und Handelskammern stehen den Schulen in Bayern in Sachen Berufs- und Studienorientierung unterstützend zur Seite. Auch die Studienberatungsstellen der Hochschulen sowie regionale Unternehmen können Kooperationspartner sein. Die mit den Aufgaben der Koordination der Beruflichen Orientierung betrauten Lehrkräfte sollen das Bindeglied zwischen dem innerschulischen Netzwerk und den externen Kooperationspartnern darstellen. Sie initiieren und pflegen die entsprechenden Kontakte und leiten die Koordinierungsgruppe aus den verschiedenen bereits genannten Mitgliedern der Schulfamilie und den externen Ansprechpartnern.[366]

Die genannten Aufgaben können prinzipiell von allen Lehrkräften übernommen werden, welche bereit sind, als zentrale Ansprechpersonen für die berufliche Orientierung an der jeweiligen Schule zu fungieren. Der KBO soll eine verlässliche Brücke zwischen der Schule und externen Partnern bilden. Gemeinsam mit diesen und den innerschulischen Akteuren wird so die Berufs- und Studienorientierung der Schüler begleitet und unterstützt. Die einzige Voraussetzung für die Übernahme der Aufgaben des KBO ist die Bereitschaft zur Teilnahme an entsprechenden Fortbildungsveranstaltungen. Gleichwohl wird empfohlen, die Funktion an Lehrkräfte zu vergeben, welche eine hohe Affinität zur Berufs- und Studienorientierung besitzen. Lehrkräfte des Leitfachs Wirtschaft und Recht, Beratungslehrkräfte und die pädagogische Betreuung mit Schwerpunkt in der Mittelstufe sind laut ISB besonders zu empfehlen.[367]

---

365 Bayerische Staatsministerien für Unterricht und Kultus und Wissenschaft, Forschung und Kunst (2006): S. 187.

366 ISB Staatsinstitut für Schulqualität und Bildungsforschung: Berufliche Orientierung. Gesamtkonzept. S. 9.

367 ISB Staatsinstitut für Schulqualität und Bildungsforschung: Berufliche Orientierung. Leitfaden. S. 1f.

Ein Ausgleich für die Übernahme der Aufgaben beispielsweise in Form von Anrechnungsstunden ist nicht vorgesehen. Stattdessen heißt es in einem Kontaktbrief*plus*[368] aus dem Jahr 2017: „Die Funktion kann nur an eine Lehrkraft vergeben werden, die bereits eine Funktion ausübt; ggf. kann eine stundenzahlabhängige Funktion eingerichtet werden (...). Bei Übernahme der Funktion durch eine Fachbetreuerin/einen Fachbetreuer – z. B. des Faches Wirtschaft und Recht – erhöht sich die Stundenzahl (zur Einrichtung) der stundenzahlabhängigen Funktion um 20."[369] Das bedeutet, dass die Übernahme der Aufgaben der Koordination für Berufliche Orientierung zu einer Funktionswertigkeit führen kann, welche Voraussetzung für eine Beförderung ist.

4.4 Aus- und Weiterbildung der Gymnasiallehrer im Bereich BuS

Die Frage, welche Aufgabe den Lehrkräften beim Berufsorientierungsprozess ihrer Schüler zukommt, ist national wie international „ein stark vernachlässigter Forschungsbereich"[370]. Demnach liegen hierzu nur wenige wissenschaftliche Arbeiten vor.[371] Dreer (2013) konnte wissenschaftlich belegen, dass ein Bedarf an Förderung der professionellen Kompetenzen in der Domäne Berufsorientierung besteht. Er hält ein Grundqualifizierungsniveau für Lehrkräfte im Bereich der Berufsorientierung für erstrebenswert. So können eine breitere Aufmerksamkeit und Akzeptanz geschaffen werden, welche wiederum relevant sind für die Umsetzung langfristiger Schulentwicklungsvorhaben.[372] Zur Umsetzung derartiger Prozesse wäre „eine Mischung aus bedarfsorientierter Fortbil-

[368] „Mit den Kontaktbriefen wenden sich die Referentinnen und Referenten der Abteilung Gymnasium zum Ende jedes Schuljahres an die Lehrkräfte ihrer Fächer. Die Kontaktbriefe werden Ende Juli den Schulen in gedruckter Form zugesandt. Bis Mitte September werden sie ggf. durch die Online-Dateien ‚Kontaktbrief*plus*' ergänzt, wenn Inhalte ausführlicher dargelegt werden sollen oder seit dem Erscheinen der Kontaktbriefe wesentliche neue Informationen weiterzugeben sind. Diese Dateien werden nur auf der Homepage des ISB publiziert und sind als Teil des jeweiligen Kontaktbriefs zu verstehen." (ISB Staatsinstitut für Schulqualität und Bildungsforschung: https://www.isb.bayern.de/gymnasium/faecher/allgemeine-informationen/informationen-des-isb-km/, zuletzt aufgerufen am 28. Juli 2020)

[369] ISB Staatsinstitut für Schulqualität und Bildungsforschung (2017): S. 2.

[370] Dreer (2018): S. 1.

[371] Ebenda.

[372] Dreer (2013): S. 309.

dung, individueller schulspezifischer Beratung und regelmäßigem Erfahrungsaustausch"[373] wünschenswert. Doch obwohl in Bayern der Bedarf an kompetenten Lehrpersonen für die Berufs- und Studienorientierung offensichtlich erkannt wurde, fallen die entsprechenden Maßnahmen zu deren Aus- und Fortbildung bislang eher dürftig aus. Ein Student für das Lehramt an Mittelschulen muss (sofern er nicht das Studienfach Arbeitslehre für das Unterrichtsfach Wirtschaft und Beruf gewählt hat) drei Leistungspunkte aus dem Bereich der Berufsorientierung nachweisen können, um sein Studium abschließen zu können.[374] Bis heute gibt es in der Lehramtsprüfungsordnung für Gymnasiallehrer keine entsprechenden Vorgaben. Selbst das freiwillige spätere Erlangen der notwendigen Qualifikationen gestaltet sich eher schwierig. Zwar kündigte die Kultusministerkonferenz (2019) in ihrer „Dokumentation zur Beruflichen Orientierung an allgemeinbildenden Schulen" für den Bereich Gymnasium „regelmäßige Lehrerfortbildungen sowohl im Leitfach Wirtschaft und Recht als auch für das Projekt-Seminar zur Studien- und Berufsorientierung in der Oberstufe"[375] an. Doch finden sich in der Datenbank der Akademie für Lehrerfortbildung und Personalführung, welche das gesamte Angebot der staatlichen und teilweise auch der nichtstaatlichen Lehrerfortbildung in Bayern enthält, für das Schuljahr 2019/20 nur wenige staatliche Veranstaltungen für Gymnasiallehrkräfte zum Thema Berufsorientierung. So lauten die Veranstaltungstitel beispielsweise:

- „Schulartübergreifende Lehrerfortbildung: Berufliche Orientierung in der Region – Ein Gemeinschaftsprojekt der Regionalmanagements in den Landkreisen Deggendorf und Freyung-Grafenau"[376]
- „Führung in der digitalen Welt? Nutzen, Gefahren und politische Dimension der Medien im schulischen Kontext (Inhaltlicher Schwerpunkt: Berufsorientierung und Berufsvorbereitung der Schüler auf die Veränderungen des Arbeitsmarktes durch die Digitalisierung)"[377]
- „Die Zukunft im Blick - Einladung zur Fortbildung für Lehrkräfte im Rahmen der Jobmeile Aschaffenburg am 21. September 2019"[378]

373 Deeken (2008): S. 235.
374 LPO I: § 38 I Nr. 1 e
375 Kultusministerkonferenz (2019): S. 117.
376 Akademie für Lehrerfortbildung und Personalführung: https://fibs.alp.dillingen.de/suche/suche_filter.php, zuletzt aufgerufen am 16. September 2019.
377 Ebenda.
378 Ebenda.

- „Erfolgreiche Schülervorbereitung auf die Berufsorientierungsmesse ‚Berufeschau Vilsbiburg 2019'"[379]

Veranstaltungen zur flächendeckenden Vorbereitung von Lehrkräften aller Fächergruppen für die gezielte, grundlegende Berufs- und Studienorientierung ihrer Schüler konnten bis zum Zeitpunkt des Abschlusses der Rechercheararbeiten nicht gefunden werden. Stattdessen sind die Themen der hier genannten Veranstaltungen recht speziell und eher für an diesen Spezialthemen besonders Interessierte geeignet. Auch das Programm zusätzlicher Veranstaltungen nichtstaatlicher Anbieter kann dieses Problem nicht lösen. Die Bereitstellung entsprechender Fortbildungsveranstaltungen wäre wünschenswert und insbesondere für diejenigen Lehrer, welche beispielsweise ein P-Seminar anbieten, eine hilfreiche Maßnahme. Die explizite Aufforderung zur Teilnahme an Fortbildungen zur Berufs- und Studienorientierung fand nach Kenntnis der Autorin bislang nur für die Koordinatoren für Berufliche Orientierung statt. Dreer (2013) kommt zu dem Schluss, „dass spezifische Kompetenzen beschrieben werden können, über die nicht jede pädagogische Fachkraft einer Schule, sondern nur Lehrpersonen in besonderer Funktion verfügen sollten."[380] Diese Kompetenzen sind laut seinen Ergebnissen:

„Lehrpersonen initiieren und koordinieren die Konzeptarbeit zur schulischen Berufsorientierung. (...)
Lehrpersonen initiieren und koordinieren die Schulentwicklung im Bereich Berufsorientierung. (...)
Lehrpersonen initiieren Kooperationen mit schulexternen Akteuren der Berufsorientierung. (...)
Lehrpersonen koordinieren das Verteilen und Zusammenführen von Arbeitsaufträgen im Kontext der schulischen Berufsorientierung. (...)
Lehrpersonen prüfen externe Angebote hinsichtlich deren objektiver Qualität und Passung zum Berufsorientierungskonzept der Schule und treffen entsprechende Kooperationsentscheidungen."[381]

Die von Dreer (2013) genannten Kompetenzen, welche laut seiner Untersuchung als weniger relevant für die Arbeit aller Lehrkräfte eingestuft werden, beziehen sich in erster Linie auf administrative Aufgaben bzw. Kontakte zu Kooperationspartnern. Dem kommt auch das System der

---

379 Akademie für Lehrerfortbildung und Personalführung: https://fibs.alp.dillingen.de/suche/suche_filter.php, zuletzt aufgerufen am 16. September 2019.
380 Dreer (2013): S. 310.
381 Dreer (2013): S. 135f.

bayerischen KBO entgegen. Bei ihnen laufen eben diese Fäden zusammen. Damit ist die Aufgabenverteilung am bayerischen Gymnasium durch die Vergabe dieser Funktion zumindest theoretisch geregelt. Inwieweit die erforderlichen Kompetenzen tatsächlich ausgeschöpft und angewandt werden, hängt aufgrund der fehlenden Kontrollsysteme jedoch vom Engagement und Kooperationswillen des einzelnen KBO und auch der Schulleitung ab. Da zusätzlich jede Lehrkraft am bayerischen Gymnasium unabhängig ihrer Fakultas in der Lage sein muss, ein Projekt-Seminar zur Studien- und Berufsorientierung anzubieten, sollten zusätzlich alle Lehrpersonen über eine Grundqualifizierung verfügen. Die hierfür erforderlichen Kompetenzen sind laut Dreers (2013) Untersuchungsergebnissen:

„Lehrpersonen wissen, wie Kinder und Jugendliche im Kontext der Berufswahl lernen und sich entwickeln, und verstehen dies als Ausgangspunkt ihrer pädagogischen Arbeit. (...)
Lehrpersonen kennen die Bedingungen des arbeitsweltbezogenen Kontextes, in dem Berufswahlen stattfinden, und verstehen diese als Ausgangspunkt ihrer pädagogischen Arbeit. (...)
Lehrpersonen diagnostizieren und dokumentieren berufswahlbezogene Lern- und Entwicklungsstände Jugendlicher mit geeigneten Mitteln und verstehen diagnostische Ergebnisse und deren Dokumentation als Ausgangspunkt ihrer pädagogischen Arbeit. (...)
Lehrpersonen gestalten vor ihren fachlichen Hintergründen Lerngelegenheiten zur individuellen Förderung berufswahlrelevanter Kompetenzen. (...)
Lehrpersonen leisten vor ihren fachlichen Hintergründen und innerhalb ihrer schulischen Verantwortungsbereiche einen verantwortungsvollen Beitrag zur Qualitätsentwicklung der schulischen Berufsorientierung. (...)
Lehrpersonen leisten vor dem Hintergrund ihrer Fächerbezüge eigene qualitätsvolle Beiträge zur schulischen Berufsorientierung. (...)
Lehrpersonen initiieren Kooperation mit Eltern. (...)
Lehrpersonen nutzen und optimieren Kooperationsbeziehungen der Schule für die Gestaltung von Lerngelegenheiten sowie für die Qualitätsentwicklung der Berufsorientierung. (...)

Lehrpersonen unterstützen Jugendliche angemessen bei der Entwicklung von individuellen Lebens- und Laufbahnperspektiven und begleiten sie im Prozess der Berufsweg- und Laufbahnplanung."[382]

Aufgrund der fehlenden verbindlichen Vorgaben kann es auch für die Lehrkräfte im P-Seminar und ihre durchgeführten Maßnahmen zur Berufs- und Studienorientierung kein Kontrollsystem geben. Es ist ohne entsprechende Leitlinien kaum möglich, zu überprüfen, ob eine Lehrperson erfolgreichen Berufswahlunterricht abhält oder nicht. Bisher mangelt es nach Ansicht der Autorin an Fort- und Weiterbildungsangeboten für bayerische Gymnasiallehrkräfte zum Thema „Berufsorientierung". Um die geforderten Kompetenzen zu erreichen, sollte dieses Angebot ausgeweitet werden und auch in die Lehrerausbildung aufgenommen werden. Eine Ausweitung der Maßnahmen auf Lehrkräfte aller Fachrichtungen ohne spezielle Funktion wäre notwendig zur Erlangung der erforderlichen Grundqualifizierung. Der Vollständigkeit halber sei jedoch festgehalten, dass es vermutlich Lehrkräfte gibt, welche keine Verpflichtung zur persönlichen Weiterbildung in der Domäne Berufsorientierung wünschen. Doch schon eine „ausführliche Begründung der (...) Notwendigkeit"[383] kann hier möglicherweise in einigen Fällen Abhilfe schaffen und mehr Lehrpersonen Lust auf die Begleitung ihrer Schüler beim Berufswahlprozess machen.

4.5 Beispiele für außerschulische Kooperationen

Neben der Bereitstellung zusätzlicher Ressourcen auf personeller, finanzieller und kognitiver Ebene kann eine gut organisierte Netzwerkarbeit den Schulen auch Problemlösungen bieten, welche der Schule als alleinigem Akteur verwehrt bleiben. Meist ergeben sich für die Beteiligten so Win-Win-Situationen.[384] Ziel der partnerschaftlichen Zusammenarbeit ist im besten Fall die ganzheitliche Förderung der Jugendlichen.[385] Den Koordinatoren für Berufliche Orientierung am bayerischen Gymnasium bieten sich zahllose Möglichkeiten für außerschulische Kooperationen zur Unterstützung der Arbeit an der eigenen Schule. Eine erschöpfende Darstellung ist deshalb unmöglich. Nach Ansicht der Autorin ist jedoch die gesetzlich vorgeschriebene Hilfe der Bundesagentur für Arbeit und

382 Dreer (2013): S. 135f.
383 Bohnsack (1995): S. 33.
384 Tscheulin, Castellucci, Hein (2010): S. 103f.
385 Biegel, Dillmann, Groh, Karl, Udwari (2010): S. 222.

die besonders prestigeträchtige Auszeichnung mit dem Berufswahl-SIEGEL hervorzuheben. In den folgenden Kapiteln finden sich außerdem Ausführungen zu Kooperationspartnerschaften mit regionalen Unternehmen (Schülerbetriebspraktika) sowie weitere Hinweise auf einige denkbare Kooperationspartnerschaften.

4.5.1 Bundesagentur für Arbeit

Die Zusammenarbeit mit den regionalen Arbeitsagenturen bildet neben Kooperationen mit Wirtschaftsunternehmen „den wichtigsten ‚Knoten' im schulischen Kooperationsnetz im Bereich Berufsorientierung"[386]. Dem gesetzlichen Auftrag entsprechend stellt die Bundesagentur für Arbeit ein flächendeckendes, verbindliches Angebot an berufsorientierenden Maßnahmen bereit. Dieses Angebot richtet sich an verschiedene Zielgruppen.[387] Aktuelle Herausforderungen des Arbeitsmarktes wie der demografische und strukturelle Wandel, Digitalisierung, Flexibilisierung und Individualisierung sowie ungleiche Teilhabechancen für Arbeitnehmer bedingen für die heutigen Schüler verschiedene Konsequenzen für ihre berufliche Zukunft: „Beschäftigte werden zukünftig länger im Erwerbsleben stehen und die Wahrscheinlichkeit von Arbeitsplatzwechseln und die Notwendigkeit von beruflichen Veränderungen und Weiterbildung werden zunehmen"[388]. Im Rahmen des Projektes „Lebensbegleitende Berufsberatung" (LBB), welches seit März 2017 an verschiedenen Standorten in Deutschland pilotiert wird, sollen Menschen „(...) über das gesamte Erwerbsleben hinweg (...)"[389] bei der Bundesagentur für Arbeit Unterstützung finden können. Kernanliegen im Zusammenhang mit der Zielgruppe der Schüler sind die berufliche Erstorientierung und das Aufzeigen von Ausbildungschancen (einschließlich Studium). Die zentralen Aspekte der LBB sind in Abbildung 11 ersichtlich.

---

[386] Kriegesmann, Kley und Schwering (2008): S. 75.
[387] Strijewski (2002): S. 100.
[388] Fröhlich (2018): S. 3.
[389] Ebenda.

<table>
<tr><th></th><th>Weichenstellung</th><th>Kernanliegen</th><th colspan="2">Zielgruppe/Interventionspunkt</th></tr>
<tr><td rowspan="3">Vor dem Erwerbsleben</td><td rowspan="2">Übergang Schule – Ausbildung/Studium</td><td>Berufliche Erstorientierung/Ausbildungschancen einschließlich Studium</td><td colspan="2">1 Schüler der Sek. I und II mindestens ab der Vor-Vorentlassklasse, an weiterführenden beruflichen Schulen, sowie Nichtschüler</td></tr>
<tr><td>Stabilisierung von Ausbildung/Studium bei unvermeidbarem Abbruch anschlussorientierte Alternativen</td><td rowspan="2">2 Auszubildende in Ausbildungsgängen mit hohen Abbruchquoten und Berufsfeldern mit Fachkräftemangel</td><td rowspan="2">3 Studierende in Fächern mit hohen Abbruchquoten und Berufsfeldern mit Fachkräftemangel sowie Studiengängen mit nicht klar definiertem Berufsbild</td></tr>
<tr><td>Übergang Ausbildung/Studium – Arbeitsmarkt</td><td>Individuelle Arbeitsmarktchancen beim Berufseintritt bzw. -wechsel</td></tr>
<tr><td>Im Erwerbsleben</td><td>Wiedereinstieg und berufliche Neuorientierung</td><td>Berufliche Stabilisierung/ Neuorientierung (ggf. Rat zu Qualifizierung)</td><td>4 Arbeitslose mit erweitertem beruflichen Beratungs- und Orientierungs-bedarf</td><td>5 Erwerbstätige mit niedriger Qualifikation, in oft wechselnden kurzfristigen Arbeitsverhältnissen, vor beruflichem Wieder-/Neueinstieg (inkl. stille Reserve) oder von digitalem Wandel besonders betroffen</td></tr>
</table>

Abbildung 11: Lebensbegleitende Berufsberatung.
Eigene Darstellung nach Fröhlich (2018): S. 4.

Die auffälligste Neuerung für die Arbeit am Gymnasium ist dabei der frühere Beginn der Maßnahmen „mindestens ab der Vor-Vorentlassklasse“[390] durch die Bundesagentur für Arbeit. Für die bayerischen Gymnasien bedeutet dies den Start ab der zehnten Jahrgangsstufe und die Durchführung bis zum Abitur. Die berufsorientierenden Veranstaltungen werden neu gestaltet. Sie sollen „handlungsorientiert, zielgruppengerecht und themenspezifisch“[391] sein. Ziel ist außerdem die Abstimmung der Angebote im Markt, um Angebotslücken zu decken bzw. doppelte Angebote zu vermeiden. Die Berufsberater richten ihre Sprechstunden weiterhin überwiegend vor Ort an den Schulen ein.[392]Das Projekt sollte ab dem Schuljahr 2019/20 anlaufen. Aufgrund der Schulschließungen im Zusammenhang mit der Corona-Pandemie waren an der Schule, an welcher die vorliegende Untersuchung stattgefunden hat, jedoch keine schulischen Maßnahmen im geplanten Zeitraum (zweites Schulhalbjahr) mehr möglich, so dass zum Zeitpunkt der Fertigstellung der Dissertation keine Erfahrungswerte bezüglich der „neuen“ lebensbegleitenden Berufsberatung vorliegen.

4.5.1.1 Rechtliche Vorgaben für die Zusammenarbeit von Bundesagentur für Arbeit und Schule

§33 SGB III verpflichtet die Bundesagentur für Arbeit zur Unterstützung der Berufsorientierung. Dort heißt es: „Dabei soll sie [Anmerkung: die Agentur für Arbeit] umfassend Auskunft und Rat geben zu Fragen der Berufswahl, über die Berufe und ihre Anforderungen und Aussichten, über die Wege und die Förderung der beruflichen Bildung sowie über beruflich bedeutsame Entwicklungen in den Betrieben, Verwaltungen und auf dem Arbeitsmarkt.“[393] In der Rahmenvereinbarung über die Zusammenarbeit von Schule und Berufsberatung zwischen der Kultusministerkonferenz und der Bundesagentur für Arbeit (Beschluss der Kultusministerkonferenz vom 15.10.2004 in der Fassung vom 01.06.2017) sind die Grundlagen der Zusammenarbeit der Schulen und der Bundesagentur für Arbeit am Übergang Schule-Beruf geregelt. Handlungsleitend ist dabei das gemeinsame Motto „Kein junger Mensch darf verloren

390 Fröhlich (2018): S. 4.
391 Fröhlich (2018): S. 5.
392 Ebenda.
393 Bundesministerium der Justiz und für Verbraucherschutz: https://www.gesetze-im-internet.de/sgb_3/__33.html, zuletzt aufgerufen am 12. Juni 2020.

gehen"[394]. Ziel der Zusammenarbeit der Akteure ist es demnach, durch verschiedene Unterstützungsangebote ein hohes Maß an Berufswahlkompetenz bei den Jugendlichen zu erreichen. So sollen Brüche in der Bildungsbiografie sowie Ausbildungs- und Studienabbrüche vermieden werden. Berufswähler sollen stattdessen die eigene Berufsbiografie als individuellen sowie aktiv gestaltbaren Prozess begreifen. Im Bedarfsfall werden ihnen neue Möglichkeiten zur beruflichen Orientierung aufgezeigt. „KMK und BA verstehen den Prozess der beruflichen Orientierung als umfassende gemeinsame Aufgabe von Schule und Berufsberatung, zu der Informationsbereitstellung, Möglichkeiten zur Gewinnung praktischer Erfahrungen, individuelle Beratung und Begleitung sowie Unterstützung bei der Ausbildungsstellensuche oder Studienwahl zählen."[395] Dabei sind die Agenturen für Arbeit über die Landeskonzeptionen systematisch in die berufliche Orientierung an Schulen mit eingebunden. Für die konkrete Umsetzung vor Ort sind die Schulen und die örtliche Berufsberatung zuständig. Neben der individuellen Beratung sollen auch weitere Partner und beispielsweise Angebote der Eltern gemäß den jeweiligen Berufsorientierungskonzepten der Schulen hinzugezogen werden. Die bereits erwähnte Rahmenvereinbarung ist selbstverständlich auch für die Gymnasien in Bayern maßgeblich. Sie hat zunächst eine Laufzeit bis zum 31. Dezember 2022. Wird sie nicht bis drei Monate vor Ablauf schriftlich gekündigt, verlängert sich die Geltungsdauer der Rahmenvereinbarung um jeweils ein Jahr. Die Maßnahmen sollen am bayerischen Gymnasium in der Sekundarstufe I beginnen.[396] Im Amtsblatt der Bayerischen Staatsministerien für Unterricht und Kultus und Wissenschaft vom 14. August 2006 sind die Grundsätze dargelegt, an welche sich die Agenturen für Arbeit sowie die Schulen zu halten haben. Darin heißt es: „Allgemeine und berufliche Bildung, Schule, Betrieb und Beruf, Gesellschaft und Wirtschaft stehen in engem Bezug zueinander. Daraus ergibt sich für Schule und Berufsberatung die Notwendigkeit der Zusammenarbeit. (...) Ziel des Zusammenwirkens ist es, den jungen Menschen zu befähigen, sein Grundrecht auf freie Wahl von Beruf, Arbeitsplatz und Ausbildungsstätte bewusst wahrzunehmen sowie eine selbstständige und eigenverantwortliche Berufswahl zu treffen."[397] Auch die Aufgaben der Berufsberatung sind in der Veröffentlichung klar geregelt.

394 Kultusministerkonferenz, Bundesagentur für Arbeit (2017): S. 2.

395 Kultusministerkonferenz, Bundesagentur für Arbeit (2017): S. 3.

396 Kultusministerkonferenz, Bundesagentur für Arbeit (2017): S. 2ff.

397 Bayerische Staatsministerien für Unterricht und Kultus und Wissenschaft, Forschung und Kunst (2006): S. 187.

Hierzu gehören neben Vermittlungsleistungen sowie der Aufbereitung und Bereitstellung von Daten über die Lage und Entwicklungen auf dem Ausbildungs- und Arbeitsmarkt auch die Begleitung der jungen Erwachsenen auf dem Weg zu einer fundierten und selbständigen Ausbildungs-, Berufs- und Studienentscheidung. Die Berufsberatung soll sich mit ihrem Angebot rechtzeitig an die Schüler wenden. „Im Rahmen der Berufsorientierung führt die Berufsberatung für Schüler und Schülerinnen insbesondere Vorträge in Schulklassen, berufs- und studienkundliche Vortragsreihen, Gespräche mit Kleingruppen, Gruppenberatungen und Seminare durch. Sie informiert hierbei über die Anforderungen der Berufs- und Arbeitswelt sowie die Möglichkeiten des regionalen/überregionalen Ausbildungs- und Beschäftigungsmarktes und weist auf die Fördermöglichkeiten der beruflichen Ausbildung sowie die berufsvorbereitenden Bildungsangebote der Schule und der Bundesagentur für Arbeit hin. (...) Für die Erziehungsberechtigten der Schüler und Schülerinnen werden entsprechende Veranstaltungen durchgeführt; zu den berufs- und studienkundlichen Veranstaltungen für Schüler und Schülerinnen können auch deren Erziehungsberechtigte eingeladen werden.“[398] Für die Lehrer werden berufskundliche und berufswahlvorbereitende Unterrichtsmaterialien bereitsgestellt. In Form von freiwilligen Betriebspraktika, sogenannte „Individuelle Berufserkundungen und Betriebskontakte“[399], vermittelt die Berufsberatung den Jugendlichen innerhalb der Schulferienzeiträume auch Einblicke in die Arbeitswelt. Über gemeinsame Aufgaben und Ziele der Berufsberatung durch die Bundesagentur für Arbeit und den Schulen ist unter anderem festgehalten: „Für jede Schule in Bayern soll eine Lehrkraft als Schülerberater, Schülerberaterin tätig bzw. für die Zusammenarbeit mit der staatlichen Schulberatung zuständig sein. Zu den Aufgaben dieser Lehrkraft gehört es, das Informationsmaterial, das von der Berufsberatung zur Verfügung gestellt wird, auf dem Laufenden zu halten und es Schülern und Schülerinnen, Eltern und Lehrkräften zugänglich zu machen sowie die Verbindung zwischen der einzelnen Schule und der für die Schule zuständigen Fachkraft der Berufsberatung zu pflegen.“[400] Diese Aufgabe wird an den bayerischen Gymnasien mittlerweile von den Koordinatoren für Berufliche Bildung (siehe Kapitel 4.3) übernommen. Als weitere Vorschläge

---

398 Bayerische Staatsministerien für Unterricht und Kultus und Wissenschaft, Forschung und Kunst (2006): S. 188.

399 Ebenda.

400 Bayerische Staatsministerien für Unterricht und Kultus und Wissenschaft, Forschung und Kunst (2006): S. 191.

zur Zusammenarbeit zwischen der Berufsberatung und den Schulen werden im Amtsblatt genannt:

„- Austausch von Schriften und Sprechstunden der beratenden Dienste,
- Gemeinsame Durchführung von Aufklärungsveranstaltungen, besonders Elternveranstaltungen,
- Gegenseitige Konsultation bei Beratung im Einzelfall, gegebenenfalls Teamberatung,
- Konsultation von Fachleuten der Arbeitsverwaltung bei der Entwicklung von Curricula für einschlägige Bereiche der Arbeitslehre,
- Intensivierung der gegenseitigen Teilnahme an Besprechungen sowie Aus- und Fortbildungsveranstaltungen für Lehr- und Beratungsfachkräfte,
- Gemeinsame Erarbeitung von Lehr- und Anschauungsmaterial berufsorientierenden Inhalts.“[401]

Die bestehenden Angebote und weitere Maßnahmen der Bundesagentur für Arbeit sollen im Folgenden genauer dargestellt werden.

4.5.1.2 Angebote und Maßnahmen der Berufsberatung der Bundesagentur für Arbeit

Die Berufsberatung der Bundesagentur für Arbeit bietet den Gymnasiasten im Sekundarbereich II ein breitgefächertes Angebot an Informationen und Hilfen. Der Ausbildungsstellenvermittlung kommt dabei eine eher geringere Bedeutung zu, da die meisten Abiturienten ein Studium anstreben.[402] Stattdessen nehmen Information und Beratung einen größeren Raum ein, sowohl Ausbildungsberufe als auch akademische Berufe betreffend. Dabei werden alle Phasen des Berufs- und Studienwahlprozesses abgedeckt. Die örtlichen Agenturen für Arbeit können das Standardprogramm zusätzlich durch regionale Aktivitäten und Angebote ergänzen.[403]

<u>Selbstfindungsphase</u>

Im Rahmen von Schulbesprechungen und/oder Beteiligung eines Berufsberaters am Unterricht können grundlegende Kenntnisse über die

[401] Bayerische Staatsministerien für Unterricht und Kultus und Wissenschaft, Forschung und Kunst (2006): S. 191.
[402] Schober (1997): S. 120.
Bundesagentur für Arbeit, SCHULEWIRTSCHAFT Deutschland (2016): S. 6.
[403] Bundesagentur für Arbeit, Regionaldirektion Bayern (2017): S. 1.

Berufswahl vermittelt werden. So können Anregungen geschaffen werden, sich mit den Fragen der Berufsorientierung und des Berufswahlprozesses auseinanderzusetzen. Zusätzlich gibt es im Internet ein breites Angebot für Schüler, Eltern und Lehrer zu den Themen Schule, Ausbildung und Studium. So können beispielsweise Schüler mithilfe von Selbsterkundungstools online herausfinden, welcher Beruf zu ihnen passt, Eltern können sich informieren, wie sie ihr Kind bei der Berufswahl am besten unterstützen können und Lehrer finden unter anderem Informationen, Unterrichtsideen und Materialien wie etwa Checklisten für das Betriebspraktikum.[404]

Informationsphase

Verschiedene stationäre und mobile Einrichtungen zur Selbstinformation wie die BiZ oder das digitale BiZ-MOBIL bieten ein vielfältiges Angebot zur Berufswahl und Informationen über die Berufs- und Arbeitswelt. BiZ sind meist Teil einer Arbeitsagentur und in ganz Deutschland zu finden. Berufswähler können dort an Computer-Arbeitsplätzen herausfinden, welche Berufe oder Studienfelder zu ihnen passen, in der Jobbörse nach passenden Stellen suchen, Informationen sammeln oder Bewerbungsunterlagen anfertigen. Die Fachkräfte vor Ort unterstützen die Besucher dabei. Außerdem finden in den BiZ Veranstaltungen wie Berufsmessen, Bewerbungstrainings oder themenspezifische Workshops statt.[405] Die Jugendlichen können das BiZ selbständig besuchen. Es bietet sich aber auch ein gemeinsamer Besuch des BiZ mit einer Schulklasse an. Ein Teil der für die vorliegende Arbeit befragten Gymnasiasten nahmen im Juli 2017, als die Schüler am Ende der zehnten Jahrgangsstufe standen, das Angebot der Berufsberatung in den Räumlichkeiten des BiZ in Nürnberg wahr. So konnten sie die Örtlichkeit kennenlernen und wurden dort auch erneut auf die Möglichkeit des privaten BiZ-Besuches aufmerksam gemacht. Derartige und ähnliche berufskundliche Vortragsveranstaltungen dienen der Vermittlung von Informationen zu Ausbildung, Studium und Beruf sowie zu besonderen Ausbildungswegen für Abiturienten. In der Informationsphase kann auch das umfangreiche Medienangebot der Bundesagentur für Arbeit zu Hilfe genommen werden. Die zahlreichen Printangebote können bei Bedarf an die

---

404 Bundesagentur für Arbeit, Regionaldirektion Bayern (2017): S. 1. Bundesagentur für Arbeit: https://www.arbeitsagentur.de/bildung, zuletzt aufgerufen am 8. Juli 2019.

405 Bundesagentur für Arbeit: https://www.arbeitsagentur.de/bildung/berufsinformations zentrum-biz, zuletzt aufgerufen am 11. Juli 2019.

Schüler ausgegeben oder in der Schule ausgelegt werden. Eine Übersicht über das Webangebot kann ebenfalls zumindest teilweise im Unterricht angesprochen werden.[406]

Tabelle 3: Übersicht über Print- und Webangebote der Bundesagentur für Arbeit (Auswahl).
Bundesagentur für Arbeit, Regionaldirektion Bayern (2017): S. 1f.

Printangebot	
Studien- und Berufswahl	Offizieller Studienführer Deutschland
Infomappen im BiZ	Onlinekataloge mit Infomappen für Studien- und Ausbildungsberufe
Beruf Aktuell	Lexikon der Ausbildungsberufe
abi>>	Zeitschrift für die Zielgruppe Sekundarstufe II Pro Jahr sechs Themenhefte und zwei bis vier Extrahefte (z. B. MINT-Thematik, Studium oder Ausbildung?, Studienstart)
Planet-Beruf	Schüler-, Eltern- und Lehrermagazine für die Zielgruppe Sekundarstufe I
Webangebot	
www.abi.de	Informationsangebot für Schüler, Eltern und Lehrkräfte zu Ausbildungs-, Studien- und Berufsmöglichkeiten Unterrichtsideen und -materialien für Lehrkräfte
www.planet-beruf.de	Informationen zur Berufswahl und Selbsterkundung
www.berufenet.arbeitsagentur.de	Berufskundliches Leitmedium der Bundesagentur für Arbeit
www.berufe.tv	Filmportal mit App und über 500 berufskundlichen Filmen
www.kursnet.arbeitsagentur.de	Portal für berufliche Aus- und Weiterbildung

[406] Bundesagentur für Arbeit, Regionaldirektion Bayern (2017): S. 1.

Entscheidungsphase

Die Berufsberater der örtlichen Agenturen bieten regelmäßig terminierte Beratung in Form von Einzelgesprächen und auch offene Sprechstunden in den Schulen sowie in den Arbeitsagenturen an. Die Gymnasiasten können zusammen mit ihren Eltern oder alleine mit der Fachkraft Fragen zu beruflichen Möglichkeiten und der anstehenden Berufswahl besprechen. Schüler mit gleichen oder ähnlichen Interessen können die Beratung auch gemeinsam in Gruppenberatungen in Anspruch nehmen. Der Berufspsychologische Service der Agentur für Arbeit unterstützt die Berufsberatung durch verschiedene Testverfahren zur Eignungsabklärung für bestimmte Berufe oder Studiengänge. Physische Eignungen und Voraussetzungen können durch den ärztlichen Dienst der Agentur für Arbeit geklärt werden. Die Angebote sind als Unterstützung und Grundlage für die Entscheidung der individuellen Berufswahl gedacht. Die Mediziner unterliegen der ärztlichen Schweigepflicht. Die Beratungsfachkraft erhält lediglich eine schriftliche Stellungnahme, welche angibt, inwiefern die Teilnahme der Jugendlichen am Arbeitsleben eingeschränkt ist. Sie enthält keine Diagnosen oder sonstige Angaben zum gesundheitlichen Zustand.[407]

Realisierungsphase

Die Berufsberatung der Bundesagentur für Arbeit vermittelt auch Praktikantenstellen und regionale sowie überregionale Ausbildungsstellen und bietet Informationen zu Möglichkeiten einer schulischen Berufsausbildung. Mit www.jobboerse.arbeitsagentur.de betreibt die Bundesagentur das größte Online-Jobportal Deutschlands. Es stellt Zugang zu vielen Stellenangeboten zur Verfügung, Bewerberdaten können kostenlos und anonym veröffentlicht werden. Die abi>>bewerbungsbox bietet unter http://www.abi.de/bewerbung.htm Abiturienten Informationen und Antworten auf Fragen zu den Themen Auswahlverfahren, Einstellungstest, Bewerbungen, Praktikum, Nebenjob, duales Studium und Studienplatz. Berufswähler, welche auf finanzielle Unterstützung bei der Ausbildung angewiesen sind, finden Hilfe in Form der Berufsausbildungsbeihilfe oder der beruflichen Einstiegsqualifizierung. Bei Letzterem handelt es sich um ein sechs- bis zwölf-monatiges sozialversicherungspflichtiges Praktikum zur Vorbereitung auf eine Ausbildung. Die

---

[407] Bundesagentur für Arbeit, Regionaldirektion Bayern (2017): S. 2f. Bundesagentur für Arbeit: https://www.arbeitsagentur.de/ueber-uns/aerztlicher-dienst, zuletzt aufgerufen am 9. August 2019.

Teilnehmer erhalten eine bezuschusste Vergütung. Außerdem können die Berufsberater wichtige Hinweise zu zusätzlichen Fördermöglichkeiten wie beispielsweise Kindergeld, BAföG oder Stipendien geben. Weitere Unterstützungsangebote am Übergang Schule-Beruf sind berufsvorbereitende Bildungsmaßnahmen (z. B. zusätzliche Fachtheorie, Sprachunterricht), assistierte Ausbildung (z. B. individuell angepasster Förderunterricht) oder sonstige ausbildungsbegleitende Hilfen. Gymnasiasten können bei der Bundesagentur auch Informationen über mögliche Alternativen zum direkten Berufs- oder Studienbeginn einholen. Denkbar sind zum Beispiel Auslandsaufenthalte, Freiwilligendienste oder Praktika.[408]

Die Bundesagentur kann in allen Phasen des Berufs- und Studienwahlprozesses zu Rate gezogen werden. In jedem Fall sind klare Absprachen zwischen den Kooperationspartnern bezüglich der Möglichkeiten und Ziele der Zusammenarbeit essentiell. Eine kontinuierliche Kommunikation kann lediglich durch festgelegte Ansprechpartner auf beiden Seiten aufrechterhalten werden. Gegenseitige Rücksichtnahme sowie die Vermeidung von Missverständnissen und Konkurrenzsituationen ermöglichen beiden Kooperationspartnern eine erfolgreiche, langfristige Zusammenarbeit.[409]

4.5.1.3 Empirische Befunde zur Berufsberatung der Bundesagentur für Arbeit

Bis ins Jahr 1998 hatten die damaligen Arbeitsämter in Deutschland ein Berufsberatungsmonopol inne. Landsberg (1978) befragte Ratsuchende der Berufsberatung bezüglich konkreter Hilfestellungen bei der Berufswahl.[410] Es waren jeweils drei Nennungen möglich, wobei die Eltern mit deutlichem Abstand (40,60 %) die größte Bedeutung für die Berufswähler hatten. Die Berufsberater lagen mit 13,40 % auf dem zweiten Platz. Von der Autorin der vorliegenden Arbeit wird vermutet, dass die Tatsache, dass die Hilfestellung durch Lehrer (7 %) erst auf dem dritten Platz

[408] Bundesagentur für Arbeit, Regionaldirektion Bayern (2017): S. 3.
Bundesagentur für Arbeit: https://www.arbeitsagentur.de/bildung/ausbildung/berufsausbildungsbeihilfe-bab, zuletzt aufgerufen am 9. August 2019.
Bundesagentur für Arbeit: https://www.arbeitsagentur.de/unternehmen/finanziell/foerderung-ausbildung, zuletzt aufgerufen am 9. August 2019.
[409] Horst (2008): S. 209ff.
[410] Landsberg (1978), zitiert nach Feldhoff, Otto, Simoleit und Sobott (1985): S. 30.

genannt wird, darauf zurückzuführen ist, dass insbesondere Schüler den Berufsberatern eine höhere Kompetenz zuschreiben als ihren Lehrern in der Schule. Dem ist schwer zu widersprechen, da die Berufsberatung und entsprechende Hilfestellungen nun einmal nicht zu den Kernkompetenzen der Fachlehrer gehören – erst recht nicht der Gymnasiallehrer. Nicht umsonst schneidet das Gymnasium in berufspropädeutischer Hinsicht im Vergleich zu anderen Schularten am schlechtesten ab.[411] In einer Untersuchung von Beinke, Richter und Schuld (1996) mit 641 befragten Berufsschülern kamen die Autoren ebenfalls zu dem Schluss, dass die Berufsberater als häufigste Informationsquelle für Berufe genannt wurden. Weiterhin kamen die Wissenschaftler zu dem Ergebnis, dass diejenigen, die in ihrem späteren Ausbildungsberuf ein Praktikum abgeleistet hatten, das Praktikum als häufigste Quelle nannten. Auszubildende, die kein Betriebspraktikum in ihrem gewählten Beruf abgeleistet hatten, griffen dagegen deutlich stärker auf die Quellen des Arbeitsamtes (heutige Bundesagentur für Arbeit) zurück. Jedoch bedeutete eine häufige Inanspruchnahme der Informationsquellen nicht automatisch eine deutlich positivere Bewertung. Trotz der häufigen Nennung des Arbeitsamtes wurde es in der Einschätzung der Schüler im Vergleich deutlich schlechter bewertet als beispielsweise das Betriebspraktikum. 16,3 % derjenigen, welche die Berufsberatung als wichtigste Hilfe für die Berufswahl nannten, gaben gleichzeitig an, keine bzw. sehr unwichtige Informationen vom Arbeitsamt erhalten zu haben. 27,9 % erhielten nach eigener Einschätzung sehr wichtige bzw. wichtige Informationen von der Institution. Es blieb die Annahme, dass das Arbeitsamt wohl eher unreflektiert als wichtigste Informationsquelle genannt wurde.[412] Laut Landsberg (1977) ist es für den Erfolg der beruflichen Einzelberatung bedeutend, wie entschlossen die ratsuchende Person tatsächlich ist. Je entschlossener die Person, desto erfolgreicher verlaufen die Gespräche.[413] Eine Untersuchung aus dem Jahr 2002, in welcher Jugendliche unter anderem zu ihren Erfahrungen mit der Berufsberatung befragt wurden, ordnete die genannten Kritikpunkte verschiedenen Schwerpunkten zu. „So wurde zunächst häufiger der Wunsch geäußert, schlicht mehr Informationen zu den verschiedenen Ausbildungsmöglichkeiten zu erhalten. Die Kritik steht möglicherweise in Zusammenhang mit den begrenzten Beratungsterminen und -zeiten, die letztlich

---

411 Schober (1997): S. 119.
412 Beinke, Richter, Schuld (1996): S. 56ff.
413 Landsberg (1977): S. 25.

für jeden Jugendlichen zur Verfügung stehen. Relativ oft wurde auch bemängelt, dass die Ausbildungsstellenangebote, die man durch das Arbeitsamt[414] erhalten habe, nicht mehr aktuell seien, und man deshalb sehr viel Zeit mit nutzlosen Bewerbungen verbracht habe. Dabei wurde zum Teil auch eine Mitverantwortung der Betriebe gesehen. Mehrfach wurde vorgeschlagen, die Kommunikation zwischen Arbeitsämtern und den Betrieben, die Lehrstellen anbieten, zu verbessern."[415] Weitere Kritikpunkte waren in der genannten Untersuchung unter anderem qualitative Mängel in der Beratung und unzureichende Angebote für bestimmte Zielgruppen wie beispielsweise Abiturienten:

- „Ich hätte mir umfangreichere Informationen vom Arbeitsamt bezüglich eines Studiums alternativ zu einer Ausbildung gewünscht (P-1498; 21-jährige Frau, Studium)."[416]
- „(...) Die Berater erscheinen mir unkompetent! Ich war nach dem Gespräch verzweifelter und verwirrter als davor (P-3795; 19-jähriger Mann, allgemeinbildende Schule Sek. II)."[417]
- „Die Berufsberatung sollte sich verbessern. Denn nur aufgrund schlechter Beratung muss ich ein ganzes Jahr auf einen Studienplatz warten. Die meisten Informationen muss man sich selbst besorgen (ziemlich schwierig bei der Fülle von Quellen) (P-2763; 18-jährige Frau, jobbt)."[418]

Bis ins Jahr 2003/2004 veröffentlichte die Bundesagentur für Arbeit die Ergebnisse ihrer Arbeit im Bereich der Berufsberatung in Form der Berufsberatungsstatistik. So informierte sie die Gesellschaft unter anderem über ihr Angebot, dessen Inanspruchnahme sowie Entwicklungen des Ausbildungsmarktes.[419] Die Entwicklung der Anzahl an Ratsuchenden mit allgemeiner Hochschulreife ist in folgender Tabelle dargestellt.

---

[414] Anmerkung: Auch hier ist die heutige Bundesagentur für Arbeit gemeint.
[415] Ulrich, Ehrenthal, Eden, Rebhan (2002): S. 2186.
[416] Ulrich, Ehrenthal, Eden, Rebhan (2002): S. 2187.
[417] Ulrich, Ehrenthal, Eden, Rebhan (2002): S. 2188.
[418] Ebenda.
[419] Bundesagentur für Arbeit: https://www.statistik.arbeitsagentur.de/nn_13082/Statischer-Content/Rubriken/Amtliche-Nachrichten-BA/Berufsberatung.html, zuletzt aufgerufen am 17. September 2019.

Tabelle 4: Ratsuchende mit allgemeiner Hochschulreife.
Daten nach Bundesagentur für Arbeit (2005): S. 5.

Berichtsjahr	Weibliche Personen	Männliche Personen	Insgesamt
1997/1998	235.526	138.059	373.585
1998/1999	231.832	129.296	361.128
1999/2000	224.319	126.265	350.584
2000/2001	210.339	118.492	328.831
2001/2002	197.208	105.127	302.335
2002/2003	182.084	100.041	282.125
2003/2004	173.787	96.639	270.426

Es ist ersichtlich, dass die Differenz zwischen der Anzahl an weiblichen und männlichen Ratsuchenden in allen Berichtsjahren sehr groß ist. Über die Gründe kann an dieser Stelle lediglich spekuliert werden. Möglicherweise ist es darauf zurückzuführen, dass Frauen eher bereit sind, sich in Sachen Berufswahl einer fremden Person anzuvertrauen und Hilfe von außen zu holen. Untersuchungen kamen zu dem Schluss, dass Frauen außerdem eher bereit sind, sich in einem anderen Beruf um einen Ausbildungsplatz zu bewerben als Männer, wenn im bevorzugten Beruf nicht genügend Ausbildungsplätze verfügbar sind.[420] Gerade Personen mit allgemeiner Hochschulreife haben hier auch die meisten Möglichkeiten. Bei diesem Schritt kann die Bundesagentur hilfreich sein. Auch dies kann ein möglicher Erklärungsansatz für die unterschiedliche Bereitschaft, sich von Berufsberatern der Bundesagentur für Arbeit beraten zu lassen, sein. Gleichzeitig berichten Ulrich, Ehrenthal, Eden und Rebhan (2002) von einem allgemeinen Trend, wonach Jugendliche mit höherem Schulabschluss die Berufsberatung seltener aufsuchten als in den Jahren zuvor. Sie begründen dies unter anderem mit der Folge der Ausdehnung der Gymnasialzeit in Mecklenburg-Vorpommern und Sachsen-Anhalt auf 13 Jahre. Ein anderer Erklärungsansatz ist die Zunahme an internetgestützten Selbstinformationsangeboten der Bundesagentur für Arbeit.[421] Gymnasiasten verfügen auch aufgrund ihres Alters am Ende ihrer Schulzeit über die entsprechenden Fähigkeiten diese Tools selbständig zu nutzen und können somit unter Umständen leichter auf den persönlichen Kontakt mit einem Berufsberater zu verzichten.

[420] Petersen, Wehmeyer (2000): S. 16.
Dietzen, Westhoff (2001): S. 28.

[421] Ulrich, Ehrenthal, Eden, Rebhan (2002): S. 2134.

In der Berufsberatungsstatistik ist auch die Anzahl an Ratsuchenden und Beratungsgesprächen nach Ländern für das Berichtsjahr 2003/2004 ersichtlich. Dabei werden alle Schulabschlüsse berücksichtigt. Die unterschiedliche Inanspruchnahme der Einzelberatungsgespräche ist hier bei weitem nicht so deutlich wie in der Darstellung der Ratsuchenden mit allgemeiner Hochschulreife. Im Gegenteil: Insgesamt suchen Männer eher das Gespräch mit einem Berufsberater als Frauen. Eine nach Ländern sortierte Darstellung der statistischen Daten zur Geschlechterverteilung in den Beratungsgesprächen findet sich in Tabelle 5.

Tabelle 5: Ratsuchende sowie Anzahl der durchgeführten Beratungsgespräche nach Ländern.
Daten nach Bundesagentur für Arbeit (2005): S. 4.

Land	Weibliche Personen	Männliche Personen	Insgesamt	Beratungsgespräche
Baden-Württemberg	118.229	119.647	237.878	327.580
Bayern	132.722	137.937	270.659	436.158
Berlin	40.702	42.094	82.796	132.063
Brandenburg	38.730	41.817	80.547	121.217
Bremen	10.909	11.002	21.911	34.629
Hamburg	14.944	16.182	31.126	42.867
Hessen	67.705	70.217	137.922	213.644
Meckl.-Vorpommern	30.722	33.933	64.655	111.301
Nieder-sachsen	99.264	106.075	205.339	316.052
NRW	206.607	220.828	427.435	617.183
Rheinland-Pfalz	48.723	52.322	101.045	150.994
Saarland	11.425	12.536	23.961	37.183
Sachsen	74.130	79.543	153.673	233.727
Sachsen-Anhalt	44.990	49.343	94.333	162.896
Schleswig-Holstein	32.160	34.941	67.101	102.169
Thüringen	44.296	45.881	89.977	153.400

Kleffner, Lappe, Raab und Schober (1996) hielten fest, dass 74 % der von ihnen befragten Jugendlichen (n = 148) aus Vorabgangsklassen der Sekundarstufe II mit der Klasse oder auch allein, mit Eltern oder Freunden im BiZ waren; 50 % hatten persönlichen Kontakt mit einem Berufsberater. 11 % nahmen eine persönliche Beratung in Anspruch.[422] Die Bundesagentur kann hier keine aktuelleren Daten liefern. Mit der Einführung des SGB II im Jahr 2005 änderten sich nämlich auch die Grundlagen der Statistik zur Ausbildungsvermittlung.[423] Die Statistik der Ratsuchenden wurde in der obigen Form nach 2004 nicht weitergeführt. Stattdessen werden in den Statistiken über den Ausbildungsstellenmarkt lediglich „Bewerber für Berufsausbildungsstellen, die die individuelle Vermittlung in eine betriebliche oder außerbetriebliche Berufsausbildungsstelle in Anspruch nehmen“[424] geführt. Gymnasiasten, welche die Einzelberatung der Berufsberater in der Schule in Anspruch nehmen oder informell das BiZ besuchen, werden somit gar nicht registriert.

Kleffner und Schober (1998) berichten, dass die deutlich überwiegende Mehrzahl der Ratsuchenden (zwischen 60 % und 80 %) mit dem Beratungsgespräch zufrieden war und dass sie meinen, durch das Gespräch einen Zuwachs an Berufswahlkompetenz erlangt zu haben. Die Berufsberater seien engagiert gewesen, hätten sich gut ausgekannt und viel Zeit genommen. Vor allem die befragten Schüler gaben an, dass die Berufsberatung ihnen Möglichkeiten aufgezeigt hätte, an welche sie selbst noch gar nicht gedacht hätten.[425]

In jedem Fall zumindest interessant sind die Ergebnisse der Stiftung Warentest, welche im Jahr 2007 die Qualität der Berufsberatung unter anderem der Arbeitsagenturen untersuchte. Diese schnitten lediglich mittelmäßig ab; in der anschließenden Veröffentlichung hieß es „In jeder Gruppe blieb rund die Hälfte der Ratsuchenden ratlos zurück. Besser als befriedigend war deshalb nie drin“[426]. Insbesondere für die Zielgruppe der Abiturienten fiel das Gesamt-Qualitätsurteil eher schlecht

---

422 Kleffner, Lappe, Raab und Schober (1996): S. 9.

423 Bundesagentur für Arbeit: https://www.statistik.arbeitsagentur.de/Statischer-Content/Statistik-nach-Themen/Ausbildungsstellenmarkt/Generische-Publikationen/Logbuch-Ausbildungsstellenmarktstatistik.pdf, zuletzt aufgerufen am 17. September 2019.

424 Bundesagentur für Arbeit: https://www.statistik.arbeitsagentur.de/Statischer-Content/Grundlagen/Definitionen/Generische-Publikationen/Kurzinformation-Ausbildungsstellen marktstatistik.pdf, zuletzt aufgerufen am 17. September 2019.

425 Kleffner, Schober (1998): S. 20f.

426 Stiftung Warentest (2007): S. 14.

aus. Insgesamt 63 Schüler und Auszubildende testeten die Beratungsangebote verschiedener Institutionen, auch die der Arbeitsagenturen. Im Anschluss wurden die Gespräche mithilfe von Fragebögen bewertet. 50 % der Jugendlichen waren demnach nicht zufrieden. Hauptkritikpunkte waren, dass die Berater nicht genügend auf die Wünsche der Ratsuchenden eingingen und zu wenige praktische Tipps für den Berufsfindungsprozess gaben. „Zu den inhaltlichen Mängeln in den Beratungsgesprächen kamen in etlichen Fällen noch schwierige äußere Umstände hinzu."[427] So wollten beispielsweise einige Berater keinen Termin am Nachmittag anbieten. Andere wiesen die Jugendlichen ab oder vertrösteten sie. Bereits vor über 20 Jahren haben die Arbeitsagenturen ihr Monopol in der Domäne Berufsberatung verloren. Beispielsweise die Handwerkskammern, die Industrie- und Handelskammern, kommunale Beratungsstellen und unzählige private Anbieter stehen zur Auswahl. Sicherlich sind die Arbeitsagenturen aufgrund ihres Erfahrungsschatzes und Überblicks eine gute erste Anlaufstelle. Dennoch kann sich aufgrund der berichteten Defizite das Einholen weiterer Ratschläge bei anderen Anbietern lohnen.

4.5.2 Netzwerk SCHULEWIRTSCHAFT Bayern: Das Berufswahl-SIEGEL

Das Netzwerk SCHULEWIRTSCHAFT Bayern hat es sich zur Aufgabe gemacht, Schulen in Bayern bei der Weiterentwicklung ihrer Berufs- und Studienorientierung zu unterstützen und durch deren Optimierung Ausbildungsabbrüche und Fachkräftemangel zu vermeiden bzw. zu reduzieren. Ein seit dem Jahr 2015 landesweit laufendes Projekt des Netzwerkes ist das Berufswahl-SIEGEL Bayern.[428]

4.5.2.1 Vorstellung des Projekts

Das Berufswahl-SIEGEL wird von SCHULEWIRTSCHAFT Deutschland koordiniert und aktuell in allen 16 Bundesländern in insgesamt 29 Regionen vergeben. Es erhält Förderung unter anderem durch die Bundes-

[427] Stiftung Warentest (2007): S. 13.

[428] Bayerisches Staatsministerium für Unterricht und Kultus (2017): https://www.km.bayern.de/lehrer/meldung/5218/schulen-erhalten-berufswahl-siegel.html, zuletzt aufgerufen am 15. Juli 2019.

agentur für Arbeit. Die Auszeichnung mit dem Berufswahl-SIEGEL erhalten weiterführende Schulen mit besonders gut bewerteten Konzepten zur Berufs- und Studienorientierung. Das Siegel wird zunächst für drei Jahre vergeben, dann kann eine Re-Zertifizierung für drei Jahre folgen. Die dritte Zertifizierung wird schließlich für fünf Jahre vergeben. Derzeit können sich in Bayern noch lediglich weiterführende Schulen mit allgemeinbildendem Abschluss mit Standort in Niederbayern und Schwaben für das Zertifikat bewerben. Eine regionale Jury aus Vertretern unter anderem aus Schule, Wirtschaft, Agentur für Arbeit, Kammern sowie Universitäten entscheidet anhand einheitlicher Leitlinien über die Vergabe, wobei die einzelnen Schularten nicht miteinander verglichen werden. Ziele sind nach eigenen Angaben neben der Erleichterung des Einstiegs in Ausbildung, Studium und Beruf für die Jugendlichen unter anderem die Unterstützung der Schulen bei der kontinuierlichen Weiterentwicklung ihrer Konzepte zur Berufs- und Studienorientierung, die Knüpfung von Kontakten zwischen Schülern und der Arbeitswelt und die Einbindung der SIEGEL-Schulen, Jurymitglieder und Partner in ein immer größer werdendes Netzwerk. Letzteres wird durch das Angebot verschiedener Workshops, Lehrerfortbildungen und sonstigen Netzwerkveranstaltungen unterstützt.[429] Besonders betont wird von den Organisatoren außerdem die Nachhaltigkeit der Maßnahmen der SIEGEL-Schulen. So sollen der Erfolg der Aktivitäten der Schulen zur Berufs- und Studienorientierung überprüft und die schulinternen Konzepte weiterentwickelt werden.[430] Der Prozess von der Bewerbung der einzelnen Schulen bis zur Verleihung der Auszeichnung folgt einem in Abbildung 12 dargestelltem Zeitplan. Die Schulen bewerben sich bis spätestens Ende Januar mithilfe eines Fragebogens. Bei einem Schulbesuch durch ein Jury-Team (bestehend aus Schul-, Wirtschafts- und Bera-

---

[429] Berufswahl-SIEGEL Bayern im Bildungswerk der bayerischen Wirtschaft e. V.: https://www.berufswahlsiegel-bayern.de/netzwerk/das-netzwerk/, zuletzt aufgerufen am 15. Juli 2019.
Berufswahl-SIEGEL Bayern im Bildungswerk der bayerischen Wirtschaft e. V.: https://www.berufswahlsiegel-bayern.de/ueber-das-projekt/das-projekt/, zuletzt aufgerufen am 15. Juli 2019.
Gemäß einer persönlichen E-Mail von Verena Zelger, Projektleiterin Berufswahl-SIEGEL Bayern, vom 16. Juli 2020.
Berufswahl-SIEGEL Bayern im Bildungswerk der bayerischen Wirtschaft e. V.: https://www.berufswahlsiegel-bayern.de/, zuletzt aufgerufen am 15. Juli 2019.
[430] Netzwerk Berufswahl-SIEGEL: https://www.netzwerk-berufswahlsiegel.de/berufswahlsiegel/fakten/, zuletzt aufgerufen am 15. Juli 2019.

tungsvertretern) im Frühjahr wird festgestellt, ob die Schule die Anforderungen erfüllt und das SIEGEL erhalten kann.[431] Maßgeblich sind dabei auch die Leitlinien des Netzwerkes SCHULEWIRTSCHAFT Bayern (siehe Kapitel 4.5.2.2). Die Verleihung des Siegels findet in Bayern jährlich im Rahmen eines Unterhaltungsprogramms an wechselnden Orten statt.

Bewerbungsstart	ab November
Juryschulungen	Januar
Bewerbungsfrist	21. Januar
Sichtung der Bewerbungen	Januar-Februar
Jurytreffen: 1. Bewertung	Februar
Schulbesuche	März-April
Rückmeldung an die Schulen	Mai-Juni
SIEGEL-Verleihung	Sommer

Abbildung 12: Berufswahl-SIEGEL Bayern Zeitplan.
Eigene Darstellung nach nicht veröffentlichter Präsentation des Berufswahl-SIEGELS Bayern und des Netzwerkes SCHULEWIRTSCHAFT Bayern: S. 2.

Die Entwicklung der Anzahl der teilnehmenden bzw. zertifizierten Schulen ist in Tabelle 6 ersichtlich. Die Werte für das Schuljahr 2016/17 beziehen sich lediglich auf den Regierungsbezirk Niederbayern. Seit 2017/18 wird das Siegel auch in Schwaben verliehen. Aufgrund der durch die Corona-Pandemie bedingten Schulschließungen mussten im Schuljahr 2019/20 die Bewertungen und damit auch die Zertifizierungen der Schulen verschoben werden.[432]

[431] Nicht veröffentlichte Präsentation des Berufswahl-SIEGELS Bayern und des Netzwerkes SCHULEWIRTSCHAFT Bayern: S. 2.

[432] Gemäß einer persönlichen E-Mail von Verena Zelger, Projektleiterin Berufswahl-SIEGEL Bayern, vom 17. Juni 2020.

Tabelle 6: Zertifizierte (in Klammern teilnehmende) allgemeinbildende Schulen.[433] Daten nach nicht veröffentlichter Präsentation des Berufswahl-SIEGELS Bayern und des Netzwerkes SCHULEWIRTSCHAFT Bayern: S. 5 und gemäß persönlichem E-Mail-Verkehr mit Verena Zelger, Projektleiterin Berufswahl-SIEGEL Bayern, vom 17. Juni 2020 bzw. 21. Juli 2020.

Schuljahr	Gymnasien	Realschulen	Mittelschulen
2016/17	3 (3)	5 (5)	16 (21)
2017/18	9 (18)	16 (19)	14 (21)
2018/19	8 (17)	14 (19)	9 (16)
2019/20	(14)	(12)	(20)
Gesamt	20	35	39

In Niederbayern und Schwaben gibt es insgesamt 94 Gymnasien, 101 Realschulen und 262 Mittelschulen.[434] Dementsprechend stellt sich die Frage, warum die Zahl an zertifizierten Gymnasien und Realschulen im Vergleich zu zertifizierten Mittelschulen verhältnismäßig groß ausfällt. Die Autorin vermutet, dass Gymnasien und Realschulen noch stärker auf eine positive Etikettierung durch das Berufswahl-SIEGEL aus sind, da für sie kein Sprengelprinzip gilt. Dieser Umstand bedeutet nämlich, dass die Jugendlichen und ihre Eltern die einzelnen Schulen gemäß der Außenwirkung der Einrichtung bewerten und dann selbst auswählen können, welche Realschule bzw. welches Gymnasium sie besuchen möchten. Eine Studie von Bührmann et al., deren Ergebnisse in Kapitel 4.5.2.3 genauer vorgestellt werden, konnte bestätigen, dass 77,27 % der teilnehmenden Schulleiter und Koordinatoren der schulischen Berufsorientierung an eine derartige positive Beeinflussung zumindest der Erziehungsberechtigten glaubten.[435] Andererseits kann man aufgrund der noch im Jahr 2016/17 deutlich höheren Teilnahme an Mittelschulen im Vergleich zu Gymnasien laut der Projektleiterin Verena Zelger vermuten, „dass Mittelschulen Berufsorientierung noch mehr als ihren Auftrag ansehen und ein Siegel hier auch helfen kann, sich im Landkreis besser

[433] Neben den hier dargestellten Schularten können sich auch noch Berufliche Schulen mit allgemeinbildendem Abschluss und Förderschulen mit allgemeinbildendem Abschluss um die Zertifizierung bewerben.

[434] Bayerisches Staatsministerium für Unterricht und Kultus: https://www.km.bayern.de/schueler/schulsuche.html?s=&t=01&r=2&o=9999&u=0&m=3&seite=3, zuletzt aufgerufen am 28. November 2019.

[435] Bührmann, Kempf, Schütz (2019a): Folie 20.

zu positionieren."[436] Unter Umständen gilt dies besonders für die Zusammenarbeit mit regionalen Unternehmen, welche als Ausbildungsbetriebe für die Schüler dienen können. Mittlerweile haben die Gymnasien wie oben ersichtlich jedoch deutlich aufgeholt und können eine hohe Teilnahmebereitschaft vorweisen. „An sich lässt sich aus den Feedbacks der Schulen lesen, dass Mittelschulen sich bereits viel früher auf den Weg einer Berufsorientierung gemacht haben. Viele Gymnasien haben jahrelang zwar Studienorientierung gemacht (und das bedeutet an sich ja auch Berufsorientierung), aber wenig Praxisangebote für die Schüler*innen angeboten."[437] Möglicherweise liegt es auch an der Einführung der Funktion der KBO im Schuljahr 2017/18, dass die Anzahl der teilnehmenden Gymnasien in den Regierungsbezirken so deutlich zugenommen hat: Feste Zuständigkeiten könnten für eine Ausweitung der Maßnahmen in den Schulen, welche der Grund für die Auszeichnung sind, gesorgt haben.

Die Tatsache, dass das Berufswahl-SIEGEL Bayern derzeit ausschließlich in den Regierungsbezirken Niederbayern und Schwaben verliehen wird, begründet Projektleiterin Verena Zelger folgendermaßen: „Das Berufswahl-SIEGEL wird aktuell nur in Niederbayern und Schwaben vergeben, da der Netzwerkaufbau viel Zeit beansprucht und wir das Projekt nachhaltig und qualitativ hochwertig in den Regierungsbezirken verankern wollen. Außerdem ist es natürlich auch eine finanzielle Angelegenheit."[438] Das Projekt soll zum Schuljahr 2020/21 ferner auf den Regierungsbezirk Unterfranken ausgeweitet werden.[439] Die Bemühungen der Schulen um die Auszeichnung haben verschiedene Gründe. Bei der Veranstaltung zur Verleihung des Berufswahl-SIEGELS am 24. Mai 2017 im Festsaal des Klosters Metten wurden einige Motive von den anwesenden Schulvertretern genannt. Neben der Möglichkeit des Vergleichs mit anderen Schulen war das Zertifikat demnach für viele auch ein Ansporn für weitere Arbeit in Sachen Berufs- und Studienorientierung. Das Berufswahl-SIEGEL zeigt deutlich, was an der ausgezeichneten Schule geleistet wurde und trägt somit zu einer positiven Außenwirkung bei. Die Rück-

[436] Gemäß einer persönlichen E-Mail von Verena Zelger, Projektleiterin Berufswahl-SIEGEL Bayern, vom 4. November 2019.
[437] Ebenda.
[438] Gemäß einer persönlichen E-Mail von Verena Zelger, Projektleiterin Berufswahl-SIEGEL Bayern, vom 4. November 2019.
[439] Gemäß einer persönlichen E-Mail von Verena Zelger, Projektleiterin Berufswahl-SIEGEL Bayern, vom 21. Juli 2020.

meldungen, die die Verantwortlichen von der Jury erhalten, dient wiederum als eine Art externe Evaluation und kann vor Betriebsblindheit bewahren. Interessierte Eltern und Externe können sich über die Zertifizierung einen Überblick über die verschiedenen Aktionen an den jeweiligen Schulen einholen.

4.5.2.2 Leitlinien des Netzwerks SCHULEWIRTSCHAFT Bayern

In Zusammenarbeit mit dem Staatsinstitut für Schulqualität und Bildungsforschung, der Interessengemeinschaft süddeutscher Unternehmer e.V. (heute „Interessengemeinschaft Selbständiger, Unternehmer und freiberuflich Tätiger e. V.“[440]) und der Regionaldirektion Bayern der Bundesagentur für Arbeit hat das Netzwerk SCHULEWIRTSCHAFT Bayern einen Katalog mit Leitlinien für eine aus Sicht der Verantwortlichen gelungene Berufs- und Studienorientierung herausgebracht. Sie sollen nach Aussagen der Autoren an den wissenschaftlichen Kenntnisstand anknüpfen. „Eine wirksame schulische Berufsorientierung erfordert vielfältige Angebote und Einzelmaßnahmen für Jugendliche. Dementsprechend gilt es in ausgewogener Weise

- fundierte Informationen und Wissen zu Berufsfeldern/Studiengängen zu vermitteln, um Jugendliche dabei zu unterstützen, eine möglichst differenzierte ‚kognitive Landkarte‘ von der Berufswelt zu entwickeln.
- den Erwerb fachübergreifender Kompetenzen zu fördern, die für erfolgreiches Handeln im Beruf erforderlich sind.
- handlungsorientierte Erfahrungsräume zu ermöglichen, in denen Jugendliche unmittelbare Einblicke und Erfahrungen in berufspraktische Tätigkeiten – im Sinne vollständiger Handlungen – erwerben können.
- individuelle Reflexions- und Orientierungsprozesse systematisch anzuleiten und zu begleiten, um so einen realistischen Blick auf die eigenen Potenziale, beruflichen Wünsche und Interessen etc., aber auch Unterstützung in kritischen Phasen des Übergangs zu erhalten.“[441]

---

[440] ISU Interessengemeinschaft Selbständiger, Unternehmer und freiberuflich Tätiger e. V.: https://www.isu-online.de/, zuletzt aufgerufen am 17. Juli 2020.
[441] Bührmann, Willmes, Hilligweg, Oechslein, Zöller (2017): S. 6.

Die in drei Themenbereiche gegliederten Leitlinien greifen dies auf. Die Themenbereiche bieten wiederum insgesamt 18 Fragen, welche als Gesprächsgrundlage für alle Beteiligten innerhalb der Schule genutzt werden können. Zu jeder Frage sind in den Leitlinien Indikatoren formuliert, welche zur Selbsteinschätzung genutzt werden können, aber auch für die Jury-Mitglieder des Berufswahl-SIEGELs maßgeblich sind. Die Fragen lauten beispielsweise „Wie stark ist die Berufs- und Studienorientierung in der langfristigen Planung verankert?“[442] oder „In welchem Ausmaß werden Schlüsselkompetenzen gefördert?“[443]. Sowohl sämtliche Fragen als auch die zugehörigen Indikatoren können in den Leitlinien für eine gute Berufs- und Studienorientierung (Bührmann, Willmes, Hilligweg, Oechslein, Zöller 2017) nachgelesen werden. Die Inhalte der Themenbereiche lassen sich wie folgt zusammenfassen.

Themenbereich A: Struktur der Schule: Verankerung der Berufs- und Studienorientierung im Schulentwicklungsprogramm

Die Fragen dieses Themenbereiches stellen die Einbindung einzelner Maßnahmen in ein schulisches Gesamtkonzept und die Verankerung in schulische Strukturen als Grundlage dar. So soll sichergestellt werden, dass es sich nicht nur um punktuelle Einzelmaßnahmen mit kurzer Wirkungsdauer handelt. In diesem Rahmen ist eine langfristige Gesamtplanung entscheidend. Eine verbindliche, das gesamte Kollegium miteinbeziehende Regelung wird gefordert.[444]

Themenbereich B: Ebene der Jugendlichen: Steuerung des Studien- und Berufsorientierungsprozesses

Dieser Themenbereich bildet den Mittelpunkt der Leitlinien und erfragt die Einbindung der Berufs- und Studienorientierung in den Unterricht. Der Orientierungsprozess soll durch praktische Erfahrungen und Lernorte außerhalb der Schule ergänzt werden. Dadurch können die für einen erfolgreichen Einstieg ins Berufsleben erforderlichen Kompetenzen gefördert werden.[445] Die Schwerpunkte liegen bei der Vermittlung berufs- und studienbezogener Informationen und Kompetenzen im Unterricht, dem Angebot an Praxiserfahrungen sowie der individuellen Unterstützung der Jugendlichen.[446]

---

442 Bührmann, Willmes, Hilligweg, Oechslein, Zöller (2017): S. 9.
443 Bührmann, Willmes, Hilligweg, Oechslein, Zöller (2017): S. 12.
444 Bührmann, Willmes, Hilligweg, Oechslein, Zöller (2017): S. 6.
445 Bührmann, Willmes, Hilligweg, Oechslein, Zöller (2017): S. 6, 12.
446 Bührmann, Willmes, Hilligweg, Oechslein, Zöller (2017): S. 12ff.

Themenbereich C: Kooperationen und Netzwerke

Zur Sicherung einer umfassenden Berufs- und Studienorientierung bedarf es der Kooperation mit schulischen Partnern, Unternehmen und anderen externen Einrichtungen. Die Vernetzung, Steuerung und Koordination der partnerschaftlichen Maßnahmen sind Aufgaben der Schulen. Die Fragen zur Prüfung der Organisation und der Qualität der Zusammenarbeit mit externen Partnern sind in diesem Themenbereich zusammengefasst.[447]

Sämtliche in den Leitlinien formulierten Fragen haben laut den Autoren den Zweck, die Wirksamkeit schulischer Berufsorientierung sicherzustellen. „Die Wirksamkeit lässt sich dabei aus zwei Perspektiven heraus beurteilen:

- Zum einen aus der Perspektive der Jugendlichen: Was wird als unterstützend und hilfreich für den persönlichen Orientierungs- und Entscheidungsprozess wahrgenommen?
- Zum anderen aus der Perspektive der Fachkräfte aus Schule, Wirtschaft und sozialpädagogischer Begleitung: Inwieweit gelingt es, eine sogenannte Berufswahl- bzw. Übergangskompetenz zu fördern, die es den Jugendlichen ermöglicht, eigenständig und in realistischer Weise ihren eigenen Übergangsprozess von der Schule in den Beruf bzw. in das Studium zu gestalten?“[448]

Die Leitlinien wurden konzipiert, um als Grundlage für die Diskussion über die Gestaltung der Berufs- und Studienorientierung oder zur Prozessdokumentation zu dienen.[449] Zusätzlich sind sie auch Teil der Initiative Berufswahl-SIEGEL. Die Leitlinien bilden die Kriterien für die Verleihung der Auszeichnung ab.[450] Im Jahr 2017 wurde das Siegel unter anderem an drei niederbayerische Gymnasien verliehen. Bei der Verleihung im Jahr 2017 in Metten wurde deutlich, wo die Jury-Teams des Netzwerks SCHULEWIRTSCHAFT die Schwerpunkte für gute Berufs- und Studienorientierung setzten. In den Laudationes wurden besonders die verschiedenen Kooperationen mit externen Partnern gelobt. Die Jury betonte unter anderem die Zusammenarbeit zwischen Kollegium,

[447] Bührmann, Willmes, Hilligweg, Oechslein, Zöller (2017): S. 7, 17.
[448] Bührmann, Willmes, Hilligweg, Oechslein, Zöller (2017): S. 7.
[449] Bührmann, Willmes, Hilligweg, Oechslein, Zöller (2017): S. 8.
[450] Bührmann, Willmes, Hilligweg, Oechslein, Zöller (2017): S. 19.

Schulleitung, Eltern, Schülern, der Bundesagentur für Arbeit, umliegenden Hochschulen sowie der regionalen Wirtschaft.[451] Den Schülern an den zertifizierten Schulen stünde unter anderem ein „weit über den gewöhnlichen Rahmen hinausgehendes Angebot zur Verfügung, sich mit der beruflichen Orientierung zu beschäftigen und erste Erfahrungen mit der Arbeits- und Berufswelt zu sammeln."[452] Die Schulen bieten teilweise seit vielen Jahren zum Beispiel Betriebspraktika, Berufsinformationsabende, Lotsen- und Mentorenprogramme und andere Maßnahmen an. Dies bedeutet jedoch nicht, dass andere Gymnasien keine vergleichbaren Aktionen oder gar qualitativ minderwertige Berufs- und Studienorientierung anbieten würden. Die Initiative zur Bewerbung um die Auszeichnung mit dem Berufswahl-SIEGEL muss von den Schulen ausgehen. Dies aber ist in Bayern derzeit nur in den Regierungsbezirken Niederbayern und Schwaben möglich. Ein weiterer Ausbau der Regionen innerhalb Bayerns ist in jedem Fall wünschenswert und auch derzeit in Vorbereitung: „Der Plan, das Projekt im Schuljahr 2020/21 in Unterfranken einzuführen besteht weiterhin. Hierzu fand Ende Mai ein digitaler runder Tisch zum Netzwerkaufbau mit wichtigen Entscheidungsträgern aus Unterfranken statt."[453]

4.5.2.3 Empirische Befunde zum Berufswahl-SIEGEL

Im Jahr 2019 fand bundesweit eine standardisierte Online-Befragung von Schulleitern und Koordinatoren der schulischen Berufsorientierung an zertifizierten SIEGEL-Schulen statt (n = 352). Dabei lautete die übergreifende Fragestellung: „Wie nehmen zertifizierte Schulen das Berufswahl-SIEGEL, dessen Wirkung insgesamt und die konkreten Auswirkungen auf Schulentwicklungsprozesse wahr?"[454] Den veröffentlichten Ergebnissen lässt sich entnehmen, dass lediglich 2,3 % der Befragten angaben, für ihre Schule keine erneute Zertifizierung anzustreben. 13,9 % waren noch unschlüssig, während 70,7 % sicher waren, sich neu zertifi-

[451] Unveröffentlichte Laudationes für das Gymnasium Landau an der Isar, das Veit-Höser-Gymnasium Bogen und das Gymnasium Waldkirchen zur Verleihung des Berufswahl-SIEGELs am 24. Mai 2017.
[452] Unveröffentlichte Laudatio für das Veit-Höser-Gymnasium Bogen zur Verleihung des Berufswahl-SIEGELs am 24. Mai 2017.
[453] Gemäß einer persönlichen E-Mail von Verena Zelger, Projektleiterin Berufswahl-SIEGEL Bayern, vom 17. Juni 2020.
[454] Bührmann, Kempf, Schütz (2019b): S. 1.

zieren lassen zu wollen. Ansporn für eine erneute Zertifizierung war dabei sicherlich auch die Tatsache, dass das Berufswahl-SIEGEL von den Befragten selbst durchaus als Qualitätsmerkmal der schulischen Maßnahmen in der beruflichen Orientierung wahrgenommen wurde. Bei Schülern und Erziehungsberechtigten traf dies nach Meinung der Befragten hingegen nur teilweise zu. Die an der Untersuchung teilnehmenden Schulleiter und zuständigen Koordinatoren sahen in dem Siegel außerdem eine Anerkennung für ihre Leistung in der beruflichen Orientierung. 302 Befragte nahmen wahr, dass sich die Außenwirkung ihrer Schule durch die Zertifizierung positiv verändert hat. 272 glaubten an eine positive Beeinflussung der Schulwahl durch die Erziehungsberechtigten im Wettbewerb mit anderen Schulen. Einen positiven Einfluss auf Kontakte mit Unternehmen spürten 296 Befragte.[455] Gleichzeitig wurden dem Berufswahl-SIEGEL „in deutlich geringeren [sic] Maße Wirkungen für schulinterne Entwicklungsprozesse zugeschrieben“[456]. Die Forscher erkannten Potenziale für schulinterne Entwicklungsprozesse, insbesondere bei der Verankerung der Berufsorientierung bei der Schulleitung, der systematischen Sichtbarmachung bereits vorhandener Maßnahmen und der Reflexion der Vorgehensweise. Ebenfalls ausbaufähig waren laut der Wissenschaftler unter anderem die Steigerung der Akzeptanz der Arbeit in der beruflichen Orientierung sowie die Fortbildungsbereitschaft und die Motivationssteigerung durch das SIEGEL. Insgesamt wurde das SIEGEL „eher als ‚schulisches Strukturprogramm‘ wahrgenommen, weniger als konkretes Instrument für Schüler*innen“[457]. Die Wirkungen auf die Schüler wurden stattdessen als eher indirekt eingestuft. Die Befragten bescheinigten dem SIEGEL nur teilweise die Wirkung, dass es den Jugendlichen durch die Auszeichnung besser gelinge, eine Berufs- bzw. Studienwahl zu treffen. Die Forscher zeigten auch Entwicklungsmöglichkeiten des Berufswahl-SIEGELs auf:

- „14 % wünschen sich für die gesamte SIEGEL-Zertifizierung mehr Unterstützung
    - Insbesondere bei der schulischen Weiterentwicklung (33 %), der Netzwerkbildung (28 %)
- 20 % wünschen sich einen intensiveren Einbezug des Kollegiums
- Circa 30 % wünschen sich Möglichkeiten, um sich mit anderen SIEGEL-Schulen und externen Akteur*innen auszutauschen

[455] Bührmann, Kempf, Schütz (2019a): Folien 14ff.
[456] Bührmann, Kempf, Schütz (2019a): Folie 22.
[457] Bührmann, Kempf, Schütz (2019a): Folie 26.

  - Plattformen im Internet
  - Regelmäßige Treffen
  - Fortbildungen
- 46 % wünschen sich einen reduzierteren Arbeitsaufwand des SIEGELs
- 32 % wünschen sich weitere Formen der Anerkennung
  - Stundenermäßigung
  - Bildungspolitische Anerkennung + Medienpräsenz
  - Sachpreise, Projektförderung, finanzielle Unterstützung"[458]

Weitere zentrale Herausforderungen für die Berufs- und Studienorientierung an den Schulen sind laut den Wissenschaftlern unter anderem Inklusion, der Abbau von Bürokratie, Digitalisierung, der Aufbau eines regionalen Netzwerkes sowie die Einbindung der Eltern.[459] Letzteres wurde unter anderem in der vorliegenden Dissertation anhand verschiedener Aspekte untersucht (siehe Kapitel 5.2.2).

4.5.3 Regionale Betriebe als Kooperationspartner: Das Betriebspraktikum

Laut einer Untersuchung von Kriegesmann, Kley und Schwering (2008) besteht für 91 % der von ihnen befragten Haupt-, Real- und Gesamtschulen die Kooperation mit Betrieben primär im Bereitstellen von Praktikumsplätzen für die Schüler.[460] Diese Erkenntnis und die Tatsache, dass die meisten Jugendlichen auch laut den Ergebnissen der vorliegenden Studie (siehe Kapitel 5.2.1) der Maßnahme in der Regel mit großer Begeisterung gegenüberstehen, begründet die genauere Betrachtung dieser Art der Zusammenarbeit.

Nach dem Vorbild der Betriebspraktika an Haupt- und Realschulen wurde das Schülerbetriebspraktikum in den 1980er Jahren auch an Gymnasien eingeführt. Dies geschah meist auf die private Initiative von Schülern, Eltern und Lehrern hin. Aufgrund des Mangels eines mit dem Fach Arbeitslehre vergleichbaren Faches wurde die Berufsorientierung

[458] Bührmann, Kempf, Schütz (2019a): Folie 28.
[459] Bührmann, Kempf, Schütz (2019a): Folie 29.
[460] Kriegesmann, Kley, Schwering (2008): S. 74.

und damit auch das Praktikum in mehrere verschiedene Fächer eingebunden.[461] Gemäß den Erfahrungen der Autorin übernahmen am bayerischen Gymnasium die Lehrkräfte für Wirtschaft und Recht oft die Organisation. Seit der Einführung der Stelle für die Koordination der Beruflichen Orientierung übernehmen die KBO diese Aufgabe.[462] Die Kooperation mit regionalen Unternehmen scheint einerseits sehr naheliegend zu sein, weil die Betriebe für die Schüler die einzige Möglichkeit sind, mit schulischer Betreuung einen Einblick in die Arbeitswelt zu erhalten. Andererseits kommt es selten vor, dass die Betriebe sich den Schulen anbieten. Es bedarf also einer gründlichen Vorbereitung, Begleitung und Nachbereitung durch die Schule. Zwar gibt es an bayerischen Gymnasien kein obligatorisches Betriebspraktikum; aber dennoch bietet ein Großteil der Schulen mittlerweile diese Möglichkeit an. Anders als bei den Mittel- und Realschulen findet es in der Regel nicht am Ende, sondern in der Mitte des schulischen Bildungsweges, nämlich in der neunten oder zehnten Jahrgangsstufe, statt. Das Praktikum ist auch für Gymnasiasten ein wichtiger Baustein auf diesem langfristig angelegten Erziehungs- und Bildungsweg. Der herkömmliche Unterricht wird um eine besondere Form bereichert, die betriebliche Umgebung bietet neue Erfahrungen und erweitert das Wissen der Schüler.[463]

4.5.3.1 Rechtliche Vorgaben zur Durchführung des Betriebspraktikums

Obwohl das Schülerbetriebspraktikum am bayerischen Gymnasium nicht obligatorisch vorgeschrieben ist, gelten im Falle einer Durchführung dennoch verpflichtende Vorgaben. Diese sind in den für schulische Belange gängigen Gesetzestexten, sprich der BayEUG, BaySchO und GSO, geregelt. Die Durchführung eines Betriebspraktikums beinhaltet auch die Übernahme der organisatorischen Gesamtverantwortung durch die Schule. Da ein Betriebspraktikum im Sinne des Artikels 30 BayEUG als sonstige Schulveranstaltung gilt, obliegt die Entscheidung über dessen Durchführung und Verbindlichkeit gemäß § 2 Abs. 2 Nr. 1 BaySchO dem Schulleiter. Die Lehrerkonferenz beschließt nach § 3 Abs. 1 Nr. 3 BaySchO über sonstige Schulveranstaltungen, die die gesamte

---

[461] Schuhen (2009): S. 3.

[462] ISB Staatsinstitut für Schulqualität und Bildungsforschung: Berufliche Orientierung. Gesamtkonzept. S. 9.

[463] Arbeitsgruppe der regionalen Koordinatoren Gymnasium und Wirtschaft (ca. 1995): S. 4.

Schule betreffen. Auch die Schülermitverantwortung erhält die Möglichkeit, entsprechende Ideen zu unterbreiten (Art. 62 Abs. 1 BayEUG). Zur Festlegung der Grundsätze zur Durchführung wie etwa auch der Durchführung von Betriebspraktika in der unterrichtsfreien Zeit bedarf es außerdem gemäß § 15 Abs. 1 Satz 1 Nr. 2 BaySchO der Zustimmung des Elternbeirats. Art. 30 S. 4 BayEUG regelt, dass die Betriebspraktika als sonstige Schulveranstaltung in der Regel an Unterrichtstagen stattfinden. „Falls sich eine Schule dennoch entscheiden sollte, ein Betriebspraktikum als schulische Veranstaltung in den Ferien anzubieten, muss sie die Vor- und Nachbereitung sowie vor allem die Beaufsichtigung der Schülerinnen und Schüler sicherstellen.“[464] Die Schule „muss grundsätzlich in der Lage sein, gestaltenden Einfluss auf das Praktikum zu nehmen und den Ablauf und die Inhalte zu kontrollieren.“[465] Ihrer generellen Aufsichtspflicht genügt die Schule, „indem sie die als Praktikumsbetrieb in Betracht kommenden Einrichtungen (insbesondere im Hinblick auf die Anleitung und Beaufsichtigung der Schüler durch geeignetes Personal) sorgfältig auswählt und ggf. stichprobenartig den Praktikumsverlauf vor Ort prüft bzw. etwaigen auftretenden Problemen sofort nachgeht.“[466] Laut §21 Abs. 1 S. 1 BaySchO dürfen minderjährige Schüler nur mit dem schriftlichen Einverständnis ihrer Erziehungsberechtigten an einem verpflichtenden Betriebspraktikum teilnehmen. Die Schüler sind für die gesamte Dauer des Betriebspraktikums sowohl während des Arbeitsweges als auch während des Aufenthalts im Betrieb über die Kommunale Unfallversicherung Bayern versichert. Zusätzlich verpflichtet § 21 Abs. 1 S. 2 BaySchO die Schulleiter (bzw. die von ihnen beauftragten Bediensteten) eine Schülerhaftpflichtversicherung abzuschließen. Diese wird im Namen der Erziehungsberechtigten bzw. volljährigen Schüler abgeschlossen, welche auch verpflichtet sind, die Beiträge für die Versicherung zu entrichten (§ 21 Abs. 1 S. 3 BaySchO). Es ist wichtig zu betonen, dass eine private Haftpflichtversicherung nicht ausreicht.[467] Für die Praktikanten gelten im Praktikumsbetrieb folgende Verhaltenspflichten nach §21 BaySchO: „(2) [1]Die Schülerinnen und

[464] ISB Staatsinstitut für Schulqualität und Bildungsforschung: http://www.berufsorientierung-gymnasium.bayern.de/betriebspraktikum/rechtliche-rahmenbedingungen/, zuletzt aufgerufen am 7. August 2019.
[465] Ebenda.
[466] ISB Staatsinstitut für Schulqualität und Bildungsforschung: http://www.berufsorientierung-gymnasium.bayern.de/betriebspraktikum/rechtliche-rahmenbedingungen/, zuletzt aufgerufen am 7. August 2019.
[467] Ebenda.

Schüler haben im Rahmen der praktischen bzw. fachpraktischen Ausbildung das Wohl der zu pflegenden, zu betreuenden oder zu behandelnden Personen besonders zu beachten. [2] Die Schülerinnen und Schüler haben Stillschweigen über alle ihnen im Rahmen der Ausbildung zur Kenntnis gelangenden Tatsachen zu wahren, die der Geheimhaltung unterliegen."[468] Schüler, welche noch nicht 15 Jahre alt sind, sind im Sinne des § 2 Abs. 1 JArbSchG noch Kinder. §5 Abs. 1 JArbSchG verbietet die Beschäftigung von Kindern. Dieses Verbot gilt jedoch nicht für die Beschäftigung von Kindern im Rahmen des Betriebspraktikums während der Vollzeitschulpflicht (§ 5 Abs. 2 Nr. 2 JArbSchG) und auch nicht für die Beschäftigung von Kindern über 13 Jahre mit Einwilligung des Personensorgeberechtigten, soweit die Beschäftigung leicht und für Kinder geeignet ist (§ 5 Abs. 3 JArbSchG).[469]

Die Zusammenarbeit zwischen Schulen und Unternehmen ist insgesamt nicht zentral geregelt wie beispielsweise die Kooperation zwischen Schulen und der Bundesagentur für Arbeit. Die Betriebe sind also zu keiner Kooperation verpflichtet. Dennoch ist eine individuelle Kooperationsvereinbarung empfehlenswert. Dabei handelt es sich freilich eher um Absichtserklärungen als um rechtskräftige Verträge. Dennoch betonen derartige Vereinbarungen zumindest ein Mindestmaß an gegenseitiger Verbindlichkeit.[470]

4.5.3.2 Empirische Befunde zum Schülerbetriebspraktikum

Das Schülerbetriebspraktikum spielt nach dem Vorbild der Haupt- bzw. Mittel- und Realschulen seit einigen Jahren auch am bayerischen Gymnasium eine zunehmende Rolle. Im Jahr 2010 gaben Ausbildungsstellenbewerber mit maximal Hauptschulabschluss mit 35 % signifikant häufiger als Realschulabsolventen (24 %) oder Abiturienten (16 %) an, vor Beginn der Ausbildung bereits ein Betriebspraktikum im jeweiligen Unternehmen bzw. in der Ausbildungsstätte absolviert und unter anderem auch deshalb den Ausbildungsplatz erhalten zu haben.[471] Angesichts der zunehmenden Zahl an Gymnasiasten, welche sich nach dem Abitur für

[468] BaySchO: §21 Abs. 2 S. 1-2.

[469] Bundesministerium der Justiz und Verbraucherschutz, Bundesamt für Justiz: http://www.gesetze-im-internet.de/jarbschg/index.html, zuletzt aufgerufen am 6. August 2020.

[470] Horst (2008): S. 213.

[471] Bundesinstitut für Berufsbildung (2010): S. 84f.

eine Ausbildung statt einer akademischen Laufbahn entscheiden, sollte dieser Aspekt in die Planung und Organisation der verantwortlichen Stellen mit aufgenommen werden. In diesem Zusammenhang ist auch zu überlegen, zu welchem Zeitpunkt ein Betriebspraktikum für Gymnasiasten sinnvoll ist. Soll es für einzelne Schüler tatsächlich primär dazu dienen, einen geeigneten Ausbildungsbetrieb zu finden, ist die Mittelstufe aus Sicht der Autorin deutlich zu früh. Andererseits ist dieser frühe Zeitpunkt ideal, wenn das Praktikum stattdessen als Beitrag zu „einer allgemeinen Berufsorientierung und Hinführung zur Wirtschafts- und Arbeitswelt“[472] und als „eine zusätzliche Möglichkeit zur Vertiefung ökonomischer und methodischer Bildung im Rahmen des allgemeinbildenden Auftrags“[473] angesehen wird. Im Fokus stehen zu diesem Zeitpunkt also Ziele im Bereich des Erfahrungslernens, etwa in Bezug auf betriebliche Prozesse oder dem Unternehmen als Sozialgebilde.[474]

In den 1950er Jahren sollten vor allem die Hauptschüler den regionalen Arbeitsmarkt erkunden, um neue Lernimpulse zu erhalten. Das Finden eines Ausbildungsplatzes war ausdrücklich nicht Ziel des Betriebspraktikums. Dies änderte sich jedoch mit der steigenden Jugendarbeitslosigkeit in den 1970ern.[475] Ebenso zeigte sich bald eine Kluft zwischen den allgemeinen Erwartungen und der mit dem Schülerbetriebspraktikum tatsächlich erzielten Wirkung. In der bereits in Kapitel 4.5.1.3 genannten Untersuchung von Landsberg aus dem Jahr 1978 belegte das Betriebspraktikum bei der Befragung zur konkreten Hilfestellung mit 1,6 % den letzten Platz.[476] Die vorliegende Forschungsarbeit und auch andere Untersuchungen zeigen, dass Betriebspraktika im Allgemeinen bei Schülern sehr beliebt sind und als nützlich anerkannt werden.[477] Andere lieferten wiederum die Erkenntnis, dass die Maßnahme Schüler zwar sehr motivieren kann, aber dass hier auch Hoffnungen gesetzt werden, welche letztlich teilweise enttäuscht werden.[478] Platte (1981) befragte Schüler bezüglich des Wertes des Praktikums für ihre Berufswahl. 61 % empfanden die kurze Zeit im Betrieb als nicht hilfreich, lediglich 29 % konnten für sich eine Hilfe für ihre Wahl erkennen. 6 % der Jugendlichen

[472] Friedrich, Ramthum (1988): S. 28.
[473] Schuhen (2009): S. 6.
[474] Friedrich, Ramthum (1988): S. 28.
[475] Quante-Brandt (2000): S. 32f.
[476] Zitiert nach Feldhoff, Otto, Simoleit und Sobott (1985): S. 30.
[477] Pfitzner, Lange, Pitsoulis (2018): S. 232.
[478] Beinke (1983): S. 59.

gaben das Betriebspraktikum bzw. die Kollegen im Praktikum als entscheidenden Einflussfaktor für ihre Berufswahl an.[479] In einer früheren Befragung von Hoffmann aus dem Jahr 1974 waren es 17,7 %.[480] Bei Kleffner, Lappe, Raab und Schober (1996) bzw. Schober (1997) nannte etwa die Hälfte der befragten Schüler ihr abgeleistetes Betriebspraktikum als Quelle ihres Berufswunsches. Es lag damit etwas hinter den Eltern, jedoch deutlich vor den Freunden der Jugendlichen. 80 % der Befragten konnten aus dem Betriebspraktikum zumindest Anregungen ziehen.[481] Zur Frage, woher die Schüler die Informationen über ihren eigenen Wunschberuf hätten, entfielen bei Platte (1981) insgesamt 10 % auf die kurze Zeit im Betrieb: 6 % nannten das zuvor abgeleistete Betriebspraktikum, 1 % die Betreuer im Betrieb, 3 % die Kollegen im Praktikum. Bei den Befunden ist jedoch zu beachten, dass Platte selbst anmerkte, dass sich der Beitrag von Praktika zur Berufswahl nicht genau quantifizieren ließe.[482] Für Feldhoff, Otto, Simoleit und Sobott (1985) ist eine solche Genauigkeit allerdings bei derart eindeutigen Ergebnissen nicht notwendig. Sie schlussfolgerten: „Der Einfluß der Praktika auf die Entwicklung des Berufswahlbewußtseins der Schüler und die Rationalität der Berufswahlentscheidung ist vermutlich minimal. Ein deutlicher Informationswert der Praktika für die Klärung der eigenen Berufswünsche ist für die überwiegende Mehrheit der Schüler nicht festzustellen."[483] Beinke und Wascher (1993) halten fest, dass 90,6 % der von ihnen befragten Gymnasiasten angaben, dass sie den Einflussfaktor des Betriebspraktikums auf die Berufswahl für unwichtig hielten.[484] Auch Kaiser und Kaminski (2012) monieren: „Die Auswirkungen des Praktikums auf eine Verbesserung der Berufswahlentscheidung sind äußerst begrenzt."[485] Sie begründen dies damit, dass für die Berufswahl wesentliche Entscheidungen bereits vor der Wahl des Praktikumsbetriebes getroffen werden, weil ja die Tätigkeit im Praktikum möglichst dem zukünftigen Beruf entsprechen soll. In einer anderen Befragung stellten Beinke, Richter und Schuld (1996) die Frage nach dem Grund für die Wahl des Ausbildungsberufes. 3,3 % der Befragten gaben das Betriebspraktikum als Antwort

479 Platte (1981): S. 107ff.
480 Hoffmann (1974): S. 178.
481 Kleffner, Lappe, Raab, Schober (1996): S. 13.
Schober (1997): S. 119.
482 Platte (1981): S. 128.
483 Feldhoff, Otto, Simoleit und Sobott (1985): S. 31.
484 Beinke, Wascher (1993): S. 78.
485 Kaiser, Kaminski (2012): S. 267.

an.[486] Das scheint auf den ersten Blick recht wenig. Gleichzeitig wurde in der Befragung jedoch deutlich, dass das Betriebspraktikum als die wichtigste Informationsquelle eingestuft wurde. Mit Abstand folgten unter anderem die Familie und das BiZ. Den letzten Platz im Ranking belegte der Berufswahlunterricht. In der Literatur wird ferner die mangelnde didaktische Einbindung des Schülerbetriebspraktikums in den Unterricht kritisiert.[487] Reuel und Schneidewind (1989) versahen ihren Text mit dem Titel „Das Betriebspraktikum. Eine technokratisch funktionierende, didaktisch noch unterentwickelte Unterrichtsform“[488]. Im Text selbst wird das Praktikum dann als „freischwebende Sonderveranstaltung“[489] bezeichnet. Aus Sicht der Autorin der vorliegenden Arbeit trifft diese Bezeichnung bis heute zu. „Freischwebend“ im Sinn von nicht obligatorisch, ohne konkrete Vorgaben zur Vor- oder Nachbereitung, beliebig im schulinternen Curriculum zu positionieren ist die Maßnahme am bayerischen Gymnasium nach wie vor. Zu erwähnen ist aber die zunehmende Teilnahme der Gymnasien am Betriebspraktikum.[490] Während die Bundesländer Bremen, Hamburg und Niedersachsen im Schuljahr 1987/88 bereits eine hundertprozentige Beteiligung an der Maßnahme vorweisen konnten, nahmen damals gerade mal 17 bayerische Gymnasiasten, sprich eine einzelne Gymnasial-Klasse, teil.[491] Heute sind es auch in Bayern im gymnasialen Bereich deutlich mehr.[492] Im Jahr 2017 wurde an 84 % der bayerischen Gymnasien ein Betriebspraktikum verpflichtend durchgeführt.[493] Fachreferent Matthias Dirmeier spricht von ca. 90 % der bayerischen Gymnasien, welche diese Praxiserfahrung bis 2019 in ihr schulinternes Berufsorientierungs-Programm aufgenommen haben sollen.[494] Es scheint also, dass die verantwortlichen Stellen das Betriebspraktikum entgegen den genannten empirischen Befunden als sinnvolle Maßnahme einstufen. Auch Bergzog (2008) schreibt dem

[486] Beinke, Richter, Schuld (1996): S. 48ff.
[487] Preis, Niebl, Stecher (2012): S. 10.
[488] Reuel, Schneidewind (1989): S. 10.
[489] Ebenda.
[490] Wensierski, Schützler, Schütt (2005): S. 50f.
[491] Reuel, Schneidewind (1989): S. 14.
[492] Dedering (2002): S. 28.
[493] Günther (2017): https://www.sueddeutsche.de/bayern/bildungspolitik-bayern-will-gymnasiasten-besser-aufs-arbeitsleben-vorbereiten-1.3742123, zuletzt aufgerufen am 24. Juli 2020.
[494] Gemäß einer persönlichen E-Mail von Matthias Dirmeier, Fachreferent Wirtschaft und Recht, Wirtschaftsinformatik des ISB Bayern, vom 28. Juni 2019.

Praktikum „eine entscheidende Rolle im Prozess der schulischen Berufsorientierung“[495] zu. Er begründet dies mit der Möglichkeit, über eine längere Dauer konkrete Einblicke in die Arbeitswelt zu erhalten. Der Einfluss der Maßnahme „auf die Entstehung, aber auch auf die Korrektur von Berufswünschen ist deshalb (...) besonders groß.“[496] Laut seinen Untersuchungen entwickelten 32 % der von ihm befragten Haupt- und Realschüler durch das Praktikum einen Berufswunsch.[497] Die Gymnasiasten fehlen in seiner Befragung. Die Autorin der vorliegenden Arbeit hat aus der persönlichen Erfahrung heraus und nach Sichtung der einschlägigen Literatur den Eindruck, dass Beinke und Wascher (1993) mit der Aussage, „daß Schüler häufig weniger stark auf eine Berufswahl als vielmehr auf eine Betriebswahl hin orientiert sind“, richtig liegen. Dies gilt nach Ansicht der Autorin besonders für die Gymnasiasten. Sie haben in der neunten bzw. zehnten Jahrgangsstufe noch gar nicht das Bedürfnis, ihren Wunschberuf zu entdecken. Stattdessen sollte das Praktikum eben „eine erste Grundorientierung über die (...) Arbeits-, Wirtschafts- und Sozialwelt eröffnen“[498]. „Der Betrieb soll als Feld sozialer Beziehungen erfahren werden.“[499] Die Schüler sollen ein Vorverständnis für die Arbeitswelt entwickeln, erkennen, was es bedeutet, einen Arbeitsalltag zu durchlaufen, sich in eine betriebliche Organisation einzufügen und unterzuordnen. Ziel ist es nicht, die Wirtschaft in ihrer Gesamtheit erfahrbar zu machen. Das Betriebspraktikum liefert lediglich einen Beitrag, welcher in Kombination mit anderen Erfahrungen in einen theoretischen Zusammenhang gebracht werden soll.[500] Wensierski, Schützler und Schütt (2005) gehen davon aus, dass die Jugendlichen dort am zufriedensten sind, wo sie das Gefühl haben, eigene Interessen, Fähigkeiten und Pläne aktiv in den Berufsfindungsprozess mit einbringen können.[501] Biermann und Biermann-Berlin (2001) mutmaßen, „dass das Erfolgsgeheimnis darin bestehe, etwas Neues kennengelernt und Aufgaben bei begrenzter Verantwortung übernommen zu haben.“[502] Erfahrungsgemäß lassen sich diese theoretischen Ansprüche nicht in allen

[495] Bergzog (2008): S. 5.
[496] Ebenda.
[497] Bergzog (2008): S. 17.
[498] Beinke, Wascher (1993): S. 86.
[499] Groth, Lemke, Werner (1971): S. 18.
[500] Beinke, Wascher (1993): S. 86f.
[501] Wensierski, Schützler, Schütt (2005): S. 23.
[502] Zitiert nach Preis, Niebl, Stecher (2012): S. 11.

Branchen und Unternehmen gleichermaßen erfüllen. Streng organisierte Betriebe wie etwa Arztpraxen erlauben keine gestalterischen Maßnahmen durch die Praktikanten. In anderen Einrichtungen wie beispielsweise Kindergärten sind die Gymnasiasten oft enttäuscht, wenn sie lediglich als Spielpartner für die Kleinen eingesetzt werden, da dies eben nicht das vollständige Berufsbild des Erziehers abzeichnet. Andere Autoren beschreiben Ähnliches über die Vergabe von nur wenigen Hilfsarbeiten, welche die Schüler übernehmen dürfen.[503] Hoffmann (1974) konnte diesen Umstand für Aachener Hauptschüler teilweise belegen: „Wenn 30,4 % der befragten Schüler während des gesamten Praktikums nur eine Tätigkeit ausgeübt hatten (...), so erlaubt dieser Tatbestand den Rückschluß, daß die Praktikanten weder in ausreichendem Maße mit den innerbetrieblichen Verhältnissen bekanntgemacht worden sein können, noch Gelegenheit hatten oder ermuntert worden sind, sich in verschiedenen Tätigkeiten zu erproben."[504] In einer guten unterrichtlichen Vorbereitung gehört es dazu, die Schüler hierauf aufmerksam zu machen und ihnen aufzuzeigen, wie sie in einem solchen Fall reagieren können.

4.5.3.3 Hinweise für das Schülerbetriebspraktikum in der Sekundarstufe I

Aus den Befragungen für die vorliegende Studie, weiteren informellen Befragungen anderer Lehrkräfte (z. B. am Rande der „Fortbildung für neu ernannte Koordinatorinnen und Koordinatoren für Berufliche Orientierung" am 20. Juni 2018 in Nürnberg) und der mehrjährigen Erfahrung in der Durchführung von Betriebspraktika in der neunten Jahrgangsstufe gingen für die Autorin einige wichtige, die Arbeit mit den Gymnasiasten betreffende, Erkenntnisse hervor. Auch die einschlägige Literatur ist voll mit Ratschlägen für die Vorbereitung, Begleitung und Nachbereitung des Betriebspraktikums. Die wichtigsten Hinweise sollen im Folgenden dargestellt werden.

---

[503] Wensierski, Schützler, Schütt (2005): S. 61.
Schuhen (2009): S. 2.

[504] Hoffmann (1974): S. 175.

Abbildung 13: Schematischer Ablauf des Betriebspraktikums.
Eigene Darstellung nach Hammer, Ripper, Schenk (2015), beiliegende Materialien auf CD-ROM (dort Kapitel 4.3).

Wichtige Ziele des Schülerbetriebspraktikums sind neben der Auslagerung von Unterrichtsinhalten in die Praktikumsbetriebe (aufkommende Fragen werden durch die Praxiserfahrung beantwortet) unter anderem auch das Kennenlernen des Bewerbungsprozesses, das Einschätzen der persönlichen Neigungen und Interessen sowie das Gewinnen eines möglichst realistischen Eindrucks eines Berufes".[505] Es kann außerdem von positiven Auswirkungen auf Motivation, Sozialkompetenz, Leistung und Selbstbewusstsein des Schülers berichtet werden. Durch die Teilnahme an betrieblichen Arbeitsabläufen öffnet sich den Jugendlichen die Chance einer Horizonterweiterung, die für die Entwicklung der Persönlichkeit sehr bedeutend sein kann.[506] Hammer, Ripper und Schenk (2015) stellen den Ablauf des Betriebspraktikums schematisch dar (siehe Abbildung 13).

Prinzipiell setzt eine erfolgreiche Vorbereitung, Begleitung und Nachbereitung des Betriebspraktikums auch eine gut informierte Lehrkraft voraus.[507] Am bayerischen Gymnasium sind die Koordinatoren für Berufliche Orientierung auch für die Koordination und Organisation des Betriebspraktikums zuständig.[508] Sie sind seit dem Schuljahr 2017/18 in den meisten Fällen durch allgemeine Fortbildungsveranstaltungen auf diese Aufgabe vorbereitet worden. Der vor- und nachbereitende Unterricht hingegen fällt primär den Lehrkräften für Wirtschaft und Recht zu. Das Praktikum kann dabei nicht als isolierte Maßnahme betrachtet werden. Stattdessen sollte es langfristig im Unterricht vorbereitet werden.[509] Da es keine verbindlichen Vorgaben im bayerischen Lehrplan gibt, fehlt es hier häufig an den entsprechenden Kenntnissen. Es besteht also Verbesserungsbedarf in der Lehreraus- und -fortbildung (siehe Kapitel 4.4). Zusätzlich ist eine curriculare Verankerung wichtig, um ein zugewiesenes Stundendeputat abzusichern. Besonders engagierte Lehrkräfte leiden unter dem Nichtvorhandensein eines zugestandenen Zeitaufwands.[510]

Auch eine verpflichtende unterrichtliche Vorbereitung auf das Betriebspraktikum ist im bayerischen Lehrplan nicht vorgesehen. Dennoch können die Lehrkräfte für Wirtschaft und Recht im Falle einer Durchführung des Praktikums im Rahmen des Punktes „WR 9.1.3 Entscheidungen

[505] Hammer, Ripper, Schenk (2015): S. 135.
[506] Bastian, Combe, Hellmer, Wazinski (2007): 235ff.
Horst (2008): S. 211.
Ermert, Friedrich (1990): S. 67f.
[507] Beinke (1995): S. 389.
[508] ISB Staatsinstitut für Schulqualität und Bildungsforschung: Berufliche Orientierung. Gesamtkonzept. S. 9.
[509] Friedrich, Ramthum (1988): S. 29.
[510] Beinke (1995): S. 389.

im Zusammenhang mit Ausbildung und Berufswahl"[511] eigene Schwerpunkte setzen. „In der unterrichtlichen Praktikumsvorbereitung geht es schwerpunktmäßig darum zu klären, welcher Tätigkeitsbereich für die Schülerin oder den Schüler interessant ist, welche offenen Fragen durch das Praktikum beantwortet werden können und welche Erwartungen an das Praktikum bestehen."[512] Zusätzlich sollten notwendige Kompetenzen vermittelt werden, beispielsweise zur Anfertigung einer Bewerbungsmappe, dem Führen eines Bewerbungsgespräches und dem Verhalten im Betrieb. Es bietet sich eine Kooperation mit den Deutschlehrern an, welche beispielsweise das Verfassen des Anschreibens übernehmen könnten. Ebenfalls hilfreich können kostenfreie Veröffentlichungen und Materialien wie etwa das Arbeitsheft „Meine Praktikumsmappe" von der AzubiYo GmbH, einer Stellenbörse für Ausbildungen und Duale Studiengänge, sein.[513] Selbst Lehrer, welche sich nicht autodidaktisch mit den Anforderungen der Berufsorientierung auseinandersetzen können oder wollen, können mithilfe derartiger Materialien eine zumindest grundlegende unterrichtliche Vorbereitung auf das Bewerbungsverfahren bieten. In der Literatur finden sich viele Vorschläge zur Vorgehensweise in der Vor- und Nachbereitung. Zum Beispiel kann einer Einführungsphase, welche primär der Motivation dient, eine Orientierungsphase zur Anregung der Entwicklung eigener Interessen und Klärung formaler Bedingungen folgen. Unter Einbeziehung regionaler Unternehmer und Berufsberater kann auf dieser Grundlage die Wahl der individuellen Praktikumsplätze erfolgen. Die notwendige Informationsphase, in deren Mittelpunkt der vorbereitende Fachunterricht steht, kann mit der Erarbeitung von Erkundungsfragen abschließen.[514] Es ist darauf zu achten, dass unmittelbare Erfahrungen der Praktikanten „nicht durch eine zu umfangreiche kognitive Vorstrukturierung und eine zu enge Fixierung auf theoretische Vorgaben in den Hintergrund gedrängt werden."[515] Beinke (1995) hat eine Rahmenkonzeption des berufswahlvorbereitenden Unterrichts entwickelt, in welcher das Betriebspraktikum ein integrales Element darstellt. Die Phasen des allgemeinen Berufswahlunterrichts und der speziellen Vor- und Nachbereitung des

[511] ISB Staatsinstitut für Schulqualität und Bildungsforschung: http://www.isb-gym8-lehrplan.de/contentserv/3.1.neu/g8.de/index.php?StoryID=26440, zuletzt aufgerufen am 25. Juni 2019.

[512] Hammer, Ripper, Schenk (2015): S. 137.

[513] Azubiyo GmbH (2019)

[514] Arbeitsgruppe der regionalen Koordinatoren Gymnasium und Wirtschaft (ca. 1995): S. 12f.

[515] Arbeitsgruppe der regionalen Koordinatoren Gymnasium und Wirtschaft (ca. 1995): S. 11.

Betriebspraktikums inklusive Unterrichtsplänen und entsprechenden Hinweisen zur Unterrichtsorganisation sind bei ihm einsehbar.[516] Ebenso wie den Schulen kommt auch den Betrieben die Aufgabe einer guten Vorbereitung auf das Praktikum zu. Spontane Aufgabenverteilung führen häufig zum Mangel an Möglichkeiten, verschiedene Tätigkeiten zu erproben und die Abläufe im Unternehmen wirklich kennenzulernen.[517] Den Praktikumsbetreuern fehlt oft „der notwendige didaktische Blick auf die Praktikantensituation"[518]. Wünschenswert wäre daher, dass es schon im Vorfeld zur Praktikumszeit einen Austausch zwischen der Schule und den Betrieben gibt, um die gegenseitigen Wünsche, Erwartungen und Hilfsmöglichkeiten darzulegen. Dies nimmt sehr viel Zeit und Energie in Anspruch, wofür es äußerst engagierter Lehrkräfte und Unternehmer bedarf.

Delfs (1971) empfiehlt, das Betriebspraktikum im schulischen Jahresverlauf zu Beginn oder am Ende eines Schuljahres zu legen.[519] Dies ist jedoch zum einen ungünstig, da so die notwendige (Unterrichts-)Zeit zur gründlichen Vor- bzw. Nachbereitung fehlt. Zum anderen erhalten die Betriebe für die Zeit im Juni/Juli sehr viele Anfragen, da viele Schulen den Zeitraum für die Betriebspraktika an das Ende des Schuljahres legen. So fällt die Praktikumszeit oft mit Wandertag, Studienfahrten, Sommerfest und anderen Veranstaltungen zusammen und der Unterrichtsausfall wird insgesamt reduziert. Aus Sicht der Autorin wäre zwar ein Praktikum in der Mitte des Schuljahres ideal, jedoch lassen manche Schulleiter einen solchen Bruch im Jahresplan der Schule unter Umständen nicht zu. Es ist daher wichtig, die Schüler darauf hinzuweisen, sich rechtzeitig um eine Praktikumsstelle zu bemühen, da die Unternehmen nur eine begrenzte Anzahl an Praktikanten aufnehmen können. Dies gilt besonders für große, bekannte Firmen, die bei vielen Schülern sehr beliebt sind. Auch im ländlichen Raum, wo die Anzahl an örtlichen Betrieben gering ist, sind die Plätze schnell vergriffen. Es hat sich daher als sinnvoll erwiesen, spätestens die Osterferien als endgültigen Termin festzulegen und bis dahin eine schriftliche Bestätigung des jeweiligen Betriebes von den Schülern einzufordern. Auch vorliegende Studie zeigte, dass einige der befragten Gymnasiasten den nachfolgenden Jahrgängen empfahlen, sich rechtzeitig um einen Praktikumsplatz zu bemühen

516 Beinke (1995): S. 389ff.
517 Hoffmann (1974): S. 175.
518 Schuhen (2009): S. 2.
519 Delfs (1971): S. 209.

(siehe Kapitel 5.2.1). Eine Absprache mit anderen Schulen der Region kann sinnvoll sein, wenn die Zahl der Schulen begrenzt ist. Dies gilt weniger für sehr große Städte. Für derartige Absprachen sind es dort einfach zu viele Schulen (vor allem, wenn man alle Schularten berücksichtigen möchte). Erfahrungsgemäß stellen die meisten bayerischen Gymnasien ihre Schüler für einen Zeitraum von einer Woche für das Betriebspraktikum frei. Es gilt prinzipiell, dass ein längerer Verbleib in den Betrieben wünschenswert wäre. So könnte möglicherweise „eine bessere Berücksichtigung der gesteckten Ziele erreicht werden."[520] Die Arbeitsgruppe der regionalen Koordinatoren Gymnasium und Wirtschaft (ca. 1995) aus Schleswig-Holstein empfiehlt, die Verteilung der Praktikanten auf die Betriebe nicht nur nach organisatorischen Gesichtspunkten vorzunehmen.[521] Um Zeit und Ressourcen zu sparen, kann unter Umständen auf ein bereits bestehendes Netzwerk zurückgegriffen werden. Ein Ordner mit den Kontaktdaten der Unternehmen, in welchen frühere Jahrgänge bereits gute Erfahrungen gemacht haben, hat sich hier als Hilfestellung bewährt. Eine solche Datenbank darf keinesfalls den eigenen Bewerbungsprozess ersetzen. Es soll vielmehr eine Hilfestellung bei der Suche nach einem Praktikumsplatz mit Aussicht auf Erfüllung der eigenen Erwartungen sein. Auch über die Eltern in ihrer Funktion als Betriebsangehörige, die Industrie- und Handelskammern oder die Handwerkskammern können wichtige Kontakte geknüpft werden.[522] Es empfiehlt sich, dass die Neuntklässler sich den Praktikumsbetrieb nach ihren persönlichen Interessen selbst aussuchen können. Dennoch sind auch hier einige Vorgaben sinnvoll. So kann es für die Ziele der beruflichen Orientierung von Nachteil sein, wenn die Praktikumswoche in dem Betrieb abgeleistet wird, in welchem die Eltern tätig sind. Es würde ein wichtiger Zweck der Maßnahme verloren gehen, wenn die Jugendlichen nicht die Zusammenarbeit mit anderen Mitarbeitern und auch eines Chefs kennenlernen würden und stattdessen von Mutter oder Vater angeleitet werden würden. Möglicherweise kann diese Regel aufgebrochen werden, wenn es sich beim elterlichen Betrieb beispielsweise um ein sehr großes Unternehmen handelt und die Schüler den Eltern im Arbeitsalltag nicht begegnen würden. Ferner ist es wichtig, das räumliche Gebiet für die Wahl der Praktikumsstelle einzugrenzen. Im Fall ei-

[520] Beinke, Wascher (1993): S. 81.
[521] Arbeitsgruppe der regionalen Koordinatoren Gymnasium und Wirtschaft (ca. 1995): S. 10.
[522] Horst (2008): S. 214.

ner Nürnberger Schule hat sich die Vorgabe, dass sich alle Praktikumsbetriebe im Stadtgebiet bzw. Landkreis Nürnberger Land befinden müssen, als sinnvoll erwiesen. In anderen Regionen könnte man die Grenzen beispielsweise vom Gebiet der örtlichen Verkehrsbetriebe abhängig machen. In jedem Fall muss es den Lehrkräften möglich sein, die Praktikanten während der Arbeitszeit zu besuchen, um die bereits erwähnten stichprobenartigen Besuche abzuleisten und so die generelle Aufsichtspflicht einhalten zu können. Gegebenenfalls ist auch zu prüfen, inwieweit der Versicherungsschutz durch die Schülerunfallversicherung bei allzu weiten Arbeitswegen greift. Für die verpflichtend abzuschließende Schülerhaftpflichtversicherung sind die Beiträge von den Versicherten zu bezahlen. Dies ist unumgänglich, da eine private Haftpflichtversicherung nicht ausreichend ist.[523] Zusätzlich sollten die Schüler auf die wichtigsten Verhaltensregeln im Praktikum aufmerksam gemacht werden. Diese sind zum einen Vorgaben zur betrieblichen Ordnung, wie etwa Sicherheitsvorschriften, die Weisungsbefugnis der betrieblichen Betreuer, die Verschwiegenheitspflicht etc. Besondere Anforderungen einzelner Betriebe wie etwa die Notwendigkeit eines Gesundheitszeugnisses sind von den Schülern selbst zu recherchieren. Auch Hinweise zu bestimmten Kleidungsvorschriften, Verhalten im Krankheitsfall, usw. sind von den Gymnasiasten zu erfragen. Dennoch sollten die Jugendlichen auf die Pflicht zur Einholung der Informationen hingewiesen werden. Hierfür und auch für die oben bereits genannten Hinweise bietet sich die Durchführung eines Eltern-Schüler-Abends an, sinnvollerweise in Verbindung mit einem regulären (Klassen-)Elternabend. Unmittelbar vor der Praktikumswoche können die wichtigsten Punkte in einem Elternbrief wiederholt werden.

Das Schülerbetriebspraktikum soll keine von der Schule losgelöste Veranstaltung sein. Im besten Fall ist die Betreuung nicht nur auf einen Besuch beschränkt. Pelz (1976) verlangt sogar, dass der zuständige Lehrer die Schüler täglich am Praktikumsort besuchen sollte.[524] Dies erscheint aufgrund einer Klassenstärke von oft 30 Jugendlichen jedoch kaum machbar, wenn die Schüler sich ihren Praktikumsbetrieb selbst aussuchen können. Eine Vorgabe von Pelz (1976), sich auf acht bis vierzehn

---

[523] ISB Staatsinstitut für Schulqualität und Bildungsforschung: http://www.berufsorientierung-gymnasium.bayern.de/betriebspraktikum/rechtliche-rahmenbedingungen/, zuletzt aufgerufen am 7. August 2019.

[524] Pelz (1976): S. 65.

Betriebe pro Klasse zu beschränken, kann dieses Problem zwar abmildern;[525] jedoch beschneidet es die Jugendlichen darin, nach ihren individuellen Interessen und Neigungen auszuwählen. Ziel kann stattdessen etwa sein, die Schülerpraktikanten so oft wie eben möglich, mindestens jedoch einmal, zu besuchen. In Zusammenarbeit mit den anderen Fachlehrern ist dies leistbar, aber sehr zeitaufwändig. Beinke (1995) fordert daher auch, die zuständige Lehrkraft während der gesamten Praktikumszeit von sämtlichen anderen schulischen Verpflichtungen freizustellen.[526] Dies kann durch entsprechende Verschiebungen in den Stunden- und Vertretungsplänen möglich sein, da ja der Unterricht für einen ganzen Jahrgang entfällt. Einige Bundesländer verfahren auch so (siehe Kapitel 6). Der Aufwand für die Vertretungen ist jedoch sehr groß. Ähnliche Gründe sprechen gegen eine wünschenswerte Dauer der Praktika von zwei bis drei Wochen. Stattdessen gewähren laut einer informellen Umfrage viele Gymnasien ihren Schülern lediglich eine Woche im Betrieb. Ob die hochgesteckten Ziele für die Berufsorientierung so erreicht werden können, ist in Frage zu stellen.

Um die Arbeitsabläufe der Schüler zu dokumentieren und im Nachgang optimal evaluieren zu können, ist es für die Neuntklässler sinnvoll, ein Berichtsheft führen, welches von den Praktikumsbetreuern abzuzeichnen ist. Die formalen und inhaltlichen Anforderungen an das Berichtsheft sollten bereits im Vorfeld bekannt sein, damit die Gymnasiasten ihre Tätigkeiten während der Zeit im Betrieb gezielt protokollieren können.[527] Die Notizen können auch gut als Grundlage für das abschließende Rückmeldegespräch dienen. Die Schüler sollten außerdem darauf hingewiesen werden, vom Praktikumsbetrieb ein Zeugnis mit einer kurzen Beurteilung ihrer Tätigkeiten einzufordern. Meist geschieht dies automatisch, doch es kommt erfahrungsgemäß auch immer wieder vor, dass die Praktikumsbetreuer sich die Arbeit der Erstellung eines solchen Dokumentes sparen und gerne darauf verzichten möchten. Für die persönlichen Unterlagen der Jugendlichen und auch zum Beispiel für spätere Bewerbungen kann ein solches Zeugnis jedoch wichtig sein. Daher sollten die Betriebe kurz vor der Praktikumswoche auf die relevantesten Punkte aufmerksam gemacht werden. Auch hierfür bietet sich ein kurzes Anschreiben an, in dem sich die Schule für die Aufnahme eines Schülerpraktikanten bedankt und schulinterne Vorgaben erläutert werden.

---

525 Pelz (1976): S. 64.
526 Beinke (1995): S. 389.
527 Hammer, Ripper, Schenk (2015): S. 138.

Informationen über die bereits stattgefunden Vorbereitungsmaßnahmen in der Schule und den Kenntnisstand der Schüler sind ebenfalls wichtig.[528] Auch ein Verweis auf gesetzliche Vorgaben (z. B. die Behandlung der Schüler als Kinder) ist empfehlenswert, insbesondere für kleinere Betriebe, welche nicht viel Erfahrung im Umgang mit Schülerpraktikanten haben.

Nach Abschluss der Praktikumswoche ist ein Erfahrungsaustausch der Schule mit den Betrieben, welche die Gymnasiasten betreut haben, sinnvoll.[529] Ideal wäre ein reger Austausch mit möglichst vielen Beteiligten. Da dies jedoch in den allermeisten Fällen am organisatorischen Aufwand scheitert, kann zumindest über einen Fragebogen entsprechendes Feedback eingeholt werden. Dieser kann beispielsweise von den Schülern selbst im Praktikumsbetrieb abgegeben werden und nach Ablauf der Praktikumszeit wieder mit in die Schule gebracht werden. Diese Vorgehensweise hat sich auch für die vorliegende Studie bewährt. So können die ausgefüllten Fragebögen auch gleich als Aufhänger für den nachbereitenden Unterricht genutzt werden. Dieser ist erforderlich, da ohne eine entsprechende Aufbereitung des Praktikums die Gefahr einer falschen Generalisierung der Erfahrungen und des im Unternehmen erworbenen Wissens besteht. Im schlimmsten Fall schätzen Jugendliche ihre eigenen Neigungen und ihre Berufseignung falsch ein.[530] Oben wurde ja bereits angemerkt, dass die Praktika häufig am Ende des Schuljahres stattfinden. Dabei ist darauf zu achten, dass nach der Zeit im Betrieb noch genügend Unterrichtsstunden stattfinden können, um die Woche ausreichend nachzubereiten. Denkbar sind hierfür beispielsweise Diskussionsrunden, in denen die Neuntklässler unter Zuhilfenahme ihres Berichtsheftes ihr Praktikum beschreiben und bewerten. Auch für die unterrichtliche Nachbereitung des Betriebspraktikums finden sich online zahlreiche Materialien, welche von den Lehrkräften kostenlos genutzt werden können.

---

[528] Beinke (1995): S. 389.
[529] Ebenda.
[530] Beinke, Wascher (1993): S. 77f.
Eckert, Stratmann (1978): S. 54.
Pelz (1976): S. 68.

4.5.3.4 Hinweise für das Schülerbetriebspraktikum in der Sekundarstufe II

Prinzipiell ist die Durchführung eines Schülerbetriebspraktikums auch in der Oberstufe des Gymnasiums denkbar. Vermutlich ist hierbei jedoch in vielen Fällen mit vehementen Widerständen seitens des Lehrerkollegiums zu rechnen. Dies begründet sich in erster Linie mit der meist ohnehin gering bemessenen Unterrichtszeit in den Kursen der elften und zwölften Jahrgangsstufen. Einen mindestens einwöchigen Unterrichtsausfall wollen die Kollegen möglicherweise nicht hinnehmen. Ferner ist fraglich, ob der Lernzuwachs im Bereich des Erfahrungslernens bei Abiturienten, welche häufig ja auch Erfahrungen mit kleinen Nebenjobs haben, dies überhaupt rechtfertigen würde. Um einen wirklichen Beitrag zur Berufswahlvorbereitung liefern zu können, reicht es auch nicht aus, ausschließlich Tätigkeiten mit geringem Anforderungsniveau auszuüben. Dies ist im Schülerpraktikum aber oft der Fall, da auch die Oberstufenschüler in der Regel noch nicht über die notwendigen Qualifikationen verfügen, um komplexere Aufgaben übernehmen zu können.[531] Insbesondere unter den für die Abiturienten besonders interessanten akademischen Berufen gibt es zahlreiche Einschränkungen wie etwa Vorgaben des Datenschutzes, die Schwierigkeit der Tätigkeit oder gesundheitliche Risiken für Patienten, die eine Mitarbeit durch die Schüler ausschließen.[532] Die Möglichkeiten, aus dem Praktikum Rückschlüsse zum Tätigkeitsspektrum des jeweiligen Berufes zu ziehen, sind daher recht begrenzt. Durch das bloße Beobachten der Mitarbeiter bei anspruchsvolleren Aufgaben geht der eigentliche Zweck des Schülerbetriebspraktikums, nämlich das eigene Tätigwerden und Erfahren, verloren.[533] Falls die Durchführung in der Sekundarstufe II dennoch durchgesetzt werden soll und kann, gelten ähnliche Vorgaben wie die in Kapitel 4.5.3.3 vorgestellten Hinweise für die Sekundarstufe I, da auch in der Oberstufe ein Großteil der Schüler noch minderjährig ist und daher dieselben gesetzlichen Grundlagen Anwendung finden wie in der Mittelstufe. Für den Fall, dass tatsächlich auch hochqualifizierte Tätigkeiten in das Schülerbetriebspraktikum mit einbezogen werden können, stoßen die Lehrkräfte bei der unterrichtlichen Vor- und Nachbereitung unter Umständen auf fachliche Grenzen.[534] Dieses Problem kann teilweise

531 Friedrich, Ramthum (1988): S. 29f.
532 Beine (1988): S. 23.
533 Friedrich, Ramthum (1988): S. 29f.
534 Beine (1988): S. 24.

durch eine besonders enge Zusammenarbeit mit den Betrieben gelöst werden. Denkbar wäre zum Beispiel die detaillierte Vorstellung des jeweiligen Berufszweiges durch einen Praktiker aus der Wirtschaft. Die Palette an Berufen, welche den Abiturienten zur Verfügung steht, ist im Vergleich zu Abgängern anderer Schularten besonders breit. Um diese Bandbreite von akademischen bis handwerklichen Berufen abzudecken, scheinen mindestens zwei Praktika für die Schüler ideal. Insbesondere für das Abwägen, ob eher ein Studium oder doch eher eine Berufsausbildung in Frage kommt, wären mehrere Praktika eine nützliche Orientierungshilfe.[535] Doch der zwangsläufige Unterrichtsausfall steht dem klar im Weg und so kann dieser Umstand wohl für die meisten Gymnasiasten lediglich durch das Ableisten freiwilliger Betriebspraktika in den Schulferien erfüllt werden.

4.5.4 Weitere Kooperationen

Diverse staatliche Stellen, Kammern, Verbände und sonstige Arbeitsgemeinschaften bieten den allgemeinbildenden Schulen verschiedene Kooperationen zur Berufs- und Studienorientierung an. Insbesondere für die Oberstufe ist die Zusammenarbeit mit externen Partnern im Rahmen des P-Seminars verbindlich vorgegeben. Je nach Leitfach und Thema des Seminars bieten sich hier auch regionale Unternehmen als Partner an. Während die Zusammenarbeit mit den meisten vor Ort tätigen Betrieben doch sehr individuell gestaltet werden kann, verfügen andere Institutionen über bereits fertig ausgearbeitete Programme und Projekte. Eine kleine, bei weitem nicht erschöpfende Darstellung bietet Tabelle 7. Die Auswahl erfolgte nach persönlichen Erfahrungen und Empfehlungen durch weitere Lehrkräfte. Eine entsprechende informelle Umfrage fand unter anderem am Rande der „Fortbildung für neu ernannte Koordinatorinnen und Koordinatoren für Berufliche Orientierung" am 20. Juni 2018 in Nürnberg statt.

Tabelle 7: Übersicht über Beispiele verschiedener außerschulischer Kooperationspartner.

Staatliche Stellen	
Bayerischer Jugendring	Insgesamt zwölf Jugendbildungsstätten in Bayern bieten verschiedene Bildungsangebote

[535] Beine (1988): S. 24.

	wie z. B. Seminare zum Thema Berufsorientierung. Zielgruppe sind alle jungen Menschen in Bayern.[536]
Bayerisches Staatsministerium für Wissenschaft und Kunst	Über die Website des Ministeriums (www.studieren-in-bayern.de) finden sich zahlreiche Beratungsangebote (online und persönlich) der einzelnen Hochschulen.[537]
Staatliche Schulberatung	Individuelle Beratung für Schüler bezüglich eines Studiums oder einer Berufsausbildung. Weiterhin bietet die Staatliche Schulberatung auch Lehrkräften Unterstützung beim Begleiten des Berufswahlprozesses der Jugendlichen.[538]
Bayerisches Staatsministerium für Familie, Arbeit und Soziales	Die Internetplattform www.boby.bayern.de bietet einen Überblick über berufliche Möglichkeiten in Bayern. Der inhaltliche Schwerpunkt liegt bei Ausbildungsberufen.[539]
Kammern	
Handwerkskammern	Regionale Handwerkskammern: Vermittlung von Praktikums- und Ausbildungsplätzen im Handwerk.[540] „Berufe-Checker": Selbsterkundungstool für junge Berufswähler, die Interesse am Handwerk haben.[541]

536 Bayerischer Jugendring: https://www.bjr.de/themen/bildung/jugendbildungsstaetten.html, zuletzt aufgerufen am 11. September 2019.

537 Bayerisches Staatsministerium für Wissenschaft und Kunst: https://www.studieren-in-bayern.de/studium-ja-oder-nein/neigung-erkennen/, zuletzt aufgerufen am 11. September 2019.

538 Bayerisches Staatsministerium für Unterricht und Kultus: https://www.km.bayern.de/ministerium/institutionen/schulberatung.html, zuletzt aufgerufen am 11. September 2019.
ISB Staatsinstitut für Schulqualität und Bildungsforschung: http://www.berufsorientierung-gymnasium.bayern.de/fileadmin/user_upload/Berufliche_Orientierung/Externe_Partner/Externe_Partner.pdf, zuletzt aufgerufen am 11. September 2019.

539 Bayerisches Staatsministerium für Familie, Arbeit und Soziales: https://www.boby.bayern.de/, zuletzt aufgerufen am 12. Juni 2020.

540 Handwerkskammer Mittelfranken: https://www.hwk-mittelfranken.de/artikel/dein-weg-ins-handwerk-75,1164,2719.html, zuletzt aufgerufen am 11. September 2019.

541 Bayerischer Handwerkstag e.V.: https://lehrlinge-fuer-bayern.de/berufe-checker/, zuletzt aufgerufen am 11. September 2019.

	Ziel des gemeinsamen Projektes „Elternstolz" der bayerischen Handwerkskammern und Industrie- und Handelskammern ist die Schaffung einer größeren gesellschaftlichen Akzeptanz für die berufliche Aus- und Weiterbildung als gleichwertige Alternative zur akademischen Bildung. Im Zentrum der Kampagne stehen die Eltern.[542]
Industrie- und Handelskammern	z. B. das bayerische Projekt „Ausbildungs-Scouts" der Industrie- und Handelskammern: Auszubildende besuchen Jugendliche in den Schulen und stellen ihnen auf Augenhöhe ihre dualen Ausbildungsberufe und die jeweiligen Perspektiven vor.[543]
Verbände	
SCHULEWIRTSCHAFT Bayern im Bildungswerk der Bayerischen Wirtschaft e.V.	z. B. Teamwettbewerb „Technik-Scouts": Schüler wählen einen speziellen technischen Ausbildungs- bzw. Ingenieurberuf aus, beschäftigen sich intensiv mit dem Berufsbild und präsentieren dieses schließlich werbewirksam. Unter www.sprungbrett-bayern.de finden Jugendliche aktuelle Praktikumsangebote (sowohl Pflichtpraktika als auch freiwillige Ferienpraktika) sowie Firmenprofile aus verschiedenen Branchen und können sich direkt bei den Betrieben ihrer Wahl bewerben. „sprungbrett SPEED DATING": In Zeitblöcken von jeweils 20 - 25 Minuten treffen Arbeitgeber auf eine Gruppe von zwei bis drei Jugendlichen. So sollen die Unternehmer die für sie

542 Bayerisches Staatsministerium für Wirtschaft, Landesentwicklung und Energie: https://www.elternstolz.de/start/, zuletzt aufgerufen am 11. September 2019.
ISB Staatsinstitut für Schulqualität und Bildungsforschung: http://www.berufsorientierung-gymnasium.bayern.de/fileadmin/user_upload/Berufliche_Orientierung/Externe_Partner/IHK_Aktivitaeten.pdf, zuletzt aufgerufen am 11. September 2019.

543 ISB Staatsinstitut für Schulqualität und Bildungsforschung: http://www.berufsorientierung-gymnasium.bayern.de/fileadmin/user_upload/Berufliche_Orientierung/Externe_Partner/IHK_Aktivitaeten.pdf, zuletzt aufgerufen am 11. September 2019.

	passenden Praktikanten bzw. zukünftigen Auszubildenden finden. Elternabende: SCHULEWIRTSCHAFT Bayern führt gemeinsam mit Unternehmen neben vielen verschiedenen Angeboten für die Berufswähler selbst auch interaktive Elternabende zum Thema Berufsorientierung an.[544]
Berufliche Fortbildungszentren der Bayerischen Wirtschaft gGmbH	„Berufsorientierung inklusiv": Schülern mit einer Schwerbehinderung bzw. schwerer gesundheitlicher Einschränkung wird im Jahr der (Vor-)abgangsklasse eine Begleitung zur Seite gestellt, welche die Jugendlichen beim Übergang von der Schule in die Arbeitswelt unterstützt.[545]
Unternehmen	
Regionale Unternehmen	Die Zusammenarbeit mit regionalen Unternehmen wird für die Projektarbeit im P-Seminar der Oberstufe explizit gefordert. Doch eine Kooperation kann zum Beispiel in Form von Betriebserkundungen schon früher beginnen.[546] Einige Unternehmen sind auch gerne bereit, sich zum Beispiel bei schulinternen Berufsmessen vorzustellen, ihre Auswahlverfahren beim Bewerbungsprozess zu erklären oder Schülerpraktikanten aufzunehmen. Die Möglichkeiten sind vielfältig und ganz individuell gestaltbar.
Institut für Talententwicklung	Das IfT organisiert und veranstaltet unter anderem verschiedene Fachmessen für Ausbildung und Studium (z. B. vocatium) sowie El-

[544] SCHULEWIRTSCHAFT Bayern: https://www.sprungbrett-bayern.de, zuletzt aufgerufen am 11. September 2019.
ISB Staatsinstitut für Schulqualität und Bildungsforschung: http://www.berufsorientierung-gymnasium.bayern.de/fileadmin/user_upload/Berufliche_Orientierung/Externe_Partner/SCHULEWIRTSCHAFT_angebote_2019.pdf, zuletzt aufgerufen am 11. September 2019.

[545] Berufliche Fortbildungszentren der Bayerischen Wirtschaft gGmbH (Jahr der Veröffentlichung unbekannt): S. 2.

[546] ISB Staatsinstitut für Schulqualität und Bildungsforschung: http://www.berufsorientierung-gymnasium.bayern.de/externe-partner/, zuletzt aufgerufen am 11. September 2019.

	tern- und Schülertage für die Berufswahl (parentum). Auf der vocatium können Schüler zahlreiche Aussteller kennenlernen und so Kontakte zu Unternehmen und Hochschulen knüpfen. Über das IfT können außerdem Experten für Workshops, Vorträge u.ä. an die Schulen vor Ort eingeladen werden.[547]

Bei der Auswahl eines geeigneten Kooperationspartners sollten die Schulen stets die Eigeninteressen der Partner berücksichtigen. Die hier genannten Angebote sind allesamt kostenlos, jedoch steht bei anderen Institutionen häufig ein kommerzieller Zweck hinter dem Projekt. Auch die inhaltliche und didaktische Qualität sollte vor der Inanspruchnahme kritisch hinterfragt werden. Ein wichtiger Hinweis kann dabei der angemessene Umgang der Partner mit seitens der Schule bzw. Schüler erhobener Kritik sein. Bei der Verwendung von Unterrichtsmaterialien aus externen Quellen können die bereitgestellten Unterlagen auch zur Veranschaulichung von Manipulationsstrategien genutzt werden.[548] Für diesen Zweck eignen sich oft auch Materialien, zu deren Urheber keine gültigen Partnerschaften bestehen und welche den Schulen ungefragt zugesandt werden. Liebel (2006) kritisiert weiterhin unter anderem die mögliche Instrumentalisierung der Schüler. Diese „könnte darin bestehen, dass Kinder im Zuge von Kooperationsvereinbarungen als billige Hilfskräfte in Anspruch genommen werden.“[549] Als Beispiel für eine solche Ausbeutung kann das sogenannte Inventurpraktikum eines Gymnasiums in der Nähe Bonns genannt werden. Die Schüler sollten dabei Waren im Lager des Partnerunternehmens zählen.[550] Der Zweck für den Bildungsauftrag der Schule fand hier offensichtlich kaum Berücksichtigung. Daher sollten die Absichten der Partner im Vorfeld sorgfältig überprüft werden. Schulen können sich dann ganz nach Bedarf an die verschiedenen Kooperationspartner wenden und gemeinsam die Rahmenbedingungen für die Zusammenarbeit absprechen. Es empfiehlt sich dabei, sich frühzeitig um die terminlichen Absprachen zu kümmern, da einige der genannten Partner schon zu Beginn des Schuljahres schnell ausgebucht sind. Für eine effiziente Organisation sollten auch

[547] Institut für Talententwicklung GmbH (2019): S. 11.
[548] Arndt, Beckmann, Weyland (o. J.): S. 3.
[549] Liebel (2006): S. 21.
[550] Holland-Letz (2005): S. 38.

die Schulen den Partnern einen klaren Ansprechpartner bieten, am bayerischen Gymnasium idealerweise den Koordinator für Berufliche Orientierung. Dieser kann dann mit dem Partner eine Art Kooperationsvereinbarung verfassen, in welcher die Inhalte der Maßnahme, Ziele, Verantwortlichkeiten etc. festgehalten werden. Nach Abschluss kann das Projekt bzw. die durchgeführte Maßnahme einer breiten Öffentlichkeit vorgestellt werden und so zu einer positiven Außenwirkung der Schule und auch des Kooperationspartners beitragen. Das ISB empfiehlt jährliche Treffen mit den außerschulischen Akteuren, innerschulisch gegebenenfalls häufiger. Auch in Zeiten, in denen gerade keine konkreten Planungsarbeiten von Nöten sind, sollten die Organisatoren dafür sorgen, bei dem jeweils anderen Partner präsent zu bleiben. So kann eine langfristige Kooperationsbeziehung gewährleistet werden und die entscheidenden Rollen der Partner im beruflichen Orientierungsprozess erfüllt werden.[551]

[551] ISB Staatsinstitut für Schulqualität und Bildungsforschung: http://www.berufsorientierung-gymnasium.bayern.de/fileadmin/user_upload/Berufliche_Orientierung/Externe_Partner/Externe_Partner.pdf, zuletzt aufgerufen am 11. September 2019.

5 Eine empirische Untersuchung zum Berufswahlprozess bayerischer Gymnasiasten

5.1 Konzeptioneller Teil

5.1.1 Ziele der Untersuchung

Durch die vorliegende Studie sollten zum einen Entwicklungen bezüglich der beruflichen Orientierung der Jahrgangsstufen neun bis zwölf anhand verschiedener Indikatoren aufgezeigt werden. Dabei ging es einerseits um die persönliche Wahrnehmung der Gymnasiasten bezüglich ihrer eigenen Entwicklung über die Dauer von Schuljahr zu Schuljahr und andererseits auch um die Veränderungen über kurze Dauer, welche sich beispielsweise durch die Eindrücke des einwöchigen Betriebspraktikums hinweg ergaben. Das Informationsverhalten der Schüler, deren Einschätzung des eigenen Wissensstands und der Handlungsmöglichkeiten nach dem Abitur standen dabei ebenso im Fokus wie die Bewertung des schulischen Beitrags zur Berufs- und Studienorientierung. Die Erfassung der Daten während der Zeit von der neunten Jahrgangsstufe bis zur ersten Berufswahl nach dem Abitur sollte dazu dienen, mögliche Defizite der schulischen Berufs- und Studienorientierung aufzudecken und im nächsten Schritt die Grundlage für mögliche Optimierungsvorschläge bilden. Weiterhin sollte die Einschätzung der Lage zur Berufs- und Studienorientierung am Gymnasium aus Sicht verschiedener Interessengruppen erfasst werden. Für die Jugendlichen sind dabei neben den Fachlehrern vor allem die Eltern und auch Unternehmen, insbesondere die Praktikumsbetreuer, wichtige Entscheidungshelfer. Auch deren Wahrnehmungen und Sichtweisen sollten bei den Überlegungen zu den stattfindenden Prozessen mit einbezogen werden. Die vier Befragungsgruppen waren somit: Die Schüler als Hauptakteure, deren Eltern als wichtige Ansprechpartner für ihre Kinder, Praktikumsbetreuer als Vertreter für die Unternehmerseite und die Projekt-Seminar-Lehrer als Schulvertreter. Durch die Berücksichtigung der Sichtweisen der verschiedenen Akteure kann die Vielschichtigkeit der Berufsorientierung erkannt werden und in der praktischen Umsetzung an der Schule Berücksichtigung finden. Die Einsicht in andere Lebenswelten erlaubt außerdem neue Sichtweisen und möglicherweise auch Erkenntnisse, welche von den Schulakteuren bis dato nicht erlangt werden konnten.

Ein weiteres Ziel der Studie war die konkrete Überprüfung zentraler Komponenten der vorgestellten klassischen Berufswahltheorien anhand einzelner Aspekte. Verschiedene Studien, welche auch in Kapitel 3.2 beschrieben sind, dienten hier als Orientierungshilfe. Die meisten der vorgestellten klassischen Berufswahltheorien berücksichtigen die Schule als Institution nicht hinreichend und schreiben ihr daher auch keine konkreten Aufgabenfelder zu. Die Erkenntnisse aus der vorliegenden Studie sollen diese Lücke zumindest teilweise füllen, indem hierdurch deutlich wird, wie der Status Quo der Berufs- und Studienorientierung am bayerischen Gymnasium aus Sicht der Schüler, Eltern, Praktikumsbetreuer und Lehrkräfte ist. Zum Erkenntnisinteresse zählte ebenfalls die Ableitung von Konsequenzen für die Praxis. So sollten praktische Hinweise gegeben werden, welche den Berufswahlprozess für die Beteiligten erleichtern, unnötige Hindernisse aus dem Weg räumen und ein zielorientiertes Handeln möglich machen können. Das erwünschte Resultat der Umsetzung dieser Handlungshinweise wiederum kann eine zielgerichtetere und damit befriedigendere Berufs- und Studienwahlentscheidung sein.

5.1.2 Gütekriterien und Erarbeitungsprozess

Die vorliegende Forschungsarbeit beinhaltet sowohl Merkmale der quantitativen als auch der qualitativen Sozialforschung. Diese Kombination von Forschungsmethoden wird oft als „Mixed Methods"[552] bezeichnet und findet seit einigen Jahren häufige Anwendung in der Sozialforschung.[553] Insofern sind Gütekriterien beider Forschungsmethoden zu berücksichtigen. Die Forderung nach Objektivität kann die quantitative Sozialforschung nur bedingt erfüllen. So kann Interpretationsobjektivität nicht vollständig gewährleistet werden, da Interpretationen häufig subjektiven Werturteilen unterliegen. Die Durchführungsobjektivität hingegen kann weitgehend durch die Ausgabe von standardisierten Fragebögen und der Tatsache, dass damit alle Befragten identische Stimuli erhalten, realisiert werden. Dabei ist jedoch zu beachten, dass verschiedene Effekte der Reihenfolge von Fragen oder Antwortvorgaben oder Merkmale der Befragungssituation die Durchführungsobjektivität

[552] Reinders (2016): S. 58.
[553] Kelle (2019): S. 159.
Lamnek, Krell (2016): S. 674.

einschränken können.[554] Diese Gefahr wurde bestmöglich reduziert, indem alle Befragte den jeweils identischen Fragebogen (Ausnahme: Pretest, siehe Kapitel 5.1.11.1) mit denselben Hinweisen zur Beantwortung der Fragen erhielten. Die Datenaufbereitung wurde im Kapitel 5 sorgfältig dokumentiert, um auch Auswertungsobjektivität gewährleisten zu können. Im vorliegenden Fall ist die externe Validität des Forschungsdesigns zu diskutieren. Es stellt sich die Frage, ob die Ergebnisse auf die vorab definierte Grundgesamtheit (hier alle bayerischen Abiturienten des Abitur-Jahrgangs 2019 ohne wirtschaftswissenschaftlichen Zweig) übertragbar sind.[555] Dies kann nur eingeschränkt bejaht werden. Die Besonderheiten des Gymnasiums, an dem die Erhebung durchgeführt wurde, und damit der Schüler, deren Eltern, Praktikumsbetreuer und Lehrer ergeben sich in erster Linie aus der Lage der Schule in Nürnberg als zweitgrößte Stadt in Bayern. So sind vor allem die Arbeitsmarktsituation, die Lebensumstände und Wahlmöglichkeiten für die Befragten im Allgemeinen andere als in eher ländlichen Regionen. Vogelgesang und Kersch (2016) halten fest, die Landjugend wisse teilweise nicht, welche Ausbildungs- und Berufsmöglichkeiten in ihrer Heimatregion existieren.[556] Sie sind wesentlich stärker mit der Entscheidung „Gehen oder Bleiben?“[557] konfrontiert als ihre Altersgenossen aus der Stadt.[558] Die Stadtjugend dagegen hat es vergleichsweise leicht, einen passenden Beruf bzw. Studienplatz in der Nähe des bisherigen Wohnortes zu finden. Umgekehrt kann die Bindung zwischen regionalen Arbeitgebern und Schulen gerade im ländlichen Raum besonders eng sein. Städtische Unternehmer haben häufig zu viele Anfragen von Schulen, um alle erwünschten Partnerschaften zur Berufsorientierung unterstützen zu können. Es ist der Autorin bewusst, dass die Ergebnisse der Untersuchung teilweise andere wären, würde die Befragung an einem Gymnasium stattfinden, welches ausschließlich von Jugendlichen aus dem ländlichen Raum besucht werden würde. Somit ist die Möglichkeit zur Übertragung auf die Grundgesamtheit zumindest eingeschränkt. Weitere Spezifika des Gymnasiums, welche dennoch für die Eignung der Schule für die vorliegende Untersuchung sprachen, sind in Kapitel 5.1.4 dargestellt.

---

554 Krebs, Menold (2019): S. 490f.
555 Krebs, Menold (2019): S. 500.
556 Vogelgesang, Kersch (2016): S. 216.
557 HAWK (27. September 2018): https://www.hawk.de/de/newsportal/pressemeldungen/ein-plaedoyer-fuer-die-berufsorientierung-der-region, zuletzt aufgerufen am 11. Juni 2019.
558 Ebenda.

Bei Gütekriterien in der qualitativen Forschungslandschaft lässt sich laut Flick (2019) hingegen noch nicht erkennen, ob es in naher Zukunft „zu einer allgemeinen Verständigung auf Kriterien oder Standards kommen wird."[559] Ein Grund hierfür mag sein, dass die qualitativen Methoden noch nicht ausreichend systematisch in die Curricula human- und sozialwissenschaftlicher Studiengänge integriert sind.[560] Auch ist fraglich, ob generelle Standards überhaupt wünschenswert sind, „angesichts der Diversifizierung qualitativer Forschung und angesichts dessen, dass sie im Wesentlichen vom Verzicht auf Standardisierung von Vorgehensweisen geprägt ist und lebt."[561] Flick (2019) formuliert als Anspruch an qualitative Forschung, „dass

- die Wahl der Methoden begründet dargestellt wird,
- die konkreten Vorgehensweisen expliziert werden,
- die dem Projekt zu Grunde liegenden Ziel- und Qualitätsansprüche benannt werden

und

- die Vorgehensweisen so transparent dargestellt werden, dass Leser sich ein eigenes Bild über Anspruch und Wirklichkeit des Projektes machen können."[562]

Für Mayring (2016) ist unter anderem auch die Nähe zum Untersuchungsgegenstand ein bedeutender Leitgedanke und ein wichtiges Gütekriterium qualitativer Forschung.[563] Bei der vorliegenden Untersuchung ist dies durch den Umstand, dass die Daten in der natürlichen Lebenswelt der Beforschten, erhoben wurden, gegeben. Die Schule und das häusliche Umfeld bilden zusammen einen großen Teil der Alltagswelt der befragten Gymnasiasten. Die Befragung der Unternehmensseite fand im Rahmen ihrer Tätigkeit als Praktikumsbetreuer statt und die Eltern füllten den Fragebogen zu Hause aus. Für die Lehrer bildet die Schule ebenfalls eine gewohnte, natürliche Umgebung.

Die beschriebenen Ansprüche an quantitative und qualitative Forschung sollen in den folgenden Kapiteln erfüllt werden. Der Erarbei-

559 Flick (2019): S. 485.
560 Przyborski, Wohlrab-Sahr (2019): S. 105.
561 Flick (2019): S. 485.
562 Ebenda.
563 Mayring (2016): S. 146.

tungsprozess der Untersuchung erfolgte in Anlehnung an die Darstellungen nach Kleber (1992).[564] Selbstverständlich kann eine Forschungsarbeit nicht immer linear ablaufen und einem alleingültigen Erarbeitungsmuster folgen.[565] So wurde die chronologische Reihenfolge einzelner Arbeitsgänge wie die Analyse der Fragensammlung und die Durchführung des Pretests den bestehenden Gegebenheiten angepasst, sodass ab dem Schuljahr 2015/16 letztlich folgender Ablauf entstand:

1 Planung
- Präzisierung der Untersuchungsziele
- Sampling: Auswahl der Untersuchungsobjekte
- Formulierung von Forschungsfragen
- Transformation in konkrete Erkundungsfragen für halboffene Interviews mit volljährigen Schülern der Oberstufe
- Wahl der Erhebungsform
- Wahl des Erhebungsinstrumentes: (Teilweise) Standardisierter Fragebogen
- Erstellung einer ersten Fragensammlung

2 Expertenrating/Begutachtung: Analyse der Fragensammlung

3 Pretest
- Fragenauswahl, Durchführung der Voruntersuchung und teilweise Anpassung des Fragebogens

4 Zusammenstellung des Fragebogens
- Fragenauswahl
- Makroplanung des Fragebogens, Festlegung der Themenfolge
- Mikroplanung des Fragebogens, Festlegung der Aufgabenfolge innerhalb der Themen

5 Durchführung

6 Auswertung
- Erfassung der Antworten in SPSS/PSPP/Excel

7 Analyse und Interpretation der Ergebnisse

8 Reflexion

Die Schritte 4 bis 6 wurden in den darauffolgenden Schuljahren bis Januar 2020 aufgrund des gewählten Forschungsdesigns mit wiederholten Befragungen der Gymnasiasten mehrfach durchlaufen.

---

564 Kleber (1992): S. 215f.

565 Pratzner (2001): Kapitel 4.1.

5.1.3 Definition der Grundgesamtheit

Die Befragung der teilnehmenden Gymnasiasten begann im Schuljahr 2015/16, als die Jugendlichen die neunte Klasse besuchten. Sie wurden bis zur einschließlich zwölften Jahrgangsstufe im Schuljahr 2018/19 sowie nach der Schulzeit im Januar 2020 regelmäßig befragt. Die Grundgesamtheit lässt sich demnach folgendermaßen definieren: Alle Jugendlichen des Abiturjahrganges 2019, welche von den Schuljahren 2015/16 bis 2018/19 ein bayerisches Gymnasium mit sprachlichem, naturwissenschaftlich-technologischem, humanistischem, musischem oder sozialwissenschaftlichem Zweig besucht und dabei die reguläre Schullaufbahn durchlaufen haben. Natürlich soll die Stichprobe die Grundgesamtheit hinsichtlich der relevanten Merkmale möglichst gut abbilden.[566] Aufgrund des abweichenden Lehrplans für das Fach Wirtschaft und Recht werden auch Schüler der bayerischen Gymnasien, welche den wirtschaftswissenschaftlichen Zweig gewählt haben, aus der Grundgesamtheit ausgeschlossen. Externe Bewerber und sonstige Quereinsteiger werden ebenfalls explizit aus der Grundgesamtheit ausgeschlossen, da sie nicht zwingend die Anforderungen des bayerischen Lehrplans von der neunten Klasse an erfüllt haben. Es wurde angenommen, dass jene, welche durch das Wiederholen einzelner Jahrgangsstufen aus dem Jahrgang der Grundgesamtheit ausschieden, durch die in etwa gleiche Anzahl an Wiederholern aus der höheren Jahrgangsstufe ersetzt wurden. Schüler, welche einzelne Jahrgangsstufen etwa aufgrund herausragender Leistungen übersprungen haben, können bei dieser hohen Schülergesamtanzahl vernachlässigt werden. Der Abiturjahrgang 2019 umfasst in Bayern insgesamt 35.824 Jugendliche (Stammschüler mit bestandener Abiturprüfung). Abzüglich der Abiturienten an Gymnasien mit wirtschaftswissenschaftlichem Schwerpunkt verbleiben 32.731 Jugendliche mit im Jahr 2019 bestandener Abiturprüfung in Bayern.[567] Dieser Wert kann als Grundgesamtheit angenommen werden.

---

[566] Maier, Rattinger (2000): S. 13.

[567] Gemäß einer persönlichen E-Mail vom Bayerischen Staatsministerium für Unterricht und Kultus vom 4. Mai 2020.

5.1.4 Sampling: Die Auswahl der Untersuchungsobjekte

Für die Auswahl der Untersuchungsobjekte gab es zunächst die Überlegung, die Untersuchung mit Schülern verschiedener bayerischer Gymnasien durchzuführen, um im Stichprobenplan zum Beispiel sowohl ländliche als auch städtische Regionen oder auch sämtliche gymnasiale Zweige abdecken zu können. Nur so kann das maximale Spektrum an möglichen Informationen eingeschlossen werden.[568] Für eine bayernweite Befragung der Schüler bedarf es der Genehmigung durch das bayerische Staatsministerium für Unterricht und Kultus. Aufgrund der eher restriktiven Genehmigungspraxis des Ministeriums wurde die Idee einer landesweiten Erhebung jedoch verworfen. Für die Realisierung der Befragung an einer einzelnen Schule hingegen genügte die Erlaubnis des Schulleiters. Dies bedeutete eine enorme Verkleinerung der Teilnehmergruppe. Gleichzeitig war die ausgewählte Schule für die Erhebung gut geeignet, da sie als Gymnasium mit Standort in der Nürnberger Innenstadt sowohl von jugendlicher Stadtbevölkerung als auch von Schülern aus dem Nürnberger Land besucht wird. Wenn auch die Wohnorte der Jugendlichen zugunsten der Glaubwürdigkeit der zugesicherten Anonymität nicht erhoben wurden, kann die Autorin aufgrund der persönlichen Bekanntheit sagen, dass auch im Jahrgang der Befragten der Anteil der in der Stadt Wohnenden zahlenmäßig deutlich überwog. Dennoch konnte erwartet werden, dass zumindest einige Daten von Gymnasiasten erhoben wurden, welche im ländlichen Raum beheimatet waren. Außerdem bietet die Schule mit dem sprachlichen bzw. dem naturwissenschaftlich-technologischen Ausbildungszweig die beiden am häufigsten besuchten Gymnasialzweige Bayerns an.[569] Dieser Umstand begünstigt den Anspruch, die oben beschriebene Grundgesamtheit möglichst gut (wenn auch nicht erschöpfend) abzudecken. Zusätzlich war das Nürnberger Gymnasium zum Zeitpunkt des Beginns der Planung der Untersuchung im Schuljahr 2014/15 mit 847 Schülern (davon 95 im zu befragenden Jahrgang) genügend besucht, um eine ausreichende Beteiligung erwarten zu können. Die Geschlechterverteilung war ebenfalls ausgeglichen – sowohl die gesamte Schule (424 Schülerinnen, 423 Schüler) als auch den befragten Jahrgang (47 Schülerinnen, 48

---

[568] Reinders (2016): S. 119.

[569] Gemäß einer persönlichen E-Mail vom Bayerischen Staatsministerium für Unterricht und Kultus vom 4. Mai 2020.

Schüler) betreffend. Dies entsprach nicht exakt, doch zumindest annähernd der Verteilung der bayernweiten Werte (175.568 Gymnasiastinnen, 163.596 Gymnasiasten).[570] Aus den genannten Gründen wurde eine Vollerhebung eines Jahrgangs an einem einzelnen Gymnasium durchgeführt. Die Befragung begann im Schuljahr 2015/2016, als sich die zu befragenden Jugendlichen in der neunten Jahrgangsstufe befanden. Dieser Zeitpunkt wurde für den Beginn der Befragungen gewählt, da das Thema Berufsorientierung in der neunten Jahrgangsstufe zum ersten Mal im Fach Wirtschaft und Recht im bayerischen Lehrplan genannt wird und dann in verschiedenen Fächern bzw. im Rahmen des Projekt-Seminars zur Studien- und Berufsorientierung bis zur zwölften Jahrgangsstufe immer wieder aufgegriffen wird. Daher sollte auch die Befragung hier ansetzen und die Jugendlichen von der neunten Klasse bis zum Abitur begleiten. Sämtliche befragte Schüler besuchten im Befragungszeitraum dasselbe Gymnasium in Nürnberg. Durch die ohnehin kleine Gruppe eines Jahrgangs an einer Schule gab es von Seiten der Forschenden keine weiteren Einschränkungen bei der Auswahl der Befragten. Die Teilnahme wurde im Schuljahr 2015/16 dem gesamten Jahrgang der neunten Klassen angeboten. Dies erfolgte durch ein entsprechendes Anschreiben an die Jugendlichen und ihre Erziehungsberechtigten. Von den 98 Gymnasiasten des Jahrgangs, welchen die Teilnahme angeboten wurde, meldeten insgesamt 59 Schüler ihre Bereitschaft zur Teilnahme und konnten auch die entsprechende Erlaubnis der Erziehungsberechtigten vorlegen. Von ihnen wurden zwölf Schüler einer Klasse für den Pretest befragt, die restlichen 47 Jugendlichen erhielten den daraufhin leicht überarbeiteten Fragebogen (für die vorliegende Arbeit wesentliche Punkte blieben jedoch unverändert, siehe Kapitel 5.1.12).

Die Auswahl der beiden Befragungsgruppen der Eltern und Praktikumsbetreuer ergab sich direkt aus den teilnehmenden Schülern. Auch die zu befragenden Lehrkräfte der P-Seminare waren durch die Kursverteilung durch die Schule vorgegeben.

[570] Willstätter-Gymnasium Nürnberg (2015): S. 28f.
Bayerisches Staatsministerium für Unterricht und Kultus (2019): S. 40.

5.1.5 Beschreibung der Stichprobe

Abbildung 14 stellt die Entwicklung der Teilnehmerzahlen (Schüler) über den gesamten Befragungszeitraum dar. Damit sind alle Schüler gemeint, welche einen Fragebogen erhalten haben und gebeten wurden, diesen auszufüllen. Die tatsächlichen Rücklaufquoten können Kapitel 5.1.12 entnommen werden.

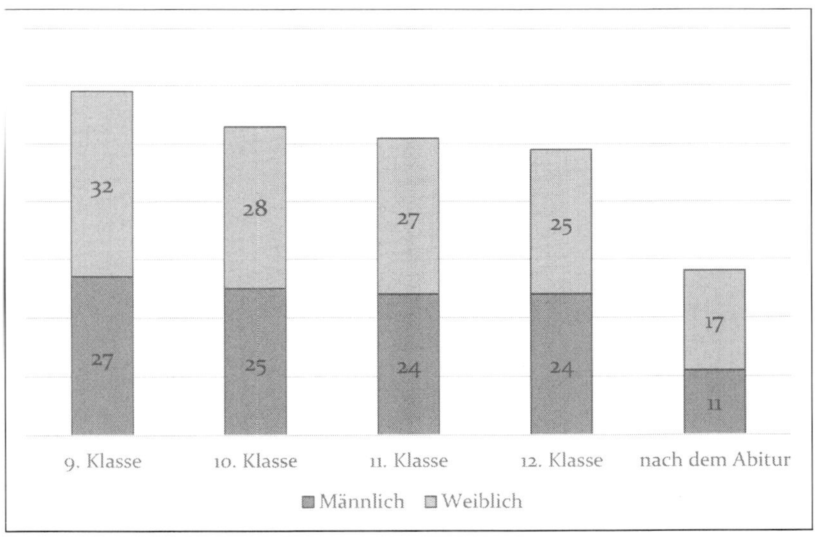

Abbildung 14: Entwicklung der Teilnehmerzahlen (Schüler).

Zu Beginn meldeten 59 Schüler ihre Bereitschaft, an der Befragung teilzunehmen. Zwölf von ihnen erhielten in der neunten Jahrgangsstufe einen ersten Fragebogen als Pretest. Anschließend erhielten alle Teilnehmer stets dieselben Fragebögen. Da sämtliche in die Untersuchung einfließenden Daten sowohl von den Teilnehmern des Pretests als auch der Hauptuntersuchung stammen, beziehen sich folgende Daten auf alle 59 Teilnehmer. In der neunten Klasse wurden verschiedene soziodemografische Daten abgefragt. Im ersten Befragungsjahr 2015/16 nahmen insgesamt 32 Schülerinnen und 27 Schüler teil. Das Durchschnittsalter lag bei 14,7 Jahren. 86 % hatten (auch) die deutsche Staatsbürgerschaft inne, wobei in 54 % der Fälle zumindest die Eltern einen Migrationshintergrund hatten. Sieben Schüler wurden selbst nicht in Deutschland geboren. Die Wahl des Ausbildungszweiges fiel zu 68 % auf den naturwissenschaftlich-technologischen Zweig, zu 32 % auf den neusprachlichen Zweig. Fünf Teilnehmer durchliefen die neunte Klasse bereits zum zweiten Mal. In der zehnten Jahrgangsstufe blieben nach dem Wegfall einzelner Befragter wegen Wiederholung der neunten Klasse bzw. Verlassen der Schule noch 53 zu befragende Schüler übrig, von denen 28 weiblichen und 25 männlichen Geschlechts waren. Zusätzlich wurden 49 Fragebögen von Eltern bearbeitet (53 wurden ausgegeben). Die Bögen wurden dabei zu 74 % von den Müttern, zu 16 % von den Vätern ausgefüllt. In 10 % der Fälle füllten die Eltern den Fragebogen gemeinsam aus. Dabei wurden auch verschiedene Daten zum Bildungs- und Erwerbsstand der Eltern abgefragt, welche in folgenden Tabellen ersichtlich sind.

Tabelle 8: Ausbildungsstand der befragten Eltern.

Erhebungspunkt	Mütter	Väter
Abgeschlossene Ausbildung	25	19
Abgeschlossenes Studium	19	20
Angabe nicht eindeutig zuzuordnen	2	1
Fehlende Angaben	3	9

Tabelle 9: Erwerbssituation der befragten Eltern.

Erhebungspunkt	Mütter	Väter
Im erlernten Beruf tätig	27	24
Andere berufliche Tätigkeit	11	10
Derzeit arbeitssuchend	2	1
Fehlende Angaben	9	14

In der elften Klasse blieben noch 27 weibliche und 24 männliche zu befragende Schüler übrig. Bis in die zwölfte Jahrgangsstufe verringerte sich die Größe der Stichprobe erneut auf 25 Schülerinnen und 24 Schüler. Von ihnen mussten vier das Abschlussjahr wiederholen, so dass von den anfänglich 59 teilnehmenden Neuntklässlern insgesamt 45 Schüler ihre Schulzeit im Frühling 2019 mit dem Abitur beenden konnten. Sie wurden im Januar 2020 per E-Mail kontaktiert, um ihre erste Berufs- bzw. Studienwahl zu erfragen. 28 ehemalige Schüler meldeten sich daraufhin bei der Autorin. Von ihnen befanden sich jeweils zwei ehemalige Schülerinnen und Schüler in einer Ausbildung, zwölf junge Frauen und vier junge Männer haben ein Studium begonnen. Eine ehemalige Schülerin und ein ehemaliger Schüler entschieden sich für ein duales Studium. Die restlichen sechs (davon zwei Teilnehmerinnen) nutzten die Zeit für die Möglichkeit eines Gap Years in Form von Reisen, einem freiwilligen sozialen Jahr, Praktika oder ähnlichem.

Bei den außerdem befragten Lehrkräften, welche die verschiedenen Projekt-Seminare zur Studien- und Berufsorientierung leiteten, waren die Lehrerinnen überrepräsentiert. Fünf der sieben befragten Lehrkräfte waren weiblichen Geschlechts.

5.1.6 Forschungsfragen

Bei der Untersuchung standen verschiedene Forschungsfragen im Fokus. Diese entwickelten sich zunächst auf Basis der anfänglichen Überlegungen zum Thema der Dissertation sowie der Beschäftigung mit den klassischen Berufswahltheorien bzw. hierzu vorliegende empirische Befunde (Kapitel 3.2). Später flossen die Erkenntnisse aus der Beantwortung der Erkundungsfragen durch die befragten volljährigen Schüler (siehe Kapitel 5.1.7) in die Fragestellungen mit ein. Um die Darstellung möglichst übersichtlich zu gestalten, fand die Bündelung wie im Folgenden ersichtlich auf Makro- (Erste Gliederungsebene 1), Mikro- (Zweite Gliederungsebene) und Nanoebene (Dritte Gliederungsebene) statt.

Tabelle 10: Forschungsfragen auf Makro-, Mikro- und Nanoebene.

FF 1 Welche Entwicklungen lassen sich bei den befragten Gymnasiasten in einzelnen Jahrgangsstufen anhand verschiedener Indikatoren der Berufs- und Studienorientierung aufzeigen?

FF 1.1 Nehmen die Schüler von der zehnten Jahrgangsstufe bis zum Abitur Entwicklungsschritte bezüglich der eigenen Berufsorientierung wahr?

FF 1.1.1 Welche Entwicklungen können die Schüler seit der jeweils letzten Jahrgangsstufe feststellen?

FF 1.1.2 Woran liegt es nach Einschätzung der Schüler, falls in den einzelnen Jahrgangsstufen keine Entwicklungsschritte bezüglich der persönlichen Berufsorientierung festgestellt werden konnten?

FF 1.2 Was denken die Neuntklässler über das verpflichtende Betriebspraktikum vor bzw. nach dessen Durchführung?

FF 1.2.1 Wie bewerten die Neuntklässler vor der Durchführung des Betriebspraktikums dessen verpflichtenden Charakter grundsätzlich?

FF 1.2.2 Welche positiven bzw. negativen Erwartungen haben die Schüler an das Betriebspraktikum im Vorfeld?

FF 1.2.3 Wie bewerten die Neuntklässler im Nachhinein ihre eigene Praktikumserfahrung anhand verschiedener Indikatoren?

FF 1.2.4 Welche Ratschläge geben die Gymnasiasten anderen Jugendlichen bezüglich des Betriebspraktikums?

FF 1.3 Wie bewerten die Schüler in den Jahrgangsstufen neun bis zwölf ihren eigenen Wissensstand in Sachen Berufsorientierung?

FF 1.4 Wie denken die Zehntklässler über den gemeinsamen Besuch im Berufsinformationszentrum?

FF 1.4.1 Haben die Zehntklässler das Gefühl, dass ihnen der BiZ-Besuch bei ihrer Berufsorientierung geholfen hat?

FF 1.4.2 Denken die Zehntklässler, dass sie das BiZ in ihrer Freizeit erneut besuchen werden?

FF 1.5 Inwieweit nutzen die Schüler in den Jahrgangsstufen neun bis zwölf verschiedene Informationsangebote privat?

FF 1.6 Wie beurteilen die Schüler während der elften und zwölften Jahrgangsstufe ihre beruflichen Handlungsmöglichkeiten nach dem Abitur?

FF 1.6.1 Fühlen sich die jungen Erwachsenen am Ende der gymnasialen Laufbahn bereit für ein Studium?

FF 1.6.2 Fühlen sich die jungen Erwachsenen am Ende der gymnasialen Laufbahn bereit für eine Ausbildung?

FF 1.7 Haben die Schüler der Jahrgangsstufen zehn bis zwölf das Gefühl, sie hätten in der jeweiligen Jahrgangsstufe besser von der Schule auf ihre Berufs-/Studienwahl vorbereitet werden müssen?

FF 2 Wie schätzen weitere beteiligte Interessengruppen die Situation zur Berufs- und Studienorientierung am Gymnasium anhand verschiedener Indikatoren ein?

2.1 Eltern

FF 2.1.1 Schätzen die Eltern den Unterstützungsbedarf ihrer jeweils eigenen Kinder größer ein als die Jugendlichen selbst?

FF 2.1.2 Gibt es bei der Einschätzung des Unterstützungsbedarfs des jeweils eigenen Kindes Unterschiede zwischen Nicht-Akademiker- und Akademiker-Eltern?

FF 2.1.3 Gibt es bei der Einschätzung des Unterstützungsbedarfs des jeweils eigenen Kindes Unterschiede zwischen Eltern mit und ohne Migrationshintergrund?

FF 2.1.4 Über welche Themen der Domäne Berufs- und Studienorientierung sprechen die Eltern mit ihren Kindern in der zehnten Jahrgangsstufe?

FF 2.1.5 Sprechen Eltern mit ihren Kindern verstärkt über Ausbildungswege, welche den eigenen ähnlich sind?

2.2 Praktikumsbetreuer

FF 2.2.1 Welchen Beitrag können Betriebe aus eigener Sicht zur Vorbereitung der Schüler auf die Arbeitswelt leisten?

2.2.2 Welche Aspekte können aus Sicht der Praktikumsbetreuer eine engere Zusammenarbeit mit der Schule im Rahmen des Betriebspraktikums erschweren?

2.3 P-Seminar-Lehrkräfte

FF 2.3.1 Welche Themen werden in den P-Seminaren der Oberstufe trotz des fehlenden Lehrplans von den Lehrkräften behandelt?

FF 2.3.2 Haben die P-Seminar-Lehrkräfte das Gefühl, dass zumindest ein Teil der Schüler ihres P-Seminars in der 12. Jahrgangsstufe noch nicht weiß, in welche Richtung es für sie beruflich gehen soll?

FF 2.3.3 Haben die P-Seminar-Lehrkräfte das Gefühl, zumindest einem Teil der Schüler ihres P-Seminars eine wirkliche Hilfe bei der Berufs- und Studienorientierung gewesen zu sein?

FF 3 Inwieweit können zentrale Komponenten klassischer Berufswahltheorien anhand der Überprüfung einzelner Aspekte bestätigt werden?

FF 3.1 Berufs- und Studienorientierung als Entscheidungsprozess: Haben die Schüler der Jahrgangsstufen zehn bis zwölf bei subjektiv höherem Entscheidungsdruck ein größeres Bedürfnis, mit einem qualifizierten Ansprechpartner über die eigene Berufswahl zu sprechen?

FF 3.2 Berufs- und Studienorientierung als Entwicklungsprozess: Welche Bedeutung haben Eltern und andere Ansprechpartner zum Thema der Berufsorientierung für die Jugendlichen von der zehnten bis zur zwölften Jahrgangsstufe?

FF 3.3 Berufs- und Studienorientierung als matching-Prozess

FF 3.3.1 Wie stabil ist die eigene Einschätzung der Schüler bezüglich ihres eigenen Persönlichkeitstypus von der zehnten bis in die zwölfte Jahrgangsstufe?

FF 3.3.2 Welchen Grad der Kongruenz nach Holland (1973) weisen die Schüler mit ihrer nach dem Abitur gewählten Arbeits-Umwelt auf?

FF 3.4 Berufs- und Studienorientierung als Allokationsprozess: Welche Grenzen ihrer beruflichen Möglichkeiten meinen die Schüler der zehnten bis zwölften Jahrgangsstufe für sich zu erkennen?

FF 3.5 Berufswahl als sozialer Lernprozess: Sind Schüler, welche eine überwiegend positive Praktikumserfahrung machen konnten, eher gewillt, zusätzliche freiwillige Praktika in den Ferien abzuleisten?

Zu Beginn der Forschungsarbeit standen noch weitere Fragen lose mit im Raum. Doch durch das Bündeln der Fragen sowie dem zunehmenden Erkenntnisgewinn bei der Datenauswertung kristallisierte sich heraus, dass einige ursprüngliche Forschungsinteressen nicht weiter verfolgt werden konnten bzw. sollten. Die Gründe hierfür waren vielschichtig. Zum einen war die Stichprobe im Vergleich zu anderen Untersuchungen eher klein, weshalb in einigen Bereichen keine empirisch belegbaren

Aussagen getroffen werden konnten. Zum anderen gingen die Ergebnisse teilweise in derart ähnliche Richtungen, dass die Gefahr der Redundanz bestand. Weiterhin wurde nach der Befragung auch erkannt, dass einige wenige Fragestellungen doch zu weit vom Kern der Untersuchung abdrifteten. Auch sie wurden für die vorliegende Arbeit aussortiert. Als Beispiel lässt sich hier etwa der Zusammenhang zwischen der häuslichen Mediennutzung der Schüler und der persönlichen Entwicklung im Berufswahlprozess nennen. Einige der erhobenen Daten lassen sich für weitere Detailauswertungen abseits der vorliegenden Dissertation nutzen. Zusätzlich lassen sich in Zukunft auf den bestehenden Kenntnissen und den hierzu bereits erhobenen Daten aufbauend weitere Untersuchungen durchführen.

5.1.7 Transformation in Erkundungsfragen

Der Unterrichtsalltag im Fach Wirtschaft und Recht ist aufgrund dessen Funktion als Leitfach gut geeignet, um einen Eindruck von der Situation der Schüler in Sachen Berufs- und Studienorientierung zu erhalten. Um diesen Eindruck zu überprüfen bzw. zu erweitern wurden zunächst einige volljährige Schüler aus einem höheren Jahrgang in halboffenen, problemzentrierten Einzelinterviews befragt. Grundlage hierfür waren erste vorformulierte Erkundungsfragen. Durch die Wahl der Befragungsform sollten die Befragten möglichst frei zu Wort kommen. Die Interviewerin kam gleichzeitig immer wieder auf den Rahmen der vorab formulierten Erkundungsfragen zurück.[571] Auf die Befragung minderjähriger Schüler wurde dabei verzichtet, da dies zum einen die Erlaubnis der Erziehungsberechtigten erfordert hätte. Außerdem hätte diese Vorgehensweise unter Umständen die ohnehin begrenzte Stichprobengröße weiter reduziert, da die Mittelstufenschüler ja für die Hauptuntersuchung befragt werden sollten und eine doppelte Befragung nicht sinnvoll erschien. So wurden drei Schülerinnen und ein Schüler der Oberstufe mündlich befragt. Die im Vorfeld formulierten Erkundungsfragen lauteten dabei:

- Hast Du das Gefühl, dass sich seit dem jeweils letzten Schuljahr bei Dir etwas in Sachen Berufsorientierung verändert hat?

---

[571] Mayring (2016): S. 67.

- Wenn Du an das Betriebspraktikum in der neunten Klasse zurückdenkst: Was denkst Du im Nachhinein über diese Praxiserfahrung?
- Wie würdest Du Deinen Wissensstand in Sachen Berufsorientierung beschreiben?
- Woher hast Du dieses Wissen?
- Fühlst Du Dich bereit für die Zeit nach dem Abitur?
- Wie schätzt Du Deinen persönlichen Unterstützungsbedarf bezüglich der Berufsorientierung ein?
- Was würdest Du Dir von der Schule/Deinen Eltern in Sachen Berufs- und Studienorientierung wünschen?

Mithilfe der frei formulierten Antworten der mündlich befragten Schüler konnten beispielsweise Antwortkategorien für die Fragebögen formuliert werden. Auf ein Aufnahmegerät wurde verzichtet, um eine Hemmung der Jugendlichen zu vermeiden.

5.1.8 Forschungsdesign

5.1.8.1 Wahl der Erhebungsform

Die Adoleszenz ist für alle Beteiligten – für die Jugendlichen selbst, aber auch für Eltern und Lehrer – eine aufregende Zeit. Zur Beantwortung der Forschungsfragen wurde eine Untersuchung der Berufswahlsituation von Gymnasiasten der neunten bis zwölften Jahrgangsstufe, deren Eltern, Lehrern und Praktikumsbetreuern angelegt. Die fortschreitende Entwicklung der Jugendlichen bringt ständige Veränderungen mit sich. Für die Schüler wurde die wiederholte Befragung in Form der Längsschnittstudie gewählt, da die bei den Jugendlichen über die Jahre stattfindenden Entwicklungsfortschritte, welche den Berufswahlprozess betreffen, mit im Zentrum dieser Arbeit standen.[572] Durch dieses Forschungsdesign können „Fluktuationen wie Stabilitäten nicht allein im historische [sic] Zeitverlauf (Trend) (...), sondern zudem im Lebensverlauf der jeweiligen Untersuchungseinheiten analysiert werden (...)“[573]. Auf den Begriff „Panelstudie“ wird dabei bewusst verzichtet, da einige Wissenschaftler fordern, dass dies zwingend die Wiederverwendung desselben Messinstruments, also der identischen Fragebögen, bedeuten

[572] Döring, Bortz (2016): S. 210.
[573] Schupp (2019): S. 1265.

muss.[574] „Ein Trend- oder Paneldesign erfordert natürlich, dass die exakt gleichen Frageformulierungen und die exakt gleichen Antwortskalen wiederholt werden (...). Ansonsten ist es unmöglich, die realen Veränderungen von den methodisch induzierten Veränderungen zu trennen."[575] Dies ist aufgrund der unterschiedlichen Themenschwerpunkte in den einzelnen Jahrgangsstufen jedoch nicht in absoluter Form sinnvoll. Lediglich ein Teil der Fragen wiederholt sich in identischer Form. Durch den Wegfall bzw. die Aufnahme anderer Fragen ändert sich automatisch auch die Position der wiederholenden Fragen im Fragebogen. In der Literatur finden sich zwar auch Autoren, welche diese feste Vorgabe lockern und teilweise sogar eine Änderung der Erhebungsmethode einräumen;[576] dennoch soll Verwirrung vermieden werden und bei der vorliegenden Arbeit lediglich von einer Längsschnittstudie die Rede sein. Prinzipiell birgt die wiederholte Befragung derselben Personen zwar die Gefahr, dass einzelne Teilnehmer durch die Routine, welche sie durch die vielen Befragungen allmählich gewinnen, nicht mehr unvoreingenommen antworten;[577] jedoch ist ein Zuwachs an Sicherheit bei Befragten dieser Altersklasse über die Jahre auch mit dem zunehmenden Alter zu begründen. Es ist also davon auszugehen, dass sich das Verhalten in der Befragungssituation ändert. Doch gerade in diesen Entwicklungen ist der Grundstein einiger der genannten Forschungsfragen zu finden. Die übrigen Befragten (Eltern, Lehrkräfte, Praktikumsbetreuer) wurden hingegen jeweils nur einmal befragt, da der Fokus der Forschung bei ihnen weniger auf Veränderungen liegt. Stattdessen sollen hier Meinungsbilder von Erwachsenen untersucht werden, welche vermutlich längerfristige Gültigkeit haben. Ferner sollte der Aufwand für die Befragten gering gehalten werden. Die Praktikumsbetreuer wurden unmittelbar befragt, während die Schüler das Betriebspraktikum in der neunten Klasse ableisteten. Für die Eltern wurde der Zeitpunkt der zehnten Klasse gewählt, da der Einblick der Eltern in die Vorgänge zum Berufs- und Studienwahlprozess ihrer Kinder erfahrungsgemäß mit zunehmendem Alter der Kinder eher rückläufig ist. Gründe hierfür könnten sein, dass die Kinder ihren Eltern weniger Einblick gewähren möchten oder weil die Eltern bestrebt sind, loszulassen und die Berufs- bzw.

[574] Schnell, Hill, Esser (2018): S. 213.
Häder (2015): S. 115.
[575] Franzen (2019): S. 844.
[576] Schupp (2019): S. 1273.
[577] Bortz, Döring (2002): S. 450.

Studienwahl sowie die Umsetzung notwendiger Maßnahmen ihren Kindern überlassen wollen. Die Projekt-Seminar-Lehrer wurden nach Abschluss des ersten Halbjahres der zwölften Jahrgangsstufe befragt, da dann das Seminar und damit auch alle Maßnahmen zur Berufs- und Studienorientierung abgeschlossen waren.

5.1.8.2 Wahl des Erhebungsinstruments: Teilstandardisierter Fragebogen

Über insgesamt viereinhalb Jahre hinweg, nämlich von der neunten Jahrgangsstufe bis zur Zeit kurz nach dem Abitur, wurden Schüler, deren Eltern, Praktikumsbetreuer und Lehrkräfte zum Thema Berufs- und Studienorientierung schriftlich befragt. „Wenn Untersuchungsteilnehmer schriftlich vorgelegte Fragen (Fragebögen) selbständig schriftlich beantworten, spricht man von einer schriftlichen Befragung."[578] Zum einen ist es möglich, einen Fragebogen in Anwesenheit eines Interviewers, welcher bei Bedarf unterstützend eingreifen kann, ausfüllen zu lassen. Oder aber der Fragebogen wird dem Befragten postalisch, elektronisch oder persönlich zugestellt. Der Teilnehmer kann den Bogen dann alleine und meist zu einem ihm gelegenen Zeitpunkt an einem in der Regel frei wählbaren Ort bearbeiten. Die Beantwortung kann sowohl auf Papier erfolgen, als auch in elektronischer Form am Computer.[579] Für die vorliegende Arbeit wird der Begriff der schriftlichen Befragung in der Weise verstanden, dass der Befragte den Fragebogen in Papierform selbständig ohne Hilfe des Interviewers ausfüllt. Zeitpunkt und Ort ist für die Bearbeitung des Bogens frei vom Teilnehmer wählbar. Von diesem Verständnis ist im vorliegenden Text auszugehen, wenn von den Begriffen „Befragungen" bzw. „Fragebogen" die Rede ist, sofern es nicht ausdrücklich anders beschrieben wird (siehe erste Befragung der Neuntklässler im Rahmen des Fachunterrichts).

5.1.8.3 Entscheidung gegen die mündliche und für die schriftliche Befragung

Der Fragebogen wurde als zugrundeliegendes Erhebungsinstrument gewählt, da die Vorteile der schriftlichen Befragung als schwerwiegender

[578] Bortz, Döring (2002): S. 253.
[579] Ebenda.
Pratzner (2001): Kapitel 3.1.

empfunden wurden als die ebenfalls nicht zu leugnenden Nachteile. So handelt es sich bei der Berufs- und Studienorientierung für die Schüler und ihre Eltern um ein sehr persönliches Thema. Vor allem die Jugendlichen im Alter von 12 bis 15 Jahren unterliegen einem altersspezifischen Konformitätsdruck, was eine zu Beginn der Arbeit noch angedachte Gruppendiskussion erschweren kann.[580] Vogl (2005) untersuchte methodische und methodologische Besonderheiten von Gruppendiskussionen, unter anderem mit Neuntklässlern. „Mit steigendem Alter der Teilnehmer steigt der Einfluss der Gruppensituation auf die Ergebnisse und die Teilnehmer sind immer weniger bereit, ‚frei' zu sprechen. (...) Das Geltungsbedürfnis einzelner, Geschlechterkonflikte oder auch eine Abgrenzung vom erwachsenen Moderator können einer erfolgreichen Gruppendiskussion im Wege stehen."[581] Es mangelt in dieser Altersklasse häufig an der Bereitschaft zu persönlichen Meinungsäußerungen und der notwendigen Kooperation unter den Diskussionsteilnehmern. Die Redebereitschaft der Jugendlichen ist in der Gruppensituation oft gehemmt, besonders wenn es sich um Realgruppen wie etwa Schulklassen handelt.[582] Die Idee des Einsatzes der Gruppendiskussion, welche zu Beginn noch in Erwägung gezogen wurde, wurde also aus genannten Gründen verworfen. Durch die Anwendung von Einzelinterviews könnte man sicherlich zumindest einen Teil der Probleme beheben, allen voran das Problem des Konformitätsdrucks. Doch auch hier wiegen einige Nachteile der mündlichen Befragung schwer. „Offenbar nehmen uns eine ganze Reihe von Heranwachsenden einfach nicht ab, dass wir Erwachsenen wirklich etwas gründlich von ihnen wissen wollen, dass ihre Meinung wirklich gefragt ist."[583] Dies führt zu einer Tendenz zum Ja-Sagen, unabhängig vom Inhalt; einige Kinder neigen zu raschen Antworten im Sinne der sozialen Erwünschtheit.[584] Dies gilt in der vorliegenden Arbeit insbesondere, da es sich bei den Beteiligten um ein Schüler-Lehrer-Verhältnis handelt und das Autoritätsgefälle zwischen den beteiligten Personen leicht auf die Erhebungssituation übertragen werden kann. Vor allem für die Arbeit mit älteren Kindern und Jugendlichen ist

---

[580] Lamnek, Krell (2016): S. 674.
[581] Vogl (2015): S. 65f.
[582] Ebenda.
[583] Trautmann (2010): S. 98.
[584] Trautmann (2010): S. 98f.
Lamnek, Krell (2016): S. 675.

dieser Aspekt zu beachten.[585] Die Befragten könnten durch sozial erwünschte Antworten auf positive Reaktionen, Anerkennung, Wertschätzung oder ähnliches seitens der interviewenden Lehrerin hoffen.[586] Auch ein versehentliches Drängen zu bestimmten Antworten oder die Verunsicherung durch spontane Emotionsäußerungen sind typische Gefahren der mündlichen Befragung.[587] Außerdem fühlen sich viele Menschen bei einem direkten face-to-face-Kontakt mit einem Interviewer und Aufnahmegerät auf dem Tisch unsicher und sind im freien Erzählen gehemmt. Bei einigen, im vorliegenden Fall vor allem bei den Eltern der Schüler, hätte es an den sprachlichen Fähigkeiten scheitern können. Derartige (persönlichkeitsbedingte) Unterschiede können durch das enge Korsett eines zumindest teilstandardisierten Fragebogens ausgeglichen werden.[588] Ferner wäre für eine mündliche Befragung das Erscheinen an einem Treffpunkt erforderlich gewesen. Bortz und Döring (2002) geben an, dass es sich beim verabredeten Ort meist um die Wohnung des Befragten handelt und die Atmosphäre durch seichte Unterhaltung zu Beginn des Interviews gelockert werden sollte.[589] Die Befragung im häuslichen Umfeld der Befragten scheint aufgrund des bereits erwähnten Schüler-Lehrer-Verhältnisses unangebracht und schied von vornherein aus. Stattdessen hätte sich das Schulgebäude prinzipiell geeignet; allerdings wurde befürchtet, dass die Motivation zur Teilnahme vor allem für die Jugendlichen aber auch deren Eltern und die Praktikumsbetreuer durch den Mehraufwand des persönlichen Erscheinens gemindert worden wäre. Auch die Forderung nach einer möglichst entspannten Atmosphäre während des Interviews kann für einige Jugendlichen im Klassenzimmer schlicht nicht aufkommen, da die Räumlichkeiten beispielsweise oft mit Leistungsdruck assoziiert werden oder ganz allgemein „die Umgebung ‚Schule‘ gerade in dieser Altersgruppe eher negativ belegt ist (…).“[590] Dieses Problem konnte durch die Wahl der schriftlichen Befragung behoben werden, da die Jugendlichen die Möglichkeit hatten, die Fragebögen mit nach Hause zu nehmen.

Eine schriftliche Befragung kann laut Brake (2009) unter anderem dann sinnvoll eingesetzt werden, „wenn die Zielgruppe der zu befragenden

585 Lamnek, Krell (2016): S. 674.
586 Vogl (2015): S. 78.
587 Bortz, Döring (2002): S. 310.
588 Ebenda.
589 Ebenda.
590 Vogl (2005): S. 49.

Personen nicht zu heterogen ist“[591] und „wenn die sprachlichen Fähigkeiten der zu Befragenden ausreichend sind…“[592]. Die zu befragenden Gruppen sind in diesem Fall eher homogen (Schüler der gleichen Altersgruppe bzw. deren Eltern, Lehrer oder Praktikumsbetreuer). Alle befragten Gymnasiasten und die Lehrkräfte erfüllen auch die Forderung nach ausreichenden Sprachkenntnissen. Über die sprachlichen Fähigkeiten der Eltern und der Praktikumsbetreuer als Vertreter der Unternehmerseite konnte im Vorfeld keine Aussage getroffen werden. Es zeigte sich jedoch, dass die Eltern die einzigen Befragten waren, von denen sehr wenige Teilnehmer nur geringe sprachliche Fähigkeiten vorweisen konnten. Doch trotz dieses Mangels gaben alle Erziehungsberechtigten, welche den an sie gerichteten Fragebogen ausgefüllt haben, an, die Fragen verstanden zu haben und in der Lage gewesen zu sein, sie zu beantworten.

Eine schriftliche Befragung nimmt den Befragten den möglichen Zeitdruck einer Gruppendiskussion oder eines Interviews. Interviewerfehler können so vermieden werden. Die Personen können sich beliebig viel Zeit nehmen, die Antworten sind dadurch durchdachter. Ferner kann man bei schriftlichen Befragungen auf ehrlichere Antworten hoffen, als bei einem direkten Kontakt mit dem Interviewer. Die Zusicherung der Anonymität gilt bei dieser Methode als glaubwürdiger.[593] Ein schriftlicher Fragebogen und die damit verbundene Anonymität können weiterhin verhindern, dass der Schüler der Lehrkraft durch seine Antworten gefallen möchte und somit die Validität der Ergebnisse gefährdet wird.[594] Dillman (1978) meint: „The absence of the interviewer, the traditional crutch for poorly constructed questionnaires, means there is no way to gloss over construction deficiencies or to respond to typical respondent queries,…“[595]. Wären bei den im Rahmen der vorliegenden Studie befragten Schülern Unsicherheiten beim Ausfüllen der Fragebögen aufgetreten, hätten sie sich durch den regelmäßigen Kontakt mit der Forschenden in der Schule dennoch an diese wenden können. Die Jugendlichen wurden stets auf diese Möglichkeit aufmerksam gemacht. Ein schriftlicher Fragebogen kann im vorgegebenen Zeitraum bis zur Abgabe zu einer beliebigen Tageszeit in aller Ruhe und in einer für den

---

591 Brake (2009): S. 394.
592 Ebenda.
593 Schnell, Hill, Esser (2018): S. 327.
Reuband (2019): S. 774.
594 Lamnek, Krell (2016): S. 674.
595 Dillman (1978): S. 119.

Befragten angenehmen Umgebung bearbeitet werden. Durch die Tatsache, dass der Beantwortungszeitpunkt frei bestimmbar ist und der Druck durch einen Interviewer entfällt, kann laut Schnell, Hill und Esser (2018) die Konzentration auf das Thema größer bzw. die Motivation zur Teilnahme erhöht werden.[596] Diese Freiheit wurde demnach als Vorteil bewertet und war ein weiterer Grund für die Wahl des teilstandardisierten Fragebogens als Erhebungsinstrument. Dieser ermöglicht auch die Anwendung der „Mixed Methods“[597], also der Verzahnung qualitativer und quantitativer Forschungsmethoden.[598] Der Nachteil, dass externe Einflüsse insbesondere bei der Befragung der Eltern, Praktikumsbetreuer und Fachlehrer auftreten können, ist nicht von der Hand zu weisen. Auch die Datenerhebungssituation kann hier nicht kontrolliert werden[599], da die Bögen lediglich über die Schüler an die Eltern weitergegeben werden konnten. Es wurde jedoch versucht, diese Gefahr einzudämmen indem alle Befragten explizit darauf hingewiesen wurden, die Bögen alleine bzw. bei Elternpaaren zu zweit und in Ruhe auszufüllen. Ein entsprechendes Anschreiben sollte auch die fehlende Motivierung durch einen anwesenden Interviewer zumindest teilweise ausgleichen. Die Möglichkeit, sich vor dem Ausfüllen des Fragebogens einen Überblick über den Fragenkatalog zu verschaffen, macht einige Konstruktionsstrategien zum Abfangen verzerrter Antworten (etwa aufgrund des Halo-Effekts oder dem Bestreben nach konsistent erscheinenden Antworten) nutzlos. Auch die höheren Ausfallquoten bei postalischen Befragungen im Vergleich zu persönlichen Interviews waren zu bedenken.[600] Da die Fragebögen jedoch nicht per Post versandt, sondern den Jugendlichen in der Schule überreicht werden sollten, erhoffte man sich, diese Ausfälle durch die direkte Ansprache vermeiden zu können. Diese Vorgehensweise drückt die Kosten für die ohnehin recht kostengünstige Untersuchungsvariante noch weiter, da somit lediglich die Kopierkosten anfallen. Nicht gänzlich verhindern lässt sich hingegen die Tatsache, dass Personen, die stark am Thema interessiert sind, eher bereit sind, an der Befragung teilzunehmen.[601] Schüler, deren Interesse am

596 Schnell, Hill, Esser (2018): S. 327.
597 Reinders (2016): S. 58.
598 Lamnek, Krell (2016): S. 674.
599 Schnell, Hill, Esser (2018): S. 327.
Bortz, Döring (2002): S. 253.
600 Schnell, Hill, Esser (2018): S. 327.
Reuband (2019): S. 775.
601 Schnell, Hill, Esser (2018): S. 327.

Thema der Berufs- und Studienorientierung eher gering war, wurden dennoch (wie der gesamte Jahrgang) angesprochen und für die Untersuchung zu gewinnen versucht.

5.1.9 Umsetzung der Total Design Method nach Don A. Dillman

Don A. Dillman (1978) sah verschiedene Nachteile der postalischen Befragungsform, welche zumindest in weiten Teilen mit der Vorgehensweise bei der vorliegenden Untersuchung vergleichbar ist. Zum einen erfolgte die Beantwortung der Fragen durch die Schüler ab der zehnten Klasse und auch durch alle anderen befragten Gruppen ohne Anwesenheit der Interviewerin. Zum anderen wurden die Befragten gebeten, die ausgefüllten Bögen selbstständig wieder zurückzugeben, was zumindest ein wenig zusätzliche Eigeninitiative abverlangte (wie auch der Einwurf bei einem Briefkasten). Dillman (1978) entwickelte die „Total Design Method" und versuchte so die Vorteile dieser Art der Befragung zu nutzen und deren Nachteile, welche sich vor allem aus der Konstruktion des Fragebogens und der Erhebungssituation ohne Interviewer ergeben, durch verschiedene vorwiegend technische Lösungsstrategien auszugleichen. Im Wesentlichen geht es darum, die Teilnahme an einer postalischen Befragung als Kosten-Nutzen-Kalkül des potenziellen Befragten zu betrachten. Die befragte Person soll den Nutzen („rewards"[602]) der Teilnahme als möglichst hoch einschätzen, die Kosten („costs"[603]) hingegen als möglichst gering.[604] Ziel ist es, so eine möglichst hohe Rücklaufquote zu erreichen. Von anderen Personen positiv angesehen zu werden kann laut Thibaut und Kelley (2009) als Nutzen betrachtet werden, da diese Wertschätzung für viele Menschen bereits Belohnungswert hat.[605] Da es sich im vorliegenden Fall um ein Lehrer-Schüler-Verhältnis handelt, konnte diese Erkenntnis genutzt werden. Zwar sollte vermieden werden, dass die Teilnehmer der befragenden Lehrerin durch ihre Antworten gefallen und Sympathiepunkte sammeln wollten; doch die Bereitschaft und der Wille, der Lehrerin durch die Teilnahme

602 Dillman (1978): S. 13.
603 Dillman (1978): S. 14.
604 Dillman (1978): S. 12ff.
Schnell, Hill, Esser (2018): S. 328.
605 Thibaut, Kelley (2009): S. 50.

einen Gefallen zu tun, konnte durchaus genutzt werden und zur Rekrutierung der Teilnehmer beitragen. Der persönliche Kontakt und die Möglichkeit der persönlichen Ansprache während des gesamten Untersuchungsprozesses unterstrich diese Wertschätzung ebenfalls. Alle Fragebögen endeten mit dem Dank für die Teilnahme und der Möglichkeit, abschließend persönliche Gedanken zum Thema Berufs- und Studienorientierung zu notieren. Dies soll den Teilnehmern das Gefühl geben, dass ihre Überlegungen von großer Wichtigkeit sind und ist gleichzeitig eine weitere Form der Wertschätzung.[606] Auf Anerkennung in materieller Form wie kleine Geschenke wurde bewusst verzichtet, da dies angesichts dessen, dass die nichtteilnehmenden Schüler die Vorgänge der Befragung mitbekommen würden, im Lehrer-Schüler-Verhältnis unangebracht erschien. Stattdessen kann das Beantworten der Fragen und das Vollenden des Bogens selbst als Nutzen gesehen werden, indem die Tätigkeit nicht als „net cost“[607], sondern als „net gain“[608] gesehen wird. Hierfür ist es hilfreich, den Fragebogen so interessant wie möglich zu gestalten, sodass es den Teilnehmern (unabhängig vom Thema) schlichtweg Spaß macht, die Fragen zu beantworten.[609] Auch aus der Beschäftigung mit dem Thema der Berufs- und Studienorientierung heraus können Jugendliche einen Nutzen für sich ziehen. Dies wurde den Schülern erklärt und auch den Eltern schriftlich aufgezeigt. Im Elternbrief mit der Bitte, ihren Kindern die Teilnahme an der Untersuchung zu erlauben (siehe Anhang 1), heißt es:

(…)

Was hat mein Kind von der Teilnahme an der Studie?

Es kann immer wieder beobachtet werden, dass sich einzelne Jugendliche durch den Prozess der Berufsfindung und der damit verbundenen Eigenverantwortlichkeit überfordert fühlen bzw. die Berufsorientierung unökonomisch (z. B. späterer Berufs- bzw. Studienfachwechsel) gestalten. Neben der reinen Situationsanalyse dient die oben beschriebene Untersuchung auch der Optimierung von beratenden und unterstützenden Maßnahmen der Berufsorientierung. Durch die regelmäßige Beobachtung der Berufsfindung kann individuell auf die Bedürfnisse Ihres Kindes reagiert werden und die Betreuung entsprechend angepasst werden. So soll einer verzögerten Berufsentscheidung Ihres Kindes verstärkt entgegengewirkt werden.

(…)

Abbildung 15: Ausschnitt aus Elternbrief.

606 Dillman (1978): S. 13.
607 Blau (2009): S. 102.
608 Ebenda.
609 Dillman (1978): S. 14.

Durch diese Passage im Elternbrief sollten auch die Erziehungsberechtigten den Nutzen an der Teilnahme für ihre Kinder erkennen und sie so zum Mitmachen motivieren. Letztlich wurden die Angebote zur Besprechung der persönlichen Antworten im Fragebogen und das Aufzeigen weiterer Maßnahmen zur Berufswahlentscheidung jedoch nur von wenigen Schülern genutzt; verständlicherweise bevorzugt in der elften Klasse mit Hinblick auf das nahende Abitur und dem damit verbundenen Zeitdruck. Dillman (1978) meinte: „Time is perhaps the major cost experienced by respondents."[610] Im bereits erwähnten Elternbrief hieß es, dass die Befragung zwei bis dreimal im Jahr stattfinden würde und jeweils etwa 15 Minuten in Anspruch nehmen würde. Die Zeitangabe stammt noch aus der Zeit zu Beginn der Forschungsarbeit, als noch mündliche Befragungen angedacht waren. Die jährlich aufzuwendende Gesamtzeit von 30 bis 45 Minuten konnte auch durch die letztlich stattgefundene schriftliche Befragung wie angekündigt eingehalten werden. Die Fragebogen sollten laut Dillman (1978) eher klein gehalten und mit einem attraktiven Layout gestaltet sein, damit sie weniger eindrucksvoll erscheinen und so die Befürchtung, die Beantwortung der Fragen könnte allzu viel Zeit in Anspruch nehmen, reduziert wird.[611] Dies und auch andere Vorgaben wurden bei der Gestaltung der Fragebögen berücksichtigt. Das Auseinandersetzen mit schwierigen oder komplizierten Fragen kann aus Sicht der Befragten ebenfalls ein Kostenfaktor sein.[612] Dies gilt jedoch in erster Linie für bildungsferne Schichten und Menschen, die es weniger gewohnt sind, sich schriftlich auszudrücken.[613] Beides trifft auf die Gymnasiasten und die Lehrkräfte eher nicht zu. Auch bei den Eltern und Praktikumsbetreuern sind keine Fälle bekannt, denen die Bearbeitung zu schwierig gewesen wäre. Dillman (1978) nennt auch das Preisgeben persönlicher Informationen als Kostenfaktor und schlägt vor, besonders unangenehme Fragen abzuschwächen oder gar darauf zu verzichten.[614] Tatsächlich ist der Berufs- und Studienwahlprozess ein recht persönliches Thema. Doch auf relevante Fragen zu verzichten, schien nicht notwendig. Es galt stattdessen, das Vertrauen in die zugesicherte Anonymität über die gesamte Dauer der

---

[610] Dillman (1978): S. 14.
[611] Dillman (1978): S. 14f.
[612] Schnell, Hill, Esser (2018): S. 328.
Thibaut, Kelley (2009): S. 12f.
[613] Dillman (1978): S. 15.
[614] Ebenda.

Untersuchung aufrechtzuerhalten und so Bedenken bezüglich der Beantwortung persönlicher Fragen auszuräumen. Ein weiterer möglicher Kostenfaktor für die Befragten ist laut Dillman (1978), dass sie sich dem Forscher unterordnen und dessen damit verbundene Machtposition annehmen würden. Doch stattdessen bat die Forschende die Befragten schlicht um einen Gefallen. So konnte nicht nur der genannte Kostenfaktor für die Teilnehmer vermieden werden, sondern konnte sogar in einen Nutzenfaktor umgewandelt werden.[615] Monetäre Kosten konnten für die Teilnehmer gänzlich vermieden werden, da sie die ausgefüllten Fragebögen in einem Postfach in der Schule abgeben bzw. einscannen und per E-Mail senden konnten und somit keine Kosten für Porto oder Briefumschläge anfielen. Unter Berücksichtigung der Total Design Method nach Dillman sollten die Nachteile der schriftlichen Befragung minimiert werden. Die genannten Maßnahmen waren auch recht einfach umzusetzen, weshalb die Wahl letztlich auf den schriftlichen Fragebogen als Erhebungsinstrument fiel. Andere zunächst angedachte Methoden wie Einzelinterviews und Gruppendiskussionen schieden aufgrund der Nachteile aus, welche diese mit sich bringen (siehe Kapitel 5.1.8.3).

5.1.10 Fragebogenkonstruktion

Durch die folgenden Ausführungen soll die Entwicklung der Fragebögen nachvollziehbar dargestellt werden. Die Fragebögen A bis K können als Ergebnisse dieses Prozesses im Anhang 2 eingesehen werden.

5.1.10.1 Expertenrating

Ein zur Untersuchung der Forschungsfragen geeigneter Test konnte nicht gefunden werden. Somit sollte ein eigener Test in Form der Fragebögen konstruiert werden. Verschiedene Autoren schlagen im Zuge eines Pretests auch die informelle Begutachtung des Fragebogens durch Kollegen vor.[616] Vor Beginn der Befragung wurde im Jahr 2015 die Unterstützung des Instituts für empirische Sozialforschung der Friedrich-

[615] Dillman (1978): S. 15.
[616] Campanelli (2008): S. 178.
Flick (2019): S. 477.
Lincoln, Guba (1985): S. 308f.
Weichbold (2019): S. 350.

Alexander-Universität Erlangen-Nürnberg erbeten. Die dortigen Mitarbeiter schlugen eine wissenschaftliche Zusammenarbeit vor. Dies musste jedoch abgelehnt werden, um das den Teilnehmern gegenüber gegebene Versprechen, die Mikrodaten nicht an Dritte weiterzugeben, einhalten zu können. Dennoch gaben die Wissenschaftler allgemeine Hinweise und Hilfestellungen für die Durchführung derartiger Studien und die Erstellung von Fragebögen und sahen sich auch den ersten Entwurf einer Fragensammlung an. Mit dieser Unterstützung und vielen hilfreichen Ratschlägen etwa zur Itemformulierung und zum weiteren Verfahren konnte die Erstellung der Fragebögen beginnen.

5.1.10.2 Die Anschreiben

Alle Fragebögen beginnen (wie von der einschlägigen Literatur empfohlen[617]) mit einem Anschreiben, in welchem die Ziele der Untersuchung kurz umrissen werden, den Befragten für ihre Teilnahme gedankt wird und ihnen die Anonymität ihrer Angaben zugesichert wird. Eine Ansprache zum Nutzen der Teilnahme wurde ebenfalls aufgenommen; beispielsweise die Möglichkeit zur Analyse, „wie Sie als Eltern Ihre Tochter bzw. Ihren Sohn optimal unterstützen können" für die Eltern oder wie die Praktikumsbetreuer „zur Optimierung der Berufsorientierung am Gymnasium beitragen" können. Bosnjak und Batinic (1999) untersuchten teilnahmerelevante Motive und Vorinformationen für Online-Befragungen per E-Mail. Sie kamen zu dem Schluss, dass für Teilnehmer an deutschsprachigen Fragebögen die Rückmeldung über das Gesamtergebnis am wichtigsten ist.[618] Daher wurde der Hinweis auf die Möglichkeit, eine Rückmeldung über das Gesamtergebnis der Untersuchung zu bekommen, in allen Fragebögen aufgenommen. Die hierfür benötigten Kontaktdaten der Forschenden sind vermerkt, wie auch der Verweis auf den Lehrstuhl für Didaktik Wirtschaft und Recht der Friedrich-Alexander-Universität Erlangen-Nürnberg als betreuende Institution. Hauptzweck dieser Maßnahmen ist eine Maximierung der Rücklaufquoten. Thema und Ziel der Untersuchung wurden eher allgemein gehalten, um

[617] Bortz, Döring (2002): S. 258.
Kirchhoff, Kuhnt, Lipp, Schlawin (2001): S. 29
Reuband (2019): S. 776ff.
Schnell, Hill, Esser (2018): S. 330.

[618] Bosnjak, Batinic (1999): S. 146ff.

einen möglichst breiten Kreis der Zielpersonen anzusprechen.[619] Außerdem werden noch einige wichtige Hinweise zum Ausfüllen der Bögen gegeben. Insbesondere den Jugendlichen wurde im Anschreiben genau erläutert, wie die verschiedenen Frageformen zu verstehen sind. Diese Ausführungen wurden in der neunten Jahrgangsstufe, als die ersten Fragebögen ausgegeben worden sind, zusätzlich im Plenum mit der damals noch anwesenden Interviewerin besprochen. So sollten sämtliche Unklarheiten beseitigt und Verständnisfehler vermieden werden.

Das Anschreiben orientierte sich außerdem inhaltlich an folgender Aufzählung nach Friedrichs (1985):

„- Name und Adresse des Absenders (Institution und Name des Forschers)
- Thema der Befragung
- Zusammenhang von Thema, Verwertungsziel und Interessen des Befragten
- Anonymität des Befragten"[620]

Auf die Adresse der Forschenden und weitere Punkte Friedrichs konnte aufgrund des vorliegenden Studiendesigns, des Lehrer-Schüler-Verhältnisses und des sich daraus ergebenden, regelmäßigen Kontakts zu den Befragten verzichtet werden.

5.1.10.3 Gewährleistung der Anonymität der Befragten

Zur Gewährleistung der Anonymität der Befragten wurden für alle teilnehmenden Gymnasiasten Schüler-IDs erstellt, welche über die gesamte Dauer der Befragung genutzt wurden und über die auch die Eltern, Fachlehrer und Praktikumsbetreuer den jeweiligen Jugendlichen zugeordnet werden konnten. Durch diese Vorgehensweise können die einzelnen Bögen bei gleichzeitiger Einhaltung der zugesicherten Anonymität auch zueinander in Beziehung gesetzt werden. Die Erstellung der sechsstelligen ID wurde im ersten Fragebogen der neunten Jahrgangsstufe folgendermaßen erbeten:

619 Reuband (2019): S. 777.
620 Friedrichs (1985): S. 238.

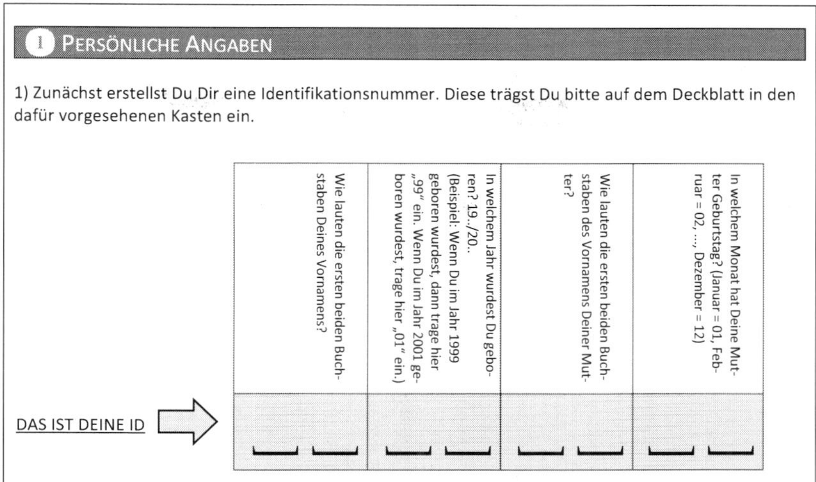

1 PERSÖNLICHE ANGABEN

1) Zunächst erstellst Du Dir eine Identifikationsnummer. Diese trägst Du bitte auf dem Deckblatt in den dafür vorgesehenen Kasten ein.

Wie lauten die ersten beiden Buchstaben Deines Vornamens?	In welchem Jahr wurdest Du geboren? 19../20.. (Beispiel: Wenn Du im Jahr 1999 geboren wurdest, dann trage hier „99" ein. Wenn Du im Jahr 2001 geboren wurdest, trage hier „01" ein.)	Wie lauten die ersten beiden Buchstaben des Vornamens Deiner Mutter?	In welchem Monat hat Deine Mutter Geburtstag? (Januar = 01, Februar = 02, ..., Dezember = 12)
__ __	__ __	__ __	__ __

DAS IST DEINE ID

Abbildung 16: Erstellung der Identifikationsnummer.

Vermutlich ist den Teilnehmern klar, dass ein Zusammenbringen der Antworten mit den persönlichen Daten über die ID, wie sie sich hier zusammensetzt, für Personen, die die Namen der Jugendlichen kennen (wie zum Beispiel die Forschende) prinzipiell möglich ist – ähnlich wie es bei Online-Befragungen über die IP-Adresse der Fall ist. Doch „durch die Betonung der getrennten Datenauswertung sollte sich (...) der Identifizierbarkeitseffekt verringern lassen."[621] Im Anschreiben des Fragebogens für die Eltern heißt es zum Beispiel „Eine Verbindung zwischen Ihnen, Ihrem Kind und den jeweiligen Antworten kann für Außenstehende somit nicht hergestellt werden." Da die ID an keiner Stelle veröffentlicht wird, kann dieses Versprechen eingehalten werden. Für den Fall, dass die Befragten über ihre eigenen Aussagen identifiziert hätten werden können, wären diese Informationen aus dem Datenmaterial herausgenommen und nicht veröffentlicht bzw. zum Beispiel reale Personennamen durch fiktive Bezeichnungen ersetzt worden.[622]

[621] Sassenberg, Kreutz (1999): S. 73.
[622] Meyer, Meier zu Verl (2019): S. 285.

5.1.10.4 Aufbau der Fragen

Bei der ersten Frage eines Fragebogens entscheidet es sich oft, ob der Befragte den Bogen ausfüllt und zurückgibt oder ob er ihn stattdessen wegwirft. Für verschiedene Autoren ergeben sich hieraus unterschiedliche Ansprüche an diese erste Frage. In der vorliegenden Studie wurden in den Schüler-Fragebögen in der neunten Jahrgangsstufe zunächst verschiedene soziodemografische Daten wie Herkunft der Eltern, Geschlecht und Alter erfasst. Ab der zehnten Klasse wird zunächst etwa nach dem Traumberuf gefragt. Bei Letzterem ist wohl davon auszugehen, dass diese Traumberufe wenig mit den tatsächlichen Wunsch- bzw. Realkonzepten der Schüler zu tun haben und die vorliegende Forschungsarbeit in ihrem Vorhaben kaum weiterbringen kann.[623] Jedoch sind diese Fragen recht leicht zu beantworten, verlangen kein Vorwissen zum Forschungsthema und bauen so mögliche Nervosität oder Angst vor einem allzu schwierigen Fragebogen ab. Bei den darauffolgenden Fragen wurde großer Wert darauf gelegt, dass Fragen, die zum selben Thema gehören (beispielsweise „Betriebspraktikum" oder „P-Seminar") direkt hintereinander gestellt werden. So soll es den Befragten erleichtert werden, sich auf einen Themenblock zu konzentrieren.[624] Es wurde bei der Erstellung aller Fragebögen stets darauf geachtet, dass die Art der Antwortkennzeichnung und notwendige Filterführungen deutlich erkennbar sind. Bei Fragen, welche ein Ankreuzen der passenden Antworten erforderlich machen, wurde ein Kreissymbol gewählt, welches leicht durchkreuzt werden kann (oder eben nicht) und die Antwort unmissverständlich ist. Bei allen Filtern handelt es sich um globale Filter. Sie wurden durch Pfeile visuell unterstützt, um überflüssige Fragen durch Filterfehler auszuschließen.[625] Bei Fragen mit geordneten Antwortvorgaben (Ratingskalen bzw. Likert-Skalen), bei denen eine Meinung oder das Ausmaß der Zustimmung abgefragt wird, beispielsweise „Schlecht – Eher schlecht – Eher gut – Gut" oder „Stimmt gar nicht – Stimmt eher nicht – Stimmt eher – Stimmt voll", wurde bewusst eine gerade Anzahl an Kategorien gewählt und auf eine neutrale Antwort wie „Weiß nicht" verzichtet. So soll vermieden werden, dass die Befragten sich einer meinungsäußernden Antwort entziehen können. Den Intervallabständen zwischen den Antwortkategorien kann auf diese Weise

[623] Schober (1997): S. 117.
[624] Fietz, Friedrichs (2019): S. 815f.
Dillman (1978): S. 123.
[625] Fietz, Friedrichs (2019): S. 818f.

weitgehend Gleichheit unterstellt werden. Studien zeigten, dass eine explizite „Weiß nicht"-Kategorie die Reliabilität nicht erhöhen würde.[626] Doch die Benennung jeder Stufe führt laut Bühner (2004) zu einer Verbesserung der Reliabilität und Validität.[627] Krosnick (1999) schreibt: „However, reliability and validity can be significantly improved if all points on the scale are labeled with words, because they clarify the meanings of the scale points."[628] Daher wurden auch in den Fragebögen für die vorliegende Studie die Kategorien entsprechend benannt. Die Darstellung als Tabelle im Fragebogen bringt eine horizontale Anordnung der Antwortkategorien mit sich. Reihenfolgeeffekte wie der Primacy- oder der Recency-Effect, bei welchen die erst- oder letztpräsentierten Kategorien bevorzugt gewählt werden, treten laut Tourangeau, Rips und Rasinski (2000) nur geringfügig auf. Bei der Gestaltung von ungeordneten Antwortkategorien wurde darauf geachtet, dass die Antwortmöglichkeiten möglichst erschöpfend, disjunkt und nicht zu umfangreich sind.[629] Als Beispiel können die Fragen Nummer 1 und 2 im Fragebogen J für die Lehrkräfte der P-Seminare (siehe Anhang 2) genannt werden, durch welche erfragt wurde, welche Themen aus dem Bereich Berufs- und Studienorientierung sie in ihrem P-Seminar in der elften bzw. zwölften Jahrgangsstufe besprochen haben. Möglicherweise doch fehlende Kategorien konnten von den Befragten in der Kategorie „Sonstige" ergänzt werden. Die letzte Frage eines jeden Fragebogens beinhaltete die Einladung zur Kommentierung der Befragung bzw. zur Äußerung persönlicher Gedanken zum Untersuchungsthema. Dies dient zum einen der Wertschätzung der Befragten und könnte zusätzlich interessante Aspekte zum Thema hervorbringen, die bis dahin noch nicht angesprochen wurden.[630] Letzteres war bei der vorliegenden Untersuchung eher nicht der Fall, da das Angebot zur Gedankenäußerung kaum genutzt wurde. Dies ist möglicherweise darauf zurückzuführen, dass durch die Länge insbesondere der Schüler-Bögen bei den Befragten die Motivation zur Nutzung des Freitextfelds eher gering war. Mit sieben Hinweisen waren die Praktikumsbetreuer noch am ehesten bereit, einen Kommentar zum Thema abzugeben. Lediglich beim letzten Fragebogen, als die jungen Erwachsenen die Schule bereits abgeschlossen hatten,

---

[626] Franzen (2019): S. 848.
[627] Bühner (2004): S. 51.
[628] Krosnick (1999): S. 544.
[629] Franzen (2019): S. 847.
[630] Schnell, Hill, Esser (2018): S. 329f.
Fietz, Friedrich (2019): S. 816.

wurde auf diese Einladung zur Kommentierung verzichtet und stattdessen in der E-Mail, mit welcher der Fragebogen verschickt wurde, nach dem allgemeinen Befinden der Teilnehmer gefragt. Ziel war es, den Bogen mit lediglich einer einzelnen Frage so kurz wie möglich zu halten, um die Motivation zur Antwort auch nach Abschluss der Schullaufbahn (trotz fehlender Ansprache durch die Forschende) zu wecken und so eine möglichst hohe Rücklaufquote zu erreichen. In der neunten Jahrgangsstufe wurde außerdem abgefragt, wie leicht bzw. schwer die Bearbeitung der Fragen fiel und wo gegebenenfalls die Schwierigkeiten lagen. Dies sollte zunächst nur im Pretest stattfinden, wurde dann aber auch auf die Hauptuntersuchung ausgeweitet. Dadurch sollte ein noch genaueres Bild über die Schwierigkeiten der Befragung entstehen. Da die Fragen am Ende platziert und somit vermutlich von den meisten Befragten zuletzt gelesen bzw. beantwortet wurden, wurde eine Beeinflussung der Antworten auf die anderen Fragen nicht befürchtet. 14 % der Schüler (n = 59) gaben an, dass ihnen die Beantwortung der Fragen eher schwerfiel, 67 % empfanden es als eher leicht, 19 % als leicht. Keiner gab an, dass es ihm schwergefallen wäre. Die verwendete Likert-Skala enthielt die Wertelabels 1 (schwer) bis 4 (leicht). Der Mittelwert betrug 3,05. Die Frage Nummer 24 nach einem Ranking der Tätigkeiten, welche sich die Jugendlichen für sich selbst vorstellen könnten, wurde mit Abstand als am schwierigsten empfunden. Als Begründungen wurde unter anderem angegeben „Bei 24 schwer einzuordnen, weil zu viele Möglichkeiten" oder „(...) Bei Frage 24 würde ich von 1 bis 6 alles gleich gerne machen, da alles in meiner festen Vorstellung verankert ist". Auch fiel den Gymnasiasten die Beantwortung offener Fragen eher schwer. Diese Informationen konnten für die Erstellung der folgenden Fragebögen für die Schüler genutzt werden. So wurde ab der zehnten Jahrgangsstufe auf die Frage Nummer 24 verzichtet und stattdessen eine Einordnung in die sechs Persönlichkeitstypen nach Holland (siehe Kapitel 3.2.3) erbeten. Auch auf offene Fragestellungen wurde so weit wie möglich verzichtet. Die vorliegende Arbeit erforderte verschiedene Fragebögen für die einzelnen Jahrgänge. Dies ist damit zu begründen, dass sich die Themenschwerpunkte in den Jahrgangsstufen ändern. In der neunten Klasse ist das schulintern verpflichtende Praktikum ein wichtiger Aspekt. In der gymnasialen Oberstufe hingegen liegt in Bayern der Fokus der Berufs- und Studienorientierung laut Lehrplan im P-Seminar (siehe Kapitel 4.2.2). Durch die verschiedenen Themenschwerpunkte mussten auch die Fragebögen entsprechend angepasst werden. Fragen zu einem verpflichtend abzuleistenden Betriebspraktikum wären in der zehnten bis zwölften Klasse nicht angebracht gewesen, da eine derartige Praxiserfahrung nicht stattfand. Andere Fragen wiederum wurden über die gesamte Befragungsdauer von vier Jahren hinweg immer wieder in derselben Form gestellt, um die zu untersuchenden Entwicklungen zu dokumentieren. Als Beispiele können hier die Fragen zu freiwilligen Ferienpraktika, dem jeweils aktuellen Wissensstand der Schüler und der privaten Nutzung von Informationsquellen genannt werden. Die Einschätzung des eigenen Persönlichkeitstypen nach Holland wurde in der zehnten Klasse zum ersten Mal gestellt. Eine Wiederholung fand hier erst wieder nach zwei Jahren, also in der zwölften Jahrgangsstufe statt. Ein Gewöhnungseffekt und die damit verbundene unreflektierte Antwort der Frage sollten so vermieden werden.

5.1.10.5 Umfang, Format und Layout des Fragebogens

Dillman (1978) hat bei verschiedenen schriftlichen Befragungen unter Anwendung der Total Design Method die Rücklaufquoten in Abhängigkeit der Fragebogenlängen untersucht. Die meisten Rücksendungen erhielt er bei Bögen mit einer Länge von bis zu elf Seiten.[631] „However, going beyond 12 pages seems almost certain to affect response.“[632] Der Umfang der Fragebögen der vorliegenden Arbeit ist in Tabelle 11 dargestellt. Durch die Einhaltung der Vorgaben Dillmans sollte vermieden werden, dass die Befragten aus Angst vor übermäßigem Aufwand gar nicht erst mit der Bearbeitung der Fragebögen beginnen würden.

Tabelle 11: Umfang der erstellten Fragebögen.

Nr. (vgl. Anhang 2)	**Fragebogen für...**	**Anzahl Seiten**	**Anzahl Fragen**
0	... Schüler 9. Klasse zu Berufsorientierung allgemein (Pretest)	10	33
A	... Schüler 9. Klasse zu Berufsorientierung allgemein (Hauptuntersuchung)	10	30
B	... Schüler 9. Klasse direkt vor dem Betriebspraktikum	2	10

631 Dillman (1978): S. 54ff.

632 Dillman (1978): S. 55.

Nr. (vgl. Anhang 2)	Fragebogen für...	Anzahl Seiten	Anzahl Fragen
C	... Schüler 9. Klasse direkt nach dem Betriebspraktikum	2	5
D	... Praktikumsbetreuer	2	8
E	... Schüler 10. Klasse zu Berufsorientierung allgemein	7	18
F	... Eltern 10. Klasse	4	17
G	... Schüler 10. Klasse zu BiZ-Besuch	2	6
H	... Schüler 11. Klasse zu Berufs- und Studienorientierung	8	27
I	... Schüler 12. Klasse zu Berufs- und Studienorientierung	9	26
J	... Lehrer der P-Seminare zur Studien- und Berufsorientierung	2	7
K	... ehemalige Schüler nach der ersten Berufs- bzw. Studienwahl	1	1

In Anlehnung an Dillman (1978) wurden auch weitere Vorgaben zur Gestaltung von Fragebögen nach der Total Design Method berücksichtigt. So wurden alle Fragen in gut lesbarer Schrift auf weißem Papier gedruckt. Jene Bögen, welche mehr als vier Seiten fassen, wurden als Broschüre gefaltet. Der Schwarzweiß-Druck von zwei Fragebogenseiten auf eine A4-Seite spart Farbe und Papier und lässt den Fragebogen weit kürzer erscheinen als er tatsächlich ist. Eine gute Druckqualität ist heutzutage im Gegensatz zu den 1970er Jahren selbstverständlich. Das Layout der Bögen ist übersichtlich und scheint attraktiv. Dies sollte die Navigation durch die Fragen erleichtern und bei den Befragten das Interesse, den Fragebogen auszufüllen, wecken.[633] Zu Letzterem tragen auch das Logo der Friedrich-Alexander-Universität Erlangen-Nürnberg auf jedem Fragebogen und das eigens für die Studie erstellte Logo (siehe Abbildung 17) bei. Zweck der verwendeten Logos und des durchgängig verwendeten Designs ist der Wiedererkennungswert sowie die damit verbundene Vertrautheit mit der Untersuchung und der Vorgehensweise beim Ausfüllen. „The professional appearance achieved by the booklet

[633] Dillman (1978): S. 121.
Fietz, Friedrichs (2019): S. 819.

format, the carefully designed cover pages, and the quality printing job tells the respondent that a great deal of work went into the questionnaire."[634]

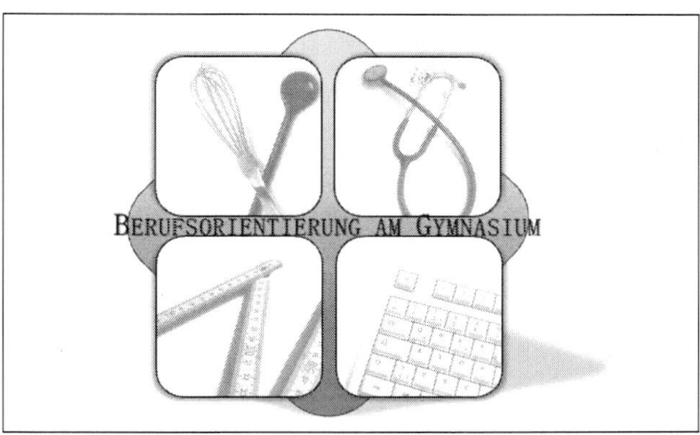

Abbildung 17: Logo der vorliegenden Untersuchung.

Die Befragungsdauer sollte in einem zumutbaren (wenn auch nicht zu kurzen) Rahmen gehalten werden. Ist die Befragung zu kurz, wird der Untersuchungsgegenstand als weniger bedeutsam eingestuft und widerspricht damit den Teilnahmebeweggründen mancher Menschen.[635] Ist sie zu lang, dann werden Teilnehmer unter Umständen abgeschreckt, überhaupt mit der Beantwortung der Fragen zu beginnen bzw. sie zu vollenden, die Antworten werden unzuverlässiger.[636] Nach Anspruch der Autorin sollte kein Fragebogen mehr als zehn Seiten fassen, zumal Dillman (1978) bei seinen Vorgaben angibt, dass das Deckblatt und die Rückseite bei einem mehrseitigen Fragebogen nicht mit Fragen bedruckt sein sollten. Zweck dieser Vorgehensweise ist für ihn die Nutzung dieser Seiten zur Interessensweckung bei den Teilnehmern.[637] Dies wurde bei vorliegender Studie bewusst nicht berücksichtigt, da die Befragten ja bereits durch das Anmelden zur Studie über ein gesondertes Schreiben ihr Interesse am Thema Berufsorientierung signalisiert haben.

634 Dillman (1978): S. 121.
635 Bosnjak, Batinic (1999): S. 149f.
636 Gräf (1999): S. 161.
637 Dillman (1978): S. 121.

Die anderen Teilnehmer (Eltern, Lehrkräfte, Praktikumsbetreuer) meldeten sich aufgrund ihrer Volljährigkeit nicht im Vorfeld an. Die psychologische Verpflichtung zur zugesagten Teilnahme war hier somit nicht gegeben und eine Nicht-Teilnahme aufgrund eines zu langen Fragebogens oder unattraktiven Designs eher gegeben. Die Bögen für diese Gruppen wurden daher mit maximal vier Seiten besonders kurzgehalten. Eine Faltung zur Broschüre war für diese Teilnehmergruppen beim Druck von zwei Fragebogenseiten auf eine Seite Papier nicht notwendig, Deckblatt und Rückseite entfielen somit. Weitere Hinweise Dillmans (1978) zum äußeren Erscheinungsbild von Fragebögen (etwa Auswirkungen der Briefgröße auf die Portokosten) beziehen sich ausschließlich auf Befragungen, welche per Post versandt werden und sind daher für die vorliegende Untersuchung nicht relevant.

5.1.11 Durchführung der Befragung

Aufgrund der unterrichtlichen Jahresplanung fand der Pretest im ersten Halbjahr und die erste Befragung der Haupterhebung zu Beginn des zweiten Halbjahres der neunten Klasse statt. Erst danach wurde im Fachunterricht Wirtschaft und Recht der Themenbereich „Entscheidungen im Zusammenhang mit Ausbildung und Berufswahl“[638] lehrplangemäß im Unterricht behandelt. So wurde dieses mangelnde Vorwissen zu Beginn genutzt, um eine gemeinsame Nulllinie zu definieren. Die späteren Befragungen berücksichtigten hingegen die im Wirtschaft-Recht-Unterricht gewonnenen Kenntnisse. Auch die in anderen Unterrichtsfächern laut Rücksprache mit den Fachlehrern behandelten Inhalte wurden berücksichtigt. Als Befragungszeitpunkt wurde ab der zehnten Jahrgangsstufe jeweils das Ende des Schuljahres gewählt, da hier anderweitige schulische Verpflichtungen in der Regel abnehmen und sich auch der Prüfungsstress für die meisten Schüler reduziert. Außerdem sollte zwischen den Befragungen ein gewisser Zeitraum liegen, um eventuelle Entwicklungen bei den Jugendlichen feststellen zu können. Dieser zeitliche Abstand sollte nicht zu lang sein, damit sich die Gymnasiasten auch ausreichend an eventuelle Maßnahmen seitens der Schule oder auch persönliche Aktivitäten erinnern konnten. Durch eine zu kurze

638 ISB Staatsinstitut für Schulqualität und Bildungsforschung: http://www.isb-gym8-lehrplan.de/contentserv/3.1.neu/g8.de/index.php?StoryID=26440, zuletzt aufgerufen am 25. Juni 2019.

Zeitspanne zwischen den einzelnen Befragungen könnten sich die Schüler wiederum belästigt fühlen. Ein Abstand von einem Jahr erschien nach Abwägung der genannten Aspekte sinnvoll. In der folgenden Darstellung ist der chronologische Ablauf der Befragung vom Schuljahr 2015/16 bis zum Januar 2020 ersichtlich.

Tabelle 12: Zeitlicher Ablauf der Maßnahmen zur beruflichen Orientierung und der Befragungen im Befragungszeitraum.

Schuljahr	Schüler	Unterneh-men	Eltern	Lehrkräfte
2015/16 1. Halbjahr	Fragebogen 0			
2015/16 2. HJ	Fragebogen A			
	Fragebogen B			
	11.-15. Juli 2016: Einwöchiges Betriebs-praktikum	Fragebogen D		
	Fragebogen C			
2016/17 1. HJ				
2016/17 2. HJ	Fragebogen E		Fragebogen F	
	26. Juli 2017: Besuch des BiZ Nürnberg für einen Teil der Befragten Fragebogen G			
2017/18 1. HJ	Teilweise Durchfüh-rung BuS in den P-Semi-naren			

Schul jahr	Schüler	Unternehmen	Eltern	Lehrkräfte
2017/18 2. HJ	Teilweise Durchführung BuS in den P-Seminaren			
	Fragebogen H			
2018/19 1. HJ	Teilweise Durchführung BuS in den P-Seminaren			
2018/19 2. HJ	Fragebogen I			Fragebogen J
Januar 2020	Fragebogen K			

Sämtliche vom Lehrplan geforderten Maßnahmen zur Berufs- und Studienorientierung, insbesondere für das Leitfach Wirtschaft und Recht, wurden mit allen an der Studie teilnehmenden Schülern durchgeführt. Die erste Unterrichtseinheit zum Thema fand erst nach der Durchführung des Pretests und der ersten Befragung der neunten Jahrgangsstufe zum Thema Berufsorientierung statt.

5.1.11.1 Pretest

Der erste Entwurf eines Fragebogens wurde mit Mitarbeitern des Instituts für empirische Sozialforschung der Friedrich-Alexander-Universität Erlangen-Nürnberg besprochen und im Anschluss den Anmerkungen entsprechend angepasst. Dabei wurde auch mit der Checkliste des Frage-Bewertungs-Systems von Faulbaum, Prüfer und Rexroth (2009) gearbeitet. Dabei handelt es sich um ein Instrument zur Untersuchung von Fragen auf mögliche Defizite im Hinblick auf ihre Qualität.[639] So konnte bereits vor dem ersten praktischen Einsatz des Fragebogens eine kritische Reflektion über Form und Inhalt der Fragen stattfinden. Im Januar 2016 wurde dieser neue Entwurf eines Schülerfragebogens an sechs Teilnehmerinnen und sechs Teilnehmer aus der neunten Jahrgangsstufe ausgegeben. Diese wussten nicht, dass es sich dabei um einen Pretest handelte. Das Durchschnittsalter lag bei 14,7 Jahren. Neun der zwölf Teilnehmer haben Eltern mit Migrationshintergrund.

Sämtliche aus der Literatur bekannte Regeln der Frageformulierung wurden bereits im Vorfeld berücksichtigt.[640] Dennoch konnten einige neue Erkenntnisse durch die Auswertung des Pretests erlangt werden. Der Fragebogen wurde daraufhin in manchen Punkten verändert. So wurden beispielsweise im Erläuterungstext des Bogens und auch bei wenigen Fragen offenbar missverständliche Formulierungen verändert bzw. vorher nicht bedachte Antwortmöglichkeiten aufgenommen. Außerdem wurden unklare Begriffe wie „fächerübergreifend" oder „Beruf" erläutert, da sie von manchen Schülern nicht im Sinne der Autorin verstanden wurden. Antworten aus dem Pretest mit zwölf Neuntklässlern wurden im Nachhinein auch für die Auswertung der Hauptuntersuchung genutzt, sofern die Fragestellung identisch war und eine Verzerrung beispielsweise durch andere Vorfragen ausgeschlossen werden konnte.

Abbildung 18: Einschätzung des Schwierigkeitsgrades des Pretests durch die Teilnehmer (n = 12).

[639] Faulbaum, Prüfer, Rexroth (2009): S. 114ff.

[640] Eine Übersicht einschlägiger Regeln findet sich z. B. bei Porst (2019): S. 831ff.

Es wurde am Ende des Fragebogens abgefragt, wie leicht bzw. schwer den Schülern die Bearbeitung fiel. Die dabei verwendete Likert-Skala enthielt die Antwortmöglichkeiten „schwer (Wertelabel 1) – eher schwer (2) – eher leicht (3) – leicht (4)". Der Mittelwert von 3,17 (Standardabweichung 0,58) zeigte der Autorin, dass der Schwierigkeitsgrad des Fragebogens für Neuntklässler nicht zu hoch war. Gleichzeitig wurde Wert darauf gelegt, die Gymnasiasten nicht zu unterfordern und zu riskieren, dass sie die Motivation an der Teilnahme verlieren würden. Der Grad der Schwierigkeit des Fragebogens wurde demnach als passend eingestuft und konnte für die Hauptuntersuchung beibehalten werden.

5.1.11.2 Befragungen in den einzelnen Jahrgangsstufen

5.1.11.2.1 Neunte Jahrgangsstufe

Der nach dem Pretest überarbeitete Fragebogen wurde schließlich im März 2016 an weitere 47 Neuntklässler in drei verschiedenen Klassen ausgegeben. Inhaltlich diente dieser erste Fragebogen primär der Definition einer Nulllinie. Neben der Abfrage verschiedener soziodemografischer Daten (Alter, Herkunft, Ausbildungszweig) geht es daher vor allem darum, den Status quo der Jugendlichen, ihrer Vorstellung bezüglich der eigenen beruflichen Zukunft und der themenbezogenen Beziehung zu ihren Eltern abzufragen. Da die Jugendlichen im Fach Wirtschaft und Recht zu diesem Zeitpunkt keinerlei Vorkenntnisse zum Untersuchungsthema erlangt hatten, fand diese erste Befragung noch im Rahmen des Fachunterrichts unter Aufsicht der Lehrkraft statt. Es kam jedoch bei keiner Befragungsgruppe zu irgendwelchen Rückfragen. Der klare Vorteil der Durchführung in der Schule war die hohe Rücklaufquote von 98 %. Lediglich ein Teilnehmer war am Tag der Befragung erkrankt, so konnten 46 bearbeitete Fragebögen direkt wieder eingesammelt werden. Diese Vorgehensweise stellte eine Ausnahme dar und konnte in den weiteren Befragungen so nicht fortgeführt werden, da der Unterrichtsausfall durch die wiederholten Befragungen doch erheblich gewesen wäre.

Das Gymnasium, an welchem die Erhebung für vorliegende Dissertation erfolgte, verpflichtet seine Schüler der neunten Jahrgangsstufe schon seit einigen Jahren zur Ableistung eines einwöchigen Betriebspraktikums. Dies ist nicht obligatorisch im gymnasialen Lehrplan des Staatsinstituts für Schulqualität und Bildungsforschung vorgeschrieben. Dennoch verspricht man sich davon einige Vorteile für die Jugendlichen im

Berufswahlprozess, etwa erste praktische Erfahrungen, das Kennenlernen einer Branche sowie das Erleben eines kompletten Arbeitstages. Dieser wichtige Meilenstein sollte auch in der Untersuchung berücksichtigt werden. Daher wurden die Teilnehmer unmittelbar vor und nach der Durchführung des Praktikums hierzu gesondert befragt. Die Leitfragen im Vorfeld bezogen sich hauptsächlich auf die Vorbereitungsmaßnahmen im Fach Wirtschaft und Recht und die Erwartungen der Jugendlichen an das bevorstehende Betriebspraktikum. Der Bogen wurde den Schülern 14 Tage vor Beginn der Praktikumswoche ausgehändigt, ohne Anwesenheit der Interviewerin ausgefüllt und vor Beginn des Praktikums an die Lehrerin zurückgegeben. So konnten 57 Schülerbögen wieder eingesammelt werden. Das Praktikum dauerte vom 11. bis 15. Juli 2016. Den Schülern wurde im Vorfeld zusätzlich ein Fragebogen für ihre Praktikumsbetreuer ausgehändigt, mit der Bitte, diesen im Laufe der Woche ausfüllen zu lassen und wieder in die Schule mitzubringen. Der Fokus lag bei der Fragenauswahl auf den Erwartungen der Betriebe an die Schulen bezüglich der Vorbereitung der Jugendlichen auf die Arbeitswelt, möglichen Vorbereitungsmaßnahmen seitens der Betriebe und Möglichkeiten der Zusammenarbeit mit der Schule. Vier Betriebe erbaten sich mehr Zeit für das Ausfüllen der Bögen und gaben sie daher nicht wie gefordert über die Schüler zurück, sondern schickten sie per Post bzw. scannten sie ein und mailten sie an die auf dem Bogen vermerkte E-Mail-Adresse. Insgesamt wurden somit 45 Fragebögen von Praktikumsbetreuern abgegeben. Im direkten Anschluss an das Betriebspraktikum wurde der zweite Schüler-Fragebogen zu diesem Thema ausgeteilt. Bei den Fragen ging es hauptsächlich um die Bewertung des Praktikums und der Vorbereitung darauf durch die Schule. Auch dieser Bogen wurde von den Schülern selbständig bearbeitet und schließlich zurückgegeben. Bis zum vereinbarten Rückgabetermin am 29. Juli 2016, welcher gleichzeitig das Ende des Schuljahres bedeutete, wurden 56 dieser Bögen eingereicht.

5.1.11.2.2 Zehnte Jahrgangsstufe

Mit den bereits in der vorherigen Jahrgangsstufe gewonnenen Erkenntnissen konnte für die zehnte Klasse ein Fragebogen erstellt und im zweiten Halbjahr am 19. Juni 2017 an die Schüler ausgegeben werden. Auch dieser wurde wie schon die letzten beiden Schüler-Bögen von den Gymnasiasten selbständig ausgefüllt und über ein Postfach in der Schule an die Interviewerin zurückgegeben. Da die Schüler im Unterricht mittlerweile auch ein gewisses Grundverständnis für das Thema der Berufsorientierung erlangt hatten, wurde unter anderem eine Einschätzung des eigenen Persönlichkeitstyps nach Holland und des Unterstützungsbedarfs in Sachen Berufsorientierung erbeten. Auch die Frage nach subjektiv bemerkten Entwicklungen gegenüber dem vorherigen Schuljahr konnte nun aufgenommen werden. Zeitgleich wurde den Schülern ein Fragebogen für ihre Eltern ausgehändigt. Dieser sollte von einem oder beiden Elternteilen ohne Beisein der Kinder ausgefüllt werden und über diese an die Lehrerin zurückgegeben werden. Für den Fall, dass die Eltern nicht wollten, dass ihr Kind die Antworten lesen konnte, wurde den Eltern vorgeschlagen, den Fragebogen in einem verschlossenen Umschlag zurückzugeben. Bei der Befragung der Erziehungsberechtigten geht es in erster Linie um die Einschätzung des Unterstützungsbedarfs der Kinder durch die Eltern, die Möglichkeiten der Unterstützung durch die Eltern und die Erwartungen der Eltern an die Schule. Als Rückgabedatum wurde sowohl für den Schülerbogen als auch den Fragebogen für die Eltern der 3. Juli 2017 erbeten. Zu diesem Zeitpunkt waren 38 Schüler- und 40 Elternbögen eingegangen. Bis zum Ende des Schuljahres am 28. Juli 2017 konnten 15 weitere Schüler- und neun Elternbögen durch wiederholte Ansprache eingeholt werden. Am 26. Juli 2017 besuchte eine Gruppe von 15 Untersuchungsteilnehmern im Rahmen der innerschulischen Projekttage das BiZ der Bundesagentur für Arbeit in Nürnberg. Dort hörten die Schüler zunächst einen Vortrag unter anderem über Handlungsmöglichkeiten nach der zehnten Jahrgangsstufe bei Verlassen des Gymnasiums und Angebote der Bundesagentur für Arbeit sowie sonstige Möglichkeiten der Informationsbeschaffung. Im Anschluss lernten die Schüler verschiedene Selbsterkundungstools kennen und durften eines davon beispielhaft an den Computerplätzen im BiZ ausprobieren. Die Schüler wurden im Anschluss anhand verschiedener Indikatoren zu ihrer persönlichen Einschätzung des dortigen Besuches befragt. Die schriftliche Befragung fand mithilfe des an die Wand projezierten Fragebogens in der Schule statt. Diese Vorgehensweise wurde gewählt, um die Schüler bei ihrer Beantwortung der offenen Fragen nicht durch die Vorgabe von Leerzeilen auf einem Vordruck einzuschränken. So erhoffte man sich möglichst umfangreiche Ausführungen. Die Autorin, welche gleichzeitig begleitende Lehrkraft war, war anwesend. Alle Antwortbögen konnten somit direkt eingesammelt werden.

5.1.11.2.3 Elfte Jahrgangsstufe

Der Fragebogen, der im Sommer 2018, dem zweiten Halbjahr der elften Jahrgangsstufe, ausgegeben wurde, berücksichtigt die nun stattgefundene Berufs- und Studienorientierung im Projekt-Seminar. So wird unter anderem zusätzlich überprüft, ob die Schüler sich für die Zeit nach dem Abitur ausreichend vorbereitet fühlen und wie die Schüler die unterrichtlichen Maßnahmen zum Untersuchungsthema wahrnehmen. Die 51 Teilnehmer, welche bis in die elfte Klasse Teil der Stichprobe geblieben sind, erhielten den Fragebogen im Juni 2018 vom jeweiligen P-Seminar-Lehrer und nahmen ihn wie gewohnt mit nach Hause und bearbeiteten ihn selbständig. Da in der Oberstufe in Bayern die Klassenverbände durch das Kurssystem abgelöst werden, erfolgte die Ausgabe und Rücknahme durch die P-Seminar-Lehrer. Dies war die zuverlässigste Methode, alle Teilnehmer erreichen zu können. Bis zum Rückgabetermin am 9. Juli 2018 konnten 33 Bögen durch die Lehrkräfte eingesammelt werden, zehn weitere Teilnehmer gaben ihre Bögen bis zum Schuljahresende am 27. Juli 2018 auf Nachfrage direkt bei der Forschenden ab.

5.1.11.2.4 Zwölfte Jahrgangsstufe

Zweck des abschließenden Fragebogens für die Schüler der zwölften Jahrgangsstufe war unter anderem die abermalige Überprüfung der subjektiv empfundenen Entwicklungen seit dem letzten Schuljahr. Gleichzeitig wurden die Schüler gebeten, auf einem separaten Zettel eine E-Mail-Adresse und/oder Telefonnummer anzugeben, um sie auch nach Verlassen der Schule erreichen zu können. Da die Projekt-Seminare stets bereits zum Ende des ersten Halbjahres der zwölften Klasse enden, fanden auch die Befragungen diesmal früher statt, nämlich bereits im März 2019. Die Ausgabe der Bögen fand durch die Mathematik-Lehrer statt, da die P-Seminare zu diesem Zeitpunkt nicht mehr abgehalten wurden und schließlich wieder alle Teilnehmer erreicht werden sollten (der Mathematik-Kurs ist bis zum Abitur obligatorisch für alle bayerischen Gymnasiasten). Nachdem die Jugendlichen die Bögen zu Hause selbständig ausgefüllt hatten, wurden sie erneut durch die Fachlehrer eingesammelt. Bis zum vereinbarten Rückgabetermin am 12. April 2019 waren 25 Bögen eingegangen. Diese zunächst geringe Rücklaufquote ist vermutlich auf die hohe Belastung der Schüler durch die zu diesem Zeitpunkt unmittelbar anstehenden Abiturprüfungen zurückzuführen.

Durch erneute persönliche Aufforderung konnten nach den Osterferien 16 weitere Bögen eingesammelt werden.

5.1.11.2.5 Nach dem Abitur

Am 2. Januar 2020 wurde den ehemaligen Schülern ein letzter Fragebogen per E-Mail zugesandt. Durch ihn wurde abgefragt, für welchen beruflichen Weg die jungen Erwachsenen sich nach dem Abitur entschieden haben. Die Mail ging an 38 ehemalige Gymnasiasten. Auf den Versand an vier weitere Teilnehmer konnte verzichtet werden, da bekannt war, dass sie das Schuljahr am Gymnasium aufgrund der nichtbestandenen Abiturprüfung wiederholten. Bis zum 16. Januar 2020 gingen 12 Antworten ein. Die Studienteilnehmer, von denen bis zu diesem Datum keine Rückmeldung kam, wurden daraufhin erneut kontaktiert. So konnte die Frage für 16 weitere ehemalige Schüler beantwortet werden.

5.1.12 Rücklaufquoten

Die Teilnahme an der Befragung wurde in der neunten Jahrgangsstufe insgesamt 98 Schülern angeboten. Der Rücklauf der zu unterschreibenden Anmeldeabschnitte, welche der Forschenden in einem Postfach in der Schule hinterlegt werden konnten, erstreckte sich auf eine Dauer von drei Wochen. Insgesamt meldeten 59 Schüler ihre Bereitschaft zur regelmäßigen Befragung, die Eltern gaben hierzu ihre Erlaubnis. Das entspricht einer Anmeldequote von 59 %. Die tatsächliche Teilnehmerquote änderte sich mit jedem Schuljahr aufgrund der natürlichen Reduzierung der Schülerzahl. Sofern ein Schüler den Jahrgang verließ (beispielsweise aufgrund eines Schulwechsels oder der Wiederholung der jeweiligen Jahrgangsstufe), schied er auch aus der Befragung aus. Die Rücklaufquoten der zu befragenden Personen sind in Tabelle 13 ersichtlich.

Die Antworten der Pretest-Teilnehmer flossen auch in die Gesamtauswertung. Dies war insoweit möglich, als dass die Formulierung der für die vorliegende Arbeit ausgewerteten Fragen im Wesentlichen identisch war. Lediglich für die Befragten unbrauchbare Antwortmöglichkeiten bei der Zweigwahl wurden entfernt bzw. kleinere zusätzliche Hinweise wie zum Beispiel „Kreuze an. Unter ‚Sonstige' kannst Du weitere für Dich passende Antworten angeben." wurden für die spätere Erhebung mit aufgenommen. Da die Vorgehensweise beim Ausfüllen jedoch zu

Beginn des Fragebogens schriftlich erklärt wird[641] und auch unmittelbar vor der Befragung im Plenum ausführlich besprochen wurde, wurde angenommen, dass das Verständnis für die Teilnehmer des Pretests durch das Fehlen dieser Aufforderung nicht eingeschränkt war und es zu keiner Antwortverzerrung gekommen ist. Ziel war die Vergrößerung der Stichprobe. Die Tatsache, dass die Teilnehmerzahl von Fragebogen A zu B zunimmt, ist der Vorgehensweise geschuldet, dass diejenigen Schüler, welche im Rahmen des Pretests befragt wurden, ab dem Fragebogen B auch gemeinsam mit den restlichen Teilnehmern befragt wurden. Das bedeutete den Verzicht auf weitere Pretests in den einzelnen Jahrgangsstufen und gleichzeitig die gewünschte Vergrößerung der Untersuchungsgruppe.

Tabelle 13: Rücklaufquoten.

Nr. (vgl. Anhang 2)	**Fragebogen für…**	**Anzahl Teilnehmer**	**Abgegeben**	**Verweigert**	**Rücklaufquoten**
0	… Schüler 9. Klasse zu Berufsorientierung allgemein (Pretest)	12	12	0	100 %
A	… Schüler 9. Klasse zu Berufsorientierung allgemein (Hauptuntersuchung)	47	46	1	98 %
B	… Schüler 9. Klasse direkt vor dem Betriebspraktikum	59	57	2	97 %
C	… Schüler 9. Klasse direkt nach dem Betriebspraktikum	59	56	3	95 %
D	… Praktikumsbetreuer	59	45	14	76 %

641 Siehe Fragebogen A unter „Fragebogen ausfüllen – So geht's“: „Die Fragen sind so gestellt, dass manchmal nur eine Antwortmöglichkeit anzukreuzen ist und bei anderen Fragen wiederum mehrere Antwortmöglichkeiten vorgesehen sind. Wenn Du den Punkt ‚Sonstige:__________‘ vorfindest, dann kannst Du hier eine bzw. mehrere eigene weitere Antwortmöglichkeit/en angeben.“

Nr. (vgl. Anhang 2)	**Fragebogen für...**	**Anzahl Teilnehmer**	**Abgegeben**	**Verweigert**	**Rücklaufquoten**
E	... Schüler 10. Klasse zu Berufsorientierung allgemein	53	53	0	100 %
F	... Eltern 10. Klasse	53	49	4	93 %
G	... Schüler 10. Klasse zu BiZ-Besuch	15	15	0	100 %
H	... Schüler 11. Klasse zu Berufs- und Studienorientierung	51	43	8	84 %
I	... Schüler 12. Klasse zu Berufs- und Studienorientierung	49	41	8	84 %
J	... Lehrer der P-Seminare zur Studien- und Berufsorientierung	7	7	0	100 %
K	... ehemalige Schüler nach der ersten Berufs- bzw. Studienwahl	38	28	10	74 %

Insgesamt lagen die Rücklaufquoten bei den Schülern in den einzelnen Schuljahren zwischen 84 % und 100 %. Die Praktikumsbetreuer schickten den Fragebogen im Juli 2016 zu 76 % ausgefüllt zurück. Bei den Erziehungsberechtigten lag die Rücklaufquote im Juni 2017 bei 93 %. Die Rücklaufquoten bei den Leitern der Projekt-Seminare zur Studien- und Berufsorientierung lag im März 2019 bei 100 %. Diese recht hohen Quoten sind wohl darauf zurückzuführen, dass die Themen der Berufs- und Studienorientierung für die genannten Personengruppen von großer Bedeutung sind. Wie aus Gesprächen mit Eltern hervorging, ist die berufliche Zukunft ihrer Kinder für die Erziehungsberechtigten zu diesem Zeitpunkt oft noch interessanter und von größerer Wichtigkeit als für die Kinder selbst. Verschiedene Maßnahmen sollten zur Erhöhung der Rücklaufquoten beitragen. Hierzu zählten der regelmäßige persönliche Kontakt zu den Jugendlichen sowie die Anschreiben an die Eltern und

Praktikumsbetreuer, in welchen die Forschende sich und das Thema der Arbeit vorstellte und durch die um die Teilnahme an der Befragung gebeten wurde. Auf sämtliche Anschreiben und Fragebogen wurde das Logo der Friedrich-Alexander-Universität Erlangen-Nürnberg gedruckt, denn „Umfragen, die im Namen universitärer Institutionen durchgeführt werden, erzielen – vor allem, wenn sich bei regional begrenzten Umfragen die Universität im Einzugsbereich der Befragten befindet – die besten Rückläufe."[642] Die Befragung der Schüler fand in der neunten Klasse noch unter Aufsicht der Forschenden statt. Dies wurde als sinnvoll erachtet, falls es zu Rückfragen durch die Jugendlichen gekommen wäre. Schließlich hatten die Neuntklässler zu Beginn der Studie im Unterricht noch kein Vorwissen zum Thema der Berufsorientierung erlangt. Ein Eingreifen oder sonstige Hilfestellungen waren jedoch zu keinem Zeitpunkt notwendig. Diese Vorgehensweise erwies sich als besonders vorteilhaft für die Rücklaufquote, konnte aus genannten Gründen jedoch nicht weiter beibehalten werden.

5.1.13 Umgang mit Verweigerern

Offensichtlich war der erwartete Nutzen der Teilnahme für einige potenzielle Teilnehmer dennoch niedriger als die erwarteten Kosten. Zur Reduktion der Verweigerer empfehlen Bortz und Döring (2002) innerhalb von acht bis zehn Tagen nach dem Fragebogenversand Nachfassaktionen durchzuführen.[643] Dies war möglich, da die Forschende (bei gleichzeitiger Einhaltung der gewährleisteten Anonymität gegenüber Dritten) die Teilnehmer-Identifikationsnummern den einzelnen Schülern zuordnen konnte. Die Erinnerung fand in allen Fällen durch persönliche Ansprache im Schulgebäude und durch telefonische Erinnerungen statt. Für den Fall des Verlustes einzelner Fragebögen durch die Schüler wurde neues Untersuchungsmaterial zur Verfügung gestellt. Der Anteil der anfänglichen Verweigerer konnte durch die wiederholten Ansprachen zwar verringert werden, doch ein Ausfall durch Verweigerer wie er hier vorliegt, ist nicht ungewöhnlich. „So fallen bei ‚Elitestudien' in Deutschland meist ca. 45 % der zu Befragenden durch Verweigerungen aus."[644] Doch alle bisherigen empirischen Studien zeigten, dass der Anteil der Bevölkerung, der sich allen Befragungsversuchen entzieht,

[642] Bortz, Döring (2002): S. 257f.
[643] Bortz, Döring (2002): S. 258.
[644] Schnell, Hill, Esser (2018): S. 285.

keine homogene Gruppe darstellt. Daher ist auch nicht zu vermuten, dass diese Gruppe (oft als „hard core“[645] bezeichnet) ausschließlich aus den potenziellen Falsifikatoren der zu untersuchenden Theorie besteht.[646] Aufgrund der kleinen Stichprobengröße scheint es nicht möglich, die bekannten Gewichtungsprozeduren zum Ausgleich der Verweigerer zu rechtfertigen. Die Mindestgröße einer Teilstichprobe, welche ein Hochgewichten noch rechtfertigt, kann nicht generell genannt werden.[647] Doch die vorliegende Befragung ist sehr individuell, sodass nicht gesagt werden kann, inwieweit die Antworten beispielsweise von soziodemographischen Daten abhängig sind. Daher wurde auf entsprechende Maßnahmen verzichtet.

5.1.14 Statistische Auswertung

Alle Fragebögen wurden stets unmittelbar nach der Durchführung der einzelnen Befragungen codiert und in ein geeignetes Statistikprogramm eingegeben. Hierfür wurde das Programm SPSS gewählt, da der hiervon gebotene Leistungsumfang sich zumindest für die Erfassung der Daten mit den Anforderungen der vorliegenden Dissertation deckte. Zunächst wurden mithilfe des mit SPSS kompatiblen Softwareprogramms GNU PSPP für die einzelnen Fragebögen Masken erstellt. Für die unterschiedlichen Fragetypen wurden verschiedene Codierschemata entwickelt. Dichotome Variablen wurden mit „0“ (meist für „Nein“) und „1“ (meist für „Ja“) codiert; fehlende Werte wurden mit „9999“ codiert und nicht mit in die Auswertung einbezogen. Bei geschlossenen Fragen wie die Frage nach dem besuchten gymnasialen Zweig wurden den Antwortmöglichkeiten feste Wertelabels zugeschrieben, zum Beispiel „1“ für den naturwissenschaftlich-technologischen Zweig und „2“ für den sprachlichen Zweig. Bei Fragen mit geordneten Antwortvorgaben wurden den verschiedenen Antwortmöglichkeiten ebenfalls Werte zugeordnet, beispielsweise „1“ für „stimmt gar nicht“, „2“ für „stimmt eher nicht“, „3“ für „stimmt eher“ und „4“ für „stimmt voll“. Für Fragen, bei denen mehrere Antwortkategorien angekreuzt werden konnten, wurden ebenfalls mehrere Variablen gebildet. Bei offenen Fragen wurden zunächst keine Antwortkategorien gebildet, stattdessen wurden die Antworten wortwört-

---

[645] Schnell, Hill, Esser (2018): S. 286.
[646] Schnell, Hill, Esser (2018): S. 285f.
[647] Bortz, Döring (2002): S. 257f.

lich aus den Fragebögen übernommen. Dies ist in der vorliegenden Studie damit zu rechtfertigen, dass die Stichprobengröße eher gering ist und der Aufwand für das wortwörtliche Abschreiben vertretbar ist. Für die Auswertung hingegen wurden in den meisten Fällen auch für die offenen Fragen entsprechende Kategorien gebildet und gewertet. Dies und auch die Erstellung sämtlicher Diagramme geschah mithilfe von Excel, da die anderen genutzten Statistik-Programme für die angestrebten Zwecke teilweise ungeeignet waren. Zusätzlich sollte ein einheitliches Layout geschaffen werden.

5.2 Empirischer Teil

Die im Folgenden dargestellten Ergebnisse entstammen der beschriebenen Untersuchung an einem Gymnasium in Nürnberg. Eine kompakte Übersicht über die einzelnen Forschungsfragen auf Makro- (Erste Gliederungsebene), Mikro- (Zweite Gliederungsebene) und Nanoebene (Dritte Gliederungsebene) findet sich in Kapitel 5.1.6. Die Makroebene dient primär der Bündelung und Gliederung der Forschungsfragen. So soll die Ergebnisdarstellung übersichtlich gestaltet werden. Die Gesamtheit der Ausführungen auf Mikro- und Nanoebene ergeben daher gleichzeitig die Ergebnisse für die Forschungsfragen auf Makroebene. Die Tatsache, dass die Angaben zur Anzahl der Befragten (n) bei den einzelnen Untersuchungsthemen variieren, ist damit zu begründen, dass stets lediglich diejenigen Personen berücksichtigt wurden, welche die jeweils relevanten Fragen beantwortet haben bzw. deren Antwort auch verwertbar war. Bei manchen Forschungsfragen war zur Auswertung der Ergebnisse auch die Beantwortung mehrerer Fragen in unterschiedlichen Fragebögen bzw. von mehreren Personen notwendig. So beispielsweise die Frage zur Einschätzung des Unterstützungsbedarfs der Gymnasiasten durch die Jugendlichen selbst und durch die Eltern. Dabei konnten nur die Fälle in die Ergebnisdarstellung einfließen, für welche alle benötigten Antworten vorlagen.

5.2.1 Anhand verschiedener Indikatoren aufgezeigte Entwicklungen bei den befragten Gymnasiasten

5.2.1.1 Ergebnisse

FF 1 Welche Entwicklungen lassen sich bei den befragten Gymnasiasten in einzelnen Jahrgangsstufen anhand verschiedener Indikatoren der Berufs- und Studienorientierung aufzeigen?

Die Gymnasiasten wurden wie beschrieben von der neunten bis zur zwölften Klasse wiederholt befragt. Die Themenschwerpunkte für die einzelnen Befragungen standen dabei in Abhängigkeit zu den Vorgaben des Lehrplans und der zeitlichen (Unterrichts-)Planung durch die Lehrkraft. So fand sich das Schwerpunktthema „verpflichtendes Schülerbetriebspraktikum“ lediglich in der neunten Jahrgangsstufe wieder, weil dies die einzige Klassenstufe war, in welcher die Studienteilnehmer diese Praxiserfahrung machten. Gleichzeitig wurde in der neunten Jahrgangsstufe auf Themen, welche sich auf spürbare Entwicklungen seit dem unmittelbar vorherigen Schuljahr oder etwa ein mögliches Hochschulstudium beziehen, verzichtet, da zum Zeitpunkt der Befragung der Neuntklässler noch keinerlei Maßnahmen der Schule zur gezielten Berufs- bzw. Studienorientierung stattgefunden haben und die Jugendlichen zeitlich noch sehr weit von der Hochschulreife entfernt waren. Dementsprechend wäre eine fundierte Beantwortung der Fragen nicht möglich gewesen.

FF 1.1 Nehmen die Schüler von der zehnten Jahrgangsstufe bis zum Abitur Entwicklungsschritte bezüglich der eigenen Berufsorientierung wahr?

Zunächst wurden die Gymnasiasten der zehnten, elften und zwölften Jahrgangsstufe gefragt, ob sie das Gefühl hatten, dass sich seit dem jeweils letzten Schuljahr bei Ihnen etwas in Sachen Berufsorientierung (bzw. ab der elften Jahrgangsstufe Berufs- und Studienorientierung) verändert hat. Die Antwort „Nein“ wurde mit der Variable 0 codiert, „Ja“ mit der Variable „1“. In der zehnten Jahrgangsstufe (n = 53) gaben 49 % der befragten Jugendlichen an, eine Veränderung in Sachen Berufsorientierung verspüren zu können. In der elften Jahrgangsstufe (n = 42) waren es 60 %. Als Zwölftklässler (n = 41) gaben die Schüler zu 71 % an, eine Veränderung seit dem letzten Schuljahr bemerken zu können.

FF 1.1.1 Welche Entwicklungen können die Schüler seit der jeweils letzten Jahrgangsstufe feststellen?

Zusätzlich sollten diejenigen Gymnasiasten, welche jeweils Entwicklungen bei sich selbst verspüren konnten, anhand verschiedener Aussagen durch Ankreuzen angeben, welche der beschriebenen Veränderungen auf sie zutrafen oder eben nicht. Erneut wurde eine Ablehnung mit der Variable 0 codiert, eine Zustimmung mit der Variable 1.

Tabelle 14: Wahrgenommene Veränderungen in Bezug auf die Beruforientierung bei Schülern seit der jeweils vorangegangenen Jahrgangsstufe. (Mehrfachnennungen möglich)

Aussage	**JS**	**n**	**Zustimmung in %**
"Ich weiß jetzt genauer, welchen beruflichen Weg ich einschlagen möchte"	10	26	54
	11	25	60
	12	29	59
"Ich weiß jetzt besser Bescheid, an wen ich mich bei Fragen zur Berufswahl wenden kann."	10	26	27
	11	25	60
	12	29	59
"Ich wurde in der Schule angeleitet, mich noch intensiver damit auseinanderzusetzen."	10	26	15
	11	25	12
	12	29	7

Im Zusammenhang mit letzterer Aussage zur Anleitung in der Schule wurde zusätzlich durch ein entsprechendes Freitextfeld erfragt, in welchem Schulfach bzw. in welchen Schulfächern diese Anleitung erfolgte. Unter den Fächern wurden in der zehnten Jahrgangsstufe „Biologie" (n = 1), „Chemie" (n = 1) sowie „Geschichte, Religion" (n = 1) genannt. Ein Schüler gab an, sich „beim Fächer ablegen" damit auseinandergesetzt zu haben. In der elften Jahrgangsstufe wurde Anleitung in den Fächern „Kunst" (n = 1), „Wirtschaft, Informatik, Englisch" (n = 1) sowie im

„P-Seminar“ (n = 1) genannt. In der zwölften Klasse gaben Schüler an, in „Deutsch, Englisch“ (n = 1) und im „P-Seminar“ (n = 1) angeleitet worden zu sein.

Unter „Sonstiges“ gaben in der zehnten und zwölften Jahrgangsstufe jeweils drei Gymnasiasten zusätzliche Veränderungen an, in der elften Jahrgangsstufen waren es vier. Die Angaben waren ganz unterschiedlicher Art, weshalb keine Kategorisierung vorgenommen wurde. Die vollständige Liste an erteilten Antworten kann einschließlich deren Zuordnung nach Fallnummern im Anhang 3a eingesehen werden. Eine Auswahl lautete:

„das Praktikum hat geholfen“, 10. Klasse.
„mehr Interesse an Information“, 10. Klasse.
„Ich konnte Berufsfelder ausgrenzen“, 11. Klasse.
„Ich weiß genauer, welchen beruflichen Weg ich nicht einschlagen möchte“, 11. Klasse.
„Die Selbsteinschätzung und Orientierung in Berufs-Dingen hat sich durch Informationstage wie die UNI-tage stark geändert“, 12. Klasse.
„weitere Optionen neben meinem Wunschstudium (z. B. Ausbildungen etc.)“, 12. Klasse.

FF 1.1.2 Woran liegt es nach Einschätzung der Schüler, falls in den einzelnen Jahrgangsstufen keine Entwicklungsschritte bezüglich der persönlichen Berufsorientierung festgestellt werden konnten?

Diejenigen Schüler wiederum, welche angaben, bei sich selbst keine Veränderungen seit dem jeweils letzten Schuljahr ausmachen zu können, sollten anhand verschiedener Aussagen durch Ankreuzen benennen, ob die beschriebenen Gründe auf sie zutrafen oder nicht. Die Codierung erfolgte analog zu obiger Fragestellung mit 0 für Ablehnung und 1 für Zustimmung. Die Ergebnisse werden ebenfalls tabellarisch dargestellt.

Neben den zur Auswahl stehenden Antwortmöglichkeiten gaben jedes Jahr jeweils sieben Schüler auch selbst formulierte Antworten unter „Sonstiges“ an. Dabei lautete die Angabe in insgesamt 20 von 21 Fällen sinngemäß, dass der Berufswunsch der Studienteilnehmer bereits im jeweils vorherigen Jahr festgestanden hätte und eine Veränderung daher auch nicht erwünscht gewesen oder bewusst verfolgt worden wäre.

Tabelle 15: Gründe, falls seit der vorangegangenen Jahrgangsstufe keine Entwicklungsschritte bezüglich der persönlichen Berufsorientierung festgestellt werden konnten.
(Mehrfachnennungen möglich)

Aussage	JS	n	Zustimmung in %
"Ich habe seit dem letzten Schuljahr nicht mehr darüber nachgedacht."	10	27	7
	11	17	0
	12	12	0
"Ich habe mich zwar mit der Berufs- und Studienwahl beschäftigt, bin aber noch zu keinem Ergebnis gekommen."	10	27	56
	11	17	47
	12	12	17
"Die Schule hat mich nicht mehr weiter angeleitet, mich damit zu beschäftigen."	10	27	30
	11	17	12
	12	12	17

Die vollständige Aufstellung der Antworten findet sich im Anhang 3b. Eine Auswahl lautete:

„Ich habe nachgedacht und bin zum gleichen Ergebnis gekommen.“, 10. Klasse.
„Man weiß nicht, ob das eine wichtige Angelegenheit ist, denn man hört von außen, dass es wichtig ist.“, 10. Klasse.
„Ich habe die Studienwahl schon vor der 11. Klasse getroffen.“, 11. Klasse.
„Ich habe schon lange einen festen Plan & Berufswunsch“, 11. Klasse.
„Mein Wunsch besteht schon seit mehreren Jahren.“, 12. Klasse.
„Meine Studienwahl stand schon in der 10. fest, seitdem keine Veränderungen, trotz zahlreicher schulischer & außerschulischer Berufsorientierungsmöglichkeiten.“, 12. Klasse.

FF 1.2 Was denken die Neuntklässler über das verpflichtende Betriebspraktikum vor bzw. nach dessen Durchführung?

Die Neuntklässler wurden sowohl kurz vor als auch unmittelbar nach der Durchführung des verpflichtenden Betriebspraktikums befragt.

FF 1.2.1 Wie bewerten die Neuntklässler vor der Durchführung des Betriebspraktikums dessen verpflichtenden Charakter grundsätzlich?

Noch vor der Ableistung des Schülerbetriebspraktikums sollten die Schüler (n = 58) die grundsätzliche Verpflichtung, ein Schülerbetriebspraktikum abzuleisten, bewerten. Die Frage lautete „Wie findest Du diese Verpflichtung ein Betriebspraktikum abzuleisten grundsätzlich?“. Anhand einer Antwortskala vom Likert-Typ mit äquidistanten Antwortmöglichkeiten gaben die Neuntklässler ihre Bewertung ab. 86 % der Neuntklässler fanden die Verpflichtung „gut“ (codiert mit Wertelabel 4), 14 % fanden sie „eher gut“ (Wertelabel 3). Keiner der befragten Gymnasiasten hingegen empfand die Verpflichtung zum Schülerbetriebspraktikum als „eher schlecht“ (Wertelabel 2) oder „schlecht“ (Wertelabel 1).

FF 1.2.2 Welche positiven bzw. negativen Erwartungen haben die Schüler an das Betriebspraktikum im Vorfeld?

Weiterhin wurden die baldigen Schülerpraktikanten gefragt, welche positiven bzw. negativen Erwartungen sie an diese Praxiserfahrung hatten. Es wurden im Fragebogen keine Antwortkategorien vorgegeben, die Nennung mehrerer positiver wie auch negativer Erwartungen war also möglich. Die jeweils erteilten Antworten wurden im Anschluss an die Befragung kategorisiert. Eine Auswahl an Antworten auf die offengestellte Frage „Welche positiven bzw. negativen Erwartungen hast Du bezüglich des Pflichtpraktikums im Juli?“ ist jeweils unten dargestellt.

Positive Erwartungen (a)

56 der 58 befragten Neuntklässler machten Angaben zu ihren persönlichen positiven Erwartungen bezüglich des bevorstehenden Schülerbetriebspraktikums im Juli 2016. Die beiden häufigsten Antworten auf die Frage nach positiven Erwartungen an das Praktikum waren mit 22 Nennungen sinngemäß das Sammeln von Erfahrungen sowie mit 21 Nennungen das Kennenlernen eines Arbeitsalltags. 14 Schüler erwarteten sich das Kennenlernen eines Berufes. Etwas Neues zu lernen bzw. zu machen versprachen sich insgesamt ebenfalls 14 Schüler. 14 Befragte erwarteten sich Hilfe bei der späteren Berufswahl. Drei Schüler nannten auch „Spaß“ als positive Erwartung. Die vollständige Liste der Antworten findet sich im Anhang 3c.

„neue Erfahrung, Arbeitsgefühl kennenlernen, Ich habe generell ein großes Interesse so schnell wie möglich Geld zu verdienen“, 9. Klasse.

„Ich möchte zum Ende des Praktikums wissen ob ich für den Job geeignet wäre“, 9. Klasse.
„eventuelle Hilfe für die Entscheidung des Berufes, Herausfinden ob die Arbeit der Angestellten angenehm für sie selbst ist.“, 9. Klasse.
„etwas anderes als den Schulalltag“, 9. Klasse.
„Neue Leute kennenlernen, über einen Betrieb informiert sein, wie es ‚läuft‘“, 9. Klasse.
„lernen von ‚Büro‘umfeld, Umgehen mit längeren Arbeitszeiten, erkennung, wo meine Stärken liegen & meine Schwächen, Verhaltensweise von Kollegen“, 9. Klasse.

Negative Erwartungen (b)
Von den 58 befragten Neuntklässlern hatten 15 Schüler nach eigener Aussage keine negativen Erwartungen hinsichtlich des bevorstehenden Betriebspraktikums. 14 befürchteten eine Überforderung, zehn Teilnehmer eine Unterforderung. In letzteren Fällen wurde auch mehrfach die Erfüllung des Klischees zur Erledigung von Praktikantentätigkeiten wie Kaffeekochen und/oder Reinigungsarbeiten als Sorge genannt. Sieben zukünftige Praktikanten hatten Bedenken, ob sie Probleme mit Kollegen oder den Vorgesetzten bekommen könnten, sechs sorgten sich, dass ihnen die Arbeit am Praktikumsplatz nicht gefallen könnte. Sämtliche Antworten können in Anhang 3d eingesehen werden. Beispielantworten lauteten:

„Arbeiten wie Kaffee holen oder Putzen, also das sich die Klischees bewahrheiten“, 9. Klasse.
„evtl. Stress, Erwartungsdruck, man wird sozusagen ins kalte Wasser geschmissen“, 9. Klasse.
„Angemessene Kleidung bei warmen Wetter, dass man die gestellten Aufgaben nicht erledigen kann, unsympathische Mitarbeiter, dass man im Team nicht angenommen wird“, 9. Klasse.
„zunächst dass es etwas schwierig wird sich an die Arbeitszeiten zu gewöhnen (7 Stunden am Tag!)“, 9. Klasse.
„dass die positiven Erwartungen nicht eintreten“, 9. Klasse.
„Ich werde mich nur an den Beruf rantasten können, weil ich nur 1 Woche dabei sein werde und somit noch unerfahren zur richtigen Ausübung dieses Berufes bin“, 9. Klasse.
„nur oberflächlicher Kontakt mit dem Beruf (zu kurzes Praktikum)“, 9. Klasse.
„Mangel an der Sprache von meiner Seite“, 9. Klasse.

FF 1.2.3 Wie bewerten die Neuntklässler im Nachhinein ihre eigene Praktikumserfahrung anhand verschiedener Indikatoren?

56 Neuntklässler bewerteten ihre Praktikumserfahrung direkt nach dem Schülerbetriebspraktikum anhand verschiedener Aussagen mittels einer Antwortskala vom Likert-Typ (in Klammern das jeweilige Wertelabel zu den äquidistanten Antwortmöglichkeiten) „Stimmt nicht (Wertelabel 1) – Stimmt eher nicht (2) – Stimmt eher (3) – Stimmt voll (4)" zu bewerten.

Tabelle 16: Bewertung der Praktikumserfahrung direkt nach dem Schülerbetriebspraktikum anhand verschiedener Aussagen.
Prozentwerte summieren sich aufgrund deren Rundung teilweise nicht auf 100 %.

Aussage	**n**	**Stimmt nicht (1) in %**	**Stimmt eher nicht (2) in %**	**Stimmt eher (3) in %**	**Stimmt voll (4) in %**	**M**	**SD**
„Ich denke, dass meine Praktikumswahl richtig war."	56	14	16	32	38	2,93	1,06
"Das Praktikum hat mir Spaß gemacht"	56	13	14	29	45	3,05	1,05
„Ich denke, die mir übertragenen Aufgaben waren für eine/n Schüler-praktikantin/en angemessen."	56	9	13	34	45	3,14	0,96
„Ich fühlte mich in dem Betrieb gut betreut."	56	14	4	27	55	3,23	1,06
„Das Praktikum ist so abgelaufen, wie ich es mir vorher vorgestellt habe."	55	7	31	44	18	2,73	0,85
„Ich habe das Gefühl, dass das Praktikum für mich sinnvoll war."	56	13	18	25	45	3,02	1,07

Die dargestellten Ergebnisse wurden zusätzlich für die Auswertung zu Forschungsfrage 3.5 benötigt, da mit ihrer Hilfe die zusätzliche Variable „Praktikumsbewertung" gebildet wurde (siehe Kapitel 5.2.3.1).

FF 1.2.4 Welche Ratschläge geben die Gymnasiasten anderen Jugendlichen bezüglich des Betriebspraktikums?

Ebenfalls im direkten Anschluss an das abgeleistete Schülerbetriebspraktikum wurden die Neuntklässler (n = 56) gefragt, welche Ratschläge sie den Schülern des nächsten Jahrgangs für ein erfolgreiches Praktikum geben würden. Es wurden keine Antwortmöglichkeiten vorgegeben. Mit großem Abstand am häufigsten wurde von insgesamt 25 Gymnasiasten eine gut überlegte Praktikumswahl empfohlen. Jedoch gingen die teilweise ebenfalls empfohlenen Kriterien (z. B. Betriebsgröße) für eine geschickte Wahl sehr weit auseinander, wie sich den untenstehenden Ankerbeispielen entnehmen lässt. 15 Untersuchungsteilnehmer empfahlen dem nächsten Jahrgang, sich frühzeitig um einen Praktikumsplatz zu bemühen, zwölf fanden es vorteilhaft, sich während des Praktikums motiviert zu zeigen und aktiv einzubringen. Fünf Gymnasiasten rieten den anderen Jugendlichen, sich wegen des Praktikums keine Sorgen zu machen oder nicht ängstlich zu sein. Im Folgenden sind einige Beispiele der Schülerantworten gelistet. Sämtliche Antworten können im Anhang 3e eingesehen werden.

„Wenn man sich an die Ratschläge hält, die im Unterricht gegeben werden, sollte nichts schief gehen", 9. Klasse.
„Immer nachfragen, nicht zimperlich sein und mitanpacken. Und das Praktikum nicht einfach so auswählen, sondern sich Gedanken machen", 9. Klasse.
„Dass sie ein größeres Betrieb wählen, denn dann wirds spannender und man kann viel mehr sehen und erfahren", 9. Klasse.
„immer pünktlich kommen, immer freundlich sein, so viel wie möglich mitnehmen und machen, den richtigen Praktikumsplatz aussuchen, mit einer positiven Einstellung hingehen", 9. Klasse.
„sie sollen auf jeden Fall frühzeitig (Anfang des Schuljahres) eine Praktikumsstelle anfangen zu suchen und sich Gedanken darüber machen, was sie beim Praktikum erwartet", 9. Klasse.
„Wirklich das zu nehmen was einen wirklich interessiert und nicht das zu nehmen, was nach der eigenen Meinung ‚einfach' ist oder zu faul ist, sich irgendwo anders zu bewerben", 9. Klasse.

„Sie sollten sich schon sehr früh um einen Platz kümmern. Außerdem empfehle ich ihnen mittelgroße Unternehmen, weil sie da am meisten lernen", 9. Klasse.
„Sie sollen etwas suchen, das klein ist, aber einen Praktikanten aufnimmt, dann bekommt man auch bessere Aufgaben", 9. Klasse.

FF 1.3 Wie bewerten die Schüler in den Jahrgangsstufen neun bis zwölf ihren eigenen Wissensstand in Sachen Berufsorientierung?

Der Wissensstand der Schüler zum Thema Berufsorientierung wurde in den einzelnen Jahrgangsstufen anhand der Bewertung der Aussage „Ich habe schon genaue Vorstellungen bezüglich meiner beruflichen Zukunft" abgefragt. Zur Bewertung wurde erneut eine Skala vom Likert-Typ mit den als äquidistant angesehenen Antwortkategorien „Stimmt gar nicht (Wertelabel 1) – Stimmt eher nicht (2) – Stimmt eher (3) – Stimmt voll (4)" herangezogen. Die Ergebnisse sind in Abbildung 19 ersichtlich.

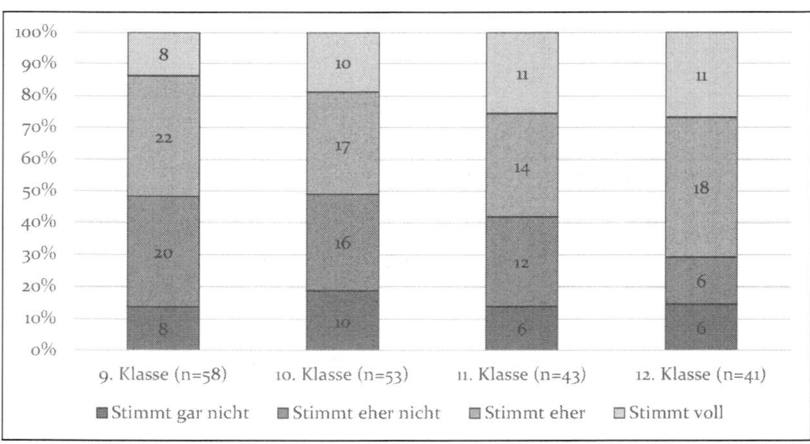

Abbildung 19: Häufigkeiten der Antworten bei der Bewertung der Aussage „Ich habe schon genaue Vorstellungen bezüglich meiner beruflichen Zukunft" durch die Schüler in den Jahrgangsstufen 9 bis 12.

In der neunten Jahrgangsstufe (n = 58) stimmte etwas über die Hälfte der befragten Jugendlichen der Aussage eher bzw. voll zu. In der zehnten Klasse (n = 53) stieg der Anteil derer, welche gar keine Vorstellung bezüglich der eigenen beruflichen Zukunft hatten, leicht an. Erst mit Eintritt in die Qualifikationsstufe sank der Anteil der Jugendlichen, welche die Aussage (eher) ablehnten auf ca. 42 % in der elften Klasse (n = 43) und schließlich auf ca. 30 % in der zwölften Klasse (n = 41).

FF 1.4 Wie denken die Zehntklässler über den gemeinsamen Besuch im Berufsinformationszentrum?

Direkt im Anschluss an den Besuch im BiZ der Bundesagentur für Arbeit in Nürnberg wurden die 15 an der Studie teilnehmenden Zehntklässler, welche an diesem Unterrichtsgang teilnahmen, zu der Maßnahme befragt. Die Antwortskala vom Likert-Typ ging von „Ja“ (Wertelabel 1) über „Eher ja“ (Wertelabel 2), über „Eher nein“ (Wertelabel 3) bis „Nein“ (Wertelabel 4), wobei Äquidistanz unterstellt wurde. Außerdem wurden die Befragten gebeten, ihre Antworten zu begründen.

FF 1.4.1 Haben die Zehntklässler das Gefühl, dass ihnen der BiZ-Besuch bei ihrer Berufsorientierung geholfen hat?

Auf die Frage, ob ihnen der BiZ-Besuch bei ihrer Berufsorientierung geholfen habe, antworteten zwei der Befragten (n = 13) mit „Ja“ (Wertelabel 1), ein Schüler mit „Eher ja“ (Wertelabel 2). Sieben Jugendliche meinten „Eher nein“ (Wertelabel 3), drei Teilnehmer antworteten mit „Nein“ (Wertelabel 4). Bei den ebenfalls abgefragten Begründungen ihrer jeweiligen Antwort gaben drei Schüler an, dass ihr Berufswunsch schon vor dem Besuch im BiZ feststand und daher keine Hilfe notwendig gewesen sei. Zwei Schülern wurde geholfen, indem sie Informationen zu ihrem Wunschberuf erhielten. Fünf Schüler waren der Ansicht, dass die besuchte Veranstaltung im BiZ und die anschließende Arbeit mit den Selbsterkundungstools vor Ort nicht weit genug führten, um eine Hilfe bei der Berufswahl zu sein. Beispielhaft sind im Folgenden einige Antworten gelistet, die vollständige Aufstellung ist im Anhang 3f zu finden.

„Ja, ich habe durch einen Artikel über den Beruf den ich später ausüben möchte, über verschiedene Spezialisierungen gelesen, der Artikel hat mir geholfen mich mehr auf ein Themengebiet festzulegen.“, 10. Klasse.
„Ja, ich bin mir sicherer in meiner Berufswahl geworden und weiß was ich dafür machen muss, um dies zu erreichen.“, 10. Klasse.
„Eher ja, da ich einige Dinge ausschließen konnte die mich nicht interessieren“, Schüler.

„Eher nein, weil ich nur einen kurzen Test gemacht habe, der mir keinen Beruf vorgeschlagen hat, der mir gefällt.“, 10. Klasse.
„Eher nein, weil ich schon ungefähr weiß in welche Richtung ich gehe.“, 10. Klasse.
„Nein. Ich will nach wie vor Programmiererin werden. Der BiZ-Besuch hat den Wunsch weder verstärkt noch abgeschwächt.“, 10. Klasse.

FF 1.4.2 Denken die Zehntklässler, dass sie das BiZ in ihrer Freizeit erneut besuchen werden?

Die Zehntklässler wurden außerdem gefragt, ob sie das BiZ in ihrer Freizeit erneut besuchen werden. Keiner der Befragten (n = 14) konnte sich zum Befragungszeitpunkt einen weiteren Besuch sicher vorstellen (Antwort „Ja“, Wertelabel 1). Zehn Teilnehmer antworteten auf die Frage mit „Eher ja“ (Wertelabel 2). Drei Jugendliche konnten sich eher nicht vorstellen, die Einrichtung erneut aufzusuchen („Eher nein“, Wertelabel 3). Ein Schüler war sich sicher, das BiZ in seiner Freizeit nicht wieder zu besuchen („Nein“, Wertelabel 4). Die Begründungen waren dabei vielfältig, weshalb auf eine Kategorisierung verzichtet wurde. Die vollständige Liste ist im Anhang 3g einsehbar. Beispielhaft sollen einige genannt werden. Sie lauteten:

„Eher Ja da man dort viele Information über verschiedene Berufe bekommen kann und ich mich dort auch beraten lassen kann.“, 10. Klasse.
„Eher ja, wenn es soweit ist, dass ich ein Studienfach wählen muss“, 10. Klasse.
„Eher ja, weil ich keinen Plan habe, was ich werden will.“, 10. Klasse.
„Eher ja, denn wenn man einen genauen Berufswunsch hat, kann man sich noch einmal in Ruhe alles ansehen und durchlesen.“, 10. Klasse.
„Eher nein, da ich schon relativ genaue Vorstellungen für meine berufliche Zukunft habe und in der Hinsicht keine Hilfe derart brauche.“, 10. Klasse.
„Nein, weil es mir nichts bringen wird. Ich kann alles auch zuhause machen, ohne die eklige Tastatur.“, 10. Klasse.

FF 1.5 Inwieweit nutzen die Schüler in den Jahrgangsstufen neun bis zwölf verschiedene Informationsangebote privat?

Die Schüler wurden alljährlich gefragt, ob sie sich über berufliche Möglichkeiten (Mittelstufe) bzw. Berufs- und Studienangebote (Oberstufe) informiert haben. Die Antwort „Nein“ wurde mit 0 codiert, „Ja“ mit 1. In der neunten Jahrgangsstufe (n = 58) gaben 64 % der befragten Gymnasiasten an, Informationsangebote zum Thema zu nutzen. In der zehnten Jahrgangsstufe erhöhte sich der Anteil der sich aktiv informierenden Jugendlichen auf 75 %. In der elften Jahrgangsstufe gaben 86 % die private Nutzung von Informationsangeboten an, in der zwölften Klasse waren es 93 %.

Welche Informationsangebote dabei genutzt wurden, wurde durch Ankreuzen verschiedener Antwortmöglichkeiten abgefragt. Die Ergebnisse sind in Abbildung 20 dargestellt. In der neunten und zehnten Jahrgangsstufen wurde auf die Antwortmöglichkeit „Universität/Hochschule“ bewusst verzichtet, da die Einrichtungen für diese Altersklasse kaum Angebote vorsehen. Außerdem sollte vermieden werden, dass der Eindruck entstand, eine Information sei in der Mittelstufe bereits notwendig gewesen.

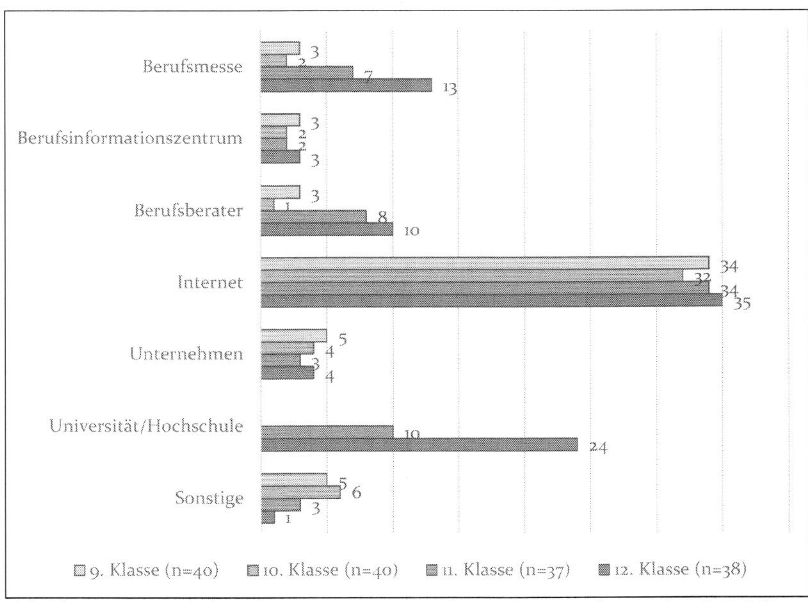

Abbildung 20: Häufigkeit der Nutzung von Informationsangeboten durch Schüler, welche sich privat informierten.
(Mehrfachnennungen möglich)

Verschiedene Beispiele für die unter „Sonstige“ geleisteten Antworten sind im Folgenden gelistet. Die vollständige Liste ist in Anhang 3h zu finden.

„Boys'Day“, 9. Klasse.
„Freundin mit Abitur“, 10. Klasse.
„Studenten“, 11. Klasse.
„diverse Veranstaltungen für chemisch Interessiere“, 12. Klasse.

FF 1.6 Wie beurteilen die Schüler während der elften und zwölften Jahrgangsstufe ihre beruflichen Handlungsmöglichkeiten nach dem Abitur?

Nach Abschluss der Schullaufbahn mit dem Abitur stehen den Jugendlichen zumindest auf den ersten Blick nahezu alle beruflichen Wege offen. Ob die Gymnasiasten dies am Ende der gymnasialen Laufbahn genauso sehen und für sich erkennen, sollte ebenfalls in der vorliegenden Forschungsarbeit untersucht werden.

FF 1.6.1 Fühlen sich die jungen Erwachsenen am Ende der gymnasialen Laufbahn bereit für ein Studium?

Sowohl in der elften als auch in der zwölften Klasse wurden die Gymnasiasten gefragt, ob sie das Gefühl hatten, theoretisch bereit zu sein, direkt nach dem Abitur im Jahr 2019 ein Studium aufnehmen zu können. Die Antwortmöglichkeiten lauteten „Nein“ (Wertelabel 0) und „Ja“ (Wertelabel 1). In der elften Klasse ($n = 43$) fühlten sich 60 % für diesen beruflichen Weg bereit. In der zwölften Jahrgangsstufe ($n = 40$) waren es 73 %. Folgende Hypothese wurde formuliert:

Die Bereitschaft der Schüler zur Aufnahme eines Studiums unterscheidet sich von der elften zur zwölften Klasse.

Zur Überprüfung der Hypothese wurde mithilfe des Statistik-Programms PSPP der McNemar-Test herangezogen. Dieser wurde aufgrund der vorhandenen zwei Testzeitpunkte und der binären Skalierung der Testvariablen als sinnvoll erachtet. Der Test ergab einen Signifikanzwert von $p = 0{,}18$ (zweiseitig getestet, $n = 35$), womit der Unterschied zwischen der elften und zwölften Jahrgangsstufe aufgrund des standardmäßigen Niveaus von $\alpha = 0{,}05$ als nicht signifikant erachtet wird.[648] Die Hypothese kann somit nicht bestätigt werden.

FF 1.6.2 Fühlen sich die jungen Erwachsenen am Ende der gymnasialen Laufbahn bereit für eine Ausbildung?

Analog zur vorherigen Forschungsfrage wurden die Schüler auch gefragt, ob sie sich bereit fühlen, nach dem Abitur 2019 eine Ausbildung beginnen zu können. In der elften Klasse ($n = 43$) bejahten 44 % der Teilnehmer die Frage. In der zwölften Jahrgangsstufe ($n = 39$) waren es ebenfalls 44 %. Die formulierte Hypothese lautet:

Die Bereitschaft der Schüler zur Aufnahme einer Ausbildung unterscheidet sich von der elften zur zwölften Klasse.

Zur Überprüfung wurde erneut aus bereits genannten Gründen mithilfe der PSPP-Software der McNemar-Test herangezogen. Der Test ergab aufgrund des erneut herangezogenen Standardniveaus von $\alpha = 0{,}05$ keinen signifikanten Unterschied zwischen den beiden Jahrgangsstufen (zweiseitig getestet: $p = 1{,}0$, $n = 34$).[649] Die Hypothese kann also nicht bestätigt werden, eine statistisch signifikante Veränderung von der elften bis zur zwölften Jahrgangsstufe konnte nicht nachgewiesen werden.

FF 1.7 Haben die Schüler der Jahrgangsstufen zehn bis zwölf das Gefühl, sie hätten in der jeweiligen Jahrgangsstufe besser von der Schule auf ihre Berufs-/Studienwahl vorbereitet werden müssen?

Um zu überprüfen, ob die Schüler die Möglichkeit der unzureichenden Berufswahlvorbereitung (siehe Kapitel 5.2.1.2) für sich selbst bestätigen, wurden sie um ihre Einschätzung gebeten, ob sie das Gefühl haben, dass sie in der jeweiligen Jahrgangsstufe von der Schule besser auf ihre Berufs- und Studienwahl hätten vorbereitet werden müssen. Die Antwortmöglichkeiten lauteten abermals „Nein" (Wertelabel 0) und „Ja" (Wertelabel 1). In der zehnten Jahrgangsstufe ($n = 50$) waren es noch 64 % der Teilnehmer, welche eine bessere Vorbereitung erwartet hätten. In der elften Jahrgangsstufe ($n = 43$) waren es 44 %, in der zwölften Klasse

[648] Kuckartz, Rädiker, Ebert, Schehl (2013): S. 149.
[649] Ebenda.

(n = 40) gaben 30 % der Befragten an, dass sie das Gefühl haben, sie hätten im laufenden Schuljahr von der Schule besser auf die Berufs- bzw. Studienwahl vorbereitet werden müssen.

5.2.1.2 Diskussion

Anhand der Antworten der Schüler auf die Frage, ob sie denn seit dem jeweils letzten Schuljahr eine Veränderung in Sachen Berufsorientierung feststellen konnten, lässt sich erkennen, dass mit zunehmendem Alter der Gymnasiasten auch ein höheres Maß an spürbaren Entwicklungen einherging. Jedoch wussten die Gymnasiasten über die Dauer der Befragung hinweg nicht zwingend genauer, welchen beruflichen Weg sie nach dem Schulabschluss einschlagen möchten. Stattdessen ging der prozentuale Anteil derjenigen Schüler, welche sich ihrer weiteren Schritte sicherer waren, von der elften bis zur zwölften Klasse leicht zurück. Möglicherweise lässt sich dies damit begründen, dass das nahende Abitur und die damit unmittelbar anstehende Entscheidung sie zur intensiveren Auseinandersetzung mit der Thematik zwang und die Jugendlichen dabei eventuelle Informationsdefizite feststellten. Ein weiterer denkbarer Erklärungsansatz ist die Verwirrung durch ein quantitativ zu umfangreiches Angebot an schulischen Maßnahmen. Ab dem Einstieg in die Qualifikationsstufe fanden intensive, seminarspezifische sowie zentral koordinierte Maßnahmen in den Projekt-Seminaren statt, welche durch das umfangreiche Angebot der Einzelberatung durch die Bundesagentur ergänzt wurden. Den Gymnasiasten wurde somit ein sehr breites Angebot an Möglichkeiten für die Zeit nach der Schule präsentiert, welches ihnen zuvor vielleicht gar nicht bewusst gewesen ist. Gleiches gilt für die Befragten, welche nach eigenen Angaben besser Bescheid wussten, an wen sie sich bei Fragen zur Berufswahl hätten wenden können. Dieser Wert stieg lediglich am Übergang von der zehnten Klasse in die Oberstufe deutlich an. Man könnte vermuten, dass dies auch auf zunehmende Maßnahmen seitens der Schule zur Berufs- und Studienorientierung in der Qualifikationsphase zurückzuführen wäre. Jedoch gab in allen hierzu befragten Jahrgangsstufen ein nur geringer Teil der Schüler an, von der Schule angeleitet worden zu sein, sich noch intensiver mit der Thematik auseinanderzusetzen. Für die Autorin ist folglich fraglich, warum vor allem in der Qualifikationsstufe, also während bzw. nach der Durchführung der Maßnahmen zur Berufs- und Studienorientierung im Projekt-Seminar, ein so großer Teil der befragten

Schüler, welche Veränderungen in Sachen Berufs- und Studienorientierung verspüren konnten, nicht bestätigte, diese Entwicklung auf schulische Anleitung zurückführen zu können. Dies könnte zum einen daran liegen, dass die Schüler die Maßnahmen nicht als Anleitung zur Selbsthilfe verstanden, sondern als reine Informationsveranstaltung. Münden diese verständlicherweise nicht direkt in eine konkrete Berufswahl, könnte die beabsichtigte Wirkung bei den Jugendlichen verpuffen und die Schüler eben nicht zu weiterem notwendigem Handeln veranlassen. Eine weitere mögliche Erklärung ist, dass die Schüler zwar das Gefühl gehabt haben könnten, angeleitet worden zu sein, dies aber unter Umständen nicht mit den von ihnen wahrgenommenen Entwicklungen verbinden konnten.

In der zehnten Jahrgangsstufe gaben lediglich 7 % der befragten Gymnasiasten, welche bei sich selbst keine Veränderungen feststellen konnten, an, seit dem letzten Schuljahr nicht mehr über das Thema Berufswahl nachgedacht zu haben. In der Qualifikationsstufe gaben ausnahmslos alle Jugendlichen an, sich mit dem Thema auseinandergesetzt zu haben. Dies ist vermutlich auf die sich ständig wiederholende Konfrontation mit der Thematik durch die Schule und auch auf Nachahmung der Mitschüler zurückzuführen. Dabei ging auch der Anteil derer zurück, welche sich zwar mit der Berufs- und Studienorientierung auseinandergesetzt haben, jedoch noch zu keinem Ergebnis gekommen sind, vor allem bis zur zwölften Klasse stark zurück. Die Bemühungen der Schule wurden offensichtlich von denjenigen Befragten, welche angaben, keine Entwicklungen festgestellt zu haben, durchaus zur Kenntnis genommen. Vor allem in der elften Jahrgangsstufe, in welcher die meisten Maßnahmen durchgeführt wurden, gaben nur wenige Gymnasiasten an, von der Schule nicht weiter angeleitet worden zu sein, sich mit der Domäne auseinanderzusetzen.

Insgesamt herrschte bei den Befragten im Vorfeld eine positive Grundstimmung gegenüber dem anstehenden Schülerbetriebspraktikum. Die am häufigsten genannten Vorfreuden zielten im Wesentlichen auf das Kennenlernen eines Arbeitsalltags und das Gewinnen von Erfahrungen ab. Die Autorin nimmt an, dass die Schüler froh um die anstehende Abwechslung waren und sich darauf freuten, sich als Mitglied der arbeitenden Bevölkerungsgruppe erwachsener zu fühlen. Dass der Spaß bei nur wenigen der Befragten im Vordergrund stand, unterstreicht die Ernsthaftigkeit, mit der die Jugendlichen in die Praktikumsbetriebe gingen. Verständlich ist auch, dass einige der Gymnasiasten sich durch die Zeit im Unternehmen Hilfe bei der späteren Berufswahl versprachen. In Kapitel 3.2.5.2 vorgestellte Ergebnisse aus unterschiedlichen Studien lassen erahnen, dass diese Erwartung in vielen Fällen enttäuscht wird. Dies bedeutet jedoch nicht, dass das Betriebspraktikum dadurch an Sinnhaftigkeit für die Schüler verliert. Der generelle Einblick in die Berufswelt bleibt dennoch erhalten und bietet damit einen wichtigen Meilenstein des Berufswahlprozesses. Dies gilt auch im Falle der Erfüllung der negativen Erwartung, das Praktikum könnte den Gymnasiasten nicht gefallen. Die größten Sorgen bereitete den Schülern im Vorfeld jedoch die Befürchtung, das Praktikum könnte zu langweilig oder im Gegenteil zu anstrengend werden. Diese Erwartungen verdeutlichen die Unsicherheit, mit der viele Neuntklässler auf die anstehende Praxiserfahrung blickten. Sie haben eben häufig noch keine Vorstellung von den Arbeitsabläufen in den Unternehmen. Doch gerade das Aufzeigen derartiger Betriebsstrukturen, typischen Berufsaspekten und das Kennenlernen des Arbeitsalltags sind wichtige Ziele des Schülerbetriebspraktikums. Die Bewertung beispielsweise des Berufsbildes oder der Arbeitsbedingungen für die eigene Berufswahl ist ein weiterer Schritt im Berufswahlprozess, den es zu begleiten gilt. Im Nachhinein überwogen die positiven Berichte die negativen insgesamt deutlich. Die klare Mehrheit der befragten Gymnasiasten bewertete die abgefragten Determinanten positiv. Der Großteil der Unternehmen scheint auf die Betreuung der Schülerpraktikanten gut eingestellt gewesen zu sein und konnte den Schülern eine positive Praktikumserfahrung bescheren. Es konnte aufgrund begrenzter zeitlicher und personeller Kapazitäten nicht mit allen Betrieben im Vorfeld Kontakt durch die Schule aufgenommen werden. Auch haben sicherlich trotz des entsprechenden Hinweises durch die jeweilige Wirtschaft-Recht-Lehrkraft nicht alle Neuntklässler ihre Vorstellungen und Erwartungen den Praktikumsbetreuern mitgeteilt. Somit wurde auch nicht mit allen Beteiligten abgeklärt, welche Erwartungen die Schule, die Gymnasiasten bzw. das Unternehmen an das Praktikum hatten. Mögliche Diskrepanzen bezüglich dieser Aspekte können zu den eher negativen Erfahrungsberichten geführt haben. Eine wohlüberlegte und frühzeitige Auswahl des Praktikumsbetriebes durch die Schüler, wie sie auch von vielen der befragten Gymnasiasten empfohlen wurde, kann diese Problematik wohl nach den Erfahrungen der Schüler eindämmen. Vermutlich haben jedoch einige der Schüler im Nachhinein erkannt, dass sie ihre Auswahl früher und besser überlegt hätten treffen sollen. Der Rat, keine Sorgen oder gar Angst vor dem Praktikum zu haben, stimmt mit der insgesamt positiven Bewertung der Praktikumszeit überein. Offensichtlich haben auch einige Schüler die Erfahrung gemacht, die Zeit im Betrieb noch angenehmer gestalten zu können, indem sie sich aktiv einbrachten und beispielsweise übertragene Aufgaben motiviert und gewissenhaft erledigten.

In der Mittelstufe gab knapp die Hälfte der befragten Schüler an, nicht mindestens vage Vorstellungen bezüglich der eigenen beruflichen Zukunft zu haben. Dies ist für Gymnasiasten freilich nicht verwunderlich, da sie in der Regel bis zu diesem Zeitpunkt von außen kaum zielgerichteten Input erhalten haben, welche die Herausbildung derartiger Vorstellungen gefördert hätte. Der Schulabschluss und damit auch die berufliche Zukunft schienen für viele Schüler in weiter Ferne zu liegen, der Entscheidungsdruck war oft noch eher gering (vergleiche Ergebnisse zur Forschungsfrage 3.1 in Kapitel 5.2.3.1). Insgesamt konnte aber beobachtet werden, dass die Anzahl an Jugendlichen, welche konkrete Vorstellungen bezüglich ihrer beruflichen Zukunft hatten, über die Jahre deutlich ausgeweitet werden konnte. Die vielfältigen Maßnahmen der Schule, das Einwirken der Eltern und die Eigeninitiative der Schüler selbst scheinen also bei vielen zum Ziel einer Berufswahl geführt zu haben. Dennoch verblieben auch am Ende der Schullaufbahn noch ca. 30 % der Gymnasiasten, welche kaum bzw. keine konkreten Ideen für sich formulieren konnten. Es wurde deutlich, dass die Maßnahmen zur Berufs- und Studienorientierung bei einigen Schülern wenig gefruchtet haben und sie am Ende der zwölften Klasse immer noch nicht wussten, welchen Beruf sie gerne wählen möchten, um eine entsprechende betriebliche oder akademische Ausbildung zu beginnen. Dies ist möglicherweise auch darauf zurückzuführen, dass insbesondere bei der Aufnahme eines Studienganges der letztlich auszuwählende Beruf für viele zu Beginn der Ausbildung völlig im Unklaren liegt. Dieser Zustand hält oft sogar bis zum Ende des Studiums an.

Die Berufsinformationszentren der Bundesagentur für Arbeit können eine wichtige Anlaufstelle für Berufswähler sein. Doch weniger als ein Viertel der Befragten empfand den gemeinsamen Besuch im BiZ als hilfreich für die eigene berufliche Orientierung. Jedoch stellt sich auch die Frage nach der Zielsetzung des Besuchs im Klassenverband. Ein Gymnasiast, welcher die Schule mit dem Abitur abschließen möchte, verspürt in der zehnten Jahrgangsstufe verständlicherweise oft wenig oder noch gar keinen Entscheidungsdruck. Insofern sollte eher das Ziel im Blick behalten werden, dass die Schüler die Einrichtung des BiZ kennenlernen und so die Hemmschwelle, dieses bei Bedarf zu einem späteren Zeitpunkt erneut zu besuchen, gesenkt wird. Aus den Ergebnissen geht hervor, dass über 70 % der Befragten hierzu unter Umständen bereit wären. Wie viele Studienteilnehmer die Angebote des BiZ und andere Informationsangebote in den folgenden Jahrgangsstufen tatsächlich nutzten, wurde an anderer Stelle der vorliegenden Arbeit ebenfalls untersucht (siehe Forschungsfrage 1.5).

Die Ergebnisse zur Inanspruchnahme verschiedener Informationsangebote zeigen, dass die Schüler sich mit zunehmendem Alter auch verstärkt privat mit ihrer Berufs- und Studienwahl auseinandersetzten indem sie sich selbständig informierten. Vor allem das Internet und ab der elften Jahrgangsstufe auch Berufsberater, Berufsmessen und Universitäten/Hochschulen wurden dabei besonders häufig genutzt. Kontakte zu Universitäten und Hochschulen wurden in der neunten und zehnten Jahrgangsstufe nicht abgefragt, da die Institutionen in der Regel nur sehr wenige oder gar keine Angebote für diese Altersklasse bieten. Außerdem sind Gymnasiasten in diesem Alter noch sehr weit vom Abitur entfernt, ein Studium scheint daher für die Schüler noch recht abstrakt zu sein. Sehr beliebt waren diese Informationsquellen in der Qualifikationsphase. Die Schüler wurden dann auch verstärkt animiert, Berufsmessen zu besuchen und Termine bei der Berufsberatung der Bundesagentur für Arbeit zu vereinbaren. Für den Besuch von Berufsmessen und Informationsveranstaltungen der Friedrich-Alexander-Universität Erlangen-Nürnberg konnten sich die Oberstufenschüler vom Regel-Unterricht befreien lassen. Dies ist neben dem erhofften Informationsgewinn für einige Schüler erfahrungsgemäß auch eine gern genutzte Möglichkeit, um dem Unterrichtsalltag zu entfliehen. Es scheint auch wenig überraschend, dass das Internet für die befragten Schüler die beliebteste Informationsquelle war. Die Daten sind zu jeder Zeit und überall verfügbar. Als sogenannte „Digital Natives“[650] kennen sich die Jugendlichen gut mit dem Medium aus und fühlen sich sicher in dessen Verwendung. Neben persönlichen Ansprechpartnern bietet auch das BiZ der Bundesagentur für Arbeit einige Computerarbeitsplätze. Doch dessen Angebote fanden bei den befragten Schülern wenig Anklang. Möglicherweise ist dies darauf zurückzuführen, dass die Berufswähler der Ansicht waren, keine persönliche Ansprache zu benötigen. Dies würde sich auch mit der ver-

650 Wisdorff (2013): https://www.welt.de/wirtschaft/article119370856/Deutschlands-Jugend-strotzt-vor-Selbstbewusstsein.html, zuletzt aufgerufen am 20. Mai 2019.

gleichsweise geringen Inanspruchnahme des Angebotes der Berufsberatung decken. Die Gymnasiasten könnten auch der Ansicht gewesen sein, die PC-Arbeit genauso gut zu Hause erledigen zu können. Der Kontakt zu regionalen Unternehmen nahm bei den befragten Gymnasiasten mit zunehmendem Alter ab. Kontakte aus dem verpflichtenden Schülerbetriebspraktikum der neunten Klasse rückten in immer weitere Ferne. Nur wenige der Befragten leisteten in den folgenden Schuljahren zusätzliche freiwillige Praktika ab. Dementsprechend blieben wenige Berührungspunkte mit Betrieben. Eine Kontaktaufnahme zum Zwecke der Informationsgewinnung scheint für die meisten Schüler eine zu hohe Hürde gewesen zu sein.

Durch die Ergebnisse wird deutlich, dass die Gymnasiasten sich in der Oberstufe zu einem recht großen Anteil nicht bereit für die Aufnahme eines Studiums bzw. einer betrieblichen Ausbildung fühlten. Zumindest für ein Studium sahen sich in der zwölften Klasse mehr Schüler bereit als noch in der elften Klasse. Doch das Gefühl der Bereitschaft für eine Ausbildung wuchs über die Zeit der Qualifikationsphase nicht. Bis kurz vor dem Abitur fühlte sich nicht einmal die Hälfte der Befragten bereit für eine Ausbildung. Dies ist auch für Gymnasiasten insofern problematisch, als dass die Einschätzung zur persönlichen Berufswahlsituation und damit auch Überlegungen zum Wunschberuf bis zur zwölften Jahrgangsstufe oft instabil sind. Die vorliegende Untersuchung konnte dies anhand der erfragten Einschätzung zum Persönlichkeitstypus ebenfalls bestätigen (Forschungsfrage 3.3.1). Die Gymnasiasten können vorher also trotz angestrebter Hochschulreife oft nicht wissen, ob sie bevorzugt ein Studium oder eine Berufsausbildung beginnen möchten. Die schulische Berufs- und Studienorientierung sollte demnach möglichst in gleichem Maße auf beide Bildungswege vorbereiten. Die Ergebnisse können ferner dahingehend interpretiert werden, dass die Jugendlichen sich von der Schule verstärkt auf ein Hochschulstudium vorbereitet fühlten. Da die meisten Lehrkräfte selbst keine betriebliche Ausbildung abgeschlossen haben, können sie den Schülern diesbezüglich teilweise wenig Fachwissen vermitteln. Schulinterne Veranstaltungen mit hinzugezogenen außerschulischen Experten scheinen nicht ausgereicht zu haben. Gleiches galt (wenn auch in geringerem Maße) für die Entwicklung des Gefühls der eigenen Studierfähigkeit.

Gleichzeitig zu den oben dargestellten Ergebnissen zur Einschätzung der Handlungsfähigkeit scheint es, als nehme doch die Mehrheit der

Schüler die Bemühungen der Schule wahr – insbesondere in der Oberstufe. Etwas über zwei Drittel fanden in der zwölften Jahrgangsstufe die Vorbereitung auf die Berufs- und Studienwahl durch die Schule ausreichend. Aus den Ergebnissen lässt sich erneut schlussfolgern, dass der Einbezug externer Partner wünschenswert ist, insbesondere dann, wenn die Schule als Institution nicht mehr weiterhelfen kann. Die Schüler haben zu einem großen Teil keine weiteren Erwartungen an die Schule und dennoch teilweise Bedarf an Vorbereitungsmaßnahmen. Hier kann der wiederholte Hinweis auf externe Angebote wie Berufsmessen, BiZ oder die Berufsberatung der Bundesagentur oder auch die Kontaktaufnahme zu Unternehmen dienlich sein. Dies gilt umso mehr angesichts der oben dargestellten Ergebnisse zur teilweise geringen privaten Nutzung dieser Informationsquellen.

5.2.1.3 Konsequenzen für die Praxis

Die Ergebnisse zur Feststellung der durch die Schüler selbst (nicht) verspürten Entwicklungen können für Verantwortliche Anlass sein, die Maßnahmen und Kontakte zu schulinternen und -externen Fachleuten weiter auszubauen. Damit sind zum einen die Berufsberater der Bundesagentur für Arbeit gemeint, aber auch andere Institutionen wie Hochschulen, Unternehmen und weitere Kooperationspartner aus verschiedenen Branchen sowie private Initiativen und Netzwerkangebote. Offensichtlich ist den Gymnasiasten oft nicht bewusst, dass sie sich (auch selbständig) an diese wenden können, obwohl die Schule, an der die Befragung durchgeführt wurde, durchaus im Rahmen verschiedener Veranstaltungen in den P-Seminaren einige der genannten Kontaktpersonen vorgestellt hat. Auch die regelmäßige (Einzel-) Sprechstunde durch die Bundesagentur sollte demnach noch deutlicher beworben werden. In jedem Fall sollte jeder Gymnasiast den an seiner Schule tätigen Koordinator für Berufliche Orientierung kennen und diesen auch jederzeit ansprechen können. Ziel ist dabei die Schaffung kleinschrittiger, aber spürbarer Entwicklungen bei den Schülern.

Nur ein geringer Teil der befragten Schüler begründete selbst verspürte Veränderungen in Sachen Berufs- und Studienorientierung mit der Anleitung durch die Schule. Möglicherweise liegt dies daran, dass die Schüler zwar das Gefühl hatten, angeleitet worden zu sein, dies aber nicht mit den von ihnen wahrgenommenen Entwicklungen verbanden. Unter diesen Umständen würde es sich lediglich um ein Problem der „Etikettierung“ handeln, solange die Ziele der Bemühungen dennoch erreicht wurden. Durch deutlichere Kennzeichnung der Maßnahmen könnte man dies recht leicht beheben. Falls jedoch korrekt wäre, dass die Schüler die Maßnahmen zur Unterstützung des persönlichen Berufswahlprozesses nicht als solche wahrgenommen haben, so würde dies bedeuten, dass die Aktionen noch deutlicher als Anstrengungen, die Schüler zu einer individuellen, befriedigenden Berufswahl zu begleiten, wahrgenommen werden müssten. Ansonsten würden manche der Angebote vielleicht auf Ablehnung seitens der Schüler treffen. Hierbei wären individuellere Ansprachen anstatt kursübergreifender Plenumsveranstaltungen hilfreich. Ermöglicht werden kann dies durch eine Ausweitung der Kooperation vor allem mit der Bundesagentur für Arbeit und der Abfrage, für welche Berufe bzw. Studiengänge sich die einzelnen Jugendlichen besonders interessieren würden. Dies würde Rückschlüsse für die Auswahl weiterer externer Partner erlauben und die nicht zielführende Einladung von für die Schüler weniger interessanten Experten verhindern. Aufgrund eingeschränkter räumlicher, zeitlicher und personeller Kapazitäten scheint eine fächer- bzw. P-Seminar-übergreifende Arbeit sinnvoll zu sein. Schüler mit sehr ähnlichen Interessen könnten in Gruppen zusammengefasst werden und Unterstützung durch die gleichen Ansprechpartner erfahren. In jedem Fall ist zusätzlich zu den schulischen Maßnahmen verstärkt auf externe Angebote zu verweisen. Auch hier scheinen individualisierte Formen der Unterstützung sinnvoll, insbesondere wenn die schulischen Verantwortlichen an ihre (fachlichen) Grenzen kommen. Alle Gymnasiasten, welche an der Befragung teilgenommen haben und angaben, keine Veränderungen seit dem jeweils letzten Schuljahr verspürt zu haben, haben nach eigener Aussage in der Oberstufe zumindest über die eigene Berufswahl nachgedacht. Andererseits kamen vor allem in der zwölften Jahrgangsstufe viele jedoch gleichzeitig zu keinem Ergebnis. Die meisten fühlten sich allerdings von der Schule angeleitet. Hier wäre weiter zu untersuchen, weshalb die Schüler trotz eigener Anstrengungen und trotz Bemühungen seitens der Schule zu keinem Ergebnis kommen konnten. Daraus könnte dann wiederum abgeleitet werden, welche Bedürfnisse die Jugendlichen haben, welche von den genannten Seiten nicht befriedigt werden konnten.

Festzuhalten ist, dass die meisten Jugendlichen mit viel Motivation und positiven Erwartungen in ihr Betriebspraktikum gehen. Schüler, welche der Praxiserfahrung eher sorgenvoll entgegensehen, können beispielsweise durch den Austausch mit Schülern älterer Jahrgänge, welche positiv von ihrer Zeit im Praktikumsbetrieb berichten können, motiviert werden. Die Anleitung zu einer möglichst frühzeitigen Kontaktaufnahme mit den Praktikumsbetreuern kann negative Erwartungen abbauen und vorzeitige Fragen klären. Im Idealfall kann eine positive Grundstimmung über die Dauer des Praktikums aufrechterhalten werden. Die meisten Schüler gaben auch im Nachhinein an, dass ihnen die Zeit im Praktikum Spaß gemacht hat. Die positive Bewertung des Schülerbetriebspraktikums bestärkt die Verantwortlichen darin, auch weiterhin trotz der im Lehrplan nicht existenten Verpflichtung, die Schüler der eigenen Schule diese Praxiserfahrung machen zu lassen. Die ebenfalls gemessene Unzufriedenheit ist in manchen Fällen auch darauf zurückzuführen, dass die Jugendlichen das Gefühl hatten, die ihnen übertragenen Aufgaben seien für einen Schülerpraktikanten nicht angemessen gewesen. Auch mit der Betreuung seitens der Unternehmen waren nicht alle Schüler gleichermaßen zufrieden. Um den Anteil der zufriedenen Schüler im Praktikum noch weiter zu erhöhen ist es wichtig, Absprachen mit den Unternehmen und speziell mit den Praktikumsbetreuern zu treffen. Eine Unterforderung ist ebenso zu vermeiden wie eine Überforderung der Gymnasiasten. Natürlich bedeutet es erheblichen Aufwand, wenn diese Absprachen mit allen Unternehmen einzeln getätigt werden. Dies gilt umso mehr, wenn die Schüler bei der Auswahl ihres Praktikumsplatzes völlig frei sind. Ein möglicher Ansatz wäre, mit einer geringen Anzahl an Praktikumsbetrieben verschiedener Branchen zu kooperieren und diesen die genauen Erwartungen der Schüler und der Schule mitzuteilen. Dies ginge auf Kosten der freien Praktikumswahl. Als KBO an dem Gymnasium, an welchem die Befragung stattgefunden hat, hat die Autorin sich daher bewusst gegen diese Variante entschieden. Stattdessen werden alle Praktikumsbetriebe schriftlich über die wichtigsten Punkte informiert und die Jugendlichen angehalten, sich im Vorfeld selbst genau über die Erwartungen seitens der Betriebe zu informieren. Lediglich bei Schülern, bei denen die Erfahrung gezeigt hat, dass schnell Probleme auftreten können, finden im Vorfeld besondere Absprachen statt. Diese Maßnahmen können Enttäuschungen zwar nicht gänzlich ausschließen, aber nach eigenen Erfahrungen doch recht gut reduzieren und negative Erlebnisse auf beiden Seiten eindämmen. Um den Ratschlägen des befragten Jahrganges nachzukommen, sollte den Schülern eine frühzeitige Deadline zur Abgabe einer Praktikumsvereinbarung gesetzt werden. Gleichzeitig benötigen sie genug Zeit, um nach der Besprechung der Themen zur Berufswahl im Unterricht ausgiebig über einen geeigneten Praktikumsbetrieb nachdenken zu können. Aus der Praxis der vergangenen Jahre hat sich gezeigt, dass der Januar des jeweiligen Schuljahres gut geeignet ist, um die Schüler im Rahmen des Wirtschaft-Recht-Unterrichts inhaltlich vorzubereiten und dann bis spätestens April die verbindliche Nennung eines Praktikumsbetriebs von ihnen zu verlangen. So haben die Jugendlichen noch gute Chancen, auch in sehr beliebten Unternehmen einen Praktikumsplatz für Juli zu ergattern und doch mit einem viertel Jahr genug Zeit, sich Gedanken über die persönliche Auswahl zu machen.

Die Autorin zieht aus den Ergebnissen zur Bewertung des eigenen Wissenstands in Sachen Berufsorientierung den Schluss, dass der Unterstützungsumfang durch die Schule nicht für alle Schüler ausreichend war, um bis zum Ende der Schullaufbahn konkrete Ziele formulieren zu können und es daher offensichtlich weiteren Bedarf gegeben hätte. Das Angebot sollte in den nächsten Jahrgängen daher aufgestockt werden. Zum geplanten Konzept gehört auch die Aktivierung zusätzlicher Ressourcen mit der Absicht, diese individuell für diejenigen Gymnasiasten, welche sich durch das bereits bestehende Programm nicht ausreichend informiert fühlen würden, bereitzustellen. Der bisherige Wandertag am Ende des Schuljahres soll ab dem Jahr 2021 für die elfte Jahrgangsstufe schulintern in einen BuS-Workshop-Tag umgewandelt werden. Die Jugendlichen können sich dann aus einer Auswahl an Angeboten von Anbietern verschiedener Branchen aussuchen, welche sie am meisten interessieren und deren Kurzvorträge und Einzel- bzw. Gruppengespräche besuchen. Es ist jedoch fraglich, inwieweit es das Ziel der Schule sein kann, dass die Schüler auch genaue Vorstellungen bezüglich der eigenen beruflichen Zukunft haben. In einem Großteil der angebotenen Studiengänge ist es zum Studienbeginn völlig unklar, in welchen Berufen die jungen Erwachsenen nach dem Abschluss unterkommen. Ziel sollte es daher stattdessen sein, dass die Gymnasiasten eben gut Bescheid wissen, welches Studien- und Ausbildungsangebot vor ihnen liegt und wie sie das Angebot für sich filtern können. Dabei helfen umfassende Selbsterkundungstools ebenso wie Einzelgespräche mit den Berufsberatern der Bundesagentur für Arbeit. Ferner sollte ein Bewusstsein für die beschriebene Tatsache, dass eben nicht alle Studierende von Beginn an wissen können, welchen Beruf sie letztlich ergreifen werden, geschaffen werden.

Dies kann beispielsweise durch die Vorstellung persönlicher Berufsbiografien durch Experten erreicht werden. Sämtliche genannten Maßnahmen sollen in individualisierter Form ausgebaut werden, um möglichst alle Oberstufenschüler mit einem guten Gefühl in die endgültige Berufs- und Studienwahl zu entlassen.

Bei einem zum Beispiel klassenweise organisierten Besuch im BiZ der Bundesagentur für Arbeit sollten sich die Verantwortlichen in erster Linie vor Augen halten, dass das primäre Ziel nicht ist, dass die Gymnasiasten nach einem ersten Besuch in der Einrichtung eine finale Berufswahlentscheidung treffen können. Stattdessen ist der Besuch so auszurichten, dass die Schüler den Aufbau und die Angebote des BiZ kennenlernen können und so die Hemmschwelle für einen selbständigen, bedarfsgerechten Besuch zu einem späteren Zeitpunkt herabsinkt. Um auch bei den Schülern Enttäuschungen nach dem gemeinsamen Besuch vorzubeugen, sollte den Jugendlichen diese Zielsetzung bekannt sein. Vorherige Absprachen und genaue Informationen darüber, was sie vor Ort erwartet, sind dabei hilfreich. Eine vorherige Abfrage des seitens des BiZ geplanten Programms durch die Lehrkraft unterstützt diese Aufklärung.

Damit sich die Gymnasiasten auch privat mit ihrer Berufswahl auseinandersetzen können, ist es bedeutsam, dass sie in der Schule auch entsprechende Kompetenzen erlernt haben. Deren Vermittlung ist Aufgabe aller Fachlehrer. Da das Internet bei den Schülern aller Jahrgangsstufen als Informationsquelle besonders beliebt ist, sollte ihnen unter anderem beigebracht werden, dieses Medium reflektiert nutzen zu können und zwischen seriösen und unseriösen Angeboten unterscheiden zu können. Dies kann frühzeitig anhand einer Auswahl an Beispielen aufgezeigt werden. Hierfür eignen sich unter anderem die in Kapitel 4.5.1.2 vorgestellten Online-Tools der Bundesagentur für Arbeit. In der Oberstufe waren Berufsmessen und die Informationsangebote der Universitäten und Hochschulen bei den Befragten ebenfalls recht beliebt. Die Gymnasien sind angehalten, ihren Schülern den Besuch der entsprechenden Informationstage zu ermöglichen. Dazu gehören neben der Freistellung vom Regelunterricht auch eine übersichtliche Darstellung der Angebote an einem stark frequentierten Platz im Schulgebäude (etwa neben den Vertretungsplänen) und die ständige Pflege der Aushänge. Damit die Maßnahmen sinnvoll genutzt werden können, empfiehlt es sich, die Schüler mit der Erfüllung kleiner Erkundungsaufgaben zu beauftragen und sich den bewussten Besuch der Einrichtung so auch bestätigen zu lassen. Vergleichsweise wenig Anklang fand bei den Befragten das Angebot des BiZ. Dessen Besuch im Klassenverband wird von der Autorin empfohlen, damit die Jugendlichen die Räumlichkeiten kennenlernen können und so die Hemmschwelle, das Angebot auch privat zu nutzen, gesenkt werden kann. Die Angebote der Berufsberatung der Bundesagentur wurden zwar mit zunehmendem Alter der Schüler vermehrt genutzt; jedoch ist die Inanspruchnahme dafür, dass die Gespräche mit den Berufsberatern ja direkt in der Schule, also einem den Jugendlichen bekannten Umfeld, stattfinden und ihnen das Angebot in den einzelnen Jahrgangsstufen immer wieder vorgestellt wird, sehr gering. Es ist zu überlegen, ob den Jugendlichen mindestens ein Pflichtgespräch mit einem Berufsberater auferlegt werden sollte. Dagegen spricht der damit in der Regel einhergehende Unterrichtsausfall für die einzelnen Schüler. Auch ist fraglich, inwieweit ein Gespräch ergebnisreich sein kann, wenn der zu Beratende gar kein Interesse an der Beratung hat. Sinnvoll wäre diese Maßnahme wohl für diejenigen, welche sich von selbst nicht trauen, einen Termin zu vereinbaren, prinzipiell jedoch Interesse an einem Gespräch hätten. Dies kann möglicherweise gelöst werden, indem bei den Oberstufenschülern zunächst das individuelle Interesse durch die Schule abgefragt werden würde und dann bei Bedarf Termine beispielsweise durch den KBO festgelegt werden würden. Die Kontakte zu Unternehmen, welche in der neunten Jahrgangsstufe unter anderem im Rahmen des Schülerbetriebspraktikums geknüpft werden konnten, werden in den höheren Klassen immer weniger genutzt. Doch gerade für diejenigen Schüler, welche sich für eine betriebliche Ausbildung interessieren, sind diese Kontakte von großer Wichtigkeit. Zusätzliche wünschenswerte Berührungspunkte können durch die Durchführung weiterer Praktika geschaffen werden. Hierfür würde sich beispielsweise die zehnte Klasse anbieten. Doch auch wenn die entsprechenden zeitlichen Kapazitäten für ein weiteres Pflichtpraktikum fehlen, können die Schüler angehalten werden, freiwillige Praktika in den Ferien abzuleisten. Dies gilt umso mehr für jene, welche keine positive Praktikumserfahrung in der neunten Klasse machen konnten. Sie könnten durch Berichte ihrer Mitschüler mit guten Erfahrungen motiviert werden, Kontakt zu anderen Unternehmen aufzunehmen und sich so über Wunschberufe zu informieren. Gerade wenn die Schüler etwas älter sind, bieten die Unternehmen verstärkt auch eine Auswahl an Praktikumsstellen in typischen Abiturientenberufen bzw. akademischen Berufen an. Ansonsten können entsprechende Arbeitsaufträge zur Informationsgewinnung gestellt werden und so bestehende Kontakte aufrechterhalten werden. Freilich können Jugendliche generell kaum gezwungen werden, auch privat aktiv zu werden. Doch durch regelmäßige Appelle an die Einsicht der Jugendlichen und den Verweis auf die Bedeutung der Berufswahl kann erfahrungsgemäß doch zumindest ein Teil der Gymnasiasten erreicht werden. Zusätzlich ist es sinnvoll, die Eltern mit einzubeziehen. Sie können unter anderem auf einem entsprechenden Elternabend mit Informationsmaterial versorgt und ermuntert werden, ihre Kinder ebenfalls aktiv auf das Thema der Berufs- und Studienorientierung anzusprechen.

Die Tatsache, dass sich bis zum Abitur ein beträchtlicher Teil der Schüler nicht bereit für die Aufnahme eines Studiums bzw. einer betrieblichen Ausbildung fühlte, bestätigt erneut, dass die Maßnahmen zur Begleitung des Berufswahlprozesses ausgeweitet werden sollten. Dies gilt auch und insbesondere für Maßnahmen, welche auf die Information über betriebliche Ausbildungen und Duale Studiengänge abzielen. Hier scheinen Expertenvorträge über persönliche Berufsbiografien besonders geeignet. Es gilt Ängste und negative Erwartungen abzubauen und die Schüler möglichst detailliert zu informieren, was sie in der Ausbildung bzw. im Studium erwarten wird. Wichtig sind dabei Experten, welche den Gymnasiasten auf Augenhöhe von ihren eigenen Erfahrungen berichten können. So können beispielsweise über die Industrie- und Handelskammern Auszubildende in die Schulen geholt werden, aber auch die gute Kontaktpflege zu regionalen Unternehmen kann sich hier auszahlen. Die Unternehmen sind meist sogar dankbar, wenn sie ihrerseits eine Gelegenheit bekommen, interessierte Schüler und somit potenzielle Auszubildende kennenzulernen. Das jährliche Resümee, ob die Schüler sich in den jeweiligen Jahrgangsstufen 10 bis 12 eine bessere Vorbereitung auf die Berufs- bzw. Studienwahl durch die Schule gewünscht hätten, zeigte, dass die Zufriedenheit mit nahendem Abitur stieg. Am Ende der gymnasialen Laufbahn sahen noch 30 % der Befragten ein Verbesserungspotenzial. Ein Ziel der Bemühungen der Gymnasien ist es, alle Schüler zu erreichen und ihnen das Gefühl der optimalen Unterstützung zu geben. Gleichzeitig sind die Bedürfnisse der Jugendlichen so vielfältig und individuell, dass eingesehen werden muss, dass deren vollständige Abdeckung für sämtliche Gymnasiasten äußerst schwierig ist. Dies kann nur mit engagierten Beteiligten, expliziten Absprachen und der engen Zusammenarbeit mit Kooperationspartnern gelingen. Insbesondere Lehrer und Berufsberater sollten sich die individuellen Ansprüche der Jugendlichen zu jedem Zeitpunkt bestmöglich vor Augen halten und entsprechend agieren bzw. vermitteln. Ein gut ausgebautes Netzwerk unterstützt diese Aufgabe und fängt den Mangel an innerschulischen Ressourcen, sei er zeitlicher oder fachlicher Natur, teilweise auf.

5.2.2 Die Einschätzung anderer Beteiligter zur Berufs- und Studienorientierung am Gymnasium

5.2.2.1 Ergebnisse

FF 2 Wie schätzen weitere beteiligte Interessengruppen die Situation zur Berufs- und Studienorientierung am Gymnasium anhand verschiedener Indikatoren ein?

Um die Notwendigkeit der Netzwerk-Arbeit noch besser abschätzen zu können und die Beobachtungen verschiedener Interessengruppen untersuchen zu können, wurden neben den Schülern selbst auch deren Eltern, Praktikumsbetreuer und P-Seminar-Lehrkräfte zum Thema Berufs- und Studienorientierung am Gymnasium befragt.

2.1 Eltern

Die Eltern wurden befragt, als sich deren Kinder am Ende der zehnten Jahrgangsstufe befanden. Zu diesem Zeitpunkt haben die Jugendlichen bereits einige Maßnahmen zur Unterstützung des Berufswahlprozesses durchlaufen, die Eltern konnten sich zwei Jahre lang einen Überblick über die schulischen Angebote verschaffen. So kurz vor dem Übertritt in die Qualifikationsstufe erhoffte sich die Autorin außerdem, dass die Anteilnahme der Erziehungsberechtigten an der beruflichen Orientierung ihrer Kinder noch größer ist als später, wenn die Gymnasiasten der Volljährigkeit entgegensehen und sich möglicherweise zunehmend von ihren Eltern als Ansprechpartner lösen.

FF 2.1.1 Schätzen die Eltern den Unterstützungsbedarf ihrer jeweils eigenen Kinder größer ein als die Jugendlichen selbst?

Die Zehntklässler wurden im Fragebogen E gebeten, den eigenen Unterstützungsbedarf in Sachen beruflicher Orientierung einzuschätzen.

Auch die Eltern sollten ihrerseits in ihrem Fragebogen F den Grad des Unterstützungsbedarfs des jeweils eigenen Kindes bewerten. Die Fragen bzw. wählbaren Kategorien lauteten dabei:

Schüler: „Wie würden Sie den eigenen Unterstützungsbedarf bezüglich der Berufsorientierung einschätzen? Kreuzen Sie die Ihrer Meinung nach passendste Gruppe an."
Eltern: „Wie würden Sie den Unterstützungsbedarf Ihres Kindes bezüglich der Berufsorientierung einschätzen? Kreuzen Sie die Ihrer Meinung nach für Ihr Kind derzeit passendste Gruppe an. (Bitte keine Rücksprachen mit Ihrem Kind. Antworten Sie stattdessen bitte spontan.)" (Kurzform: „Unterstützungsbedarf")

Antwortmöglichkeiten[651] (keine Mehrfachnennungen möglich):

- Ich/Mein Kind kann den richtigen Beruf ohne Unterstützung durch Lehrer, Eltern oder Berufsberater nur schwer finden. (Wertelabel 1)
- Ich/Mein Kind nutze/nutzt zwar die Informations- und Beratungsangebote, treffe/trifft meine/seine Berufswahl aber alleine. (Wertelabel 2)
- Ich/Mein Kind benötige/benötigt für meine/seine Entscheidungen keine Unterstützung von außen. (Wertelabel 3)

Bei den Zehntklässlern (n = 52) gaben 6 % an, den richtigen Beruf ohne Unterstützung nur schwer finden zu können. 73 % meinten, die Angebote zwar zu nutzen, die Berufswahl letztlich aber alleine zu treffen. 21 % antworteten, für die Entscheidung keine Unterstützung von außen zu benötigen. Es ergab sich ein Mittelwert von 2,15 bei einer Standardabweichung von 0,5.

17 % der 47 antwortenden Eltern waren der Ansicht, dass das eigene Kind den richtigen Beruf ohne Unterstützung durch Lehrer und andere nur schwer finden könne. 77 % gaben an, ihr Kind würde die Informationsangebote zwar nutzen, die Berufswahl aber alleine treffen. 6 % trauten ihrem Kind zu, für die Berufswahl keinerlei Unterstützung zu benötigen. Der Mittelwert betrug 1,89, die Standardabweichung 0,48.

Rein deskriptiv zeigt der Mittelwertvergleich, dass die Eltern den Unterstützungsbedarf im Durchschnitt höher einschätzten als die Zehntklässler selbst. Zusätzlich wurden die Einschätzungen der einzelnen Schüler mit den Antworten der jeweils zugehörigen Eltern verglichen. Dies war

[651] ISB Staatsinstitut für Schulqualität und Bildungsforschung (2005): Kapitel 5, S. 7f.

nur für diejenigen Eltern-Kind-Paare möglich, bei denen beide (also Elternteil und Kind) die Frage beantworteten. Insgesamt schätzten 35 % der Eltern (n = 46) den Unterstützungsbedarf des eigenen Kindes höher und 9 % niedriger ein als die Jugendlichen (n = 46) selbst. 57 % der Eltern gaben dieselbe Einschätzung an, wie ihre eigenen Kinder. Aufgrund der Rundung der Werte summieren sich die angegebenen Prozentwerte hier nicht auf exakt 100 %.

FF 2.1.2 Gibt es bei der Einschätzung des Unterstützungsbedarfs des jeweils eigenen Kindes Unterschiede zwischen Nicht-Akademiker- und Akademiker-Eltern?

Die Eltern der Zehntklässler wurden gebeten, ihre eigenen abgeschlossenen Berufsausbildungen bzw. abgeschlossene Studiengänge anzugeben. Unter „Akademiker-Eltern" (Wertelabel 1 für „Ja") wurden für die vorliegende Untersuchung solche Eltern verstanden, bei welchen der Elternteil, welcher den Fragebogen F ausgefüllt und die Einschätzung des eigenen Kindes wie oben beschrieben vorgenommen hat, eine akademische Laufbahn abgeschlossen hat. Jene, welche keinen akademischen Abschluss angaben, galten als „Nicht-Akademiker" (Wertelabel 0 für „Nein"). Diese Definition entspricht auch dem Verständnis des Begriffs des Akademikers nach dem deutschen Universalwörterbuch Duden als „jemand, der eine Universitäts- oder Hochschulausbildung hat"[652]. Von den befragten Elternteilen sind nach eigenen Angaben 24 Nicht-Akademiker, 22 haben hingegen einen akademischen Abschluss. Im Fall von drei Eltern konnte der Bildungsgrad aufgrund der Angaben nicht eindeutig bestimmt werden. Sie wurden in dieser Analyse nicht berücksichtigt. Insgesamt 44 Teilnehmer (21 Akademiker und 23 Nicht-Akademiker) beantworteten sowohl die Frage nach dem eigenen Bildungsgrad als auch die Frage nach der Einschätzung des Unterstützungsbedarfs des eigenen Kindes und konnten daher für die folgende Analyse herangezogen werden. Von den Akademikern glaubten drei Elternteile, dass das eigene Kind den richtigen Beruf ohne Unterstützung nur schwer finden kann. Bei den Nicht-Akademikern waren es vier. Jeweils 17 Akademiker und Nicht-Akademiker meinten, das Kind nutze zwar die Informations- und Beratungsangebote, treffe seine Berufswahl aber alleine. Ein Akademiker bzw. zwei Nicht-Akademiker trauten ihrem jeweiligen Kind zu,

[652] Bibliographisches Institut GmbH: https://www.duden.de/rechtschreibung/Akademiker, zuletzt aufgerufen am 22. September 2020.

seine Berufswahlentscheidung ohne Unterstützung von außen zu treffen. Die vorab formulierte Hypothese lautet:

Akademiker-Eltern schätzen den Unterstützungsbedarf ihrer Kinder anders ein als Nicht-Akademiker-Eltern.

Es wurde der Mann-Whitney-U-Test für unabhängige Stichproben angewandt, da die Variablen hierfür ordinal skaliert sein dürfen und der Test auch keine weiteren Anforderungen an die Verteilung stellt. Sämtliche Werte wurden mithilfe des Statistik-Programms PSPP berechnet. Der Vergleich der Mediane lässt keinen Unterschied zwischen Eltern mit (Median = 2,00) und ohne (Median = 2,00) akademischer Bildungslaufbahn erkennen. Als Irrtumswahrscheinlichkeit wurde standardmäßig $\alpha = 0{,}05$ gewählt.[653] Der Mann-Whitney-U-Test ergab keinen statistisch signifikanten Unterschied zwischen den Gruppen: $U = 240{,}500$, $p = 0{,}974$ (zweiseitig getestet). Damit kann die Hypothese nicht bestätigt werden. Es kann der Schluss gezogen werden, dass es in vorliegender Untersuchung keinen signifikanten Unterschied zwischen Akademiker- und Nicht-Akademiker-Eltern bei der Einschätzung des Unterstützungsbedarfs der eigenen Kinder gibt.

FF 2.1.3 Gibt es bei der Einschätzung des Unterstützungsbedarfs des jeweils eigenen Kindes Unterschiede zwischen Eltern mit und ohne Migrationshintergrund?

Als Eltern mit Migrationshintergrund werden für die vorliegende Untersuchung solche Eltern verstanden, bei welchen der Elternteil, welcher den Fragebogen F ausgefüllt hat, nicht seit Geburt in Deutschland lebt. Haben beide Elternteile die Fragen gemeinsam beantwortet und kommt mindestens einer von beiden nicht ursprünglich aus Deutschland, so werden sie zur Gruppe der Eltern mit Migrationshintergrund gezählt. Diese Definition wurde gewählt, da es aufgrund des Forschungsdesigns schwer möglich war, die Herkunft früherer Generationen zu ermitteln. Dies wäre laut anderem Verständnis wie etwa nach dem Duden („Kind bzw. Enkelkind von Migranten zu sein“[654]) notwendig gewesen. Nach der für vorliegende Arbeit formulierten Definition hatte mit 24 von 48

[653] Kuckartz, Rädiker, Ebert, Schehl (2013): S. 149.
[654] Bibliographisches Institut GmbH: https://www.duden.de/rechtschreibung/Migrationshintergrund, zuletzt aufgerufen am 22. September 2020.

genau die Hälfte der antwortenden Eltern(-Paare) einen Migrationshintergrund (Wertelabel 1 für „Ja"). Die Variable der Eltern ohne Migrationshintergrund wurde mit 0 für „Nein" codiert. Für jeweils 23 Personen beider Gruppen konnte sowohl die Frage des Migrationshintergrundes als auch die Frage zur Einschätzung zum Unterstützungsbedarf des eigenen Kindes beantwortet werden, sodass sie für die folgende Analyse herangezogen werden konnten. Von den Eltern mit Migrationsgrund glaubten drei Elternteile, ihr Kind könne den richtigen Beruf ohne Unterstützung durch Lehrer, Eltern oder Berufsberater nur schwer finden. Selbiges glaubten vier Elternteile ohne Migrationshintergrund von ihren Kindern. 17 Elternteile mit bzw. 19 Elternteile ohne Migrationshintergrund nahmen an, dass das jeweils eigene Kind die Informations- und Beratungsangebote zwar nutze, seine Berufswahl aber alleine treffe. Drei Elternteile mit Migrationshintergrund waren der Ansicht, das eigene Kind benötige für seine Entscheidung keine Unterstützung von außen. Bei den Eltern ohne Migrationshintergrund war keiner der Befragten dieser Meinung. Die Hypothese lautet:

Eltern mit Migrationshintergrund schätzen den Unterstützungsbedarf ihrer Kinder anders ein als Eltern ohne Migrationshintergrund.

Erneut wurde aus dem Grund der ordinalen Skalierung der Variablen der Mann-Whitney-U-Test für unabhängige Stichproben mithilfe des Statistik-Programms PSPP angewandt. Der Vergleich der Mediane lässt auch hier keinen Unterschied zwischen Eltern mit (Median = 2,00) und ohne (Median = 2,00) Migrationshintergrund erkennen. Als Irrtumswahrscheinlichkeit wurde wieder der Standardwert $\alpha = 0{,}05$ gewählt.[655] Der Test ergab keinen statistisch signifikanten Unterschied zwischen den Gruppen: $U = 245{,}500$, $p = 0{,}38$ (zweiseitig getestet). Die Hypothese kann folglich nicht bestätigt werden.

FF 2.1.4 Über welche Themen der Domäne Berufs- und Studienorientierung sprechen die Eltern mit ihren Kindern in der zehnten Jahrgangsstufe?

Den Eltern wurde folgende Frage gestellt: „Haben Sie in diesem Schuljahr mit Ihrem Kind über seine berufliche Zukunft gesprochen?". Die

[655] Kuckartz, Rädiker, Ebert, Schehl (2013): S. 149.

Antwort „Nein" wurde mit dem Wertelabel 0 codiert, „Ja" mit dem Wertelabel 1. 45 der 49 befragten Eltern von Zehntklässlern haben im damals laufenden Schuljahr mit ihrem Kind über dessen berufliche Zukunft gesprochen. Die Filterführung zeigte auf, dass durch Ankreuzen zusätzlich angegeben werden sollte, welche Themen besprochen wurden. Mehrfachnennungen waren möglich. Die Antwortmöglichkeiten und die jeweilige Häufigkeit der Nennungen sind in Abbildung 21 dargestellt.

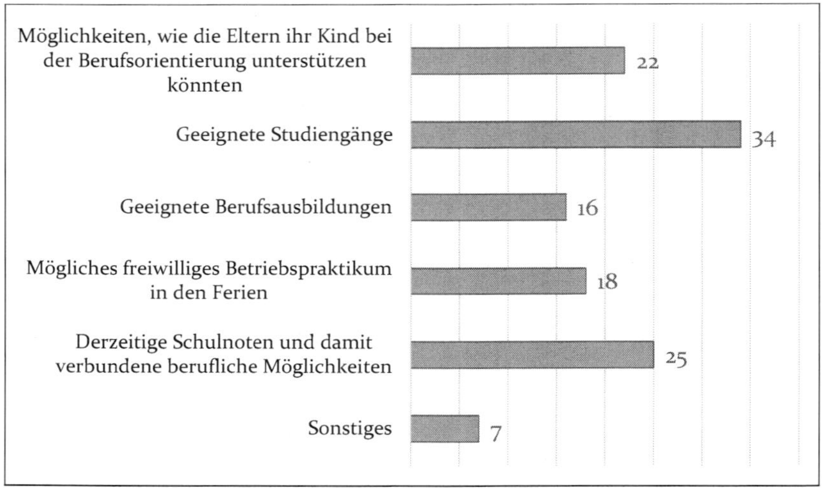

Abbildung 21: Häufigkeiten der Nennungen der Themen der Domäne Berufs- und Studienorientierung, über die die Eltern mit ihren Kindern in der zehnten Jahrgangsstufe gesprochen haben.
(Mehrfachnennungen möglich)

Unter „Sonstiges" gaben sieben Teilnehmer zusätzliche Gesprächsthemen an. Eine Kategorisierung erfolgte an dieser Stelle nicht, da die Antworten inhaltlich weit gestreut waren. Beispielhaft werden im Folgenden wenige Antworten gelistet, eine vollständige Liste ist im Anhang 3i einsehbar.

„Sprachreisen", Mutter.
„Ausziehen aus der Wohnung der Familie, Reisen zwischen Abi u. Studium um Englisch zu vertiefen", Mutter.
„Allgemeine Wünsche für das Leben/ die Zukunft", Mutter.
„Frühstudium", Mutter und Vater.

FF 2.1.5 Sprechen Eltern mit ihren Kindern verstärkt über Ausbildungswege, welche den eigenen ähnlich sind?

Auf deskriptiver Ebene wurde laut den zu vorheriger Forschungsfrage beschriebenen Ergebnissen in den Familien deutlich häufiger über für die Jugendlichen unter Umständen geeignete Studiengänge (n = 34) gesprochen als über geeignete Berufsausbildungen (n = 16). Nun sollte untersucht werden, ob die jeweils eigens durchlaufenen Bildungsgänge der Eltern dabei eine bestimmende Rolle spielten. Erneut fand die obige Definition für „Akademiker" bzw. „Nicht-Akademiker" Anwendung. Die formulierten Hypothesen lauten:

Nicht-Akademiker- und Akademiker-Eltern sprechen mit ihren Kindern unterschiedlich häufig über für die Jugendlichen geeignete Berufsausbildungen.

und

Nicht-Akademiker- und Akademiker-Eltern sprechen mit ihren Kindern unterschiedlich häufig über für die Jugendlichen geeignete Studiengänge.

20 Akademiker und 22 Nicht-Akademiker beantworteten sowohl die Frage nach der eigenen (Hochschul-)Ausbildung als auch die Frage, ob Studiengänge bzw. Berufsausbildungen Gesprächsthema waren. Deren Antworten konnten somit für die folgende Analyse genutzt werden. Wurde das fragliche Gesprächsthema nicht besprochen, so wurde die Variable mit 0 für „Nein" codiert, ein Ankreuzen des Themas wurde mit 1 für „Ja" codiert. Die Ergebnisse sind in Tabelle 17 dargestellt.

Tabelle 17: Gesprächsthemen nach Bildungsgrad der Eltern

Gesprächsthema	Gruppe	n	Häufigkeit „Ja"	Häufigkeit „Nein"
geeignete Berufsausbildungen	Akademiker	20	10	10
	Nicht-Akademiker	22	6	16
geeignete Studiengänge	Akademiker	20	16	4
	Nicht-Akademiker	22	15	7

Akademiker-Eltern sprachen rein deskriptiv betrachtet fast doppelt so häufig mit ihren Kindern über geeignete Berufsausbildungen wie Nicht-

Akademiker-Eltern. Der Unterschied beim Gesprächsthema geeigneter Studiengänge ist zwar ebenfalls erkennbar, aber nicht so deutlich wie bei den Berufsausbildungen. Als statistisches Verfahren wurde hier der exakte Test nach Fisher gewählt, da dieser zur Überprüfung des Zusammenhangs zweier Variablen mit jeweils zwei Ausprägungen geeignet ist und keine weiteren Voraussetzungen hat. Die Durchführung fand mithilfe des Statistik-Programms PSPP statt. Der Test ergab für Berufsausbildungen p = 0,20 (zweiseitig getestet) und für Studiengänge p = 0,49 (zweiseitig getestet). Zusammenfassend kann gesagt werden, dass keine signifikanten Unterschiede zwischen Akademikern und Nicht-Akademikern bei den Gesprächsthemen für die Jugendlichen geeigneter Berufsausbildungen bzw. Studiengänge bestehen. Die Hypothesen können somit nicht bestätigt werden. Dass der untersuchte Zusammenhang nicht doch existiert, kann angesichts der kleinen Stichprobe jedoch nicht ausgeschlossen werden. Allerdings zeigt sich in den deskriptiven Häufigkeiten für das Gesprächsthema der für die Jugendlichen geeigneten Studiengänge die erwartete Tendenz, dass Akademiker häufiger über Studiengänge sprechen als Nicht-Akademiker. Beim Thema der Berufsausbildungen deuten die Werte eher auf eine den Erwartungen gegensätzliche Tendenz hin, dass die Akademiker auch häufiger über Berufsausbildungen, also nicht der eigenen Bildungslaufbahn entsprechenden Ausbildungswege, sprechen.

2.2 Praktikumsbetreuer

Während der Durchführung des Schülerbetriebspraktikums im Juli 2016 wurden die jeweiligen Praktikumsbetreuer gebeten, den Fragebogen D auszufüllen.

FF 2.2.1 Welchen Beitrag können Betriebe aus eigener Sicht zur Vorbereitung der Schüler auf die Arbeitswelt leisten?

Die häufigste Antwort auf die offen formulierte Frage, welchen Beitrag die Betriebe aus eigener Sicht zur Vorbereitung der Schüler auf die Arbeitswelt leisten können, war das Aufzeigen eines Arbeitsalltags. 13 der 45 befragten Praktikumsbetreuer sahen dies als mögliche Mitwirkung. Jeweils sechs Betreuer sahen das Anbieten von Schülerpraktika sowie Betriebserkundungen bzw. -führungen als Möglichkeit. Jeweils vier nannten die Vorstellung von Berufen und die Vermittlung spezieller

Kompetenzen und drei der Befragten konnten sich vorstellen, bei der konkreten Berufswahl Hilfestellung zu leisten. Die vollständige Liste mit Antworten auf die Frage kann dem Anhang 3j entnommen werden. Eine Auswahl lautete:

„Pflichtbewußtsein und Auftreten stärken, auf Kleidung hinweisen, Kommunikation üben“, Praktikumsbetreuer.
„Kompetenz-Check/Berufsorientierung (z. B. persönliche Neigung und Schwerpunkte), Vermittlung von Grundlagen der Informations-Kommunikationstechnologie (Computerprogramme)“, Praktikumsbetreuer.
„(...) Sie möglichst viel selber machen lassen; selbstständiges Denken + Handeln fördern“, Praktikumsbetreuer.
„Aufgrund der Neigungen des Schülers zu dem entsprechenden Beruf raten – oder deutlich abraten“, Praktikumsbetreuer.
„Begleitung durch eine Person, Aufzeigen von Arbeitsbereichen, Erledigung von 1 Aufgabe (Projektcharakter in eigener Verantwortung)“, Praktikumsbetreuer.
„Durch betriebliche Praktika und den dadurch erreichten Kontakt zur Arbeitswelt sammelt der Schüler enorm viel Erfahrung. Durch die Mitarbeiter und das Integrieren des Schülers ins Team, bekommt der Schüler Einblick in den Arbeitsalltag“, Praktikumsbetreuer.
„Interessante, informative Praktikumsgestaltung, Einbeziehung der Praktikanten/innen in den alltäglichen Arbeitsablauf“, Praktikumsbetreuer.
„Wenig, da die Betriebe mit den SchülerInnen vorher kaum in Kontakt stehen“, Praktikumsbetreuer.

FF 2.2.2 Welche Aspekte können aus Sicht der Praktikumsbetreuer eine engere Zusammenarbeit mit der Schule im Rahmen des Betriebspraktikums erschweren?

Gleichzeitig sehen insgesamt zwölf Praktikumsbetreuer auch Probleme, welche eine engere Zusammenarbeit mit der Schule erschweren. Am häufigsten wurde dabei der Mangel an Zeit als Grund angegeben. Auf die ebenfalls offene Frage, warum sie sich keine engere Zusammenarbeit vorstellen können, lauteten die Antworten unter anderem folgendermaßen (vollständige Aufstellung siehe Anhang 3k). Praktikumsbetreuer können sich eine engere Zusammenarbeit mit einer oder mehreren Schulen für das Betriebspraktikum nicht vorstellen, weil...

„Ein Praktikum auch mit sehr viel Arbeit und Intensivität verbunden ist; oft ist die Zeit auch ein Problem“, Praktikumsbetreuer.
„Mit Gymnasiasten nicht mehr, da den Schülern hier leider viel Vorwissen bzgl. der Praxis fehlt (...) und Gymnasiasten eher nicht Kandidaten für die Ausbildung in der Automobilbranche sind“, Praktikumsbetreuer.
„Wir auch noch andere Aufgaben haben“, Praktikumsbetreuer.
„wir ein zu kleiner Betrieb sind und nicht die Möglichkeit haben uns um mehrere Praktikanten gleichzeitig zu kümmern.“, Praktikumsbetreuer.

2.3 P-Seminar-Lehrkräfte

Nach Abschluss der P-Seminare mit allen Projekt- sowie Berufs- und Studienorientierungs-Phasen wurden die P-Seminar-Lehrkräfte des befragten Jahrganges gebeten, den Fragebogen J auszufüllen.

FF 2.3.1 Welche Themen werden in den P-Seminaren der Oberstufe trotz des fehlenden Lehrplans von den Lehrkräften behandelt?

Wie in Kapitel 4.2.2 ausführlich erläutert, gibt es am bayerischen Gymnasium keine verbindlichen Vorgaben für die inhaltliche Gestaltung der Berufs- und Studienorientierung im Projekt-Seminar. Die Lehrkräfte legen die zu besprechenden Schwerpunkte selbständig fest. Es stellte sich also die Frage, welche der Themen aus dieser Domäne auch tatsächlich von den Lehrkräften ($n = 7$) angesprochen wurden. Eine Lehrkraft besprach in der zwölften Jahrgangsstufe keinerlei Inhalte zur Berufs- und Studienorientierung. Die anderen sechs befragten Lehrer verteilten die Bearbeitung der selbstgewählten Inhalte auf beide Schuljahre, also sowohl die elfte, als auch die zwölfte Jahrgangsstufe. Durch Ankreuzen der entsprechenden Antwortmöglichkeiten gaben die Lehrkräfte an, welche der Maßnahmen sie in ihrem P-Seminar durchführten. Wurde eine Maßnahme nicht angekreuzt (also nicht durchgeführt), so wurde sie mit der Variable 0 codiert. Eine Durchführung wurde mit der Variable 1 codiert.

Keines der zur Auswahl stehenden Themengebiete wurde von allen befragten Lehrkräften besprochen. Selbst der ausdrücklich empfohlene (aber eben nicht verpflichtend herzustellende) Kontakt zu externen Partnern wurde nicht von allen erfüllt. Doch immerhin sechs der sieben P-Seminare hatten mindestens einen solchen Kontakt und auch die Vorstellung einzelner Berufe bzw. Studiengänge sowie die Stärken- und

Schwächenanalyse wurden von den meisten Kollegen durchgeführt. Fünf Seminare wurden angehalten, eine Bewerbungsmappe zu erstellen, drei behandelten das Bewerbungsgespräch thematisch. Berufseignungstests, Assessment-Center und Berufsbasare wurden bei weitem nicht von allen P-Seminar-Lehrkräften durchgeführt bzw. besucht, doch wurden alle Gymnasiasten des befragten Jahrganges durch die Koordinatorin für Berufliche Orientierung auf diese Möglichkeit hingewiesen. Keiner der befragten Lehrkräfte ließ in seinem Seminar probeweise einen Einstellungstest bearbeiten.

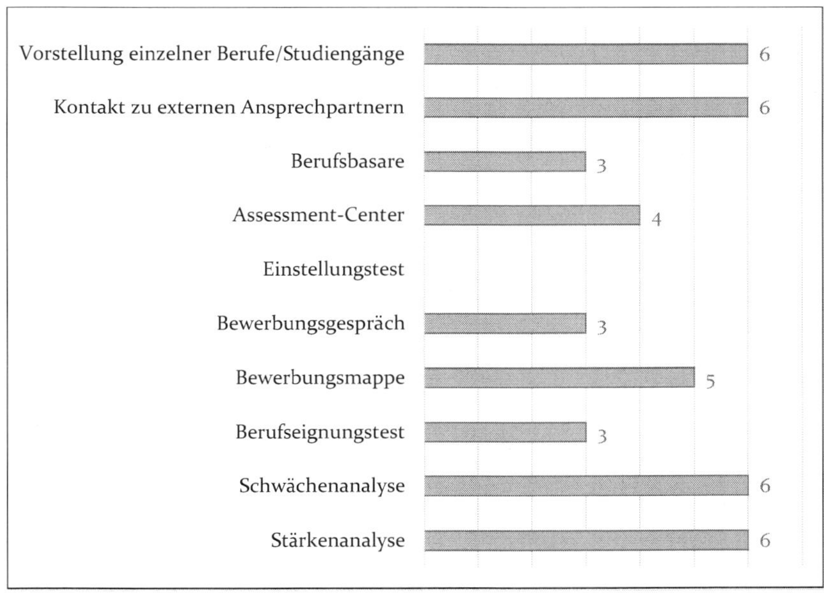

Abbildung 22: Häufigkeit der in den P-Seminaren des befragten Jahrganges behandelten Unterrichtsthemen.
(Mehrfachnennungen möglich)

FF 2.3.2 Haben die P-Seminar-Lehrkräfte das Gefühl, dass zumindest ein Teil der Schüler ihres P-Seminars in der 12. Jahrgangsstufe noch nicht weiß, in welche Richtung es für sie beruflich gehen soll?

Eine im Fragebogen J zu bewertende Aussage lautete „Ich habe das Gefühl, dass zumindest ein Teil der SchülerInnen in meinem P-Seminar auch jetzt in der zwölften Jahrgangsstufe noch nicht weiß, in welche Richtung es für sie beruflich gehen soll". Anhand einer äquidistanten Skala vom Likert-Typ mit den Wertelabels „Stimmt gar nicht (1) – Stimmt eher nicht (2) – Stimmt eher (3) – Stimmt voll (4)" wurden die Lehrkräfte (n = 7) aufgefordert, diese Aussage für sich persönlich zu bewerten. Eine Lehrkraft widersprach der Aussage gänzlich mit „Stimmt gar nicht". Zwei Lehrer schätzten „Stimmt eher nicht", ein Lehrer „Stimmt eher" und drei Kollegen kreuzten „Stimmt voll" an.

FF 2.3.3 Haben die P-Seminar-Lehrkräfte das Gefühl, zumindest einem Teil der Schüler ihres P-Seminars eine wirkliche Hilfe bei der Berufs- und Studienorientierung gewesen zu sein?

Anhand derselben Skala mit den Wertelabels „Stimmt gar nicht (1) - Stimmt eher nicht (2) - Stimmt eher (3) - Stimmt voll (4)" wurden die Lehrkräfte (n = 7) außerdem aufgefordert, die Aussage "Ich habe das Gefühl, zumindest einem Teil meiner SchülerInnen eine wirkliche Hilfe bei der BuS-Orientierung gewesen zu sein" zu bewerten. Keiner der Kollegen lehnte die Aussage mit „Stimmt gar nicht" gänzlich ab. Eine Lehrkraft meinte „Stimmt eher nicht", fünf Seminarleiter kreuzten „Stimmt eher" an. Einer gab an, die Aussage „Stimmt voll".

5.2.2.2 Diskussion

Mehr als die Hälfte aller befragten Eltern schätzen den Unterstützungsbedarf ihrer eigenen Kinder genauso ein wie die Jugendlichen selbst. Etwas über ein Drittel schreibt den eigenen Kindern einen höheren Bedarf an Unterstützung zu als die Gymnasiasten dies für sich selbst sehen. Lediglich 9 % der Eltern trauen ihren Kindern mehr an Eigenleistung zu als die Jugendlichen dies selbst tun. Die Ergebnisse sprechen dafür, dass die meisten Eltern ihre Kinder gut einschätzen konnten und in den Haushalten ein gewisses Maß an Austausch stattfand. In Familien, in welchen die Eltern den Kindern mehr Unterstützungsbedarf zuschrieben als die Schüler selbst, sahen die Eltern den Stand ihres Kindes im Berufswahlprozess vielleicht auch anders als die Jugendlichen. Die Schüler schätzten ihren Unterstützungsbedarf unter Umständen geringer ein, weil sie durch die Entwicklung vager Ideen bereits dachten, im Prozess schon weit vorangeschritten zu sein. Die Erwachsenen hingegen haben bereits eine eigene Berufswahl abgeschlossen und erkannten möglicherweise deutlicher bzw. wussten aus eigener Erfahrung, dass bis zur endgültigen Entscheidung noch viele einzelne Schritte vor den Gymnasiasten lagen und hierfür Unterstützung von außen benötigt werden würde.

Keine der beiden Hypothesen zum Unterschied bei der Einschätzung des Unterstützungsbedarfs des eigenen Kindes zwischen Eltern mit und ohne akademischen Abschluss bzw. Migrationshintergrund konnte aufgrund der Signifikanzwerte bestätigt werden. Geht man von der Annahme aus, dass die Eltern ihre Kinder überwiegend richtig einschätzen, bringen die Ergebnisse den didaktischen Vorteil mit sich, dass zumindest nach den beiden untersuchten Aspekten keine aufwendige Differenzierung bei den Maßnahmen zur Berufs- und Studienorientierung stattzufinden braucht.

Wichtigstes Thema in Sachen Berufs- und Studienorientierung zwischen den Eltern und ihren Kindern sind mit 76 % für die Gymnasiasten geeignete Studiengänge. Über geeignete Berufsausbildungen hingegen sprachen mit 36 % in der zehnten Jahrgangsstufe weniger als halb so viele Familien. 56 % sprachen über die Schulnoten in der zehnten Klasse und die damit verbundenen beruflichen Möglichkeiten. Unter Umständen sind die beruflichen Aussichten ein vor allem von Eltern gerne herangezogenes Argument dafür, sich bei schulischen Leistungen anzustrengen. Ein freiwilliges Praktikum wurde in 40 % der Familien zum Gesprächsthema. Es wäre denkbar, dass einige der Teilnehmer sich diese Praxiserfahrung für sich selbst bzw. das Kind wünschen würden. Vielleicht können manche jedoch trotz der schulischen Vorbereitung auf das Pflichtpraktikum das Erlernte nicht selbständig umsetzen und sich um ein zusätzliches freiwilliges Praktikum bemühen. Oder aber für einige der Eltern ist der Anspruch an ein weitere Praxiserfahrungen gering, da sie das durch die Schule organisierte Schülerbetriebspraktikum für ausreichend halten bzw. von der Schule die Organisation weiterer Praktika erwarten. Eine Mutter schrieb zum Beispiel in das Freitextfeld am Ende des Eltern-Fragebogens: „Ich finde nur 1 Praktikum sehr wenig. Ab der 8. Klasse könnte jedes Jahr eins stattfinden (...)". Etwas weniger als die Hälfte der Eltern sprach mit ihren Kindern über Unterstützungsmöglichkeiten bei der Berufsorientierung für die Schüler. Dies ist möglicherweise erneut darauf zurückzuführen, dass in der zehnten Jahrgangsstufe, also zum Zeitpunkt der Befragung, der Entscheidungsdruck für die Gymnasiasten oft noch niedrig ist und der Bedarf an Unterstützungsmaßnahmen durch die Eltern eher gering sein könnte. Laut klassischer Allokationstheorien basiert die Berufswahl unter anderem maßgeblich auf dem Einfluss der Eltern, Freunde und Lehrer. Ende der 1970er Jahre erkannten Beck et al. (1979) für sich, dass Berufswähler eher Ausbildungswege wählen, welche denen des Herkunftsmilieus ähnlich sind (siehe Kapitel 3.2.4.2).[656] Es stellte sich somit die Frage, ob die Bevorzugung des Gesprächsthemas eines Ausbildungsweges an einer Hochschule mit den eigenen Erfahrungen und Bildungswegen der Erziehungsberechtigten zusammenhängt. Das Thema geeigneter Studiengänge wurde insgesamt tatsächlich mehr als doppelt so häufig in den Familien angeschnitten wie die Thematik geeigneter Berufsausbildungen. Es konnte jedoch kein statistisch signifikanter Unterschied zwischen der Häufigkeit der Themen bei Gesprächen zwischen den Jugendlichen und deren Akademiker- bzw. Nicht-Akademiker-Eltern festgestellt werden. Dies bestätigt wiederum, dass die Aufnahme eines Studiums die zumindest als Gesprächsthema präferierte Ausbildungsvariante ist. Dass so deutlich häufiger über eine akademische Ausbildung der Kinder gesprochen wird als über eine betriebliche Ausbildung könnte darauf zurückzuführen sein, dass sowohl die Eltern als auch die Jugendlichen aufgrund des in den meisten Fällen zwei Jahre später voraussichtlich bestandenen Abiturs die Möglichkeit zur Aufnahme eines Studiums nicht zu Gunsten einer Berufsausbildung verwerfen wollen. Die Beteiligten könnten sich auch aufgrund des oft höheren Einkommens, der erhofften Sicherheit des Arbeitsplatzes, der Aufstiegsmöglichkeiten oder aus Prestigegründen eine akademische Ausbildung wünschen. Die finale Berufswahlentscheidung sollte jedoch allein den Jugendlichen überlassen werden. Vor diesem Hintergrund ist zu bedenken, dass eine offensichtliche Bevorzugung bestimmter Ausbildungsvarianten etwa durch die Eltern zur Beeinflussung der Schüler bei der Entscheidung führen kann. Im Extremfall wählen die Kinder einen Beruf bzw. ein Studium lediglich, um den Eltern einen Gefallen zu tun. Dies kann wiederum zu Unzufriedenheit und später auch zu Ausbildungs- bzw. Studienabbrüchen führen (siehe Kapitel 3.2.1.2).

Auf die Frage, was Betriebe zur Vorbereitung von Schülern auf die Arbeitswelt leisten könnten, antworteten die befragten Praktikumsbetreuer der Neuntklässler häufig mit der Gewährung von Einblicken in Betriebsabläufe (Praktika, Schnuppertage, Betriebserkundungen). Das

[656] Beck et al. (1979): S. 59.

am häufigsten genannte Hindernis für die Unterstützung der Schulen bei der Berufs- und Studienorientierung ist der Mangel an Zeit. Neben dem Ziel, den Schülern eine gute Zeit im Betrieb zu bieten und ihnen bei der Berufswahl behilflich zu sein, nutzen viele Betriebe den Kontakt vermutlich auch, um junge Erwachsene kennenzulernen und die Eignung für ein duales Studium oder eine betriebliche Ausbildung im jeweiligen Unternehmen zu überprüfen. Wirkliche Hilfestellungen bei der Berufswahl wollen vergleichsweise wenige Praktikumsbetreuer geben. Dies ist vermutlich darauf zurückzuführen, dass es für viele Menschen übergriffig scheint, sich in diese (möglicherweise lebensentscheidende) Wahl der Gymnasiasten einzumischen. Viele Mitarbeiter meiden unter Umständen diese unangenehme Situation oder sehen es schlicht nicht als ihre Aufgabe; insbesondere dann nicht, wenn es darum geht, einem jungen Menschen von einem bestimmten Berufsweg abzuraten. Das Argument, für Schülerpraktikanten wenig Zeit übrig zu haben, unterstreicht, dass die Jugendlichen nur für ein kurzes Gastspiel in die Betriebe kommen und dort oft als Störfaktor wahrgenommen werden. Dies ist insofern nachvollziehbar, als dass die Schüler in der Regel wenig selbständig arbeiten können und die Betreuung tatsächlich viel Zeit in Anspruch nimmt.

Die erfolgreiche Durchführung der meisten P-Seminare des befragten Jahrganges setzte thematisch auch Kontakte zu externen Partnern voraus, was ja auch von sechs der sieben Seminare als erfüllt angegeben wurde. Auch Berufe bzw. Studiengänge, welche zu dem ausgewählten Projekt passten, ergaben sich aus dem Thema des Seminares. Der Besuch externer Angebote (also außerhalb des Schulgebäudes) wie Berufsbasare, Assessment-Center oder auch Workshops zum Thema Bewerbung ist in der Regel mit einem hohen organisatorischen Aufwand verbunden. Unter Umständen war es den befragten Fachlehrern zeitlich zu umfangreich, den Schülern die Inanspruchnahme dieser Angebote zu ermöglichen. Allerdings bieten viele der Institutionen, welche diese Angebote unterbreiten, auch an, die Maßnahmen im Schulhaus durchzuführen. Auch die Hinführung zu Selbsterkundungstools (etwa verschiedene Berufseignungstests) ist zum Beispiel mit Unterstützung der Bundesagentur für Arbeit mit überschaubarem Aufwand zu bewältigen. Die Theorie des Life-Designing-Ansatzes impliziert, dass den Berufswählern nicht nur das Fehlen bestimmter Fähigkeiten und Fertigkeiten aufzuzeigen ist. Dennoch kann die Durchführung von Schwächenanalysen als Basis dienen, um weitere Schritte im Berufswahlprozess fundiert planen zu können.[657] Dass keine der Lehrkräfte einen Einstellungstest simulierte, ist unter Umständen darauf zurückzuführen, dass die meisten Tests sehr umfangreich sind. Nur wenige Einstellungstests sind bereits didaktisch soweit aufbereitet, dass sie möglichst viele der verschiedenen Frageformen abbilden und zügig besprochen werden können, ohne nur einen sehr kleinen Ausschnitt der zu erwartenden Möglichkeiten aufzuzeigen.

Der Eindruck, welchen die Lehrkräfte nach Abschluss der P-Seminare von den beruflichen Vorstellungen ihrer Schüler hatten, ist im Durchschnitt etwas negativer als die oben beschriebenen Aussagen der Schüler: Vier der sieben befragten Lehrer dachten, dass die Schüler nicht bzw. eher nicht wissen, wie deren eigene berufliche Zukunft aussehen soll. Doch bei den Zwölftklässlern selbst gaben 29% an, sich nicht bzw. eher nicht über die eigene berufliche Zukunft im Klaren zu sein. Dass der Eindruck der Lehrkräfte insgesamt schlechter ist, als jener der Jugendlichen selbst, deutet möglicherweise darauf hin, dass die Schüler ihre Lehrer teilweise nicht oder nur eingeschränkt an den persönlichen Gedanken zur Berufs- und Studienwahl teilhaben ließen. Die denkbaren Gründe hierfür sind vielfältig. Mangelndes Vertrauen wäre eine Möglichkeit. Die Schüler-Lehrer-Beziehung ist auf Seiten der Schüler häufig auch von Gefühlen der Unterlegenheit, sowie Abhängigkeit und nicht zuletzt auch des Notendrucks geprägt. Im P-Seminar wird dies zwar durch die Möglichkeit des Unterlassens der Notengebung auf Leistungen im Bereich der Berufs- und Studienorientierung[658] aufgeweicht, doch vermutlich nicht gänzlich ausgelöscht. Das nötige Vertrauen, der Lehrkraft die eigenen Empfindungen zu diesem sehr persönlichen Thema offenzulegen, kann unter diesen Umständen in manchen Fällen nur schwer aufgebaut worden sein. Gegebenenfalls fühlten sich die Jugendlichen jedoch auch nicht ernst genommen oder hatten den Eindruck, dass die eigene Berufswahl für außenstehende Lehrkräfte nicht von ausreichend großer Bedeutung gewesen sei. Ebenso denkbar ist, dass ein Teil der Jugendlichen die Lehrkräfte zur erfolgreichen Bewältigung des Berufswahlprozesses schlichtweg nicht benötigte oder zumindest der Meinung war, auf die schulische Unterstützung verzichten zu können. Dies würde sich auch ein Stück weit mit den Ergebnissen zur

[657] Savickas et al. (2009a): S. 244f.

[658] ISB Staatsinstitut für Schulqualität und Bildungsforschung: http://www.oberstufenseminare.bayern.de/p-seminar/p-seminar-bewerten/p-seminar-bewertung-regelung-leistungserhebung/, zuletzt aufgerufen am 5. Oktober 2019.

Einschätzung des eigenen Unterstützungsbedarfs durch die Schüler decken. Die oben beschriebene Befragung zum eigenen Unterstützungsbedarf der Schüler wurde in der zwölften Klasse wiederholt. 13 % der Zwölftklässler (n = 39) waren der Ansicht, für die eigene Berufswahlentscheidung keine Unterstützung von außen zu benötigen. Die übrigen 87 % wollten die Unterstützungsangebote zwar nutzen, die Entscheidung letztlich aber alleine treffen. Ein weiterer Erklärungsansatz wäre, dass die Lehrkräfte den Berufswahlprozess ihrer Schüler unter Umständen nicht aufmerksam genug begleitet haben und deshalb nicht korrekt beurteilen konnten, ob die Jugendlichen in der zwölften Klasse wussten, in welche Richtung es für sie beruflich gehen sollte. Oder umgekehrt, die Schüler überschätzten sich und ihre Vorstellungen. Möglicherweise waren die Vorstellungen der Gymnasiasten auch noch sehr vage und nur wenig konkret formuliert. Es wäre also denkbar, dass die Lehrkräfte dies erkannten und die Schüler richtig einschätzten. Es ist zu bedenken, dass die Stichprobe in der vorliegenden Untersuchung sehr klein war und die Werte durch die Aussagen einzelner Personen stark beeinflusst wurden. Bei der Selbstreflektion bewerteten die meisten P-Seminar-Lehrkräfte ihre eigene Leistung eher positiv. Die meisten glaubten, zumindest einem Teil ihrer Seminarteilnehmer eine wirkliche Hilfe bei der beruflichen Orientierung gewesen zu sein. Dies widerspricht freilich der vorhergehenden Aussage, wonach die Gymnasiasten nach Meinung der Lehrer auch nach Abschluss der P-Seminare (eher) nicht wissen, wohin es für sie beruflich gehen soll. Die positive Einschätzung der eigenen Hilfeleistung könnte daher auch darauf zurückzuführen sein, dass eine Negativbewertung der eigenen Leistung in einem schriftlichen Fragebogen einem Eingeständnis gleichgekommen wäre, welches manche vielleicht nicht machen wollten.

5.2.2.3 Konsequenzen für die Praxis

Die Kinder von Akademikern bzw. Nicht-Akademikern sowie Kinder mit Eltern mit bzw. ohne Migrationshintergrund haben nach Ansicht der Eltern im Durchschnitt den gleichen Unterstützungsbedarf. Dies bedeutet nicht, dass nicht dennoch eine Differenzierung nach anderen Aspekten notwendig sein kann. Von großer Bedeutung ist ein möglichst stetiger Austausch zwischen den Gymnasiasten, ihren Eltern und Lehrern. Nur so können die schulischen Akteure die Rahmenbedingungen der Berufs- und Studienorientierung der Schüler kennen. Die Corona-

Pandemie, die dadurch bedingten Schulschließungen und der somit notwendig gewordene Fernunterricht haben verstärkt gezeigt, unter welch unterschiedlichen Voraussetzungen (beispielsweise bezüglich der häuslichen Medienausstattung) die Schüler den Berufswahlprozess bewältigen müssen. Nur durch Kenntnis hierüber seitens der Schule können die Jugendlichen optimal unterstützt werden und bei Bedarf an entsprechende Stellen weitergeleitet werden.

Die Themen, welche die Eltern mit ihren Kindern besprechen, sollten allesamt dennoch auch in der Schule besprochen werden. Es kann nicht davon ausgegangen werden, dass die Erziehungsberechtigten beispielsweise alle in Frage kommenden Studiengänge kennen und ihre Kinder ausreichend beraten können. Auch die Fachlehrer sind nicht ausreichend auf diese Aufgabe vorbereitet. Doch die Schule kann optimal zwischen den Jugendlichen und Experten (etwa der Bundesagentur für Arbeit oder der Hochschulen) vermitteln und so einen Überblick behalten, damit keine der für die Gymnasiasten wichtigen Punkte ausgelassen oder lediglich oberflächlich thematisiert werden. Zusätzlich sollten im Unterricht die Themen, bei welchen die Eltern ihre Kinder nach eigener Aussage nicht oder nur sehr wenig unterstützen können (z. B. Berufsmöglichkeiten im Ausland, Informationen über verschiedene Berufe und Studienmodelle, Karrierechancen), besonders vertieft werden. Auch hier ist der Kontakt zu außerschulischen Experten hilfreich, da die Lehrkräfte hierzu zwar fachlich nicht ausreichend ausgebildet sind, aber doch erweiterte Kenntnisse und vor allem Möglichkeiten besitzen, eine größere Anzahl an Schülern mit einer ebenfalls großen Anzahl an Experten zusammenzubringen. Beim Aufzeigen verschiedener Ausbildungswege (etwa an Hochschulen oder in Betrieben) sollten diese stets gleichwertig behandelt werden. Laut den Ergebnissen aus der Untersuchung findet im häuslichen Umfeld die Besprechung der Varianten jedoch nicht in ausgeglichenem Maße statt. Dies scheint unabhängig vom Bildungsgrad der Eltern zu gelten. Es fällt in den Aufgabenbereich der Schule, das quantitative Defizit bei der Vermittlung von Kenntnissen über (betriebliche) Ausbildungsberufe aufzufangen. Wie in Kapitel 4.5 erläutert, spielen außerschulische Experten eine große Rolle, um den Gymnasiasten Informationen aus erster Hand ermöglichen zu können. Dies ist von besonderer Bedeutung, da die Lehrer hiermit nur selten dienen können, da sie häufig selbst keine betriebliche Ausbildung durchlaufen haben.

Angebote von Unternehmen, den Schülern Einblicke in die Praxis gewähren zu können, sollten angesichts der im Allgemeinen positiven Bewertungen seitens der Gymnasiasten von den Schulen angenommen werden. Dies kann dazu beitragen, dass die Jugendlichen ihre Scheu verlieren und sich eher trauen, die Betriebe als Informationsquelle und Praktikumsgeber anzusprechen. Dies gilt zum einen im schulischen (Pflichtpraktikum) aber auch im privaten Kontext, beispielsweise wenn es um Ferienpraktika, Ausbildungsstellen und duale Studiengänge geht. Gegen die Tatsache, dass Unternehmen verschiedene Praxismaßnahmen nicht ausschließlich nutzen, um den Betrieb den Schülern vorzustellen, sondern auch um die Jugendlichen kennenzulernen und gegebenenfalls für Ausbildung/duales Studium auszuwählen, ist nichts einzuwenden. Jedoch ist es erforderlich, dass die Schule die Jugendlichen auf diesen Umstand hinweist und ihnen entsprechende Verhaltensweisen für einen erfolgreichen ersten Eindruck lehrt. Professionelle Bewerbungsunterlagen, angemessene (Berufs-) Kleidung und ein informiertes, freundliches Auftreten sind nur einige Beispiele. Damit Schülerpraktikanten von Mitarbeitern der Unternehmen weniger als Störfaktor wahrgenommen werden, sollten in den Betrieben klare Zuständigkeiten herrschen. Ein täglich wechselnder „Pate" kann die zusätzliche Belastung durch Schülerpraktikanten auf verschiedene Schultern verteilen und so die Betreuung für alle angenehmer gestalten. Dennoch sollte ein einzelner Praktikumsbetreuer einen Gesamtüberblick über die Aufgaben des Praktikanten behalten. Die Aufgaben sollten altersgerecht, klar formuliert und zielorientiert sein. Nach den Erfahrungen der Autorin bieten sich hier je nach Branche Aufgaben mit Projektcharakter an. Ein runder Abschluss vermittelt den Jugendlichen einen noch besseren Eindruck von möglichst vielen Facetten eines Berufes und hinterlässt bei den Unternehmen aber vor allem auch bei den Schülerpraktikanten ein positives Gefühl.

In der Oberstufe durchläuft jeder Gymnasiast ein Projekt-Seminar zur Studien- und Berufsorientierung. Nicht alle Lehrkräfte verfügen über ausreichend Kontakte und Fachwissen, um ihren Seminarteilnehmern die maximale Bandbreite an Maßnahmen zur Begleitung des Berufswahlprozesses bieten zu können. Sinnvoll aufbereitete Materialien können dieses Problem wenigstens zum Teil auffangen. In Kapitel 6.2 wird beispielhaft das Handbuch „Studien- und Berufswahl begleiten! Unterrichtseinheiten für das P-Seminar am bayerischen Gymnasium“[659] vorgestellt. Durch eine solche Unterstützung kann unter Umständen auch erreicht werden, dass die Lehrkräfte sich bei ihrer Arbeit sicherer darin fühlen, die Schüler gut begleiten zu können. Weiterhin können die zentral organisierten Angebote ausgeweitet werden. Dies spart auch Ressourcen, wenn beispielsweise die externen Partner von einer zentral zuständigen Stelle (z. B. dem KBO) angesprochen werden, die Angebote jedoch für möglichst viele Seminare durchgeführt werden können. Dabei darf die bereits angesprochene Individualisierung nicht außer Acht gelassen werden. Auch hier lohnt es sich, Schüler aus unterschiedlichen P-Seminaren mit sehr ähnlichen Interessen zunächst in Gruppen zusammenzufassen und anschließend nach Bedarf Einzelgespräche mit KBO, Berufsberatern und anderen externen Beratern zu vermitteln.

Um den Stand der Gymnasiasten im Berufswahlprozess zu jedem Zeitpunkt zu kennen, können die Schüler regelmäßig angehalten werden, ihre eigenen beruflichen Vorstellungen (soweit eben schon vorhanden) konkret zu formulieren. Dies kann falls vom Schüler gewünscht in Form von Einzelgesprächen stattfinden. Ansonsten eignen sich Gruppengespräche sicherlich besser, da die Jugendlichen in Anwesenheit ihrer Freunde oft gelöster sind und so freier sprechen können. Es ist darauf zu achten, keinen Druck durch die anwesende peer-group aufzubauen und zu verdeutlichen, dass es völlig in Ordnung ist, wenn die Jugendlichen auf unterschiedlichen Stufen des Prozesses stehen, dass Unsicherheiten normal sind und dass Probleme in den meisten Fällen lösbar sind. Die Lehrkräfte sollten den Stand der Schüler kennen. Dies kann durch eben solche Gespräche erreicht werden. Regelmäßige Rückfragen seitens der Lehrer in Form von aktiver Ansprache sind hilfreich. Im P-Seminar gibt es die Möglichkeit des Verzichts auf Benotung der Leistungen im Bereich Berufs- und Studienorientierung.[660] Dies ist eine weitere Möglichkeit, die Schüler von dem auf ihnen lastenden Druck zu befreien und ihr Vertrauen zu gewinnen. Damit auch die Lehrer Rückmeldung über den Erfolg ihrer erbrachten Leistung erhalten, ist es sinnvoll während bzw. nach dem Seminar Evaluationen durchzuführen. Die Schulen können hierfür Materialien zur Selbst- und Fremdevaluation bereitstellen und

[659] Wittmer-Gerber (2015)

[660] ISB Staatsinstitut für Schulqualität und Bildungsforschung: http://www.oberstufenseminare.bayern.de/p-seminar/p-seminar-bewerten/p-seminar-bewertung-regelung-leistungserhebung/, zuletzt aufgerufen am 5. Oktober 2019.

auf freiwilliger Basis durchführen lassen. Je nach Bedarf sind klassische Fragebögen in Papierform wie auch Online-Angebote denkbar, welche einmalig erstellt immer wieder von verschiedenen Lehrkräften zur Auswertung der eigenen Maßnahmen zur Berufs- und Studienorientierung herangezogen werden können.

5.2.3 Die Überprüfung zentraler Komponenten klassischer Berufswahltheorien

5.2.3.1 Ergebnisse

FF 3 Inwieweit können zentrale Komponenten klassischer Berufswahltheorien anhand der Überprüfung einzelner Aspekte bestätigt werden?

Die in Kapitel 3.2 vorgestellten klassischen Berufswahltheorien dienen als Basis für die Arbeit mit Berufswählern. Ihre zentralen Inhalte sollen im Folgenden teilweise überprüft werden.

FF 3.1 Berufs- und Studienorientierung als Entscheidungsprozess: Haben die Schüler der Jahrgangsstufen zehn bis zwölf bei subjektiv höherem Entscheidungsdruck ein größeres Bedürfnis, mit einem qualifizierten Ansprechpartner über die eigene Berufswahl zu sprechen?

Die befragten Gymnasiasten wurden in den Jahrgangsstufen zehn bis zwölf jeweils gebeten, folgende Aussagen anhand einer äquidistanten Skala vom Likert-Typ mit den Antwortkategorien „Stimmt gar nicht (Wertelabel 1) – Stimmt eher nicht (2) – Stimmt eher (3) – Stimmt voll (4)“ zu bewerten:

„Ich habe das Bedürfnis, mit einem qualifizierten Ansprechpartner über meine Berufswahl zu sprechen.“ (Kurzform: „Gesprächsbedarf“)
und
„Ich denke, dass ich für meine Berufsentscheidung noch genug Zeit habe und jetzt am Ende der x. Klasse noch kein Entscheidungsdruck in Sachen Berufswahl auf mir lastet.“ (Kurzform: „Entscheidungsdruck“)

Für die Variablen wurde Äquidistanz unterstellt. In den Fragebögen E, H und I wurden die inhaltlichen Abstände auch optisch durch die Ankreuzmöglichkeit in Tabellenform und der dabei gleichmäßig verteilten

Spaltenbreite unterstützt. Die Aussage zum Entscheidungsdruck wurde so formuliert, dass sie gegenläufig zur Skala ist. Durch die gegenläufige Formulierung sollte einer allzu häufigen Zustimmungstendenz vorgebeugt und für die Befragten etwas Abwechslung in den Frageablauf gebracht werden. Aufgrund der gegenläufigen Formulierung wurde die Variable „Entscheidungsdruck" im Nachhinein umcodiert, um anschließend zusammen mit der Variable „Gesprächsbedarf" eine Skala zu bilden.

Tabelle 18: Ergebnisse zu den Variablen „Gesprächsbedarf" und „Entscheidungsdruck" von der zehnten bis in die zwölfte Jahrgangsstufe.
Prozentwerte summieren sich aufgrund deren Rundung teilweise nicht auf 100 %.

JS	n	Variable	Stimmt gar nicht (1) in %	Stimmt eher nicht (2) in %	Stimmt eher (3) in %	Stimmt voll (4) in %	M	SD
10	53	Gesprächsbedarf	9	32	32	26	2,75	0,96
	53	Entscheidungs-druck	13	25	45	17	2,34	0,92
11	43	Gesprächsbedarf	14	35	37	14	2,51	0,91
	43	Entscheidungs-druck	35	37	19	9	2,98	0,96
12	41	Gesprächsbedarf	29	37	27	7	2,12	0,93
	40	Entscheidungs-druck	33	38	23	8	2,95	0,93

Die formulierte Hypothese lautet:

Es existiert ein Zusammenhang zwischen dem Bedarf nach einem Gespräch mit einem qualifizierten Ansprechpartner und dem verspürten Entscheidungsdruck in Sachen Berufswahl bei den Schülern der einzelnen Jahrgangsstufen.

Streudiagramme (siehe Anhang 4a) konnten zeigen, dass der Zusammenhang zwischen den Variablen linear war. Anhand der Q-Q-Diagramme konnte gezeigt werden, dass Normalverteilung gegeben ist, da die Punkte annähernd entlang der Linie liegen (siehe Anhang 4b). Alle

Diagramme wurden mithilfe der SPSS-Software erstellt, da das ansonsten verwendete Programm PSPP die Qualitätsansprüche der Autorin hierzu nicht erfüllen konnte. Zusätzlich wurden die Schiefe- und Kurtosis-Werte überprüft: Ist der Wert $z_{Kurtosis}$ (Kurtosis/S. E. Kurtosis) bzw. $z_{Schiefe}$ (Schiefe/S. E. Schiefe) kleiner als 1,96, so liegt laut Field (2013) keine signifikante Kurtosis bzw. keine signifikante Schiefe zum Signifikanzniveau von $p < 0{,}05$ vor.[661] Die Variablen waren also auch laut Überprüfung der Kurtosis- und Schiefe-Werte normalverteilt (siehe Anhang 4c). Somit waren die benötigten Voraussetzungen für die Anwendung der Korrelation nach Bravais-Pearson zur Überprüfung des Zusammenhangs zwischen „Gesprächsbedarf" und „Entscheidungsdruck" in den Jahrgangsstufen zehn bis zwölf erfüllt.

10. Jahrgangsstufe (n = 53)
Die Analyse der Korrelation zwischen dem verspürten Entscheidungsdruck und dem Bedürfnis nach einem Gespräch mit einem qualifizierten Ansprechpartner ergab für die zehnte Jahrgangsstufe eine Signifikanz von $p = 0{,}4$ (zweiseitig getestet). Das Ergebnis war demnach nicht signifikant. Der Korrelationskoeffizient nach Bravais-Pearson betrug $r = 0{,}12$. Dieser Zusammenhang wird laut Kuckartz, Rädiker, Ebert und Schehl (2013) üblicherweise als gering gewertet.[662] Die obige Hypothese wurde für die zehnte Jahrgangsstufe also nicht bestätigt.

11. Jahrgangsstufe (n = 43)
Auch für die elfte Jahrgangsstufe war das Ergebnis nicht signifikant, da sich hierfür ein Wert von $p = 0{,}34$ (zweiseitig getestet) ergab. Es konnte kein positiver Zusammenhang zwischen den beiden Merkmalen bestätigt werden. Der Korrelationskoeffizient nach Bravais-Pearson betrug für die elfte Klasse $r = -0{,}15$. Demnach besteht ebenfalls ein geringer Zusammenhang.[663]

12. Jahrgangsstufe (n = 40)
Das Ergebnis der Untersuchung in der zwölften Klasse hingegen ist signifikant: Die Analyse der Korrelation zwischen dem verspürten Entscheidungsdruck und dem Bedürfnis nach einem Gespräch mit einem qualifizierten Ansprechpartner ergab eine Signifikanz von $p = 0{,}005$ (zweiseitig getestet). Der Korrelationskoeffizient nach Bravais-Pearson

661 Field (2013): S. 184.
662 Kuckartz, Rädiker, Ebert, Schehl (2013): S. 213.
663 Kuckartz, Rädiker, Ebert, Schehl (2013): S. 213.

betrug r = -0,43. Dieser Wert wird laut Kuckartz et al. (2013) üblicherweise als Ausdruck eines mittleren Zusammenhangs gewertet.[664]

FF 3.2 Berufs- und Studienorientierung als Entwicklungsprozess: Welche Bedeutung haben Eltern und andere Ansprechpartner zum Thema der Berufsorientierung für die Jugendlichen von der zehnten bis zur zwölften Jahrgangsstufe?

In der zehnten Klasse wurden die Schüler (n = 53) gebeten, ein Ranking zu erstellen, wobei sie die Personen, die sie zum Thema Berufsorientierung am ehesten ansprechen würden auf Platz 1 setzen sollten und die Personen, die Sie als letztes wählen würden, auf Platz 5. Kleinere Werte bedeuteten in diesem Zusammenhang also höhere Ränge. Zur Auswahl standen die Eltern, Freunde, Unternehmen, Lehrer und Mitarbeiter der Bundesagentur für Arbeit. Je geringer der errechnete Mittelwert, umso höher wurden die verschiedenen Ansprechpartner hinsichtlich ihrer Bedeutung im Durchschnitt eingestuft. Die Ergebnisse der Rangliste, welche sich aus den Ergebnissen der Berechnung der jeweiligen Mittelwerte ergab, sind in Tabelle 19 dargestellt.

Tabelle 19: Rangfolge der Bedeutung, welche die Gymnasiasten in der zehnten Jahrgangsstufe verschiedenen Ansprechpartnern beimessen.

Ø Rang	Ansprechpartner	M	SD
1	Eltern	1,74	1,11
2	Mitarbeiter der BA	3,13	1,37
3	Freunde	3,19	1,24
4	Unternehmen	3,43	1,41
5	Lehrer	3,51	1,19

Es wird deutlich, dass die Eltern für die Zehntklässler eine sehr große Bedeutung als Ansprechpartner hatten. Auf dem zweiten Platz lag wenn auch mit deutlichem Abstand die Bundesagentur für Arbeit. Freunde lagen dahinter auf Platz 3, Platz 4 belegten Unternehmen, Platz 5 die Lehrer.

Ab der zehnten Jahrgangsstufe wurden die Schüler außerdem gefragt, wo sie sich über Berufs- und Studienangebote informiert haben. In der

664 Ebenda.

zehnten Klasse gaben 58 % der Befragten, welche sich privat informierten (n = 40), durch Ankreuzen der entsprechenden Antwortmöglichkeit an, Gespräche mit Eltern als Informationsquelle genutzt zu haben. Mit dem Eintritt in die Oberstufe stieg dieser Wert in der elften Klasse (n = 37) auf 65 %, fiel dann in der zwölften Klasse (n = 38) jedoch wieder auf 50 %.

FF 3.3 Berufs- und Studienorientierung als matching-Prozess

FF 3.3.1 Wie stabil ist die eigene Einschätzung der Schüler bezüglich ihres eigenen Persönlichkeitstypus von der zehnten bis in die zwölfte Jahrgangsstufe?

Die Schüler wurden jeweils in der zehnten und zwölften Klasse gebeten, ihren eigenen Persönlichkeitstypus nach John Lewis Holland (1973, siehe Kapitel 3.2.3) zu bestimmen. Für die vorliegende Auswertung wurde die Wahl der Zuordnung herangezogen, durch welche sich die Gymnasiasten jeweils am besten beschrieben fühlten. In den Fragebögen wurden die verschiedenen Typen (siehe Kapitel 3.2.3: Realisitic, Investigative, Artistic, Social, Enterprising, Conventional) zum besseren Verständnis anhand verschiedener Berufsbeispiele auf Deutsch beschrieben. Die Ergebnisse zur Verteilung der einzelnen Typen in den Jahrgangsstufen 10 und 12 sind in Abbildung 23 dargestellt. Von den 39 Schülern, welche die Frage nach der Einschätzung des eigenen Persönlichkeitstypen in beiden Jahrgangsstufen beantworteten, blieben in der zwölften Klasse 24 bei ihrer ursprünglichen Antwort aus der zehnten Klasse. 15 Schüler änderten ihre Einschätzung in der zwölften Klasse im Vergleich zur zehnten Klasse. Der Grad der Veränderung bei diesen 15 Gymnasiasten wurde nach dem Vorbild des in Kapitel 3.2.3 vorgestellten hexagonalen Modells von Holland (1973) gemessen. Eine maximale Person-Umwelt-Kongruenz nach Holland (1973) entsprach demnach einem maximalen Ähnlichkeitsgrad (Wertelabel 3) von der zehnten bis in die zwölfte Jahrgangsstufe. Eine Ähnlichkeit mittleren Grades (Wertelabel 2) entsprach einer mittleren Ähnlichkeit der Persönlichkeitsmodelle, eine Ähnlichkeit niedrigen Grades (Wertelabel 1) einer niedrigen Kongruenz in Hollands (1973) Hexagon. Die geringste Stufe der Kongruenz (inkongruente Wahl) entsprach einer gegensätzlichen Entwicklung (Wertelabel 0) über die Zeit. Fünf der 39 Teilnehmer, welche ihre persönliche Einschätzung sowohl in der zehnten als auch in der zwölften Klasse abgaben, wiesen laut vorliegender Analyse unter Verwendung von Hollands (1973) Theorie eine gegensätzliche Entwicklung und damit eine sehr große Veränderung auf. Sie schätzten sich bezüglich ihres eigenen Persönlichkeitstypen also am Ende der zwölften Jahrgangsstufe ganz anders ein als noch in der zehnten Jahrgangsstufe. Ein Teilnehmer ließ eine niedrige Ähnlichkeit zwischen seinen Einschätzungen zu den beiden Zeitpunkten erkennen. Neun Schüler zeigten eine mittlere Ähnlichkeit zwischen ihren beiden Einstufungen. Mit 24 Teilnehmern blieben jedoch die meisten Gymnasiasten bei ihrer ursprünglichen Angabe und fielen somit in die Kategorie der maximalen Ähnlichkeit zwischen den Einschätzungen zu den beiden Messzeitpunkten.

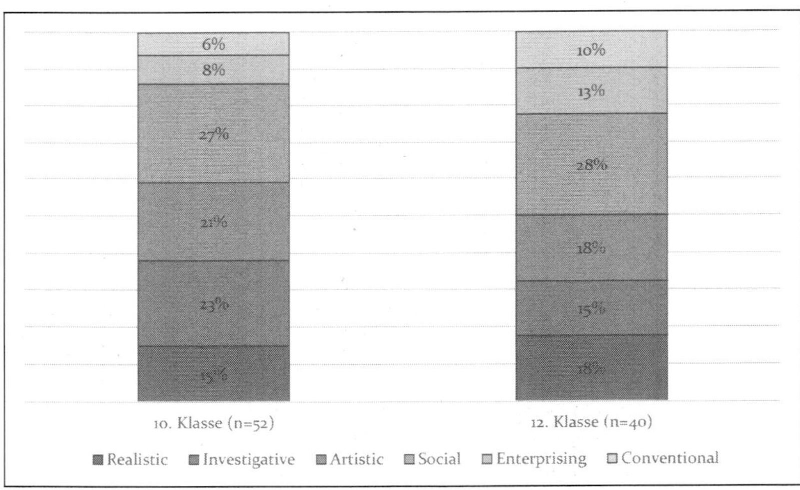

Abbildung 23: Zuordnung des eigenen Persönlichkeitstypen durch die Schüler der zehnten bzw. zwölften Jahrgangsstufe.
Prozentwerte summieren sich aufgrund deren Rundung teilweise nicht auf 100 %.

FF 3.3.2 Welchen Grad der Kongruenz nach Holland (1973) weisen die Schüler mit ihrer nach dem Abitur gewählten Arbeits-Umwelt auf?

Für insgesamt 25 Teilnehmer lagen sowohl die Informationen über die Einschätzung des eigenen Persönlichkeitstyps als Zwölftklässler als auch über die Tätigkeit ca. sechs Monate nach dem Abitur vor. Ein Teilnehmer entschied sich nach dem Schulabschluss für eine längere Auslandsreise. Da es sich bei dieser Aktivität um keine Berufswahl handelt und sie somit auch keinem der Persönlichkeitstypen zuzuordnen ist, konnten die Antworten dieses Teilnehmers nicht mit in die Auswertung einfließen. Es verblieben also 24 Teilnehmer, für welche die Person-Umwelt-Kongruenz nach der ersten Berufswahl bestimmt werden konnte. Hierfür wurde anhand der Angaben der ehemaligen Schüler zu ihren Tätigkeiten nach dem Abitur die jeweilige Kategorie der Arbeitsumwelt bestimmt und mit den Antworten zur Einschätzung des eigenen Persönlichkeitstypen aus der zwölften Klasse verglichen. Für die einzelnen Kategorien nach Holland (1973) wurden in PSPP folgende Wertelabels festgelegt:

Maximale Person-Umwelt-Kongruenz:	3
Mittlere Person-Umwelt-Kongruenz:	2
Niedrige Person-Umwelt-Kongruenz:	1
Inkongruente Wahl:	0

Zwei Teilnehmer trafen eine inkongruente Wahl. Sieben ehemalige Schüler wiesen eine niedrige, fünf eine mittlere Person-Umwelt-Kongruenz auf. Mit zehn Teilnehmern war die maximale Person-Umwelt-Kongruenz die am häufigsten belegte Kategorie.

FF 3.4 Berufs- und Studienorientierung als Allokationsprozess: Welche Grenzen ihrer beruflichen Möglichkeiten meinen die Schüler der zehnten bis zwölften Jahrgangsstufe für sich zu erkennen?

Die Gymnasiasten wurden von der zehnten bis zur zwölften Klasse wiederholt gefragt, ob sie das Gefühl hätten, dass ihnen nach dem Abitur alle Möglichkeiten offenstünden. Die Antwortmöglichkeiten lauteten „Nein" (codiert mit 0) und „Ja" (codiert mit 1). In der zehnten Klasse (n = 53) wurde diese Frage von 53 % der Befragten verneint, in der elften Klasse (n = 43) von 72 % und in der zwölften Klasse (n = 41) von 51 %. Durch die Filterführung wurden eben diese Jugendlichen wiederum aufgefordert, durch entsprechendes Ankreuzen anzugeben, wo sie denn ihre persönlichen Grenzen bezüglich der Berufs- und Studienwahl sehen. Die Ergebnisse sind in Abbildung 24 ersichtlich.

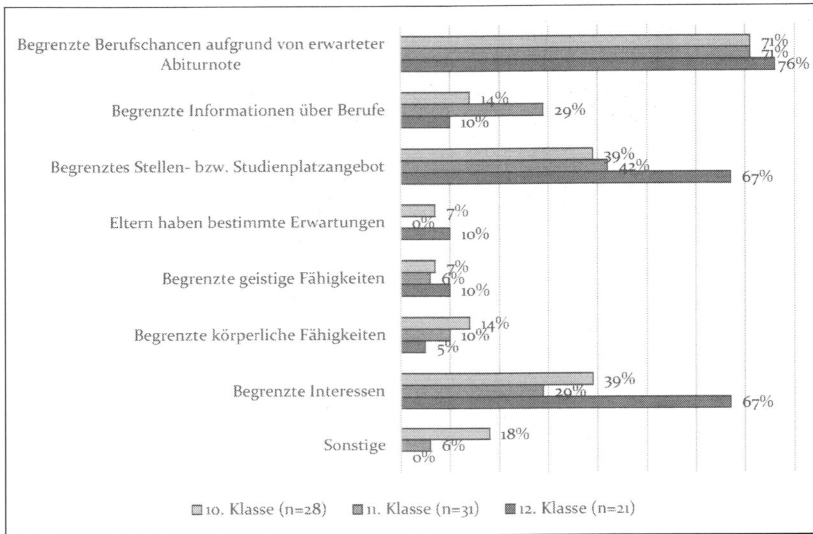

Abbildung 24. Grenzen ihrer beruflichen Möglichkeiten, welche die Schüler der zehnten bis zwölften Jahrgangsstufe für sich zu erkennen meinen. (Mehrfachnennungen möglich)

Verglichen mit anderen Fragestellungen wurde die Möglichkeit einer weiteren Angabe unter „Sonstige“ nur wenig genutzt, in der zwölften Jahrgangsstufe kein einziges Mal. Eine Auswahl getätigter Aussagen der zehnten und elften Klassen lautete (vollständige Liste siehe Anhang 3l):

„schweres Studium“, 10. Klasse.
„Studium wird benötigt“, 10. Klasse.
„mein Alter“, 10. Klasse.
„Mittlerweile ist ein Abitur gegenüber einer Berufsausbildung weniger wert“, 10. Klasse.
„Sehr hohe Kosten an manchen Studienorten“, 11. Klasse.
„Grenzen durch NC!/Grenzen durch schnelle Studienwahl“, 11. Klasse.

FF 3.5 Berufswahl als sozialer Lernprozess: Sind Schüler, welche eine überwiegend positive Praktikumserfahrung machen konnten, eher gewillt, zusätzliche freiwillige Praktika in den Ferien abzuleisten?

56 Neuntklässler wurden im Anschluss an das Schülerbetriebspraktikum gebeten, folgende Aussagen anhand einer äquidistanten Skala vom Likert-Typ mit den Wertelabels „Stimmt nicht (1) – Stimmt eher nicht (2) – Stimmt eher (3) – Stimmt voll (4)“ für sich persönlich zu bewerten:

a) „Ich denke, dass meine Praktikumswahl richtig war.“ (Kurzform: „Richtig“)
b) „Das Praktikum hat mir Spaß gemacht.“ (Kurzform: „Spaß“)
c) „Ich denke, die mir übertragenen Aufgaben waren für eine/n Schülerpraktikantin/en angemessen.“ (Kurzform: „Angemessen“)
d) „Ich fühlte mich in dem Betrieb gut betreut.“ (Kurzform: „Betreuung“)
e) „Das Praktikum ist so abgelaufen, wie ich es mir vorher vorgestellt habe.“ (Kurzform: „Vorstellung“)
f) „Ich habe das Gefühl, dass das Praktikum für mich sinnvoll war.“ (Kurzform: „Sinnvoll“)
sowie
g) „Ich würde gerne freiwillig noch ein weiteres Praktikum in den Ferien ableisten.“ (Kurzform: „freiwilliges Praktikum“)

Mithilfe von PSPP wurde aus den Aussagen a) bis f) die Variable „Praktikumsbewertung“ gebildet. Zur Überprüfung der Reliabilität der Skala wurde die interne Skalenkonsistenz (Cronbachs Alpha) berechnet. Die interne Konsistenz ist mit Cronbachs Alpha = 0,9 laut Kuckartz et al. (2013) als sehr gut zu bewerten.[665] Die deskriptiven Werte zur Bewertung der Aussagen a) bis f) können der Darstellung zu Forschungsfrage 1.2.3 entnommen werden. Der Aussage g) zum freiwilligen Praktikum in den Ferien stimmten 23 % voll zu (Wertelabel 4), 32 % stimmten eher zu (Wertelabel 3), 25 % stimmten eher nicht zu (Wertelabel 2) und 20 lehnten die Aussage mit „Stimmt nicht“ (Wertelabel 1) ab. Die formulierte Hypothese lautet:

Die Bewertung der Praktikumserfahrung hängt mit der Bereitschaft, zusätzliche freiwillige Praktika in den Ferien abzuleisten, zusammen.

Als statistisches Verfahren wurde aufgrund mangelnder Normalverteilung (diese wäre für die Bravais-Pearson-Korrelation zwingend erforderlich) der Variablen die Korrelation nach Spearman gewählt. Die Analyse der Korrelation zwischen der „Praktikumsbewertung“ (M = 3,02, SD = 0,83) und der Bereitschaft für ein „freiwilliges Praktikum“

[665] Kuckartz, Rädiker, Ebert, Schehl (2013): S. 247.

(M = 2,59, SD = 1,06) wurde mithilfe des Statistik-Programms SPSS durchgeführt, da die sonst verwendete Software von PSPP zwar den Wert für Spearman's Rho ausgibt, jedoch keine zugehörige Signifikanz berechnet. Der Test ergab einen Korrelationskoeffizienten nach Spearman von $r_s = 0{,}31$ ($p = 0{,}021$, zweiseitig getestet). Das Ergebnis ist demnach signifikant. Der postulierte Zusammenhang zwischen der Bewertung der Praktikumserfahrung und der Bereitschaft, zusätzlich ein freiwilliges Praktikum in den Ferien abzuleisten, kann bestätigt werden. Die Höhe dieser Korrelation wird üblicherweise als mittlerer Zusammenhang gewertet.[666]

5.2.3.2 Diskussion

Laut dem Kooperationsmodell nach Egloff und Jungo (2007) sind die Eltern einer der wichtigsten Partner für die Berufswahl vieler Jugendlicher.[667] Auch Kracke (2014) meint, dass die verschiedenen an der Berufswahl von Jugendlichen Beteiligten enorm wichtig sind für ein planvolles Informieren über die Arbeitswelt und den damit verbundenen Entscheidungen.[668] Aus den dargestellten Werten geht die große Bedeutung der Eltern für die befragten Schüler der Mittelstufe als Ansprechpartner zum Berufswahlprozess deutlich hervor. Offensichtlich gewannen die Eltern für die elfte Jahrgangsstufe zunächst an Bedeutung als Informationsquelle für ihre Kinder, bevor die Häufigkeit, mit der die Schüler ihre Eltern zu Fragen der Berufswahl ansprachen, in der zwölften Jahrgangsstufe zurückging. Von einer unmittelbaren Loslösung kann aufgrund der eher geringen Schwankung und des Anstiegs in der elften Klasse nicht die Rede sein. Weiter oben wurde bereits dargestellt, welche Informationsangebote die Schüler stattdessen bevorzugt nutzten. Während das Internet schon in der Mittelstufe häufig genutzt wurde, gewannen im Abschlussjahr vor allem die Hochschulen massiv an Bedeutung für die Gymnasiasten. Auch das Beratungsangebot durch die Bundesagentur für Arbeit sowie Berufsmessen wurden in den höheren Jahrgangsstufen deutlich vermehrt genutzt. Insofern kann mit zunehmendem Alter der Schüler doch ein Stück weit von einer Hinwendung und Öffnung gegenüber anderen Institutionen gesprochen werden – wenngleich die Eltern

---

666 Kuckartz, Rädiker, Ebert, Schehl (2013): S. 213ff.
Cohen (1988): S. 80.

667 Egloff, Jungo: https://a.berufswahlvorbereitung.ch/page/content/index.asp?MenuID=1711&ID=2568&Menu=11&Item=6, zuletzt aufgerufen am 15. November 2018.

668 Kracke (2014): S. 18

stets eine wichtige Rolle in Sachen Berufs- und Studienorientierung für die Gymnasiasten spielten. Die Kontaktaufnahme zu Unternehmen oder Berufsberatern scheiterte sicherlich auch oft an dem Umstand, dass die Schüler keine den beiden Gruppen angehörende Ansprechpartner persönlich kannten. Für Jugendliche der zehnten Klasse ist es wahrscheinlich häufig eine zu große Barriere, Unbekannte von sich aus anzusprechen. Theoretisch könnte dies bei den ihnen bekannten Fachlehrern leichter fallen. Doch laut den Ergebnissen schien dies nicht der Fall gewesen zu sein. Möglicherweise war der Umstand, dass die Lehrer im Ranking im Durchschnitt den letzten Platz belegten, jedoch ebenfalls auf das bereits beschriebene mangelnde Vertrauen in die Lehrer und ihr Fachwissen im Bereich der Berufsorientierung zurückzuführen. Ebenfalls denkbar ist, dass die Schüler das Gefühl hatten, dass ein Lehrer-Schüler-Gespräch aus Sicht der Pädagogen nicht wertungsfrei ablaufen kann und die Jugendlichen deshalb Angst vor der Preisgabe persönlicher Probleme, Bloßstellung oder ähnlichem hatten.

Aus der Analyse klassischer Entscheidungstheorien wie von Janis und Mann (1977) ging die Erkenntnis hervor, dass den Berufswählern alle relevanten Rahmenbedingungen bekannt sein sollten, um die Qualität des Informations- und Entscheidungsverhaltens zu optimieren. Externe Ansprechpartner können dabei eine wichtige Hilfe darstellen. Insgesamt scheint es so gewesen zu sein, dass der Zusammenhang zwischen dem verspürten Entscheidungsdruck und dem Bedürfnis nach einem Gespräch mit einer qualifizierten Person umso niedriger wurde, je näher der Schulabschluss rückte. Dies könnte derart interpretiert werden, dass in der zehnten Klasse andere Gleichaltrige, welche eine Mittel- oder Realschule besuchten, sich nun aktiv um den Berufseinstieg in Form einer Lehrstelle bemühten. Gymnasiasten, welche dies in ihrem Umfeld wahrnahmen, könnten den Druck der Freunde auf sich selbst übertragen haben. Tatsächlich fielen die Antworten der 53 Zehntklässler auf die Frage, ob sie denn Kontakt zu Freunden hätten, welche sich bereits um eine Lehrstelle bemühen mussten, folgendermaßen aus: Jeweils 13 % gaben an „Stimmt gar nicht“ (Wertelabel 1) und „Stimmt eher nicht“ (Wertelabel 2). 38 % gaben an „Stimmt eher“ (Wertelabel 3) und 36 % antworteten mit „Stimmt voll“ (Wertelabel 4). Diese Ergebnisse bestätigen die geäußerte Annahme zur Möglichkeit des Einflusses anderer Gleichaltriger in der zehnten Jahrgangsstufe. Dass gleichzeitig der Bedarf nach einem qualifizierten Ansprechpartner mit zunehmender Klassenstufe zurückgeht, könnte so interpretiert werden, dass die Schüler mit zunehmendem Alter weniger Vertrauen in die zur Verfügung stehenden Experten haben. Möglicherweise aufgrund negativer Erfahrungen bzw. Berichten anderer Personen. Die Gymnasiasten könnten sich auch mit zunehmendem Alter verstärkt selbst in der Lage fühlen, sich über ihre Berufs- und Studienwahlmöglichkeiten zu informieren. Hierfür würden auch die oben beschriebenen Ergebnisse zur privaten Nutzung von Informationsquellen sprechen. Schülern der höheren Jahrgangsstufen fällt es aufgrund ihrer zunehmenden Medien- und Handlungskompetenzen vermutlich auch leichter, auf andere Informationsquellen auszuweichen. Ein anderer Erklärungsansatz ist der, dass die Gymnasiasten der höheren Jahrgangsstufe auch vermehrt Kontakt zu Freunden mit abgeschlossenem Abitur haben und an ihrem Beispiel sehen, dass eine befriedigende Berufswahlentscheidung auch zu einem späteren Zeitpunkt möglich ist.

Etwas über 60 % der Schüler blieben von der zehnten bis in die zwölfte Klasse bei ihrer Einschätzung des eigenen Persönlichkeitstypen nach Holland (1973) und veränderten ihre Zuordnung nicht. Später bei ihrer ersten Berufswahl hingegen blieben lediglich etwas mehr als 40 % der Befragten mit einer maximalen Person-Umwelt-Kongruenz innerhalb ihrer selbstzugeordneten Kategorie. Und das, obwohl zwischen den ersten beiden Befragungen zwei Jahre lagen und somit mehr als doppelt so viel Zeit vergangen ist als zwischen der zweiten und dritten Befragung, zwischen denen weniger als ein Jahr lag. Die Ergebnisse lassen den Schluss zu, dass einigen der jungen Erwachsenen durchaus bewusst war, dass sie mit ihrer ersten Berufs- bzw. Studienwahl nicht den eigenen Vorstellungen bezüglich ihres Persönlichkeitstypen entsprachen. Dies kann zum einen darauf zurückzuführen sein, dass die Teilnehmer nicht in der Lage waren, ihrem Persönlichkeitstypen einen Beruf mit maximaler Person-Umwelt-Kongruenz zuzuordnen. Zum anderen kann es sein, dass Berufswege gewählt wurden, welche schnell und unkompliziert verfügbar waren. Bei intensiverer Auseinandersetzung mit dem Abgleich zwischen Persönlichkeit und Arbeitsumwelt wäre dies möglicherweise aufgefallen und hätte zu einer anderen Wahl geführt. Zulassungsbeschränkungen wie ein Numerus Clausus oder ein eingeschränktes regionales Angebot an Berufszweigen hält die Forschende als Begründungen eher für unwahrscheinlich, da die angewandten Persönlichkeitsmodelle nach Holland sehr weit gefasst sind und im Allgemeinen eine große Auswahl an Berufen bzw. Studiengängen zu den einzelnen Modellen zur

Verfügung steht. Außerdem handelt es sich beim Heimatort der befragten Schüler mit Nürnberg um eine Metropol-Region, welche ein breites Angebot an beruflichen Möglichkeiten innerhalb der jeweiligen Modelle bietet.

Rund dreiviertel aller befragten Gymnasiasten, welche für sich persönlich Grenzen bei der eigenen Berufswahl sahen, gaben in allen Jahrgangsstufen unter anderem auch die erwartete Abiturnote als angenommenes Ausschlusskriterium für viele Ausbildungsbranchen bzw. Studiengänge an. Dies ist sicherlich darauf zurückzuführen, dass viele der Traumstudiengänge der Schüler tatsächlich mit einem Numerus Clausus belegt sind. Doch für die Autorin ist fraglich, wie gut die Schüler diese Grenze einschätzen können. Überschätzen die Gymnasiasten den befürchteten NC nämlich, kann es sein, dass sie bestimmte Berufszweige wie etwa Medizin von vornherein für sich ausschließen, obwohl es möglicherweise doch Wege geben könnte, das Studium beginnen zu können. Ähnliches gilt für die Sorge um das begrenzte Stellen- bzw. Studienplatzangebot. 67 % der Zwölftklässler meinen, die für sie optimale Berufswahl wäre aufgrund des mangelnden Angebotes nicht möglich. Hier stellt sich erneut die Frage, wie gut die Schüler denn in den einzelnen Jahrgangsstufen tatsächlich über das Angebot informiert sind. Lediglich ausführliche Recherchen und Gespräche mit den zuständigen Stellen können hier für Klarheit sorgen. Ähnlich viele Zwölftklässler geben an, aufgrund begrenzter Interessen keine freie Auswahl beim Berufseinstieg zu haben. Dieser Umstand wird von der Autorin jedoch als durchaus positiv gewertet, da er aufzeigt, dass die Schüler für sich uninteressante und damit auch tendenziell eher ungeeignete Berufszweige ausschließen können. Die Wahrscheinlichkeit einer unbefriedigenden Berufswahl und daraus resultierende Abbrüche können so ein Stück weit reduziert werden. Begrenzte oder lückenhafte Informationen können die optimale Berufswahl ebenfalls verhindern. Zumindest die Sorge, nicht ausreichend über einzelne Berufe informiert zu sein, konnte den meisten Gymnasiasten bis in die zwölfte Jahrgangsstufe genommen werden und die Anzahl der Betroffenen auf ca. 10 % gesenkt werden. Auch um begrenzte geistige oder körperliche Fähigkeiten machten sich eher wenige der teilnehmenden Gymnasiasten Gedanken. Freilich liegt dies zum einen daran, dass die Befragten die Aussicht hatten, den in Deutschland höchstmöglichen Schulabschluss abzulegen und so selbstbewusst in das Berufsleben starten zu können. Zum anderen war dieser Umstand auch darauf zurückzuführen, dass keiner der Befragten das

Gymnasium beispielsweise im Rahmen eines Inklusionsprogrammes besuchte. Es scheint, dass die Erwartungen der Eltern an ihre Kinder in der zwölften Klasse noch einmal erhöhten Druck auf die Schüler ausübten. In manchen Familien ist es den Erziehungsberechtigten enorm wichtig, dass die Kinder bestimmte Berufe ergreifen, etwa aus Prestige-Gründen. Ebenso denkbar ist, dass die Eltern einzelne Branchen oder Berufszweige für sich und damit auch für die Kinder gänzlich ablehnten. Die Sorge um ein zu geringes Einkommen, Unzufriedenheit im späteren Berufsleben oder ähnliches kann Eltern dazu bringen, ihre Töchter und Söhne (unter Umständen ungewollt) in der Berufswahl einzuschränken.

Mitchell, Krumboltz und Jones (1976) sehen die Berufswahl als sozialen Lernprozess. Verschiedene Lernerfahrungen wie auch das Betriebspraktikum können bestehende Assoziationen oder verinnerlichte berufliche Klischees, welche den beruflichen Entscheidungsprozess beeinflussen, überschreiben und so zu deren Auflösung führen.[669] Der bestätigte Zusammenhang zwischen der Bewertung der Praktikumserfahrung und der Bereitschaft, zusätzlich ein freiwilliges Praktikum in den Ferien abzuleisten, unterstreicht die motivierende Wirkung der Praxismaßnahme. Je besser die Bewertung, umso eher konnten sich die Schüler ein zusätzliches freiwilliges Praktikum vorstellen. Hierfür sind verschiedene Faktoren wie der Spaß bei der Arbeit, die Angemessenheit der übertragenen Aufgaben, eine gute Betreuung etc. entscheidend. Es ist allerdings auch zu erwähnen, dass nur wenige der befragten Schüler in den folgenden Jahrgangsstufen zehn bis zwölf auch tatsächlich ein freiwilliges Praktikum abgeleistet haben. In der zehnten und elften Klasse waren dies jeweils sieben, in der zwölften lediglich zwei Gymnasiasten. Anscheinend waren die Hürden, sich erneut um einen Praktikumsplatz zu bemühen und hierfür einen Teil der Schulferien zu opfern für die meisten Befragten doch zu hoch. Vor allem in der Qualifikationsphase steigt mit Blick auf das nahende Abitur im Allgemeinen der Notendruck. Es ist denkbar, dass damit der Fokus verstärkt auf schulische Themen gelenkt wurde und die Motivation, welche direkt nach dem Pflichtpraktikum der neunten Klasse noch verspürt wurde, zugunsten des Einsatzes für eine optimierte Abiturnote verblasste.

[669] Krumboltz, Mitchell, Jones (1976): S. 72f.
Mitchell, Krumboltz (1994): S. 168.

5.2.3.3 Konsequenzen für die Praxis

Dass die Schüler in der Oberstufe einen niedrigeren Druck verspürten, sich für einen Beruf entscheiden zu müssen, als in der zehnten Klasse, scheint angesichts dessen, dass das Abitur und damit das Ende der Schulzeit immer näher rückten, widersinnig. Es handelt sich dabei schließlich um eine psychische Belastung, welche objektiv betrachtet in der zehnten Klasse noch nicht nötig gewesen wäre. Damit ist keinesfalls gemeint, dass Zehntklässler sich nicht mit ihrer eigenen Berufswahl auseinanderzusetzen brauchen. Doch belastender Druck braucht zu diesem Zeitpunkt wohl noch nicht aufgebaut zu werden, sofern ein erfolgreiches Durchlaufen der Qualifikationsphase angenommen werden kann. Es ist Aufgabe der Schule, den Berufswahlprozess bereits ab der Mittelstufe zu begleiten und gleichzeitig dafür Sorge zu tragen, dass den Gymnasiasten bewusst wird, dass sie im Gegensatz zu anderen Gleichaltrigen an anderen Schularten noch ausreichend Zeit für eine endgültige Entscheidung haben. Dies ist ein Vorteil, den es zu nutzen gilt. Unnötiger Druck kann die Jugendlichen in ihrem Berufswahlprozess lähmen und so eine befriedigende Berufswahl verhindern.

Das Vertrauen in die zur Verfügung stehenden Ansprechpartner wie KBO oder Berufsberater der Bundesagentur für Arbeit muss zu jedem Zeitpunkt ungetrübt sein. Die jeweiligen Vorteile der verschiedenen Experten sind einerseits, dass die KBO oft auch Fachlehrer der Schüler sind und sich die Gesprächspartner so häufig gut kennen. Der Berufsberater hingegen hat bezüglich der Domäne Berufsorientierung in der Regel das weitaus größere Fachwissen und kann auch leichter außerschulische Kontakte vermitteln. Idealerweise haben die Gymnasiasten eine Auswahl, mit wem sie sich besprechen möchten. So können sie den Partner wählen, welchem sie am meisten vertrauen. Für Schüler, welche dennoch keine (Einzel-)Gespräche wünschen, bleibt der Erwerb von Kompetenzen zur selbständigen Aneignung von Informationen eine Notwendigkeit. Dem sollte in den P-Seminaren großzügig Raum gegeben werden, damit den Gymnasiasten auch Hilfe zur Selbsthilfe ermöglicht wird.

Die große Bedeutung der Eltern als Ansprechpartner für die Schüler in Sachen Berufs- und Studienorientierung darf von der Schule keinesfalls ignoriert werden. Wie auch in allen anderen Belangen ist es von äußerster Wichtigkeit, dass alle Mitwirkenden eng zusammenarbeiten und die Jugendlichen über den gesamten Berufswahlprozess hinweg gemeinsam begleiten. Voraussetzung für eine zielorientierte Zusammenarbeit wiederum ist, dass die Beteiligten möglichst genau wissen, was die jeweils anderen zum Gelingen beitragen können. Ein aufrechter Kontakt und regelmäßiger Austausch sind hier unabdingbar. Neben den allgemeinen Elternabenden bieten sich vor allem in der zehnten bzw. Anfang der zwölften Jahrgangsstufe spezielle themenbezogene Veranstaltungen an, zu welchen auch außerschulische Experten als Vortragende eingeladen werden können. Die Berufsberater, welche den einzelnen Gymnasien zugeteilt sind, sind erfahrungsgemäß auch gerne bereit, an Elternabenden in der Schule teilzunehmen bzw. diese mitzugestalten. Der Austausch sollte in jedem Fall mindestens zweiseitig, also Eltern und Schule, stattfinden. So können einerseits die Eltern über die wichtigsten Erkenntnisse der Berufswahlforschung informiert werden, Hilfestellungen erhalten und über die in der Schule vorhandenen Angebote aufgeklärt werden. Doch umgekehrt sollten auch die Eltern zu Wort kommen und ihre Sichtweisen darlegen können. Zusätzlich gibt es auch andere extern organisierte Veranstaltungen wie beispielsweise der Eltern+Schülertag für die Berufswahl „parentum“ vom Institut für Talententwicklung, wo verschiedene Aussteller (Ausbildungsbetriebe, Fach- und Hochschulen, Beratungsinstitutionen) für den Austausch mit Eltern und/oder den Schülern bereitstehen.[670] Das Projekt sprungbrett bayern des Netzwerkes SCHULEWIRTSCHAFT Bayern führt zum Beispiel auch interaktive Elternabende in Kooperation mit verschiedenen Unternehmen durch.[671] Die Berufsberatung der Bundesagentur für Arbeit hält an den verschiedenen Standorten Elternabende ab, bei welchen die Erziehungsberechtigten unter anderem erfahren, wie sie ihr Kind am besten unterstützen können und Informationen über den Ausbildungsmarkt sowie die Medien der BA erhalten.[672] Egal für welche Variante sich die Schule und die Eltern entscheiden: Die große Bedeutung der Eltern für ihre Kinder kann in Form einer Zusammenarbeit für die Berufs- und Studienorientierung genutzt werden. Gleichzeitig sollte das Vertrauen in die Berufsberater der Bundesagentur für Arbeit und die Lehrkräfte als Ansprechpartner gestärkt werden. Ein möglichst unkompliziertes Verfahren zur Terminvereinbarung bei der Berufsberatung kann bereits Barrieren abbauen. Auch wenn die Lehrer in der Praxis tatsächlich nicht immer mit

---

670 Institut für Talententwicklung GmbH (2019): S. 14.

671 SCHULEWIRTSCHAFT Bayern: https://www.sprungbrett-bayern.de, zuletzt aufgerufen am 11. September 2019.

672 Bundesagentur für Arbeit: Elternabende der Berufsberatung: https://www.arbeitsagentur.de/bildung/berufsberatung, zuletzt aufgerufen am 8. Mai 2020.

erschöpfendem Fachwissen bereitstehen können, so sollten sie dennoch das inner- und außerschulische Netzwerk gut genug kennen, um die Gymnasiasten mit ihren Fragen entsprechend weiterleiten zu können. Ansonsten kann stets auf den KBO der jeweiligen Schule verwiesen werden, der sämtliche bestehende Angebote überblickt. Möchten die Gymnasiasten hingegen mit keiner Lehrkraft (auch nicht mit dem KBO) sprechen, so bleibt erneut der Hinweis auf die Berufsberatung. Es ist vorstellbar, dass die Gymnasiasten hier aufgrund des nicht vorhandenen Lehrer-Schüler-Verhältnisses nicht das Gefühl der Bewertung haben, somit gelöster sind und offener über ihren persönlichen Berufswahlprozess sprechen können.

Eines der Hauptziele schulischer Maßnahmen zur Berufs- und Studienorientierung ist das Erreichen einer maximalen Person-Umwelt-Kongruenz für möglichst viele Schüler. Hierfür ist es wichtig, dass die Abiturienten sich insbesondere während der Phase der endgültigen Berufswahl ihres eigenen Persönlichkeitstypus sehr bewusst sind. Hier können verschiedene Berufseignungstests und Gespräche mit der Berufsberatung hilfreich sein. Anschließend sollten den Jugendlichen vornehmlich dem eigenen Persönlichkeitstypen entsprechende Berufs- und Studienwahlmöglichkeiten aufgezeigt werden. Auch hier spielen die Differenzierung und Individualisierung wieder eine wichtige Rolle. Das Zusammenfassen von Lerngruppen nach Persönlichkeitstypen erscheint auf den ersten Blick sinnvoll. Doch damit wird es schwierig, eher konsistente Gymnasiasten zu berücksichtigen, welche verwandte, also in Hollands (1973) hexagonalem Modell benachbarte, Orientierungen aufweisen (in vorliegender Ergebnisdarstellung einem mittleren Ähnlichkeitsgrad entsprechend). Ein Workshop-Angebot wie in Kapitel 5.2.1.3 beschrieben kann dieses Problem lösen, wenn die Schüler sich nach freier Wahl in diversen Gruppen zu mehreren Themen bzw. Persönlichkeitstypen zusammenfinden können und dann entsprechend unterschiedliche Berufszweige aufgezeigt bekommen. Um einer möglichst frühzeitigen Zuordnung des eigenen Persönlichkeitstypen Rechnung zu tragen, sollten die eigenen Vorstellungen stetig überprüft werden. Hierfür eignen sich wiederum Online-Selbsterkundungstools, Eigen- und Fremdeinschätzungen in Form von auswertbaren Fragebögen aber auch regelmäßige Gespräche mit der Berufsberatung oder der Austausch mit Fachlehrern und dem KBO.

Um unbegründete Sorgen in Form von Grenzen, welche die Gymnasiasten unter Umständen fälschlicherweise für sich selbst meinen zu erkennen, zu reduzieren, bedarf es einer ausführlichen Aufklärung bezüglich der Zulassungsbeschränkungen (zum Beispiel Numerus Clausus) und dem Aufzeigen des bestehenden Angebotes an Ausbildungsberufen bzw. Studiengängen. Hierbei handelt es sich abermals um Inhalte, welche kein einzelner Fachlehrer oder KBO vermitteln kann. Das scheinbar unüberblickbare Angebot macht die Zusammenarbeit mit der Berufs- und Studienberatung erneut unerlässlich. Gleiches gilt für die besonderen Ansprüche von Schülern mit körperlichen oder kognitiven Einschränkungen. Wie in Kapitel 4.5.1.2 dargestellt bietet die Bundesagentur für Arbeit besondere Hilfestellungen für diese Schülergruppen. Falls Lehrkräfte erkennen, dass die Eltern Druck auf ihre Kinder ausüben, so sollten die Beteiligten aufgeklärt werden, dass die Berufswahl eine sehr persönliche Angelegenheit ist und die finale Entscheidung stets bei den jungen Erwachsenen selbst liegen sollte, um Fehlentscheidungen, berufliche Unzufriedenheit und Abbrüche zu vermeiden. Ein Elternabend ist sicherlich geeignet, um die Erziehungsberechtigten einer Jahrgangsstufe allgemein auf diesen Umstand hinzuweisen und so möglicherweise unbewusst ausgeübten Druck von den Gymnasiasten zu nehmen. Vermutet eine Lehrkraft jedoch massivere Einflussnahme durch die Eltern hinter der Berufswahlentscheidung eines Schülers, sollten persönliche Gespräche mit den Betroffenen und deren Eltern geführt werden. So kann den Jugendlichen eine freie, eigenständige Berufswahl ermöglicht werden.

Das Betriebspraktikum kann für die Schüler eine enorme Hilfe bei der allgemeinen Berufsorientierung sein. Für ein möglichst breites Überblickswissen ist es ideal, mehrere Praxiserfahrungen in Form von Praktika zu machen. Ziel ist es, dass möglichst viele Schüler auch freiwillige Ferienpraktika ableisten. Daher sollte die Bereitschaft hierzu, welche durch positive Erfahrungen im Pflichtpraktikum enorm gesteigert werden kann, auch in den anschließenden Jahrgangsstufen zehn bis zwölf aufrechterhalten werden. Die unmittelbar nach dem Pflichtpraktikum bestehende Motivation kann genutzt werden, um die Schüler regelrecht zu beflügeln und dazu zu bringen, möglichst bald ein freiwilliges Zusatzpraktikum abzuleisten. Die Zuständigkeiten der Lehrkräfte, insbesondere des KBO, enden durch das Ableisten in den Schulferien nicht vollständig. Zwar können für freiwillige Ferienpraktika keine Unfall- und Haftpflichtversicherungen über die Schule abgeschlossen werden oder die Aufsichtspflicht von der Schule getragen werden; doch die Schule kann die Jugendlichen in jedem Fall bei der Vorbereitung der Praxismaßnahme und dem Bewerbungsprozess unterstützen. Dies gilt umso mehr, wenn das häusliche Umfeld der Gymnasiasten hierzu nicht in der Lage ist. In der Oberstufe hingegen ist der gestiegene Leistungs- bzw. Notendruck möglicherweise oft ein Hinderungsgrund, da die Gymnasiasten die Ferien zur Erholung aber auch zur Prüfungsvorbereitung nutzen möchten. Dennoch können auch hier bereits beschriebene Hilfs- und Unterstützungsangebote wie etwa der Hinweis auf Praktikumsangebote oder der gemeinsame Besuch von Berufsmessen (die Aussteller bieten erfahrungsgemäß oft auch Praktikumsplätze an) sinnvoll sein. Es besteht die Hoffnung, dass diese Maßnahmen die bei den Schülern in Vergessenheit geratene Motivation der neunten Jahrgangsstufe wieder wecken und sie so dazu bringen, sich um freiwillige Praxiserfahrungen zu bemühen.

5.3 Reflexion

In den Kapiteln 5.1.8.2 und 5.1.8.3 wurden die Gründe für die Wahl des teilstandardisierten Fragebogens als Erhebungsinstrument dargelegt. Um die Ergebnisse der Forschungsarbeit noch mit weiteren fundierten Erkenntnissen zu versehen, wäre die Aufnahme weiterer Daten zum Beispiel aus Gruppendiskussionen dennoch sinnvoll gewesen. Die Ergebnisse aus den Fragebögen hätten hierfür als Grundlage dienen können. Doch es bestand die Sorge, die bereits erlangten Erkenntnisse könnten mit fortschreitender Zeit teilweise an Bedeutung verlieren. So war zum Zeitpunkt des Abschlusses der Recherchearbeiten unbekannt, inwieweit etwa das Projekt-Seminar in der Oberstufe des neuen neunjährigen Gymnasiums relevant bleibt. Auch die Frage, inwieweit die Corona-Pandemie die schulischen Vorgaben etwa zum Schülerbetriebspraktikum verändern würde, stand noch unbeantwortet im Raum. Weitere Gründe für den Verzicht auf weitere Erhebungen waren mangelnde Ressourcen und die schwere Erreichbarkeit der Schüler nach dem Abitur.

Zu Beginn der Arbeit an vorliegender Dissertation wurde aufgrund der ursprünglich geplanten bayernweiten Befragung von einer wesentlich größeren Stichprobe ausgegangen als sie letztendlich tatsächlich vorlag. Die Gründe für die Durchführung an lediglich einem einzelnen Gymnasium wurden bereits in Kapitel 5.1.4 ausführlich dargelegt. Dennoch ist anzumerken, dass eine größere Menge an Teilnehmern zur noch besseren Sicherung stichhaltiger Ergebnisse wünschenswert gewesen wäre. Um diesem Umstand zumindest etwas entgegenzuwirken, flossen die Ergebnisse der eigentlich als Pretest geplanten Befragung in der neunten Jahrgangsstufe im Nachhinein doch in die Darstellung zur Hauptuntersuchung ein. Dies war aus wissenschaftlicher Sicht auch vertretbar. Dem Argument, dass die leichten Unterschiede der Fragebögen zu Antwortverzerrungen geführt haben könnten, kann entgegengesetzt werden, dass die letztlich verwendeten Daten ausschließlich anhand in wesentlichen Punkten identisch formulierter Fragen erhoben wurden (siehe Kapitel 5.1.12 sowie Anhang 2: Fragebögen 0 und A). Nach Ansicht der Autorin waren die Fragen außerdem präzise genug gestellt, um beispielsweise Positionseffekte zu vermeiden. Durch die beschriebene Vorgehensweise konnten die Daten von zwölf weiteren Gymnasiasten in die Untersuchung einfließen, was letztlich immerhin etwas über 20 % der gesamten teilnehmenden Schülerzahl ausmachte. Auf diesen für die recht kleine Stichprobe wichtigen Beitrag sollte nicht verzichtet werden. Dennoch ist die klassische Vorgehensweise selbstverständlich die, dass die Ergebnisse aus dem Pretest ausschließlich der Überarbeitung des Erhebungsinstruments dienen. Auch für die vorliegende Arbeit wäre dies im Zusammenhang mit einer größeren Stichprobe wünschenswert gewesen.

Weiterhin bringt die Tatsache, dass zwischen der Forschenden und den Untersuchungsteilnehmern ein Lehrer-Schüler-Verhältnis bestand, neben den genannten Vorteilen auch Nachteile mit sich. So könnte man unterstellen, dass sich vornehmlich Gymnasiasten an der Studie beteiligt haben, welche der Untersuchenden positiv gegenüberstanden, auf zusätzlich entgegengebrachte Sympathie hofften oder prinzipiell besonders interessierte Persönlichkeiten waren. Dem kann nicht vollständig widersprochen werden. Doch es wurde in Kapitel 5.1.9 bereits dargelegt, dass dieser Umstand, dem Forschenden einfach einen Gefallen machen zu wollen, durchaus auch für Untersuchungen bestehen kann, bei denen kein solches Verhältnis zwischen den Befragten und dem Forschenden besteht.[673] Gleiches gilt für besonders engagierte Charaktere, welche die Teilnahme wie von Blau (2009) beschrieben als „net gain"[674] ansahen. Dementsprechend ist für die Autorin der vorliegenden Arbeit zwar

[673] Thibaut, Kelley (2009): S. 50.
[674] Blau (2009): S. 102.

nachvollziehbar, dass die bestehende Lehrer-Schüler-Beziehung zwischen den Beteiligten kritisch gesehen werden kann; doch es ist gleichzeitig zu bedenken, dass zumindest ähnliche Aspekte für nahezu alle Befragungen mit ähnlichem methodischen Vorgehen gelten.

Die zu Beginn der empirischen Arbeit noch bestehende Liste an Forschungsfragen war sehr umfangreich. Dies war der Tatsache geschuldet, dass die verschiedenen Schwerpunktthemen der einzelnen Jahrgangsstufen möglichst umfassend beleuchtet werden sollten. Zusätzlich war sich die Autorin bewusst, dass sich das Erkenntnisinteresse auch nach Studienbeginn noch zuspitzen darf und die finale Formulierung der Fragen durchaus noch angepasst werden kann.[675] Dementsprechend wurden auch eher umfangreiche Fragebögen konstruiert. Dennoch waren sie nicht überdimensioniert. Die Bögen entstanden unter anderem auf Basis der Vorgaben Dillmans (1978), wonach die Bögen nicht mehr als elf Seiten umfassen sollten. Im Gespräch mit anderen Wissenschaftlern und bei der Auswertung der Daten wurde jedoch deutlich, dass die Fragen zum Teil zu weit weg vom eigentlichen Thema der Arbeit, nämlich der schulischen Berufs- und Studienorientierung, führten. Die ursprüngliche Liste an Forschungsfragen wurde also im Nachhinein überarbeitet, gekürzt und gebündelt. Folglich wurde eine üppige Menge an Daten erhoben, welche zwar durchaus interessant und verwertbar sind und daher weiteren Forschungsprojekten dienlich sein können – für die vorliegende Arbeit wurden sie jedoch nicht weiter verwendet.

Die Konzentration auf verschiedene Schwerpunktthemen in den einzelnen Jahrgangsstufen brachte zusätzlich mit sich, dass das Potenzial, welches eine Längsschnittstudie bieten kann, nicht erschöpfend genutzt wurde. Die Beobachtung mancher Entwicklungen über die gesamte Dauer der Erhebung war nicht in allen Bereichen möglich, da beispielsweise das im schulischen Rahmen verpflichtend abzuleistende Betriebspraktikum lediglich in der neunten Jahrgangsstufe thematisiert werden konnte. In einer höheren Jahrgangsstufe ist an der Schule, an welcher die Befragung durchgeführt wurde, kein Pflichtpraktikum vorgesehen. Gleiches gilt etwa für den Besuch des BiZ im Klassenverband der zehnten Jahrgangsstufe oder verschiedene Maßnahmen zur Berufs- und Studienorientierung im P-Seminar der Oberstufe. Zum Vergleich weiterer Ergebnisse über den gesamten Befragungszeitraum hinweg hätten die Fragestellungen allgemeiner (das heißt unabhängig von der schulischen

---

675 Przyborski, Wohlrab-Sahr (2019): S. 118.

Berufs- und Studienorientierung) formuliert werden müssen. Doch gerade die Bemühungen der Schule zur Begleitung der Gymnasiasten auf dem Weg des Berufswahlprozesses sollten bei vorliegender Arbeit im Fokus stehen. Dementsprechend wurden die Forschungsfragen an diesen Maßnahmen ausgerichtet und die Fragebögen erstellt.

Im Fragebogen für die Schüler der zwölften Jahrgangsstufe ist die Frage zu finden, ob die Jugendlichen das Gefühl haben, dass sich seit dem letzten Schuljahr bei Ihnen etwas in Sachen Berufs- und Studienorientierung verändert hat. In den Subfragen ist zu lesen „Welche Veränderungen können Sie seit der 10. Jahrgangsstufe feststellen?“ bzw. „Ich habe seit der 10. Klasse nicht mehr darüber nachgedacht.“. Richtig müsste es jedoch heißen, „Welche Veränderungen können Sie seit der 11. Jahrgangsstufe feststellen?“ bzw. „Ich habe seit der 11. Klasse nicht mehr darüber nachgedacht.“. Leider fiel dies erst im Nachhinein bei der Auswertung der Daten auf. Da aber in der übergeordneten Fragestellung nach Veränderungen „seit dem letzten Schuljahr“ gefragt wurde, wurde davon ausgegangen, dass die Gymnasiasten die Frage trotz des Fehlers richtig verstanden haben und entsprechend beantworteten. Ferner gab in der zwölften Jahrgangsstufe keiner der Jugendlichen an, nicht mehr über die Berufs- und Studienorientierung nachgedacht zu haben. Aufgrund der Annahme, dass die Antworten der Schüler durch den Tippfehler in der Fragestellung nicht verzerrt worden sind, wurden die Daten regelkonform ausgewertet.

6 BuS im Zeichen des Föderalismus: ein Vergleich der Vorgaben der Bundesländer Deutschlands anhand ausgewählter Aspekte

Bildungspolitik ist im föderalistischen Aufbau der Bundesrepublik Deutschland Ländersache und galt oft als besonders große Herausforderung.[676] Berufliche Orientierung ist ein bedeutender Teil dessen und stellt für die Jugendlichen gleichzeitig die Brücke zwischen der Schule und der Arbeitswelt dar, welche jedoch auf ganz unterschiedliche Weise gebaut werden kann. Die folgende Beschreibung konzentriert sich auf wesentliche Inhalte und Besonderheiten der einzelnen Länder. Die konkrete Umsetzung der Länder oder gar einzelner Schulen kann bzw. muss in Abhängigkeit von regionalen Begebenheiten abweichen. Die Darstellung dessen oder gar ein bewertender Vergleich würde jedoch den Rahmen der vorliegenden Arbeit sprengen. Sie bezieht sich lediglich auf die Vorgaben, welche primär für die Gymnasien der einzelnen Länder gelten. Gesetzliche Vorgaben zur Zusammenarbeit mit den regionalen Arbeitsagenturen (siehe Kapitel 4.5.1.1) gelten in allen Bundesländern. Daher wird auf diese Kooperation nur im Ausnahmefall weiter eingegangen. Besondere Beachtung finden stattdessen die Themen der curricularen Richtlinien der jeweiligen Länder, Vorgaben zum Schülerbetriebspraktikum und der Berufs- und Studienorientierung in der Oberstufe sowie die Verankerung in der Lehreraus- bzw. -fortbildung. Durch die Ausführungen in Kapitel 4 und auch durch die beschriebene Längsschnittstudie an einem Nürnberger Gymnasium wurden unter anderem Defizite der bayerischen Vorgaben deutlich. Durch die folgende Darstellung, den Vergleich der Situationen in den anderen Bundesländern und die Ableitung entsprechender Konsequenzen für die (bayerische) Praxis sollen Möglichkeiten zur Schließung dieser Lücken aufgezeigt werden. Sämtliche Informationen wurden sorgfältig recherchiert. In Fällen, in welchen genannte Bestandteile nicht oder nur teilweise in veröffentlichter Form gefunden werden konnten, wurde bei den zuständigen Stellen Auskunft erbeten. Eine Nichterwähnung von Aspekten der Berufs- und

[676] Bundesministerium für Bildung und Forschung: https://www.bmbf.de/de/kooperation-von-bund-und-laendern-in-wissenschaft-und-bildung-77.html, zuletzt aufgerufen am 6. September 2020.
Thüringer Ministerium für Bildung, Jugend und Sport (2018): S. 4.

Studienorientierung der Länder bedeutet nicht unbedingt deren Nichtexistenz.

6.1 Berufs- und Studienorientierung am Gymnasium außerhalb Bayerns

6.1.1 Baden-Württemberg

Hinter dem Kürzel „BOGY" steckt seit dem Jahr 1994 der Prozess der Berufs- und Studienorientierung an allen allgemeinbildenden Gymnasien in Baden-Württemberg.[677] Den gesetzlichen Rahmen für die berufliche Orientierung auch an Gymnasien bildet die Verwaltungsvorschrift „Berufliche Orientierung an weiterführenden allgemein bildenden und beruflichen Schulen" vom 3. August 2017. Sie gibt unter anderem Ziele, strukturelle Rahmenbedingungen und Hinweise für die Implementierung praktischer Erfahrungen (Betriebspraktika) vor.[678] Die Leitperspektive „Berufliche Orientierung" ist spiralcurricular in allen Fachplänen verankert.[679] „Jugendliche werden dabei in die Lage versetzt, ihre Bildungs- und Erwerbsbiografie eigenverantwortlich zu gestalten und diesen Prozess beispielsweise in einem Portfolio zu dokumentieren. Selbstbestimmung, kritische Urteilsbildung, Mitbestimmung, Solidarität sowie Wertschätzung von Vielfalt spielen hier eine wichtige Rolle. (...) In der Kursstufe des Gymnasiums wird insbesondere die Studienorientierung verankert."[680] Jede allgemeinbildende Schule Baden-Württembergs soll wenigstens eine betriebliche Kooperation pflegen. Wichtiger Partner des landesweiten Netzwerks ist neben dem Kultusministerium unter anderem auch die Regionaldirektion Baden-Württemberg der Bundesagentur für Arbeit. Sie haben gemeinsam mit anderen Ministerien das „Landeskonzept Berufliche Orientierung" erstellt. Dieses gibt einen Überblick über verschiedene Angebote der Berufsorientierung und soll die Zusammenarbeit der Beteiligten fördern bzw. erleichtern.

---

677 Landesbildungsserver Baden-Württemberg, vertreten durch das Institut für Bildungsanalysen Baden-Württemberg: https://www.schule-bw.de/themen-und-impulse/leitperspekti ven/berufliche-orientierung/bogy/ueber/info, zuletzt aufgerufen am 5. Oktober 2019.

678 Kultusministerkonferenz (2019): S. 4.

679 Kultusministerkonferenz (2019): S. 24.

680 Ministerium für Kultus, Jugend und Sport Baden-Württemberg, vertreten durch das Zentrum für Schulqualität und Lehrerbildung: http://www.bildungsplaene-bw.de/,Lde/Startseite/BP2016BW_ALLG/BP2016BW_ALLG_LP_BO, zuletzt aufgerufen am 5. Oktober 2019.

Eine besondere Betonung liegt auf der Gleichwertigkeit beruflicher und akademischer Bildung.[681] Unter der Zusammenarbeit von BOGY-Lehrkraft und Beratungsfachkraft findet außerdem eine gemeinsame Entwicklung schulspezifischer, jahrgangsstufenorientierter und standortbezogener Konzepte statt.[682]

Im Rahmen des Bildungsplans 2016 für das Gymnasium ist im Schuljahr 2018/19 das neue Schulfach Wirtschaft/Berufs- und Studienorientierung (WBS) eingeführt worden.[683] Das Jahreswochenstundenkontingent hierfür beträgt von der achten bis zur zehnten Jahrgangsstufe insgesamt drei Stunden. Die Schulleitung entscheidet nach Absprache mit den Fachschaften, welche Fachlehrkräfte das neue Fach unterrichten sollen.[684] Zur Vorbereitung der WBS-Lehrkräfte fanden im Vorfeld Fortbildungsveranstaltungen in Form regionaler Präsenzveranstaltungen und eines e-learning-Moduls in Form eines MOOCs („massive open online course“[685]) statt. Im Fokus standen dabei vor allem wissenschaftliche Inhalte des Faches WBS. Insgesamt ist die Fortbildungsmaßnahme über einen Zeitraum von mehreren Jahren angelegt.[686] Im Bildungsplan 2016 für das Fach WBS heißt es: „Die Schülerinnen und Schüler können den Entscheidungsprozess für ihre Berufswahl gestalten (I) und ihre Ziele und Erwartungen mit den Anforderungen der Arbeitswelt mithilfe verschiedener Informations- und Beratungsangebote vergleichen (II). Sie können den Wandel der Arbeitswelt im Hinblick auf die eigene Berufsorientierung beurteilen (III).“[687] Die Entscheidung, wie die Berufs- und Studienorientierung in der Sekundarstufe I organisiert und behandelt wird, obliegt den Schulen in Abhängigkeit bewährter Strukturen und Kooperationen vor Ort. Dabei wird die berufliche Orientierung als Leit-

[681] Kultusministerkonferenz (2019): S. 8.

[682] Ministerium für Kultus, Jugend und Sport Baden-Württemberg (2016b): S. 65f. Kultusministerkonferenz (2019): S. 77.

[683] Landesbildungsserver Baden-Württemberg, vertreten durch das Institut für Bildungsanalysen Baden-Württemberg: https://www.schule-bw.de/themen-und-impulse/leitperspektiven/berufliche-orientierung/bogy/ueber/info, zuletzt aufgerufen am 5. Oktober 2019.

[684] Land Baden-Württemberg, vertreten durch das Zentrum für Schulqualität und Lehrerbildung: https://lehrerfortbildung-bw.de/u_gewi/wirtschaft/gym/bp2016/fb4/2_hilfen/1_tafel/, zuletzt aufgerufen am 22. Juni 2020.

[685] Kultusministerkonferenz (2019): S. 116.

[686] Ebenda.

[687] Ministerium für Kultus, Jugend und Sport Baden-Württemberg (2016a): S. 15.

perspektive verstanden. Hiermit ist gemeint, dass in jedem Unterrichtsfach Verweise zur beruflichen Orientierung zu finden sind.[688] Zusätzlich sind an allen Schularten bis zur zehnten Jahrgangsstufe mindestens zehn Unterrichtstage verpflichtend für Praxiserfahrungen vorgesehen, wovon wiederum mindestens fünf Tage in Form eines Betriebspraktikums abzuleisten sind.[689] Den Praktikumsort sollen sich die Schüler möglichst in Eigenleistung suchen. Die Jugendlichen händigen der verantwortlichen Lehrkraft einen Rückmeldebogen, welcher von der Praktikumsstelle ausgefüllt wurde, aus. Die Lehrkraft ist dann angehalten, sich über die Einrichtung zu informieren und unter anderem zu überprüfen, ob der Arbeits- und Gesundheitsschutz im Praktikum gewährleistet werden kann. Sofern Zweifel an der Eignung der Praktikumsstelle für Schüler bestehen, kann das Praktikum nicht genehmigt werden. Auch während der Durchführung des Praktikums hält die verantwortliche Lehrkraft Kontakt mit den Betrieben und besucht die Jugendlichen am Arbeitsplatz. Zum Zweck der Praktikumsbetreuung kann die Lehrkraft von anderweitigen schulischen Verpflichtungen befreit werden.[690]

In der gymnasialen Oberstufe sind mindestens sechs Module zur Berufs- und Studienorientierung verbindlich umzusetzen, welche auch Praxiserfahrungen im Umfang von bis zu vier Tagen umfassen.[691] Die Module werden wie folgt beschrieben.[692]

Modul 1) Orientierungstest: Ziele sind das Bewusstwerden der persönlichen Interessen und Neigungen, die Ermittlung passender Berufe und Studiengänge und das Sammeln entsprechender Informationen.
Modul 2) Studien- und Ausbildungsbotschafter: Studenten und Auszubildende stellen ihre eigenen Entscheidungswege vor und informieren die Gymnasiasten über Ausbildung, Studium und Beruf.
Modul 3) Studieninformationstag: Jährlich am Buß- und Bettag Mitte November informieren die baden-württembergischen Hochschulen über ihre Ausbildungsmöglichkeiten, Studiengänge und Rahmenbedingungen.

688 Land Baden-Württemberg, vertreten durch das Zentrum für Schulqualität und Lehrerbildung: https://lehrerfortbildung-bw.de/u_gewi/wirtschaft/gym/bp2016/fb4/6_orient/, zuletzt aufgerufen am 22. Juni 2020.
689 Ministerium für Kultus, Jugend und Sport Baden-Württemberg (2017): S. 8f.
690 Ministerium für Kultus, Jugend und Sport Baden-Württemberg (2017): S. 11f.
691 Kultusministerkonferenz (2019): S. 45f.
692 Ministerium für Kultus, Jugend und Sport Baden-Württemberg (2016b): S. 16ff.

Modul 4) Fähigkeiten, Interessen, Werte, Ziele: Der Fokus dieses Moduls liegt bei der inneren Orientierung. Die Schüler konkretisieren ihre Vorstellungen von ihren persönlichen Fähigkeiten und Erwartungen.
Modul 5) Gelenktes Recherchieren: Mithilfe von Recherchebögen werden geeignete Suchstrategien entwickelt. Ziel ist die Weiterentwicklung der Medien- und Informationskompetenz.
Modul 6) Bewerbungstraining (Wahlmodul): Ergänzend zu den Pflichtmodulen lernen die Gymnasiasten den Bewerbungsprozess anhand verschiedener Trainingsmethoden kennen.
Modul 7) Externe Beratung und Information: Der Fokus soll hier auf Vorbereitung, gemeinsamem Besuch und Nachbereitung einschlägiger Berufsmessen und/oder anderer Informationsveranstaltungen liegen, da die Einzelberatung auch von den Jugendlichen selbst vereinbart werden kann.

Die Gymnasiasten lassen sich die Teilnahme an den obligatorischen Modulen von ihrer Schule bescheinigen. Diese Bescheinigung ist Voraussetzung für eine Zertifizierung des Prozesses durch die Schule am Ende der Kursstufe. Das Zertifikat dient wiederum als Nachweis für die Teilnahme an einem Orientierungsverfahren, welches für ein Studium an einer baden-württembergischen Hochschule verpflichtend ist.[693]

6.1.2 Berlin

Auf der Grundlage des jeweiligen Rahmenlehrplans sind die Berliner Schulen für die konkrete Umsetzung der berufsorientierenden Themen in ihren schulinternen Curricula selbst verantwortlich.[694] Die Ausführungen zu den Mindestanforderungen an die Berufs- und Studienorientierung an Berliner Gymnasien beginnen ab der achten Jahrgangsstufe und schreiben bis zur zehnten Klasse jeweils mindestens ein Angebot aus diesem Bereich vor, welches jedoch nicht genauer spezifiziert ist.[695] Die Berufs- und Studienorientierung ist als sogenanntes übergreifendes Thema im Rahmenlehrplan für die Jahrgangsstufen eins bis zehn verankert.[696] Weitere Angebote sind optional und werden von den Schulen

[693] Ministerium für Kultus, Jugend und Sport Baden-Württemberg (2016b): S. 13ff.
[694] Kultusministerkonferenz (2019): S. 16.
[695] Senatsverwaltung für Bildung, Jugend und Wissenschaft (2016): S. 28ff.
[696] Senatsverwaltung für Bildung, Jugend und Familie: https://www.berlin.de/sen/bildung/unterricht/faecher-rahmenlehrplaene/rahmenlehrplaene/, zuletzt aufgerufen am 9. Oktober 2019.
Senatsverwaltung für Bildung, Jugend und Familie (2017): S. 11.

eigenverantwortlich im schulinternen Curriculum festgelegt. Die Gymnasien betrauen eine Lehrkraft mit der Koordination für die Berufs- und Studienorientierung (BSO), welche mit der Beratungsfachkraft der Agentur für Arbeit im BSO-Tandem tätig ist.[697] Unter anderem in der gymnasialen Oberstufe gibt es die Verpflichtung zur Durchführung berufsorientierender Veranstaltungen und Beratungsangebote der Bundesagentur an den Schulen. Das Landeskonzept Berufs- und Studienorientierung Berlin bietet optionale, bedarfsorientierte Vorschläge.[698]

Laut dem Teil C des für die Länder Berlin und Brandenburg gültigen Rahmenlehrplans ist das Fach Wirtschaft-Arbeit-Technik (WAT), welches in beiden Ländern am Gymnasium in den Jahrgangsstufen 7 bis 10 unterrichtet wird, Leitfach für die Berufs- und Studienorientierung.[699] Berufliche Orientierung findet beispielsweise im Rahmen des Themenbereichs „3.11 Berufs- und Lebenswegplanung: Erkunden, Entscheiden und Realisieren/Betriebspraktikum"[700] statt. Dabei werden in der neunten bzw. zehnten Jahrgangsstufe unter anderem Bildungswege nach dem Schulabschluss, Rechte und Pflichten von Arbeitnehmern und der individuelle Bewerbungsprozess thematisiert.[701] Im Landeskonzept heißt es außerdem: „An Gymnasien wird in der Klassenstufe 9 oder 10 ein mindestens zweiwöchiges Praktikum für möglichst alle Schülerinnen und Schüler durchgeführt."[702] Dabei wählen die Gymnasiasten ihren Praktikumsplatz nach persönlichem Interesse selbst aus. Sie bewerben sich selbständig bei den Betrieben bzw. Hochschulen. Auch organisatorische Absprachen (etwa bezüglich des zeitlichen Rahmens, der Betreuung oder anstehenden Arbeitsaufgaben) treffen die Jugendlichen selbst mit den Einrichtungen.[703] Um die Aufgabe der selbständigen Organisation bewältigen zu können, werden die Jugendlichen von einer verantwortlichen Lehrkraft vorbereitet und während des Praktikums betreut. Die Nachbereitung findet im Unterricht statt.

In der Oberstufe haben die Berliner Gymnasiasten die Möglichkeit, den Seminarkurs (ehemals Ergänzungskurs) „Studium und Beruf" zu wäh-

697 Kultusministerkonferenz (2019): S. 78.
698 Senatsverwaltung für Bildung, Jugend und Wissenschaft (2016): S. 28ff.
699 Landesinstitut für Schule und Medien Berlin-Brandenburg (2017): S. 10ff.
700 Landesinstitut für Schule und Medien Berlin-Brandenburg (2017): S. 40.
701 Ebenda.
702 Senatsverwaltung für Bildung, Jugend und Wissenschaft (2016): S. 22.
703 Ebenda.

len. Dieser ist projektorientiert angelegt und besteht aus schulischen sowie außerschulischen Teilen. „Für die außerschulischen Anteile, die als Praktika, in Veranstaltungen an Hochschulen, in Betrieben und an anderen außerschulischen Lernorten durchgeführt werden können, steht maximal ein Drittel des zeitlichen Umfangs zur Verfügung."[704] Vier der folgenden Module sind im Rahmen des Kurses verbindlich, zwei Wahlmodule können ergänzend bearbeitet werden.[705]

Pflichtmodul 1) Bildungs- und Berufswegplanung: Der Fokus liegt auf der Förderung der Selbstkompetenz der Schüler und dem Erkennen der persönlichen Neigungen und Stärken.
Pflichtmodul 2) Berufswegplanung und -training: Vorbereitung auf den Bewerbungsprozess.
Pflichtmodul 3) Information und Kommunikation: Die Jugendlichen lernen die inhaltliche Auseinandersetzung mit Kommunikationsmöglichkeiten und -formen hinsichtlich ihrer Studienfach- bzw. Berufswahlentscheidung.
Pflichtmodul 4) Wissenschaftspropädeutik: Die Gymnasiasten vertiefen ihre Kenntnisse zu wissenschaftlicher Methodik und Sprache. Gewünschte Studienfächer bzw. berufliche Perspektiven erfahren dabei besondere Beachtung.
Wahlmodul 1) Unterrichtsprojekt, Managementmethoden: Die Schüler sammeln Erfahrungen bei der Planung sowie Durchführung von Projekten.
Wahlmodul 2) Erfahrungen in der Praxis: Schüler erhalten Einblicke in die Studien- und Berufswelt und reflektieren diese mit Blick auf ihre persönlichen Ziele.[706]

Die Jugendlichen setzen ihre Schwerpunkte unter der Berücksichtigung der persönlichen Interessen selbst, initiieren eigenständig Projekte und setzen diese in Kleingruppen mit ihren Mitschülern um. Die Fortschritte werden in einem Portfolio festgehalten, welches am Ende der Projektarbeit präsentiert bzw. verteidigt wird.[707] In den curricularen Vorgaben heißt es: „Außerhalb der Schule erbrachte Leistungen werden von der Lehrkraft so begleitet, dass eine transparente, individuelle und valide Bewertung sichergestellt wird." Derart offene Lernsituationen erfordern

704 Senatsverwaltung für Bildung, Wissenschaft und Forschung (2011): S. 11.
705 Senatsverwaltung für Bildung, Wissenschaft und Forschung (2011): S. 4.
706 Ebenda.
707 Ebenda.

eine ständige begleitende Beobachtung der Schüler und ihrer sich entwickelnden Kompetenzen. Dies erfordert klare Hinweise für die Dokumentation insbesondere der außerschulischen Arbeiten und eine stetige Kommunikation zwischen Lehrkraft und Schülern. Nur so kann eine transparente, valide und individuelle Bewertung sichergestellt werden.[708] Im Rahmen des Seminarkurses kann ferner ein Betriebspraktikum als Unterrichtsleistung angerechnet werden. Dies ist aufgrund der Freiwilligkeit nur in den Schulferien, am Wochenende bzw. am Nachmittag oder Abend möglich.[709]

Im Lehramtsstudium konzentriert sich die Vorbereitung der zukünftigen Lehrkräfte auf die Aufgaben der beruflichen Orientierung vor allem auf das Fach WAT. Im Vorbereitungsdienst wird die Berufs- und Studienorientierung in Form eines Wahlbausteins berücksichtigt. Der Umfang beträgt ca. zehn Stunden, in welchen die Angebote des Berliner Konzepts zur Berufs- und Studienorientierung vorgestellt werden. Hierfür wurden alle Seminarleiter auf einem Fachtag qualifiziert, weitere Schulungen sollen fortlaufend stattfinden.[710]

6.1.3 Brandenburg

In Artikel 2 der „Verwaltungsvorschriften zur Umsetzung der Berufs- und Studienorientierung an Schulen des Landes Brandenburg" heißt es: „Berufs- und Studienorientierung ist eine Querschnittsaufgabe. Sie hat fachübergreifend und fächerverbindend in gemeinsamer Verantwortung aller Lehrkräfte unter Berücksichtigung der Ziele des jeweiligen Bildungsganges zu erfolgen."[711] Außerdem verpflichtet die Vorgabe jede Schule zur Erstellung eines schuleigenen Konzepts zur Berufs- und Studienorientierung. Eine von der Schulleitung beauftragte Lehrkraft koordiniert dessen Erarbeitung, Weiterentwicklung und Umsetzung. Dieses Konzept regelt neben den schulinternen Grundsätzen und Verantwortlichkeiten unter anderem auch die Zusammenarbeit mit externen Kooperationspartnern.[712]

[708] Senatsverwaltung für Bildung, Wissenschaft und Forschung (2011): S. 18.
[709] Senatsverwaltung für Bildung, Jugend und Wissenschaft (2011): S. 61.
[710] Kultusministerkonferenz (2019): S. 111.
[711] Minister für Bildung, Jugend und Sport des Landes Brandenburg (2016): Art. 2.
[712] Ebenda.

In der Sekundarstufe I sollen von den Lehrkräften für jedes Unterrichtsfach und jede Jahrgangsstufe Lernangebote geschaffen werden, in welchen sich die Gymnasiasten mit Berufsfeldern auseinandersetzen. Maßgeblich sind dabei auch die Inhalte des Rahmenlehrplans.[713] Leitfach für die Berufs- und Studienorientierung sowie das Praxislernen ist das Fach Wirtschaft-Arbeit-Technik, welches bis zur einschließlich zehnten Klasse am Gymnasium unterrichtet wird.[714] Im Teil C des Rahmenlehrplans für das Fach ist die Domäne der beruflichen Orientierung beispielsweise im Themenbereich „3.11 Berufs- und Lebenswegplanung: Erkunden, Entscheiden und Realisieren/Betriebspraktikum“[715] zu finden (siehe Kapitel 6.1.2 Berlin). Weiterhin ist ab der siebten Jahrgangsstufe mit dem Beginn der gymnasialen Laufbahn unter anderem auch die Arbeit mit dem Berufswahlpass, welcher durch das Land Brandenburg und die Regionaldirektion Berlin-Brandenburg finanziert wird, aufzunehmen. Die Einführung erfolgt in der siebten Klasse als lose Blattsammlung, welche bis zum Ende der zehnten Jahrgangsstufe fortlaufend zu bearbeiten ist. Eine Weiterführung in der gymnasialen Oberstufe ist ebenfalls möglich, jedoch nicht im Fach WAT, welches ausschließlich in der Sekundarstufe I unterrichtet wird. Die Lehrerkonferenz der Schulen kann auch über die Bewertung der Arbeit mit dem Berufswahlpass entscheiden.[716]

Im Land Brandenburg wird an Gymnasien in der neunten Jahrgangsstufe obligatorisch ein Schülerbetriebspraktikum durchgeführt.[717] Leitfach für die mindestens 10 Tage, höchstens jedoch 15 Tage andauernde Praxiserfahrung ist abermals das Fach WAT. Eine Lehrkraft wird mit der Vorbereitung, Planung und Organisation des Schülerbetriebspraktikums betraut. Hierzu gehören auch die nötigen Absprachen mit den Praktikumseinrichtungen. Hierfür „kommen Industrie-, Handwerks-, Handels-, Verkehrs-, Landwirtschafts-, Dienstleistungs- und Versorgungsbetriebe sowie öffentliche und soziale Einrichtungen“[718] in Betracht. Die Auswahl der Praktikumsorte erfolgt durch die Gymnasiasten selbst. Eine schriftliche Vereinbarung zwischen dem Praktikumsbetrieb und der Schule soll die Durchführung und die Zuständigkeiten beider Institutionen regeln. Der schulische Kontakt ist auch während der Zeit

713 Minister für Bildung, Jugend und Sport des Landes Brandenburg (2016): Art. 7.
714 Landesinstitut für Schule und Medien Berlin-Brandenburg (2017): S. 10ff.
715 Landesinstitut für Schule und Medien Berlin-Brandenburg (2017): S. 40.
716 Minister für Bildung, Jugend und Sport des Landes Brandenburg (2016): Art. 9.
717 Landesinstitut für Schule und Medien Berlin-Brandenburg (2012b): S. 5.
718 Minister für Bildung, Jugend und Sport des Landes Brandenburg (2016): Art. 15 Abs. 4.

des Praktikums sicherzustellen, unter anderem durch einen Besuch durch eine Lehrkraft am Arbeitsplatz der Jugendlichen. Außerdem sollen die Jugendlichen die Gelegenheit bekommen, im Anschluss an die Maßnahme ein Abschlussgespräch mit den Praktikumskollegen und der verantwortlichen Lehrkraft zu führen.[719]

An mindestens einem Tag oder auch mindestens einem Unterrichtsblock kann in den Jahrgangsstufen sieben bis zehn zusätzlich die fächerverbindende Maßnahme „Praxislernen" abgehalten werden. „Im Praxislernen wird die praktische Tätigkeit in realen Lebens- und Arbeitssituationen mit dem schulischen Lernen verbunden. Es erfolgt eine praktische Anwendung von theoretisch erworbenem Wissen durch die Bearbeitung von curricular eingebundenen, fächerübergreifenden Lernaufgaben, die den Anforderungen des jeweiligen Bildungsgangs entsprechen."[720] Die Grundlagen für die Umsetzung des Praxislernens obliegen den Schulen und ihren jeweils eigens erstellten schulinternen Konzepten.[721]

In der gymnasialen Oberstufe wird das Unterrichtsangebot durch einen Seminarkurs ergänzt. Dieser muss von den Schulen in mindestens einer Ausprägung angeboten werden, nämlich als Seminarkurs „Wissenschaftspropädeutik"[722] und/oder als Seminarkurs „Studien- und Berufsorientierung"[723]. Ersterer leitet die Schüler zum eigenständigen wissenschaftlichen Arbeiten an. In Letzterem sollen sich die Jugendlichen über vier Kurshalbjahre hinweg im Rahmen einer Projektarbeit mit Kooperationspartnern aus der Arbeitswelt intensiv mit der eigenen beruflichen Zukunft auseinandersetzen und so für die Studien- und Berufswahl notwendiges Orientierungswissen erlangen.[724] Inhaltlich (etwa in Form eines Rahmenlehrplans) gibt es keine Vorgaben. Die Lehrkraft, welche den Kurs in einem Leitfach anbietet, ist also zunächst weitestgehend frei, was die Gestaltung des Seminars angeht. Praktische Ideen und Beispiele finden sich online.[725]

---

719 Landesinstitut für Schule und Medien Berlin-Brandenburg (2012b): S. 95f. Minister für Bildung, Jugend und Sport des Landes Brandenburg (2016): Art. 15ff.

720 Minister für Bildung, Jugend und Sport des Landes Brandenburg (2016): Art. 20 Abs. 1.

721 Minister für Bildung, Jugend und Sport des Landes Brandenburg (2016): Art. 21.

722 Landesinstitut für Schule und Medien Berlin-Brandenburg (2012a): S. 9.

723 Ebenda.

724 Ebenda.

725 Landesinstitut für Schule und Medien Berlin-Brandenburg (2012a): S. 76ff.

Im Lehramtsstudium an der Universität Potsdam werden Themen der beruflichen Orientierung fachspezifisch im Fach WAT, welches laut §11 der Lehramtsstudienverordnung jedoch ausschließlich für das Lehramt in Sekundarstufe I studiert werden kann, vermittelt. Dabei ist das Modul „Didaktik beruflicher Orientierung“[726], bestehend aus Vorlesung, Seminar und Betriebspraktikum, verpflichtend zu belegen.[727] Weitere Maßnahmen zur Vorbereitung auf die Vermittlung der berufsorientierenden Inhalte können im Vorbereitungsdienst von den Fachseminarleitern im Rahmen fachspezifischer Aspekte individuell gestaltet werden.[728]

6.1.4 Bremen

Die Bremer Gymnasien sind laut der „Richtlinie zur Berufsorientierung an allgemeinbildenden Schulen“ zur Erstellung eines schulinternen Konzepts zur Berufsorientierung verpflichtet.[729] Dieses weist „Inhalte und Maßnahmen der Berufsorientierung innerhalb der Fächer oder fachübergreifend in Projekten in ihren schulinternen Curricula bzw. in ihren Konzepten zur Berufsorientierung aus.“[730] Dabei gilt ein „verbindlich geregeltes Minimum an Maßnahmen:

- Kompetenzfeststellungsverfahren
- Berufswahlpass
- Berufsfelderkundungen
- Schülerfirmen
- Teilnahme an Girls‘/Boys‘ Day[731]
- Mindestens ein mehrwöchiges Praktikum“[732]

---

726 Universität Potsdam (2013): S. 446.

727 Ebenda.
Landesregierung Brandenburg: https://bravors.brandenburg.de/verordnungen/lsv#_11, zuletzt aufgerufen am 22. Mai 2020.

728 Ministerium für Bildung, Jugend und Sport des Landes Brandenburg: https://mbjs.brandenburg.de/bildung/lehrerin-lehrer-in-brandenburg/lehrkraefte-grundstaendige-ausbildung/vorbereitungsdienst/vorbereitungsdienst-ueberblick.html, zuletzt aufgerufen am 22. Mai 2020.

729 Landesinstitut für Schule Bremen (2012): S. 2.

730 Kultusministerkonferenz (2019): S. 16.

731 Kompetenzzentrum Technik-Diversity-Chancengleichheit e. V. (10. Dezember 2018): Beim Girls‘ bzw. Boys’Day handelt es sich um Aktionstage, an denen Schüler ab der fünften Klasse Ausbildungen und Studiengänge entgegen klassischer Geschlechterklischees kennenlernen können.

732 Kultusministerkonferenz (2019): S. 32.

Die Kontingentstundentafel der Verordnung über die Sekundarstufe I des Gymnasiums weist von der fünften bis zur neunten Jahrgangsstufe jeweils mindestens vier Stunden im Fach Wirtschaft, Arbeit, Technik (WAT) aus.[733] In der Richtlinie zur Berufsorientierung heißt es: „Berufsorientierung ist Querschnittsaufgabe der allgemeinbildenden Schulen und ist damit nicht nur dem Fach WAT zugewiesen. Sie ist an der Zielsetzung des Bildungsganges ausgerichtet und stellt grundlegende Anforderungen an alle Lehrkräfte."[734] In der Oberstufe wird kein WAT-Unterricht mehr angeboten. Spätestens dann ist die berufliche Orientierung reine Querschnittsaufgabe, findet also in allen Schulfächern statt.[735]

Für die Sekundarstufe I ist ein verpflichtendes Praktikum festgelegt: „Die Schule führt bis Ende der Jahrgangstufe 9 ein mehrwöchiges Betriebspraktikum in einem Betrieb oder einer entsprechenden Einrichtung durch. Das Praktikum kann in die Einführungsphase der Gymnasialen Oberstufe verlegt werden."[736] Zusätzlich können Gymnasien in der Sekundarstufe I ab der siebten Jahrgangsstufe weitere Praxismodule anbieten. Zu diesem Zeitpunkt ist auch der Bremer Berufswahlpass einzuführen, mit dessen Hilfe die Schüler ihren Berufswahlprozess dokumentieren sollen.[737] Die Richtlinien zur Berufsorientierung schlagen neben einem mehrwöchigen Praktikum noch die Durchführung der Maßnahmen „Praxistage" (Schüler besuchen in der Regel an einem Tag in der Woche Betriebe oder Werkstätten der berufsbildenden Schulen), „Werkstattphase" (erstreckt sich über ein Schuljahr und besteht aus vier in der Regel zehnwöchigen Blöcken, Schüler arbeiten jeweils mindestens in einem dieser Blöcke vier Stunden pro Woche in der Werkstatt einer berufsbildenden Schule oder eines Trägers) und „Werkstatttage" (praktische Einweisung und Information auf dem Stand der Technik in mindestens drei Berufsfeldern über einen Zeitraum von zwei Wochen

---

733 Senator für Finanzen der Freien Hansestadt Bremen: https://www.transparenz.bremen.de/sixcms/detail.php?gsid=bremen2014_tp.c.67095.de&asl=bremen02.c.732.de&template=20_gp_ifg_meta_detail_d, zuletzt aufgerufen am 9. Oktober 2019.

734 Landesinstitut für Schule Bremen (2012): S. 1.

735 Gemäß einer persönlichen E-Mail einer Mitarbeiterin der Abteilung Schulentwicklung – Fortbildung, Arbeitsfeld: Schule Wirtschaft, Freie Hansestadt Bremen, Landesinstitut für Schule, vom 4. November 2019.

736 Senator für Finanzen der Freien Hansestadt Bremen: https://www.transparenz.bremen.de/sixcms/detail.php?gsid=bremen2014_tp.c.67095.de&asl=bremen02.c.732.de&template=20_gp_ifg_meta_detail_d, zuletzt aufgerufen am 9. Oktober 2019.

737 Landesinstitut für Schule Bremen (2012): S. 3.

oder 80 Stunden) vor. Diese Maßnahmen sind im Gegensatz zum Schülerbetriebspraktikum an den Gymnasien fakultativ.[738] Gleichzeitig heißt es auf der Internetseite der Bremer Senatorin für Kinder und Bildung: „Die Potenzialanalyse, die Werkstatttage und das Praktikum werden von der Senatorin (...) als grundlegend für eine gelungene Berufliche Orientierung an Schulen angesehen."[739] In jedem Fall sind die Gymnasien angehalten, ihre Zusammenarbeit mit Kooperationspartnern (Betriebe und Hochschulen) in ihrem Konzept festzuhalten und die Arten der Kooperationen zu beschreiben. Hierzu gehört auch der jährlich im November stattfindende Informationstag der beruflichen Schulen und Unternehmen, der als „Tag der beruflichen Bildung"[740] für alle neunten und zehnten Klassen sämtlicher allgemeinbildenden Schulen abgehalten wird.[741] In einem entsprechenden Informationsschreiben der Senatorin für Kinder und Bildung heißt es: „Wie bisher auch ist ein ‚Tag der beruflichen Bildung' (...) für alle Oberschulen und Gymnasien verbindlich und soll den Schülerinnen und Schülern im Zusammenhang mit dem Berufsorientierungskonzept Ihrer Schule einen Überblick über die Angebote aller berufsbildenden Schulen geben. Daher ist bitte allen Schülerinnen und Schülern, bei denen der Wechsel in eine berufliche oder schulische Ausbildung bzw. in einen berufsvorbereitenden oder studienqualifizierenden Bildungsgang bevorsteht, eine Teilnahme am Tag der beruflichen Bildung zu ermöglichen."[742] Die Ausgestaltung des Tages obliegt dabei den Schulen und ihren Kooperationspartnern. Zusätzlich sollen alle Gymnasien an dem Zertifizierungsprozess zum Berufswahl-SIEGEL Bremen "Schule mit vorbildlicher Berufsorientierung"[743] teilnehmen.[744] Derzeit (Stand September 2020) gibt es lediglich zwei private und ein berufliches Gymnasium in Bremen, welche das Berufswahl-SIEGEL tatsächlich führen. Von insgesamt neun öffentlichen Gymnasien in Bremen hatten sich in vergangenen Jahren vier Gymna-

[738] Landesinstitut für Schule Bremen (2012): S. 4f.
[739] Senatorin für Kinder und Bildung: https://www.bildung.bremen.de/berufliche_orientierung-18658, zuletzt aufgerufen am 25. November 2019.
[740] Senatorin für Kinder und Bildung (22. Mai 2019): https://www.bildung.bremen.de/sixcms/media.php/13/Info_92-2019.pdf, zuletzt aufgerufen am 13. Oktober 2019.
[741] Kultusministerkonferenz (2019): S. 105.
[742] Senatorin für Kinder und Bildung (22. Mai 2019): https://www.bildung.bremen.de/sixcms/media.php/13/Info_92-2019.pdf, zuletzt aufgerufen am 13. Oktober 2019.
[743] Landesinstitut für Schule Bremen (2012): S. 2.
[744] Ebenda.

sien für die Auszeichnung beworben, von denen drei zertifiziert wurden.[745] Doch nach mehrfacher Rezertifizierung konnten sie sich „dann irgendwann dem Prozess wegen anderer Umstrukturierungsaufgaben nicht mehr stellen."[746]

In der Sekundarstufe I der Bremer Gymnasien ist ein mehrwöchiges Schülerbetriebspraktikum verpflichtend durchzuführen. In der Oberstufe kann in Abhängigkeit vom schulinternen Berufsorientierungs-Konzept ein zusätzliches Praktikum angeboten werden. Dies ist jedoch fakultativ- im Gegensatz zur Studienorientierung. Die Vor- und Nachbereitung entsprechender Maßnahmen wie beispielsweise Hospitationen, Erkundungen oder sonstigen Informationsveranstaltungen in Hochschulen liegt in der Verantwortung der einzelnen Gymnasien.[747] Bis 2021 soll dies „voraussichtlich mit Unterstützung durch einen Bildungsträger im Ergebnis der Bund-Land-BA-Vereinbarung"[748] stattfinden. In Bremen ist ein Mitglied der Schulleitung für die Berufs- und Studienorientierung in der gymnasialen Oberstufe verantwortlich.[749] Es scheint jedoch, dass es abgesehen von den durch die einzelnen Schulen selbstauferlegten Programmen bislang kaum verbindliche Vorgaben gibt.

Durch den Wegfall des Studiengangs im Fach Arbeitsorientierte Bildung für das Lehramt an Sekundarschulen im Zuge der Reform der Bremer Schulstruktur ist nun eine andersartige Verankerung der Berufs- und Studienorientierung notwendig geworden, welche sich jedoch noch in einem Umsetzungsprozess befindet (Stand Juni 2019). Derzeit finden Lehrveranstaltungen zur Berufsorientierung in erster Linie im Wahlpflicht-Bereich der Bildungswissenschaften für Studierende des Lehramts für Gymnasien statt.[750] „Darüber hinaus ist geplant, das bisherige [Bachelor of Arts-/Master of Education-] Studienfach Politikwissenschaft im Lehramtsstudiengang für Gymnasien/Oberschulen unter Berücksichtigung der ländergemeinsamen Vorgaben der KMK für das

745 Gemäß persönlichem E-Mail-Verkehr mit einer Mitarbeiterin der Abteilung Schulentwicklung – Fortbildung, Arbeitsfeld: Schule Wirtschaft, Freie Hansestadt Bremen, Landesinstitut für Schule, vom 4. November 2019 bzw. 3. September 2020.

746 Gemäß einer persönlichen E-Mail einer Mitarbeiterin der Abteilung Schulentwicklung – Fortbildung, Arbeitsfeld: Schule Wirtschaft, Freie Hansestadt Bremen, Landesinstitut für Schule, vom 4. November 2019.

747 Kultusministerkonferenz (2019): S. 56.

748 Ebenda.

749 Landesinstitut für Schule Bremen (2012): S. 8.

750 Kultusministerkonferenz (2019): S. 112.

Fachprofil Sozialkunde/Politik/Wirtschaft zu einem Studienfach Politik-Arbeit-Wirtschaft umzustrukturieren. Ansätze der Berufsorientierung werden dann in diesem Curriculum fest verankert sein."[751] Außerdem hat das Land Bremen „der Universität im Wissenschaftsplan 2020 den Auftrag erteilt, eine geeignete Ausbildungsstruktur für die Arbeits-, Berufs- und Studienorientierung zu entwickeln (...)."[752] Bis zum Zeitpunkt des Abschlusses der Recherchearbeiten für vorliegende Arbeit konnte nicht eruiert werden, wie die entsprechenden Vorgaben ausgestaltet werden. Im Vorbereitungsdienst können die Referendare im Wahlpflichtbereich auch ein Betriebspraktikum absolvieren. Verpflichtend ist hingegen der Besuch der Veranstaltung „Berufsorientierung für die ganze Schule"[753] zu Beginn des Referendariats. Zusätzlich weisen die Ausbildungsvorgaben die Berufsorientierung gesondert aus, etwa durch den Hinweis auf den Einbezug berufsorientierender Tätigkeiten in den naturwissenschaftlichen Unterricht.[754]

6.1.5 Hamburg

Wie in allen Ländern regeln verschiedene Richtlinien und Rahmenkonzepte die Vorgaben für die Berufs- und Studienorientierung am Gymnasium in Hamburg. Die praktische Umsetzung an den einzelnen Schulen wird jedoch in schulinternen Curricula verankert, für welche die Schulen wiederum selbst verantwortlich sind: „Die Schule ist aufgefordert, in einem schulinternen Abstimmungsprozess festzulegen, in welchen Unterrichtsfächern die Inhalte der Berufsorientierung bearbeitet werden."[755] „Die Schule entwickelt dazu ein systemisches, bildungsbereichsübergreifendes Konzept zur Berufsorientierung, das der Berufsorientierung als individuellem Prozess Rechnung trägt und individuelle Beratungsbedarfe unterstützt."[756] Die Anforderungen und vorgegebenen Inhalte für die Berufsorientierung in der Sekundarstufe I der Hamburger Gymnasien beginnen bereits in der sechsten Jahrgangsstufe, beispielsweise mit Expertenbefragungen, dem Erkunden von Arbeitsplätzen und der Bewertung eigener Fähigkeiten. Die erworbenen Kompetenzen werden bis in die zehnte Klasse immer weiter vertieft. Von Beginn an wird

751 Kultusministerkonferenz (2019): S. 112.
752 Ebenda.
753 Ebenda.
754 Ebenda.
755 Freie und Hansestadt Hamburg, Behörde für Schule und Berufsbildung (2008): S. 7.
756 Freie und Hansestadt Hamburg, Behörde für Schule und Berufsbildung (2011): S. 15.

mit einem berufsbezogenen Portfolio gearbeitet, in welchem die Gymnasiasten ihre Fortschritte dokumentieren. Ab der achten Klasse beinhaltet das Portfolio auch einen individuellen Berufs- und Studienwegeplan, der stetig weiterentwickelt wird. Darin werden wichtige Dokumente wie zum Beispiel Berichte, Zertifikate, Praktikumsberichte etc. gesammelt. Im Ankerfach (nach dem Verständnis der Autorin der vorliegenden Arbeit gleichbedeutend mit Leitfach) Politik/Gesellschaft/Wirtschaft soll die Reflexion im Rahmen der Berufsorientierung stattfinden.[757]

Auch für die gymnasiale Oberstufe gibt es in Hamburg einen Bildungsplan, in welchem die Vorgaben für das Aufgabengebiet Berufsorientierung geregelt sind. Die dort beschriebenen anzustrebenden Kompetenzen können von den Schülern in allen Profilbereichen erworben werden. Klassische Themenfelder wie beispielsweise der Bewerbungsprozess, das Kennenlernen von Berufen und Studiengängen, Kooperationen mit Hochschulen und Betrieben etc. werden hier vorgeschlagen.[758] Seit dem Schuljahr 2018/19 ist die berufliche Orientierung fest als eigenes Unterrichtsfach verankert. Auch hier sind verschiedene Organisationsformen denkbar. So kann die Schule selbst entscheiden, ob sie beispielsweise die entsprechenden Maßnahmen in das Seminarfach integrieren oder im Rahmen des regulären Fachunterrichts oder in Form von Projekttagen organisieren möchte.[759] Die Schulen entwickeln auf Grundlage des verbindlichen Kerncurriculums auch für die Oberstufe ihren eigenen Lehrplan. Die Berufs- und Studienorientierung ist verbindlich mit einem Kontingent von mindestens 34 Stunden in der Stundentafel zu verankern. Die Entscheidung, wie dies im Einzelnen umgesetzt wird, obliegt der Schule. Eine Möglichkeit bietet das zweistündige Seminar, in welchem methodische, wissenschaftspropädeutische und fächerübergreifende Kompetenzen vermittelt werden sollen. Dessen Stunden können für die Berufs- und Studienorientierung in der Oberstufe genutzt werden.[760]

---

[757] Freie und Hansestadt Hamburg, Behörde für Schule und Berufsbildung (2011): S. 15ff. Kultusministerkonferenz (2019): S. 17.
[758] Freie und Hansestadt Hamburg, Behörde für Schule und Berufsbildung (2009): S. 12.
[759] Kultusministerkonferenz (2019): S. 17.
[760] Freie und Hansestadt Hamburg, Behörde für Schule und Berufsbildung (2017): S. 3ff. Freie und Hansestadt Hamburg, Behörde für Schule und Berufsbildung (2009): S. 6.

Das Schülerbetriebspraktikum ist für alle Schüler der Sekundarstufe I an allgemeinbildenden Schulen in Hamburg eine verpflichtende Schulveranstaltung. Es soll mindestens eine Woche dauern, doch auch zwei- bzw. dreiwöchige Praktika oder zusätzliche Praktika in der Sekundarstufe II sind denkbar. Ausführliche Hinweise zur Organisation und zum Ablauf finden sich online bei der Hamburger Behörde für Schule und Berufsbildung. Die genaue Ausgestaltung der Maßnahme bleibt den einzelnen Schulen überlassen.[761] Eine Möglichkeit der Impulsgebung bietet das Modulprogramm der „Servicestelle BOSO: Berufs- und Studienorientierung für Hamburg" für die Sekundarstufen I und II. BOSO ist mit der Koordinierung und Umsetzung von Maßnahmen der Berufsorientierung an Gymnasien beauftragt, welche wiederum teilweise über die Agentur für Arbeit oder das Bundesministerium für Bildung und Forschung gefördert werden. Die Gymnasien können zwischen verschiedenen Modulen wählen. Die Lehrkräfte bereiten die externen Maßnahmen mit ihren Schülern vor und evaluieren die Ergebnisse.[762] Für das Schuljahr 2020/21 zum Beispiel waren folgende Themen buchbar:

„(...) Sekundarstufe I (...)
Modul ‚Zukunft Jetzt! Entdecke deine Stärken'
Modul ‚Hamburger Werkstatttage 8'
Modul ‚First Steps: Berufe erkunden, entdecken, anfassen'
Modul ‚Ich finde einen Praktikumsplatz!'
Modul ‚Studienorientierungstag'
Modul ‚Wo stehe ich? Wo will ich hin?'

(...) Sekundarstufe II (...)
Modul ‚Studienorientierungstag'
Modul ‚Dieses Potenzial steckt in mir!'
Modul ‚Zielorientierungsworkshop'"[763]

In einem entsprechenden Informationsschreiben an die Gymnasien heißt es: „Die Module der vertieften beruflichen Orientierung werden zu 50 % über die Agentur für Arbeit gefördert. Die anderen 50 % können von der Schule über Lehrerstunden oder über Barmittel eingebracht werden. Im Schuljahr 2020/21 verfügt jede Sekundarstufe II wie bereits

[761] Freie und Hansestadt Hamburg, Behörde für Schule und Berufsbildung (2008): S. 7ff.
[762] Freie und Hansestadt Hamburg, Behörde für Schule und Berufsbildung (2017): S. 4. Hamburger Institut für Berufliche Bildung, Servicestelle BOSO (2020): S. 1.
[763] Hamburger Institut für Berufliche Bildung, Servicestelle BOSO (2020): S. 1.

bisher über ein Kontingent von 74 Stunden, die sie für die sog. ‚Kofinanzierung' der Module einbringen kann und die nicht auf das Stundendeputat der Schule angerechnet werden. (...) Alle Module der vertieften beruflichen Orientierung sind ein zusätzliches und außerunterrichtliches Unterstützungsangebot für Ihre Schülerinnen und Schüler."[764] Wie auch die Inanspruchnahme der Angebote und Materialien anderer Stellen ist die Teilnahme am Modulprogramm nicht verpflichtend und kann von den Gymnasien ungenutzt bleiben. Maßgeblich für die Entscheidung ist stets das schulinterne Curriculum.

Für die Lehrerausbildung in Hamburg gibt es für den Themenbereich der Berufs- und Studienorientierung nur wenige Vorgaben. Im Vorbereitungsdienst sind die Anforderungen und Profile der Ausbildungsschulen mit ihren eigenen Konzepten maßgebend.[765]

6.1.6 Hessen

Leitfach für die Berufs- und Studienorientierung am hessischen Gymnasium ist das Fach Politik und Wirtschaft. In den Lehrplänen für die Sekundarstufe I und auch die gymnasiale Oberstufe sind jedoch schon ab der fünften Jahrgangsstufe in allen Fächern Hinweise auf die fächerübergreifende Berufs- und Studienorientierung eingebracht. Die Vermittlung entsprechender Kompetenzen wird eingefordert.[766] Die allgemeinbildenden Schulen sind verpflichtet, auf Grundlage der Kerncurricula selbst ein fächerübergreifendes Curriculum zur beruflichen Orientierung zu erstellen, welches Teil des Schulprogramms wird.[767] §5 der Verordnung für Berufliche Orientierung in Schulen vom 17. Juli 2018 gibt Aspekte vor, welche bei der Ausgestaltung zu berücksichtigen sind:

„1. Bedürfnisse der Schülerinnen und Schüler in Bezug auf Genderaspekt, Migrationshintergrund, Lerneinschränkungen oder Behinderungen,
2. systematische Einbeziehung der Eltern und Elternvertretungen,

---

[764] Hamburger Institut für Berufliche Bildung, Servicestelle BOSO (2020): S. 1f.
[765] Kultusministerkonferenz (2019): S. 113.
[766] Hessisches Kultusministerium (2011): S. 11ff.
Hessisches Kultusministerium (2016): S. 4ff.
Kultusministerkonferenz (2019): S. 34.
[767] Bürgerservice Hessenrecht (2018): https://www.rv.hessenrecht.hessen.de/bshe/document/hevr-BeruflOVHEpG1, zuletzt aufgerufen am 17. Oktober 2019.

3. Vielfalt beruflicher Möglichkeiten sowie zielgruppenorientierte, exemplarische Berufsbildbeschreibungen,
4. Darstellung betrieblicher und schulischer Ausbildungswege, wie duale Ausbildung, vollschulische Ausbildung, Hochschulzugangsberechtigungen und Studienmöglichkeiten,
5. Wege zu Abschlüssen, Gleichstellung mit Abschlüssen im allgemein bildenden und beruflichen Schulwesen,
6. Art und Weise der Bekanntgabe der Informations- und Beratungsangebote für die Schülerinnen und Schüler,
7. Angebote der regionalen Agentur für Arbeit unter Abstimmung konkreter Inhalte, Maßnahmen, Projekte und Modalitäten der Zusammenarbeit und der Einbindung der Eltern,
8. schulinterne und regionale Veranstaltungen für Berufliche Orientierung,
9. Planung und Durchführung von Blockpraktika, betrieblichen Lerntagen, Betriebserkundungen, Besuchen von Ausbildungs-, Studien- und Berufsmessen sowie ihre Einbindung in die Unterrichtsplanung,
10. Beschreibung, wie die Schülerinnen und Schüler auf die Erfahrungen mit der betrieblichen Praxis vorbereitet werden, in welcher Form sie ihre Praxiserfahrungen dokumentieren und im Unterricht präsentieren,
11. Benennung externer Partner, mit denen die Schulen zur Gestaltung des Bereichs Berufliche Orientierung zusammenarbeiten, einschließlich der Ausgestaltung und Häufigkeit der Zusammenarbeit,
12. externe und interne Qualifizierungsmaßnahmen schulischer Fachkräfte im Bereich Berufliche Orientierung, einschließlich der Verankerung im Fortbildungskonzept,
13. Einsatz des Berufswahlpasses im Unterricht,
14. Beschreibung der Maßnahmen zur Vermittlung überfachlicher Kompetenzen,
15. Festlegung der Verantwortlichkeiten für die Umsetzung."[768]

Alle Gymnasiasten müssen ab der achten Jahrgangsstufe einen Berufswahlpass (vgl. 13. Aspekt), welcher ihnen vom Land Hessen zur Verfügung gestellt wird, als Schülerportfolio nutzen und beispielsweise auch bei einem Schulwechsel der neuen Schule vorlegen. Bis zum Beginn des letzten Schuljahres vor dem Abitur müssen außerdem alle Schüler ein

[768] Bürgerservice Hessenrecht (2018): https://www.rv.hessenrecht.hessen.de/bshe/document/hevr-BeruflOVHEpG1, zuletzt aufgerufen am 17. Oktober 2019.

Bewerbungstraining durchlaufen haben. Idealerweise soll dies fächerübergreifend und mit Unterstützung externer Fachkräfte erfolgen.[769]

Im Kerncurriculum für die Sekundarstufe II ist vermerkt, dass es in der Verantwortung aller Fächer bzw. Fachlehrer liegt, „dass Lernende im fachgebundenen wie auch im projektorientiert ausgerichteten fachübergreifenden und fächerverbindenden Unterricht ihre überfachlichen Kompetenzen weiterentwickeln können, auch im Hinblick auf eine kompetenz- und interessenorientierte sowie praxisbezogene Studien- und Berufsorientierung. Dabei kommt den Fächern Politik und Wirtschaft sowie Deutsch als ‚Kernfächer' eine besondere Verantwortung zu, Lernangebote bereitzustellen (...)"[770].

Weiterhin soll allen Gymnasiasten die Möglichkeit gegeben werden, im Rahmen eines Schülerbetriebspraktikums Einblicke in die Arbeitswelt zu bekommen. Hierfür ist in den Sekundarstufen I und II jeweils ein zweiwöchiges Blockpraktikum vorgesehen, wobei in der Oberstufe ersatzweise andere gleichwertige Angebote genutzt werden können. Die Schüler sind angehalten, Praktikumsberichte zu verfassen und den Schulen vorzulegen. Die mit der Betreuung der Praktikanten beauftragten Lehrkräfte bereiten das Praktikum im Unterricht vor und nach. §22 der „Verordnung für Berufliche Orientierung in Schulen" verpflichtet sie auch dazu, die Schüler mindestens einmal im Praktikumsbetrieb zu besuchen. Den Praktikumsort können sich die Schüler selbst aussuchen. Allerdings sollen die beauftragten Lehrkräfte die Eignung der Betriebe überprüfen. Mit Genehmigung der Schulleitung können die Gymnasiasten zusätzliche Einzelpraktika oder in der Sekundarstufe II auch Betriebspraktika im Ausland ableisten. Das zweiwöchige Betriebspraktikum in der gymnasialen Oberstufe kann auf der Grundlage des schulinternen Curriculums auch durch gleichwertige Maßnahmen der Berufs- und Studienorientierung im Umfang von zwei Wochen ersetzt werden.[771]

Die Berufs- und Studienorientierung ist in den Studienordnungen hessischer Lehramtsstudiengänge nicht gesondert berücksichtigt. Für den Vorbereitungsdienst sind verbindliche Standards festgelegt, welche jedoch recht allgemein und offen formuliert sind. So sollen die Lehrer zum

---

769 Bürgerservice Hessenrecht (2018): https://www.rv.hessenrecht.hessen.de/bshe/document/hevr-BeruflOVHEpG1, zuletzt aufgerufen am 17. Oktober 2019.

770 Hessisches Kultusministerium (2016): S. 8.

771 Bürgerservice Hessenrecht (2018): https://www.rv.hessenrecht.hessen.de/bshe/document/hevr-BeruflOVHEpG1, zuletzt aufgerufen am 17. Oktober 2019.

Beispiel die individuelle Berufswegeplanung der Schüler fördern. Wie dies in der praktischen Umsetzung aussehen kann, ist hingegen nicht verbindlich vorgegeben.[772] Gleiches gilt für die Lehrerfortbildung. Mit den Aufgaben der Koordination der Berufs- und Studienorientierung sollen Lehrer betraut werden, „die über umfangreiche Erfahrungen im Bereich Berufliche Orientierung verfügen."[773] Die Schulen sind allerdings laut der hessenweiten Strategie zur „Optimierung der lokalen Vermittlungsarbeit im Übergang Schule-Beruf"[774] angehalten, für die Qualifizierung der Fachkräfte, welche mit der beruflichen Orientierung beauftragt werden, zu sorgen.[775]

6.1.7 Mecklenburg-Vorpommern

Die Berufs- und Studienorientierung auch an Gymnasien ist in Mecklenburg-Vorpommern durch die Verwaltungsvorschrift zur „Berufs- und Studienorientierung an allgemein bildenden und beruflichen Schulen des Landes Mecklenburg-Vorpommern"[776] geregelt. Der Themenbereich wird dabei als fächerverbindende und fachübergreifende Aufgabe verstanden. In Zukunft soll auch in allen Rahmenplänen auf diese Querschnittsfunktion verwiesen werden.[777] So sind beispielsweise im Fach Deutsch in der Oberstufe die fachspezifischen Themen teilweise mit dem Kürzel „BO" für Berufliche Orientierung versehen. Eine Spezifizierung zur Umsetzung oder eine Vorgabe an Maßnahmen ist nicht enthalten.[778] Die Vorgabe lautet stattdessen, dass in allen Unterrichtsfächern Kenntnisse über die Berufswelt und den Hochschulbereich vermittelt werden sollen.[779] „Im Rahmen des Schulprogramms regelt jede Schule mit ihrem schuleigenen Konzept die organisatorische und inhaltliche Gestaltung der Berufs- und Studienorientierung (...)."[780] Das Konzept soll neben den Maßnahmen der Berufs- und Studienorientierung und

[772] Kultusministerkonferenz (2019): S. 113.
[773] Bürgerservice Hessenrecht (2018): https://www.rv.hessenrecht.hessen.de/bshe/document/hevr-BeruflOVHEpG1, zuletzt aufgerufen am 17. Oktober 2019.
[774] Institut für berufliche Bildung, Arbeitsmarkt- und Sozialpolitik GmbH: https://www.olov-hessen.de/qualitaetsstandards/qualitaetsstandards-im-ueberblick/prozess-berufsorientierung.html, zuletzt aufgerufen am 17. Oktober 2019.
[775] Ebenda.
[776] Ministerium für Bildung, Wissenschaft und Kultur Meckl.-Vorpommern (2017)
[777] Kultusministerkonferenz (2019): S. 18.
[778] Ministerium für Bildung, Wissenschaft und Kultur Meckl.-Vorpommern (2019b): S. 2ff.
[779] Kultusministerkonferenz (2019): S. 36.
[780] Ministerium für Bildung, Wissenschaft und Kultur Meckl.-Vorpommern (2017): S. 1f.

dem Bezug zu Unterrichtsinhalten unter anderem auch Maßnahmen zur Evaluation des schulinternen Curriculums beinhalten. Außerdem muss jedes Gymnasium eine Kontaktlehrkraft für Berufs- und Studienorientierung benennen. Diese soll durch eine Arbeitsgruppe bei der Organisation und Umsetzung ihrer Aufgaben unterstützt werden. Hierzu gehören neben der Mitarbeit bei der Erstellung des schulischen Konzepts zur Berufs- und Studienorientierung auch die Organisation des Schülerbetriebspraktikums, die Organisation der Berufs- und Studienberatung, die Bedarfsanalyse, Organisation und Abstimmung zusätzlicher Angebote der Berufs- und Studienorientierung sowie die Kooperation mit externen Partnern.[781] Zur Wahrnehmung der Koordinierungsaufgabe ist die Kontaktlehrkraft „in angemessenem Umfang von der Unterrichtsverpflichtung freizustellen."[782]

In der Sekundarstufe I gestalten die Gymnasien wie alle allgemeinbildenden Schulen in Mecklenburg-Vorpommern die einzelnen Phasen der beruflichen Orientierung unter Berücksichtigung des individuellen Bedarfs. Die Phasen sind in den Vorgaben wie folgt beschrieben. Die Angaben zu den Jahrgangsstufen haben lediglich Richtwertcharakter, entscheidend ist der individuelle Stand der Kinder und Jugendlichen.

Einstimmen (ab Jahrgangsstufe 5): „Beruf und Arbeit als einen wegweisenden Teil des Lebens begreifbar machen und damit Motivation zur Auseinandersetzung mit der Berufswahl schaffen; erste Auseinandersetzung mit eigenen Lebensentwürfen"[783]

Erkunden (ab Jahrgangsstufe 7): „Stärken, Neigungen und Interessen kennen lernen und sie in Bezug zur Arbeits- und Berufswelt setzen, auf dieser Basis interessengeleitete Erkundung der Arbeits- und Berufswelt beginnen, sich selbst nächste Ziele stecken"[784]

Entscheiden (ab Jahrgangsstufe 8): „Verschiedene Berufsfelder erkunden und ausprobieren; eine begründete Berufs- oder Studienwahl treffen, die eigene Auswahl überprüfen und Alternativen erkunden"[785]

---

[781] Ministerium für Bildung, Wissenschaft und Kultur Meckl.-Vorpommern (2017): S. 2f.
[782] Ministerium für Bildung, Wissenschaft und Kultur Meckl.-Vorpommern (2017): S. 3.
[783] Ministerium für Bildung, Wissenschaft und Kultur Meckl.-Vorpommern (2017): S. 2.
[784] Ebenda.
[785] Ebenda.

Erreichen (ab Jahrgangsstufe 9): „Vorbereitung auf betriebliche, schulische oder hochschulische Bewerbungs- und Auswahlverfahren sowie den Ausbildungs- beziehungsweise Studienanfang“[786]

Die aufgeführten Phasen werden in der Qualifikationsphase der gymnasialen Oberstufe um vertiefende Maßnahmen zur Berufs- und Studienorientierung entsprechend den individuellen Schwerpunktsetzungen der Jugendlichen ergänzt.[787] Dabei hat das Fach Studienorientierung Leitfunktion.[788] Ab dem Schuljahr 2020/21 wird die Stundentafel der elften Jahrgangsstufe um den zweistündigen Grundkurs Berufliche Orientierung ergänzt werden.[789] Zur Unterstützung für dessen Gestaltung wurde unter anderem auch den Lehrkräften in Mecklenburg-Vorpommern eine regional angepasste Version des Handbuches „Berufliche Orientierung wirksam begleiten“[790] (Wittmer-Gerber, 2015: „Studien- und Berufswahl begleiten! Unterrichtseinheiten für das P-Seminar am bayerischen Gymnasium“, siehe Kapitel 6.2 der vorliegenden Arbeit) vorgestellt.[791] Der Lehrplan für den Grundkurs war zum Zeitpunkt des Abschlusses der Recherchearbeiten für vorliegende Dissertation noch nicht veröffentlicht worden. Auch Maßnahmen, wie die Lehrkräfte während der Ausbildung speziell auf die Aufgaben der Berufs- und Studienorientierung vorbereitet werden sollen, konnten nicht eruiert werden.

Im gymnasialen Bildungsgang ist die Teilnahme am Schülerbetriebspraktikum in Mecklenburg-Vorpommern obligatorisch. Die Maßnahme kann ab der achten Jahrgangsstufe, auf mindestens zwei Jahrgangsstufen verteilt, stattfinden. Von insgesamt 25 Arbeitstagen sind dabei wenigstens fünf Tage im Block abzuleisten.[792] „Zur Unterstützung des Erwerbs sozialer Fähigkeiten werden unter Berücksichtigung der örtlichen Möglichkeiten in der Regel fünf der 25 Tage als Sozialpraktikum in sozialen oder erzieherischen Einrichtungen oder in Gesundheitseinrichtungen

[786] Ministerium für Bildung, Wissenschaft und Kultur Meckl.-Vorpommern (2017): S. 2.
[787] Ministerium für Bildung, Wissenschaft und Kultur Meckl.-Vorpommern (2017): S. 5.
[788] Ministerium für Bildung, Wissenschaft und Kultur Meckl.-Vorpommern (2017): S. 1.
[789] Ministerium für Bildung, Wissenschaft und Kultur Meckl.-Vorpommern (2019a): S. 6.
[790] Stiftung der Deutschen Wirtschaft: https://www.sdw.org/das-bieten-wir/transferaktivitaeten/studien-und-berufs-orientierung-wirksam-begleiten/ueberblick.html, zuletzt aufgerufen am 16. Dezember 2019.
[791] Ministerium für Bildung, Wissenschaft und Kultur Mecklenburg-Vorpommern: https://www.bildung-mv.de/lehrer/fort-und-weiterbildung/rueckblick/schulkongress-2019/index.html, zuletzt aufgerufen am 28. Mai 2020.
[792] Ministerium für Bildung, Wissenschaft und Kultur Meckl.-Vorpommern (2017): S. 3.

durchgeführt."[793] Um die Gleichwertigkeit beruflicher und akademischer Ausbildungen zu verdeutlichen, soll auch das Schülerbetriebspraktikum berufs- sowie studienorientierende Anteile beinhalten. Daher sollen die Gymnasiasten Praktika in mindestens zwei Fachrichtungen absolvieren. Maßnahmen der Studienorientierung werden dabei ab der zehnten Jahrgangsstufe integriert.[794] „Den Schwerpunkt bilden informierende Anteile über Studiengänge an Hochschulen in Verbindung mit Exkursionen zu Hochschulen und zu qualifizierten Betrieben und Forschungseinrichtungen sowie Informationen zur beruflichen Aufstiegsfortbildung."[795] Mit der Unterstützung der verantwortlichen Lehrkräfte und Erziehungsberechtigten sollen sich die Gymnasiasten den Praktikumsort selbst aussuchen können. Dabei sollen explizit die Ergebnisse einer (jedoch fakultativen) Potenzialanalyse Berücksichtigung finden.[796] Die Praktikumsleitung soll die Schüler während des Praktikums besuchen, den Kontakt zu den Betrieben halten und den Jugendlichen und deren Eltern für Rückfragen zur Verfügung stehen.[797] Die Verwaltungsvorschrift gibt außerdem Hinweise für die Vor- und Nachbereitung der Praktika. So sind eine Auswertung der gewonnenen Erfahrungen und die Nutzung der Praktikumsergebnisse im Unterricht verbindlich vorgeschrieben. „Das Schülerbetriebspraktikum sollte mit einem Elternabend, einer Ausstellung oder in geeigneter anderer Form abgeschlossen werden, um einen Einblick in die Gesamtarbeit und die Praktikumsergebnisse zu gewähren."[798] Besonders zu erwähnen ist, dass das Land Mecklenburg-Vorpommern auch den Praktikumsbetrieben klare Aufgaben zuweist. Durch die Ernennung eines Praktikumsbeauftragten, welcher für die Einweisung und Beaufsichtigung des jeweiligen Schülers verantwortlich ist und zum Beispiel unentschuldigtes Fehlen bei der Schule anzeigt, nimmt das Land die Betriebe mit in die Pflicht. Der Beauftragte ist außerdem gebeten, die Leistung des Praktikanten für den (am Gymnasium fakultativen) Berufswahlpass kurz einzuschätzen.[799] Die Verfasser der Verwaltungsvorschrift empfehlen den Schulen und

[793] Ministerium für Bildung, Wissenschaft und Kultur Meckl.-Vorpommern (2017): S. 3.
[794] Ministerium für Bildung, Wissenschaft und Kultur Meckl.-Vorpommern (2017): S. 5.
[795] Ebenda.
[796] Ministerium für Bildung, Wissenschaft und Kultur Meckl.-Vorpommern (2017): S. 10.
[797] Ministerium für Bildung, Wissenschaft und Kultur Meckl.-Vorpommern (2017): S. 9.
[798] Ministerium für Bildung, Wissenschaft und Kultur Meckl.-Vorpommern (2017): S. 8.
[799] Ministerium für Bildung, Wissenschaft und Kultur Meckl.-Vorpommern (2017): S. 3. Ministerium für Bildung, Wissenschaft und Kultur Meckl.-Vorpommern (2017): S. 9.

Betrieben das Anlegen einer Zielvereinbarung im Rahmen des Praktikumsvertrages, in der die „aktive und engagierte Integration“[800] der Gymnasiasten sowie die Festlegung der Aufgaben verankert sind.

6.1.8 Niedersachsen

Auch in Niederachsen wird die Berufs- und Studienorientierung als eine fächerübergreifende Maßnahme begriffen. Jeglicher Unterricht in Niedersachsen ist laut der „Dokumentation zur Beruflichen Orientierung an allgemeinbildenden Schulen“ der Kultusministerkonferenz (2019) mit der aktuellen und der potenziellen zukünftigen Lebenswelt der Schüler in Beziehung zu setzen.[801] Sämtliche Kerncurricula enthalten den Hinweis, im Unterricht des jeweiligen Faches auch Bezüge zu verschiedenen Berufsfeldern herzustellen. Ziel ist dabei unter anderem die Entwicklung von Vorstellungen über die eigenen Berufswünsche seitens der Gymnasiasten. „Basierend auf dem Musterkonzept zur Berufs- und Studienorientierung des Niedersächsischen Kultusministeriums erstellen alle allgemein bildenden Schulen der Sekundarbereiche I und II ein schuleigenes fächerübergreifendes Konzept zur Durchführung der Maßnahmen zur Beruflichen Orientierung.“[802] Dabei sind schulspezifische und regionale Besonderheiten zu berücksichtigen. Das erwähnte Musterkonzept ist online einsehbar.[803] Die Gesamtverantwortung liegt bei der Schulleitung, für die Koordination und Umsetzung des Konzepts ist eine von ihr beauftragte Lehrkraft zuständig. Auch die Fachkonferenzen beteiligen sich bei der Erstellung des schuleigenen Konzepts und greifen es im Fachcurriculum auf. Zusätzlich können die Schulen bei den Beratern der Niedersächsischen Landesschulbehörde Unterstützung und Beratung zur Thematik der Berufs- und Studienorientierung einholen.[804] Grundlage des zu erstellenden Konzepts sind sieben Handlungsfelder, welche in Abbildung 25 dargestellt sind.

[800] Ministerium für Bildung, Wissenschaft und Kultur Meckl.-Vorpommern (2017): S. 9.
[801] Kultusministerkonferenz (2019): S. 18.
[802] Niedersächsisches Kultusministerium (2018): S. 3.
[803] siehe Niedersächsisches Kultusministerium (2017a): http://db2.nibis.de/1db/cuvo/datei/nkm_berufsorientierung_final.pdf, zuletzt aufgerufen am 22. Oktober 2019.
[804] Niedersächsisches Kultusministerium (2018): S. 11f.
Kultusministerkonferenz (2019): S. 18.

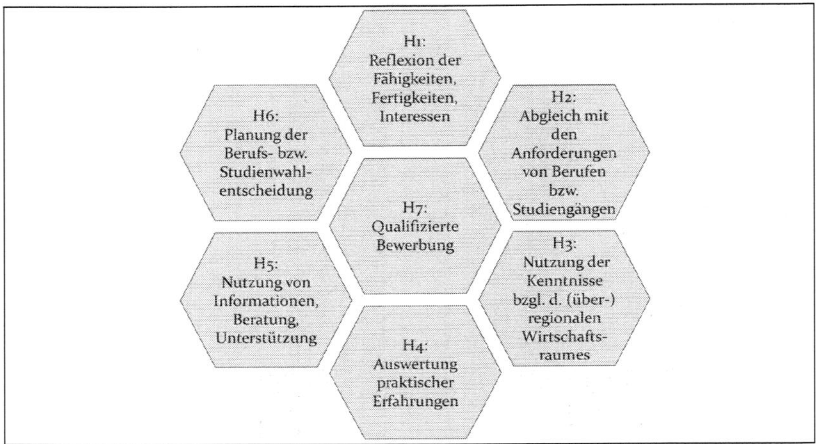

Abbildung 25: Handlungsfelder der Berufs- und Studienorientierung in Niedersachsen.
Eigene Darstellung nach Niedersächsisches Kultusministerium (2017a): S. 26ff.

Die einzelnen Handlungsfelder bauen systematisch aufeinander auf und bilden „den Prozess des kumulativen Kompetenzerwerbs“[805] ab.[806] Die Gymnasien sind (wie alle allgemeinbildenden Schulen in Niedersachsen) verpflichtet, Potenzialanalysen (Kompetenzfeststellungsverfahren) anzubieten. Die Erziehungsberechtigten entscheiden dann über die Teilnahme des eigenen Kindes. In diesem Rahmen sollen vor allem handlungsorientierte Module, Module zur Fremd- und Selbsteinschätzung, die Erkundung eigener Neigungen und Interessen, Einzelerkundungen sowie die Dokumentation der Fortschritte wichtige Schwerpunkte bilden. Für die Maßnahmen ist das zweite Schulhalbjahr der siebten Jahrgangsstufe der frühestmögliche Termin. Das Land Niedersachsen bietet den Schulen seit dem Schuljahr 2018/19 das modularisierte Programm „Kompetenzanalyse Profil AC Niedersachsen“[807] zur Unterstützung an. „Das Kompetenzfeststellungsverfahren setzt sich aus Beobachtungsaufgaben zur Erfassung der Sozialkompetenz, der Methodenkompetenz und Personalen Kompetenz, Tests zur Erhebung der Informationstechnischen Fähigkeit, der Kognitiven Basiskompetenz und der Berufsfeldbezogenen Kompetenz sowie einem Fragebogen zu

805 Kultusministerkonferenz (2019): S. 37.
806 Ebenda.
807 Niedersächsisches Kultusministerium (2018): S. 4.

Berufsinteressen bzw. Berufs- und Studieninteressen zusammen."[808] Die Ergebnisse aus den Kompetenzfeststellungsverfahren können dann für die Dokumentation der individuellen Fortschritte genutzt werden. So sollen erste Hinweise auf eine berufliche Orientierung gewonnen werden.[809] Die Qualifizierung der zuständigen Lehrkräfte der Gymnasien, welche sich für die Teilnahme am Programm entschieden hatten, fand bereits im Schuljahr 2018/19 statt.[810] Eine Aufnahme von Modulen in die Lehrerausbildung ist geplant, jedoch nach Kenntnis der Autorin der vorliegenden Arbeit noch nicht vollzogen.[811] Insgesamt sind für die Gymnasien ab dem siebten Schuljahrgang mindestens 25 Schultage für die Durchführung berufsorientierender Maßnahmen vorgesehen.[812]

Auch für die gymnasiale Oberstufe gibt es eigene Module, welche die (Weiter-) Entwicklung der Kompetenzen und Fähigkeiten der Schüler mitberücksichtigen. Dabei ist die Schwerpunktsetzung in den Bereichen der beruflichen Bildung und der Studienorientierung verpflichtend. Speziell für neu zugewanderte Schüler wird ein vergleichbares Programm mit dem Titel „2P: Potenzial und Perspektive"[813] angeboten.[814]

Praxistage wie der Boys'Day bzw. Girls'Day oder Tage zur Vermittlung von Bewerbungskompetenzen sind in Niedersachsen verbindlich vorgeschrieben. Auch ein mindestens zehn Unterrichtstage andauerndes Blockpraktikum ist für niedersächsische Gymnasiasten obligatorisch. Die Maßnahme findet in der elften Jahrgangsstufe statt, wobei die Schulen den Jugendlichen ein weiteres Betriebspraktikum in der neunten oder zehnten Klasse ermöglichen können. Je nach schulinternem Konzept ist es zulässig, die Möglichkeit des zusätzlichen Praktikums auf Schüler zu beschränken, welche das Gymnasium nach der zehnten Klasse verlassen wollen.[815] Auf der Grundlage des schulinternen Pro-

---

808 Niedersächsisches Kultusministerium: https://www.mk.niedersachsen.de/kompetenzfeststellung/kompetenzfeststellungsverfahren-138555.html, zuletzt aufgerufen am 22. Oktober 2019.

809 Niedersächsisches Kultusministerium (2017a): S. 6.

810 Niedersächsisches Kultusministerium (2018): S. 14.

811 Kultusministerkonferenz (2019): S. 113.

812 Niedersächsisches Kultusministerium (2018): S. 10.

813 Niedersächsisches Kultusministerium: https://www.mk.niedersachsen.de/kompetenzfeststellung/kompetenzfeststellungsverfahren-138555.html, zuletzt aufgerufen am 22. Oktober 2019.

814 Ebenda.
Niedersächsisches Kultusministerium (2018): S. 10.

815 Niedersächsisches Kultusministerium (2018): S. 10.

gramms zur Berufs- und Studienorientierung legen die Schulen die Rahmenbedingungen für die Durchführung des Schülerbetriebspraktikums selbst fest. Die Schüler sind verpflichtet, einen Praktikumsbericht zu verfassen, welcher die persönlichen Erfahrungen darstellt und kriterienorientiert widerspiegelt. Mit der entsprechenden Genehmigung können sich die Praktikumsbetriebe in anderen Bundesländern oder auch außerhalb des Bundesgebietes befinden. Eine Betreuung durch die verantwortliche Lehrkraft muss aber zu jedem Zeitpunkt gewährleistet sein, zum Beispiel auch mithilfe geeigneter Medien. Zu Beginn der gymnasialen Oberstufe ist das Schülerbetriebspraktikum auf eine Berufsausbildung oder ein Hochschulstudium auszurichten. Ein zusätzliches Praktikum kann in der Sekundarstufe II als Hochschulpraktikum bzw. mit einer Ausrichtung auf ein duales Studium abgehalten werden. Alle Praktikumsvarianten sollen in jedem Fall sorgfältig vor- und nachbereitet werden.[816]

Auch im niedersächsischen Vorbereitungsdienst wird die Berufsorientierung als Querschnittsaufgabe verstanden. Es ist dabei die Pflicht der Ausbildungsschule, den Lehrkräften im Vorbereitungsdienst die Kenntnisse hinsichtlich der Berufsorientierung zu vermitteln.[817] „Die Ausbildung ist ferner auf ein Lehrerhandeln ausgerichtet, das (…) auf Kompetenzen im Bereich der Berufsorientierung der Schülerinnen und Schüler abzielt."[818] Hierfür können die Studienseminare auch Zusatzqualifikationen zum Thema der Berufsorientierung anbieten. Die Ausgestaltung obliegt den Schulen, es bedarf jedoch eines Antrags auf Basis eines aktenkundig gemachten Ausbildungskonzeptes. Über die Genehmigung entscheidet die niedersächsische Landesschulbehörde.[819]

6.1.9 Nordrhein-Westfalen

„Der Ausbildungskonsens NRW hat im November 2011 die flächendeckende Einführung einer nachhaltigen, geschlechtersensiblen, migrationssensiblen, inklusiven und systematischen Berufs- und Studienorientierung beschlossen, welche seit dem Schuljahr 2012/2013 stufenförmig

[816] Niedersächsisches Kultusministerium (2018): S. 4f.
[817] Niedersächsisches Kultusministerium (2017b): Zu §8.
[818] Niedersächsisches Kultusministerium (2017b): Zu §2.
[819] Niedersächsisches Kultusministerium (2017b): Zu §6.

an den öffentlichen Schulen aufgebaut wurde.“[820] Mit der Landesinitiative „Kein Abschluss ohne Anschluss“ (KAoA) implementiert Nordrhein-Westfalen ein einheitliches Übergangssystem von der Schule in Ausbildung und Studium. Seit dem Schuljahr 2016/17 nehmen alle öffentlichen Schulen verbindlich mit ihren achten Jahrgangsstufen an der Initiative teil.[821] Es wurden insgesamt 22 sogenannte Standardelemente entwickelt, welche den systematischen Prozess der Berufsorientierung definieren. Das Programm begleitet die Schüler von der achten Klasse über die Sekundarstufe II bis in die Berufsausbildung bzw. das Studium. Der Prozess beinhaltet in Verbindung mit dem Unterricht verschiedene obligatorische Elemente, beispielsweise ein Berufsorientierungs-Curriculum, eine eintägige Potenzialanalyse, ein Reflexionsworkshop und zwei Maßnahmen zur Stärkung der Entscheidungskompetenz für die Sekundarstufe II, Praxisphasen oder ein Portfolioinstrument wie den Berufswahlpass NRW.[822] Eine vollständige Liste und Erläuterungen zu den Standardelementen können mit der Broschüre „Kein Abschluss ohne Anschluss – Zusammenstellung der Instrumente und Angebote“ über den Broschürenservice des Ministeriums für Arbeit, Gesundheit und Soziales des Landes Nordrhein-Westfalen abgerufen werden. Die in den Standardelementen enthaltenen Maßnahmen sind in verpflichtend zu erstellende schulinterne Curricula aufzunehmen. Diese enthalten außerdem als Mindestanforderung die Prozessstruktur und die Jahresplanung bezüglich der beruflichen Orientierung der Schulen. Bei der Erarbeitung sollen auch möglichst ortsnahe Hochschulen mit eingebunden werden. Für die Umsetzung der innerschulischen Konzepte zur Berufs- und Studienorientierung benennt die Schulleitung eine einzelne Lehrkraft oder ein Team aus mehreren Lehrkräften zu Koordinatoren für die Berufliche Orientierung. Sie dienen nach innen und außen als Ansprechperson für dieses Themenfeld sowie Initiatoren für die berufsorientierenden Maßnahmen der Schule. Sie „wirken dabei mit, die Ausbildungs- bzw. Studienorientierung in der Schule dauerhaft zu verankern, damit in der Sekundarstufe I ab der Jahrgangsstufe 8 die vier Phasen der Beruflichen Orientierung von der Erkennung eigener Potenziale, über das Kennenlernen der Berufsfelder und der Erprobung in der Praxis

---

[820] Ministerium für Schule und Bildung Nordrhein-Westfalen: https://bass.schul-welt.de/11020.htm, zuletzt aufgerufen am 23. Oktober 2019.

[821] Ministerium für Arbeit, Gesundheit und Soziales des Landes Nordrhein-Westfalen: S. 4.

[822] Ministerium für Schule und Bildung Nordrhein-Westfalen: https://bass.schul-welt.de/11020.htm, zuletzt aufgerufen am 23. Oktober 2019.
Ministerium für Arbeit, Gesundheit und Soziales des Landes Nordrhein-Westfalen: S. 16ff.

der Arbeitswelt, der Konkretisierung der Ausbildungs- und Studienwahl bis ggf. zur abschließenden konkretisierten Übergangsgestaltung umgesetzt werden."[823] Diese „Stände der individuellen Beruflichen Orientierung"[824] sollen in der gymnasialen Oberstufe aufgegriffen „und über Standortbestimmung, Förderung der Entscheidungskompetenz sowie ggf. weiterer Praxisphasen und Studienorientierung zu einer abschließenden konkretisierten Übergangsgestaltung"[825] begleitet werden.

Auch in Nordrhein-Westfalen ist ein Schülerbetriebspraktikum für alle Gymnasiasten obligatorisch. Über den grundsätzlichen Rahmen entscheidet dabei die Schulkonferenz. In der neunten oder zehnten Jahrgangsstufe lautet die generelle Vorgabe, ein zwei- bis dreiwöchiges Praktikum ableisten zu lassen. Ein zweites Praktikum mit einer Dauer von bis zu drei Wochen kann zusätzlich angeboten werden. Eine schriftliche Dokumentation der Ergebnisse ist ebenfalls vorgeschrieben. Sie kann auch in die Leistungsbewertung mit einfließen, beispielsweise im Rahmen einer Facharbeit. Die Lehrkräfte, deren Unterricht aufgrund der Abwesenheit der Praktikanten entfällt, sollen die Schüler im Rahmen des so entstandenen freien Stundenvolumens an den Praktikumsorten besuchen. „Auslandspraktika können in Ländern der Europäischen Union auch im Rahmen von Studienfahrten und internationalen Begegnungen durchgeführt werden. Praktika im Ausland finden in Kooperation mit geeigneten Partnerorganisationen (Partnerschule, Kammern, Verbände usw.) statt. Die Betreuung bei Auslandspraktika kann auch durch Lehrkräfte der Partnerschule oder im Rahmen von bilateralen Vereinbarungen sichergestellt werden. Die abschließende Entscheidung obliegt den Bezirksregierungen."[826] Im Anschluss an das erste Betriebspraktikum kann die Schule sogenannte Praxiskurse anbieten. Dabei erproben die Jugendlichen berufliche Tätigkeiten exemplarisch in einzelnen Berufssparten. Die Durchführung übernehmen außerschulische Träger oder Betriebe mit eigens hierfür geschultem Personal. Der Umfang für die Maßnahme beträgt 24 Zeitstunden.[827] Eine weitere in Nordrhein-Westfalen angebotene Form des Praktikums ist das Hochschul-

---

[823] Ministerium für Schule und Bildung Nordrhein-Westfalen: https://bass.schul-welt.de/11020.htm, zuletzt aufgerufen am 23. Oktober 2019.
[824] Ebenda.
[825] Ebenda.
[826] Ministerium für Schule und Bildung Nordrhein-Westfalen: https://bass.schul-welt.de/11020.htm, zuletzt aufgerufen am 23. Oktober 2019.
[827] Kultusministerkonferenz (2019): S. 63.

praktikum. Es kann in der Sekundarstufe II im Rahmen des Standardelements Praxiselemente (mindestens fünf Tage sind dabei vorgeschrieben) abgeleistet werden. Für die Dauer des Praktikums nehmen die Gymnasiasten an ausgewählten Lehrveranstaltungen des regulären Hochschulprogramms teil und sollen so die Hochschule, deren Studienangebote und den Studentenalltag kennenlernen. Wie alle anderen Praktika wird auch das Hochschulpraktikum im Unterricht vor- und nachbereitet.[828]

In der Vorabgangsklasse aller allgemeinbildenden Schulen füllen die Schüler im Rahmen des Landesvorhabens KAoA eine sogenannte Anschlussvereinbarung aus. Das hierzu notwendige Gespräch führt eine Lehrkraft der Schule mit den Jugendlichen. „Die Schülerinnen und Schüler der Sek I halten im Rahmen des systematischen Prozesses der Beruflichen Orientierung in ihrer Anschlussvereinbarung schriftlich fest, welche Entscheidungen sie für ihren Übergang von der Schule in eine Berufsausbildung bzw. ein Studium getroffen haben und welche weiteren Schritte sie unternehmen werden. Die Schülerinnen und Schüler der Sek II haben seit dem ersten Ausfüllen der Anschlussvereinbarung bereits erfolgreich Schritte absolviert, ggf. haben sich Pläne noch einmal geändert. Daher ist es wichtig ein zweites Mal Bilanz zu ziehen und die weiteren Schritte erneut festzuhalten.“[829] Mithilfe eines Online-Erfassungstool namens „EckO“[830] geben die Schüler ihre Daten anonym ein. Die Teilnahme ist verpflichtend. Im Anschluss werden die Ergebnisse analysiert. Ziel ist es, mithilfe der kumulierten Ergebnisse den Übergang von der Schule in die Arbeitswelt vor Ort (Stadt/Landkreis) besser zu koordinieren und realisierbare Angebote im Anschluss an die Schulzeit zu schaffen.[831]

Zur Qualifizierung der Lehrkräfte sind die Schulen in Nordrhein-Westfalen aufgerufen, Fragen der beruflichen Orientierung in ihrem Fortbildungsplan zu berücksichtigen. Bei schulinternen Fortbildungsveranstaltungen sollen explizit auch Fachkräfte der Arbeitsverwaltung und Experten aus den Hochschulen sowie Vertreter der regionalen Wirtschaft

---

828 Ministerium für Schule und Bildung Nordrhein-Westfalen: https://bass.schul-welt.de/11020.htm, zuletzt aufgerufen am 23. Oktober 2019.

829 Ministerium für Schule und Bildung Nordrhein-Westfalen: https://www.schulministerium.nrw.de/BiPo/EckO_Eingabe/online, zuletzt aufgerufen am 24. Oktober 2019.

830 Ebenda.

831 Ministerium für Schule und Bildung Nordrhein-Westfalen (2019): S. 2. Kultusministerkonferenz (2019): S. 107.

miteinbezogen werden.[832] §10 der nordrhein-westfälischen Lehramtszugangsverordnung schreibt außerdem vor, dass sämtliche Absolventen aller Lehrämter und aller Fächer Grundkompetenzen im Bereich der Berufsorientierung der Schüler nachweisen müssen.[833] Im Kerncurriculum für die Ausbildung im Vorbereitungsdienst sind nach Kenntnis der Autorin der vorliegenden Arbeit keine speziellen Inhalte zur Domäne der Berufs- und Studienorientierung festgehalten.[834]

6.1.10 Rheinland-Pfalz

Auch in Rheinland-Pfalz beginnt die Berufs- und Studienorientierung in der Sekundarstufe I (am Gymnasium spätestens in der achten Jahrgangsstufe) und wird kontinuierlich bis in die Sekundarstufe II fortgeführt. Grundsätzlich sind alle Fächer beteiligt und behandeln berufsbezogene Themen.[835] Sämtliche Gymnasien sind wie alle weiterführenden Schulen verpflichtet, „ein über mehrere Jahre angelegtes systematisches Konzept mit konkreten und verbindlichen Maßnahmen für die Schullaufbahnberatung sowie für die Berufswahlvorbereitung und Studienorientierung“[836] anzulegen. Eine von der Schulleitung benannte verantwortliche Lehrkraft koordiniert die Arbeit des Netzwerks, bestehend aus unter anderem der Agentur für Arbeit, den Kammern, Verbänden und der Landesregierung. Sie achtet auch darauf, dass alle Elemente des schulinternen Konzepts tatsächlich umgesetzt werden. Die Landesregierung gibt für die Inhalte folgende Aspekte als Mindeststandards vor:

[832] Ministerium für Schule und Bildung Nordrhein-Westfalen: https://bass.schul-welt.de/11020.htm, zuletzt aufgerufen am 23. Oktober 2019.

[833] Ministerium des Innern des Landes Nordrhein-Westfalen (2016): https://recht.nrw.de/lmi/owa/br_vbl_detail_text?anw_nr=6&vd_id=15620&vd_back=N211&sg=1&menu=1, zuletzt aufgerufen am 24. Oktober 2019.

[834] Ministerium für Schule und Weiterbildung des Landes Nordrhein-Westfalen (2016): S. 2ff.

[835] Kultusministerkonferenz (2019): S. 39.
Ministerium für Bildung, Wissenschaft, Weiterbildung und Kultur Rheinland-Pfalz (2015): http://landesrecht.rlp.de/jportal/?quelle=jlink&docid=VVRP-VVRP000003673&psml=bsrlpprod.psml#Nr3_3, zuletzt aufgerufen am 25. Oktober 2019.

[836] Ministerium für Bildung, Wissenschaft, Weiterbildung und Kultur Rheinland-Pfalz (2015): http://landesrecht.rlp.de/jportal/?quelle=jlink&docid=VVRP-VVRP000003673&psml=bsrlpprod.psml#Nr3_3, zuletzt aufgerufen am 25. Oktober 2019.

„– Zusammenstellung aller regionalen Maßnahmen für die Schullaufbahnberatung, die Berufswahlvorbereitung und die Studienorientierung,
– Zusammenstellung aller verantwortlichen Personen der Netzwerkbeteiligten,
– schriftliche Vereinbarung über die jeweiligen Aufgaben der Netzwerkbeteiligten, über die Art der Einbindung und Beteiligung der Eltern sowie über die Zusammenarbeit mit Dritten,
– Kooperationen mit Partnern aus der Wirtschaft und den Hochschulen,
– Einbeziehung des Konzepts in die curriculare Jahresplanung,
– Einbeziehung in das Qualitätsprogramm der Schule,
– Abstimmung der Fortbildungskonzeption der Schule auf das Qualitätsprogramm.“[837]

Sämtliche Maßnahmen und Beratungsgespräche sind in einem Berufswahlportfolio zu dokumentieren. Im zweiten Schulhalbjahr ist mindestens ein sogenannter „Tag der Berufs- und Studienorientierung“ für die achte oder neunte Jahrgangsstufe verpflichtend. Die Gymnasiasten sollen dabei gleichwertig über die Möglichkeit der dualen Berufsausbildung und Studienoptionen informiert werden. Auch die Vor- und Nachbereitung des Tages, ein Informationselternabend sowie die Ausgabe von Teilnahmebescheinigungen für die Schüler sind obligatorische Bestandteile der Maßnahme. Die konzeptionelle Planung der Maßnahme obliegt den Gymnasien selbst.[838]

Das Themenfeld der Berufs- und Studienorientierung wird in der gymnasialen Oberstufe weiter vertieft. Die Maßnahmen umfassen an Gymnasien fünf Doppelstunden, Veranstaltungen werden von allen Netzwerkpartnern gemeinsam durchgeführt.[839] Die Landesregierung Rheinland-Pfalz schlägt vor, das in der elften Jahrgangsstufe (bzw. im achtjährigen Gymnasium in der zehnten Jahrgangsstufe) verpflichtende Schülerbetriebs- bzw. Sozialpraktikum in Verbindung mit dem Fach Sozialkunde abzuhalten.[840] Es wird eingeräumt, dass einzelne Fächer stärker

---

837 Ministerium für Bildung, Wissenschaft, Weiterbildung und Kultur Rheinland-Pfalz (2015): http://landesrecht.rlp.de/jportal/?quelle=jlink&docid=VVRP-VVRP000003673&psml=bsrlpprod.psml#Nr3_3, zuletzt aufgerufen am 25. Oktober 2019.

838 Ebenda.
Ministerium für Bildung Rheinland-Pfalz (2019): S. 1.

839 Ministerium für Bildung, Wissenschaft, Weiterbildung und Kultur Rheinland-Pfalz (2015): http://landesrecht.rlp.de/jportal/?quelle=jlink&docid=VVRP-VVRP000003673&psml=bsrlpprod.psml#Nr3_3, zuletzt aufgerufen am 25. Oktober 2019.

840 Ebenda.

in die Maßnahme mit eingebunden werden, doch prinzipiell sollen möglichst alle Schulfächer hierfür offen sein. Vorbereitung, Durchführung und Nachbereitung sollen in den Unterricht eines bestimmten Faches eingebettet sein. Ein Praktikumsleiter koordiniert sämtliche notwendigen Maßnahmen. Ergebnisse der unterrichtlichen Vorbereitung, in welche die Schüler miteinzubeziehen sind, sind ein Zeitplan, die Klärung inhaltlicher, juristischer und organisatorischer Fragen, die Zuweisung der Praktikumsstätten, die Absprachen mit anderen Schulen und die Information externer Partner. Das Schülerbetriebspraktikum soll maximal 15 Tage dauern. Sowohl Gruppen- als auch Einzelpraktika sind denkbar. Die Ausgestaltung des organisatorischen Rahmens, auch die Entscheidung über Anzahl und Dauer der Praktika, liegt in der Verantwortung der Schule. Doch im Falle dessen, dass mehrere Praktika durchgeführt werden, soll das zweite Praktikum in einem anderen Berufsfeld abgeleistet werden als das erste. Zur Betreuung der Praktikanten heißt es in der Verwaltungsvorschrift: „Die Schülerinnen und Schüler sind frühzeitig am Praktikumplatz [sic] von der betreuenden Lehrkraft zu besuchen. Die Lehrkraft und außerschulische Betreuerinnen und Betreuer halten Kontakt. Ein einmaliger Erfahrungsaustausch zwischen betreuenden Lehrkräften und Schülerinnen und Schülern während des Praktikums kann an Stelle eines Praktikumstages eingeplant werden.“[841] Im Nachgang ist das Praktikum auszuwerten, zum Beispiel durch einen Praktikumsbericht. Die Entscheidung, inwieweit die Praktikumsleistungen in die Leistungsfeststellung und -beurteilung einfließt, fällt die Gesamtkonferenz. Die Schüler werden den Praktikumsbetrieben entsprechend den Zielen des Praktikums zugewiesen. Der jeweilige elterliche Betrieb ist für die Jugendlichen als Praktikumsbetrieb ausgeschlossen.[842]

Laut Auskunft durch einen Mitarbeiter des Ministeriums für Bildung Rheinland-Pfalz, spielt die Berufs- und Studienorientierung auch in der Aus-, Fort- und Weiterbildung der Lehrkräfte eine große Rolle. „Mit Blick auf lehramtsspezifische Fragestellungen und Besonderheiten entwickeln die Studienseminare ein Konzept mit dem Ziel, die Anwärterin-

Kultusministerkonferenz (2019): S. 65ff.

[841] Ministeriums für Bildung, Wissenschaft und Weiterbildung (2000): S. 3.

[842] Ministeriums für Bildung, Wissenschaft und Weiterbildung (2000): S. 2ff.

nen und Anwärter auf die schulische Aufgabe der Berufs- und Studienvorbereitung profund vorzubereiten. Hierzu gibt es jedoch – wie zu allen anderen Ausbildungsthemen auch – keine externen Quellen (...).“[843]

6.1.11 Saarland

Laut den auch für Gymnasien geltenden Richtlinien zur Berufs- und Studienorientierung im Saarland ist jede Schule verpflichtet, ein eigenes fächerübergreifendes Konzept zur Regelung der inhaltlichen und organisatorischen Gestaltung und der Einbindung außerschulischer Partner zu erstellen. Dies soll vor dem Hintergrund der folgenden drei Handlungsfelder stattfinden:[844]

„Handlungsfeld 1: Phasen, Inhalte und Instrumente der Berufs- und Studienorientierung (...)
Handlungsfeld 2: Verankerung und Organisation in der Schulstruktur (...)
Handlungsfeld 3: Kooperationen, Netzwerke und Schnittstellengestaltung“[845]

Handlungsfeld 1 teilt die Berufs- und Studienorientierung in insgesamt fünf Phasen auf. Für jede Phase gibt es Empfehlungen bezüglich der anzuwendenden Instrumente und Inhalte. Die Titel der Phasen lauten dabei:

„1. Orientierung durch Selbstreflexion und Fremdeinschätzung: Was kann ich? Was möchte ich? Was ist mir wichtig? (...)
2. Orientierung durch Informationen und Wissen: Wie sieht die Arbeitsmarktsituation aus? (...) Welche Berufe und Karrierewege gibt es? Was sind verlässliche Anlaufstellen?
3. Orientierung durch praktische Erfahrungen in der Berufswelt: Wie sieht die Praxis aus? Ist das wirklich mein Traumberuf? Inwieweit werde ich den Anforderungen gerecht? (...)
4. Orientierung durch die Gestaltung von Bewerbungsprozessen: Wie präsentiere ich mich erfolgreich? Wie werde ich Auswahlkriterien gerecht? (...)

[843] Gemäß einer persönlichen E-Mail eines Mitarbeiters des Ministeriums für Bildung Rheinland-Pfalz, vom 27. Mai 2020.
[844] Ministerium für Bildung und Kultur Saarland (2017): S. 7ff.
[845] Ministerium für Bildung und Kultur Saarland (2017): S. 2.

5. Übergang erfolgreich vollziehen (...)“[846]

Die genannten Phasen werden zunächst in der Sekundarstufe I durchlaufen. Ein Bewerbungstraining zur Erstellung von Bewerbungsunterlagen sowie zur erfolgreichen Bewältigung von Bewerbungsgesprächen ist in der Sekundarstufe I ebenso zu verankern wie etwa eine Stärkenanalyse sowie das Anlegen eines Berufswahlportfolios. In der Sekundarstufe II werden die Phasen dann mit entsprechender Anpassung der anzuwendenden Instrumente und Inhalte wiederholt. So kommen in der gymnasialen Oberstufe weitere Instrumente hinzu, welche systematisch auf den zuvor erworbenen Kompetenzen aufbauen.[847] Die von der Landesregierung herausgegebene Broschüre „Richtlinien zur Berufs- und Studienorientierung an allgemein bildenden Schulen im Saarland“ schlägt für die Sekundarstufe II zum Beispiel die Teilnahme an einem Verfahren zur Kompetenzanalyse, den Besuch von Ausbildungsmessen, Hochschulerkundungen oder vertiefendes Bewerbertraining vor.[848] Dort sind auch weitere Hinweise zu den Maßnahmen und Inhalten der schulinternen Konzepte für die Schulen nachzulesen. Die Umsetzung kann modular bzw. punktuell oder aber in Form verbindlicher Elemente im Seminarfach stattfinden. Letzteres soll die allgemeine Studierfähigkeit verbessern und auf die Berufs- und Arbeitswelt vorbereiten. Es ist verpflichtend zu belegen.[849] Zur Implementierung der Angebote in der Sekundarstufe II finden sich in der Broschüre „Berufs- und Studienorientierung in der gymnasialen Oberstufe“ zusätzlich Hinweise sowie Vorschläge für modular aufgebaute Konzepte.[850] Deren Darstellung würde jedoch den Rahmen der vorliegenden Arbeit sprengen. Handlungsfeld 2 regelt die Verankerung und Organisation der Berufs- und Studienorientierung in der Schulstruktur. Für die Konzeption ist ein Schulleitungsmitglied bzw. eine von der Schulleitung beauftragte Lehrkraft verantwortlich. Ein fester Ansprechpartner vertritt den Themenbereich der Berufs- und Studienorientierung innerhalb der Schule und auch nach außen. Die entsprechende Qualifizierung findet durch den Besuch eines Zertifikatskurses statt. Die einzelnen Lehrkräfte, welche in den betroffenen Jahrgängen

[846] Ministerium für Bildung und Kultur Saarland (2017): S. 8ff.
[847] Ebenda.
[848] Ministerium für Bildung und Kultur Saarland (2017): S. 10f.
[849] Ministerium für Bildung und Kultur Saarland (2010): S. 2.
Ministerium für Bildung und Kultur Saarland (2017): S. 17.
[850] Ministerium für Bildung und Kultur Saarland (2013): S. 12ff.

unterrichten, sind wiederum für die Umsetzung des Konzepts zuständig.[851] Handlungsfeld 3 „Kooperationen, Netzwerke und Schnittstellengestaltung" ist im schulinternen Konzept durch die Zusammenarbeit mit verschiedenen Kooperationspartnern abzudecken.[852] Das Konzept muss einer Reihe Qualitätsstandards genügen. Verbindliche Qualitätskriterien sind die Prozess- und Anschlusskriterien, Multiperspektivität und Variabilität, Transparenz und Verbindlichkeit, Netzwerkarbeit mit Kooperationspartnern, regelmäßige Evaluation zur Qualitätssicherung sowie die Nachhaltigkeit der Maßnahmen. Eine ausführliche Checkliste wird den Schulen in den Richtlinien zur Verfügung gestellt.[853]

Die Richtlinien zur Durchführung von Betriebspraktika für Schüler an Schulen der Sekundarstufe I gibt den Gymnasien des Saarlandes die Möglichkeit, ein Schülerbetriebspraktikum auf freiwilliger Basis anzubieten. Für den Fall, dass ein solches Praktikum durchgeführt wird, finden die verpflichtenden Vorgaben Anwendung, welche auch für die anderen Schularten gelten. Hierzu gehören die Dokumentation in einem Berichtsheft sowie die zielorientierte Vor- und Nachbereitung.[854] In einem nicht veröffentlichten Rundschreiben vom 28. Februar 2012 wurden den Gymnasien verschiedene Maßnahmenvorschläge hierfür mitgeteilt.[855] Entsprechende Bezüge sind im Lehrplan beispielsweise für das Fach Sozialkunde enthalten. Dort heißt es unter anderem, dass das Fach dazu beiträgt, die Gymnasiasten auf die Berufs- und Arbeitswelt vorzubereiten – etwa durch die Vor- und Nachbereitung des Betriebspraktikums. Detaillierte Vorgaben zur Ausgestaltung werden jedoch nicht gemacht.[856] Weitere Fachlehrpläne sollen folgen.[857]

In der Lehrerausbildung ist für alle Anwärter des Lehramtes für die Sekundarstufen I und II im Referendariat ein Seminartag zum Thema „Berufliche Orientierung" verbindlich. Dabei sollen die jungen Lehrkräfte eine Einführung in das Landeskonzept und dessen Umsetzung erhalten.[858]

[851] Ministerium für Bildung und Kultur Saarland (2017): S. 18. Kultusministerkonferenz (2019): S. 120.
[852] Ministerium für Bildung und Kultur Saarland (2017): S. 20f.
[853] Ministerium für Bildung und Kultur Saarland (2017): S. 22ff.
[854] Ministerium für Bildung und Kultur Saarland (2001): S. 1.
[855] Ministerium für Bildung und Kultur Saarland (o. J.): S. 3.
[856] Ministerium für Bildung und Kultur Saarland (2012): S. 6.
[857] Kultusministerkonferenz (2019): S. 20.
[858] Ministerium für Bildung und Kultur Saarland (o. J.): S. 9.

6.1.12 Sachsen

Die sächsische Schulordnung für Gymnasien gibt vor, die Berufs- und Studienorientierung an den dortigen Schulen in der fünften Jahrgangsstufe zu beginnen und bis zur zwölften Jahrgangsstufe fortzuführen.[859] Als Grundlage hierfür erstellen die Gymnasien ein schuleigenes Konzept. Dieses muss alle Aktivitäten der Berufsorientierung spätestens ab der Jahrgangsstufe vor dem verbindlichen Schülerbetriebspraktikum beinhalten.[860] Das Konzept basiert stets auf den von der Landesregierung formulierten Kernzielen der beruflichen Orientierung (siehe Tabelle 20). Die Gymnasiasten durchlaufen dabei die Phasen der Sensibilisierung, Information sowie Konkretisierung bis hin zur Entscheidung. So sollen sie reflektiert zu benötigter Berufswahlkompetenz und Hochschulreife gelangen.

Tabelle 20: Kernziele der beruflichen Orientierung am sächsischen Gymnasium. Eigene Darstellung nach Sächsisches Staatsministerium für Kultus (2018): S. 6.

JS	Kernziele
5/6	• Einblicke in die Arbeitswelt erhalten • normgerechtes Sozialverhalten bewusst machen und einüben
7/8	• Einblicke in die Arbeitswelt erhalten • sich praxisorientiert mit der Arbeitswelt auseinandersetzen • Berufsfelder und Berufsbilder kennenlernen • eigene Stärken und Fähigkeiten einschätzen lernen • Zukunftsvorstellungen entwickeln
9/10	• Informations- und Beratungsangebote kennenlernen, werten und nutzen lernen • sich praxisorientiert mit der Arbeitswelt auseinandersetzen • eigene Stärken und Fähigkeiten einschätzen und in Beziehung zu beruflichen Anforderungen setzen • Ausbildungs- und Studienmöglichkeiten kennenlernen • Zugänge zu weiterführenden Bildungswegen kennenlernen • Bewerbungen planen und trainieren • sich mit dem Thema Ausbildung oder Studium auseinandersetzen • eigene Berufs- und Studienvorstellungen entwickeln bzw. konkretisieren

859 Freistaat Sachsen, Sächsische Staatskanzlei (2018): §12a.
860 Sächsisches Staatsministerium für Kultus (2014): S. 7.

11/12	• Studieninformations- und Beratungsangebote kennen und nutzen • Ausbildungs- und Studienmöglichkeiten kennen • Zugänge zu weiterführenden Bildungswegen kennen • eigene Berufs- und Studienvorstellungen entwickeln bzw. konkretisieren • eigene Stärken und Fähigkeiten in Beziehung zu Berufs- bzw. Studienanforderungen setzen • Bewerbungen planen, trainieren und realisieren • Entscheidungen vorbereiten und Alternativen planen • Entscheidung treffen

Die Angebote und Maßnahmen, mit welchen die formulierten Ziele erreicht werden sollen, sind als klassenstufenspezifische Bausteine dargestellt. Sie können jedoch in allen Jahrgangsstufen eingesetzt werden und sollen den Gymnasien als Hilfe bei der Erstellung und Überprüfung des schuleigenen Konzeptes behilflich sein. Die Auswahl an Bausteinen soll den Bedarf für den Einsatz im Fachunterricht, im fächerverbindenden Unterricht, an Projekttagen sowie bei außerunterrichtlichen Veranstaltungen abdecken. Entsprechende relevante Inhalte finden sich auch in den Fachlehrplänen. An den sächsischen Gymnasien dient das Unterrichtsfach Gemeinschaftskunde/Rechtserziehung/Wirtschaft als Leitfach. Außerdem wird im Freistaat Sachsen flächendeckend mit dem Berufswahlpass gearbeitet, einem für Gymnasiasten ab der neunten Klasse konzipierten Ringordner mit Schülerarbeitsmaterialien. Manche Bausteine finden sich (dem spiralcurricularen Aufbau der sächsischen Lehrpläne entsprechend) in mehreren Jahrgangsstufen mit entsprechend steigendem Anforderungsniveau der Inhalte. Neben Hinweisen zur Konzepterstellung und der Arbeit mit dem Berufswahlpass oder einem vergleichbaren Portfolio finden sich die Bausteine und deren Erläuterung in den Materialien. Ab der neunten Klasse sind einige der Bausteine für die Zusammenarbeit mit externen Kooperationspartnern konzipiert.[861] Die sächsische Schulordnung für Gymnasien verpflichtet die Schulen außerdem, die Jugendlichen hinsichtlich ihres Übergangs in das

[861] Sächsisches Staatsministerium für Kultus (2014): S. 22ff.
Sächsisches Staatsministerium für Kultus (2018): S. 4.
Kultusministerkonferenz (2019): S. 21.
LSJ Sachsen e.V.: https://www.lsj-sachsen.de/berufswahlpass/portfolios/bwp/, zuletzt aufgerufen am 2. November 2019.

Arbeitsleben zu beraten. Die Beratung soll in Absprache mit außerschulischen Partnern stattfinden.[862] Den einzelnen Jahrgangsstufen sind die Bausteine zur beruflichen Orientierung wie in Tabelle 21 dargestellt zugeordnet:

Tabelle 21: Bausteine zur beruflichen Orientierung am sächsischen Gymnasium. Eigene Darstellung nach Sächsisches Staatsministerium für Kultus (2018): S. 7ff.

JS	Bausteine
5/6	Betriebserkundungen Eltern stellen Berufe vor
7/8	Selbst- und Fremdeinschätzung Werkstatttage Betriebserkundungen SCHAU REIN! – Woche der offenen Unternehmen Sachsen Eltern stellen Berufe vor
9/10	Die Berufsberatung der Agentur für Arbeit stellt sich vor Medienexpedition im BiZ Selbst- und Fremdeinschätzung Tests zur beruflichen Orientierung Zielorientierungsseminar Betriebspraktika Betriebserkundungen SCHAU REIN! – Woche der offenen Unternehmen Sachsen Eltern stellen Berufe vor Der regionale Ausbildungs- und Arbeitsmarkt Wege nach dem Abitur Bewerbungstraining Wenn Studium (noch) kein Ziel ist – Alternativen zum Abitur – Schüler- und Elternabend Schülerfirma im Profilunterricht Unternehmensplanspiel
11/12	Selbst- und Fremdeinschätzung Welcher Bildungsweg passt zu mir? Studienfeldbezogener Beratungstest Zielorientierungsseminar Assessment Center Erkundungen

862 Freistaat Sachsen, Sächsische Staatskanzlei (2018): §12a.

	Tag der offenen Hochschultür/Studieninformationstage SCHAU REIN! – Woche der offenen Unternehmen Sachsen Der (regionale) Arbeitsmarkt – Einstieg nach Ausbildung oder Studium Studieren in Sachsen Mentoren/Bewerbungspaten Übergang ins Studium erfolgreich meistern – Studienbewerbung und -zulassung Wege nach dem Abitur – Schüler- und Elternabend Alternative Bildungs- und Orientierungsangebote für eine Auszeit nach dem Abitur Unternehmensplanspiel

Die Auswahl und Ausgestaltung geeigneter Bausteine für das jeweils eigene Konzept obliegt den Schulen. Den Berufswahlpass beispielsweise nutzen rund 50 % der sächsischen Gymnasien.[863] Das zweiwöchige Schülerbetriebspraktikum ist ein verbindlicher Baustein der Berufs- und Studienorientierung in Sachsen. Es ist als Blockpraktikum in der achten, neunten oder zehnten Jahrgangsstufe durchzuführen.[864] Die selbständige Suche eines Praktikumsplatzes und das Anfertigen einer Praktikumsmappe sind Teil der Vor- und Nachbereitung.[865] Die einzelne Schule kann auch ein zweites Praktikum vorsehen, welches „vorrangig der Studienorientierung dienen und möglichst an Hochschulen durchgeführt werden soll."[866] Zusätzlich können in einem schuleigenen Konzept für die Jahrgangsstufen sieben und elf jeweils bis zu fünf Praxistage verankert werden. Gleiches ist in den achten bis zehnten Klassen möglich, sofern in der jeweiligen Jahrgangsstufe kein Betriebspraktikum durchgeführt wird.[867]

In der Oberstufe haben die sächsischen Gymnasien die Möglichkeit, den Wahlgrundkurs „Auf dem Weg ins Berufsleben" über insgesamt vier Kurshalbjahre anzubieten. Im zugehörigen Lehrplan ist notiert: „Grundlegend für den fächerverbindenden Grundkurs sind die didaktischen Prinzipien Problemorientierung, Schüler- und Handlungsorientierung,

[863] LSJ Sachsen e.V.: https://www.lsj-sachsen.de/berufswahlpass/portfolios/bwp/, zuletzt aufgerufen am 2. November 2019.
[864] Freistaat Sachsen, Sächsische Staatskanzlei (2018): §12a.
[865] Kultusministerkonferenz (2019): S. 68ff.
[866] Freistaat Sachsen, Sächsische Staatskanzlei (2018): §12a.
[867] Freistaat Sachsen, Sächsische Staatskanzlei (2018): §12a.

Exemplarität, Mehrperspektivität, Wissenschafts- und Zukunftsorientierung."[868] Neben den didaktischen Zielen sind auch Lernbereiche verankert, welche in Tabelle 22 dargestellt sind. Die Anordnung der Lernbereiche soll durch ihre Struktur der Progression im Berufs- und Studienwahlprozess Rechnung tragen.[869] Zu allen Themen finden sich im Lehrplan zu dem Grundkurs außerdem Hinweise und Vorgaben zur praktischen Umsetzung. Dabei wird empfohlen, die Dokumentation des zu durchlaufenden Prozesses in einem Portfolio vorzunehmen. Besondere Berücksichtigung sollen Methoden zur Förderung der Konflikt-, Kooperations- und Kommunikationsfähigkeit der Gymnasiasten sowie die Zusammenarbeit mit außerschulischen Kooperationspartnern erfahren.[870]

Tabelle 22: Lernbereiche des fächerverbindenden Grundkurses „Auf dem Weg ins Berufsleben".
Eigene Darstellung nach Sächsisches Staatsministerium für Kultus (2016): S. 7ff.

Lernbereich 1: Strategien zur Selbsteinschätzung (30 UStd)
- Kennen von Anforderungen an Auszubildende, Studenten und Arbeitnehmer - Anwenden berufsbezogener diagnostischer Verfahren - Kennen von Strategien zur Berufs- und Studienberatung - Informations- und Beratungsangebote - konzeptionelle Grundlagen der Beratungsverfahren - Gestalten einer Selbsteinschätzung zu persönlichen Stärken und Schwächen
Lernbereich 2: Weg in die Arbeitswelt (30 UStd)
- Kennen verschiedener Studienwege: Studium an Hochschulen und Berufsakademien (Direktstudium, duales Studium, Fernstudium, Auslandsstudium) - Sich positionieren zu Zielen und Umsetzung des Bologna-Prozesses - Kennen der Einflüsse auf Studierneigung und Wahl von Studienfächern - Kennen verschiedener Ausbildungswege (Berufsausbildung im dualen System, vollzeitschulische Ausbildung, alternative Ausbildungsformen)

[868] Sächsisches Staatsministerium für Kultus (2016): S. 5.
[869] Sächsisches Staatsministerium für Kultus (2016): S. 4.
[870] Sächsisches Staatsministerium für Kultus (2016): S. 5.

- Kennen von Jugendfreiwilligendiensten und Alternativen - Beurteilen der Durchlässigkeit des deutschen Bildungssystems - Beurteilen von Angebot und Nachfrage am Arbeitsmarkt in Deutschland und in der EU - volkswirtschaftliche Studien und Statistiken - Prognosen - Übertragen der Kenntnisse auf die eigene Berufs- und Studienwahl - Gestalten von Bewerbungsunterlagen und Gesprächen in Bewerbungssituationen
Lernbereich 3: Anforderungen der Arbeitswelt (26 UStd) - Einblick gewinnen in berufsspezifische Arbeitsbelastungen und Arbeitsbeanspruchungen - Beurteilen von Anforderungen der Arbeitswelt - Sich positionieren zu Unternehmensphilosophien - Anwenden der Kenntnisse auf ein selbst gewähltes Unternehmen der Region - Sich positionieren zu den Anforderungen in einem ausgewählten Beruf des regionalen Unternehmens
Lernbereich 4: Rechtliche und organisatorische Grundlagen (26 UStd) - Einblick gewinnen in Grundlagen des Arbeits- und Sozialrechts - Kennen organisatorischer Aspekte von Studium und Berufsausbildung - Gestalten einer persönlichen Zukunftsplanung

Seit 2016 konnten sich die sächsischen Gymnasiallehrer für den Grundkurs fortbilden. Während im Jahr 2017 noch acht Gymnasien diesen Grundkurs anboten, waren es im Schuljahr 2019/20 schon 18 Gymnasien in öffentlicher und freier Trägerschaft.[871]

Bei der Sichtung der gymnasialen Lehramtsprüfungsordnungen konnten von der Autorin der vorliegenden Arbeit keine verbindlichen Inhalte für die Vorbereitung der sächsischen Referendare auf die Aufgabe der

[871] Sächsisches Staatsministerium für Kultus: https://www.bildung.sachsen.de/blog/index.php/2017/08/16/neues-schulfach-soll-gymnasiasten-besser-auf-das-berufsleben-vorbereiten/, zuletzt aufgerufen am 6. November 2019.
Gemäß einer persönlichen E-Mail einer Referentin des Sächsischen Staatsministeriums für Kultus, vom 3. Dezember 2019.

Berufs- und Studienorientierung gefunden werden. Auch eine befragte Referentin des Sächsischen Ministeriums für Kultus bestätigt: „In der Lehramtsprüfungsordnung II finden Sie keine Informationen zur inhaltlichen Ausgestaltung des Vorbereitungsdienstes (...)“[872]. Zumindest die Zusammenarbeit mit schulischen und außerschulischen Partnern ist aber (wenn auch ohne detaillierte Vorgaben zu den Inhalten) im Themenbereich „Kooperation“ verankert.[873] Wichtigste außerschulische Partner sind die Berufsberater, welche ab der neunten Jahrgangsstufe Informationsveranstaltungen sowie individuelle Beratung anbieten.[874] „In der Ausbildung der Studienreferendare stellt die Zusammenarbeit mit außerschulischen Partnern zur Beruflichen Orientierung allerdings nur ein Angebot unter mehreren dar, so dass der Studienreferendar auswählen kann. In der Lehrerausbildungsstätte in Leipzig haben Studienreferendare bereits seit mehreren Jahren die Möglichkeit, in einem 90-minütigen Workshop das Unterstützungsangebot der Arbeitsagentur für Schüler durch die Berufsberater kennenzulernen.“[875] Ab dem Jahr 2020 sollen auch erweiterte Workshops von 180 Minuten angeboten werden, in welchen den Studienreferendaren zusätzlich die neuen, regional angepassten Materialien „Berufliche Orientierung wirksam begleiten. Unterrichtseinheiten für die sächsischen Gymnasien“ und die oben beschriebenen Bausteine zur Beruflichen Orientierung am Gymnasium in Sachsen vorgestellt werden sollen. Die Leitung soll dabei von einem Tandem aus Berufsberater und Lehrkraft übernommen werden.[876]

6.1.13 Sachsen-Anhalt

In den gymnasialen Lehrplänen des Landes Sachsen-Anhalt ist die Berufs- und Studienorientierung vornehmlich in den Fächern Deutsch und Wirtschaftswissenschaften in den Jahrgangsstufen neun und zehn verankert. Die einzelnen Phasen des Bewerbungsprozesses, die Nutzung entsprechender Informationsbörsen wie dem BiZ sowie Auswahlkrite-

[872] Gemäß einer persönlichen E-Mail einer Referentin des Sächsischen Staatsministeriums für Kultus, vom 3. Dezember 2019.
[873] Sächsisches Staatsministerium für Kultus (2017): S. 67.
[874] Gemäß einer persönlichen E-Mail einer Referentin des Sächsischen Staatsministeriums für Kultus, vom 3. Dezember 2019.
[875] Ebenda.
[876] Ebenda.

rien bei der Berufsfindung werden hier thematisiert. Für weitere Themen sind alle Unterrichtsfächer der Stundentafel zuständig.[877] Das Land Sachsen-Anhalt orientiert sich bei der Berufs- und Studienorientierung an vier Phasen wie in Tabelle 23 dargestellt. Die Beschreibung der Phasen zeigt, dass die Herausbildung der Berufswahlkompetenz anhand von Schwerpunkten erfolgen soll. Es werden entsprechende Empfehlungen gegeben und Maßnahmen festgesetzt. „Nicht alle Bereiche der Berufswahlkompetenz werden phasenweise gleichermaßen intensiv gefördert, vielmehr müssen geeignete Maßnahmen jeweils deren abgestufte Relevanz berücksichtigen.“[878]

Tabelle 23: Phasen der Berufs- und Studienorientierung in Sachsen-Anhalt. Eigene Darstellung nach Ministerium für Bildung Sachsen-Anhalt (2016): S. 10f.

1. Sensibilisieren (vornehmlich Schuljahrgänge 5/6):
Im Mittelpunkt steht die Herausbildung eines Eigeninteresses an der Berufs- und Studienorientierung und idealerweise bereits vager „(...) Vorstellungen eines Berufsfelds (...)“.
2. Explorieren (vornehmlich Schuljahrgänge 7/8)
Ziel der zweiten Phase der Berufs- und Studienorientierung ist eine möglichst „vielfältige Auseinandersetzung mit Berufsfeldern und auch konkreten Berufen sowie“ der Gewinn „(...) praxisnahe(r) Einblicke in die Berufswelt (...)“. Neigungen und Fähigkeiten der Schüler sollen in Kompetenzfeststellungsverfahren eruiert werden.
3. Entscheiden (vornehmlich Schuljahrgänge 9/10)
Das Berufsbild der Schüler nimmt auch dank praxisnaher Erfahrungen „sukzessive konkretere Konturen“ an. Die „(...) Ergebnisse der Kompetenzfeststellung (...)“ werden aufgegriffen, Such- und Entscheidungsstrategien werden vertieft. Im Fokus dieser Phase stehen „(...) die Entwicklung der Planungs- und Entscheidungskompetenz sowie das personale Eigenmanagement (...).“

[877] Kultusministerkonferenz (2019): S. 22.
Ministerium für Bildung Sachsen-Anhalt (2017): S. 12ff.
Ministerium für Bildung Sachsen-Anhalt (2019): S. 32.
[878] Ministerium für Bildung Sachsen-Anhalt (2016): S. 11.

4. Vorbereiten (vornehmlich Schuljahrgänge 10–12)

Es folgt „die unmittelbare Vorbereitung auf eine konkrete Laufbahn zum Berufsziel, einschließlich Vorgespräche und Bewerbungen." Die erfolgreiche Anwendung der erworbenen Selbststeuerungskompetenzen steht im Mittelpunkt dieser Phase. Zusätzliche Kompetenzen, mithilfe derer die Gymnasiasten „(...) den Übergang von der Schule in einen Ausbildungsberuf bzw. ein Studium aktiv gestalten und eventuelle Probleme oder Rückschläge positiv bearbeiten können", werden vermittelt. Beratungsfachkräfte der Agentur für Arbeit werden in den Prozess miteinbezogen.

Die Leitlinien zur Berufs- und Studienorientierung des Landes Sachsen-Anhalt geben verschiedene Vorschläge zur Ergänzung der Maßnahmen im schulinternen, von regionalen Bedingungen abhängigen, Konzept.[879] Einzelne Elemente wie der Besuch von Berufsmessen bzw. Hochschultagen oder Beratungsgespräche bei der Agentur für Arbeit sind den Schülern anzubieten. Auch die Zusammenarbeit mit externen Partnern und den Eltern der Gymnasiasten gilt laut dem Ministerium für Bildung Sachsen-Anhalt als „unverzichtbar"[880]. Eine Kompetenz- und Interessenfeststellung in der achten Jahrgangsstufe sowie das Schülerbetriebspraktikum in der neunten bzw. zehnten Jahrgangsstufe sind verpflichtend in ein schulspezifisches Konzept zur Berufs- und Studienorientierung aufzunehmen.[881] Für die Kompetenzfeststellung können neben unterstützenden Angeboten der Agentur für Arbeit auch beispielsweise Projekte mit Bildungsträgern oder Onlinetests herangezogen werden. Zusätzlich sollen spätestens in der Sekundarstufe II die Angebote der Hochschulen mit ihren Fähigkeits- und Orientierungstests eine weitere Stufe der Kompetenzfeststellung darstellen. Gleichwertige Maßnahmen zur Vorbereitung in der Oberstufe auf eine Berufsausbildung werden an dieser Stelle in den Leitlinien nicht explizit ausgeführt.[882]

Die Ergebnisse der Kompetenzfeststellungsverfahren sollen auch in der Organisation und Durchführung des Schülerbetriebspraktikums Berücksichtigung finden.[883] Dieses ist als zweiwöchiges Blockpraktikum im

879 Ministerium für Bildung Sachsen-Anhalt (2016): S. 16ff.
880 Ministerium für Bildung Sachsen-Anhalt (2016): S. 18.
881 Ministerium für Bildung Sachsen-Anhalt (2016): S. 13f.
882 Ministerium für Bildung Sachsen-Anhalt (2016): S. 15.
883 Ebenda.

schuleigenen Konzept zur Berufs- und Studienorientierung aufzunehmen und findet in der Regel in der neunten oder zehnten Jahrgangsstufe statt. Die Schule benennt eine Lehrkraft als Praktikumsleiter. Es wird gewünscht, dass die Praktikumsleitung alle Schülerpraktikanten kennt. Die Jugendlichen bemühen sich durch ihre Bewerbung zwar selbst um einen Praktikumsplatz in der Nähe der Schule oder am Wohnort, jedoch obliegt die finale Auswahlentscheidung den Gymnasien. Speziell bei Praktika im Pflegebereich ist die psychische und physische Belastbarkeit der Schüler zu berücksichtigen. Die Praktikumsleitung stimmt die Arbeitsaufträge der Jugendlichen ab. Auch die Aufnahme verbindlicher Vorschriften zur Dokumentation und Auswertung im schuleigenen Konzept ist obligatorisch. Die Dokumentationen sollen auch in geeigneter Form in die Leistungsbewertung des Faches, in welchem die Auswertung vorgenommen wird, miteinfließen, etwa im Rahmen einer Facharbeit. Im Falle eines Mangels an Praktikumsplätzen sind bei der Auswahl nach Absprache mit den übrigen Schulen der Region die Ziele der jeweiligen Bildungsgänge zu berücksichtigen. Leitfächer für die unterrichtliche Vor- und Nachbereitung sind die Fächer Wirtschaft-Technik/Informatik und Sozialkunde sowie andere Fächer der Stundentafel wie beispielsweise Geschichte, Geografie, Deutsch oder Physik. Um die Schüler mindestens einmal am Praktikumsort besuchen zu können, wird die Praktikumsleitung während der Dauer des Praktikums von allen übrigen Unterrichtsverpflichtungen befreit. Zusätzlich erhält der Praktikumsleiter für das Schuljahr, in welchem er das Praktikum plant, vorbereitet und auswertet eine Anrechnungsstunde.[884] In der Sekundarstufe II soll sich das Erlangen von Praxiserfahrungen deutlicher auf den Hochschulbereich fokussieren. Die Leitlinien zur Berufs- und Studienorientierung an Gymnasien in Sachsen-Anhalt empfehlen die gezielte Unterstützung der Schüler beim Absolvieren von Praktika, Projekten oder Angeboten wie etwa einem Schnupper- oder Frühstudium.[885]

Im Studiengang für das Lehramt am Gymnasium in Sachsen-Anhalt ist die Belegung mehrerer Module vorgeschrieben. Im „Modul 4: Wissenschaftspropädeutik"[886] ist laut Modulhandbuch der Otto-von-Guericke-Universität Magdeburg für das Lehramt an Gymnasien unter den zu

[884] Ministerium für Bildung Sachsen-Anhalt (2014): S. 1ff.
[885] Ministerium für Bildung Sachsen-Anhalt (2016): S. 15.
[886] Otto-von-Guericke-Universität Magdeburg (2018a): S. 7.

vermittelnden Lehrinhalten unter anderem der Punkt „Studienorientierung/Berufsorientierung Wissenschaft als Beruf"[887] gelistet. Außerdem beinhaltet das Handbuch für das Schulpraxissemester im Fach Wirtschaft unter anderem: „Beteiligung an oder Beschreibung von Aktivitäten zur Berufswahlorientierung und Charakterisierung der Netzwerkakteure[,] die gemeinsam mit der Praktikumsschule die Themen Berufsberatung und Berufsorientierung bearbeiten"[888]. Doch auch im Unterrichtsfach Technik sind Qualifikationsziele in Sachen Berufsorientierung gesetzt worden, beispielsweise der Erwerb von Kenntnissen „zu aktuellen und erfolgreichen Berufsorientierungskonzepten im MINT-Bereich"[889]. In der Studien- und Prüfungsordnung für den Masterstudiengang Lehramt an Gymnasien heißt es: „Die wissenschaftliche Ausrichtung des Studiums zielt auf die Fähigkeit der Studierenden, als Vermittler zwischen Schule und Hochschule, ihre Schüler im Rahmen einer Studienorientierung auf das Studium an sich, aber auch auf den Beruf als Wissenschaftler/Akademiker vorzubereiten. (...) Die Studierenden (...) können gesellschaftliche Entwicklungen und Trends in der Berufs- und Arbeitswelt einordnen und im Rahmen von Studienorientierung (oder Berufsorientierung) schülerspezifisch beratend anwenden."[890] Speziell für die Unterrichtsfächer Wirtschaft und Technik ist jeweils vorgesehen, dass die Studierenden befähigt werden, „in berufsbezogenen Orientierungs- und Entscheidungsprozesse [sic] zu beraten und entsprechende Projekte dazu durchzuführen."[891] Diese Kompetenzen setzen die auszubildenden Lehrkräfte dann im zweiten Teil der Lehrerausbildung, dem 16-monatigen Vorbereitungsdienst, praktisch um.[892] Genaue Informationen zu den vorgesehenen obligatorischen Maßnahmen konnten von der Autorin in den Vorgaben nicht gefunden werden, auch die Nachfrage bei verschiedenen zuständigen Stellen blieb ergebnislos.

---

887 Otto-von-Guericke-Universität Magdeburg (2018a): S. 7.

888 Otto-von-Guericke-Universität Magdeburg (2018a): S. 15.

889 Otto-von-Guericke-Universität Magdeburg (2018a): S. 16.

890 Otto-von-Guericke-Universität Magdeburg (2018b): S. 23.

891 Otto-von-Guericke-Universität Magdeburg (2018b): S. 27.

892 Ministerium für Bildung Sachsen-Anhalt: https://lisa.sachsen-anhalt.de/fileadmin/Bibliothek/Politik_und_Verwaltung/MK/LISA/Lehrerausbildung/Vorbereitungsdienst/Rechtsgrundlagen/ausbildungsdidaktisches_Konzept_12.7.18.pdf, zuletzt aufgerufen am 9. Juli 2020.

6.1.14 Schleswig-Holstein

§4 Abs. 4 des Schleswig-Holsteinischen Schulgesetzes verpflichtet die Schulen, die Kinder und Jugendlichen „zur Teilnahme am Arbeitsleben und zur Aufnahme einer hierfür erforderlichen Berufsausbildung zu befähigen.“[893] Im Grundlagenteil der gültigen Lehrpläne für die Sekundarstufe I ist festgelegt, dass diese Aufgabe im Rahmen verschiedener Fächer wahrzunehmen ist. §6 Abs. 5 der Landesverordnung über die Sekundarstufe I für Gymnasien beschreibt die Berufsorientierung als integratives Element aller Jahrgangsstufen und Fachrichtungen. Gleichzeitig dient das Fach Wirtschaft/Politik als Leitfach. Die Thematik der Berufsorientierung ist etwa im Themenbereich 4 „Begegnungen mit der Arbeitswelt und Berufsorientierung“[894] des entsprechenden Lehrplans für die Sekundarstufe I zu finden, wonach die Gymnasiasten unter anderem ihr eigenes Stärken- und Schwächenprofil reflektieren und die einzelnen Schritte des Bewerbungsprozesses bewältigen können sollen.[895]

Auch das Schülerbetriebspraktikum ist in den Anforderungen für das Fach Wirtschaft/Politik verankert. Jedes Gymnasium entwickelt auf der Grundlage der verbindlichen Vorgaben und Vorschläge ein spätestens bis zur siebten Klasse beginnendes schulinternes Curriculum zur Berufsorientierung aller Jahrgangsstufen. Dabei legt die Schule die jahrgangsspezifischen Ziele und Inhalte sowie die Auswahl der beteiligten Fächer fest. Jedes Gymnasium benennt einen Ansprechpartner für die berufliche Orientierung. Weitere Aspekte der Organisation und Verantwortlichkeiten (sowohl innerhalb der Schule als auch bei der obligatorischen Zusammenarbeit mit externen Partnern) obliegen den Gymnasien.[896] Zu den verpflichtend aufzunehmenden Zielvorgaben gehören:

Sekundarstufe I

Die Gymnasiasten haben „einen Einblick in die Arbeitswelt, der sie befähigt, sich bewusst und kriteriengeleitet dafür zu entscheiden, ihre berufliche Zukunftsplanung über den Schulabschluss Abitur zu erreichen.

893 Landesregierung Schleswig-Holstein (2007): §4 Abs. 4.
894 Ministerium für Schule und Berufsbildung des Landes Schleswig-Holstein (2016a): S. 24.
895 Ebenda.
896 Ebenda.
Ministerium für Bildung und Frauen des Landes Schleswig-Holstein (2008a): S. 3f.
Landesregierung Schleswig-Holstein (2019): S. 3.

Ihr eigenes Kompetenzprofil und ihre Berufsziele sollen alters- und entwicklungsentsprechend konkretisiert sein."[897]

Sekundarstufe II

Die Gymnasiasten kennen
„- die Leistungsanforderungen in den für sie relevanten Studiengängen bzw. Berufsfeldern.
- die Zusammenhänge von ökonomischen, ökologischen, technologischen und gesellschaftlichen Entwicklungen und Bedingungen für den Wandel der Arbeitswelt.
Die Schülerinnen und Schüler können
- ihre individuellen Kompetenzen im Vergleich mit den Anforderungen der Berufswelt realistisch einschätzen und die eigene Leistungsbereitschaft kritisch bewerten sowie Konsequenzen für die Berufs- oder Studienwahl ziehen und die entsprechenden Ziele planen und realisieren.
- Informationen zu Entwicklungen in der Berufswelt auswerten, Verantwortung für den eigenen Lern- und Arbeitsprozess übernehmen und das eigene lebensbegleitende Lernen organisieren."[898]

Zusätzlich gibt die Landesregierung Handreichungen mit Schwerpunkten zur empfohlenen Umsetzung im schulinternen Konzept:

Tabelle 24: Schwerpunkte der Berufs- und Studienorientierung am Gymnasium in Schleswig-Holstein (Auswahl).
Eigene Darstellung nach Ministerium für Bildung und Frauen des Landes Schleswig-Holstein (2008a): S. 6ff.

JS	Schwerpunkte
7	„Erkundung von Interessen, Fähigkeiten, Stärken und beruflichen Möglichkeiten, Methodentraining", Einführung des Berufswahlpasses
8	„Berufe kennen lernen, sich informieren und bewerben können" (z.B. Besuch des BiZ)
9	„Selbstständige Realbegegnungen; Erprobung der Selbstorganisation und Selbst-Präsentation"
10	„Bilanz der bisherigen Entwicklung auf der Grundlage des Berufswahlpasses; Überprüfung der eigenen Fähigkeiten, Fertigkeiten, Interessen und Ziele"; „Beginn der Entscheidungsfindung zwischen Berufsausbildung und Studium"

[897] Ministerium für Bildung und Frauen des Landes Schleswig-Holstein (2008a): S. 4.
[898] Ebenda.

11	„Weitere, schon gezieltere Erkundung von Berufsfeldern und Studiengängen"
12	„Entscheidungsfindung für möglichst viele (alle) Schülerinnen und Schüler"; „Gezielte Unterstützung derjenigen Schülerinnen und Schüler, die den Entscheidungsfindungsprozess noch nicht abgeschlossen haben"

In der Sekundarstufe II können pro Jahrgang zusätzlich zwei bis drei Unterrichtstage zur individuellen Berufsorientierung der Jugendlichen genutzt werden. Die Ausgestaltung der Details liegt bei den Schulen selbst.[899]

Ferner soll in der Sekundarstufe I ein mindestens einwöchiges, möglichst aber zweiwöchiges Betriebspraktikum abgehalten werden. Ein zusätzliches, ebenfalls mindestens einwöchiges, besser noch zweiwöchiges Wirtschaftspraktikum ist im ersten Jahr der Oberstufe durchzuführen. Letzteres dient weniger der persönlichen Berufsorientierung. Stattdessen zielt es auf die Einsicht in betriebs- und volkswirtschaftliche Zusammenhänge ab. Da das Wirtschaftspraktikum zu bewerten ist, ist ein nachvollziehbarer Praktikumsbericht von besonderer Bedeutung. Beide Praktika sind im Rahmen des Wirtschaft/Politik-Unterrichts verbindlich. Gemäß § 63 Abs. 1 Nr. 20 des Schleswig-Holsteinischen Schulgesetzes entscheidet die Schulkonferenz über die Grundsätze der Praktika. Den Schulen obliegt also die Verantwortung der Entscheidung über die Rahmenbedingungen (zum Beispiel Formen, Dauer, teilnehmende Jahrgangsstufen) dieser Praxiserfahrungen.[900]

Zur Beratung und Unterstützung bei allen Fragen rund um die Berufs- und Studienorientierung am Gymnasium wurden sogenannte „Koordinatoren für Schule/Wirtschaft/Berufliche Orientierung"[901] (ehemals

---

[899] Ministerium für Bildung und Frauen des Landes Schleswig-Holstein (2008a): S. 4f.
[900] Ministerium für Bildung und Frauen des Landes Schleswig-Holstein (2008a): S. 4.
Ministerium für Bildung, Wissenschaft und Kultur des Landes Schleswig-Holstein: https://www.schleswig-holstein.de/DE/Fachinhalte/S/schule_und_beruf/berufs_studienorientierung.html;jsessionid=7D261E1972F0C33CDAB0CFF017AB0F4F#doc1923388bodyText2, zuletzt aufgerufen am 11. November 2019.
Ministerium für Schule und Berufsbildung des Landes Schleswig-Holstein (2016b): S. 1.
Landesregierung Schleswig-Holstein (2007): §63 Abs. 1 Nr. 20.
[901] Ministerium für Bildung, Wissenschaft und Kultur des Landes Schleswig-Holstein (2019): S. 128.

„Wirtschaftskoordinatoren“[902]) benannt. Sie sind Lehrkräfte, welche diese Aufgabe während eines Teils ihrer Arbeitszeit wahrnehmen. Dabei ist die Unterrichtsbefähigung für das Fach Wirtschaft/Politik zwar erwünscht, aber nicht zwingend erforderlich. Zu den Aufgaben gehören die Vermittlung von Kontakten zwischen den Schulen und externen Partnern sowie die Unterstützung der Schulen in allen Fragen der Berufsorientierung und Kooperation der Schulen mit der Wirtschaft. Außerdem ist der Koordinator für die zeitliche Planung der Praktika und anderer schulischer Maßnahmen zur Berufs- und Studienorientierung verantwortlich und ist an der Erstellung der schuleigenen Konzepte und deren Umsetzung beteiligt.[903]

In der schleswig-holsteinischen Lehrerausbildung wird die Berufs- und Studienorientierung vornehmlich in jenen Fächern thematisiert, in welchen die Domäne auch im Unterricht behandelt wird. Neben dem Verfassen eines Bewerbungsschreibens im Fach Deutsch liegt der Fokus am Gymnasium beim Leitfach Wirtschaft/Politik. So sind neben den bereits genannten Punkten beispielsweise die Durchführung von Praktika, die Zusammenarbeit mit der Bundesagentur für Arbeit oder die besondere Situation von Schülern mit Migrationshintergrund in Bezug auf die berufliche Orientierung im Curriculum verankert.[904] Allgemeine Vorgaben zur Vorbereitung der Lehrkräfte auf die Aufgabe der Unterstützung bei der beruflichen Orientierung konnten von der Autorin der vorliegenden Arbeit in den Ausbildungsdokumenten nicht gefunden werden.[905]

6.1.15 Thüringen

Laut dem „Thüringenplan“, einem Arbeitsprogramm der Landesregierung zur Festschreibung wichtiger Vorhaben, sollen alle Maßnahmen der beruflichen Orientierung unter Einbezug bedeutender Akteure praxisorientiert gestaltet werden.[906] Ab dem Jahr 2021 tritt ein neues Thüringer Schulgesetz in Kraft, in welchem ein eigenständiger Paragraph

---

902 Kultusministerkonferenz (2019): S. 121.

903 Kultusministerkonferenz (2019): S. 121.
Ministerium für Bildung, Wissenschaft und Kultur des Landes Schleswig-Holstein (2019): S. 128f.

904 Kultusministerkonferenz (2019): S. 115.

905 Institut für Qualitätsentwicklung an Schulen Schleswig-Holstein des Ministeriums für Bildung, Wissenschaft und Kultur des Landes Schleswig-Holstein (2016): S. 8ff.

906 Thüringer Ministerium für Bildung, Jugend und Sport (2018): S. 46.

zur beruflichen und arbeitsweltlichen Orientierung (§47a) aufgenommen werden wird. Darin heißt es dann: „Die Schule fördert durch Maßnahmen der praxisorientierten und individuellen beruflichen und arbeitsweltlichen Orientierung und Wissensvermittlung die Entwicklung der Berufswahlkompetenz und die Orientierung in der Arbeitswelt des Schülers, um den Übergang in eine Ausbildung, ein Studium oder einen Beruf zu unterstützen."[907]

Zur Erfüllung der Aufgaben der Berufsorientierung werden bereits jetzt neben den Beratungslehrkräften auch Berufsorientierungskoordinatoren an den Schulen benannt.[908] Diese werden seit dem Jahr 2017 auch speziell fortgebildet. „Die auf mindestens zwei Jahre angelegte Fortbildungsreihe mit acht Modulen (...) wird unter Einbeziehung aller relevanter Partner (BA, Kammern, Vereine u.a.) durchgeführt."[909] Die Berufsorientierung stellt auch in Thüringen eine Querschnittsaufgabe dar und ist fächerübergreifend anzugehen.[910] Die Landesstrategie zur praxisnahen Berufsorientierung in Thüringen unterteilt den Berufsorientierungsprozess in die vier Phasen Einstimmen – Erkunden – Entscheiden – Erreichen. Diese Phasen beinhalten wiederum jeweils grundlegende Aktivitäten bzw. Aufgabenbereiche sowie vertiefende und zusätzliche Leistungen von Bildungspartnern in Abstimmung mit der Schule.[911] „Alle Schulen sind im Rahmen der Vorgaben zum BO-Konzept gehalten, Kooperationen mit Betrieben und Einrichtungen einzugehen."[912] In

Tabelle 25 ist eine Auswahl der grundlegenden Aufgaben der einzelnen Phasen in den jeweiligen Klassenstufen beispielhaft ersichtlich. Die dargestellten Vorgaben gelten für alle Schularten Thüringens und treten teilweise wiederholt in den verschiedenen Phasen auf. Lediglich die in der Phase des Erreichens speziell für die gymnasiale Oberstufe vorgesehenen Aktivitäten richten sich nach den besonderen Bedürfnissen der Gymnasiasten, weshalb diese im Folgenden auch vollumfänglich wiedergegeben werden. Auf die Darstellung der unterstützenden Beiträge der Partner wurde bewusst verzichtet, da der Fokus in der vorliegenden Arbeit auf den schulischen Maßnahmen der Gymnasien selbst liegen

[907] Thüringer Ministerium für Bildung, Jugend und Sport (2019): S. 38.
[908] Thüringer Ministerium für Bildung, Wissenschaft und Kultur (2013): S. 16.
[909] Kultusministerkonferenz (2019): S. 121.
[910] Kultusministerkonferenz (2019): S. 22f.
[911] Thüringer Ministerium für Bildung, Wissenschaft und Kultur (2013): S. 8ff.
[912] Kultusministerkonferenz (2019): S. 110.

soll. Die sehr umfangreiche, vollständige Auflistung der schulischen und außerschulischen Aufgaben ist online einsehbar.[913]

Tabelle 25: Grundlegende Aufgaben der schulischen Berufsorientierung (Auswahl). Eigene Darstellung nach Thüringer Ministerium für Bildung, Wissenschaft und Kultur (2013): S. 8ff.

1) Einstimmen (in der Regel Klassenstufen 7 und 8):
- Nutzung von Informationstools/Medien und Messen zu Berufen ermöglichen - praxisorientierte Lernphasen innerhalb des Fachunterrichts organisieren - Eltern für den Berufswahlprozess aufschließen und einbeziehen: Themenelternabend, Beschreiben der Rolle und des Aufbaus des Berufswahlpasses und dessen Nutzung - Thüringer Berufswahlpass (TBWP) einführen (...) - Projekte zum Kennenlernen von Berufen und Berufsfeldern planen und ‚bestellen': Berufsfelderkundungen ermöglichen
2) Erkunden (in der Regel Klassenstufen 8 und 9): (...) - Schülerbetriebspraktika organisieren (einschließlich Vor- und Nachbereitung) - Berufe mit ihren Anforderungen und Entwicklungsmöglichkeiten bekannt machen, auch durch Nutzung außerschulischer Lernorte - Kooperationen und Kooperationsvereinbarungen mit Unternehmen schließen und implementieren - Simulationen, Planspiele, Schülerfirmen, Wettbewerbe, praxisorientierte Lernfelder oder -projekte im Kontext der BO ermöglichen bzw. organisieren (...) - Bewerbungsunterlagen im Unterricht erstellen und bearbeiten unter Einbeziehung von betrieblichen Partnern (...)

[913] Siehe https://www.bildungsketten.de/_media/Bildungsketten_Vereinbarung_Thueringen_Anlage_2.pdf

3) Entscheiden (in der Regel Klassenstufen 9 und 10): - Messen und Informationsveranstaltungen ermöglichen, inkl. Vor- und Nachbereitung (...) - Schülerbetriebspraktika organisieren (einschließlich Vor- und Nachbereitung) (...) - Reflexion der individuellen Interessen, Stärken und Entwicklungspotenziale der Schüler ermöglichen, Ergebnisse zur Entscheidungsfindung und bei der weiteren Lernplanung bzw. Lebenswegplanung nutzen (...) - Bewerbungsprozess in Zusammenarbeit mit Berufsberatung steuern, für mögliche Rückschläge sensibilisieren (...)
4) Erreichen (in der Regel Klassenstufen 9 bis 12/13): (...) - in der gymnasialen Oberstufe: fächerintegrierenden Unterricht auch hinsichtlich BO fokussieren (...) - für gymnasiale Oberstufe: Schülerbetriebspraktika entsprechend dem individuellen Entwicklungsstand der Berufswahlkompetenz der Schüler ermöglichen und organisieren (Vor- und Nachbereitung) - für gymnasiale Oberstufe: Stärkung der Informations- und Entscheidungskompetenz, Studienberater einplanen, Zusammenarbeit mit Berufsberatung, Schnupper- bzw. Frühstudium ermöglichen, Hochschultage bekannt machen (...) - in der gymnasialen Oberstufe: Verfolgen des Bewerbungsfortschritts mit dem TBWP

Berufsfelderkundungen sind in Thüringen in der Sekundarstufe I mit bis zu 30 Stunden pro Schuljahr verpflichtend durchzuführen.[914] Dabei handelt es sich um ein Verfahren, bei dem die Schüler „Anforderungen eines von ihnen vor dem Hintergrund ihrer Interessen und Fähigkeiten

[914] Kultusministerkonferenz (2019): S. 75.

bewusst ausgewählten Berufsfeldes über mehrere Stunden zusammenhängend erleben, es erkunden und sich praktisch ausprobieren“[915] sollen. Externe Partner wie beispielsweise Unternehmen sind dabei unterstützend heranzuziehen.[916] Auch in der Sekundarstufe II werden in der Berufsfelderkundung und -erprobung jeweils sechs Stunden in einem Berufsfeld aus dem MINT-Bereich zur Vorbereitung auf ein Studium gestaltet.[917] Das Schülerbetriebspraktikum ist in der Sekundarstufe I obligatorisch und soll mindestens zwei Wochen andauern.[918] Die Schüler dokumentieren ihre Erfahrungen während der Durchführung in einem Praktikumstagebuch.[919]

Die Verantwortung für die Vorbereitung angehender Lehrer auf die Aufgaben der Berufs- und Studienorientierung liegt bei den ausbildenden Schulen. „An den staatlichen Studienseminaren werden für alle Schularten Seminare zum Thema BO angeboten. Über den Umfang entscheiden diese selbst.“[920] Ziel ist unter anderem, dass die Lehramtsanwärter besonders im Rahmen der Berufs- und Studienwahl zur Schulentwicklung beitragen.[921]

6.2 Vergleich der beschriebenen Vorgaben aller Bundesländer

Es wurde deutlich, dass die Vorgaben für die Gestaltung der Berufs- und Studienorientierung an den Gymnasien in den einzelnen Bundesländern Deutschlands sehr unterschiedlich ausfallen. Ziel des folgenden Vergleichs ist neben dem Herausstellen individueller Stärken und Schwächen auch die spätere Ableitung von Handlungshinweisen für die Arbeit am bayerischen Gymnasium. Eines der offensichtlichsten Unterscheidungsmerkmale der Länder ist neben der unterschiedlichen Ausprägung der Verbindlichkeit der Maßnahmen auch das Angebot an bereits vorgefertigten Konzepten bzw. eben gegenteilig, dass die Erstellung solcher Konzepte den einzelnen Gymnasien überlassen wird. Während

---

[915] Thüringer Ministerium für Bildung, Wissenschaft und Kultur (2013): S. 7.
[916] Ebenda.
[917] Kultusministerkonferenz (2019): S. 75.
[918] Ebenda.
[919] Thüringer Ministerium für Bildung, Wissenschaft und Kultur (2013): S. 7.
[920] Gemäß einer persönlichen E-Mail einer Referentin des Thüringer Ministeriums für Bildung, Jugend und Sport, vom 5. Dezember 2019.
[921] Thüringer Ministerium für Bildung, Jugend und Sport: https://www.schulportal-thueringen.de/web/guest/seminare/ausbildung?tspi=76139, zuletzt aufgerufen am 4. Juni 2020.

zum Beispiel Baden-Württemberg oder Berlin teilweise sehr klare Strategien in Form zu durchlaufender Module oder Phasen vorgeben, sind Gymnasien anderer Bundesländer in ihrer Gestaltung sehr frei. Eine auf verschiedene Weisen gestaltbare Maßnahme ist das Schülerbetriebspraktikum. Im Jahr 2014 waren noch die Gymnasiasten in Bayern, Bremen, Saarland und in Sachsen-Anhalt vom verpflichtenden Betriebspraktikum ausgenommen.[922] Bremen und Sachsen-Anhalt haben die Maßnahme mittlerweile verpflichtend eingeführt, lediglich in Bayern und im Saarland ist die Vorgabe bis heute nicht in den gymnasialen Lehrplänen verankert. Diese Lücke wird an vielen bayerischen Gymnasien durch die engagierte Arbeit der Lehrkräfte und Schulleitungen vor Ort geschlossen, welche ihren Schülern diese Praxiserfahrung dennoch ermöglichen. Im Jahr 2017 soll an 84 % der bayerischen Gymnasien ein Betriebspraktikum verpflichtend abgehalten worden sein.[923] Laut Fachreferent Matthias Dirmeier waren es zwei Jahre später ca. 90 %.[924] Für eine flächendeckende Durchführung bedarf es in jedem Fall immer noch die entsprechende Aufnahme im Lehrplan. Das Land Mecklenburg-Vorpommern zum Beispiel gibt besonders umfangreiche Vorgaben für die Vorbereitung, Durchführung und Nachbereitung des Schülerbetriebspraktikums. Neben den Praktikanten selbst werden auch die Lehrkräfte, die Praktikumsbetriebe und die Erziehungsberechtigten mit in die Pflicht genommen.[925] Auch Sachsen-Anhalt notiert ähnlich wie weitere Bundesländer in den Vorgaben: „Die Praktikumsbetreuerin oder der Praktikumsbetreuer des Betriebes veranlasst die Einweisung der Schülerin oder des Schülers in die vorgesehenen Aufgaben und stellt eine geeignete Beaufsichtigung sicher. Sie oder er informiert die Praktikumsleiterin oder den Praktikumsleiter über den Verlauf des Praktikums und verständigt in besonderen Fällen umgehend die Schule."[926] Die auch in Kapitel 4.5.3 beschriebenen Aufgaben der Akteure scheinen auf den ersten Blick offensichtlich, jedoch ist die Verbindlichkeit der Erledigung durch die Verschriftlichung in Form der Verwaltungsvorschrift beson-

---

922 Becker (2014): S. 9.

923 Günther (2017): https://www.sueddeutsche.de/bayern/bildungspolitik-bayern-will-gymnasiasten-besser-aufs-arbeitsleben-vorbereiten-1.3742123, zuletzt aufgerufen am 24. Juli 2020.

924 Gemäß einer persönlichen E-Mail von Matthias Dirmeier, Fachreferent Wirtschaft und Recht, Wirtschaftsinformatik des ISB Bayern, vom 28. Juni 2019.

925 Ministerium für Bildung, Wissenschaft und Kultur Meckl.-Vorpommern (2017): S. 8ff.

926 Ministerium für Bildung Sachsen-Anhalt (2014): S. 4.

ders betont. Derart klare Anweisungen an die verschiedenen Funktionsgruppen sind in anderen Ländern kaum zu finden. Tabelle 26 bietet eine Übersicht der jeweiligen Vorgaben zu dieser Praxiserfahrung.

Tabelle 26: Durchführung von obligatorischen bzw. fakultativen Schülerbetriebspraktika in den einzelnen Bundesländern: Vorgaben zu Jahrgangsstufen und Dauer.

●: Obligatorisches Schülerbetriebspraktikum ○: Fakultatives Schülerbetriebspraktikum

Land	Sek. I	Sek. II
Baden-Württemberg	● bis zur 10. JS mindestens 5 Tage	
Bayern	○	
Berlin	● 9./10. JS 10 Tage	
Brandenburg	● 9. JS 10 - 15 Tage	
Bremen	● 9./10. JS mehrwöchig	
Hamburg	● mindestens 5 Tage	
Hessen	● 10 Tage	● 10 Tage
Meckl.-Vorpommern	● ab 8. JS, auf mindestens zwei JS verteilt mindestens 5/25 Tage im Block	
Nieder-sachsen	○ 9./10. JS	● 11. JS 10 Tage
NRW	● 9./10. JS 10-15 Tage	
Rheinland-Pfalz		● 11. JS (G8: 10. JS) maximal 15 Tage

Land	Sek. I	Sek. II
Saarland	○	
Sachsen	• 8./9./10. JS 14 Tage	
Sachsen-Anhalt	• 9./10. JS 10 Tage	
Schleswig-Holstein	• mindestens 5 Tage, möglichst 10 Tage	• (als Wirtschaftspraktikum) mindestens 5 Tage, möglichst 10 Tage
Thüringen	• mindestens 10 Tage	

In Nordrhein-Westfalen können die dokumentierten Ergebnisse des Schülerbetriebspraktikums in die Leistungsbewertung einfließen. [927] Auch in Brandenburg, Rheinland-Pfalz und Sachsen-Anhalt zum Beispiel besteht die Möglichkeit hierzu.[928] Diese Maßnahme ist in solcher Form freilich nur möglich, wenn die Teilnahme am Betriebspraktikum für die Schüler verbindlich ist. In Bayern ist eine solche Beurteilung daher nicht vorgesehen. Zur Motivation der Gymnasiasten könnte eine Bewertung gutgeheißen werden. Problematisch kann es jedoch sein, wenn ein Schüler sich in seinem Praktikumsberuf nicht wohlfühlt und ihn die erforderliche Dokumentation zusätzlich belastet. Auch wenn beispielsweise die Betreuung durch die Betriebe zu wünschen übrig lässt, kann sich der Schüler ausgeliefert fühlen und den Eindruck haben, den Anforderungen der Dokumentation alleine nicht gewachsen zu sein. Derartige Sorgen können durch intensive Begleitung der Schüler durch entsprechendes Lehrpersonal aufgefangen werden. In einigen Bundesländern werden die am Betriebspraktikum beteiligten Lehrkräfte als Ausgleich für die Aufgaben von übrigen Unterrichtsverpflichtungen freigestellt. In Mecklenburg-Vorpommern etwa soll dies „in angemessenem

[927] Ministerium für Schule und Bildung Nordrhein-Westfalen: https://bass.schul-welt.de/11020.htm, zuletzt aufgerufen am 23. Oktober 2019.

[928] Minister für Bildung, Jugend und Sport des Landes Brandenburg (2016): Art. 18.
Ministeriums für Bildung, Wissenschaft und Weiterbildung (2000): S. 3.
Ministerium für Bildung Sachsen-Anhalt (2014): S. 4.

Umfang"[929] stattfinden. Das beschriebene Aufgabenprofil der Kontaktlehrkräfte in Mecklenburg-Vorpommern ist sehr gut vergleichbar mit den Funktionen der Koordinatoren für Berufliche Orientierung in Bayern. Hier kann die Stundenzahl zur Einrichtung der stundenzahlabhängigen Funktion wie in Kapitel 4.3 beschrieben um 20 erhöht werden.[930] Rheinland-Pfalz gewährt seinen Koordinatoren jeweils eine Anrechnungsstunde.[931] Schleswig-Holstein gleicht die Tätigkeit der regionalen Ansprechpartner für Schule/Wirtschaft/Berufliche Orientierung mit fünf Stunden aus, für die Reisezeit werden zusätzlich anderthalb Stunden gewährt.[932] Thüringer Lehrkräfte erhalten für die Erfüllung der Aufgaben der beruflichen Orientierung zwei zusätzliche Stunden.[933] Die Schulen in Nordrhein-Westfalen erhalten als Ausgleich für den zusätzlichen Beratungs- und Koordinationsaufwand, der durch die Teilnahme an dem Landesvorhaben KAoA entsteht, Entlastungsstunden.[934] Diese Versuche des Ausgleichs sind in der Regel gerechtfertigt, sinnvoll und bei den engagierten Lehrpersonen sehr willkommen. Nur dadurch können vielerorts umfangreiche Projekte und sonstige Maßnahmen geschultert werden. Jedoch zeigen sie auch auf, in welcher Sonderstellung sich die Berufs- und Studienorientierung immer noch befindet. Es entsteht der Eindruck, die Maßnahmen zur beruflichen Orientierung seien „zusätzliche" Arbeit und befänden sich außerhalb der regulären Arbeitsschwerpunkte der Lehrkörper. Wünschenswert wären speziell ausgebildete Fachlehrer, welche die Domäne beispielsweise im Rahmen ihrer Fakultas für ein Unterrichtsfach „Berufs- und Studienorientierung" abdecken.

Eine Besonderheit der Berufs- und Studienorientierung am baden-württembergischen Gymnasium ist die Unterstreichung der Bedeutung der Domäne durch die Einführung eines eigenen Schulfaches bereits ab der achten Jahrgangsstufe.[935] In Sachsen gibt es die Möglichkeit des fächerverbindenden Wahlgrundkurses „Auf dem Weg ins Berufsleben". Dieser

[929] Ministerium für Bildung, Wissenschaft und Kultur Meckl.-Vorpommern (2017): S. 3.
[930] ISB Staatsinstitut für Schulqualität und Bildungsforschung (2017): S. 2.
[931] Ministerium für Bildung, Wissenschaft, Weiterbildung und Kultur Rheinland-Pfalz (2015): http://landesrecht.rlp.de/jportal/?quelle=jlink&docid=VVRP-VVRP000003673&psml=bsrlpprod.psml#Nr3_3, zuletzt aufgerufen am 25. Oktober 2019.
[932] Ministerium für Bildung, Wissenschaft und Kultur des Landes Schleswig-Holstein (2019): S. 129.
[933] Kultusministerkonferenz (2019): S. 121.
[934] Ministerium für Schule und Bildung Nordrhein-Westfalen: https://bass.schul-welt.de/11020.htm, zuletzt aufgerufen am 23. Oktober 2019.
[935] Ministerium für Kultus, Jugend und Sport Baden-Württemberg (2016a): S. 3ff.

wurde im Schuljahr 2019/20 von 18 sächsischen Gymnasien angeboten.[936] Insgesamt fällt auf, dass sich die Berufs- und Studienorientierung in Baden-Württemberg in erster Linie durch ihren verbindlichen Charakter beispielsweise vom bayerischen oder sächsischen Pendant unterscheidet. Sowohl in der Mittel- als auch in der Oberstufe sind die baden-württembergischen Vorgaben so formuliert, dass selbst durch individuelle Schwerpunktsetzung seitens der Lehrkraft keine allzu starke Dezimierung der Inhalte stattfinden kann. Dies liegt in erster Linie an dem eigens für die berufliche Orientierung eingerichteten Unterrichtsfach WBS mit eigenem Lehrplan. Die Gleichwertigkeit von Ausbildung und Studium wird in den Vorgaben zum Beispiel immer wieder betont.[937] Es ist den Gymnasiasten in Baden-Württemberg also nicht möglich, die Schule ohne die Teilnahme an berufsvorbereitenden Maßnahmen zu verlassen. Der Seminarkurs „Studium und Beruf" in Berlin ist in Teilen mit dem modulartig aufgebauten Programm an baden-württembergischen Gymnasien und dem bayerischen Projekt-Seminar zur Studien- und Berufsorientierung vergleichbar. Der gravierende Unterschied liegt hier jedoch in der Freiwilligkeit der Belegung. Auch die Formulierung, man wolle „möglichst alle Schülerinnen und Schüler"[938] in einem Betriebspraktikum unterbringen scheint doch recht vage. Im Schuljahr 2019/20 wurde der fakultativ belegbare Seminarkurs „Studium und Beruf" von 3305 Berliner Gymnasiasten gewählt, das entspricht ca. 11 % aller Schüler der Qualifikationsphase im Land.[939] Das saarländische Seminarfach, welches verbindlich zu belegen ist, ist in seinen Zielen ebenfalls mit den P- und W-Seminaren in Bayern vergleichbar. Die Verzahnung der Maßnahmen zur Vorbereitung auf die Arbeitswelt und der Verbesserung der allgemeinen Studierfähigkeit ist im Saarland durch die Zusammenfassung der Inhalte in einem Seminar noch enger gegeben. Dies ermöglicht einen direkteren Vergleich der beiden Ausbildungswege. Gleichzeitig bedeutet es unter Umständen aber eine weniger vertiefte Betrachtung der Inhalte, da das Seminarfach im Saarland zweistündig unterrichtet wird, während die bayerischen Gymnasiasten zwei jeweils zweistündige Seminare (insgesamt also vier Stunden) belegen müssen. Dieser Unterschied in der Unterrichtsstundenzahl wird teilweise durch die Tatsache aufgefangen, dass das saarländische Seminarfach in der

[936] Gemäß einer persönlichen E-Mail einer Referentin des Sächsischen Staatsministeriums für Kultus, vom 3. Dezember 2019.
[937] Ministerium für Kultus, Jugend und Sport Baden-Württemberg (2016b): S. 22.
[938] Senatsverwaltung für Bildung, Jugend und Wissenschaft (2016): S. 22.
[939] Senatsverwaltung für Bildung, Jugend und Familie (2020): S. 100.

Oberstufe vier Halbjahre lang zu belegen ist, während die bayerischen Seminare lediglich drei Halbjahre andauern.[940]

In einigen Ländern wie zum Beispiel Hamburg und Hessen obliegt die Ausgestaltung der Berufs- und Studienorientierung in weiten Teilen den Gymnasien selbst. Dieses Modell bringt den eindeutigen Vorteil mit sich, dass die Konzepte äußerst individuell und standortbezogen formuliert werden können. Gleichzeitig bedeutet es auch, dass die einzelnen schulinternen Curricula sehr stark voneinander abweichen können. Dies führt unter Umständen zu Problemen für Gymnasiasten, etwa im Falle eines Schulwechsels. Je klarer die landesweiten Vorgaben sind, insbesondere was verbindliche Maßnahmen angeht, umso besser lässt sich diese Gefahr eindämmen. Dennoch reicht die Formulierung von Globalzielen als Vorgabe für die erfolgreiche Bewältigung des Berufswahlprozesses nicht aus. Stattdessen bedarf es nach Meinung der Autorin der vorliegenden Forschungsarbeit klarer, verbindlicher Maßnahmenkataloge. Dies beginnt mit der Regelung von Zuständigkeiten. Die grobe Aussage, „alle“ Fächer seien für den Themenbereich zuständig, kann dazu führen, dass die Aufgabe letztlich entgegen dem Auftrag doch von besonders engagierten Fachschaften übernommen wird und es so an wichtigen Impulsen fehlt. Wer sollte den ersten Schritt machen? Welche Aktivitäten sind verpflichtend zu organisieren? Hier kann die Zertifizierung der Teilnahme der Schüler durch die Schule, wie sie in Baden-Württemberg vollzogen wird, als Vorbild dienen. In jedem Fall scheint es hilfreich, wenn bei den ausführenden Lehrkräften feste Zuständigkeiten formuliert werden. Dies kann wie in Bayern auf die Ernennung von Koordinatoren für Berufliche Orientierung hinauslaufen oder sich auf ganze Fachschaften erstrecken. Einige Bundesländer haben zu diesem Zweck Leitfächer ausgerufen, welche primär für die Domäne der Berufs- und Studienorientierung zuständig sind. In Berlin, Brandenburg und Bremen ist dies beispielsweise das Fach Wirtschaft-Arbeit-Technik, in Hessen Politik und Wirtschaft, in Sachsen Gemeinschaftskunde/Rechtserziehung/Wirtschaft, in Schleswig-Holstein Wirtschaft/Politik. Die Zuständigkeit ganzer Fachschaften für die Erfüllung der Aufgaben der Berufs- und Studienorientierung erleichtert möglicherweise die Arbeit, da sie auf mehrere Schultern verteilt werden kann. Gleichzeitig kann dies zu Konflikten führen, wenn verschiedene Ansichten und Vorstel-

940 Ministerium für Bildung und Kultur Saarland (2010): S. 4.

lungen aufeinandertreffen. Eine Leitung mit klar formulierten Kompetenzen und einem Netzwerk von ausführenden Kollegen könnte eine effektive Methode sein, um die vielen verschiedenen Aufgaben erfolgreich bewältigen zu können. Dabei ist stets vor Augen zu halten, dass die Berufs- und Studienorientierung eine Querschnittsaufgabe ist, der sich alle Kollegen und Fachschaften verpflichtet fühlen sollten. Eine zentrale Stelle wie in Bayern die Koordinatoren für Berufliche Orientierung kann gleichzeitig einen Überblick über die zu erledigenden Aufgaben behalten und diese delegieren.

Die verpflichtende Dokumentation des individuellen Berufsorientierungsprozesses und auch des Schülerbetriebspraktikums, wie es beispielsweise in Brandenburg, Niedersachsen oder Thüringen eingefordert wird, ist eine sinnvolle Maßnahme. Ein übersichtlicher Praktikumsbericht kann zum einen als Basismaterial für eigene Bemühungen um Ferienpraktika, Ausbildungsplätze bzw. Studienzulassungen dienen. Zum anderen erleichtern die Unterlagen eine zielgerichtete Berufsberatung und Unterstützung für weitere Schritte.[941] Auf der Grundlage einer sorgfältigen, individuellen Dokumentation (sei es in Form eines Vordruckes wie dem Berufswahlpass wie zum Beispiel in Hessen oder eines andersartigen Portfolios) kann der Berufswahlprozess systematischer und damit erfolgreicher durchlaufen werden. Zusätzlich ist der Bericht bzw. das Portfolio eine Möglichkeit für Eltern, sich über die Tätigkeiten ihrer Kinder zu informieren und kann auch in der Berufsberatung als Gesprächsanlass dienen.

Die nordrhein-westfälischen Schüler sind verpflichtet, in der Vorabgangsklasse eine Anschlussvereinbarung zu treffen und ihre Entscheidungen bezüglich ihrer Berufs- bzw. Studienwahl zu reflektieren.[942] Die Gymnasiasten werden so dazu gebracht, sich mit dem eigenen Berufswahlprozess intensiv auseinanderzusetzen und auch rückblickend zu analysieren und ihre Pläne gegebenenfalls anzupassen. Anschließend sollen die Ergebnisse online auf einer Plattform des nordrhein-westfälischen Ministeriums für Schule und Bildung eingetragen werden. So versprechen sich die Verantwortlichen eine bessere Planung und Organisation: „Eine Transparenz über das regionale Angebot an Ausbildungs- bzw. Studienmöglichkeiten und die Nachfrage nach diesen ist zentrale Basis der Beratung, Begleitung und ggf. Nachsteuerung auf regionaler

---

941 Niedersächsisches Kultusministerium (2018): S. 6.

942 Ministerium für Schule und Bildung Nordrhein-Westfalen: https://www.schulministerium.nrw.de/BiPo/EckO_Eingabe/online, zuletzt aufgerufen am 24. Oktober 2019.

Ebene.“[943] In Zeiten vielfacher Datenschutzskandale stellt sich der Autorin jedoch auch die Frage, inwieweit eine verpflichtende Onlineeingabe der doch sehr persönlichen Informationen zum Thema Berufs- und Studienorientierung zumutbar und vertretbar ist. Dies gilt umso mehr, da es sich bei den Schülern um Jugendliche handelt und durch wiederholte Bemühungen auch seitens der Schulen gerade dieser Altersgruppe verständlich gemacht werden soll, wie wichtig es ist, besonders online mit persönlichen Daten sehr sensibel umzugehen und nicht allzu viel von sich preiszugeben. Die Daten werden zwar anonym eingegeben, doch durch möglicherweise bestehende Sicherheitslücken könnten die Daten in falsche Hände geraten. Aufgrund dieser zumindest theoretisch bestehenden Möglichkeit sollte die Eingabe nach Ansicht der Autorin auf freiwilliger Basis geschehen.

Ausnahmslos alle Bundesländer fordern die enge Zusammenarbeit der Gymnasien mit externen Partnern. Deren Angebote sind häufig kostenlos. Für kostenintensive Maßnahmen stehen in manchen Bundesländern wie auch in Bayern (300€ pro P-Seminar) entsprechende Finanzierungsmöglichkeiten zur Verfügung.[944] In Sachsen etwa können beim Landesamt für Schule und Bildung ca. 800€ pro Gymnasium zur Unterstützung bei der Finanzierung von zum Beispiel Fahrt-, Personal- oder Sachkosten für Maßnahmen der Berufs- und Studienorientierung beantragt werden.[945] Eine solche Finanzierung erweitert die Möglichkeiten der Schulen bei der Ausgestaltung ihrer Konzepte und der Aufnahme professioneller Partner enorm. Dennoch sollte bei allen kommerziellen Zwecken besonders sorgfältig geprüft werden, ob der finanzielle Aufwand auch tatsächlich gerechtfertigt ist. Ist dies der Fall, können sich entsprechende Ausgaben durchaus lohnen, wenn die Partner die Kosten zum Beispiel durch qualitativ sehr hochwertige Materialien für die Schüler rechtfertigen können und somit für die Schüler ein echter Mehrwert entstehen kann.

---

[943] Ministerium für Schule und Bildung Nordrhein-Westfalen (2019): S. 3.

[944] ISB Staatsinstitut für Schulqualität und Bildungsforschung: http://www.oberstufenseminare.bayern.de/p-seminar/p-seminar-planen/p-seminar-rechtliche-hinweise/p-seminar-seminarpauschale-finanzierung/, zuletzt aufgerufen am 25. Mai 2020.

[945] Kultusministerkonferenz (2019): S. 70.

Auch die Teilnahme an Zertifizierungsprozessen wie dem Berufswahl-SIEGEL kann der Qualitätssicherung dienen. Das Land Bremen beispielsweise verpflichtet seine Gymnasien zu dieser Maßnahme.[946] Allerdings wird diese Vorgabe wie beschrieben von den wenigsten Gymnasien erfüllt, Konsequenzen sind der Autorin unbekannt. Doch auch ohne die Verpflichtung zur Bemühung um die Auszeichnung können die Leitlinien des Netzwerks SCHULEWIRTSCHAFT (siehe Kapitel 4.5.2.2) zur Gestaltung eines schulinternen Konzepts zur Berufs- und Studienorientierung genutzt werden. Schleswig-Holstein beispielsweise nutzt das Berufswahl-SIEGEL zur Definition seines Qualitätsrahmens für die berufliche Orientierung.[947] Auch im Saarland hat das Berufswahl-SIEGEL durch entsprechende Qualitätskriterien eine steuernde Wirkung und kann den Qualitätsentwicklungsprozess bezüglich der beruflichen Orientierung an den Schulen fördern.[948] Dies kann als Vorbild für die Gymnasien der Regierungsbezirke Bayerns gelten, in welchen die Zertifizierung durch das SIEGEL noch nicht möglich ist. Bislang fehlt nämlich noch ein bayernweiter Standard für die Berufs- und Studienorientierung am Gymnasium.

In Bayern ist die Berufs- und Studienorientierung in der Sekundarstufe II durch die P-Seminare organisiert und damit von den entsprechenden Maßnahmen in der Sekundarstufe I losgelöst. In anderen Bundesländern ist der Übergang fließender, die Maßnahmen bauen stärker aufeinander auf. In Sachsen beispielsweise läuft das jeweils schulintern zu erstellende Konzept von der fünften bis in die zwölfte Jahrgangsstufe. Alle Bausteine der Jahrgangsstufen orientieren sich am selben Programm und wiederholen sich teilweise auch.[949] Der Weg des Berufswahlprozesses ist den Gymnasiasten so von Anfang an deutlich und auch im Nachhinein einfacher zu reflektieren. Die Umsetzung der einzelnen Bausteine ist zwar (mit Ausnahme des Schülerbetriebspraktikums) nicht verbindlich, jedoch bieten die Kernziele eine den Jahrgangsstufen zugeordnete Vorgabe, welche den Schulen die Planung und einen Vergleich mit anderen Schulen vereinfacht.

In einigen Bundesländern wie zum Beispiel Baden-Württemberg oder Mecklenburg-Vorpommern wird die gleichgewichtige Behandlung der beruflichen und akademischen Ausbildungen sehr betont. Für Sachsen-

946 Landesinstitut für Schule Bremen (2012): S. 2.
947 Kultusministerkonferenz (2019): S. 101.
948 Ministerium für Bildung und Kultur Saarland (o. J.): S. 9.
949 Sächsisches Staatsministerium für Kultus (2018): S. 6.

Anhalt hingegen sind in den Leitlinien zur Berufs- und Studienorientierung für die Jahrgangsstufen elf und zwölf lediglich Themenschwerpunkte formuliert, welche die Gymnasiasten auf ein Studium vorbereiten sollen. Konkret heißt es an anderer Stelle weiterhin: „Spätestens in der Qualifikationsphase konzentriert sich das Erlangen von Praxiserfahrungen auf den Hochschulbereich."[950] Äquivalente Vorschläge zur Vorbereitung auf eine Berufsausbildung werden in den Leitlinien lediglich als allgemeine Beispiele für Einzelmaßnahmen genannt.[951] Da in Bayern ein verbindlicher Lehrplan für die Berufs- und Studienorientierung in der gymnasialen Oberstufe bisher fehlt, obliegt es dort den Schulen selbst, wo sie thematische Schwerpunkte setzen. Eine einseitige Darstellung setzt jedoch bei den Lehrkräften und vor allem bei den Gymnasiasten falsche Signale. Es könnte der Eindruck entstehen, ein Studium wäre die zu bevorzugende Wahl. Dies ist im Hinblick auf die unterschiedlich stark ausgeprägte Studierfähigkeit der Schüler und den Mangel an Fachkräften zu vermeiden. Insbesondere angesichts der Tatsache, dass sich immer mehr Abiturienten für eine Ausbildung entscheiden[952], sollte dieser Aspekt einen wichtigen Raum in der beruflichen Orientierung am Gymnasium einnehmen.

Nach Einschätzung der Autorin der vorliegenden Arbeit stellt in Bayern und in anderen Bundesländern die Tatsache, dass Lehrkräfte, welche zwar gerne ein Projekt oder Seminar in der Oberstufe anbieten möchten, sich auf diese Aufgabe schlecht vorbereitet fühlen, ein Problem dar. Sie haben möglicherweise Sorgen angesichts der Verpflichtung zur Durchführung der Berufs- und Studienorientierung, insbesondere wenn die Domäne in der Lehrerausbildung nicht thematisiert wurde und ihnen somit entsprechende Kenntnisse teilweise fehlen. Sie werden jedoch zum Beispiel durch einige Print- und Online-Werke Schritt für Schritt angeleitet, sinnvolle Unterrichtseinheiten zum Thema zu gestalten. Materialien wie vorgefertigte Arbeitsblätter erleichtern die Unterrichtsvorbereitung und ermöglichen eine umfassende Behandlung der Inhalte.

---

[950] Ministerium für Bildung Sachsen-Anhalt (2016): S. 15.
[951] Ministerium für Bildung Sachsen-Anhalt (2016): S. 17.
[952] Gillmann (27. August 2019): https://www.handelsblatt.com/politik/deutschland/berufsausbildung-lehre-statt-studium-wie-politik-und-wirtschaft-abiturienten-in-die-ausbildung-locken-wollen/24946180.html?ticket=ST-29323-iL5M1wdduR6R03QrULLE-ap4, zuletzt aufgerufen am 4. August 2020.

Die Vereinigung der Bayerischen Wirtschaft e.V., die Stiftung der Deutschen Wirtschaft und das Bayerische Staatsministerium für Bildung und Kultus, Wissenschaft und Kunst sind die Herausgeber des Handbuches „Studien- und Berufswahl begleiten! Unterrichtseinheiten für das P-Seminar am bayerischen Gymnasium“[953]. Das Werk ist das Ergebnis des Projekts „Studien- und Berufsorientierung im P-Seminar. Erfolgsbausteine des Studienkompasses für Bayern“[954], dessen Ziel die Entwicklung praxisnaher Unterrichtseinheiten für das P-Seminar war. In mehreren Workshops diskutierten verschiedene Experten wie der damalige Fachreferent des ISB und erfahrene Lehrkräfte aus allen Regierungsbezirken die Herausforderungen des P-Seminars und entwickelten ein Konzept für das Handbuch. Die dabei entstandenen Vorschläge für Unterrichtseinheiten sind in drei Themenschwerpunkte gegliedert:

- Selbsterkundung I – „Das will ich! (Wünsche, Erwartungen)“ [955]
- Selbsterkundung II – „Das kann ich! Das lerne ich! (Stärken, Entwicklungsfelder)“ [956]
- Entdecken der Studien- und Berufswelt – „Das gibt es! (Studienfächer, Berufe)“ [957]

Die Unterrichtseinheiten wurden in einer Pilotphase von fast 200 Lehrkräften (unter anderem auch von der Verfasserin der vorliegenden Arbeit) erprobt. Die Rückmeldungen sind in das endgültige Handbuch eingeflossen, welches seit dem Jahr 2015 allen bayerischen Gymnasien kostenlos zur Verfügung steht und von den P-Seminar-Lehrkräften genutzt werden kann.[958] Im Frühjahr 2020 wurde den Gymnasien in Bayern die dritte überarbeitete und erweiterte Auflage des Handbuches zugesandt. Das beschriebene bayerische Projekt dient als Modell für die Umsetzung in den anderen Bundesländern. Die Stiftung der Deutschen Wirtschaft setzt seit März 2017 im Auftrag der Bundesagentur für Arbeit das bundesweite Vorhaben „Studien- und Berufsorientierung wirksam begleiten“ [959] um. Es handelt sich dabei um ein in Teilen zum beschriebenen bayerischen Pendant identisches Handbuch mit handlungsorientierten

[953] Wittmer-Gerber (2015)
[954] Wittmer-Gerber (2015): S. 8.
[955] Wittmer-Gerber (2015): S. 11.
[956] Ebenda.
[957] Ebenda.
[958] Wittmer-Gerber (2015): S. 8f.
[959] Stiftung der Deutschen Wirtschaft: https://www.sdw.org/das-bieten-wir/transferaktivitaeten/studien-und-berufs-orientierung-wirksam-begleiten/ueberblick.html, zuletzt aufgerufen am 16. Dezember 2019.

Unterrichtsmaterialien für den Einsatz in der gymnasialen Oberstufe. Die Umsetzung findet in aktuell 14 Bundesländern statt. Dabei werden jeweils die spezifischen Bedingungen in den Bundesländern berücksichtigt und die Unterlagen entsprechend angepasst. Die Handbücher wurden den Schulen mit gymnasialer Oberstufe in den Jahren 2018 und 2019 kostenfrei übermittelt.[960]

In der „Vereinbarung zur Durchführung der Initiative Abschluss und Anschluss – Bildungsketten bis zum Ausbildungsabschluss" wurde unter anderem von Vertretern der Bundesministerien für Bildung und Forschung bzw. Arbeit und Soziales sowie der Bundesagentur für Arbeit ein eigenes Berufsorientierungs-Programm für besondere Zielgruppen erstellt. So sollen junge Menschen mit besonderem Förderbedarf oder Beeinträchtigungen, neu zugewanderte bzw. geflüchtete Jugendliche, besonders leistungsstarke Schüler, Studienaussteiger und junge Frauen wie auch schulpflichtige Mütter speziell gefördert werden. Je nach Bedarf kann dies zum Beispiel in Form von eigenen Berufsvorbereitungsprogrammen, assistierten Ausbildungen, Deutschkursen, ausgebauten Netzwerken, besonders gendersensiblen Potenzialanalysen, Rekrutierung von Studienabbrechern als Auszubildende, Praktika und Workshops stattfinden.[961] Beispielsweise Bremen oder Hamburg nehmen hier mit einem Programm für Flüchtlinge mit guten Bleibeperspektiven oder auch für Schüler mit Behinderung eine Vorbildrolle ein.[962] Niedersachsen und Rheinland-Pfalz zum Beispiel bieten das Programm „2P: Potenzial und Perspektive", ein Analyseverfahren für neu Zugewanderte.[963] In Nordrhein-Westfalen steht neu zugewanderten Jugendlichen, welche erst in der zehnten Jahrgangsstufe in das Regelschulsystem eintreten,

---

960 Stiftung der Deutschen Wirtschaft: https://www.sdw.org/das-bieten-wir/transferaktivitaeten/studien-und-berufs-orientierung-wirksam-begleiten/ueberblick.html, zuletzt aufgerufen am 16. Dezember 2019.

961 Bundesministerium für Bildung und Forschung; Bundesministerium für Arbeit und Soziales; Arbeitsagentur Regionaldirektion Niedersachsen-Bremen; Senatorin für Kinder und Bildung; Senatorin für Soziales, Jugend, Frauen, Integration und Sport; Senator für Wirtschaft, Arbeit und Häfen (2017): S. 19ff.

962 Bundesministerium für Bildung und Forschung; Bundesministerium für Arbeit und Soziales; Agentur für Arbeit Hamburg; Behörde für Schule und Berufsbildung; Behörde für Arbeit, Soziales, Familie und Integration (2015): S. 14f.

963 Kultusministerkonferenz (2019): S. 88.
Niedersächsisches Kultusministerium: https://www.mk.niedersachsen.de/kompetenzfeststellung/kompetenzfeststellungsverfahren-138555.html, zuletzt aufgerufen am 22. Oktober 2019.

das verpflichtende Angebot KAoA-kompakt zur Verfügung. In Thüringen gibt es das Angebot des vom Europäischen Sozialfonds geförderten Projektes Box (Berufliche Orientierung mit x-verschiedenen Modulen). Dabei werden vor allem Schüler mit nichtdeutscher Muttersprache spielerisch im Berufswahlprozess gefördert.[964] Somit findet die Tatsache, dass doch immerhin 14 % (Stand 2016) der geflüchteten Jugendlichen zwischen 10 und 17 Jahren in Deutschland ein Gymnasium besuchen, zumindest in einigen Bundesländern Berücksichtigung.[965] Auch „Inklusion" ist ein beliebtes Schlagwort, wenn es um die Möglichkeit des gymnasialen Schulbesuchs für Jugendliche mit körperlichen Einschränkungen geht. Fraglich ist, inwieweit sich deren Unterstützung bis in die Domäne der Berufs- und Studienorientierung zieht. In Bayern wird Betroffenen das Programm „Berufsorientierung inklusiv" der Beruflichen Fortbildungszentren der Bayerischen Wirtschaft angeboten. Dabei wird Schülern mit einer Schwerbehinderung bzw. schwerer gesundheitlicher Einschränkung im Jahr der (Vor-)abgangsklasse eine Begleitung zur Seite gestellt, welche die Jugendlichen in insgesamt 50 Unterrichtsstunden (Einzel- und Kleingruppengespräche) bei Maßnahmen des Übergangs von der Schule auf den Arbeitsmarkt unterstützt.[966] Das Land Sachsen-Anhalt berücksichtigt Schüler mit besonderem Förderbedarf in den Vorgaben zum Schülerbetriebspraktikum in der Sekundarstufe I: „Kann eine Schülerin oder ein Schüler mit sonderpädagogischem Förderbedarf das Praktikum nicht in einem Betrieb oder einer gleichwertigen Einrichtung durchführen, sollte die Praktikumsleiterin oder der Praktikumsleiter einen sinnvollen Einsatz in der Schule ermöglichen."[967] Es sollte so viel wie möglich unternommen werden, allen Schülern die Chance auf Teilnahme am Praktikum zu bieten. Gibt es jedoch keine Möglichkeit zur Einbindung eingeschränkter Schüler in die Maßnahme, so sollte der ersatzweise Einsatz möglichst gleichwertig und gut geplant sein. Ein Verweis der Betroffenen in andere Jahrgangsstufen zur Beteiligung an deren Unterricht schließt die Jugendlichen nicht nur vom Praktikum aus, sondern ist auch ein falsches Signal im Hinblick auf deren berufliche Zukunft nach dem Schulabschluss. Stattdessen kann die Zeit genutzt werden, Gymnasiasten mit zum Beispiel körperlichen Ein-

---

964 Kultusministerkonferenz (2019): S. 92.

965 de Paiva Lareiro (2019): S. 8.

966 Berufliche Fortbildungszentren der Bayerischen Wirtschaft gGmbH (Jahr der Veröffentlichung unbekannt): S. 2.

967 Ministerium für Bildung Sachsen-Anhalt (2014): S. 2.

schränkungen Möglichkeiten zur Teilnahme an einem geregelten Berufsleben aufzuzeigen. Schulen fühlen sich hiermit unter Umständen verständlicherweise überfordert. Dies ist beispielsweise mit der Unerfahrenheit und mangelndem medizinischen Wissen der Lehrkräfte zu begründen. Hierfür bedarf es der in Kapitel 4.5.1.2 beschriebenen Angebote der Bundesagentur für Arbeit, um die Potenziale der Schüler mit Handicap voll auszuschöpfen und in einem geeigneten Beruf unterzubringen.

Auch leistungsschwache Gymnasiasten stellen eine wichtige Zielgruppe für die Maßnahmen der Berufs- und Studienorientierung dar. In Nordrhein-Westfalen zum Beispiel wurden die Kooperationen mit Hochschulen und Angebote der Jugendsozialarbeit explizit in den Runderlass „Berufliche Orientierung" des Ministeriums für Schule und Bildung aufgenommen. So sollen studieninteressierte Schüler bzw. Schulabbrecher, Jugendliche mit sozialer Benachteiligung oder sonstigen individuellen Beeinträchtigungen speziell gefördert werden.[968] Im Hamburger Programm „Berufsorientierung und Berufswegeplanung" ist zu lesen: „Die Schülerinnen und Schüler, die vorhaben, bereits nach der Jahrgangsstufe 10 das Gymnasium zu verlassen, um eine Ausbildung zu beginnen oder einen anderen Bildungsweg einzuschlagen, werden rechtzeitig Module zur Erkundung der jeweiligen Anforderungen und zur Gestaltung der Übergangswege in der Sekundarstufe I bearbeiten. Die Schülerinnen und Schüler, die das Abitur anstreben, werden zu einem späteren Zeitpunkt und bezogen auf andere Ziele diese Übergangsschritte planen und realisieren."[969] Dies ist durchaus sinnvoll, da auch Gymnasiasten ihre Zeit zielorientiert nutzen und möglichst alle Inhalte zu gegebener Zeit erlernen sollen. Dennoch wird die Zielgruppe der leistungsschwachen Gymnasiasten in anderen Bundesländern nicht gesondert berücksichtigt. Doch gerade Schüler mit einem möglicherweise für den Eintritt in die Oberstufe zu schlechten Notenbild bräuchten am Gymnasium besondere Hilfen bei der Berufsorientierung. Ihnen bleibt beispielsweise in Bayern im Ernstfall lediglich die Möglichkeit des externen Schulabschlusses. So kann dort der mittlere Schulabschluss (in der Regel nach der zehnten Klasse) oder der qualifizierende Mittelschulabschluss (in

[968] Ministerium für Schule und Bildung Nordrhein-Westfalen: https://bass.schul-welt.de/11020.htm, zuletzt aufgerufen am 23. Oktober 2019.

[969] Aktionsbündnis für Bildung und Beschäftigung Hamburg, Behörde für Schule und Berufsbildung Hamburg: S. 20.

der Regel nach der neunten Klasse) erworben werden.[970] An den Mittel- bzw. Realschulen, an denen die Jugendlichen den Abschluss extern erwerben können, finden jedoch lediglich die Prüfungen statt. Weitere Maßnahmen wie die der Berufsorientierung finden in der Regel ausschließlich für die Stammschüler statt. Es ist stattdessen Aufgabe des jeweiligen Gymnasiums, die Schüler entsprechend auf den Berufswahlprozess vorzubereiten. Problematisch ist, dass die Schüler oft nicht rechtzeitig wissen, dass sie das Gymnasium unter Umständen verlassen (müssen) und daher auch nicht rechtzeitig auf diese Situation des Übertritts in das Berufsleben vorbereitet werden können. Gleichzeitig ist nur schwer vorstellbar, wie derart unterschiedliche Anforderungen gleichzeitig erfüllt werden können. In einem geschlossenen Klassenverband scheint das kaum möglich. Ein ehrgeiziges Ziel also, welches wohl nur durch individuelle Förderung und mithilfe entsprechender Experten als Kooperationspartner erreicht werden kann. Und dennoch ein Ziel, welches von den Ländern verfolgt werden sollte, um auch vorzeitigen Abgängern zu einem befriedigenden Berufswahlprozess zu verhelfen.

6.3 Mögliche Konsequenzen für die Berufs- und Studienorientierung in Bayern

Um aus der Darstellung der Rahmenbedingungen zur Berufs- und Studienorientierung in allen 16 Bundesländern gesicherte Kenntnisse für Hinweise zu praktischen Maßnahmen ziehen zu können, wären zunächst die Erfolge der einzelnen Programme empirisch zu überprüfen und zu vergleichen. Dies ist bisher nicht geschehen. Bis zu einer derartigen Studie bleibt es der Autorin der vorliegenden Dissertation lediglich, mutmaßliche Verbesserungsvorschläge, basierend auf Erfahrungen und subjektivem Vergleich der jeweiligen Vorbild-Länder, zu geben und zu begründen.

---

[970] Bayerisches Staatsministerium für Unterricht und Kultus: https://www.km.bayern.de/eltern/abschluesse/abschluesse-der-mittelschule.html, zuletzt aufgerufen am 14. Oktober 2019.
Mittelschulordnung §28.
Bayerisches Staatsministerium für Unterricht und Kultus: https://www.km.bayern.de/eltern/abschluesse/mittlerer-schulabschluss/abschluesse-fuer-externe-bewerber.html, zuletzt aufgerufen am 14. Oktober 2019.
Realschulordnung §46ff.

Gerade in der neunten Jahrgangsstufe ist eine enge Zusammenarbeit mit den bereits eingesetzten Beratungslehrkräften bedeutend, um den beschriebenen Unterstützungsbedarf leistungsschwacher Gymnasiasten abdecken zu können. Thematisch bieten sich in der neunten Klasse zusätzlich besonders die Vor- und Nachbereitung des Schülerbetriebspraktikums an. Da diese Praxiserfahrung im bayerischen Lehrplan nicht verpflichtend vorgesehen ist, sind hierfür bislang auch keine Stunden eingerechnet. Für ein gut vorbereitetes, zielgerichtetes Praktikum ist die Besprechung der Inhalte jedoch notwendig. Ein Lehrplan kann auch weitere Lücken der Berufs- und Studienorientierung am Gymnasium schließen. In der zehnten Jahrgangsstufe findet sich das Thema der Berufs- und Studienorientierung im aktuellen bayerischen Curriculum für das Leitfach Wirtschaft und Recht nicht. Doch auch hier wäre die Aufklärung über die beruflichen Möglichkeiten nach Abschluss der zehnten Klasse für alle, besonders aber leistungsschwache, Gymnasiasten bedeutend. Für die Oberstufe obliegt die Ausgestaltung der Berufs- und Studienorientierung bislang den Lehrkräften, welche ein P-Seminar anbieten. Speziell ausgebildete Kollegen könnten eine Bereicherung als Impulsgeber, Unterstützer und Ratgeber sein. An dieser Stelle sei erneut auf die Vorgaben des baden-württembergischen Lehrplans für das Schulfach Wirtschaft/Berufs- und Studienorientierung verwiesen, welcher als Vorbild für ein entsprechendes Schulfach in Bayern bzw. eher für die Ausgestaltung schulinterner Konzepte dienen könnte.

Das Schülerbetriebspraktikum wird in der Sekundarstufe I bereits an vielen bayerischen Gymnasien durchgeführt. Auf den ersten Blick könnte man meinen, dass es einer verpflichtenden Vorgabe nicht bedarf, wenn ja die Schulen, welche die Maßnahme durchführen möchten, zumindest nicht daran gehindert werden. Diese Annahme ist jedoch falsch, da die nicht verpflichtend in den Lehrplan aufgenommene Praxismaßnahme für die Mitglieder einer Schulfamilie ein Problem darstellen kann. Zum einen wird den Jugendlichen, welche ein Gymnasium besuchen, welches das Praktikum nicht anbietet, die Teilnahme schlichtweg verweigert. Ihnen fehlt dann diese Praxiserfahrung – in ihrem persönlichen Portfolio, aber auch in ihrem Lebenslauf, welcher für die Bewerbung zu einer Lehrstelle durchaus von großer Wichtigkeit sein kann. Ein Abiturient, welcher keinerlei Praxiserfahrungen vorzuweisen hat, steht somit sowohl Bewerbern anderer Schularten als auch Gymnasiasten, deren Schule Praktika durchführte, in diesem Punkt eindeutig nach.

Zum anderen wird den Schulen und Lehrkräften bei fehlenden curricularen Vorgaben kein Stundendeputat für die Maßnahme zugeschrieben. Dies könnte manche Schulleitungen davon abhalten, ihren Schülern das Schülerbetriebspraktikum zu ermöglichen.

Die Autorin der vorliegenden Dissertation gehört als Gymnasiallehrerin für Wirtschaft und Recht mit im Jahr 2012 abgeschlossenem zweiten Staatsexamen zu einer Lehrer-Generation, welche weder während des Universitätsstudiums noch während des Vorbereitungsdienstes an einem bayerischen Gymnasium konkret auf die Vermittlung von Inhalten zur Berufs- und Studienorientierung vorbereitet wurde. Eine Aufnahme der Domäne in die Lehrerausbildung wäre jedoch angesichts der Veränderungen der letzten und kommenden Jahre erforderlich. Der LehrplanPLUS sieht ein Modul „Berufliche Orientierung" vor, auf welches die angehenden Lehrer bereits im Studium inhaltlich vorbereitet werden sollten. In der Seminarausbildung könnte dies auch ohne rechtliche Verpflichtung im Rahmen des schuleigenen Konzeptes beispielsweise in den allgemeinen Sitzungen stattfinden. In Niedersachsen, Rheinland-Pfalz und Thüringen zum Beispiel gibt es bereits Möglichkeiten der freien Gestaltung bzw. Erweiterung der Ausbildungskonzepte.

In Kapitel 4.2 wurde die Verankerung der Berufs- und Studienorientierung im bayerischen Lehrplan aufgezeigt. Als Querschnittsthema ist die Domäne bereits in der fünften Jahrgangsstufe zu finden. Doch eine konkrete Formulierung unter der Verwendung von Schlagwörtern wie „Arbeit" oder „Beruf" sowie die Verbindungen zum Arbeitsmarkt mit all seinen sich ständig verändernden Anforderungen erfolgt erst mit dem Einsetzen des Leitfaches Wirtschaft und Recht in der neunten Klasse. Schleswig-Holstein hingegen beginnt bereits in der siebten Klasse mit der Erkundung beruflicher Möglichkeiten und der Einführung des Berufswahlpasses.[971] Ein altersgerechter, frühzeitiger Beginn eines strukturierten Berufswahlprozesses kann auch für Bayern ein erstrebenswertes Ziel sein. Die Durchführung des berufsvorbereitenden Unterrichts erscheint zunächst für die Jahrgangsstufen neun und zehn sinnvoll. Ein eigens hierfür angelegtes Unterrichtsfach kann bei der Unterstützung der Jugendlichen hilfreich sein. Anders als in Baden-Württemberg gibt es in der Stundentafel des bayerischen Gymnasiums jedoch kein Schulfach, welches auf die Berufs- und Studienorientierung spezialisiert ist.

[971] Ministerium für Bildung und Frauen des Landes Schleswig-Holstein (2008a): S. 6.

Dies wäre aus Sicht der Autorin jedoch erforderlich, um einige der bereits genannten Problematiken lösen zu können. Ein eigenes Schulfach würde die verbindliche Aufnahme der Thematik in die Lehrerausbildung bedeuten. Somit kann gewährleistet werden, dass auch an den Gymnasien grundständig vorbereitete Lehrkräfte für diese Aufgabe herangezogen werden können. Zuständigkeiten wären noch deutlicher, die Aufgaben der Berufs- und Studienorientierung wären nicht mehr „zusätzliche" Arbeit für die Lehrkräfte mit der Funktion der KBO. Die Absicherung der Maßnahmen im Stundenplan gibt mehr Freiraum für deren Umsetzung – sowohl zeitlich als auch personell. In absehbarer Zeit ist in Bayern keine Einführung eines eigenen Unterrichtsfaches zur beruflichen Orientierung am Gymnasium zu erwarten. Dennoch können die Schulen in ihrem eigenen Konzept Maßnahmen festlegen, welche schon früher in der Sekundarstufe I einsetzen. Bereits in der siebten oder achten Jahrgangsstufe bieten sich beispielsweise Projekttage an, um verschiedene Angebote zum Thema zu machen. Denkbar wären unter anderem altersgerechte Selbsterkundungstools, auf Berufsorientierung ausgelegte Unternehmenserkundungen oder das Vorstellen einzelner Berufe bzw. Branchen durch Experten. Als Modelle können etwa die Phasen der Berufs- und Studienorientierung in Sachsen-Anhalt oder Thüringen, die schleswig-holsteinischen Handreichungen mit empfohlenen, jahrgangsstufenspezifischen Schwerpunkten oder die Bremer Praxismodule dienen.

Zu Beginn dieses Kapitels wurde die Bildungspolitik im föderalistischen Deutschland als besonders große Herausforderung bezeichnet. Der vorliegende Vergleich zentraler Aspekte der Bildungspläne und die sich daraus ergebende Vielfalt zeigen, dass es wohl keinen einzig richtigen Weg geben kann. Die beschriebenen Länderkonzepte besitzen in verschiedenen Bereichen sowohl Vorbildcharakter als auch Verbesserungspotenzial. Anforderungsgerechte Materialien, gut geschulte Lehrkräfte, klare Strukturen und dabei doch an regionale Bedingungen individuell anpassbare Vorgaben können den einzelnen Gymnasien jedoch dabei helfen, den Berufswahlprozess für ihre Schüler optimal zu gestalten und zu begleiten.

7 Schluss

Der Berufs- und Studienorientierung kommt heutzutage auch am Gymnasium eine größere Bedeutung zu als noch vor wenigen Jahren. Das zunehmende Bewusstsein bezüglich der sich verändernden Anforderungen des Arbeitsmarktes, ein immer größer werdendes Angebot an Ausbildungs- und Studiermöglichkeiten, hohe Abbruchquoten und lauter werdende Forderungen der verschiedenen Interessensgruppen haben hier ihr Übriges beigetragen. Wie andere Bundesländer auch versteht Bayern die Berufs- und Studienorientierung als curricular fest verankerte Querschnittsaufgabe. Unter der Leitung der seit dem Jahr 2017 ernannten Koordinatoren für Berufliche Orientierung sollen an den Gymnasien inner- und außerschulische Netzwerke zur Organisation, Durchführung und Nachbereitung sämtlicher berufsorientierender Maßnahmen aufgebaut werden. Bemängelt werden können dabei beispielsweise die fehlende Verbindlichkeit des Schülerbetriebspraktikums sowie die Tatsache, dass die Ausgestaltung des Berufsorientierungsunterrichts im Projekt-Seminar in weiten Teilen der einzelnen Lehrkraft obliegt. Während bisherige Forschungsarbeiten häufig nicht nach Schularten unterschieden, geschweige denn sich auf Gymnasien oder das Land Bayern und die hier bestehenden Vorgaben fokussierten, sollten genau diese Dimensionen in der vorliegenden Arbeit berücksichtigt werden.

Die erste Säule der vorliegenden Dissertation bildet eine an einem Nürnberger Gymnasium durchgeführte Längsschnittstudie. Feststellbare Entwicklungen bei den bayerischen Gymnasiasten im Rahmen des Berufswahlprozesses, die Einschätzung der Situation am Gymnasium durch die Elternschaft, Praktikumsbetreuer und Lehrkräfte sowie die Überprüfung zentraler Komponenten beschriebener klassischer Berufswahltheorien standen dabei im Fokus. Die Auswertung der Untersuchung brachte interessante Einblicke in die Wirksamkeit der schulischen Maßnahmen zur Berufs- und Studienorientierung. Die Ergebnisse zeigten, dass sich der Aufbau eines Netzwerkes und eine damit verbundene intensive Zusammenarbeit mit externen Partnern sowohl für die beteiligten Lehrkräfte als auch für die Gymnasiasten auszahlen können. Genaue Absprachen und eine eindeutige Etikettierung der Maßnahmen sind dabei erforderlich. Auch eine befriedigende Zusammenarbeit mit Praktikumsbetrieben wird hierdurch für alle Beteiligten ermöglicht. Die

Schüler benötigen eine Anleitung, um möglichst frühzeitig mit den Unternehmen Kontakt aufnehmen zu können. Enttäuschungen auf beiden Seiten können durch festgelegte Rahmenbedingungen, etwa in Form einer Praktikumsvereinbarung, ebenso vermieden werden, wie eine Unter- oder Überforderung der Jugendlichen. Um die zusätzliche Belastung im Betrieb, die ein Schülerpraktikant üblicherweise bedeutet, auf mehrere Schultern zu verteilen, bietet sich ein Patensystem an. Wichtig sind dabei klare Zuständigkeiten. Im Idealfall werden die Schüler durch die Praktikumserfahrung motiviert, zusätzlich freiwillige Ferienpraktika abzuleisten. Während an manchen Stellen das Angebot in Form von Plenumsveranstaltungen durchaus sinnvoll ist, sollte an anderen Stellen die Möglichkeit zur Individualisierung der Angebote bestehen. Etwa ein erster BiZ-Besuch, öffentliche Veranstaltungen wie Berufsmessen oder Informationstage der Universitäten dienen auch dazu, bei den Gymnasiasten Hemmschwellen zu senken, damit sie derartige Angebote bei Bedarf auch privat nutzen können. Die Anwesenheit der Klassenkameraden kann hier zu einem Gelingen beitragen. Im Rahmen gezielter Beratungsgesprächen oder Informationsveranstaltungen zu konkreten Berufszweigen hingegen sollte die Individualisierung des Angebotes möglichst im Vordergrund stehen. Sollte dies aus kapazitativen Gründen nicht immer möglich sein, so kann das Zusammenfassen von Schülern mit sehr ähnlichen beruflichen Vorstellungen zu Beratungsgruppen ein sinnvoller Kompromiss sein. Es zeigte sich unter anderem, dass zu den Zielen der schulischen Berufs- und Studienorientierung nicht unbedingt das Festlegen der Gymnasiasten auf einen spezifischen Beruf zählen braucht. Stattdessen sollten die Schüler möglichst breitgefächert über das vor ihnen liegende Studien- und Ausbildungsangebot informiert werden. Für die ergänzende private Nutzung von Informationsangeboten sollten den Schülern die notwendigen Methoden- und Medienkompetenzen vermittelt werden.

Auch die Eltern und Fachlehrkräfte sind wichtige Partner im erwähnten schulischen Netzwerk. Jedoch sind sie in der Regel nicht ausreichend informiert, um Themen der Berufs- und Studienorientierung erschöpfend vermitteln zu können. Folge dieses Umstandes ist, dass die zentralen Stellen (in Bayern beispielsweise der Koordinator für Berufliche Orientierung) hier Vermittlungsarbeit leisten sollten, um die Schüler mit ihren spezifischen Fragen an außerschulische Experten, etwa der Bundesagentur für Arbeit oder der Hochschulen, weiterleiten zu können.

Zur Behandlung allgemeiner Themen der Berufs- und Studienorientierung können von der Schule organisierte Informationsveranstaltungen ebenso hilfreich sein wie die Bereitstellung ausgewählter Unterrichtsmaterialien.

Bezüglich der Untersuchungen zur Überprüfung zentraler Aspekte klassischer Berufswahltheorien zeigte sich unter anderem, dass der verspürte Entscheidungsdruck teilweise schon in der Sekundarstufe I hoch ist, obwohl (objektiv gesehen) bis zur notwendigen ersten Berufswahl noch reichlich Zeit ist. Lehrer sollten erkennen können, in welchen Fällen dieser verspürte Druck vermeidbar ist, da die Aussichten auf das erfolgreiche Ablegen des Abiturs positiv zu bewerten sind. Dann kann den Gymnasiasten dieser Druck genommen werden und der Berufswahlprozess ohne unnötige oder gar lähmende Stressfaktoren ablaufen. Falls ein Bestehen der Oberstufe jedoch eher unwahrscheinlich ist und ein Verlassen der gymnasialen Laufbahn ratsam bzw. notwendig wäre, so benötigen die betreffenden Schüler aufgrund einer tatsächlich zeitnah anstehenden Entscheidung speziell auf ihre Bedürfnisse abgestimmte Unterstützung. Diese kann von den regulären, in der Sekundarstufe I üblichen, Maßnahmen abweichen. Die Eltern spielen laut den Ergebnissen der vorliegenden Untersuchung eine wichtige Rolle im berufsorientierenden Entwicklungsprozess ihrer Kinder. Dieser Umstand sollte genutzt werden, die Eltern mit in schulische Maßnahmen einzubeziehen. Regelmäßiger Kontakt und Austausch zwischen den Beteiligten sind erforderlich. Das Erreichen einer hohen Person-Umwelt-Kongruenz zählt mit zu den Hauptzielen sämtlicher berufsorientierender Maßnahmen. Eine Ausweitung des Anteils der Absolventen, welche dies nach dem Abitur tatsächlich erreichen können, ist wünschenswert. Hierfür können sich die Schulen wiederum das Zwischenziel setzen, dass die Gymnasiasten ihren eigenen Persönlichkeitstypen auch kennen und die Arbeitsumwelten verschiedener Berufe entsprechend einzuschätzen lernen. Hierbei sind auch Grenzen der Berufswahl zu beachten, welche für die einzelnen Gymnasiasten gelten und somit die Auswahl an Arbeitsumwelten einschränken können. Praxiserfahrungen (etwa in Form von Betriebspraktika) können soziale Lernprozesse anstoßen. Die Befragung der Schüler des Nürnberger Gymnasiums zeigte unter anderem, dass das Absolvieren eines positiv bewerteten Pflichtpraktikums die Schüler zur Ableistung zusätzlicher Ferienpraktika motivieren kann. Dennoch benötigen die Schüler weitere Anstöße und Unterstützung, damit sie sich auch tatsächlich um ergänzende Praxiserfahrungen bemühen.

Untersuchungen zu einigen weiteren Aspekten der Berufs- und Studienorientierung am Gymnasium stehen hingegen noch aus. Denkbare Fragestellungen wären beispielsweise der Zusammenhang zwischen Unterstützungsbedarf bzw. Entwicklungsstand und häuslicher Medienausstattung oder schulischer Leistungsfähigkeit. Von besonders großer Dringlichkeit ist nach Ansicht der Autorin der vorliegenden Dissertation die Forschung zu Bedürfnissen von Gymnasiasten mit körperlichen und möglicherweise auch kognitiven Einschränkungen. Welche Möglichkeiten haben diese Jugendlichen, um in den regulären Arbeitsmarkt eintreten zu können? Welchen besonderen Unterstützungsbedarf haben sie? Wie kann die Schule hier helfend eingreifen? Große Hoffnung und möglicherweise auch den Rahmen für weitere Forschungsprojekte bietet hier das Projekt „Berufsorientierung inklusiv" (siehe Kapitel 4.5.4 und 6.2) der Beruflichen Fortbildungszentren der Bayerischen Wirtschaft.[972]

Die zweite Säule der Arbeit bildet eine vergleichende Darstellung der länderspezifischen Vorgaben zur beruflichen Orientierung innerhalb des Bundesgebietes. Fasst man die dargelegten Konsequenzen für die Praxis hieraus zusammen, so ergeben sich folgende grundlegende Empfehlungen für die Arbeit am Gymnasium:

- Die Zuständigkeiten innerhalb der Schule sind durch das schuleigene Konzept klar geregelt.
- Maßnahmen zur beruflichen Orientierung sollten so weit wie möglich individualisiert angeboten werden, ansonsten Bildung von Interessensgruppen.
- Mit außerschulischen Experten wird eng zusammengearbeitet, da (Fach-) Lehrer nicht den gesamten Bedarf abdecken können.
- Hemmschwellen der Schüler werden durch die von Verantwortlichen angeleitete Kontaktaufnahme zu Mitarbeitern der BA, Unternehmen und anderen hilfreichen Institutionen gesenkt.
- Kontakt zu den Gymnasiasten: (Fach-) Lehrer und KBO fragen die Bedürfnisse der Jugendlichen regelmäßig ab und kennen die Rahmenbedingungen der Schüler.
- Das Gebot der regelmäßigen Kontaktpflege gilt auch für die Beziehung zu außerschulischen Partnern und den Eltern der Jugendlichen.

972 Berufliche Fortbildungszentren der Bayerischen Wirtschaft gGmbH (Jahr der Veröffentlichung unbekannt): S. 1f.

- Alle Schulangehörigen sind zu jeder Zeit für die Gymnasiasten zum Thema Berufs- und Studienorientierung ansprechbar. Können sie selbst nicht weiterhelfen, vermitteln sie weitere zuständige Ansprechpartner.
- Die Jugendlichen werden regelmäßig über alle geplanten Schritte der Berufs- und Studienorientierung der Schule aufgeklärt. Ziel ist die Integration der Schüler in die Planung der Maßnahmen.
- Mit der Absicht eines guten, über das Schuljahr verteilten Zeitmanagements finden regelmäßige Absprachen zwischen den (Fach-) Lehrern, der Schulleitung und dem KBO statt.
- Die Gleichwertigkeit der beruflichen und akademischen Bildung wird betont.
- Den Schülern wird verdeutlicht, dass sämtliche Maßnahmen der Berufs- und Studienorientierung lediglich Hilfe zur Selbsthilfe bieten können: Die finale Berufswahlentscheidung liegt alleine beim Berufswähler selbst.
- Ziel ist auch, den Gymnasiasten (unter Umständen unbegründeten) Druck oder Ängste so weit wie möglich zu nehmen.
- Wege zur Überprüfung der Berufseignung werden aufgezeigt.
- Grenzen der persönlichen Berufswahl werden realistisch aufgezeigt.
- Die Gymnasiasten werden bei der Aufnahme von Praxiserfahrungen so weit wie möglich unterstützt, auch wenn diese abseits der Pflichtveranstaltungen der Schule liegen (z. B. freiwillige Ferienpraktika).

Es ist ersichtlich, dass einige der genannten Konsequenzen für die Praxis sich mit den beschriebenen Erkenntnissen aus der Längsschnittstudie decken. Dies soll jedoch nicht als unnötige Redundanz verstanden werden. Vielmehr bestätigen die aus verschiedenen Quellen stammenden, sich deckenden Ergebnisse deren Stichhaltigkeit und Relevanz. Weiterhin unterstreicht die sich wiederholende Erkenntnisgewinnung die Notwendigkeit der Umsetzung der vorgeschlagenen Maßnahmen zusätzlich.

Im Rahmen der Umgestaltung des bald wieder neunjährigen bayerischen Gymnasiums und dem damit verbundenen neuen LehrplanPLUS soll unter anderem bei der beruflichen Orientierung ein Schwerpunkt gesetzt werden.[973] Was dies für die neue Oberstufe bzw. die Ausgestaltung entsprechender Vorgaben im Detail bedeutet, ist zum Zeitpunkt der Fertigstellung der vorliegenden Dissertation noch nicht öffentlich bekanntgemacht worden. Zumindest für die neunte Jahrgangsstufe, in

[973] ISB Staatsinstitut für Schulqualität und Bildungsforschung (2019): S. 1.

der es laut LehrplanPLUS ein Modul „Berufliche Orientierung“ geben wird, liegen die curricularen Vorgaben bereits vor.[974] Aufgrund dessen, dass die untersuchte Stichprobe noch Teil der „alten“ Generation der Gymnasiasten war, stellt sich die Frage, inwieweit die erarbeiteten Erkenntnisse der Dissertation auch für zukünftige Jahrgänge des „neuen“ Gymnasiums Anwendung finden können. Diese Frage kann aufgrund des nicht für alle Jahrgangsstufen vollständig vorliegenden LehrplanPLUS noch nicht im Detail beantwortet werden. Da jedoch sämtliche Forschungsfragen von konkreten Lehrplänen unabhängig formuliert wurden, wird davon ausgegangen, dass der Erkenntnisgewinn auch für die Berufs- und Studienorientierung zukünftiger Gymnasiasten gilt.

Auch die länderspezifischen Vorgaben zur Berufs- und Studienorientierung unterliegen ständigen Anpassungen und Erneuerungen. Die vorliegende Darstellung will als Momentaufnahme (Stand zu Beginn des Schuljahres 2019/20) verstanden werden. Der anschließende Vergleich bietet einen Überblick über Chancen und Defizite in den einzelnen Bundesländern, welcher durchaus langfristig genutzt werden kann, um hieraus Konsequenzen für die praktische Arbeit am Gymnasium zu ziehen. Da die Ausgestaltung des berufsorientierenden Unterrichts zumindest in Teilen der individuellen Schwerpunktsetzung durch die Lehrkraft obliegt, können aufgezeigte Ideen, Kooperationsbeispiele und insbesondere die Hinweise zur praktischen Ausgestaltung für die Interessengruppen und dabei vornehmlich für die Schulen von langfristigem Nutzen sein. Als Leitspruch kann dabei stets das zu Beginn der Arbeit genannte Zitat Friedrich Nietzsches dienen, denn: "Der Beruf ist das Rückgrat des Lebens und seine Wahl die wichtigste Entscheidung, die der Mensch treffen muss"[975].

---

[974] ISB Staatsinstitut für Schulqualität und Bildungsforschung: https://www.lehrplanplus.bayern.de/fachlehrplan/gymnasium/9/berufliche_orientierung, zuletzt aufgerufen am 3. Mai 2020.

[975] Sowi-online e.V.: https://www.sowi-online.de/reader/berufsorientierung/beruf_historischen_kontext.html, zuletzt aufgerufen am 10. Mai 2020.

Anhang

Auf den Folgeseiten sind unter anderem der im Rahmen der Dissertation selbst erstellte Elternbrief sowie sämtliche ebenfalls eigens erstellte Fragebögen zu finden. Um die Authentizität und Nachnutzbarkeit zu gewährleisten, wird in der Darstellung die originale Seitenzählung beibehalten.

Anhang 1: Elternbrief mit der Bitte um Erlaubnis der Teilnahme für das eigene Kind

FRIEDRICH-ALEXANDER
UNIVERSITÄT
ERLANGEN-NÜRNBERG

PHILOSOPHISCHE FAKULTÄT
UND FACHBEREICH THEOLOGIE
Department Fachdidaktiken
Didaktik Wirtschaft und Recht

Nürnberg, im November 2015

Liebe Eltern,

am Lehrstuhl „Fachdidaktik für Wirtschaft und Recht" der Friedrich-Alexander-Universität Nürnberg Erlangen beschäftige ich mich mit dem Thema „Berufsorientierung am Gymnasium" und Fragen zur Entwicklung der Vorstellungen, welche Jugendliche von ihrer beruflichen Zukunft und der Arbeitswelt haben. Mithilfe von Interviews, Fragebögen und Gruppendiskussionen soll in den nächsten Jahren durch eine qualitative Analyse herausgefunden werden, welche Ideen, Wünsche und Sorgen Jugendliche bezüglich der Vorbereitung auf ihre berufliche Zukunft haben. Hierfür werden noch einige teilnehmende Jugendliche benötigt.

Wie läuft die Studie ab?

Die Analyse beginnt in der neunten Jahrgangsstufe und wird bis in die 12. Klasse fortgeführt. Die Gespräche bzw. Befragungen dauern jeweils etwa 15 Minuten und finden 2-3 Mal pro Jahr statt. Das Gesamtergebnis wird im Rahmen einer Promotion veröffentlicht. Zwischen Ihnen, Ihrem Kind und den Antworten kann für Dritte später jedoch keinerlei Verbindung hergestellt werden. Mögliche Fragestellungen lauten dabei: Wie schätzen die Jugendlichen die Notwendigkeit der Beschäftigung mit ihrer beruflichen Zukunft ein? Wie bewerten sie den Einsatz von Methoden wie Betriebspraktika, Berufsberatung und Bewerbungstraining? Wie konkret sind die Vorstellungen der Jugendlichen in den verschiedenen Jahrgangsstufen? Welche Rolle spielen Freunde, Eltern und die Schule?

Was hat mein Kind von der Teilnahme an der Studie?

Es kann immer wieder beobachtet werden, dass sich einzelne Jugendliche durch den Prozess der Berufsfindung und der damit verbundenen Eigenverantwortlichkeit überfordert fühlen bzw. die Berufsorientierung unökonomisch (z. B. späterer Berufs- bzw. Studienfachwechsel) gestalten. Neben der reinen Situationsanalyse dient die oben beschriebene Untersuchung auch der Optimierung von beratenden und unterstützenden Maßnahmen der Berufsorientierung. Durch die regelmäßige Beobachtung der Berufsfindung kann individuell auf die Bedürfnisse Ihres Kindes reagiert werden und die Betreuung entsprechend angepasst werden. So soll einer verzögerten Berufsentscheidung Ihres Kindes verstärkt entgegengewirkt werden.

An wen kann ich mich bei Fragen wenden?

Falls Sie noch Rückfragen haben, können Sie sich gerne unter der E-Mail-Adresse anja.langmajer@fau.de an mich wenden. Selbstverständlich können Sie nach der Auswertung der Studie eine Rückmeldung über das Gesamtergebnis bekommen.

Es wäre schön, wenn Sie Ihrem Kind die Teilnahme an der Studie erlauben würden. Ich bitte Sie, untenstehenden Abschnitt auszufüllen und ihn über Ihre Tochter bzw. Ihren Sohn an mich zurückzugeben.

Vielen Dank und freundliche Grüße

Anja Langmajer

Name: ______________________________

O Meine Tochter/Mein Sohn darf an der Studie zum Thema „Berufsorientierung am Gymnasium" teilnehmen.

O Ich bin mit der Teilnahme NICHT einverstanden.

____
Ort, Datum, Unterschrift eines Erziehungsberechtigten

____
Ort, Datum, Unterschrift des Studienteilnehmers

Anhang 2: Fragebögen

Fragebogen 0: Schüler 9. Klasse zu Berufsorientierung allgemein (Pretest)

Anja Langmajer
anja.langmajer@fau.de

http://www.wirtschaftsdidaktik.phil.uni-erlangen.de/

FRIEDRICH-ALEXANDER
UNIVERSITÄT
ERLANGEN-NÜRNBERG
PHILOSOPHISCHE FAKULTÄT
UND FACHBEREICH THEOLOGIE

Didaktik Wirtschaft und Recht

BERUFSORIENTIERUNG AM GYMNASIUM

Mit dem folgenden Fragebogen soll herausgefunden werden, welche Vorstellungen, Wünsche und Sorgen Jugendliche Deines Alters bezüglich der Vorbereitung auf ihre berufliche Zukunft haben. Die Ergebnisse werden an der Friedrich-Alexander-Universität im Rahmen einer Forschungsarbeit zusammengetragen. Die Befragung dauert etwa 20 Minuten und findet anonym statt. Letzteres bedeutet, dass zwischen Dir und Deinen Antworten keine Verbindung hergestellt werden kann. Falls Du nach der Bearbeitung noch Rückfragen hast, kannst Du Dich gerne persönlich oder unter obenstehender E-Mail-Adresse an Frau Langmajer wenden. Selbstverständlich kannst Du nach der Auswertung der Ergebnisse eine Rückmeldung über das Gesamtergebnis bekommen.

DEINE ID:
(Erstellung s. S. 2)

_ _ _ _ _ _ _ _

Fragebogen ausfüllen – So geht's

- Für alle Fragen gilt: Es gibt keine falsche Antwort. Meist bringt eine rasche Reaktion auch die für Dich passendste Antwort mit sich. Bitte beantworte alle Fragen wahrheitsgemäß.
- Kreuze bitte die für Dich passenden Antworten an.
- Wenn Du Deine Antwort im Nachhinein ändern möchtest, dann schwärze das falsche Kästchen bitte vollständig und kreuze die für Dich passende Antwort an.
- Die Fragen sind so gestellt, dass manchmal nur eine Antwortmöglichkeit anzukreuzen ist und bei anderen Fragen wiederum mehrere Antwortmöglichkeiten vorgesehen sind. Wenn Du den Punkt „Sonstige:__________“ vorfindest, dann kannst Du hier eine bzw. mehrere eigene weitere Antwortmöglichkeit/en angeben.
- Einige Fragen sind offen gestellt, so dass Du die Antwort selbst eintragen musst. Dies sind gelegentlich nur einzelne Begriffe, häufiger jedoch auch ausführlichere Antworten. Schreibe in beiden Fällen bitte besonders deutlich.
- Mit dem Begriff „Beruf“ sind stets sowohl Lehrberufe als auch Tätigkeiten, für die ein Studienabschluss oder gar keine spezielle Ausbildung benötigt wird gemeint.

1 Persönliche Angaben

1) Zunächst erstellst Du Dir eine Identifikationsnummer. Diese trägst Du bitte auf dem Deckblatt in den dafür vorgesehenen Kasten ein.

Wie lauten die ersten beiden Buchstaben Deines Vornamens?	In welchem Jahr wurdest Du geboren? (19../20..)	Wie lauten die ersten beiden Buchstaben des Vornamens Deiner Mutter?	In welchem Monat hat Deine Mutter Geburtstag? (Januar = 01, Februar = 02, ..., Dezember = 12)	
_ _	_ _	_ _	_ _	⇐ DAS IST DEINE ID

2) Wie alt bist Du? [ ] Jahre

3) Welche Staatsangehörigkeit(en) besitzt Du? [ ]

4) Bist Du in Deutschland geboren worden?

○ Ja ○ Nein

→ Wie alt warst Du, als Du nach Deutschland gekommen bist? [ ] Jahre

5) Leben Deine Eltern schon immer in Deutschland?

○ Ja ○ Nein

→ Aus welchem Land bzw. welchen Ländern kommen Deine Eltern?

Mutter: [ ] Vater: [ ]

Seite 2

6) Wiederholst Du die neunte Jahrgangsstufe derzeit?

◯ Ja ◯ Nein

7) Welchen Ausbildungszweig besuchst Du auf Deiner Schule?

◯ Naturwissenschaftlich ◯ Neusprachlich ◯ Humanistisch ◯ Wirtschaftswissenschaftlich ◯ Musisch

◯ Sonstiges: [ ]

2 Berufsorientierung - Die Schule, Du und Deine Zukunft

8) Angenommen es gäbe keinerlei Einschränkungen oder Grenzen, was Deine Berufswahl angeht: Welchen idealtypischen Beruf würdest Du für Dich auswählen (Du kannst hier auch mehrere Berufe angeben)?

[ ]

9) Kannst Du Dich erinnern, in der Schule schon einmal etwas über Berufsorientierung oder Deine mögliche berufliche Zukunft gehört zu haben?

◯ Nein ◯ Ja

→ In welchem Fach bzw. in welchen Fächern war das und was waren die behandelten Themen? Du kannst ggf. auch noch weitere Fächer in der Liste hinzufügen.

Fach	Behandelte Themen
Wirtschaft und Recht	
Religion ev.	
Religion kath.	
Ethik	
Englisch	
Französisch	
______	
______	
______	
______	

10) Haben Deine Lehrer dabei jemals fächerübergreifend mit Euch gearbeitet?

◯ Nein ◯ Ja

→ Beschreibe, welche Fächer dabei verbunden worden sind und was genau gemacht wurde.

[ ]

Seite 3

11) An Deiner Schule wird in der neunten Jahrgangsstufe ein verpflichtendes Betriebspraktikum durchgeführt. Wie findest Du diese Verpflichtung grundsätzlich? Kreuze an:

Schlecht	Eher schlecht	Eher gut	Gut
○	○	○	○

12) Falls Du die neunte Klasse gerade wiederholst bzw. von einer anderen Schule zum WGN gewechselt hast (Falls nicht: Überspringe diese Frage einfach): Hast Du das verpflichtende Praktikum im vergangenen Schuljahr abgeleistet?

○ Nein ○ Ja

→ In was für einer Art von Betrieb hast Du das Praktikum gemacht (z.B. Anwaltsbüro, Malerbetrieb, Zahnarztpraxis,...)?

13) In was für einer Art von Betrieb würdest Du das Praktikum im diesem Schuljahr gerne machen (z.B. Anwaltsbüro, Malerbetrieb, Zahnarztpraxis,...)?

14) Hast Du schon einmal ein freiwilliges Praktikum in den Schulferien gemacht?

○ Nein ○ Ja

→ In was für einer Art von Betrieb hast Du das Praktikum gemacht (z.B. Anwaltsbüro, Malerbetrieb, Zahnarztpraxis...)?

Wie lange hat das Ferienpraktikum gedauert?

Arbeitstage

Würdest Du einem Schüler, der noch kein Praktikum gemacht hat, empfehlen, dies zu tun?

○ Nein ○ Ja

15) Welche positiven bzw. negativen Erwartungen hast Du bezüglich des Praktikums?

Positive Erwartungen	Negative Erwartungen

SEITE 4

16) Hast Du Dich im letzten halben Jahr aktiv über berufliche Möglichkeiten informiert?

○ Nein ○ Ja

→ Wo hast Du Dich informiert?

○ Internet ○ Berufsberater der Arbeitsagentur
○ Berufsinformationszentrum (BiZ) ○ Berufsmesse ○ Unternehmen
○ Sonstige: ______________________

17) Wer ist sonst noch ein wichtiger Ansprechpartner für Dich, wenn es um die Berufswahl geht?

○ Eltern ○ Geschwister ○ Weitere Verwandte: ______________________
○ Freunde ○ Lehrer ○ Sonstige: ______________________

18) Hast Du bereits Ideen, welche Berufe für Dich nach dem Schulabschluss in Frage kommen.

○ Nein ○ Ja

→ Welche(r) Beruf(e) würden Dich interessieren? Kennst Du jemanden, der dieser Tätigkeit nachgeht und glaubst Du, Du weißt schon genau, wie Dein Alltag in diesem Beruf aussehen würde?? (Hier kannst Du bis zu 4 Berufe angeben)

Beruf(e)	**Kennst Du jemanden, der dieser Tätigkeit nachgeht?**		**Glaubst Du, Du weißt schon genau, wie Dein Alltag in diesem Beruf aussehen würde?**			
	Ja	Nein	Nein	Eher nein	Eher ja	Ja
1) ______	○	○	○	○	○	○
2) ______	○	○	○	○	○	○
3) ______	○	○	○	○	○	○
4) ______	○	○	○	○	○	○

19) Hast Du eine Idee, wer Dir bei Deinen Interessen behilflich sein könnte bzw. Dir verschiedene Möglichkeiten aufzeigen könnte?

○ Nein ○ Ja

→ An wen könntest Du Dich damit wenden?

____
____
____
____
____

SEITE 5

20) Was sollte die Schule Deiner Meinung nach leisten, um Dir den Einstieg in die Arbeitswelt (sowohl in Sachen Praktikum als auch für eine mögliche Ausbildung bzw. Studium) zu erleichtern?

____
____
____
____
____

21) Bewerte die folgenden Aussagen.

Aussage	Stimmt gar nicht	Stimmt eher nicht	Stimmt eher	Stimmt voll
Ich habe schon genaue Vorstellungen bezüglich meiner beruflichen Zukunft.	◯	◯	◯	◯
Ich habe das Gefühl, dass meine Eltern genaue Vorstellungen bezüglich meiner beruflichen Zukunft haben.	◯	◯	◯	◯
Ich spreche regelmäßig mit meinen Freunden über das Thema „Beruf".	◯	◯	◯	◯
Ich weiß über die Berufswünsche meiner besten Freundin bzw. meines besten Freundes Bescheid.	◯	◯	◯	◯
Ich habe Kontakt zu Freunden, die sich bereits um eine Lehrstelle bemühen mussten bzw. müssen.	◯	◯	◯	◯
Ich habe Hobbys bzw. private Interessen, welche mich bei meinen Berufsvorstellungen beeinflussen.	◯	◯	◯	◯
Es gibt Unterrichtsfächer, welche mich bei meinen Berufsvorstellungen beeinflussen.	◯	◯	◯	◯

22) Welche Vorstellung hast Du von Deinem zukünftigen Monatsgehalt?

◯ < 1500 € ◯ 1500 € bis unter 2500 € ◯ 2500 € bis unter 3500 € ◯ > 3500 € ◯ Egal

SEITE 6

23) Welche der folgenden Aspekte sind Dir für Dein späteres Berufsleben wichtig? Kreuze an.

○	Hohes Gehalt
○	Verwirklichung der persönlichen Interessen
○	Viel Urlaub
○	Gute Vereinbarkeit mit Familienleben
○	Einsatz der persönlichen Talente
○	Abwechslung
○	Kontinuität
○	Nette Kollegen
○	Kontakt zu anderen Menschen
○	Hohes gesellschaftliches Ansehen
○	Nähe zu Heimatort
○	Nähe zu späterem Wohnort
○	Wenig körperliche Anstrengung
○	Viel körperliche Anstrengung
○	Häufige Dienstreisen
○	Seltene Dienstreisen
○	Sonstige: ______________________

SEITE 7

24) Erstelle für folgende Tätigkeiten ein Ranking, wobei Du die Tätigkeit die Du Dir am besten vorstellen kannst auf Platz 1 und die Tätigkeit, die Du Dir am wenigsten vorstellen kannst auf Platz 15 setzt.

Platzierung	Tätigkeit
____	Mit Maschinen und Technik zu tun haben
____	Andere beraten
____	Mit Zahlen/Mathematik zu tun haben
____	Leuten etwas verkaufen
____	Mit Naturwissenschaften und Forschung zu tun haben
____	Andere unterrichten
____	Hauptsächlich entwerfen, gestalten, zeichnen
____	Anderen helfen
____	Mit Material umgehen
____	Beruflich mit Menschen zu tun haben
____	Einfälle und Ideen einsetzen
____	Fremdsprachen anwenden
____	Mit Literatur, Kultur, Medien umgehen
____	Mich mit fremden Völkern, Kulturen, Geschichte beschäftigen
____	Kaufmännische Büro- und Verwaltungsarbeit erledigen

SEITE 8

3 Deine Eltern, Du und Deine Zukunft

25) Welche Berufe haben Deine Eltern gelernt bzw. welche Studiengänge haben sie abgeschlossen?

Mutter: [ ]

Vater: [ ]

26) Sind Deine Eltern derzeit in diesen Berufen tätig?

Mutter: ◯ Ja ◯ Nein, stattdessen: [ ]

Vater: ◯ Ja ◯ Nein, stattdessen: [ ]

27) Stellen Deine Eltern für Dich Berufsvorbilder dar?

◯ Nein ◯ Ja

28) Hast Du weitere Berufsvorbilder?

◯ Nein ◯ Ja, nämlich [ ]

29) Hast Du mit Deinen Eltern schon einmal über Deine berufliche Zukunft gesprochen?

◯ Nein ◯ Ja

→ Worüber habt ihr dabei gesprochen? Kreuze an:

◯	Derzeitige Schulnoten und damit verbundene berufliche Möglichkeiten
◯	Pflichtpraktikum in der 9. Klasse
◯	Mögliches freiwilliges Praktikum in den Ferien
◯	Geeignete Berufsausbildungen
◯	Geeignete Studiengänge
◯	Möglichkeiten, wie Deine Eltern Dich bei der Berufsorientierung unterstützen könnten
◯	Sonstiges: ____________________

Seite 9

④ Abschlussgedanken

30) Wie leicht bzw. schwer ist es Dir gefallen, diesen Fragebogen auszufüllen? Kreuze an.

Schwer	Eher schwer	Eher leicht	Leicht
○	○	○	○

31) Bei welchen drei Fragen fiel Dir die Beantwortung am schwersten?

Frage Nr. ☐ Frage Nr. ☐ Frage Nr. ☐

32) Falls Du Schwierigkeiten hattest: Welche Schwierigkeiten sind aufgetreten?

33) Vielen Dank für Deine Mitarbeit. Falls Dir noch etwas bezüglich des Fragebogens oder allgemein zu dem Thema „Berufsorientierung" auf dem Herzen liegt, kannst Du es hier notieren:

Seite 10

Fragebogen A: Schüler 9. Klasse zu Berufsorientierung allgemein (Hauptuntersuchung)

Anja Langmajer
anja.langmajer@fau.de

http://www.wirtschaftsdidaktik.phil.uni-erlangen.de/

FRIEDRICH-ALEXANDER
UNIVERSITÄT
ERLANGEN-NÜRNBERG

PHILOSOPHISCHE FAKULTÄT
UND FACHBEREICH THEOLOGIE

Didaktik Wirtschaft und Recht

BERUFSORIENTIERUNG AM GYMNASIUM

Mit dem folgenden Fragebogen soll herausgefunden werden, welche Vorstellungen, Wünsche und Sorgen Jugendliche Deines Alters bezüglich der Vorbereitung auf ihre berufliche Zukunft haben. Die Ergebnisse werden an der Friedrich-Alexander-Universität im Rahmen einer Forschungsarbeit zusammengetragen. Die Befragung dauert etwa 20 Minuten und findet anonym statt. Letzteres bedeutet, dass zwischen Dir und Deinen Antworten für Außenstehende keine Verbindung hergestellt werden kann. Falls Du nach der Bearbeitung noch Rückfragen hast, kannst Du Dich gerne persönlich oder unter obenstehender E-Mail-Adresse an Frau Langmajer wenden. Selbstverständlich kannst Du nach der Auswertung der Ergebnisse eine Rückmeldung über das Gesamtergebnis bekommen.

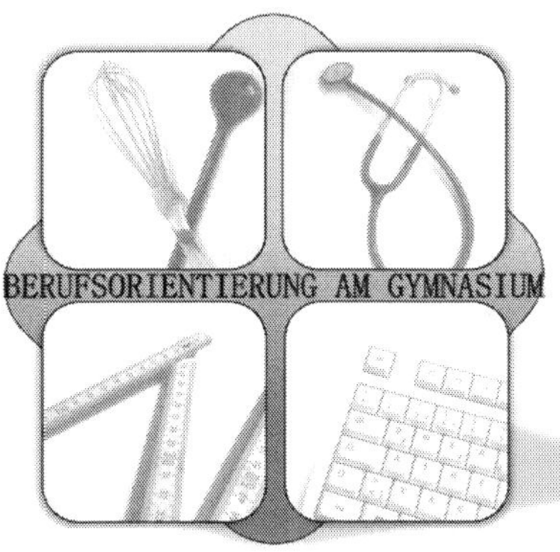

DEINE ID:
(Erstellung s. S. 2)

_ _ _ _ _ _ _ _

Fragebogen ausfüllen – So geht's

- Für alle Fragen gilt: Es gibt keine falsche Antwort. Meist bringt eine rasche Reaktion auch die für Dich passendste Antwort mit sich. Bitte beantworte alle Fragen wahrheitsgemäß.
- Kreuze bitte die für Dich passenden Antworten an.
- Wenn Du Deine Antwort im Nachhinein ändern möchtest, dann schwärze das falsche Kästchen bitte vollständig und kreuze die für Dich passende Antwort an.
- Die Fragen sind so gestellt, dass manchmal nur eine Antwortmöglichkeit anzukreuzen ist und bei anderen Fragen wiederum mehrere Antwortmöglichkeiten vorgesehen sind. Wenn Du den Punkt „Sonstige:__________" vorfindest, dann kannst Du hier eine bzw. mehrere eigene weitere Antwortmöglichkeit/en angeben.
- Einige Fragen sind offen gestellt, so dass Du die Antwort selbst eintragen musst. Dies sind gelegentlich nur einzelne Begriffe, häufiger jedoch auch ausführlichere Antworten. Schreibe in beiden Fällen bitte besonders deutlich.
- Mit dem Begriff „Beruf" sind stets sowohl Lehrberufe als auch Tätigkeiten, für die ein Studienabschluss oder gar keine spezielle Ausbildung benötigt wird gemeint.

1 Persönliche Angaben

1) Zunächst erstellst Du Dir eine Identifikationsnummer. Diese trägst Du bitte auf dem Deckblatt in den dafür vorgesehenen Kasten ein.

	Wie lauten die ersten beiden Buchstaben Deines Vornamens?	In welchem Jahr wurdest Du geboren? 19../20.. (Beispiel: Wenn Du im Jahr 1999 geboren wurdest, dann trage hier „99" ein. Wenn Du im Jahr 2001 geboren wurdest, trage hier „01" ein.)	Wie lauten die ersten beiden Buchstaben des Vornamens Deiner Mutter?	In welchem Monat hat Deine Mutter Geburtstag? (Januar = 01, Februar = 02, …, Dezember = 12)
DAS IST DEINE ID	_ _	_ _	_ _	_ _

2) Wie alt bist Du? [ ] Jahre

3) Welche Staatsangehörigkeit(en) besitzt Du? [ ]

4) Bist Du in Deutschland geboren worden?

○ Ja ○ Nein

→ In welchem Land wurdest Du geboren? [ ]

Wie alt warst Du, als Du nach Deutschland gekommen bist? [ ] Jahre

5) Leben Deine Eltern schon immer in Deutschland?

○ Ja ○ Nein

→ Aus welchem Land bzw. welchen Ländern kommen Deine Eltern?

Mutter: [ ] Vater: [ ]

Seite 2

6) Wiederholst Du die neunte Jahrgangsstufe derzeit?
◯ Nein ◯ Ja
→ Hast Du das verpflichtende Praktikum im vergangenen Schuljahr abgeleistet?
◯ Nein ◯ Ja
→ In was für einer Art von Betrieb hast Du das Praktikum gemacht (z.B. Anwaltsbüro, Malerbetrieb, Zahnarztpraxis,...)?

7) Welchen Ausbildungszweig besuchst Du auf Deiner Schule?
◯ Naturwissenschaftlich-Technologisch ◯ Sprachlich

2 Berufsorientierung- Die Schule, Du und Deine Zukunft

8) Angenommen es gäbe keinerlei Einschränkungen oder Grenzen, was Deine Berufswahl angeht: Welchen idealtypischen Beruf würdest Du für Dich auswählen (Du kannst hier auch einen rein theoretischen Traumberuf angeben)?

9) Kannst Du Dich erinnern, in der Schule schon einmal etwas über Berufsorientierung oder Deine mögliche berufliche Zukunft gehört zu haben?
◯ Nein ◯ Ja
→ In welchem Fach bzw. in welchen Fächern war das und was waren die behandelten Themen? Du kannst ggf. auch noch weitere Fächer in der Liste hinzufügen.

Fach	Behandelte Themen
Wirtschaft und Recht	
Religion ev.	
Religion kath.	
Ethik	
Englisch	
Französisch	
________	
________	
________	
________	

Seite 3

10) Haben Deine Lehrer bei der Behandlung zu Themen der Berufsorientierung jemals fächerübergreifend (das heißt, dass ihr in mehreren Fächern gleichzeitig das Thema behandelt habt und die Lehrer dabei Bezug auf das jeweils andere Fach genommen haben) mit Euch gearbeitet?

○ Nein ○ Ja

→ Beschreibe, welche Fächer dabei verbunden worden sind und was genau gemacht wurde.

11) An Deiner Schule wird in der neunten Jahrgangsstufe ein verpflichtendes Betriebspraktikum durchgeführt. In was für einer Art von Betrieb würdest Du das Praktikum in diesem Schuljahr gerne machen (z.B. Anwaltsbüro, Malerbetrieb, Zahnarztpraxis,...)?

12) Wie findest Du diese Verpflichtung ein Betriebspraktikum abzuleisten grundsätzlich? Kreuze hier nur eine für Dich passende Antwortmöglichkeit an:

Schlecht	Eher schlecht	Eher gut	Gut
○	○	○	○

13) Kennst Du Freunde an anderen Gymnasien (also nicht am WGN), die ein solches Praktikum ableisten müssen?

○ Nein ○ Ja

→ Tauschst Du Dich mit diesen Freunden über das Pflichtpraktikum aus?

○ Nein ○ Ja

→ Worüber sprecht ihr dabei?

14) Welche positiven bzw. negativen Erwartungen hast Du bezüglich des Pflichtpraktikums im Juli?

Positive Erwartungen	Negative Erwartungen

SEITE 4

15) Hast Du schon einmal ein freiwilliges Praktikum in den Schulferien gemacht?

○ Nein ○ Ja

→ In was für einer Art von Betrieb hast Du das Praktikum gemacht (z.B. Anwaltsbüro, Malerbetrieb, Zahnarztpraxis...)?

Wie lange hat das Ferienpraktikum gedauert?

Arbeitstage

Würdest Du einem Schüler, der noch kein Praktikum abgeleistet hat, empfehlen, dies zu machen?

○ Nein ○ Ja

16) Hast Du Dich im letzten halben Jahr aktiv über berufliche Möglichkeiten informiert?

○ Nein ○ Ja

→ Wo hast Du Dich informiert? Kreuze an. Unter „Sonstige" kannst Du weitere für Dich passende Antworten angeben.

○ Internet ○ Berufsberater der Arbeitsagentur
○ Berufsinformationszentrum (BiZ) ○ Berufsmesse ○ Unternehmen
○ Sonstige: ____________________

17) Wer ist sonst noch ein wichtiger Ansprechpartner für Dich, wenn es um die Berufswahl geht? Hier kannst Du mehrere Antwortmöglichkeiten ankreuzen bzw. sonstige für Dich passende Antworten eintragen.

○ Eltern ○ Geschwister ○ Weitere Verwandte: ____________________
○ Freunde ○ Lehrer ○ Sonstige: ____________________

18) Hast Du bereits Ideen, welche Berufe für Dich nach dem Schulabschluss in Frage kommen.

○ Nein ○ Ja

→ Welche(r) Beruf(e) würden Dich interessieren? Kennst Du jemanden, der dieser Tätigkeit nachgeht und glaubst Du, Du weißt schon genau, wie Dein Alltag in diesem Beruf aussehen würde?? (Hier kannst Du bis zu 4 Berufe angeben)

Beruf(e)	**Kennst Du jemanden, der dieser Tätigkeit nachgeht?**		**Glaubst Du, Du weißt schon genau, wie Dein Alltag in diesem Beruf aussehen würde?**			
	Ja	Nein	Nein	Eher nein	Eher ja	Ja
1) ____________	○	○	○	○	○	○
2) ____________	○	○	○	○	○	○
3) ____________	○	○	○	○	○	○
4) ____________	○	○	○	○	○	○

SEITE 5

19) Hast Du eine Idee, wer Dir bei Deinen Interessen behilflich sein könnte bzw. Dir verschiedene Möglichkeiten aufzeigen könnte?

◯ Nein ◯ Ja

→ An wen könntest Du Dich damit wenden?

20) Was sollte die Schule Deiner Meinung nach leisten, um Dir den Einstieg in die Arbeitswelt (sowohl in Sachen Praktikum als auch für eine mögliche Ausbildung bzw. Studium) zu erleichtern?

21) Bewerte die folgenden Aussagen. Kreuze jeweils nur eine für Dich passende Antwortmöglichkeit an.

Aussage	Stimmt gar nicht	Stimmt eher nicht	Stimmt eher	Stimmt voll
Ich habe schon genaue Vorstellungen bezüglich meiner beruflichen Zukunft.	◯	◯	◯	◯
Ich habe das Gefühl, dass meine Eltern genaue Vorstellungen bezüglich meiner beruflichen Zukunft haben.	◯	◯	◯	◯
Ich spreche regelmäßig mit meinen Freunden über das Thema „Beruf".	◯	◯	◯	◯
Ich weiß über die Berufswünsche meiner besten Freundin bzw. meines besten Freundes Bescheid.	◯	◯	◯	◯
Ich habe Kontakt zu Freunden, die sich bereits um eine Lehrstelle bemühen mussten bzw. müssen.	◯	◯	◯	◯
Ich habe Hobbys bzw. private Interessen, welche mich bei meinen Berufsvorstellungen beeinflussen.	◯	◯	◯	◯
Es gibt Unterrichtsfächer, welche mich bei meinen Berufsvorstellungen beeinflussen.	◯	◯	◯	◯

22) Welche Vorstellung hast Du von Deinem zukünftigen Monatsgehalt, kurz nachdem Du eine Ausbildung bzw. ein Studium beendet hast? Kreuze hier nur eine Antwortmöglichkeit an.

◯ < 1500 € ◯ 1500 € bis unter 2500 € ◯ 2500 € bis unter 3500 € ◯ > 3500 € ◯ Egal

SEITE 6

23) Welche der folgenden Aspekte sind Dir für Dein späteres Berufsleben wichtig? Kreuze sämtliche für Dich passenden Antworten an. Ganz unten kannst Du unter „Sonstige" weitere hier nicht aufgeführte Aspekte angeben, die Dir bei Deiner Berufswahl wichtig sind.

○	Hohes Gehalt
○	Verwirklichung der persönlichen Interessen
○	Viel Urlaub
○	Gute Vereinbarkeit mit Familienleben
○	Einsatz der persönlichen Talente
○	Abwechslung
○	Kontinuität
○	Nette Kollegen
○	Kontakt zu anderen Menschen
○	Hohes gesellschaftliches Ansehen
○	Nähe zu Heimatort
○	Nähe zu späterem Wohnort
○	Wenig körperliche Anstrengung
○	Viel körperliche Anstrengung
○	Häufige Dienstreisen
○	Seltene Dienstreisen
○	Sonstige: ____________________

SEITE 7

24) Erstelle für folgende Tätigkeiten ein Ranking, wobei Du die Tätigkeit die Du Dir am besten vorstellen kannst auf Platz 1 und die Tätigkeit, die Du Dir am wenigsten vorstellen kannst auf Platz 15 setzt. Achte darauf, dass jede Ziffer von 1 bis 15 wirklich nur einmal vergeben wird und alle Tätigkeiten eine Ziffer zugeteilt bekommen.

Platzierung	**Tätigkeit**
____	Mit Maschinen und Technik zu tun haben
____	Andere beraten
____	Mit Zahlen/Mathematik zu tun haben
____	Leuten etwas verkaufen
____	Mit Naturwissenschaften und Forschung zu tun haben
____	Andere unterrichten
____	Hauptsächlich entwerfen, gestalten, zeichnen
____	Anderen helfen
____	Mit Material umgehen
____	Beruflich mit Menschen zu tun haben
____	Einfälle und Ideen einsetzen
____	Fremdsprachen anwenden
____	Mit Literatur, Kultur, Medien umgehen
____	Mich mit fremden Völkern, Kulturen, Geschichte beschäftigen
____	Kaufmännische Büro- und Verwaltungsarbeit erledigen

(Tätigkeitskategorien nach: KALTEIS, R.; NEUMEIER, G.; DR. SCHILLER, G.; SCHMIDT, S. (2013): Saldo 9. Wirtschaft und Recht. Gymnasium Bayern. Braunschweig.)

SEITE 8

③ Deine Eltern, Du und Deine Zukunft

25) Haben Deine Eltern eine abgeschlossene Berufsausbildung bzw. ein abgeschlossenes Studium?

◯ Nein ◯ Ja

→ Welche Berufe haben Deine Eltern gelernt bzw. welche Studiengänge haben sie Abgeschlossen? Achte bitte darauf, Berufe anzugeben und nicht z.B. „Angestellte" und auch keine Branchen, Firmennamen o.ä..

Mutter: ______

Vater: ______

26) Sind Deine Eltern derzeit in ihren gelernten Berufen tätig bzw. welchen Beruf üben sie stattdessen aus? Achte bitte auch hier darauf, Berufe anzugeben und nicht z.B. „Angestellte" und auch keine Branchen, Firmennamen o.ä..

Mutter: ◯ Gelernter Beruf ◯ Nein, stattdessen: ______

Vater: ◯ Gelernter Beruf ◯ Nein, stattdessen: ______

27) Stellen Deine Eltern für Dich Berufsvorbilder dar?

◯ Nein ◯ Ja

28) Hast Du weitere Berufsvorbilder?

◯ Nein ◯ Ja, nämlich ______

29) Hast Du mit Deinen Eltern schon einmal über Deine berufliche Zukunft gesprochen?

◯ Nein ◯ Ja

→ Worüber habt ihr dabei gesprochen? Kreuze sämtliche für Dich passenden Antworten an bzw. gib unter „Sonstiges" weitere Gesprächsthemen an, über die Du mit Deinen Eltern bezüglich Deiner beruflichen Zukunft gesprochen hast.

◯	Derzeitige Schulnoten und damit verbundene berufliche Möglichkeiten
◯	Pflichtpraktikum in der 9. Klasse
◯	Mögliches freiwilliges Praktikum in den Ferien
◯	Geeignete Berufsausbildungen
◯	Geeignete Studiengänge
◯	Möglichkeiten, wie Deine Eltern Dich bei der Berufsorientierung unterstützen könnten
◯	Sonstiges: ______

Seite 9

④ ABSCHLUSSGEDANKEN

30) Wie leicht bzw. schwer ist es Dir gefallen, diesen Fragebogen auszufüllen? Kreuze hier nur eine für Dich passende Antwortmöglichkeit an.

Schwer	Eher schwer	Eher leicht	Leicht
○	○	○	○

31) Bei welchen drei Fragen fiel Dir die Beantwortung am schwersten?

Frage Nr. ☐ Frage Nr. ☐ Frage Nr. ☐

32) Falls Du Schwierigkeiten hattest: Welche Schwierigkeiten sind aufgetreten?

33) Vielen Dank für Deine Mitarbeit. Falls Dir noch etwas bezüglich des Fragebogens oder allgemein zu dem Thema „Berufsorientierung" auf dem Herzen liegt, kannst Du es hier notieren:

SEITE 10

Fragebogen B: Schüler 9. Klasse direkt vor dem Betriebspraktikum

Anja Langmajer
anja.langmajer@fau.de

http://www.wirtschaftsdidaktik.phil.uni-erlangen.de/

FAU FRIEDRICH-ALEXANDER UNIVERSITÄT ERLANGEN-NÜRNBERG
PHILOSOPHISCHE FAKULTÄT UND FACHBEREICH THEOLOGIE
Didaktik Wirtschaft und Recht

Deine ID: __ __ __ __ __ __ __ __

BERUFSORIENTIERUNG AM GYMNASIUM: DAS BETRIEBSPRAKTIKUM

1) Wie heißt der Betrieb in dem Du Dein Betriebspraktikum vom 11.-15- Juli 2016 ableisten wirst und um was für eine Art von Betrieb (z.B. Anwaltsbüro, Malerbetrieb, Sportartikelhersteller,...) handelt es sich dabei?

____

____

2) Warum hast Du diesen Praktikumsplatz gewählt?

____

____

____

3) Kannst Du Dir vorstellen, auch nach Deinem Schulabschluss in diesem Bereich zu arbeiten? Begründe Deine Antwort.

○ Nein, weil... ○ Ja, weil...

____

____

4) Wie ist die Bewerbung abgelaufen? Wer hat Dich dabei unterstützt?

____

____

____

____

5) Konntest Du das im WR-Unterricht erlernte Wissen für die Bewerbung anwenden? Begründe Deine Antwort.

○ Nein, weil... ○ Ja, weil...

____

____

____

SEITE 1

6) Wie hätte die Schule Dich noch besser auf das Betriebspraktikum vorbereiten können?

7) Was glaubst Du werden Deine Aufgaben im Praktikumsbetrieb sein? Ordne zu:

Diese Aufgaben werden mir gut gefallen:	**Begründung:**

Diese Aufgaben werden mir nicht gefallen:	**Begründung:**

8) Welche Erwartungen wird Dein Chef wohl sonst noch an Dich haben?

9) Vervollständige folgende Sätze:

a) Wenn ich an das Praktikum denke, freue ich mich auf...

b) Wenn ich an das Praktikum denke, habe ich Sorgen wegen...

c) Ich denke, das Praktikum wird mir auch im Nachhinein noch nutzen, weil...

10) Vielen Dank für Deine Mitarbeit. Falls Dir noch etwas bezüglich des Fragebogens oder allgemein zu dem Thema „Berufsorientierung" auf dem Herzen liegt, kannst Du es hier notieren:

SEITE 2

Fragebogen C: Schüler 9. Klasse direkt nach dem Betriebspraktikum

Anja Langmajer
anja.langmajer@fau.de
http://www.wirtschaftsdidaktik.phil.uni-erlangen.de/

FAU FRIEDRICH-ALEXANDER UNIVERSITÄT ERLANGEN-NÜRNBERG
PHILOSOPHISCHE FAKULTÄT UND FACHBEREICH THEOLOGIE
Didaktik Wirtschaft und Recht

Deine ID: __ __ __ __ __ __ __ __

BERUFSORIENTIERUNG AM GYMNASIUM: DAS BETRIEBSPRAKTIKUM

1) Bewerte folgende Aspekte Deines Praktikums durch Ankreuzen:

Aspekt	Stimmt voll	Stimmt eher	Stimmt eher nicht	Stimmt nicht
Ich denke, dass meine Praktikumswahl richtig war.	○	○	○	○
Das Praktikum hat mir Spaß gemacht.	○	○	○	○
Ich denke, die mir übertragenen Aufgaben waren für eine/n Schülerpraktikantin/en angemessen.	○	○	○	○
Ich fühlte mich in dem Betrieb gut betreut.	○	○	○	○
Das Praktikum ist so abgelaufen, wie ich es mir vorher vorgestellt habe.	○	○	○	○
Ich habe das Gefühl, dass das Praktikum für mich sinnvoll war.	○	○	○	○
Das Praktikum hat meinen derzeitigen Berufswunsch beeinflusst.	○	○	○	○
Ich würde gerne freiwillig noch ein weiteres Praktikum in den Ferien ableisten.	○	○	○	○

SEITE 1

2) Wie hätte die Schule Dich besser auf das Betriebspraktikum vorbereiten können?

---

3) Was muss ein Betrieb Deiner Meinung nach zu einem sinnvollen Praktikum beitragen?

---

4) Welche Ratschläge würdest Du den Schülern des nächsten Jahrgangs für ein erfolgreiches Praktikum geben?

---

5) Vielen Dank für Deine Mitarbeit. Falls Dir noch etwas bezüglich des Fragebogens oder allgemein zu dem Thema „Berufsorientierung" auf dem Herzen liegt, kannst Du es hier notieren:

SEITE 2

Fragebogen D: Praktikumsbetreuer

Anja Langmajer
anja.langmajer@fau.de

http://www.wirtschaftsdidaktik.phil.uni-erlangen.de/

FAU FRIEDRICH-ALEXANDER UNIVERSITÄT ERLANGEN-NÜRNBERG

PHILOSOPHISCHE FAKULTÄT UND FACHBEREICH THEOLOGIE

Didaktik Wirtschaft und Recht

Schüler-ID: __ __ __ __ __ __ __ __

BERUFSORIENTIERUNG AM GYMNASIUM: DAS BETRIEBSPRAKTIKUM

Sehr geehrte Damen und Herren,

herzlichen Dank für die Betreuung meiner Schülerin bzw. meines Schülers während des Betriebspraktikums vom 11. bis 15. Juli 2016.

Am Lehrstuhl „Fachdidaktik für Wirtschaft und Recht" der Friedrich-Alexander-Universität Nürnberg Erlangen beschäftige ich mich seit beinahe zwei Jahren mit dem Thema „Berufsorientierung am Gymnasium" und Fragen zur Entwicklung der Vorstellungen, welche Jugendliche von ihrer beruflichen Zukunft und der Arbeitswelt haben. Durch eine qualitative Analyse soll herausgefunden werden, welche Ideen, Wünsche und Sorgen Jugendliche bezüglich der Vorbereitung auf ihre berufliche Zukunft haben. Auch das Betriebspraktikum ist ein wichtiger Baustein des Erziehungs- und Bildungsauftrages der Schulen. Es wäre schön, wenn Sie einen Beitrag zur Optimierung der Berufsorientierung am Gymnasium beitragen würden, indem Sie folgende Fragen beantworten. Die Ergebnisse werden im Rahmen meiner Doktorarbeit anonymisiert veröffentlicht. Falls Sie noch Rückfragen haben, können Sie sich gerne unter obiger E-Mail-Adresse an mich wenden. Selbstverständlich können Sie nach der Auswertung der Studie eine Rückmeldung über das Gesamtergebnis bekommen.

Herzlichen Dank und freundliche Grüße

StRin M.A. Anja Langmajer

1) Wieviele Schülerpraktikantinnen und –praktikanten beschäftigen Sie dieses Jahr in Ihrem Betrieb?

○ 1 – 3 ○ 4 – 6 ○ 7 – 10 ○ 11 – 15 ○ 16 – 20 ○ 20 – 30 ○ > 30

2) Hatten Sie das Gefühl, dass die Schülerin bzw. der Schüler gut auf das Betriebspraktikum vorbereitet war?

○ Nein, weil... ○ Ja, weil...

....

....

....

3) Was erwarten Sie bei der Praktikumsvorbereitung von den Schulen?

....

....

....

SEITE 1

4) Was muss die Schule Ihrer Meinung nach zur allgemeinen Vorbereitung von Schülerinnen und Schülern auf die Arbeitswelt leisten?

____

____

____

____

5) Was könnten Betriebe zur Vorbereitung von Schülerinnen und Schülern auf die Arbeitswelt leisten?

____

____

____

____

6) Könnten Sie sich eine engere Zusammenarbeit mit einer oder mehreren Schulen für das Betriebspraktikum vorstellen?

◯ Nein, weil... ◯ Ja. → Wie könnte diese Zusammenarbeit aus Ihrer Sicht aussehen?

____

____

____

____

7) Arbeiten Sie mit einer oder mehreren anderen Schulen bereits in Bereichen der Berufsorientierung zusammen?

◯ Nein, weil... ◯ Ja. → Wie sieht diese Zusammenarbeit aus?

____

____

____

____

8) Vielen Dank für Ihre Mitarbeit. Falls Ihnen noch etwas bezüglich des Fragebogens oder allgemein zu dem Thema „Berufsorientierung" auf dem Herzen liegt, können Sie es hier notieren:

____

____

____

____

SEITE 2

Fragebogen E: Schüler 10. Klasse zu Berufsorientierung allgemein

Anja Langmajer
anja.langmajer@fau.de

http://www.wirtschaftsdidaktik.phil.uni-erlangen.de/

FAU FRIEDRICH-ALEXANDER UNIVERSITÄT ERLANGEN-NÜRNBERG
PHILOSOPHISCHE FAKULTÄT UND FACHBEREICH THEOLOGIE
Didaktik Wirtschaft und Recht

Schüler-ID: __ __ __ __ __ __ __ __

Berufsorientierung am Gymnasium

Liebe Schülerinnen und Schüler,
mit dem folgenden Fragebogen soll herausgefunden werden, welche Vorstellungen, Wünsche und Sorgen Jugendliche Ihres Alters bezüglich der Vorbereitung auf ihre berufliche Zukunft haben. Die Ergebnisse werden an der Friedrich-Alexander-Universität im Rahmen einer Forschungsarbeit zusammengetragen. Die Veröffentlichung findet anonym statt, zwischen Ihnen und Ihren Antworten kann für Außenstehende also keine Verbindung hergestellt werden. Falls Sie nach der Bearbeitung noch Rückfragen haben, können Sie sich gerne persönlich oder unter obenstehender E-Mail-Adresse an Frau Langmajer wenden. Selbstverständlich können Sie nach der Auswertung der Ergebnisse eine Rückmeldung über das Gesamtergebnis bekommen.
Vielen Dank und freundliche Grüße

StRin M.A. Anja Langmajer

1) Können Sie sich noch an Ihren Traumberuf als Grundschüler erinnern? Wenn ja, welcher war das?

____

2) Angenommen es gäbe keinerlei Einschränkungen oder Grenzen, was Ihre Berufswahl angeht: Welchen idealtypischen Beruf würden Sie heute für sich auswählen (Sie können hier auch einen rein theoretischen Traumberuf angeben)?

____

3) In der Berufswahltheorie werden sechs verschiedene Persönlichkeitstypen unterschieden. Geben Sie die Ziffer des Typs an, dem Sie sich am ehesten zuordnen würden.

Typ 1) „bevorzugt Tätigkeiten, die Kraft, Koordination und Handgeschick erfordern; Tätigkeit soll zu einem sichtbaren Ergebnis führen; fühlt sich im Umgang mit Materialien, Tieren, Maschinen und Werkzeugen sicher; bevorzugt ein traditionelles Wertesystem.
Typische Berufe: Landwirt, Schreiner, Ingenieur"

Typ 2) „bevorzugt Aktivitäten, bei denen die Bewältigung von Aufgaben oder Problemen durch Denken, systematische Beobachtung oder Forschung erforderlich ist; fühlt sich sicher im mathematischen und naturwissenschaftlichen Bereich; geht analytisch und methodisch vor.
Typische Berufe: Radiotechniker, naturwissenschaftlicher Forscher, Geologe, Soziologe"

Typ 3) „bevorzugt offene, unstrukturierte Aktivitäten, mit sprachlicher oder künstlerischer Selbstdarstellung; besitzt große sprachliche und musische Fähigkeiten; lehnt systematische und geordnete Tätigkeiten ab; betont stark seine Gefühle.
Typische Berufe: Goldschmied, Schriftsteller, Schauspieler, Musiker"

Typ 4) „bevorzugt Tätigkeiten, bei denen er sich mit anderen Menschen auseinandersetzen kann – in Form von Unterricht, Lehren, Ausbilden, Versorgen oder Pflegen; ist stark in zwischenmenschlichen Beziehungen; technische und wissenschaftliche Befähigung sind ihm nicht so wichtig.
Typische Berufe: Barkeeper, Krankenschwester, Psychologe"

Typ 5) „bevorzugt Tätigkeiten und Situationen, bei denen sich andere beeinflussen lassen; besitzt Führungsqualität, Überzeugungskraft und ein hohes Selbstvertrauen; Mangel an wissenschaftlicher Begabung; setzt eher auf traditionelle Werte wie sozialen, politischen oder ökonomischen Erfolg; ist leistungsorientiert. Typische Berufe: Verkäufer, Manager"	**Typ 6)** „bevorzugt Tätigkeiten, bei denen der strukturierte Umgang mit Daten im Vordergrund steht, insbesondere ordnend-verwaltende Tätigkeiten; lehnt offene und unstrukturierte Aufgaben eher ab. Typische Berufe: Buchhalter, Jurist, kaufmännischer Angestellter"

Veränderte Darstellung nach P. MARTI (2011), Persönlichkeitstypen – Die Typologie von John L. Holland, S. 1-3, abrufbar unter http://www.jugendarbeit.ch/download/pa_hollandtypen.pdf, zuletzt aufgerufen am 20. Juni 2017.

Ich würde mich am ehesten dem Typ ________ (Hier bitte die entsprechende Ziffer eintragen) zugehörig fühlen.

4) Wie würden Sie den eigenen Unterstützungsbedarf bezüglich der Berufsorientierung einschätzen? Kreuzen Sie die Ihrer Meinung nach passendste Gruppe an.

◯ Ich kann den richtigen Beruf ohne Unterstützung durch Lehrer, Eltern oder Berufsberater nur schwer finden.

◯ Ich nutze die Informations- und Beratungsangebote, treffe meine Berufswahl aber alleine.

◯ Ich benötige für meine Entscheidungen keine Unterstützung von außen.

5) Haben Sie Berufsvorbilder?
◯ Nein ◯ Ja, nämlich ________________________________

6) Haben Sie in der 10. Klasse ein freiwilliges Praktikum in den Schulferien gemacht?
◯ Nein ◯ Ja

→ In was für einer Art von Betrieb haben Sie das Praktikum gemacht (z.B. Anwaltsbüro, Malerbetrieb, Zahnarztpraxis...)? ________________

Wie lange hat das Ferienpraktikum gedauert? ________ Arbeitstage

Würden Sie einem Schüler, der noch kein Praktikum abgeleistet hat, empfehlen, dies zu machen? ◯ Nein ◯ Ja

7) Haben Sie sich in diesem Schuljahr aktiv über berufliche Möglichkeiten informiert?
◯ Nein ◯ Ja

→ Wo haben Sie sich informiert? Kreuzen Sie bitte an. Unter „Sonstige" können Sie weitere passende Antworten angeben.

◯ Internet ◯ Berufsberater der Arbeitsagentur ◯ Gespräch mit Eltern

◯ Berufsinformationszentrum (BiZ) ◯ Berufsmesse ◯ Unternehmen

◯ Sonstige: ________________________________

8) Erstellen Sie für folgende Ansprechpartner ein Ranking, wobei Sie die Personen, die Sie zum Thema Berufsorientierung am ehesten ansprechen würden auf Platz 1 setzen und die Personen, die Sie als letztes wählen würden, auf Platz 5 setzen.

_____ Eltern _____ Unternehmer _____ Lehrer

_____ Freunde _____ Mitarbeiter der Bundesagentur für Arbeit

SEITE 2

9) Haben Sie bereits Ideen, welche Berufe für Sie nach dem Schulabschluss in Frage kommen.

○ Nein ○ Ja

→ Welche(r) Beruf(e) würde(n) Sie interessieren? Kennen Sie jemanden, der dieser Tätigkeit nachgeht und glauben Sie, Sie wissen schon genau, wie Ihr Alltag in diesem Beruf aussehen würde?? (Hier können Sie bis zu 4 Berufe angeben)

Beruf(e)	Kennst Du jemanden, der dieser Tätigkeit nachgeht?		Glaubst Du, Du weißt schon genau, wie Dein Alltag in diesem Beruf aussehen würde?			
	Ja	Nein	Nein	Eher nein	Eher ja	Ja
1) ______	○	○	○	○	○	○
2) ______	○	○	○	○	○	○
3) ______	○	○	○	○	○	○
4) ______	○	○	○	○	○	○

10) Bewerten Sie die folgenden Aussagen. Kreuzen Sie bitte jeweils nur eine für Sie passende Antwortmöglichkeit an.

Aussage	**Stimmt gar nicht**	**Stimmt eher nicht**	**Stimmt eher**	**Stimmt voll**
Ich habe schon genaue Vorstellungen bezüglich meiner beruflichen Zukunft.	○	○	○	○
Ich habe das Gefühl, dass meine Eltern genaue Vorstellungen bezüglich meiner beruflichen Zukunft haben.	○	○	○	○
Ich habe das Gefühl, dass ich schon gut über das Thema Berufsorientierung informiert bin.	○	○	○	○
Ich habe das Bedürfnis, mit einem qualifizierten Ansprechpartner über meine Berufswahl zu sprechen.	○	○	○	○
Für ein solches Beratungsgespräch würde ich einen Termin bei einem Berufsberater der Bundesagentur für Arbeit wahrnehmen.	○	○	○	○
Ich denke, dass ich für meine Berufsentscheidung noch genug Zeit habe und jetzt am Ende der 10. Klasse noch kein Entscheidungsdruck in Sachen Berufswahl auf mir lastet.	○	○	○	○
Ich habe schon einmal ernsthaft darüber nachgedacht, das Gymnasium nach der zehnten Klasse zu verlassen und eine Berufsausbildung zu beginnen.	○	○	○	○
Ich kann mir vorstellen, meinen Heimatort für den Beruf zu verlassen.	○	○	○	○

SEITE 3

Aussage	Stimmt gar nicht	Stimmt eher nicht	Stimmt eher	Stimmt voll
Ich habe meine privaten Zukunftsvorstellungen (z.B. Kinder, Ehepartner,...) schon einmal in meine beruflichen Pläne mit einfließen lassen.	○	○	○	○
Ich spreche regelmäßig mit meinen Freunden über das Thema „Beruf".	○	○	○	○
Ich weiß über die Berufswünsche meiner besten Freundin bzw. meines besten Freundes Bescheid.	○	○	○	○
Meine Freunde und ich haben ähnliche Berufswünsche.	○	○	○	○
Ich habe Kontakt zu Freunden, die sich bereits um eine Lehrstelle bemühen mussten bzw. müssen.	○	○	○	○
Ich denke, dass es kein Problem ist, den Beruf später zu wechseln, falls ich mit meiner Wahl nicht zufrieden sein sollte.	○	○	○	○
Ich bin weiblich und möchte auf keinen Fall einen typischen Männerberuf ausüben bzw. Ich bin männlich und möchte auf keinen Fall einen typischen Frauenberuf ausüben.	○	○	○	○

11) Haben Sie das Gefühl, Sie hätten in der 10. Klasse besser von der Schule auf Ihre Berufswahl vorbereitet werden müssen? Wenn nein, warum nicht? Wenn ja, wie hätte das aussehen sollen?

○ Nein ○ Ja

____

____

____

____

SEITE 4

12) Haben Sie das Gefühl, dass sich seit dem letzten Schuljahr bei Ihnen etwas in Sachen Berufsorientierung verändert hat?

○ Nein ○ Ja

→ Welche Veränderungen können Sie seit der 9. Jahrgangsstufe feststellen?

○ Ich weiß jetzt genauer, welchen beruflichen Weg ich einschlagen möchte.

○ Ich weiß jetzt besser Bescheid, an wen ich mich bei Fragen zur Berufswahl wenden kann.

○ Ich wurde in der Schule angeleitet, mich noch intensiver damit auseinanderzusetzen. (Schulfach/-fächer: ______)

○ Sonstiges: ______

→ Woran liegt es, dass sich noch keine Veränderung eingestellt hat?

○ Ich habe seit der 9. Klasse nicht mehr darüber nachgedacht.

○ Ich habe mich zwar mit der Berufswahl beschäftigt, bin aber noch zu keinem Ergebnis gekommen.

○ Die Schule hat mich nicht mehr weiter angeleitet, mich damit zu beschäftigen.

○ Sonstiges: ______

13) Haben Sie jemals am Girls' bzw. Boys'Day teilgenommen?

○ Nein ○ Ja

→ In welcher Jahrgangsstufe haben Sie den Tag in welchem Betrieb verbracht?

____. Klasse: ______

____. Klasse: ______

____. Klasse: ______

14) Wie viele Stunden verbringen Sie täglich ungefähr mit...

Telefonieren: ____ Stunden

Spielekonsolen: ____ Stunden

Im Internet surfen: ____ Stunden

Fernsehen: ____ Stunden

Messenger (z.B. WhatsApp): ____ Stunden

15) Wieviel Zeit verbringen Sie wöchentlich etwa mit Ihren Freunden (die Zeit in der Schule nicht mit eingerechnet)?

____ Stunden

SEITE 5

16) Welche der folgenden Aspekte sind Ihnen für Ihr späteres Berufsleben wichtig? Kreuzen Sie bitte sämtliche für Sie passenden Antworten an. Ganz unten können Sie unter „Sonstige" weitere Aspekte angeben.

○	Hohes Gehalt
○	Verwirklichung der persönlichen Interessen
○	Viel Urlaub
○	Gute Vereinbarkeit mit Familienleben
○	Einsatz der persönlichen Talente
○	Abwechslung
○	Kontinuität
○	Nette Kollegen
○	Kontakt zu anderen Menschen
○	Hohes gesellschaftliches Ansehen
○	Nähe zu Heimatort
○	Nähe zu späterem Wohnort
○	Wenig körperliche Anstrengung
○	Viel körperliche Anstrengung
○	Häufige Dienstreisen
○	Seltene Dienstreisen
○	Zufriedenheit
○	Sonstige: ______________________________

SEITE 6

17) Haben Sie das Gefühl, dass Ihnen nach dem Abitur beruflich alle Möglichkeiten offenstehen?

◯ Nein ◯ Ja

Wo sehen Sie Ihre Grenzen?

◯ Begrenzte Interessen ◯ Begrenzte körperliche Fähigkeiten

◯ Begrenzte geistige Fähigkeiten ◯ Eltern haben bestimmte Erwartungen an mich

◯ Begrenztes Stellen- bzw. Studienplatzangebot ◯ Begrenzte Informationen über Berufe

◯ Begrenzte Berufschancen aufgrund von erwarteter Abiturnote

◯ Sonstige Grenzen: ______________________

____

____

18) Vielen Dank für Ihre Mitarbeit. Falls Ihnen noch etwas bezüglich des Fragebogens oder allgemein zu dem Thema „Berufsorientierung" auf dem Herzen liegt, können Sie es gerne hier notieren.

____

____

____

____

SEITE 7

Fragebogen F: Eltern 10. Klasse

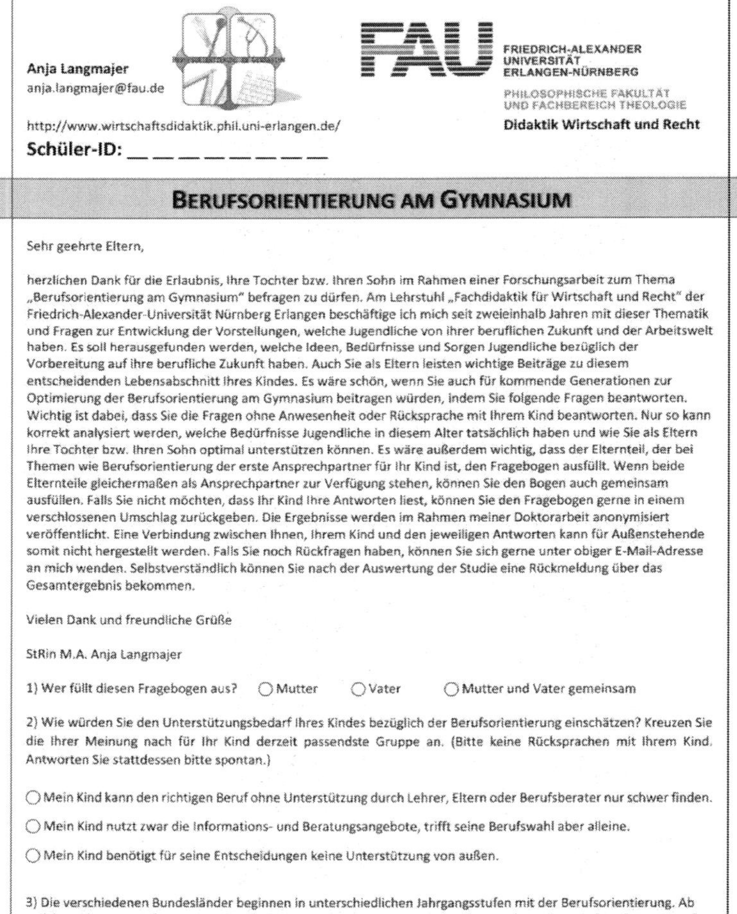

Anja Langmajer
anja.langmajer@fau.de

http://www.wirtschaftsdidaktik.phil.uni-erlangen.de/

FAU FRIEDRICH-ALEXANDER UNIVERSITÄT ERLANGEN-NÜRNBERG
PHILOSOPHISCHE FAKULTÄT UND FACHBEREICH THEOLOGIE
Didaktik Wirtschaft und Recht

Schüler-ID: __ __ __ __ __ __ __ __

BERUFSORIENTIERUNG AM GYMNASIUM

Sehr geehrte Eltern,

herzlichen Dank für die Erlaubnis, Ihre Tochter bzw. Ihren Sohn im Rahmen einer Forschungsarbeit zum Thema „Berufsorientierung am Gymnasium" befragen zu dürfen. Am Lehrstuhl „Fachdidaktik für Wirtschaft und Recht" der Friedrich-Alexander-Universität Nürnberg Erlangen beschäftige ich mich seit zweieinhalb Jahren mit dieser Thematik und Fragen zur Entwicklung der Vorstellungen, welche Jugendliche von ihrer beruflichen Zukunft und der Arbeitswelt haben. Es soll herausgefunden werden, welche Ideen, Bedürfnisse und Sorgen Jugendliche bezüglich der Vorbereitung auf ihre berufliche Zukunft haben. Auch Sie als Eltern leisten wichtige Beiträge zu diesem entscheidenden Lebensabschnitt Ihres Kindes. Es wäre schön, wenn Sie auch für kommende Generationen zur Optimierung der Berufsorientierung am Gymnasium beitragen würden, indem Sie folgende Fragen beantworten. Wichtig ist dabei, dass Sie die Fragen ohne Anwesenheit oder Rücksprache mit Ihrem Kind beantworten. Nur so kann korrekt analysiert werden, welche Bedürfnisse Jugendliche in diesem Alter tatsächlich haben und wie Sie als Eltern Ihre Tochter bzw. Ihren Sohn optimal unterstützen können. Es wäre außerdem wichtig, dass der Elternteil, der bei Themen wie Berufsorientierung der erste Ansprechpartner für Ihr Kind ist, den Fragebogen ausfüllt. Wenn beide Elternteile gleichermaßen als Ansprechpartner zur Verfügung stehen, können Sie den Bogen auch gemeinsam ausfüllen. Falls Sie nicht möchten, dass Ihr Kind Ihre Antworten liest, können Sie den Fragebogen gerne in einem verschlossenen Umschlag zurückgeben. Die Ergebnisse werden im Rahmen meiner Doktorarbeit anonymisiert veröffentlicht. Eine Verbindung zwischen Ihnen, Ihrem Kind und den jeweiligen Antworten kann für Außenstehende somit nicht hergestellt werden. Falls Sie noch Rückfragen haben, können Sie sich gerne unter obiger E-Mail-Adresse an mich wenden. Selbstverständlich können Sie nach der Auswertung der Studie eine Rückmeldung über das Gesamtergebnis bekommen.

Vielen Dank und freundliche Grüße

StRin M.A. Anja Langmajer

1) Wer füllt diesen Fragebogen aus? ○ Mutter ○ Vater ○ Mutter und Vater gemeinsam

2) Wie würden Sie den Unterstützungsbedarf Ihres Kindes bezüglich der Berufsorientierung einschätzen? Kreuzen Sie die Ihrer Meinung nach für Ihr Kind derzeit passendste Gruppe an. (Bitte keine Rücksprachen mit Ihrem Kind. Antworten Sie stattdessen bitte spontan.)

○ Mein Kind kann den richtigen Beruf ohne Unterstützung durch Lehrer, Eltern oder Berufsberater nur schwer finden.

○ Mein Kind nutzt zwar die Informations- und Beratungsangebote, trifft seine Berufswahl aber alleine.

○ Mein Kind benötigt für seine Entscheidungen keine Unterstützung von außen.

3) Die verschiedenen Bundesländer beginnen in unterschiedlichen Jahrgangsstufen mit der Berufsorientierung. Ab welcher Jahrgangsstufe erwarten Sie als Eltern eine Vorbereitung auf die Arbeitswelt am bayerischen Gymnasium?

Ab der [ ]. Jahrgangsstufe.

SEITE 1

4) Bewerten Sie die folgenden Aussagen. Kreuzen Sie bitte jeweils nur eine für Sie passende Antwortmöglichkeit an.

Aussage	Stimmt gar nicht	Stimmt eher nicht	Stimmt eher	Stimmt voll
Ich habe genaue Vorstellungen bezüglich der beruflichen Zukunft meines Kindes.	○	○	○	○
Ich denke, mein Kind hat schon genaue Vorstellungen bezüglich seiner beruflichen Zukunft.	○	○	○	○
Mein Kind weiß über meinen/unseren beruflichen Werdegang genau Bescheid.	○	○	○	○
Ich finde es wichtig, dass die Schule das Thema „Berufsorientierung" verpflichtend im Unterricht aufgreift.	○	○	○	○
Ich glaube, dass mein Kind zusätzliche Informationsangebote zum Thema Berufsorientierung freiwillig annehmen würde (z.B. von der Bundesagentur für Arbeit).	○	○	○	○

5) Erstellen Sie für folgende Ansprechpartner ein Ranking, wobei Sie die Personen, von denen Sie glauben, dass Ihr Kind sie zum Thema Berufsorientierung am ehesten ansprechen würde auf Platz 1 setzen und die Personen, die Ihr Kind Ihrer Meinung nach als letztes wählen würde, auf Platz 5 setzen.

_____ Eltern _____ Unternehmer _____ Lehrer

_____ Freunde _____ Mitarbeiter der Bundesagentur für Arbeit

6) Welche der folgenden Punkte könnten Sie als Eltern bei Bedarf zur Vorbereitung Ihres Kindes auf die Arbeitswelt leisten?

Ich kann/Wir können...

○	das Kind bei der Erstellung der Bewerbungsmappe unterstützen.
○	das Kind auf Bewerbungsgespräche vorbereiten.
○	detaillierte Informationen über verschiedene Berufe geben.
○	Hilfe bei der Ausbildungs- bzw. Studienplatzwahl leisten.
○	Informationen über Berufsmöglichkeiten im Ausland geben.
○	die eigene Einschätzung dem Kind mitteilen.
○	die finanzielle Unterstützung während der Ausbildung/dem Studium zusagen.

○	Kontakt zu Bekannten in verschiedenen Berufen herstellen.
○	Kontakt zu Arbeitsagentur herstellen.
○	verschiedene Studienmodelle (z.B. Universitäten, Fachhochschulen, Duales Studium,...) aufzeigen.
○	über Karrierechancen in verschiedenen Berufen informieren.
○	Berufsmessen gemeinsam besuchen.
○	das Kind häufig antreiben, sich selbst zu informieren.

SEITE 2

7) Was könnten Sie als Eltern sonst noch zur Vorbereitung Ihres Kindes auf die Arbeitswelt leisten?

____

____

____

8) Glauben Sie, dass Sie für Ihr Kind Berufsvorbilder darstellen? (Bitte keine Rücksprachen mit Ihrem Kind. Antworten Sie stattdessen bitte spontan.)

◯ Nein ◯ Ja

9) Glauben Sie, dass Ihr Kind weitere Berufsvorbilder hat? (Bitte keine Rücksprachen mit Ihrem Kind. Antworten Sie stattdessen bitte spontan.)

◯ Nein ◯ Ja, nämlich [ ]

10) Welche der folgenden Aufgaben und Beiträge zur Berufsorientierung sollten Ihrer Meinung nach von den Gymnasien geleistet werden? Sie können hier beliebig viele für Sie passende Antworten ankreuzen.

Das Gymnasium soll...

◯	Stärken- und Schwächenanalyse durchführen lassen.	◯	persönliche Berufsberatung leisten.
◯	aufzeigen, wie eine Bewerbungsmappe erstellt wird.	◯	Berufseignungstests durchführen.
◯	auf Bewerbungsgespräche (z.B. auch Assessment-Center) vorbereiten.	◯	ein verpflichtendes Betriebspraktikum anbieten.
◯	verschiedene Berufe detailliert vorstellen.	◯	Kontakt zur Bundesagentur für Arbeit (zur Berufsberatung) herstellen.
◯	Hilfe bei der Ausbildungs- bzw. Studienplatzwahl leisten.	◯	verschiedene Studienmodelle (z.B. Universitäten, Fachhochschulen, Duales Studium,...) aufzeigen.
◯	Informationen über Berufsmöglichkeiten im Ausland geben.	◯	über Karrierechancen in verschiedenen Berufen informieren.
◯	berufs-/studienrelevante Kompetenzen (z.B. Pünktlichkeit, Versicherungen, Altersvorsorge,...) vermitteln.	◯	Berufsmessen besuchen/organisieren.
◯	die Teilnahme am Girls' bzw. Boys'Day ermöglichen.		

11) Erwarten Sie von einem Gymnasium, auch über die verpflichtenden Vorgaben des Lehrplans hinaus oben angekreuzte Bemühungen anzustellen?

◯ Nein, weil... ____

◯ Ja, weil... ____

SEITE 3

12) Was sollten die Gymnasien Ihrer Meinung nach sonst noch zur Berufsorientierung leisten?

13) Haben Sie in diesem Schuljahr mit Ihrem Kind über seine berufliche Zukunft gesprochen?

◯ Nein ◯ Ja

→ Worüber haben Sie dabei gesprochen? Kreuzen Sie bitte sämtliche für Sie passenden Antworten an bzw. geben Sie unter „Sonstiges" weitere Gesprächsthemen an, über die Sie mit Ihrem Kind gesprochen haben.

◯	Derzeitige Schulnoten und damit verbundene berufliche Möglichkeiten
◯	Mögliches freiwilliges Betriebspraktikum in den Ferien
◯	Geeignete Berufsausbildungen
◯	Geeignete Studiengänge
◯	Möglichkeiten, wie Sie ihr Kind bei der Berufsorientierung unterstützen könnten
◯	Sonstiges: ____________

14) Welche Berufe haben Sie selbst gelernt bzw. welche Studiengänge haben Sie abgeschlossen? Achten Sie bitte darauf, Berufe anzugeben und nicht z.B. „Angestellte" und auch keine Branchen, Firmennamen o.ä.. (Falls nicht bekannt, bitte einfach streichen)

Mutter: [ ] Vater: [ ]

15) Sind Sie heute noch in den genannten Berufen tätig? (Falls nicht bekannt, bitte einfach streichen)

Mutter: ◯ Nein, anderer Beruf: [ ] ◯ Nein, derzeit arbeitssuchend ◯ Ja

Vater: ◯ Nein, anderer Beruf: [ ] ◯ Nein, derzeit arbeitssuchend ◯ Ja

16) War Ihnen bekannt, dass die Bundesagentur für Arbeit auch für Schüler als Ansprechpartner und Informationsquelle zur Verfügung steht? ◯ Nein ◯ Ja

17) Vielen Dank für Ihre Mitarbeit. Falls Ihnen noch etwas bezüglich des Fragebogens oder allgemein zu dem Thema „Berufsorientierung" auf dem Herzen liegt, können Sie es hier gerne notieren:

SEITE 4

Fragebogen G: Schüler 10. Klasse zu BiZ-Besuch

Anja Langmajer
anja.langmajer@fau.de

http://www.wirtschaftsdidaktik.phil.uni-erlangen.de/

FAU FRIEDRICH-ALEXANDER UNIVERSITÄT ERLANGEN-NÜRNBERG
PHILOSOPHISCHE FAKULTÄT UND FACHBEREICH THEOLOGIE
Didaktik Wirtschaft und Recht

Schüler-ID: __ __ __ __ __ __ __ __

BERUFS- UND STUDIENORIENTIERUNG AM GYMNASIUM

Liebe Schülerinnen und Schüler,
mit dem folgenden Fragebogen soll herausgefunden werden, wie Sie den heutigen Besuch im Berufsinformationszentrum (BiZ) der Bundesagentur für Arbeit empfanden. Die Ergebnisse werden an der Friedrich-Alexander-Universität im Rahmen einer Forschungsarbeit zusammengetragen. Die Veröffentlichung findet anonym statt, zwischen Ihnen und Ihren Antworten kann für Außenstehende also keine Verbindung hergestellt werden. Falls Sie nach der Bearbeitung noch Rückfragen haben, können Sie sich gerne persönlich oder unter obenstehender E-Mail-Adresse an Frau Langmajer wenden. Selbstverständlich können Sie nach der Auswertung der Ergebnisse eine Rückmeldung über das Gesamtergebnis bekommen.
Vielen Dank und freundliche Grüße

StRin M.A. Anja Langmajer

1) Fanden Sie den BiZ-Besuch sinnvoll?

○ Ja, weil... ○ Nein, weil...

____
____
____
____

2) Welche Informationen sind Ihnen im Gedächtnis geblieben?

____
____
____
____

3) Werden Sie das BiZ in Ihrer Freizeit erneut besuchen?

○ Ja, weil... ○ Eher ja, weil... ○ Eher nein, weil... ○ Nein, weil...

____
____
____
____

4) Hat Ihnen der BiZ-Besuch gut gefallen?

◯ Ja, weil... ◯ Eher ja, weil... ◯ Eher nein, weil... ◯ Nein, weil...

5) Hat der BiZ-Besuch Ihnen bei Ihrer Berufsorientierung geholfen?

◯ Ja, weil... ◯ Eher ja, weil... ◯ Eher nein, weil... ◯ Nein, weil...

6) Vielen Dank für Ihre Mitarbeit. Falls Ihnen noch etwas bezüglich des Fragebogens oder allgemein zu dem Thema „Berufsorientierung" auf dem Herzen liegt, können Sie es gerne hier notieren.

Seite 2

Fragebogen H: Schüler 11. Klasse zu Berufs- und Studienorientierung

Anja Langmajer
anja.langmajer@fau.de

http://www.wirtschaftsdidaktik.phil.uni-erlangen.de/

FAU FRIEDRICH-ALEXANDER UNIVERSITÄT ERLANGEN-NÜRNBERG
PHILOSOPHISCHE FAKULTÄT UND FACHBEREICH THEOLOGIE
Didaktik Wirtschaft und Recht

Schüler-ID: _ _ _ _ _ _ _ _

BERUFSORIENTIERUNG AM GYMNASIUM

Liebe Schülerinnen und Schüler,
mit dem folgenden Fragebogen soll herausgefunden werden, welche Vorstellungen, Wünsche und Sorgen Jugendliche Ihres Alters bezüglich der Vorbereitung auf ihre berufliche Zukunft haben. Die Ergebnisse werden an der Friedrich-Alexander-Universität im Rahmen einer Forschungsarbeit zusammengetragen. Die Veröffentlichung findet anonym statt, zwischen Ihnen und Ihren Antworten kann für Außenstehende also keine Verbindung hergestellt werden. Falls Sie nach der Bearbeitung noch Rückfragen haben, können Sie sich gerne persönlich oder unter obenstehender E-Mail-Adresse an Frau Langmajer wenden. Selbstverständlich können Sie nach der Auswertung der Ergebnisse eine Rückmeldung über das Gesamtergebnis bekommen.
Vielen Dank und freundliche Grüße

StRin M.A. Anja Langmajer

1) Angenommen es gäbe keinerlei Einschränkungen oder Grenzen, was Ihre Berufswahl angeht: Welchen idealtypischen Beruf würden Sie heute für sich auswählen (Sie können hier auch einen rein theoretischen Traumberuf angeben)?

____

2) Wie würden Sie heute den eigenen Unterstützungsbedarf bezüglich der Berufs- und Studienorientierung einschätzen? Kreuzen Sie die Ihrer Meinung nach passendste Gruppe an.

○ Ich kann den richtigen Beruf/Studiengang ohne Unterstützung durch Lehrer, Eltern oder Berufsberater nur schwer finden.

○ Ich nutze die Informations- und Beratungsangebote, treffe meine Berufs-/Studienwahl aber alleine.

○ Ich benötige für meine Entscheidungen keine Unterstützung von außen.

3) Wie viele Stunden verbringen Sie täglich ungefähr mit...

Telefonieren:	_____ Stunden	Spielekonsolen:	_____ Stunden
Im Internet surfen:	_____ Stunden	Fernsehen:	_____ Stunden
Hausaufgaben/Lernen:	_____ Stunden	Messenger (z.B. WhatsApp):	_____ Stunden

4) Nennen Sie Ihre drei momentanen Lieblingsfächer in der Schule.

Liebstes Fach: ____________________

Zweitliebstes Fach: ____________________

Drittliebstes Fach: ____________________

5) Nennen Sie den Titel Ihres P-Seminars.

____

6) Nach welchen Kriterien haben Sie sich das P-Seminar ausgesucht?

◯ Bezug zu (damaligem) Berufswunsch. ◯ Privates Interesse am Thema vorhanden.

◯ Vorliebe für das Leitfach. ◯ Sonstiges: ______________________________

7) Welche (zum jeweiligen Seminarthema passenden) berufsspezifischen Arbeitsweisen haben Sie im P-Seminar bereits kennengelernt?

____

____

____

8) Welche Themen aus dem Bereich Berufs- und Studienorientierung haben Sie laut Ihrer Erinnerung im P-Seminar bereits besprochen?

◯ Stärkenanalyse ◯ Schwächenanalyse ◯ Berufseignungstest ◯ Bewerbungsmappe

◯ Bewerbungsgespräch ◯ Einstellungstest ◯ Assessment-Center ◯ Berufsbasare

◯ Kontakt zu externen Ansprechpartnern (z.B. Experten-Gespräche, -Vorträge,...), nämlich: ______________________________

◯ Vorstellung einzelner Berufe/Studiengänge, nämlich: ______________________________

◯ Sonstiges: ______________________________

9) Was erwarten Sie noch vom P-Seminar in Sachen Berufs- und Studienorientierung?

____

____

____

10) Haben Sie in diesem Schuljahr am Girls' bzw. Boys'Day teilgenommen?

◯ Nein ◯ Ja

→ Nennen Sie den Betrieb, in dem Sie den Tag verbracht haben.

____

SEITE 2

11) Haben Sie in der 11. Klasse ein freiwilliges Praktikum in den Schulferien gemacht?

◯ Nein ◯ Ja

→ In was für einer Art von Betrieb haben Sie das Praktikum gemacht (z.B. Anwaltsbüro, Malerbetrieb, Zahnarztpraxis...)? ____________________

Wie lange hat das Ferienpraktikum gedauert? __________ Arbeitstage

Würden Sie einem Schüler, der noch kein freiwilliges Praktikum abgeleistet hat, empfehlen, dies zu machen? ◯ Nein ◯ Ja

12) Haben Sie das Gefühl, dass sich seit dem letzten Schuljahr bei Ihnen etwas in Sachen Berufs- und Studienorientierung verändert hat?

◯ Nein ◯ Ja

→ Welche Veränderungen können Sie seit der 10. Jahrgangsstufe feststellen?

◯ Ich kenne jetzt den Bewerbungsprozess noch besser.

◯ Ich weiß jetzt genauer, welchen beruflichen Weg ich einschlagen möchte.

◯ Ich weiß jetzt besser Bescheid, an wen ich mich bei Fragen zur Berufs- und Studienwahl wenden kann.

◯ Ich wurde in der Schule angeleitet, mich noch intensiver damit auseinanderzusetzen. Schulfach/-fächer: ____________________

____

◯ Sonstiges: ____________________

____

→ Woran liegt es, dass sich noch keine Veränderung eingestellt hat?

◯ Ich habe seit der 10. Klasse nicht mehr darüber nachgedacht.

◯ Ich habe mich zwar mit der Berufs- und Studienwahl beschäftigt, bin aber noch zu keinem Ergebnis gekommen.

◯ Die Schule hat mich nicht mehr weiter angeleitet, mich damit zu beschäftigen.

◯ Sonstiges: ____________________

____

13) Mussten Sie sich jemals mit einer Bewerbungsmappe bewerben?

◯ Nein ◯ Ja

→ Wofür mussten Sie eine Bewerbungsmappe einreichen?

◯ Betriebspraktikum 9. Klasse ◯ Freiwilliges Ferienpraktikum ◯ Ferienjob

◯ Berufsausbildung ◯ Sonstiges: ____________________

Nennen Sie das/die Unternehmen, welches eine Bewerbungsmappe von Ihnen forderte.

____

SEITE 3

14) Haben Sie sich in diesem Schuljahr privat aktiv über Berufs- und Studienangebote informiert?

○ Nein ○ Ja

→ Wo haben Sie sich informiert? Kreuzen Sie bitte an. Unter „Sonstige" können Sie weitere passende Antworten angeben.

○ Internet ○ Berufsberater der Arbeitsagentur ○ Gespräch mit Eltern

○ Berufsinformationszentrum (BiZ) ○ Berufsmesse ○ Unternehmen

○ Universität/Hochschule ○ Sonstige: ____________

→ Wissen Sie, wo Sie sich informieren könnten?

○ Nein ○ Ja, nämlich: ____________

15) Haben Sie bereits Ideen, welche Berufe/Studiengänge für Sie nach dem Schulabschluss in Frage kommen.

○ Nein ○ Ja

→ Welche(r) Beruf(e)/Studiengang(gänge) würde(n) Sie interessieren? Kennen Sie jemanden, der dieser Tätigkeit nachgeht und glauben Sie, Sie wissen schon genau, wie Ihr Alltag in diesem im späteren Beruf aussehen würde?? (Hier können Sie bis zu 4 Berufe/Studiengänge angeben)

Beruf(e)	**Kennen Sie jemanden, der dieser Tätigkeit nachgeht?**		**Glauben Sie, Sie wissen schon genau, wie Ihr Alltag im späteren Beruf aussehen würde?**			
	Ja	Nein	Nein	Eher nein	Eher ja	Ja
1) ____________	○	○	○	○	○	○
2) ____________	○	○	○	○	○	○
3) ____________	○	○	○	○	○	○
4) ____________	○	○	○	○	○	○

16) Welche der folgenden Aspekte sind Ihnen für Ihr späteres Berufsleben wichtig? Kreuzen Sie bitte sämtliche für Sie passenden Antworten an. Ganz unten können Sie unter „Sonstige" weitere Aspekte angeben.

○	Hohes Gehalt
○	Verwirklichung der persönlichen Interessen
○	Viel Urlaub
○	Gute Vereinbarkeit mit Familienleben
○	Einsatz der persönlichen Talente

Seite 4

○	Abwechslung
○	Kontinuität
○	Nette Kollegen
○	Kontakt zu anderen Menschen
○	Hohes gesellschaftliches Ansehen
○	Nähe zu Heimatort
○	Nähe zu späterem Wohnort
○	Wenig körperliche Anstrengung
○	Viel körperliche Anstrengung
○	Häufige Dienstreisen
○	Seltene Dienstreisen
○	Zufriedenheit
○	Sonstige: ______

17) Haben Sie das Gefühl, dass Ihnen nach dem Abitur beruflich alle Möglichkeiten offenstehen?

○ Nein ○ Ja

↳ Wo sehen Sie Ihre Grenzen?

○ Begrenzte Interessen ○ Begrenzte körperliche Fähigkeiten ○ Begrenzte geistige Fähigkeiten

○ Eltern haben bestimmte Erwartungen an mich ○ Begrenztes Stellen- bzw. Studienplatzangebot

○ Begrenzte Informationen über Berufe/Studiengänge

○ Begrenzte Berufschancen aufgrund von erwarteter Abiturnote

○ Sonstige Grenzen: ______

______

SEITE 5

18) Bewerten Sie die folgenden Aussagen. Kreuzen Sie bitte jeweils nur eine für Sie passende Antwortmöglichkeit an.

Aussage	Stimmt gar nicht	Stimmt eher nicht	Stimmt eher	Stimmt voll
Ich habe schon genaue Vorstellungen bezüglich meiner beruflichen Zukunft.	○	○	○	○
Ich habe das Gefühl, dass meine Eltern genaue Vorstellungen bezüglich meiner beruflichen Zukunft haben.	○	○	○	○
Ich habe das Gefühl, dass ich schon gut über das Thema Berufs- und Studienorientierung informiert bin.	○	○	○	○
Ich habe das Bedürfnis, mit einem qualifizierten Ansprechpartner über meine Berufs-/Studienwahl zu sprechen.	○	○	○	○
Für ein solches Beratungsgespräch würde ich einen Termin bei einem Berufsberater der Bundesagentur für Arbeit wahrnehmen.	○	○	○	○
Ich denke, dass ich für meine Berufsentscheidung noch genug Zeit habe und jetzt am Ende der 11. Klasse noch kein Entscheidungsdruck in Sachen Berufs-/Studienwahl auf mir lastet.	○	○	○	○
Ich habe während der 11. Klasse schon einmal ernsthaft darüber nachgedacht, das Gymnasium zu verlassen und eine Berufsausbildung zu beginnen.	○	○	○	○
Ich kann mir vorstellen, meinen Heimatort für den späteren Beruf zu verlassen.	○	○	○	○
Ich habe meine privaten Zukunftsvorstellungen (z.B. Kinder, Ehepartner,...) schon einmal in meine beruflichen Pläne mit einfließen lassen.	○	○	○	○
Ich spreche regelmäßig mit meinen Freunden über das Thema „Berufs- und Studienorientierung".	○	○	○	○
Ich weiß über die Berufswünsche meiner besten Freundin bzw. meines besten Freundes Bescheid.	○	○	○	○
Meine Freunde und ich haben ähnliche Berufswünsche.	○	○	○	○
Ich habe Kontakt zu Freunden, die sich bereits um eine Lehrstelle bemühen mussten bzw. müssen.	○	○	○	○
Ich denke, dass es kein Problem ist, den Beruf später zu wechseln, falls ich mit meiner Wahl nicht zufrieden sein sollte.	○	○	○	○
Ich bin weiblich und möchte auf keinen Fall einen typischen Männerberuf ausüben bzw. Ich bin männlich und möchte auf keinen Fall einen typischen Frauenberuf ausüben.	○	○	○	○

SEITE 6

19) Ich habe das Gefühl, dass ich <u>theoretisch</u> bereit bin, um direkt nach dem Abitur im Jahr 2019 eine Ausbildung beginnen zu können.

◯ Nein, weil... ◯ Ja, weil...

____

____

____

20) Fühlen Sie sich <u>theoretisch</u> in der Lage, zum jetzigen Zeitpunkt die klassischen Bewerbungsmethoden (Bewerbungsmappe, Online-Bewerbung, Bewerbungsgespräch,...) zu durchlaufen, um sich damit für eine Ausbildungsstelle zu bewerben?

◯ Nein ◯ Ja

→ Woher haben Sie die dafür notwendigen Kenntnisse?

◯ Wirtschaft/Recht-Unterricht in der neunten Jahrgangsstufe.

◯ Berufs- und Studienorientierung im P-Seminar.

◯ Ich habe sie mir selbst angeeignet, durch______________________________

____

◯ Sonstiges: ______________________________

____

→ Woran liegt es, dass Sie sich für die Bewerbung nicht bereit fühlen?

◯ Ich habe nicht genug darüber gelernt.

◯ Ich habe die Bewerbungsmethoden zwar kennengelernt, habe sie teilweise aber wieder vergessen.

◯ Ich weiß nicht, woher ich die notwendigen Kenntnisse erlangen soll.

◯ Sonstiges: ______________________________

21) Kommt für Sie persönlich eine Berufsausbildung in Frage?

◯ Nein ◯ Ja

→ Haben Sie sich bereits über mögliche Ausbildungsberufe informiert? ◯ Nein ◯ Ja

Bitte geben Sie bei folgenden Fragen jeweils die erfragte Stückzahl an:

Haben Sie sich bereits für eine/mehrere Ausbildungsstelle beworben? ◯ Nein ◯ Ja, ___Stück

Haben Sie bereits Rückmeldung(en) bekommen? ◯ Nein ◯ Ja, ____ Zusagen und ___ Absagen

Haben Sie bereits Vorstellungsgespräch(e) geführt? ◯ Nein ◯ Ja, ____ Stück

Wurde Ihnen eine oder mehrere Ausbildungsstelle angeboten? ◯ Nein ◯ Ja, ____ Stück

Haben Sie bereits einen Ausbildungsvertrag unterschrieben? ◯ Nein ◯ Ja

→ Warum nicht? ______________________________

____

SEITE 7

22) Ich habe das Gefühl, dass ich theoretisch bereit bin, direkt nach dem Abitur im Jahr 2019 ein Studium zu beginnen.
◯ Nein, weil... ◯ Ja, weil...

____

____

____

23) Kommt für Sie persönlich ein Studium in Frage?
◯ Nein ◯ Ja
→ Haben Sie sich bereits über mögliche Studiengänge informiert? ◯ Nein ◯ Ja

24) Haben Sie das Gefühl, Sie hätten in der 11. Klasse besser von der Schule auf Ihre Berufs-/Studienwahl vorbereitet werden müssen? Wenn nein, warum nicht? Wenn ja, welche weiteren Angebote sollte die Schule zum Thema Berufs- und Studienorientierung bieten?
◯ Nein ◯ Ja

____

____

____

____

25) Fühlen Sie sich sicher darin, Informationen zur Berufs- und Studienorientierung, welche Ihnen die Lehrkräfte nicht bieten können, selbst zu recherchieren?
◯ Nein ◯ Ja

26) Hätten Sie sich von Ihren Eltern bessere Unterstützung bei der Berufs- und Studienorientierung gewünscht? Wenn nein, warum nicht? Wenn ja, wie hätte das aussehen sollen?
◯ Nein ◯ Ja

____

____

____

____

27) Vielen Dank für Ihre Mitarbeit. Falls Ihnen noch etwas bezüglich des Fragebogens oder allgemein zu dem Thema „Berufs- und Studienorientierung" auf dem Herzen liegt, können Sie es gerne hier notieren.

____

____

____

____

SEITE 8

Fragebogen I: Schüler 12. Klasse zu Berufs- und Studienorientierung

Anja Langmajer
anja.langmajer@fau.de

http://www.wirtschaftsdidaktik.phil.uni-erlangen.de/

FAU FRIEDRICH-ALEXANDER UNIVERSITÄT ERLANGEN-NÜRNBERG
PHILOSOPHISCHE FAKULTÄT UND FACHBEREICH THEOLOGIE

Schüler-ID: __ __ __ __ __ __ __ __

Didaktik Wirtschaft und Recht

BERUFS- UND STUDIENORIENTIERUNG AM GYMNASIUM

Liebe Schülerinnen und Schüler,
mit dem folgenden Fragebogen soll herausgefunden werden, welche Vorstellungen, Wünsche und Sorgen Jugendliche Ihres Alters bezüglich der Vorbereitung auf ihre berufliche Zukunft haben. Die Ergebnisse werden an der Friedrich-Alexander-Universität im Rahmen einer Forschungsarbeit zusammengetragen. Die Veröffentlichung findet anonym statt, zwischen Ihnen und Ihren Antworten kann für Außenstehende also keine Verbindung hergestellt werden. Falls Sie nach der Bearbeitung noch Rückfragen haben, können Sie sich gerne persönlich oder unter obenstehender E-Mail-Adresse an Frau Langmajer wenden. Selbstverständlich können Sie nach der Auswertung der Ergebnisse eine Rückmeldung über das Gesamtergebnis bekommen.
Vielen Dank und freundliche Grüße

StRin M.A. Anja Langmajer

1) Angenommen es gäbe keinerlei Einschränkungen oder Grenzen, was Ihre Berufswahl angeht: Welchen idealtypischen Beruf würden Sie heute für sich auswählen (Sie können hier auch einen rein theoretischen Traumberuf angeben)?

____

2) In der Berufswahltheorie werden sechs verschiedene Persönlichkeitstypen unterschieden (siehe Beiblatt). Geben Sie die Ziffer der Typen an, durch welche sie sich am besten bzw. zweit- und drittbesten beschrieben fühlen.

Ich würde mich am ehesten dem Typ Nr. ________ (Hier bitte die entsprechende Ziffer eintragen) zugehörig fühlen. Am zweitbesten fühle ich mich durch Typ Nr. ________ beschrieben, am drittbesten durch Typ Nr. ________.

3) Wie würden Sie heute den eigenen Unterstützungsbedarf bezüglich der Berufs- und Studienorientierung einschätzen? Kreuzen Sie die Ihrer Meinung nach passendste Gruppe an.

○ Ich kann den richtigen Beruf/Studiengang ohne Unterstützung durch Lehrer, Eltern oder Berufsberater nur schwer finden.

○ Ich nutze die Informations- und Beratungsangebote, treffe meine Berufs-/Studienwahl aber alleine.

○ Ich benötige für meine Entscheidungen keine Unterstützung von außen.

4) Wie viele Stunden verbringen Sie täglich ungefähr mit...

Telefonieren:	_____ Stunden	Spielekonsolen:	_____ Stunden
Im Internet surfen:	_____ Stunden	Fernsehen:	_____ Stunden
Hausaufgaben/Lernen:	_____ Stunden	Messenger (z.B. WhatsApp):	_____ Stunden

5) Nennen Sie Ihre drei momentanen Lieblingsfächer in der Schule.

Liebstes Fach: ____________

Zweitliebstes Fach: ____________

Drittliebstes Fach: ____________

6) Welche (zum jeweiligen Seminarthema passenden) berufsspezifischen Arbeitsweisen haben Sie im P-Seminar bereits kennengelernt?

____

____

____

7) Welche Themen aus dem Bereich Berufs- und Studienorientierung haben Sie laut Ihrer Erinnerung im P-Seminar in diesem Schuljahr besprochen?

◯ In diesem Schuljahr fand in meinem P-Seminar keine Berufs- und Studienorientierung statt.

◯ Stärkenanalyse ◯ Schwächenanalyse ◯ Berufseignungstest ◯ Bewerbungsmappe

◯ Bewerbungsgespräch ◯ Einstellungstest ◯ Assessment-Center ◯ Berufsbasare

◯ Kontakt zu externen Ansprechpartnern (z.B. Experten-Gespräche, -Vorträge,...), nämlich: ____________

____

◯ Vorstellung einzelner Berufe/Studiengänge, nämlich: ____________

____

◯ Sonstiges: ____________

____

8) Was hätten Sie noch vom P-Seminar in Sachen Berufs- und Studienorientierung erwartet?

____

____

____

9) Haben Sie in diesem Schuljahr am Girls' bzw. Boys'Day teilgenommen?

◯ Nein ◯ Ja

→ Nennen Sie den Betrieb, in dem Sie den Tag verbracht haben.

____

SEITE 2

10) Haben Sie in der 12. Klasse ein freiwilliges Praktikum in den Schulferien gemacht?

◯ Nein ◯ Ja

→ In was für einer Art von Betrieb haben Sie das Praktikum gemacht (z.B. Anwaltsbüro, Malerbetrieb, Zahnarztpraxis...)? ____________

Wie lange hat das Ferienpraktikum gedauert? ________ Arbeitstage

Würden Sie einem Schüler, der noch kein freiwilliges Praktikum abgeleistet hat, empfehlen, dies zu machen? ◯ Nein ◯ Ja

11) Haben Sie das Gefühl, dass sich seit dem letzten Schuljahr bei Ihnen etwas in Sachen Berufs- und Studienorientierung verändert hat?

◯ Nein ◯ Ja

→ Welche Veränderungen können Sie seit der 10. Jahrgangsstufe feststellen?

◯ Ich kenne jetzt den Bewerbungsprozess noch besser.

◯ Ich weiß jetzt genauer, welchen beruflichen Weg ich einschlagen möchte.

◯ Ich weiß jetzt besser Bescheid, an wen ich mich bei Fragen zur Berufs- und Studienwahl wenden kann.

◯ Ich wurde in der Schule angeleitet, mich noch intensiver damit auseinanderzusetzen. Schulfach/-fächer: ____________

____

◯ Sonstiges: ____________

____

→ Woran liegt es, dass sich noch keine Veränderung eingestellt hat?

◯ Ich habe seit der 10. Klasse nicht mehr darüber nachgedacht.

◯ Ich habe mich zwar mit der Berufs- und Studienwahl beschäftigt, bin aber noch zu keinem Ergebnis gekommen.

◯ Die Schule hat mich nicht mehr weiter angeleitet, mich damit zu beschäftigen.

◯ Sonstiges: ____________

____

12) Mussten Sie sich in diesem Schuljahr mit einer Bewerbungsmappe bewerben?

◯ Nein ◯ Ja

→ Wofür mussten Sie eine Bewerbungsmappe einreichen?

◯ Freiwilliges Ferienpraktikum ◯ Ferienjob

◯ Berufsausbildung ◯ Sonstiges: ____________

Nennen Sie das/die Unternehmen, welches eine Bewerbungsmappe von Ihnen forderte.

____

SEITE 3

13) Haben Sie sich in diesem Schuljahr privat aktiv über Berufs- und Studienangebote informiert?

○ Nein ○ Ja

→ Wo haben Sie sich informiert? Kreuzen Sie bitte an. Unter „Sonstige" können Sie weitere passende Antworten angeben.

○ Internet ○ Berufsberater der Arbeitsagentur ○ Gespräch mit Eltern
○ Berufsinformationszentrum (BiZ) ○ Berufsmesse ○ Unternehmen
○ Universität/Hochschule ○ Sonstige: ______

→ Wissen Sie, wo Sie sich informieren könnten?

○ Nein ○ Ja, nämlich: ______

14) Haben Sie bereits Ideen, welche Berufe/Studiengänge für Sie nach dem Schulabschluss in Frage kommen.

○ Nein ○ Ja → Welche(r) Beruf(e)/Studiengang(gänge) würde(n) Sie interessieren? Kennen Sie jemanden, der dieser Tätigkeit nachgeht und glauben Sie, Sie wissen schon genau, wie Ihr Alltag in diesem im späteren Beruf aussehen würde?? (Hier können Sie bis zu 4 Berufe/Studiengänge angeben)

Beruf(e)	**Kennen Sie jemanden, der dieser Tätigkeit nachgeht?**		**Glauben Sie, Sie wissen schon genau, wie Ihr Alltag im späteren Beruf aussehen würde?**			
	Ja	Nein	Nein	Eher nein	Eher ja	Ja
1) ______	○	○	○	○	○	○
2) ______	○	○	○	○	○	○
3) ______	○	○	○	○	○	○
4) ______	○	○	○	○	○	○

15) Welche der folgenden Aspekte sind Ihnen für Ihr späteres Berufsleben wichtig? Kreuzen Sie bitte sämtliche für Sie passenden Antworten an. Ganz unten können Sie unter „Sonstige" weitere Aspekte angeben.

○	Hohes Gehalt
○	Verwirklichung der persönlichen Interessen
○	Viel Urlaub
○	Gute Vereinbarkeit mit Familienleben
○	Einsatz der persönlichen Talente
○	Abwechslung

SEITE 4

◯	Kontinuität
◯	Nette Kollegen
◯	Kontakt zu anderen Menschen
◯	Hohes gesellschaftliches Ansehen
◯	Nähe zu Heimatort
◯	Nähe zu späterem Wohnort
◯	Wenig körperliche Anstrengung
◯	Viel körperliche Anstrengung
◯	Häufige Dienstreisen
◯	Seltene Dienstreisen
◯	Zufriedenheit
◯	Sonstige: ______________________

16) Haben Sie das Gefühl, dass Ihnen nach dem Abitur beruflich alle Möglichkeiten offenstehen?

◯ Nein ◯ Ja

→ Wo sehen Sie Ihre Grenzen?

◯ Begrenzte Interessen ◯ Begrenzte körperliche Fähigkeiten ◯ Begrenzte geistige Fähigkeiten

◯ Eltern haben bestimmte Erwartungen an mich ◯ Begrenztes Stellen- bzw. Studienplatzangebot

◯ Begrenzte Informationen über Berufe/Studiengänge

◯ Begrenzte Berufschancen aufgrund von erwarteter Abiturnote

◯ Sonstige Grenzen: ______________________

____

SEITE 5

17) Bewerten Sie die folgenden Aussagen. Kreuzen Sie bitte jeweils nur eine für Sie passende Antwortmöglichkeit an.

Aussage	Stimmt gar nicht	Stimmt eher nicht	Stimmt eher	Stimmt voll
Ich habe schon genaue Vorstellungen bezüglich meiner beruflichen Zukunft.	○	○	○	○
Ich habe das Gefühl, dass meine Eltern genaue Vorstellungen bezüglich meiner beruflichen Zukunft haben.	○	○	○	○
Ich habe das Gefühl, dass ich schon gut über das Thema Berufs- und Studienorientierung informiert bin.	○	○	○	○
Ich habe das Bedürfnis, mit einem qualifizierten Ansprechpartner über meine Berufs-/Studienwahl zu sprechen.	○	○	○	○
Für ein solches Beratungsgespräch würde ich einen Termin bei einem Berufsberater der Bundesagentur für Arbeit wahrnehmen.	○	○	○	○
Ich denke, dass ich für meine Berufsentscheidung noch genug Zeit habe und derzeit noch kein Entscheidungsdruck in Sachen Berufs-/Studienwahl auf mir lastet.	○	○	○	○
Ich habe während der 12. Klasse schon einmal ernsthaft darüber nachgedacht, das Gymnasium zu verlassen und eine Berufsausbildung zu beginnen.	○	○	○	○
Ich kann mir vorstellen, meinen Heimatort für den späteren Beruf zu verlassen.	○	○	○	○
Ich habe meine privaten Zukunftsvorstellungen (z.B. Kinder, Ehepartner,...) schon einmal in meine beruflichen Pläne mit einfließen lassen.	○	○	○	○
Ich spreche regelmäßig mit meinen Freunden über das Thema „Berufs- und Studienorientierung".	○	○	○	○
Ich weiß über die Berufswünsche meiner besten Freundin bzw. meines besten Freundes Bescheid.	○	○	○	○
Meine Freunde und ich haben ähnliche Berufswünsche.	○	○	○	○
Ich habe Kontakt zu Freunden, die sich bereits um eine Lehrstelle bemühen mussten bzw. müssen.	○	○	○	○
Ich denke, dass es kein Problem ist, den Beruf später zu wechseln, falls ich mit meiner Wahl nicht zufrieden sein sollte.	○	○	○	○
Ich bin weiblich und möchte auf keinen Fall einen typischen Männerberuf ausüben bzw. Ich bin männlich und möchte auf keinen Fall einen typischen Frauenberuf ausüben.	○	○	○	○

SEITE 6

18) Ich habe das Gefühl, dass ich theoretisch bereit bin, um direkt nach dem Abitur im Jahr 2019 eine Ausbildung beginnen zu können.

◯ Nein, weil... ◯ Ja, weil...

____

____

____

19) Fühlen Sie sich theoretisch in der Lage, zum jetzigen Zeitpunkt die klassischen Bewerbungsmethoden (Bewerbungsmappe, Online-Bewerbung, Bewerbungsgespräch,...) zu durchlaufen, um sich damit für eine Ausbildungsstelle zu bewerben?

◯ Nein ◯ Ja

→ Woher haben Sie die dafür notwendigen Kenntnisse?

◯ Wirtschaft/Recht-Unterricht in der neunten Jahrgangsstufe.

◯ Berufs- und Studienorientierung im P-Seminar.

◯ Ich habe sie mir selbst angeeignet, durch______________________________

____

◯ Sonstiges: ______________________________

____

→ Woran liegt es, dass Sie sich für die Bewerbung nicht bereit fühlen?

◯ Ich habe nicht genug darüber gelernt.

◯ Ich habe die Bewerbungsmethoden zwar kennengelernt, habe sie teilweise aber wieder vergessen.

◯ Ich weiß nicht, woher ich die notwendigen Kenntnisse erlangen soll.

◯ Sonstiges: ______________________________

20) Kommt für Sie persönlich eine Berufsausbildung in Frage?

◯ Nein ◯ Ja

→ Haben Sie sich bereits über mögliche Ausbildungsberufe informiert? ◯ Nein ◯ Ja

Bitte geben Sie bei folgenden Fragen jeweils die erfragte Stückzahl an:

Haben Sie sich bereits für eine/mehrere Ausbildungsstelle beworben? ◯ Nein ◯ Ja, ___Stück

Haben Sie bereits Rückmeldung(en) bekommen? ◯ Nein ◯ Ja, ____ Zusagen und ___ Absagen

Haben Sie bereits Vorstellungsgespräch(e) geführt? ◯ Nein ◯ Ja, ____ Stück

Wurde Ihnen eine oder mehrere Ausbildungsstelle angeboten? ◯ Nein ◯ Ja, ____ Stück

Haben Sie bereits einen Ausbildungsvertrag unterschrieben? ◯ Nein ◯ Ja

→ Warum nicht? ______________________________

____

SEITE 7

21) Ich habe das Gefühl, dass ich <u>theoretisch</u> bereit bin, direkt nach dem Abitur im Jahr 2019 ein Studium zu beginnen.
◯ Nein, weil... ◯ Ja, weil...

22) Kommt für Sie persönlich ein Studium in Frage?
◯ Nein ◯ Ja
→ Haben Sie sich bereits über mögliche Studiengänge informiert? ◯ Nein ◯ Ja

23) Haben Sie das Gefühl, Sie hätten in der 12. Klasse besser von der Schule auf Ihre Berufs-/Studienwahl vorbereitet werden müssen? Wenn nein, warum nicht? Wenn ja, welche weiteren Angebote sollte die Schule zum Thema Berufs- und Studienorientierung bieten?
◯ Nein ◯ Ja

24) Fühlen Sie sich sicher darin, Informationen zur Berufs- und Studienorientierung, welche Ihnen die Lehrkräfte nicht bieten können, selbst zu recherchieren?
◯ Nein ◯ Ja

25) Hätten Sie sich von Ihren Eltern bessere Unterstützung bei der Berufs- und Studienorientierung gewünscht? Wenn nein, warum nicht? Wenn ja, wie hätte das aussehen sollen?
◯ Nein ◯ Ja

26) Vielen Dank für Ihre Mitarbeit. Falls Ihnen noch etwas bezüglich des Fragebogens oder allgemein zu dem Thema „Berufs- und Studienorientierung" auf dem Herzen liegt, können Sie es gerne hier notieren.

SEITE 8

Beiblatt

Die sechs Persönlichkeitstypen nach John L. Holland

Typ 1) „bevorzugt Tätigkeiten, die Kraft, Koordination und Handgeschick erfordern; Tätigkeit soll zu einem sichtbaren Ergebnis führen; fühlt sich im Umgang mit Materialien, Tieren, Maschinen und Werkzeugen sicher; bevorzugt ein traditionelles Wertesystem. Typische Berufe: Landwirt, Schreiner, Ingenieur"	**Typ 2)** „bevorzugt Aktivitäten, bei denen die Bewältigung von Aufgaben oder Problemen durch Denken, systematische Beobachtung oder Forschung erforderlich ist; fühlt sich sicher im mathematischen und naturwissenschaftlichen Bereich; geht analytisch und methodisch vor. Typische Berufe: Radiotechniker, naturwissenschaftlicher Forscher, Geologe, Soziologe"
Typ 3) „bevorzugt offene, unstrukturierte Aktivitäten, mit sprachlicher oder künstlerischer Selbstdarstellung; besitzt große sprachliche und musische Fähigkeiten; lehnt systematische und geordnete Tätigkeiten ab; betont stark seine Gefühle. Typische Berufe: Goldschmied, Schriftsteller, Schauspieler, Musiker"	**Typ 4)** „bevorzugt Tätigkeiten, bei denen er sich mit anderen Menschen auseinandersetzen kann – in Form von Unterricht, Lehren, Ausbilden, Versorgen oder Pflegen; ist stark in zwischenmenschlichen Beziehungen; technische und wissenschaftliche Befähigung sind ihm nicht so wichtig. Typische Berufe: Barkeeper, Krankenschwester, Psychologe"
Typ 5) „bevorzugt Tätigkeiten und Situationen, bei denen sich andere beeinflussen lassen; besitzt Führungsqualität, Überzeugungskraft und ein hohes Selbstvertrauen; Mangel an wissenschaftlicher Begabung; setzt eher auf traditionelle Werte wie sozialen, politischen oder ökonomischen Erfolg; ist leistungsorientiert. Typische Berufe: Verkäufer, Manager"	**Typ 6)** „bevorzugt Tätigkeiten, bei denen der strukturierte Umgang mit Daten im Vordergrund steht, insbesondere ordnend-verwaltende Tätigkeiten; lehnt offene und unstrukturierte Aufgaben eher ab. Typische Berufe: Buchhalter, Jurist, kaufmännischer Angestellter"

Veränderte Darstellung nach P. MARTI (2011), Persönlichkeitstypen – Die Typologie von John L. Holland, S. 1-3, abrufbar unter http://www.jugendarbeit.ch/download/pa_hollandtypen.pdf, zuletzt aufgerufen am 20. Juni 2017.

SEITE 9

Fragebogen J: Lehrer der P-Seminare zur Berufs- und Studienorientierung

Anja Langmajer
anja.langmajer@fau.de

http://www.wirtschaftsdidaktik.phil.uni-erlangen.de/

FRIEDRICH-ALEXANDER UNIVERSITÄT ERLANGEN-NÜRNBERG
PHILOSOPHISCHE FAKULTÄT UND FACHBEREICH THEOLOGIE
Didaktik Wirtschaft und Recht

BERUFS- UND STUDIENORIENTIERUNG AM GYMNASIUM

Liebe Kolleginnen und Kollegen,
mithilfe diverser Befragungen in den letzten Jahren sollte herausgefunden werden, welche Vorstellungen, Wünsche und Sorgen Jugendliche bezüglich der Vorbereitung auf ihre berufliche Zukunft haben. Die Ergebnisse werden an der Friedrich-Alexander-Universität im Rahmen meiner Promotion zusammengetragen. Die Veröffentlichung findet anonym statt, zwischen Ihnen und Ihren Antworten kann für Außenstehende also keine Verbindung hergestellt werden. Falls Sie nach der Bearbeitung noch Rückfragen haben, können Sie sich gerne persönlich oder unter obenstehender E-Mail-Adresse an mich wenden. Selbstverständlich können Sie nach der Auswertung der Ergebnisse eine Rückmeldung über das Gesamtergebnis bekommen.
Vielen Dank und freundliche Grüße

StRin M.A. Anja Langmajer

Titel P-Seminar: ____________________

1) Welche Themen aus dem Bereich Berufs- und Studienorientierung haben Sie in Ihrem P-Seminar in der 11. Jahrgangsstufe (Schuljahr 2017/18) besprochen?

○ In der 11. Jahrgangsstufe fand in meinem P-Seminar keine Berufs- und Studienorientierung statt.

○ Stärkenanalyse ○ Schwächenanalyse ○ Berufseignungstest ○ Bewerbungsmappe

○ Bewerbungsgespräch ○ Einstellungstest ○ Assessment-Center ○ Berufsbasare

○ Kontakt zu externen Ansprechpartnern (z.B. Experten-Gespräche, -Vorträge,...), nämlich: ____________________

____

○ Vorstellung einzelner Berufe/Studiengänge, nämlich: ____________________

____

○ Sonstiges: ____________________

____

2) Welche Themen aus dem Bereich Berufs- und Studienorientierung haben Sie in Ihrem P-Seminar in diesem Schuljahr 2018/19 (also in der 12. Jahrgangsstufe) bereits besprochen?

○ In der 12. Jahrgangsstufe fand in meinem P-Seminar keine Berufs- und Studienorientierung statt.

○ Stärkenanalyse ○ Schwächenanalyse ○ Berufseignungstest ○ Bewerbungsmappe

◯ Bewerbungsgespräch ◯ Einstellungstest ◯ Assessment-Center ◯ Berufsbasare

◯ Kontakt zu externen Ansprechpartnern (z.B. Experten-Gespräche, -Vorträge,...), nämlich: ______________________

____

◯ Vorstellung einzelner Berufe/Studiengänge, nämlich: ______________________

____

◯ Sonstiges: ______________________

____

3) Haben Sie die von der Schule bereitgestellten Materialien „Studien- und Berufswahl begleiten! Unterrichtseinheiten für das P-Seminar am bayerischen Gymnasium" in Ihrem letzten P-Seminar benutzt? ◯ Ja ◯ Nein

4) Fanden Sie die Materialien hilfreich? ◯ Ja ◯ Nein

5) Würden Sie sich von der Schule weitere Unterstützung in Sachen Berufs- und Studienorientierung wünschen?
◯ Ja, nämlich... ◯ Nein, weil...

____

____

____

____

6) Bewerten Sie die folgenden Aussagen. Kreuzen Sie bitte jeweils nur eine für Sie passende Antwortmöglichkeit an.

Aussage	Stimmt gar nicht	Stimmt eher nicht	Stimmt eher	Stimmt voll
Ich habe das Gefühl, dass zumindest ein Teil der SchülerInnen in meinem P-Seminar auch jetzt in der 12. Jahrgangsstufe noch nicht weiß, in welche Richtung es für sie beruflich gehen soll.	◯	◯	◯	◯
Ich habe das Gefühl, zumindest einem Teil meiner SchülerInnen eine wirkliche Hilfe bei der BuS-Orientierung gewesen zu sein.	◯	◯	◯	◯
Ich habe das Gefühl, dass viele SchülerInnen auf die BuS-Orientierung in der Schule angewiesen sind, weil sie von zu Hause keine Hilfe bekommen.	◯	◯	◯	◯

7) Vielen Dank für Ihre Mitarbeit. Falls Ihnen noch etwas bezüglich des Fragebogens oder allgemein zu dem Thema „Berufs- und Studienorientierung" auf dem Herzen liegt, können Sie es gerne hier notieren.

____

____

____

SEITE 2

Fragebogen K: Ehemalige Schüler nach der ersten Berufs- bzw. Studienwahl

Anja Langmajer
anja.langmajer@fau.de

http://www.wirtschaftsdidaktik.phil.uni-erlangen.de/

FRIEDRICH-ALEXANDER UNIVERSITÄT ERLANGEN-NÜRNBERG
PHILOSOPHISCHE FAKULTÄT UND FACHBEREICH THEOLOGIE
Didaktik Wirtschaft und Recht

Schüler-ID: __ __ __ __ __ __ __ __

BERUFS- UND STUDIENORIENTIERUNG AM GYMNASIUM

Liebe ehemalige Schülerinnen und Schüler,
mithilfe der folgenden Frage soll untersucht werden, wie viele Schüler Ihres Jahrgangs an ihrem ursprünglichen Berufswunsch festgehalten haben bzw. sich doch noch für einen anderen beruflichen Weg entschieden haben. Die Ergebnisse werden an der Friedrich-Alexander-Universität im Rahmen einer Forschungsarbeit zusammengetragen. Die Veröffentlichung findet anonym statt, zwischen Ihnen und Ihren Antworten kann für Außenstehende also keine Verbindung hergestellt werden. Falls Sie nach der Bearbeitung noch Rückfragen haben, können Sie sich gerne persönlich oder unter obenstehender E-Mail-Adresse an Frau Langmajer wenden. Selbstverständlich können Sie nach der Auswertung der Ergebnisse eine Rückmeldung über das Gesamtergebnis bekommen.
Vielen Dank und freundliche Grüße

StRin M.A. Anja Langmajer

Welchen beruflichen Weg haben Sie nach dem Abitur 2019 eingeschlagen?

○ Ich befinde mich in einer (z. B. betrieblichen) Ausbildung zur/zum ____________________.

○ Ich habe den Studiengang ____________________ aufgenommen.

○ Ich mache ein Duales Studium. An der Hochschule studiere ich ____________________,

meine Praxiseinsätze leiste ich bei ____________________ ab.

○ Ich befinde mich noch nicht in der Ausbildung bzw. in keinem Studium. Stattdessen mache ich...

____

____

____

____

Anhang 3: Vollständige Antwortlisten zu offenen Fragen bzw. sonstigen Freitextfeldern

3a) Forschungsfrage 1.1.1: Welche Entwicklungen können die Schüler seit der jeweils letzten Jahrgangsstufe feststellen?

10. Jahrgangsstufe

Fragebogen E, Frage 12) Haben Sie das Gefühl, dass sich seit dem letzten Schuljahr bei Ihnen etwas in Sachen Berufsorientierung verändert hat? → Ja → Welche Veränderungen können Sie seit der 9. Jahrgangsstufe feststellen? → Sonstiges

Nr.	Angabe
8	das Praktikum hat geholfen
25	mehr Interesse an Information
48	habe eine ganz grobe Richtung gefunden

11. Jahrgangsstufe

Fragebogen H, Frage 12) Haben Sie das Gefühl, dass sich seit dem letzten Schuljahr bei Ihnen etwas in Sachen Berufsorientierung verändert hat? → Ja → Welche Veränderungen können Sie seit der 10. Jahrgangsstufe feststellen? → Sonstiges

Nr.	Angabe
8	Ich konnte Berufsfelder ausgrenzen
17	Ich habe mich mehr mit dem Thema befasst.
44	Es kommen mehr Berufe in Frage
46	Ich weiß genauer, welchen beruflichen Weg ich nicht einschlagen möchte

12. Jahrgangsstufe

Fragebogen I, Frage 11) Haben Sie das Gefühl, dass sich seit dem letzten Schuljahr bei Ihnen etwas in Sachen Berufsorientierung verändert hat? → Ja → Welche Veränderungen können Sie seit der 10. (Fehler! Korrekt wäre 11.) Jahrgangsstufe feststellen? → Sonstiges

Nr.	Angabe
31	weitere Optionen neben meinem Wunschstudium (z.B. Ausbildungen etc.)
46	Die Selbsteinschätzung und Orientierung in Berufs-Dingen hat sich durch Informationstage wie die UNI-tage stark geändert
48	habe mich näher mit der Materie Physik, Astrophysik beschäftigt

3b) Forschungsfrage 1.1.2: Woran liegt es nach Einschätzung der Schüler, falls in den einzelnen Jahrgangsstufen keine Entwicklungsschritte bezüglich der persönlichen Berufsorientierung festgestellt werden konnten?

10. Jahrgangsstufe

Fragebogen E, Frage 12) Haben Sie das Gefühl, dass sich seit dem letzten Schuljahr bei Ihnen etwas in Sachen Berufsorientierung verändert hat? → Nein → Woran liegt es, dass sich noch keine Veränderung eingestellt hat? → Sonstiges

Nr.	Angabe
9	Hab immer noch die gleiche
23	seit mehreren steht fest, was ich mal werden möchte
31	ich weiß schon, wie ich mich orientieren möchte
42	Ich habe nachgedacht und bin zum gleichen Ergebnis gekommen.
43	war schon seit klein auf sicher was ich gerne machen will
55	Man weiß nicht, ob das eine wichtige Angelegenheit ist, denn man hört von außen, dass es wichtig ist
57	Ich habe mich entschieden und bin auch damit zufrieden.

11. Jahrgangsstufe

Fragebogen H, Frage 12) Haben Sie das Gefühl, dass sich seit dem letzten Schuljahr bei Ihnen etwas in Sachen Berufsorientierung verändert hat? → Nein → Woran liegt es, dass sich noch keine Veränderung eingestellt hat? → Sonstiges

Nr.	Angabe
2	Mein Berufswunsch steht fest, schon seit Jahren
9	Fester Berufswunsch

13	weil meine Berufsentscheidung schon fest steht.
27	Ich habe schon lange einen festen Plan & Berufswunsch
42	Ich habe immernoch denselben Berufswunsch.
43	Ich wollte schon immer nur Medizin studieren
50	Ich habe die Studienwahl schon vor der 11. Klasse getroffen

12. Jahrgangsstufe
Fragebogen I, Frage 11) Haben Sie das Gefühl, dass sich seit dem letzten Schuljahr bei Ihnen etwas in Sachen Berufsorientierung verändert hat? → Nein → Woran liegt es, dass sich noch keine Veränderung eingestellt hat? → Sonstiges

Nr.	Angabe
9	Ich weiß schon länger was ich machen will.
23	Mein Wunsch besteht schon seit mehreren Jahren
27	Ich habe meine Interessen nicht geändert
42	Ich bin mir sicher, was ich studieren will
43	Wunsch nicht verändert
50	Meine Studienwahl stand schon in der 10. fest, seitdem keine Veränderungen, trotz zahlreicher schulischer & außerschulischer Berufsorientierungsmöglichkeiten.
57	ich weiß genau, was ich machen will

3c) Forschungsfrage 1.2.2 (a): Welche positiven bzw. negativen Erwartungen haben die Schüler an das Betriebspraktikum im Vorfeld?

Fragebogen A, Frage 14) Welche positiven bzw. negativen Erwartungen hast Du bezüglich des Pflichtpraktikums im Juli? → Positive Erwartungen

Kategorien			
Erfahrungen sammeln	1	Hilfe bei Berufswahl	4
Arbeitsalltag kennenlernen	2	Etwas Neues machen/lernen	5
Beruf kennenlernen	3	Spaß	6

Nr.	Angaben	Kategorie(n)			
1	Kontakt mit Leuten, Alltag in der Klinik kennenlernen, Einschätzen, ob ich da mal arbeiten will, praktische Erfahrung	2	1	4	
2	Ich werde mit mehreren Leuten zusammenarbeiten und ein paar Erfahrungen machen	1			
3	Kennenlernen des Arbeitslebens, meiner Berufswahl ein Stück näher kommen, danach weiß man wie man sich bewirbt	2			
4	Kennenlernen eines Betriebs bzw. eines Berufes	3			
5	Nette Kollegen	-			
6	Neue Erfahrungen	1			
7	Erfahrungen sammeln, neue Leute kennenlernen, für sich herausfinden, ob diese Berufsrichtung das Richtige für ihn/sie wäre.	1	4		
8	Dass ich merke, dass es das richtige für mich ist und auch dass mein "Arbeitgeber" zufrieden mit mir sein wird	4			
9	Lernst den Beruf kennen, alle sind nett	3			
10	neues zu lernen und zu erleben	5			
11	Dass ich neue Dinge lerne, Spaß habe, generell Erfahrungen sammle (7 Stunden arbeiten, neues Umfeld usw.)	5	6	1	2
12	Erfahrungen, neue Leute kennen lernen, Einblick in die Arbeitswelt	1	2		
13	Dass man mehr über diesen Beruf erfährt und dass man dort auch was lernt	3	5		
14	Dass man mehr Interesse am Beruf entdeckt	4			
15	Einblick ins Berufsleben, besseres Wissen zu diesem bestimmten Beruf	2	5		
16	Etwas für die Berufsauswahl mitnehmen	4			
17	Neues über den Beruf erfahren, selbst mitmachen, neue Erfahrungen sammeln, sehen wie die Leute arbeiten, neues lernen	5	1		
18	neue Erfahrung, Arbeitsgefühl kennenlernen, Ich habe generell ein großes Interesse so schnell wie möglich Geld zu verdienen	1	2		
19	etwas neues kennenzulernen/erfahren, zu sehen ob die Beschäftigung für mich passt	5	4		

Nr.	Angaben	Kategorie(n)			
20	Ich möchte zum Ende des Praktikums wissen ob ich für den Job geeignet wäre	4			
21	Berufserfahrung, normale Arbeitszeiten kennenlernen	1	2		
22	eventuelle Hilfe für die Entscheidung des Berufes, Herausfinden ob die Arbeit der Angestellten angenehm für sie selbst ist.	4			
23	Man sieht, wie die Leute arbeiten, wie die Arbeit aussieht. Man kann für sich entscheiden, ob der Beruf das Richtige für jemanden ist.	3	4		
24	dass ich lerne wie ein Berufsalltag aussieht, dass ich mehr über meinen Berufswunsch lerne	2	5		
25	Einblick ins Berufsleben, Bessere Orientierung hinsichtlich der Berufswahl, Arbeitsklima	2	4		
26	Einblick in das Berufsleben, Einblick in den Beruf	2	3		
27	Neue Erfahrung, Interessantes Gebiet	1			
28	dass man etw. ausprobieren kann, ins Berufsleben kurz eintauchen, Erfahrungen und Wissen sammeln	5	2	1	
29	Erfahrung sammeln, Eigenständigkeit, Verantwortung, Einblick ins Berufsleben, eventueller zukünftiger Job	1	2	4	
30	Arbeitserfahrung sammeln, Pflichten eines Arbeiters kennenlernen, Schichtarbeiten entdecken	1	2		
31	Neue Erfahrungen	1			
32	etwas anderes als den Schulalltag	-			
33	Einen kleinen Einblick in den Job zu bekommen	3			
34	Spaß, Sachen dazu lernen, Sachen machen die man wirklich in diesem Beruf macht	6	5		
35	Erfahrungen	1			
36	Erfahrung im Berufsleben sammeln, vielleicht eine Berufsidee finden oder ausschließen	1	4		
38	-	-			
39	Neue Leute kennenlernen, über einen Betrieb informiert sein, wie es "läuft"	-			
40	Lernen, eine Bewerbung zu verfassen, Einblicke in die "Arbeitswelt" bekommen	5	2		
41	Kleinen Einblick in den Beruf	3			

Nr.	Angaben	Kategorie(n)			
42	Einblick in der Berufwelt, Bewerbung erstellen	2			
43	Abwechslungsreich und etwas neues, da viele sowas zuvor nicht gemacht haben, Erfahrungen sammeln	5	1		
44	Abwechslung vom Schulalltag, neue Eindrücke kennen zu lernen	5			
45	Einblicke ins Berufsleben, Einblick in den Beruf	2	3		
46	neue Erfahrungen, Herausfinden ob das etwas wäre was ich später machen will	1	4		
47	Einen Einblick in die Arbeitswelt bekommen	2			
48	-	-			
49	Spaß, Anstrengung, neue Erfahrungen, neue Informationen über den Beruf erfahren	6	1	3	
50	mehr Informationen über den jeweiligen Beruf, Einblick in die Arbeitswelt	3	2		
51	Teilvorstellung eines Berufes, Eintauchen in das Arbeitsleben	3	2		
52	gute Rekomendationen, nützliche Erfahrungen	1			5
53	neuen Beruf kennenlernen, Berufsleben ansehen, Erfahrungen sammeln, evtl. sich fortbilden	3	2	1	
54	sofortiges Annehmen meiner Anfrage, nicht zu kompliziert	-			
55	ob diese Art an Beruf gut ist	-			
56	man lernt was für sein späteres Berufsleben, bringt neue Erfahrungen	5	1		
57	lernen von "Büro"umfeld, Umgehen mit längeren Arbeitszeiten, erkennung, wo meine Stärken liegen & meine Schwächen, Verhaltensweise von Kollegen	2	4		
58	man lernt was über andere Berufe, Horizont erweitern	3			
59	mehr Eindrücke vom Beruf, abwechslungsreich	3			

3d) Forschungsfrage 1.2.2 (b): Welche positiven bzw. negativen Erwartungen haben die Schüler an das Betriebspraktikum im Vorfeld?

Fragebogen A, Frage 14) Welche positiven bzw. negativen Erwartungen hast Du bezüglich des Pflichtpraktikums im Juli? → Negative Erwartungen

Kategorien			
Keine	1	Probleme mit Kollegen	4
Unterforderung	2	Praktikum gefällt nicht	5
Überforderung	3		

Nr.	Angaben	Kategorie(n)		
1	evtl. Langeweile	2		
2	-	1		
3	Dass man nur die "einfachen" machen darf wie Kaffee holen	2		
4	Eventuell unfreundliches Personal	4		
5	Nicht angenommen zu werden	4		
6	viel Arbeit	3		
7	evtl. Stress, Erwartungsdruck, man wird sozusagen ins kalte Wasser geschmissen	3		
8	Dass es zwischenzeitlich langweilig sein könnte	2		
9	Kannst nicht abbrechen, Kaffee kochen	2		
10	-	1		
11	-	1		
12	Angemessene Kleidung bei warmen Wetter, dass man die gestellten Aufgaben nicht erledigen kann, unsympathische Mitarbeiter, dass man im Team nicht angenommen wird	3	4	
13	Die 8 Stunden könnten hart sein und das eine Woche	3		
14	Dass es gar nicht mein Ding ist	5		
15	zunächst dass es etwas schwierig wird sich an die Arbeitszeiten zu gewöhnen (7 Stunden am Tag!)	-		
16	-	1		
17	unfreundliche Kollegen, nichts anderes machen als z.B. putzen	4	2	
18	-	1		
19	etwas nicht hinzubekommen, keinen Praktikumsplatz zu finden	3		
20	Dass der Job mir nicht liegt bzw. dass ich meine Erwartung ändere	5		

Nr.	Angaben	Kategorie(n)		
21	hohe Anforderungen, Zeitdruck	3		
22	-	1		
23	Manche Sachen werden vielleicht nicht so verständlich sein.	3		
24	dass es mir keinen Spaß macht	5		
25	eventueller Stress usw.	3		
26	dass man nichts zu tun haben könnte, dass der Beruf mir nicht mehr gefällt	2	5	
27	wenig zu tun	2		
28	dass man zu schüchtern ist und nicht weiß was man machen soll, oder dass man Angst hat etw. falsch zu machen	-		
29	Stress, unfreundliche "Kollegen", Langeweile, nicht mein Themengebiet	3	4	2
30	Pflichten welche eine Hohe Erwartung an einer Person einfordern	3		
31	zu stressig, monoton	3		
32	-	1		
33	"Nur" langweilige Sachen machen	2		
34	dass die positiven Erwartungen nicht eintreten	-		
35	Arbeiten wie Kaffee holen oder Putzen, also das sich die Klischees bewahrheiten	2		
36	-	1		
38	Ich werde mich nur an den Beruf rantasten können, weil ich nur 1 Woche dabei sein werde und somit noch unerfahren zur richtigen Ausübung dieses Berufes bin.	-		
39	das Vorurteil Praktikanten werden "ausgebeutet"	-		
40	-	1		
41	-	1		
42	-	1		
43	momentan keine neg.	1		
44	Habe ich nicht	1		
45	-	1		
46	dass man vielleicht andere Sachen machen muss als erwartet, vielleicht macht es keinen Spaß	5		
47	Mehr Anstrengungen als in der Schule	3		

Nr.	Angaben	Kategorie(n)		
48	-	1		
49	Anstrengung			
50	Beruf macht kein Spaß	5		
51	nur oberflächlicher Kontakt mit dem Beruf (zu kurzes Praktikum)	-		
52	Mangel an der Sprache von meiner Seite	-		
53	viel Stress (Beruf finden), Anstrengung	3		
54	unfreundliche Mitarbeiter, zu viele Anfragen, sodass ich nicht aufgenommen werde	4		
55	Kommandieren der Chefs	4		
56	zu anstrengend	3		
57	anstrengend	-		
58	Mann muss früher Aufstehen, Mann wird nicht bezahlt	-		
59	wenig Bewegung	-		

3e) Forschungsfrage 1.2.4: Welche Ratschläge geben die Gymnasiasten anderen Jugendlichen bezüglich des Betriebspraktikums?

Fragebogen C, Frage 4) Welche Ratschläge würdest Du den Schülern des nächsten Jahrgangs für ein erfolgreiches Praktikum geben?

Kategorien			
Rechtzeitig um Praktikumsplatz kümmern	1	Aktive Beteiligung	3
Keine Sorge/Angst	2	Gut überlegte Praktikumswahl	4

Nr.	Angaben	Kategorie(n)	
1	Dass sie sich etwas aussuchen, was evtl. ihr späterer Berufswunsch ist und sich aktiv beteiligen	3	
2	Sie sollen genau das machen, was sie wollen	4	
3	Dass sie sich keine Sorgen machen, dass irgendwas schieflaufen könnte	2	
4	sehr weit vorab informieren	1	

Nr.	Angaben	Kategorie(n)	
5	Am Anfang mag es noch etwas schwer sein, aber nach einigen Tagen gewöhnt man sich echt an die Umgebung. Versucht positiver zu denken dann schafft ihr das schon	2	
6	nicht zu viel erwarten, auf sich zukommen lassen	-	
7	Wenn man sich an die Ratschläge hält, die im Unterricht gegeben werden, sollte nichts schief gehen.	-	
8	Immer nachfragen, nicht zimperlich sein und mitanpacken. Und das Praktikum nicht einfach so auswählen, sondern sich Gedanken machen	3	4
9	rechtzeitig, aber auch gut überlegt eine Wahl treffen, selber recherchieren was auf ihn zukommt/zukommen könnte	1	4
10	Sie sollten keine Angst davor haben	2	
11	Die Schüler sollten sich etwas über den Beruf erkundigen um zu wissen wie das Praktikum ungefähr ablaufen sollte.	4	
12	Dass sie eher ein größeres Betrieb wählen, denn dann wirds spannender und man kann viel mehr sehen und erfahren.	4	
13	Bewerbt Euch rechtzeitig, denn viele Betriebe lassen sich viel Zeit bei der Auswahl von Bewerbern	1	
14	Bewerbt Euch früh genug bei einer Firma/Betrieb der euch auch interessiert, vllt. auch in Abteilungen die ihr bereits kennt. Sucht vllt. auch ein Praktikum in dem ihr gefordert seit und nicht nur rum sitzt und nix tun dürft.	4	1
15	früh mit Bewerbungen anfangen, schon anfangs darüber nachdenken, wo man sein Praktikum machen möchte, frühzeitig bewerben	1	
17	immer pünktlich kommen, immer freundlich sein, so viel wie möglich mitnehmen und machen, den richtigen Praktikumsplatz aussuchen, mit einer positiven Einstellung hingehen	3	
18	nett sein, immer fragen bzw. wenigstens so tun als ob man interessiert ist	3	
19	Man sollte sich etwas suchen was mehr oder weniger später in Frage kommt und nicht in ein erstes	4	

Nr.	Angaben	Kategorie(n)	
	beliebiges Geschäft gehen, das würde mehr bringen		
20	Davor schon ein Praktikum zu machen	-	
21	gut auf Betrieb vorbereiten, Aufgaben des Betriebes kennen, Zahlen und Fakten zum Betrieb kennen	-	
23	sie sollen auf jeden Fall frühzeitig (Anfang des Schuljahres) eine Praktikumsstelle anfangen zu suchen und sich Gedanken darüber machen, was sie beim Praktikum erwartet	1	4
24	früh genug einen Beruf auswählen, der einen interessiert	1	4
25	Ruhig bleiben und sich keinen unnötigen Stress machen. Dinge überlegen, die man lernen will, besonders auf diese achten	2	4
26	Etwas anspruchsvolles auswählen, vllt. auch was in die Richtung vom Berufswunsch	4	
27	Gut über die Auswahl des Praktikums nachdenken, sich früh bewerben, gründlich über den Betrieb informieren	1	4
28	9999		
29	sich Zeit zu nehmen bei der Wahl des Praktikums	4	
30	Aufgeschlossen und motiviert arbeiten, jedoch passende Stelle suchen	3	4
31	nicht aufgeregt sein, offen sein, und aufgetragene Arbeiten freundlich annehmen und ausführen	3	
32	Seit nett, pünktlich und bringt euch die ein oder andere Aufgabe mit, damit keine Langeweile aufkommt	3	
33	Wirklich das zu nehmen was einen wirklich interessiert und nicht das zu nehmen, was nach der eigenen Meinung "einfach" ist oder zu faul ist, sich irgendwo anders zu bewerben.	4	
34	Keine Angst vor dem Praktikum	2	
35	Das Praktikum so wählen, sodass es nicht unbedingt den jetzigen Berufswünschen übereinstimmt	4	
36	Ich würde raten, eine Praktikumsstelle zu suchen, die einen interessiert, also wenigstens im gleichen	4	

Nr.	Angaben	Kategorie(n)	
	Themengebiet ist, wie in dem man sich vorstellen kann zu arbeiten		
37	Sie sollten sehr höfflich zu den Kollegen im Praktikums betrieb sein und immer interresse zeigen auch wenn dieser manchmal nicht vorhanden ist	3	
38	Sie sollten sich schon sehr früh um einen Platz kümmern. Außerdem empfehle ich ihnen mittelgroße Unternehmen, weil sie da am meisten lernen.	1	
39	Nicht unbedingt Praktika aussuchen, dass man machen will sondern auch Sachen die in Frage kommen und man sich unsicher ist	4	
40	etwas wählen, was ihnen davor schon gut gefällt	4	
41	sich früher um den Praktikumsplatz zu kümmern	1	
42	Sie sollen etwas suchen, das klein ist, aber einen Praktikanten aufnimmt, dann bekommt man auch bessere Aufgaben	4	
43	Immer pünktlich sein, freundlicher Umgang mit den Kollegen, Aufgaben sorgfältig erledigen, Interesse zeigen, Fragen stellen wenn etwas unklar ist	3	
44	Sucht euch etwas, was ihr euch wirklich gut vorstellen könnt. Überlegt, was euch erwarten wird und ob dies euch gefallen könnte	4	
45	sich dort bewerben, wo man eher mit Hobbys in Kontakt kommt als dem Berufswunsch	4	
46	Sucht Euch früh ein Praktikumsplatz aus auf den ihr Euch Bewerben wollt, damit ihr auch etwas macht, dass euch Interressiert	1	4
47	Immer nachfragen bei Unklarheiten	3	
48	Sich davor die Verbindung zum Arbeitsplatz gut anzuschauen	-	
49	Sich schon früher für ein Praktikum bewerben (Wenn man in einen größeren Betrieb will)	1	
50	keine	-	
53	Im Vorraus überlegen, wo man hinwill. Im Vorraus alles planen + sich bei Betrieben zu erkundigen.	4	
54	respektvoll sein, sich formell anziehen, gutes & angemessenes Deutsch	-	

Nr.	Angaben	Kategorie(n)	
55	offen sein und reden	3	
56	frühe Betriebssuche	1	
57	in einen Bereich gehen, wo sie wirklich Interesse zeigen, sich früh genug anzumelden, sich zu öffnen & selbstbewusst zu sein + viele Fragen zu stellen	3	1
58	früh anfangen zu suchen	1	
59	Überlegen was man vielleicht machen möchte (vielleicht bzgl. Schulzweig), sich vorher über die Tätigkeiten des Praktikums informieren	4	

3f) Forschungsfrage 1.4.1: Haben die Zehntklässler das Gefühl, dass ihnen der BiZ-Besuch bei ihrer Berufsorientierung geholfen hat?

Fragebogen G, Frage 5) Hat der BiZ-Besuch Ihnen bei Ihrer Berufsorientierung geholfen? → Ja/Eher ja/Eher nein/ Nein, weil...

Kategorien			
Informationen zu Traumberuf erhalten	1	Veranstaltung ging nicht weit genug	3
Berufswunsch stand schon vorher fest	2		

Nr.	Angaben	Kategorie
32	Nein, da ich finde das, dass ausfüllen eines Online-Formulars nicht zum Berufsfindungsprozess beiträgt.	3
34	Eher nicht, da ich schon vorher wusste, was ich machen will, trotzdem hat das BIZ mir noch weitere Möglichkeiten aufgezeigt die ich mit meinen Plänen für die Zukunft vereinen kann.	2
35	Eher ja, da ich einige Dinge ausschließen konnte die mich nicht interessieren	-
36	Eher nein, weil es die Berufswahl nicht getroffen hat, aber es hat geholfen sich produktiv damit zu beschäftigen	3

Nr.	Angaben	Kategorie
37	Eher Nicht da ich immer noch nicht weiß was ich werden will aber das BIZ hat mich auf jeden fall in eine ungefähre richtung gelenkt	-
39	Eher nein, weil es dafür zu oberflächlich war.	3
40	Eher nein, weil ich nur einen kurzen Test gemacht habe, der mir keinen Beruf vorgeschlagen hat, der mir gefällt.	3
41	Eher nein, weil ich schon ungefähr weiß in welche Richtung ich gehe.	2
42	Nein. Ich will nach wie vor Programmiererin werden. Der BiZ-Besuch hat den Wunsch weder verstärkt noch abgeschwächt.	2
43	Nein, jedoch hat es mir einen leichteren Weg ermöglicht an ein Studienplatz zu kommen. In dem Sinne, dass ich alle Plätze finden kann und einen besseren Überblick habe.	-
44	Ja, ich bin mir sicherer in meiner Berufswahl geworden und weiß was ich dafür machen muss, um dies zu erreichen.	1
46	Eher nein, weil wir Berufe nicht näher angeschaut haben und es auch keine Blitzeingebung gab.	3
47	Naja, nicht wirklich, weil ich noch sehr unentschlossen bin.	-

3g) Forschungsfrage 1.4.2: Denken die Zehntklässler, dass sie das BiZ in ihrer Freizeit erneut besuchen werden?

Fragebogen G, Frage 3) Werden Sie das BiZ in Ihrer Freizeit erneut besuchen? → Ja/Eher ja/Eher nein/ Nein, weil…

Nr.	Angaben
31	Eher ja, um sich mal anzuschauen was einem dort angeboten wird (welche Möglichkeiten man nach seinem Schulabschluss hat)
32	Eher Nein, da man nun ein Informationsblatt hat auf dem sich viele Tipps zur selbstständigen Orientierung finden lassen

Nr.	Angaben
33	Eher nein, da ich schon relativ genaue Vorstellungen für meine berufliche Zukunft habe und in der Hinsicht keine Hilfe derart brauche.
34	Eher ja, weil dort die Informationsmöglichkeiten über zukünftige Jobs und Studiengänge gebündelt einsehbar sind.
35	Ich versuch erst auf eigener Faust bzw. mit Eltern und Bekannten Fragen rund um das Studium und Berufleben zu klären, wenn ich Hilfe brauchen werde, besuch ich das BiZ
36	Eher ja, weil ich denke, dass es eine gute Möglichkeit ist aber ich weiß nicht genau, ob ich es besuchen werde
37	Eher Ja da man dort viele Information über verschiedene Berufe bekommen kann und ich mich dort auch beraten lassen kann.
39	Eher ja, da man sich dort Infomaterial besorgen kann
40	Eher ja, weil ich keinen Plan habe, was ich werden will.
41	Eher ja, weil ich mich vielleicht später genauer über Berufe informieren möchte und mich darüber beraten lassen will.
42	Nein, weil es mir nichts bringen wird. Ich kann alles auch zuhause machen, ohne die eklige Tastatur.
43	Eher nein, da ich schon meiner Meinung nach genug Infos erhalten habe und mit Hilfe der Online-Seiten und diesem Buch (Studiengänge) mir selber Sachen heraussuchen kann und nicht noch extra Hilfe von außen benötige, da ich mir sicher bin was ich später machen will.
44	Eher ja, denn wenn man einen genauen Berufswunsch hat, kann man sich noch einmal in Ruhe alles ansehen und durchlesen.
46	Eher ja, weil es für mich eine Anlaufstelle sein kann, die darauf spezialisiert ist, Leuten in meiner Lage zu helfen
47	Eher ja, wenn es soweit ist, dass ich ein Studienfach wählen muss

3h) Forschungsfrage 1.5: Inwieweit nutzen die Schüler in den Jahrgangsstufen neun bis zwölf verschiedene Informationsangebote privat?

<u>9. Jahrgangsstufe</u>

Fragebogen A, Frage 16) Hast Du Dich im letzten halben Jahr aktiv über berufliche Möglichkeiten informiert? → Ja → Sonstige

Nr.	Angabe „Sonstige“
2	Freunde und Familie
18	Ohm-HS, lange Nacht
28	Berufsberatung Stadt
49	Familie
56	Boys'Day

<u>10. Jahrgangsstufe</u>
Fragebogen E, Frage 7) Haben Sie sich in diesem Schuljahr aktiv über berufliche Möglichkeiten informiert? → Ja → Sonstige

Nr.	Angabe „Sonstige“
8	Freunde
16	Freundin mit Abitur
34	Praktikumsplatz aus der 9.Klasse
43	Uni
45	Universität Erlangen, Eigenständiges Arbeiten
50	Broschüren der FAU
57	Zeitung

<u>11. Jahrgangsstufe</u>
Fragebogen H, Frage 14) Haben Sie sich in diesem Schuljahr privat aktiv über Berufs- und Studienangebote informiert? → Ja → Sonstige

Nr.	Angabe „Sonstige“
1	Studenten
28	Geschwister (20 & 23)
50	Lehrer

<u>12. Jahrgangsstufe</u>
Fragebogen I, Frage 13) Haben Sie sich in diesem Schuljahr privat aktiv über Berufs- und Studienangebote informiert? → Ja → Sonstige

Nr.	Angabe „Sonstige“
50	diverse Veranstaltungen für chemisch Interessiere

3i) Forschungsfrage 2.1.4: Über welche Themen der Domäne Berufs- und Studienorientierung sprechen die Eltern mit ihren Kindern in der zehnten Jahrgangsstufe?

Fragebogen F, Frage 13) Haben Sie in diesem Schuljahr mit Ihrem Kind über seine berufliche Zukunft gesprochen? → Ja → Worüber haben Sie dabei gesprochen? → Sonstiges

Nr.	Angabe „Sonstiges“
1	Sprachreisen
4	Ausziehen aus der Wohnung der Familie, Reisen zwischen Abi u. Studium um Englisch zu vertiefen
17	über die Liebe zur Musik
22	in welche Richtung sie gehen möchte
40	Allgemeine Wünsche für das Leben/ die Zukunft
46	Stärken, Schwächen
57	Frühstudium

3j) Forschungsfrage 2.2.1: Welchen Beitrag können Betriebe aus eigener Sicht zur Vorbereitung der Schüler auf die Arbeitswelt leisten?

Fragebogen D, Frage 5: Was könnten Betriebe zur Vorbereitung von Schülerinnen und Schülern auf die Arbeitswelt leisten?

Kategorien			
Aufzeigen eines Arbeitsalltags	1	Vorstellen von Berufen	4
Anbieten von Praktika	2	Hilfe bei Berufswahl	5
Anbieten von Betriebserkundungen bzw. -führungen	3	Vermittlung spezieller Kompetenzen	6

Nr.	Angaben	Kategorie(n)	
2	"Hinter die Kulissen blicken lassen", Arbeitsalltag kennenlernen (Arbeitszeit, Anforderungen,...)	1	
3	Einblicke geben, Hilfe bei Berufswahl	1	5

Nr.	Angaben	Kategorie(n)	
4	Vorstellung der Ausbildungsberufe in Schulen durch Azubis im 2. oder 3. Lehrjahr (Weitergabe persönlicher Erfahrungen, fast gleiches Alter, gleiche Sprache)	4	
6	Einblick in die Arbeitswelt. Was ist ein typischer Arbeitstag und wie läuft er in diesem Betrieb ab? Möglichkeiten des Kennenlernens und weitere zukünftige Zusammenarbeit (Ausbildung, Anstellung)	1	
7	Berufsvorstellung an den Schulen, Tag der offenen Tür	3	4
9	Schulklassen in die Betriebe einladen, Betriebsfolder in den Schulen austeilen	3	
10	Berufspraktische Tage, Vorträge an Schulen, Informationsveranstaltungen, Kooperation mit Schulen	3	
11	Praktika anbieten	2	
12	Kennenlernen des Betriebes, Erklärungen der verschiedenen Bereiche geben, Schüler benötigt während des Praktikums einen "Paten" der ihm in dieser Zeit immer zur Seite steht, Fachbezogene Gespräche führen, Geduld üben, Zuhören können, Fragen beantworten	4	
13	Kompetenz-Check/Berufsorientierung (z.B. persönliche Neigung & Schwerpunkte), Vermittlung von Grundlagen der Informations-Kommunikationstechnologie (Computerprogramme)	5	6
15	Pflichtbewußtsein und Auftreten stärken, auf Kleidung hinweisen, Kommunikation üben	6	
17	Ebendies. Sie möglichst viel selber machen lassen; selbstständiges Denken + Handeln fördern	6	
19	Neben- oder Ferienjobs schaffen und sie in den Praktikas an vielen Dingen teilhaben lassen, so wie Azubis, damit sie nicht nur Oberflächliches über den Betrieb erfahren		
21	Schnuppertage anbieten, Vorträge/workshops an den Schulen		

Nr.	Angaben	Kategorie(n)	
22	Vorträge an Berufsinformationstagen, Vorstellen von Berufen die das Berufsinformationszentrum nicht führt	4	
24	Einblick geben in die Abläufe, Umgang mit Kunden, Beratung von Kunden	1	6
29	Berufliche Orientierung		
32	Aufgrund der Neigungen des Schülers zu dem entsprechenden Beruf raten - oder deutlich abraten	5	
33	Praxiseinblick	1	
34	Momentan sind die Möglichkeiten durch ein viel zu kurzes Pflichtpraktikum begrenzt. Die Betriebe können lediglich einen Einblick in die jeweilige Branche geben	1	
35	Vorab Betriebsführungen, was kommt in dieser Woche wirklich auf mich zu	3	
37	Wenig, da die Betriebe mit den SchülerInnen vorher kaum in Kontakt stehen		
38	Ausarbeitung eines kleinen Arbeitsprogramms, damit der Schüler zumindest einige Facetten eines Betriebs kennenlernt	1	
40	Begleitung durch eine Person, Aufzeigen von Arbeitsbereichen, Erledigung von 1 Aufgabe (Projektcharakter in eigener Verantwortung)	1	
42	mehr Schnupperpraktikas anbieten	2	
43	Den Praktikanten einen reellen Eindruck gewähren und nicht nur als "Handlanger" benutzen	1	
45	Durch betriebliche Praktika und den dadurch erreichten Kontakt zur Arbeitswelt sammelt der Schüler enorm viel Erfahrung. Durch die Mitarbeiter und das Integrieren des Schülers ins Team, bekommt der Schüler Einblick in den Arbeitsalltag	1	
46	Im Praktikum möglichst viel am Alltag teilhaben lassen und den Praktikanten miteinbeziehen	2	
48	Einen guten Einblick in die Tätigkeit geben, nicht nur Ablage machen lassen	1	

Nr.	Angaben	Kategorie(n)	
49	Praktika anbieten und sich die Zeit für Schüler/innen zu nehmen, sie in das Berufsleben einzuführen.	1	2
50	Noch mehr Praktika anbieten, auch wenn es Aufwand bedeutet	2	
54	Schülerpraktikas anbieten, Tag der offenen Tür für Schüler/innen	2	3
55	Praxisorientierte Projekte mit Schülern anbieten.		
56	Interessante, informative Praktikumsgestaltung, Einbeziehung der Praktikanten/innen in den alltäglichen Arbeitsablauf	1	
57	Betriebsbesichtigungen anbieten, Firmenvorstellung mittels Vorträge, Vorstellung der geforderten schulischen/universitären Ausbildung	3	

3k) Forschungsfrage 2.2.2: Welche Aspekte können aus Sicht der Praktikumsbetreuer eine engere Zusammenarbeit mit der Schule im Rahmen des Betriebspraktikums erschweren?

Fragebogen D, Frage 6: Könnten Sie sich eine engere Zusammenarbeit mit einer oder mehreren Schulen für das Betriebspraktikum vorstellen? → Nein, weil...

Nr.	Begründung
2	Es sind viele Praktikanten, unterschiedliche Anforderungen. Man muss individuell den Praktikanten beachten
4	Keine Angabe, da Organisation der Praktika durch Personalservice erfolgt
5	Ein Praktikum auch mit sehr viel Arbeit und Intensivität verbunden ist; oft ist die Zeit auch ein Problem
6	Es ist ein zeitlich hoher Aufwand sich um Praktikanten zu kümmern, so dass diese auch etwas davon haben
9	die Entfernung zu groß ist, unser Betrieb zu klein ist
12	es ist kein Berufspraktikum für längere Zeit, sondern eine "Schnupperwoche" für Schüler
13	Keine Erlaubnis seitens des Trägers, Anfragen diesbezüglich bitte an die Stadt Nürnberg - Jugendamt

Nr.	Begründung
14	Zeitproblem
20	Mit Gymnasiasten nicht mehr, da den Schülern hier leider viel Vorwissen bzgl. der Praxis fehlt (siehe oben) und Gymnasiasten eher nicht Kandidaten für die Ausbildung in der Automobilbranche sind.
22	unsere räumliche Situation sehr beengt ist
37	wir ein sehr kleiner Betrieb sind und Zeit bei uns Mangelware ist.
40	mangelnde Ressourcen
41	Wir auch noch andere Aufgaben haben
42	unser Betrieb ist zu klein
49	wir ein zu kleiner Betrieb sind und nicht die Möglichkeit haben uns um mehrere Praktikanten gleichzeitig zu kümmern.
50	so auch läuft
55	wir dazu ein zu kleiner Betrieb sind.
56	aus betr. Gründen
57	bereits mit weiterführenden Schulen/Hochschulen Praktiken durchgeführt werden.

3l) Forschungsfrage 3.4: Berufs- und Studienorientierung als Allokationsprozess: Welche Grenzen ihrer beruflichen Möglichkeiten meinen die Schüler der zehnten bis zwölften Jahrgangsstufe für sich zu erkennen?

10. Jahrgangsstufe

Fragebogen E, Frage 17) Haben Sie das Gefühl, dass Ihnen nach dem Abitur beruflich alle Möglichkeiten offenstehen? → Nein → Wo sehen Sie Ihre Grenzen? → Sonstige Grenzen

Nr.	Angabe „Sonstige Grenzen“
1	zu hohe Anforderungen, schweres Studium
8	schweres Studium
44	Studium wird benötigt
57	mein Alter
59	Mittlerweile ist ein Abitur gegenüber einer Berufsausbildung weniger wert

11. Jahrgangsstufe
Fragebogen H, Frage 17) Haben Sie das Gefühl, dass Ihnen nach dem Abitur beruflich alle Möglichkeiten offenstehen? → Nein → Wo sehen Sie Ihre Grenzen? → Sonstige Grenzen

Nr.	Angabe „Sonstige Grenzen"
1	Sehr hohe Kosten an manchen Studienorten
16	Grenzen durch NC!/Grenzen durch schnelle Studienwahl

12. Jahrgangsstufe
Fragebogen I, Frage 16) Haben Sie das Gefühl, dass Ihnen nach dem Abitur beruflich alle Möglichkeiten offenstehen? → Nein → Wo sehen Sie Ihre Grenzen? → Sonstige Grenzen

Keine Nennung

Anhang 4: Diagramme und Berechnungen

4a) Forschungsfrage 3.1: Streudiagramme zu den Variablen „Gesprächsbedarf" und „Entscheidungsdruck" in den Jahrgangsstufen 10, 11 und 12

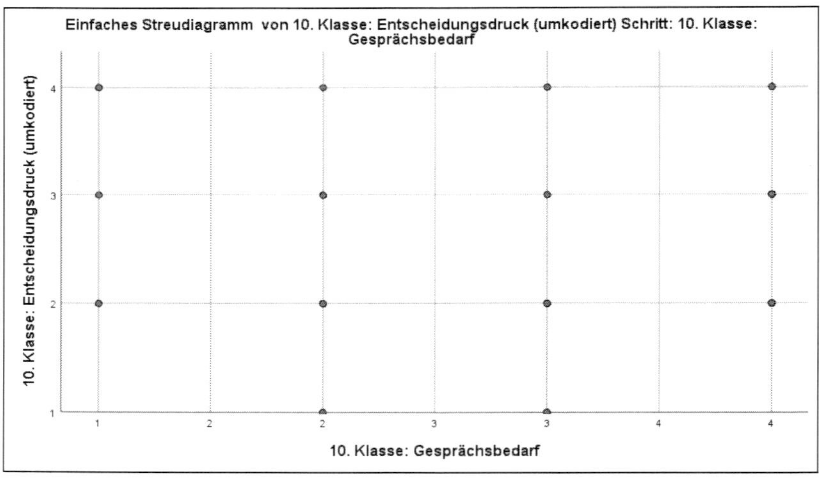

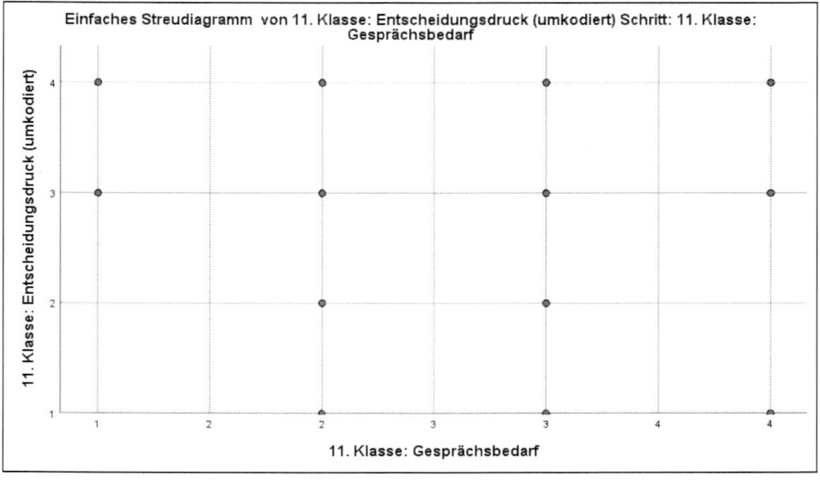

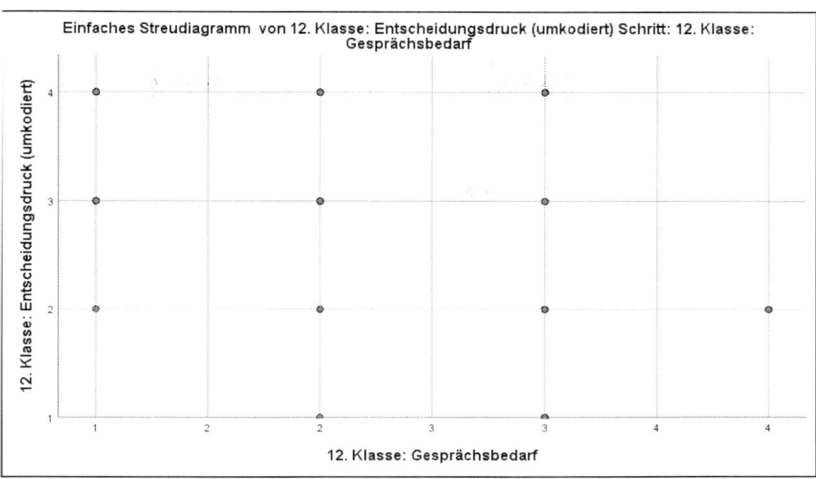

4b) Forschungsfrage 3.1: Q-Q-Diagramme zu den Variablen „Gesprächsbedarf" und „Entscheidungsdruck" in den Jahrgangsstufen 10, 11 und 12

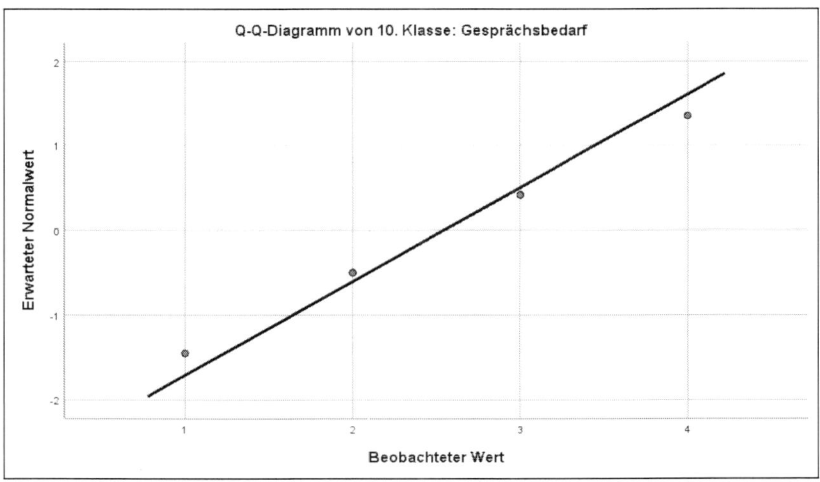

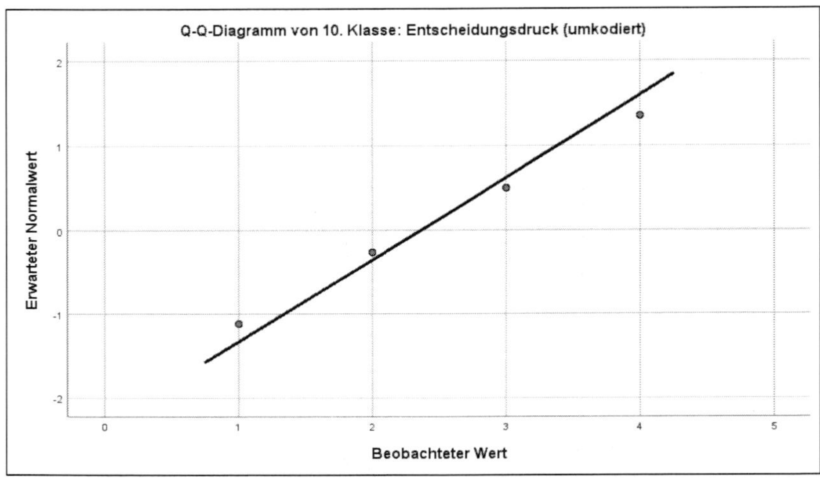
Q-Q-Diagramm von 10. Klasse: Entscheidungsdruck (umkodiert)
Erwarteter Normalwert
Beobachteter Wert
2
1
0
-1
-2
0
1
2
3
4
5

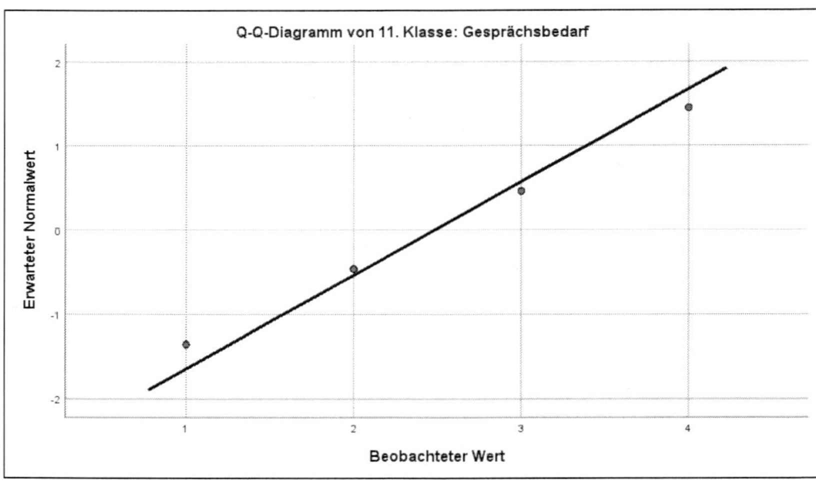
Q-Q-Diagramm von 11. Klasse: Gesprächsbedarf
Erwarteter Normalwert
Beobachteter Wert
2
1
0
-1
-2
1
2
3
4

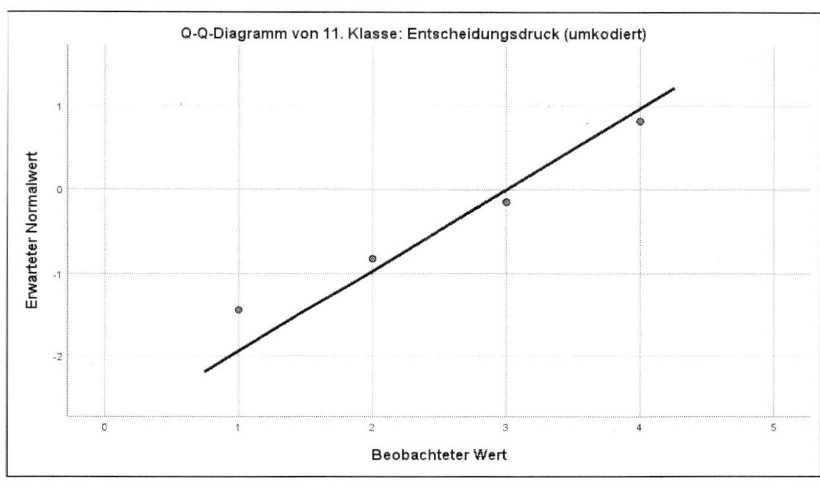
Q-Q-Diagramm von 11. Klasse: Entscheidungsdruck (umkodiert)
Erwarteter Normalwert
Beobachteter Wert
1
0
-1
-2
0
1
2
3
4
5

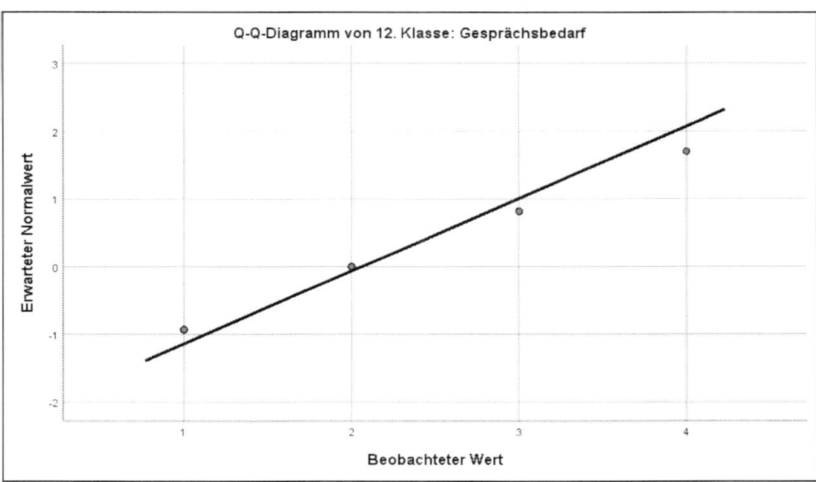
Q-Q-Diagramm von 12. Klasse: Gesprächsbedarf
Erwarteter Normalwert
Beobachteter Wert
3
2
1
0
-1
-2
1
2
3
4

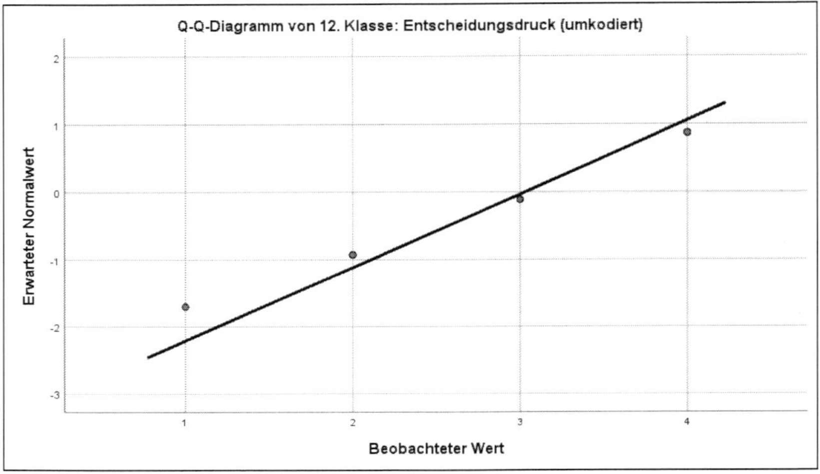

4c) Forschungsfrage 3.1: Kurtosis, S. E. Kurtosis, $z_{Kurtosis}$, Schiefe, S. E. Schiefe und $z_{Schiefe}$

JS	Gesprächsbedarf					
	Kurtosis	S.E. Kurtosis	$z_{Kurtosis}$	Schiefe	S.E. Schiefe	$z_{Schiefe}$
10	-0,97	0,64	-1,52	-0,16	0,33	-0,48
11	-0,71	0,71	-1,00	-0,04	0,36	-0,11
12	-0,77	0,72	-1,07	0,34	0,37	0,92
JS	**Entscheidungsdruck**					
	Kurtosis	S.E. Kurtosis	$z_{Kurtosis}$	Schiefe	S.E. Schiefe	$z_{Schiefe}$
10	-0,61	0,64	-0,95	0,34	0,33	1,03
11	-0,52	0,71	-0,73	-0,62	0,36	-1,72
12	-0,61	0,73	-0,84	-0,5	0,37	-1,35

Literaturverzeichnis

Akademie für Lehrerfortbildung und Personalführung: Ergebnisse für Begriffssuche „Berufsorientierung". Abrufbar unter https://fibs.alp.dillingen.de/suche/suche_filter.php, zuletzt aufgerufen am 16. September 2019.

Aktionsbündnis für Bildung und Beschäftigung Hamburg, Behörde für Schule und Berufsbildung Hamburg: Hamburger Programm Berufsorientierung und Berufswegeplanung – Leitsätze und Erfolgsfaktoren für den Übergang von der Schule in Ausbildung und Studium. Abrufbar unter https://li.hamburg.de/contentblob/3080480/7c0775a44549c6b1e1d54a9c8d98248d/data/pdf-zsw-hh-programm.pdf, zuletzt aufgerufen am 16. Oktober 2019.

Arbeitsgruppe der regionalen Koordinatoren Gymnasium und Wirtschaft (ca. 1995): Gymnasium und Wirtschaft. Zur Didaktik des Betriebspraktikums in der Mittelstufe des Gymnasiums. Kiel.

Arndt, Holger; Beckmann, Ann-Kathrin; Weyland, Michael (o. J.): Empfehlungen zum Umgang mit frei zugänglichen Materialien und Praxiskontakten. Abrufbar unter http://www.degoeb.de/fileadmin/media/medien/Flyer_UPW.pdf, zuletzt aufgerufen am 4. August 2020.

Arndt, Holger (2020): Ökonomische Bildung. Erlangen.

Assouline, Moti; Meir, Elchanan I. (1987): Meta-Analysis of the Relationship between Congruence and Well-Being Measures. In: Journal of Vocational Behavior. Vol. 31 (3). S. 319-332.

Astin, Alexander W. (1965): Effect of different college environments on the vocational choices of high aptitude students. In: Journal of Counseling Psychology. Vol. 12 (1). S. 28-34.

AzubiYo GmbH (2019): Meine Praktikumsmappe. Vom Schülerpraktikum zur Ausbildung. München.

Bastian, Johannes; Combe, Arno; Hellmer, Julia; Wazinski, Elisabeth (2007): Zwei Tage Betrieb- drei Tage Schule. Kompetenzentwicklung in der Lernortkooperation an Allgemeinbildenden Schulen. Bad Heilbrunn.

Bayerische Staatsministerien für Unterricht und Kultus und Wissenschaft, Forschung und Kunst (2006): Amtsblatt der Bayerischen

Staatsministerien für Unterricht und Kultus und Wissenschaft, Forschung und Kunst vom 14. August 2006. Nummer 15. München. Abrufbar unter https://www.km.bayern.de/publikationen.html#amtsblattarchiv, zuletzt aufgerufen am 2. Juli 2019.

Bayerischer Handwerkstag e.V.: https://lehrlinge-fuer-bayern.de/berufe-checker/, zuletzt aufgerufen am 11. September 2019.

Bayerischer Jugendring: Jugendbildungsstätten. Abrufbar unter https://www.bjr.de/themen/bildung/jugendbildungsstaetten.html, zuletzt aufgerufen am 11. September 2019.

Bayerisches Staatsministerium für Bildung und Kultus, Wissenschaft und Kunst (2015): Berufs- und Studienorientierung an bayerischen Schulen. München. Abrufbar unter https://www.km.bayern.de/download/11173_05000233.pdf, zuletzt aufgerufen am 21. Juni 2016.

Bayerisches Staatsministerium für Bildung und Kultus, Wissenschaft und Kunst (2017): Weiterentwicklung der Studien- und Berufsorientierung am Gymnasium. E-Mail an die Schulleiterinnen und Schulleiter o. V. i. A. aller Gymnasien und Kollegs in Bayern vom 8. September 2017.

Bayerisches Staatsministerium für Familie, Arbeit und Soziales: Berufsorientierung in Bayern. Abrufbar unter https://www.boby.bayern.de/, zuletzt aufgerufen am 12. Juni 2020.

Bayerisches Staatsministerium für Unterricht und Kultus (2010): Bekanntmachung des Bayerischen Staatsministeriums für Unterricht und Kultus vom 30. Juni 2008 Az.: VI.9-5 S 5610-6.64 089 geändert durch Bekanntmachung vom 9. Juli 2010. Seminare in den Jahrgangsstufen 11 und 12 des Gymnasiums. Abrufbar unter https://www.km.bayern.de/download/473_seminare_gym_11_12.pdf, zuletzt aufgerufen am 3. Juli 2019.

Bayerisches Staatsministerium für Unterricht und Kultus (2017): Studien- und Berufsorientierung Schulen erhalten Berufswahl-SIEGEL. Abrufbar unter https://www.km.bayern.de/lehrer/meldung/5218/schulen-erhalten-berufswahl-siegel.html, zuletzt aufgerufen am 15. Juli 2019.

Bayerisches Staatsministerium für Unterricht und Kultus (2019): Bayerns Schulen in Zahlen 2018/19. Reihe A. Bildungsstatistik. Heft 67.

München. Abrufbar unter https://www.km.bayern.de/ministerium/statistiken-und-forschung.html, zuletzt aufgerufen am 10. Mai 2020.

Bayerisches Staatsministerium für Unterricht und Kultus: Abschlüsse der Mittelschule in Bayern. Abrufbar unter https://www.km.bayern.de/eltern/abschluesse/abschluesse-der-mittelschule.html, zuletzt aufgerufen am 14. Oktober 2019.

Bayerisches Staatsministerium für Unterricht und Kultus: Alle Schulen in Bayern suchen und finden. Abrufbar unter https://www.km.bayern.de/schueler/schulsuche.html?s=&t=01&r=2&o=9999&u=0&m=3&seite=3, zuletzt aufgerufen am 28. November 2019.

Bayerisches Staatsministerium für Unterricht und Kultus: Der mittlere Schulabschluss für externe Bewerberinnen und Bewerber. Abrufbar unter https://www.km.bayern.de/eltern/abschluesse/mittlerer-schulabschluss/abschluesse-fuer-externe-bewerber.html, zuletzt aufgerufen am 14. Oktober 2019.

Bayerisches Staatsministerium für Unterricht und Kultus: Staatliche Schulberatung. Abrufbar unter https://www.km.bayern.de/ministerium/institutionen/schulberatung.html, zuletzt aufgerufen am 11. September 2019.

Bayerisches Staatsministerium für Wirtschaft, Landesentwicklung und Energie: Elternstolz. Abrufbar unter https://www.elternstolz.de/start/, zuletzt aufgerufen am 11. September 2019.

Bayerisches Staatsministerium für Wissenschaft und Kunst: Neigung erkennen – Orientieren. Abrufbar unter https://www.studieren-in-bayern.de/studium-ja-oder-nein/neigung-erkennen/, zuletzt aufgerufen am 11. September 2019.

Beck, Ulrich; Brater, Michael; Wegener Bernd (1979): Berufswahl und Berufszuweisung. Zur sozialen Verwandtschaft von Ausbildungsberufen. Frankfurt am Main.

Becker, Andreas (2014): Gesetzliche Regelung betrieblicher Praktika in der Sekundarstufe I an allgemeinbildenden Schulen im Rahmen der Arbeitswelt- und Berufsorientierung. Eine Übersicht nach Bundesländern. Abrufbar unter http://schule.dgb.de/++co++7339f6bc-ae01-11e4-9f36-52540023ef1a/Gesetzliche-Regelung-betrieblicher-Praktika-in-der-Sekundarstufe-I-eine-bersicht-der-Bundeslaender.pdf, zuletzt aufgerufen am 27. Dezember 2019.

Beine, Günther (1988): Die besonderen Aufgaben der Berufsorientierung für Abiturienten und Abiturientinnen- aus Sicht der Wirtschaft. In: Kramer, Wolfgang (Hrsg.): Zur Berufsorientierung am Gymnasium. Köln. S. 18-25.

Beinke, Lothar (1983): Betriebserkundungen und Betriebspraktika als Instrumente in der Arbeitslehre. Dokumentation von Erlassen und Richtlinien der verschiedenen Bundesländer, Darstellung der pädagogischen Möglichkeiten von Betriebserkundungen und Betriebspraktika und die Stellung von Betriebserkundungen und Betriebspraktika in Modellen der Schullandheimpädagogik. Flensburg.

Beinke, Lothar (1995): Berufswahlunterricht – im Zentrum „Das Betriebspraktikum". In: Erziehungswissenschaft und Beruf. 43. Jahrgang. Heft 4. S. 378-393.

Beinke, Lothar (2006): Berufswahl und ihre Rahmenbedingungen. Entscheidungen im Netzwerk der Interessen. Frankfurt am Main.

Beinke, Lothar; Richter, Heike; Schuld, Elisabeth (1996): Bedeutsamkeit der Betriebspraktika für die Berufsentscheidung. Bad Honnef.

Beinke, Lothar; Wascher, Uwe (1993): Unterrichtsthema Berufswahl. Didaktik und Methodik. Darmstadt.

Berger, Susanne (2016): Zum Theorie-Praxis-Verhältnis in der vorberuflichen Bildung: Befunde einer international vergleichenden Studie. In: Arndt, Holger (Hrsg.): Das Theorie-Praxis-Verhältnis in der ökonomischen Bildung. Schwalbach am Taunus. S. 85-96.

Bergzog, Thomas (2008): Beruf fängt in der Schule an. Die Bedeutung von Schülerbetriebspraktika im Rahmen des Berufsorientierungsprozesses. Bonn.

Berufliche Fortbildungszentren der Bayerischen Wirtschaft gGmbH (Jahr der Veröffentlichung unbekannt): Broschüre „Maßnahme nach §48 SGB III. Berufsorientierung inklusiv (Boi)". Nürnberg.

Berufswahl-SIEGEL Bayern im Bildungswerk der bayerischen Wirtschaft e. V.: Das Netzwerk in Bayern. Abrufbar unter https://www.berufswahlsiegel-bayern.de/netzwerk/das-netzwerk/, zuletzt aufgerufen am 15. Juli 2019.

Berufswahl-SIEGEL Bayern im Bildungswerk der bayerischen Wirtschaft e. V.: Das Projekt. Abrufbar unter https://www.berufswahlsiegel-bay

ern.de/ueber-das-projekt/das-projekt/, zuletzt aufgerufen am 15. Juli 2019.

Berufswahl-SIEGEL Bayern im Bildungswerk der bayerischen Wirtschaft e. V.: Berufswahl-SIEGEL in Bayern. Abrufbar unter https://www.berufswahlsiegel-bayern.de/, zuletzt aufgerufen am 15. Juli 2019.

Bibliographisches Institut GmbH: Beruf, der. Abrufbar unter https://www.duden.de/rechtschreibung/Beruf, zuletzt aufgerufen am 22. Juli 2020.

Bibliographisches Institut GmbH: Akademiker, der. Abrufbar unter https://www.duden.de/rechtschreibung/Akademiker, zuletzt aufgerufen am 22. September 2020.

Bibliographisches Institut GmbH: Migrationshintergrund, der. Abrufbar unter https://www.duden.de/rechtschreibung/Migrationshintergrund, zuletzt aufgerufen am 22. September 2020.

Biegel, Isabel; Dillmann, Jürgen; Groh, Sibylle; Karl, Dorothee; Udwari, Jürgen (2010): Vernetztes Arbeiten zur ganzheitlichen Förderung Jugendlicher. In: Sauer-Schiffer, Ursula; Brüggemann, Tim (Hrsg.): Der Übergang Schule-Beruf. Beratung als pädagogische Intervention. S. 221-239.

Blau, Peter M. (2009): Exchange and Power in Social Life. New York.

Bohnsack, Fritz (1995): Widerstand von Lehrern gegen Innovationen in der Schule. In: Die deutsche Schule. Vol. 87 (1). S. 21-37.

Bortz, Jürgen; Döring, Nicola (2002): Forschungsmethoden und Evaluation für Human- und Sozialwissenschaftler. Berlin.

Bosnjak, Michael; Batinic, Bernad (1999): Determinaten der Teilnahmebereitschaft an internet-basierten Fragebogenuntersuchungen am Beispiel E-Mail. In: Batinic, Bernad; Werner, Andreas; Gräf, Lorenz; Bandilla, Wolfgang (Hrsg.): Online research: Methoden, Anwendungen und Ergebnisse. Göttingen. S. 145-157.

Brake, Anna (2009): Schriftliche Befragung. In: Kühl, Stefan; Strodtholz, Petra; Taffertshofer, Andreas (Hrsg.): Handbuch Methoden der Organisationsforschung: Quantitative und Qualitative Methoden. Wiesbaden. S. 392-412.

Bühler, Charlotte (1933): Der menschliche Lebenslauf als psychologisches Problem. Leipzig.

Bühner, Markus (2004): Einführung in die Test- und Fragebogenkonstruktion. München.

Bührmann, Thorsten; Kempf, Felicitas; Schütz, Julia (2019a): Präsentation: Berufsorientierung an Schulen. Ergebnisse der Evaluation des Berufswahl-SIEGELs 2019 aus Sicht von Schulleitungen und Koordinator*innen der Berufsorientierung. Abrufbar unter https://www.agbfn.de/dokumente/pdf/AGBFN_BO_P4b_Pr%c3%a4s_Buehrmann_etal.pdf, zuletzt aufgerufen am 27. Februar 2020.

Bührmann, Thorsten; Kempf, Felicitas; Schütz, Julia (2019b): Band 4: Akteurinnen und Akteure in der Berufsorientierung. Berufsorientierung an Schulen. Ergebnisse der Evaluation des Berufswahl-SIEGELs 2019 für Schulleitungen und Koordinator*innen der Berufsorientierung. Abrufbar unter https://www.agbfn.de/dokumente/pdf/AGBFN_BO_P4b_Abstract_B%c3%bchrmann_etal.pdf, zuletzt aufgerufen am 27. Februar 2020.

Bührmann, Thorsten; Willmes, Katharina; Hilligweg, Stefanie; Oechslein, Karin E.; Zöller, Arnulf (2017): Leitlinien für eine gute Berufs- und Studienorientierung. Hrsg: SCHULEWIRTSCHAFT Bayern. München.

Bundesagentur für Arbeit (2005): Berufsberatung 2003/2004. Aktivitäten, Ausbildungsstellenmarkt, Statistik. Nürnberg. Abrufbar unter https://www.statistik.arbeitsagentur.de/Statistikdaten/Detail/200312/anba/berufsberatung/berufsberatung-d-0-pdf.pdf, zuletzt aufgerufen am 17. September 2019.

Bundesagentur für Arbeit (2017): Berufswahltest (BWT). Fit für den Sprung ins Berufsleben? Abrufbar unter https://con.arbeitsagentur.de/prod/apok/ct/dam/download/documents/dok_ba013484.pdf, zuletzt aufgerufen am 4. Oktober 2018.

Bundesagentur für Arbeit (2019): Angebote der Berufsberatung für Jugendliche und junge Erwachsene. Dienste und Leistungen der Agentur für Arbeit. Abrufbar unter https://www.arbeitsagentur.de/datei/merkblatt-11-berufsberatung_ba015370.pdf, zuletzt aufgerufen am 25. Januar 2020.

Bundesagentur für Arbeit, Regionaldirektion Bayern (2017): Angebote und Maßnahmen der Berufsberatung der Bundesagentur für Arbeit (BA) zur Unterstützung der Berufs- und Studienorientierung am Gymnasium. Abrufbar unter http://www.berufsorientierung-gym

nasium.bayern.de/fileadmin/user_upload/Berufliche_Orientierung/Externe_Partner/BA_Angebote_Dokument.pdf, zuletzt aufgerufen am 8. August 2019.

Bundesagentur für Arbeit, SCHULEWIRTSCHAFT Deutschland (2016): Studien- und Berufsorientierung an Gymnasien. Warum eigentlich? Darmstadt.

Bundesagentur für Arbeit: Ärztlicher Dienst. Abrufbar unter https://www.arbeitsagentur.de/ueber-uns/aerztlicher-dienst, zuletzt aufgerufen am 9. August 2019.

Bundesagentur für Arbeit: Berufsausbildungsbeihilfe. Abrufbar unter https://www.arbeitsagentur.de/bildung/ausbildung/berufsausbildungsbeihilfe-bab, zuletzt aufgerufen am 9. August 2019.

Bundesagentur für Arbeit: Berufsberatung - Jahreszahlen – Deutschland. Abrufbar unter https://www.statistik.arbeitsagentur.de/nn_13082/Statischer-Content/Rubriken/Amtliche-Nachrichten-BA/Berufsberatung.html, zuletzt aufgerufen am 17. September 2019.

Bundesagentur für Arbeit: Berufsinformationszentrum (BiZ). Abrufbar unter https://www.arbeitsagentur.de/bildung/berufsinformationszentrum-biz, zuletzt aufgerufen am 11. Juli 2019.

Bundesagentur für Arbeit: Dokumentation der vorgenommenen Änderungen und Korrekturen von Produkten des Ausbildungsstellenmarktes. Abrufbar unter https://www.statistik.arbeitsagentur.de/Statischer-Content/Statistik-nach-Themen/Ausbildungsstellenmarkt/Generische-Publikationen/Logbuch-Ausbildungsstellenmarktstatistik.pdf, zuletzt aufgerufen am 17. September 2019.

Bundesagentur für Arbeit: Elternabende der Berufsberatung. Abrufbar unter https://www.arbeitsagentur.de/bildung/berufsberatung, zuletzt aufgerufen am 8. Mai 2020.

Bundesagentur für Arbeit: Förderung der Ausbildung. Abrufbar unter https://www.arbeitsagentur.de/unternehmen/finanziell/foerderung-ausbildung, zuletzt aufgerufen am 9. August 2019.

Bundesagentur für Arbeit: Kurzinformationen – Ausbildungsstellenmarkt. Abrufbar unter https://www.statistik.arbeitsagentur.de/Statischer-Content/Grundlagen/Definitionen/Generische-Publikationen/Kurzinformation-Ausbildungsstellenmarktstatistik.pdf, zuletzt aufgerufen am 17. September 2019.

Bundesagentur für Arbeit: Schule, Ausbildung und Studium. Abrufbar unter https://www.arbeitsagentur.de/bildung, zuletzt aufgerufen am 8. Juli 2019.

Bundesinstitut für Berufsbildung (2010): Datenreport zum Berufsbildungsbericht 2010. Informationen und Analysen zur Entwicklung der beruflichen Bildung. Bonn.

Bundesinstitut für Berufsbildung (2018): Datenreport zum Berufsbildungsbericht 2018. Informationen und Analysen zur Entwicklung der beruflichen Bildung. Bonn. Abrufbar unter https://www.bibb.de/dokumente/pdf/bibb_datenreport_2018.pdf, zuletzt aufgerufen am 19. September 2018.

Bundesministerium der Justiz und für Verbraucherschutz: Sozialgesetzbuch (SGB) Drittes Buch (III) - Arbeitsförderung - (Artikel 1 des Gesetzes vom 24. März 1997, BGBl. I S. 594) § 33 Berufsorientierung. Abrufbar unter https://www.gesetze-im-internet.de/sgb_3/__33.html, zuletzt aufgerufen am 12. Juni 2020.

Bundesministerium der Justiz und Verbraucherschutz, Bundesamt für Justiz: Jugendarbeitsschutzgesetz vom 12. April 1976 (BGBl. I S. 965), das zuletzt durch Artikel 3 des Gesetzes vom 12. Dezember 2019 (BGBl. I S. 2522) geändert worden ist. Abrufbar unter http://www.gesetze-im-internet.de/jarbschg/index.html, zuletzt aufgerufen am 6. August 2020.

Bundesministerium für Bildung und Forschung (2018): Berufsbildungsbericht 2018. Bonn.

Bundesministerium für Bildung und Forschung: Zusammenarbeit von Bund und Ländern. Abrufbar unter https://www.bmbf.de/de/kooperation-von-bund-und-laendern-in-wissenschaft-und-bildung-77.html, zuletzt aufgerufen am 6. September 2020.

Bundesministerium für Bildung und Forschung; Bundesministerium für Arbeit und Soziales; Agentur für Arbeit Hamburg; Behörde für Schule und Berufsbildung; Behörde für Arbeit, Soziales, Familie und Integration (2015): Vereinbarung zur Durchführung der Initiative Abschluss und Anschluss – Bildungsketten bis zum Ausbildungsabschluss. Abrufbar unter https://www.bildungsketten.de/_media/Bildungsketten_Vereinbarung_Hamburg.pdf, zuletzt aufgerufen am 16. Oktober 2019.

Bundesministerium für Bildung und Forschung; Bundesministerium für Arbeit und Soziales; Arbeitsagentur Regionaldirektion Niedersachsen-Bremen; Senatorin für Kinder und Bildung; Senatorin für Soziales, Jugend, Frauen, Integration und Sport; Senator für Wirtschaft, Arbeit und Häfen (2017): Vereinbarung zur Durchführung der Initiative Abschluss und Anschluss – Bildungsketten bis zum Ausbildungsabschluss. Abrufbar unter https://www.bildungsketten.de/_media/Bildungsketten_Vereinbarung_Bremen.pdf, zuletzt aufgerufen am 13. Oktober 2019.

Bürgerservice Hessenrecht (2018): Verordnung für Berufliche Orientierung in Schulen (VOBO) vom 17. Juli 2018. Gesamtausgabe in der Gültigkeit vom 01.08.2018 bis 31.12.2025. Abrufbar unter https://www.rv.hessenrecht.hessen.de/bshe/document/hevr-BeruflOVHErahmen, zuletzt aufgerufen am 17. Oktober 2019.

Bußhoff, Ludger (1984): Berufswahl. Theorien und ihre Bedeutung für die Praxis der Berufsberatung. Stuttgart.

Bußhoff, Ludger (1989): Berufswahl. Theorien und ihre Bedeutung für die Praxis der Berufsberatung. Stuttgart.

Bußhoff, Ludger (1992): Berufswahl. In: Bundesanstalt für Arbeit (Hrsg.): Handbuch zur Berufswahlvorbereitung. S. 77-89. Mannheim.

Butz, Bert (2008): Grundlegende Qualitätsmerkmale einer ganzheitlichen Berufsorientierung. In: Famulla, Gerd-Ewald; Butz, Bert; Deeken, Sven; Michaelis, Ute; Möhle, Volker; Schäfer, Birgit (Hrsg.): Berufsorientierung als Prozess. Persönlichkeit fördern, Schule entwickeln, Übergang sichern. Ergebnisse aus dem Programm „Schule – Wirtschaft/Arbeitsleben“. Baltmannsweiler. S. 42-62.

Campanelli, Pamela (2008): Testing Survey Questions. In: de Leeuw, Edith; Hox, Joop J.; Dillman, Don A. (Hrsg.): International Handbook of Survey Methodology. New York. S. 176-200.

Centers, Richard (1949): The psychology of social classes. A Study of Class Consciousness. Princeton, New Jersey.

Cohen, Jacob (1988): Statistical Power Analysis for the Behavioral Sciences. New York.

Cole, Nancy S. (1973): On measuring the vocational interests of women. In: Journal of Counseling Psychology. Vol. 20 (2). S. 105-112.

Cole, Nancy S.; Hanson, Gary R. (1971): An Analysis of the Structure of Vocational Interests. In: Journal of Counseling Psychology. Vol. 18 (5). S. 478-486.

Cole, Nancy S.; Whitney, Douglas R.; Holland, John L. (1971): A Spatial Configuration of Occupations. In: Journal of Vocational Behavior. Vol. 1 (1). S. 1-9.

Crabtree, Paul D.; Hales, Loyde W. (1974): Holland's Hexagonal Model Applied to Rural Youth. In: Vocational Guidance Quarterly. Vol. 22 (3). S. 218-223.

Crites, John O. (1969): Vocational psychology. The study of vocational behavior and development. New York.

Daheim, Hansjürgen (1970): Der Beruf in der modernen Gesellschaft. Versuch einer sozilogischen Theorie beruflichen Handelns. Köln.

de Paiva Lareiro, Cristina (2019): Ankommen im deutschen Bildungssystem. Bildungsbeteiligung von geflüchteten Kindern und Jugendlichen. In: Bundesamt für Migration und Flüchtlinge (Hrsg.): Kurzanalysen des Forschungszentrums Migration, Integration und Asyl des Bundesamtes für Migration und Flüchtlinge. Ausgabe 02|2019. Nürnberg.

Dedering, Heinz (2000): Einführung in das Lernfeld Arbeitslehre. München.

Dedering, Heinz (2002): Entwicklung der schulischen Berufsorientierung in der Bundesrepublik Deutschland. In: Schudy, Jörg (Hrsg.): Berufsorientierung in der Schule. Grundlagen und Praxisbeispiele. Bad Heilbrunn/Obb. S. 17-31.

Dedering, Heinz (2006): Berufs- und Arbeitsorientierung. In: Rauner, Felix (Hrsg.): Handbuch Berufsbildungsforschung. S. 216-223. Bielefeld.

Deeken, Sven (2008): Unterstützung der Lehrkräfte für eine erfolgreiche Berufsorientierung. In: Berufsorientierung als Prozess. Persönlichkeit fördern, Schule entwickeln, Übergang sichern. Ergebnisse aus dem Programm „Schule - Wirtschaft/Arbeitsleben". Herausgegeben von der wissenschaftlichen Begleitung des Programms „Schule - Wirtschaft/Arbeitsleben". Baltmannsweiler.

Deichsel, Stephan (1992): Berufsberatung. In: Bundesanstalt für Arbeit (Hrsg.): Handbuch zur Berufswahlvorbereitung. S. 58-69. Mannheim.

Delfs, Willi (1971): Das Betriebspraktikum in Hamburg. In: Kaiser, Franz-Josef; Kielich Hugo (Hrsg.): Theorie und Praxis der Arbeitslehre. Bad Heilbrunn. S. 200-210.

Dibbern, Harald (1983a): Berufsorientierung im Unterricht. Verbund von Schule und Berufsberatung in der vorberuflichen Bildung. Beiträge zur Arbeitsmarkt- und Berufsforschung der Bundesanstalt für Arbeit. Nr. 78. Nürnberg.

Dibbern, Harald (1983b): Berufsorientierung im Unterricht. Verbund von Schule und Berufsberatung in der vorberuflichen Bildung. In: Mitteilungen aus der Arbeitsmarkt- und Berufsforschung. Vol. 16 (4). S. 437-449.

Dibbern, Harald; Kaiser, Franz-Josef; Kell, Adolf (1974): Berufswahlunterricht in der vorberuflichen Bildung. Der didaktische Zusammenhang von Berufsberatung und Arbeitslehre. Bad Heilbrunn.

Dietzen, Agnes; Westhoff, Gisela (2001): Qualifikation und Perspektiven junger Frauen in den neuen Berufen der Informations- und Kommunikationstechnologien. In: Berufsbildung in Wissenschaft und Praxis. Vol. 30 (6). S. 26-30.

Dillman, Don A. (1978): Mail and Telephone Surveys. The total design method. New York.

Dimbath, Oliver (2007): Die (Be-)Deutung schulischer Berufsorientierung. Eine Analyse des Einflusses von Lehrerinnen und Lehrern auf die Berufswahl. In: Kahlert, Heike; Mansel, Jürgen (Hrsg.): Bildung und Berufsorientierung. Der Einfluss von Schule und informellen Kontexten auf die berufliche Identitätsentwicklung. Weinheim/München. S. 163-183.

Döring, Nicola; Bortz, Jürgen (2016): Forschungsmethoden und Evaluation in den Sozial- und Humanwissenschaften. Berlin, Heidelberg.

Dreer, Benjamin (2013): Kompetenzen von Lehrpersonen im Bereich Berufsorientierung. Beschreibung, Messung und Förderung. Wiesbaden.

Dreer, Benjamin (2018): Skalen zur Erfassung relevanter Kompetenzen von Lehrkräften im Bereich Berufsorientierung. Erfurt.

Dreisiebner, Gernot (2019): Berufsfindungsprozesse von Jugendlichen. Eine qualitativ-rekonstruktive Studie. Wiesbaden.

Driesel-Lange, Katja (2011): Berufswahlprozesse von Mädchen und Jungen. Interventionsmöglichkeiten zur Förderung geschlechtsunabhängiger Berufswahl. Münster.

Eckert, Manfred; Stratmann, Karlwilhelm (1978): Das Betriebspraktikum: Entwicklung, Konzepte und Probleme. Mit einer Dokumentation der Richtlinien der Bundesländer und einer Bibliographie zum Betriebspraktikum der Hauptschule bis 1978. Köln.

Eder, Ferdinand; Bergmann, Christian (1988): Der Person-Umwelt-Struktur-Test. In: Psychologie in Erziehung und Unterricht. Vol.35 (4). S. 299-309.

Edwards, Keith J.; Whitney, Douglas R. (1972): Structural analysis of Holland's personality types using factor and configural analysis. In: Journal of Counseling Psychology. Vol.19 (2). S. 136-145

Egloff, Erwin; Jungo, Daniel (2007): Kooperationsmodell Berufswahlvorbereitung: für alle Abteilungen der Oberstufe (Sekundarstufe 1). Grundlagen, Didaktik, Unterrichtseinheiten, Kommentar zum Berufswahltagebuch. Buchs.

Egloff, Erwin; Jungo, Daniel: Kooperationsmodell. Abrufbar unter https://a.berufswahlvorbereitung.ch/page/content/index.asp?MenuID=1711&ID=2568&Menu=11&Item=6, zuletzt aufgerufen am 15. November 2018.

Ermert, Johannes; Friedrich, Horst (1990): Berufsorientierung am Gymnasium. Analyse, Dokumentation, Handreichung. Bergisch Gladbach.

Ertelt, Bernd-Joachim (1992): Entscheidungstheoretische Erklärungsansätze für die Anwendung in der Berufsorientierung und beruflichen Beratung. In: Bundesanstalt für Arbeit (Hrsg.): Handbuch zur Berufswahlvorbereitung. S. 90-105. Mannheim.

Faulbaum, Frank; Peter Prüfer; Margrit Rexroth (2009): Was ist eine gute Frage? Die systematische Evaluation der Fragenqualität. Wiesbaden.

Feldhoff, Jürgen; Otto, Karl A.; Simoleit, Jürgen; Sobott, Claus (1985): Projekt Betriebspraktikum. Berufsorientierung im Problemzusammenhang von Rationalisierung und Humanisierung der Arbeit. Lehrerhandbuch zur Didaktik, Methodik, Organisation. Düsseldorf.

Field, Andy (2013): Discovering Statistics Using SPSS. Los Angeles.

Fietz, Jennifer; Friedrichs, Jürgen (2019): Gesamtgestaltung des Fragebogens. In: Baur, Nina; Blasius, Jörg (Hrsg.): Handbuch Methoden der empirischen Sozialforschung. Wiesbaden. S. 813-828.

Fischer, Aloys (1918): Über Berufs, Berufswahl und Berufsberatung als Erziehungsaufgabe. In: Kreitmair, Karl (Hrsg.): A. Fischer. Leben und Werk. München: Bayerischer Schulbuchverlag. Band 7 (1967). S. 25-163.

Fisher, Thomas J.; Reardon, Robert C.; Burck, Harman D.: Increasing Information-Seeking Behavior with a Model-Reinforced Videotape. In: Journal of Counseling Psychology. Vol. 23 (3). S. 234-238.

Flick, Uwe (2019): Gütekriterien qualitativer Sozialforschung. In: Baur, Nina; Blasius, Jörg (Hrsg.): Handbuch Methoden der empirischen Sozialforschung. Wiesbaden. S. 473-488.

Fobe, Karin; Minx, Bärbel (1996): Berufswahlprozesse im persönlichen Lebenszusammenhang. Jugendliche in Ost und West an der Schwelle von der schulischen in die berufliche Ausbildung. Beiträge zur Arbeitsmarkt- und Berufsforschung der Bundesanstalt für Arbeit. Nr. 196. Nürnberg.

Frankfurter Allgemeine Zeitung (27. Juli 2018): „Studienabbrecher sind eine gesuchte Spezies". Leerlaufphase oder Ausstieg?. Abrufbar unter http://www.faz.net/aktuell/feuilleton/hoch-schule/hochschulen-studienabbrecher-sind-eine-gesuchte-spezies-15708559.html, zuletzt aufgerufen am 16. September 2018.

Franzen, Axel (2019): Antwortskalen in standardisierten Befragungen. In: Baur, Nina; Blasius, Jörg (Hrsg.): Handbuch Methoden der empirischen Sozialforschung. Wiesbaden. S. 843-854.

Freie und Hansestadt Hamburg, Behörde für Schule und Berufsbildung. Bildungsplan Grundschule. Abrufbar unter http://www.hamburg.de/contentblob/2481804/data/aufgabegebiete-gs.pdf, zuletzt aufgerufen am 10. Mai 2020.

Freie und Hansestadt Hamburg, Behörde für Schule und Berufsbildung (2008): Betriebspraktikum. Abrufbar unter https://li.hamburg.de/contentblob/3094266/85d24f2e8ef4b50a99aa29847296577c/data/pdf-informationen-zum-betriebspraktikum.pdf, zuletzt aufgerufen am 15. Oktober 2019.

Freie und Hansestadt Hamburg, Behörde für Schule und Berufsbildung (2009): Bildungsplan gymnasiale Oberstufe. Aufgabengebiete. Abrufbar unter https://www.hamburg.de/contentblob/1475148/c4e090376146540bc322c0d94eb141e5/data/aufgabengebiete-gyo.pdf, zuletzt aufgerufen am 15. Oktober 2019.

Freie und Hansestadt Hamburg, Behörde für Schule und Berufsbildung (2011): Bildungsplan Gymnasium. Sekundarstufe I. Aufgabengebiete. Abrufbar unter https://www.hamburg.de/contentblob/2373350/2995855526e972518e7a32f8c22a0df5/data/aufgabengebiete-gym-seki.pdf, zuletzt aufgerufen am 15. Oktober 2019.

Freie und Hansestadt Hamburg, Behörde für Schule und Berufsbildung (2017): Rahmenkonzept - Berufsorientierung in der gymnasialen Oberstufe. Abrufbar unter https://www.hamburg.de/contentblob/9430652/b1c692a7fffdd0d93190808240 78d164/data/rk-boso-oberstufe.pdf, zuletzt aufgerufen am 15. Oktober 2019.

Freistaat Sachsen, Sächsische Staatskanzlei (2018): Schulordnung Gymnasien Abiturprüfung vom 27. Juni 2012 (SächsGVBl. S. 348), die zuletzt durch Artikel 1 der Verordnung vom 7. Mai 2018 (SächsGVBl. S. 240) geändert worden ist. Abrufbar unter https://www.revosax.sachsen.de/vorschrift/12517-Schulordnung-Gymnasien-Abiturpruefung#p12a, zuletzt aufgerufen am 21. Mai 2020.

Frerich, Johannes; Frey, Johannes (1996): Handbuch der Geschichte der Sozialpolitik in Deutschland. Band 1: Von der vorindustriellen Zeit bis zum Ende des Dritten Reiches. München.

Friedrich, Horst; Ramthum, Gudrun (1988): Das Schülerbetriebspraktikum im Gymnasium- aus Sicht der Fachdidaktik. In: Kramer, Wolfgang (Hrsg.): Zur Berufsorientierung am Gymnasium. Köln. S. 26-33.

Friedrichs, Jürgen (1985): Methoden empirischer Sozialforschung. Opladen.

Fröhlich, Bettina (2018): Lebensbegleitende Berufsberatung. Beratung vor dem Erwerbsleben. Das Angebot im Überblick. Abrufbar unter https://www.stmas.bayern.de/imperia/md/content/stmas/stmas_inet/berufsbildung/20181211-anlage7.pdf, zuletzt aufgerufen am 3. Mai 2020.

Gillmann, Barbara (27. August 2019): Lehre statt Studium: Wie Politik und Wirtschaft Abiturienten in die Ausbildung locken wollen. Abrufbar unter https://www.handelsblatt.com/politik/deutschland/berufsausbildung-lehre-statt-studium-wie-politik-und-wirtschaft-abiturienten-in-die-ausbildung-locken-wollen/24946180.html?ticket=ST-29323-iL5M1wdduR6R03QrULLE-ap4, zuletzt aufgerufen am 4. August 2020.

Ginzberg, Eli (1972): Toward a Theory of Occupational Choice: A Restatement. In: Vocational Guidance Quarterly, 03/1972, Vol. 20 (3), S. 169-176.

Ginzberg, Eli (1984): Career Development. In: Brown, Duane; Brooks, Linda and Associates (Hrsg.): Career Choice and Development. S. 169-191. San Francisco.

Ginzberg, Eli et al. (1963): Occupational Choice. An Approach to a General Theory. New York.

Golisch, Botho (2002): Wirkfaktoren der Berufswahl Jugendlicher. Eine Literaturstudie. Frankfurt am Main.

Gräf, Lorenz (1999): Optimierung von WWW-Umfragen: Das Online Pretest-Studio. In: Batinic, Bernad; Werner, Andreas; Gräf, Lorenz; Bandilla, Wolfgang (Hrsg.): Online research: Methoden, Anwendungen und Ergebnisse. Göttingen. S. 159-177.

Groth, Georg; Lemke, Ilse G.; Werner, Peter (1971): Betriebspraktikum für Schüler. Entwurf eines Arbeitslehre-Vorhabens. Weinheim.

Günther, Anna (2017): Bayern will Gymnasiasten besser aufs Arbeitsleben vorbereiten. In: Süddeutsche Zeitung, 10. November 2017. Abrufbar unter https://www.sueddeutsche.de/bayern/bildungspolitik-bayern-will-gymnasiasten-besser-aufs-arbeitsleben-vorbereiten-1.3742123, zuletzt aufgerufen am 24. Juli 2020.

Häder, Michael (2015): Empirische Sozialforschung. Eine Einführung. Wiesbaden.

Hamburger Institut für Berufliche Bildung, Servicestelle BOSO (2020): Informationsschreiben Gymnasien – Februar 2020. Abrufbar unter http://servicestelle-bo.de/wp-content/uploads/2020/02/Info-Buchungsrunde-GYM-2020-2021.pdf, zuletzt aufgerufen am 8. Juli 2020.

Hammer, Karsten; Ripper, Jürgen; Schenk, Thomas (2015): Leitfaden Berufsorientierung: Praxishandbuch zur qualitätszentrierten Berufs- und Studienorientierung an Schulen. Gütersloh.

Handwerkskammer Mittelfranken: Dein Weg ins Handwerk. Wir begleiten Dich gerne dabei, Deinen individuellen Weg ins Handwerk zu finden. https://www.hwk-mittelfranken.de/artikel/dein-weg-ins-handwerk-75,1164,2719.html, zuletzt aufgerufen am 11. September 2019.

Harren, Vincent A. (1966): The vocational decision-making process among college males. In: Journal of Counseling Psychology. Vol. 13 (3). S. 271-277.

Hartkopf, Emanuel (2013): Berufswahlreife und Berufswahlkompetenz-zwei Schlüsselbegriffe der Berufswahlforschung und der Berufsorientierungspraxis aus psychologischer und pädagogischer Perspektive. In: Brüggemann, Tim; Rahn, Sylvia (Hrsg.): Berufsorientierung. Ein Lehr- und Arbeitsbuch. S. 42-57. Münster.

HAWK Hochschule für angewandte Wissenschaft und Kunst Hildesheim, Holzminden, Göttingen (27. September 2018): ZZHH-Tagung zur regionalen Bindung von Landjugendlichen in Holzminden. Abrufbar unter https://www.hawk.de/de/newsportal/pressemeldungen/ein-plaedoyer-fuer-die-berufsorientierung-der-region, zuletzt aufgerufen am 11. Juni 2019.

Hentrich, Karoline (2011): Einflussfaktoren auf die Berufswahlentscheidung Jugendlicher an der ersten Schwelle. Eine theoretische und empirische Analyse. In: Frommberger, Dietmar (Hrsg.): Magdeburger Schriften zur Berufs- und Wirtschaftspädagogik. Heft 1. Jg. 2011. Otto-von-Guericke-Universität Magdeburg. Abrufbar unter http://www.bwp.ovgu.de/bwp_media/Downloads/Berufsp%C3%A4dagogik/Magdeburger+Schriften/Heft1_2011-p-334.pdf, zuletzt aufgerufen am 8. Juli 2020.

Hessisches Kultusministerium (2011): Bildungsstandards und Inhaltsfelder – Das neue Kerncurriculum für Hessen. Sekundarstufe I – Gymnasium. Politik und Wirtschaft. Abrufbar unter https://kultusministerium.hessen.de/sites/default/files/media/kerncurriculum_politik_und_wirtschaft_gymnasium.pdf, zuletzt aufgerufen am 17. Oktober 2019.

Hessisches Kultusministerium (2016): Kerncurriculum gymnasiale Oberstufe. Politik und Wirtschaft. Abrufbar unter https://kultusministerium.hessen.de/sites/default/files/media/hkm/kcgo_powi.pdf, zuletzt aufgerufen am 17. Oktober 2019.

Heublein, Ulrich; Ebert, Julia; Hutzsch, Christopher; Isleib, Sören; König, Richard; Richter, Johanna; Woisch, Andreas (2017): Zwischen Studienerwartungen und Studienwirklichkeit. Ursachen des Studienabbruchs, beruflicher Verbleib der Studienabbrecherinnen und Studienabbrecher und Entwicklung der Studienabbruchquote an deutschen Hochschulen. Forum Hochschule 1|2017. Deutsches Zentrum für Hochschul- und Wissenschaftsforschung. Hannover. Abrufbar unter https://www.dzhw.eu/pdf/pub_fh/fh-201701.pdf, zuletzt aufgerufen am 19. September 2018.

Hind, Robert R.; Wirth, Timothy E. (1969): The Effect of University Experience on Occupational Choice Among Undergraduates. In: Sociology of Education. Vol. 42 (1). S. 50-70

Hirschi, Andreas (2013): Berufswahltheorien – Entwicklung und Stand der Diskussion. In: Brüggemann, Tim; Rahn, Sylvia (Hrsg.): Berufsorientierung. Ein Lehr- und Arbeitsbuch. S. 27-41. Münster.

Hirschi, Andreas; Niles, Spencer G.; Akos, Patrick (2011): Engagement in adolescent career preparation: Social support, personality and the development of choice decidedness and congruence. In: Journal of Adolescence. Vol. 34 (1). S. 173–182.

Hirschi, Andreas; Vondracek, Fred W. (2009): Adaptation of career goals to self and opportunities in early adolescence. In: Journal of Vocational Behavior. Vol. 75 (2). S. 120–128.

Hoffmann, Bernhard (1974): Schülerpraktikum und Berufsorientierung-Intentionen und Realität. Eine Untersuchung der Schülerpraktika im Aachener Stadtgebiet. In: Die Arbeitslehre. Heft 4. S. 173-180.

Hoffmann, Elisabeth; Henry-Huthmacher, Christine (2016): Wie ausbildungs- und studierfähig ist unsere Jugend? In: Henry-Huthmacher, Christine; Hoffmann, Elisabeth (Hrsg.): Ausbildungsreife und Studierfähigkeit. Sankt Augustin/Berlin.

Holland, John L. (1973): Making vocational choices. A theory of careers. New Jersey.

Holland-Letz, Matthias (2005): Lehrfach Mayonnaise. Firmen gehen Partnerschaften mit Schulen ein. Sie zahlen für Bücher und liefern Unterrichtsinhalte. Mitunter wird auch versteckte Werbung betrieben. In: Die Zeit. Nr. 25. 16. Juni 2005. S. 38. Abrufbar unter https://www.zeit.de/2005/25/B-Schulen_2fUnternehmen, zuletzt aufgerufen am 8. Juli 2020.

Hollingshead, August B. (1949): Elmtown's Youth. The impact of social classes on adolescents. New York.

Horner, James, T.; Buterbaugh, James, G.; Carefoot, Judith, J. (1967): Factors Relating to Occupational an Educational Decision- Making of Rural Youth. Research Summary. Lincoln.

Horst, Meike (2008): Kooperationen von Schule mit Betrieben, Bundesagentur für Arbeit und weiteren Bildungspartnern. In: Berufsorientierung als Prozess. Persönlichkeit fördern, Schule entwickeln, Übergang sichern. Ergebnisse aus dem Programm „Schule - Wirtschaft/Arbeitsleben". Herausgegeben von der wissenschaftlichen Begleitung des Programms „Schule - Wirtschaft/Arbeitsleben". Baltmannsweiler.

Hurni, Lisbeth (2007): Forschung für die Laufbahnberatung. Eine Standortbestimmung im Auftrag des SVB. Zürich.

Idowa (2016): Falsche Vorstellung vom Beruf: Viele Azubis schmeißen vorzeitig hin. Vom 14. August 2016. Abrufbar unter https://www.idowa.de/inhalt.nuernberg-falsche-vorstellung-vom-beruf-viele-azubis-schmeissen-vorzeitig-hin.5de98e00-a9f6-40be-ab9e-3859b28a1376.html, zuletzt aufgerufen am 28. Juli 2020.

Institut für berufliche Bildung, Arbeitsmarkt- und Sozialpolitik GmbH: Der Prozess der Berufsorientierung. Abrufbar unter https://www.olov-hessen.de/qualitaetsstandards/qualitaetsstandards-im-ueberblick/prozess-berufsorientierung.html, zuletzt aufgerufen am 17. Oktober 2019.

Institut für Demoskopie Allensbach (2014): Schule, und dann? Herausforderungen bei der Berufsorientierung von Schülern in Deutschland. Düsseldorf. Abrufbar unter https://www.vodafone-stiftung.de/wp-content/uploads/2019/06/Schule_und_dann.pdf, zuletzt aufgerufen am 11. Mai 2020.

Institut für Geschichtliche Landeskunde an der Universität Mainz e.V. (11. Mai 2007): Die Verfassung von 1848. Abrufbar unter http://www.demokratiegeschichte.eu/index.php?id=118, zuletzt aufgerufen am 16. Oktober 2018.

Institut für Qualitätsentwicklung an Schulen Schleswig-Holstein des Ministeriums für Bildung, Wissenschaft und Kultur des Landes Schleswig-Holstein (2016): Der Vorbereitungsdienst in Schleswig-Holstein. Ausbildung – Prüfung. APVO Lehrkräfte 2016. Abrufbar unter https://www.schleswig-holstein.de/DE/Landesregierung/IQSH/Publikationen/PDFDownloads/InfoLehrerausbildung/Downloads/apvoLehrkraefte2016.pdf?__blob=publicationFile&v=15, zuletzt aufgerufen am 14. November 2019.

Institut für Talententwicklung GmbH (2019): Chancen in Mittelfranken. Attraktive Bildungsangebote von Institutionen/ Ausbildungsbetrieben/ Akademien + Fachschulen/ Hochschulen & Messehandbuch für die vocatium Mittelfranken 2019. Erscheinungsort unbekannt.

ISB Staatsinstitut für Schulqualität und Bildungsforschung (2005): Beruf und Studium – BuS. Berufs- und Studienwahl an Gymnasien, Fachoberschulen und Berufsoberschulen in Bayern. München.

ISB Staatsinstitut für Schulqualität und Bildungsforschung (2008): Die Seminare in der gymnasialen Oberstufe. München. Abrufbar unter https://www.isb.bayern.de/download/1581/isb_seminare_komplett_2-aufl.pdf, zuletzt aufgerufen am 26. Juni 2019.

ISB Staatsinstitut für Schulqualität und Bildungsforschung (2010): Berufs- und Studienorientierung im P-Seminar der gymnasialen Oberstufe. München.

ISB Staatsinstitut für Schulqualität und Bildungsforschung (2017): Kontaktbrief*plus* 2017. Wirtschaft und Recht, Wirtschaftsinformatik. Abrufbar unter https://www.isb.bayern.de/download/20982/2017_kontaktbriefplus_wr.pdf, zuletzt aufgerufen am 23. Dezember 2019.

ISB Staatsinstitut für Schulqualität und Bildungsforschung (2019): Kontaktbrief 2019. Wirtschaft und Recht, Wirtschaftsinformatik. Abrufbar unter https://www.isb.bayern.de/download/22239/kontaktbriefe2019.pdf, zuletzt aufgerufen am 12. Mai 2020.

ISB Staatsinstitut für Schulqualität und Bildungsforschung (unveröffentlicht): Anlage 1 zur Niederschrift über die 1. Sitzung des Arbeitskreises „Studien- und Berufsorientierung am Gymnasium".

ISB Staatsinstitut für Schulqualität und Bildungsforschung: Anknüpfungen im Fachlehrplan. Abrufbar unter http://www.berufsorientierung-gymnasium.bayern.de/curriculare-verankerung/anknuepfungen-im-fachlehrplan/, zuletzt aufgerufen am 23. Juni 2019.

ISB Staatsinstitut für Schulqualität und Bildungsforschung: Phasen. Abrufbar unter http://www.berufsorientierung-gymnasium.bayern.de/curriculare-verankerung/phasen/, zuletzt aufgerufen am 23. Juni 2019.

ISB Staatsinstitut für Schulqualität und Bildungsforschung: Berufliche Orientierung. Leitfaden. Abrufbar unter http://www.berufsorientierung-gymnasium.bayern.de/fileadmin/user_upload/Berufliche_Orientierung/Koordinatoraufgaben/KBO_Leitfaden_final.pdf, zuletzt aufgerufen am 30. Juni 2019.

ISB Staatsinstitut für Schulqualität und Bildungsforschung: Berufliche Orientierung. Gesamtkonzept. Abrufbar unter http://www.berufsorientierung-gymnasium.bayern.de/fileadmin/user_upload/Berufliche_Orientierung/Koordinatoraufgaben/Gesamtkonzept.pdf, zuletzt aufgerufen am 30. Juni 2019.

ISB Staatsinstitut für Schulqualität und Bildungsforschung: Berufliche Orientierung. Externe Partner. Abrufbar unter http://www.berufsorientierung-gymnasium.bayern.de/fileadmin/user_upload/Berufliche_Orientierung/Externe_Partner/Externe_Partner.pdf, zuletzt aufgerufen am 11. September 2019.

ISB Staatsinstitut für Schulqualität und Bildungsforschung: Bewertung. Abrufbar unter http://www.oberstufenseminare.bayern.de/p-seminar/p-seminar-bewerten/, zuletzt aufgerufen am 5. Oktober 2019.

ISB Staatsinstitut für Schulqualität und Bildungsforschung: Curriculare Verankerung. Abrufbar unter http://www.berufsorientierung-gymnasium.bayern.de/curriculare-verankerung/, zuletzt aufgerufen am 23. Juni 2019.

ISB Staatsinstitut für Schulqualität und Bildungsforschung: Informationen des ISB/KM zum Gymnasium. Abrufbar unter https://www.isb.

bayern.de/gymnasium/faecher/allgemeine-informationen/informa tionen-des-isb-km/, zuletzt aufgerufen am 28. Juli 2020

ISB Staatsinstitut für Schulqualität und Bildungsforschung: Jahrgangsstufen 11/12. Abrufbar unter http://www.gym8-lehrplan.bayern.de/contentserv/3.1.neu/g8.de/id_26174.html, zuletzt aufgerufen am 25. Juni 2019.

ISB Staatsinstitut für Schulqualität und Bildungsforschung: Jahrgangsstufen-Lehrplan 9 Wirtschaft und Recht (SG, NTG, MuG, WSG-S). Abrufbar unter http://www.isb-gym8-lehrplan.de/contentserv/3.1.neu/g8.de/index.php?StoryID=26440, zuletzt aufgerufen am 25. Juni 2019.

ISB Staatsinstitut für Schulqualität und Bildungsforschung: Jahrgangsstufen-Lehrplan 9 Wirtschaft und Recht (WSG-W). Abrufbar unter http://www.gym8-lehrplan.bayern.de/contentserv/3.1.neu/g8.de/in dex.php?StoryID=26441, zuletzt aufgerufen am 13. Mai 2020.

ISB Staatsinstitut für Schulqualität und Bildungsforschung: Modul zur beruflichen Orientierung. Abrufbar unter https://www.lehrplanplus.bayern.de/fachlehrplan/gymnasium/9/berufliche_orientierung, zuletzt aufgerufen am 3. Mai 2020.

ISB Staatsinstitut für Schulqualität und Bildungsforschung: Rechtliche Rahmenbedingungen. Abrufbar unter http://www.berufsorientierun g-gymnasium.bayern.de/betriebspraktikum/rechtliche-rahmenbedi ngungen/, zuletzt aufgerufen am 7. August 2019.

ISB Staatsinstitut für Schulqualität und Bildungsforschung: Regelungen zu Bewertung und Einbringung. Abrufbar unter http://www.obers tufenseminare.bayern.de/p-seminar/p-seminar-bewerten/p-semina r-bewertung-regelung-leistungserhebung/, zuletzt aufgerufen am 5. Oktober 2019.

ISB Staatsinstitut für Schulqualität und Bildungsforschung: Verwendung der Seminarpauschale. Abrufbar unter http://www.oberstufen seminare.bayern.de/p-seminar/p-seminar-planen/p-seminar-rechtli che-hinweise/p-seminar-seminarpauschale-finanzierung/, zuletzt aufgerufen am 25. Mai 2020.

ISU Interessengemeinschaft Selbständiger, Unternehmer und freiberuflich Tätiger e. V.: https://www.isu-online.de/, zuletzt aufgerufen am 17. Juli 2020.

Janis, Irving L.; Mann, Leon (1977): Decision Making. A Psychological Analysis of Conflict, Choice and Commitment. New York.

Jordaan, Jean P.; Heyde, Martha B. (1979): Vocational maturity during the high school years. New York.

Kaiser, Franz-Josef; Kaminski, Hans (2012): Methodik des Ökonomieunterrichts. Grundlagen eines handlungsorientierten Lernkonzepts mit Beispielen. Bad Heilbrunn.

Kelle, Udo (2019): Mixed Methods. In: Baur, Nina; Blasius, Jörg (Hrsg.): Handbuch Methoden der empirischen Sozialforschung. Wiesbaden. S. 159-172.

Kerr, Barbara A.; Ghrist-Priebe, Suzanne L. (1988): Intervention for Multipotentiality: Effects of a Career Counseling Laboratory for Gifted High School Students. In: Journal of Counseling & Development. Vol. 66 (8). S. 366-369.

Kerschensteiner, Georg (1914): Der Begriff der Arbeitsschule. Leipzig und Berlin.

Kirchhoff, Sabine; Kuhnt, Sonja; Lipp, Peter; Schlawin, Siegfried (2001): Der Fragebogen. Datenbasis, Konstruktion und Auswertung. Opladen.

Kleber,Eduard W. (1992): Diagnostik in pädagogischen Handlungsfeldern. Einführung in Bewertung, Beurteilung, Diagnose, und Evaluation. Weinheim.

Kleffner, Annette; Lappe, Lothar; Raab, Erich; Schober, Karen (1996): Fit für den Berufsstart? Berufswahl und Berufsberatung aus Schülersicht. In: Materialien aus der Arbeitsmarkt- und Berufsforschung. Nr. 3. S. 1-22.

Kleffner, Annette; Schober, Karen (1998): Wie war's bei der Berufsberatung? Berufliche Beratung im Urteil der Kunden. In: Materialien aus der Arbeitsmarkt- und Berufsforschung. Nr. 2. S. 1-22.

Knauf, Helen (2009): Schule und ihre Angebote zu Berufsorientierung und Lebensplanung – die Perspektive der Lehrer und Schüler. In: Oechsle, Mechthild; Knauf, Helen; Maschetzke, Christiane; Rosowski, Elke (Hrsg.): Abitur und was dann? Berufsorientierung und Lebensplanung junger Frauen und Männer und der Einfluss von Schule und Eltern. Wiesbaden. S. 229-282.

Köck, Michael (2018): Basisqualifikationen Berufsorientierung und –beratung. Ein Lehr- und Übungsbuch für Akteure am Übergang Schule – Beruf. Bad Heilbrunn.

Kompetenzzentrum Technik-Diversity-Chancengleichheit e. V. (10. Dezember 2018): Girls'Day und Boys'Day: Berufe ausprobieren ohne Grenzen. Abrufbar unter https://www.boys-day.de/footer/presse/pressemitteilungen/girls-day-und-boys-day-berufe-ausprobieren-ohne-grenzen, zuletzt aufgerufen am 1. September 2020.

Kracke, Bärbel (2006): Was tun nach dem Abitur? Die schulische Vorbereitung auf die Studien- und Berufswahl aus der Sicht von GymnasiastInnen in der Sekundarstufe II. In: Diskurs Kindheits- und Jugendforschung. Heft 4-2006. S. 533-549.

Kracke, Bärbel (2014): Der Berufsorientierungsprozess aus entwicklungspsychologischer Sicht. In: Bundesinstitut für Berufsbildung (Hrsg.): BWP- Berufsbildung in Wissenschaft und Praxis. Berufsorientierung. 43. Jahrgang. Heft 1/2014. S. 16 – 19. Abrufbar unter https://www.bibb.de/veroeffentlichungen/de/bwp/show/7188, zuletzt aufgerufen am 26. September 2018.

Krasensky, Hans (1952): Die erzieherische Gestaltung der zwischenmenschlichen Beziehungen im Betriebe. Wien.

Krebs, Dagmar; Menold, Natalja (2019): Gütekriterien quantitativer Sozialforschung. In: Baur, Nina; Blasius, Jörg (Hrsg.): Handbuch Methoden der empirischen Sozialforschung. Wiesbaden. S. 489-504.

Kriegesmann,Bernd; Kley, Thomas; Schwering, Markus G. (2008): Wissenstransfer in Schulen und Schulsystemen. Das Beispiel EBISS II zur erweiterten Berufsorientierung. Baltmannsweiler.

Krosnick, Jon A. (1999): Survey research. In: Annual review of psychology. Vol. 50. S. 537-67.

Krumboltz, John D. (1976): This Chevrolet Can't Float or Fly. In: The Counseling Psychologist. Vol. 6 (3). S. 17-19.

Krumboltz, John D.; Baker, Ronald D. (1973): Behavioral Counseling for Vocational Decisions. In: Borow, Henry (Hrsg.): Career Guidance for a New Age. S. 235-283. Boston.

Krumboltz, John D.; Mitchell, Anita M.; Jones, G. Brian (1976): A Social Learning Theory of Career Selection. In: The Counseling Psychologist. Vol. 6 (1). S. 71-81.

Krumboltz, John D.; Mitchell, Lynda K. (1984): Social Learning Approach to Career Decision Making: Krumboltz's Theory. In: Brown, Duane; Brooks, Linda and Associates (Hrsg.): Career Choice and Development. S. 235-280. San Francisco.

Krumboltz, John D.; Rude, Stephanie, S. (1981): Behavioral Approaches to Career Counseling. In: Behavioral Counseling Quarterly. Vol. 1. S. 108-120.

Krumboltz, John D.; Thoresen, Carl E. (1964): The Effect of Behavioral Counseling in Group and Individual Settings on Information-Seeking Behavior. In: Journal of Counseling Psychology. Vol. 11 (4). S. 324-335.

Krumboltz, John E.; Varenhorst, Barbara B.; Thoresen Carl E. (1967): Nonverbal Factors in the Effectiveness of Models in Counseling. In: Journal of Counseling Psychology. Vol. 14 (5). S. 412-418.

Kuckartz, Udo; Rädiker, Stefan; Ebert, Thomas; Schehl, Julia (2013): Statistik. Eine verständliche Einführung. Wiesbaden.

Kultusministerkonferenz (2017): Empfehlung zur Beruflichen Orientierung an Schulen (Beschluss der Kultusministerkonferenz vom 07.12.2017). Abrufbar unter https://www.kmk.org/fileadmin/Dateien/veroeffentlichungen_beschluesse/2017/2017_12_07-Empfehlung-Berufliche-Orientierung-an-Schulen.pdf, zuletzt aufgerufen am 14. Januar 2020.

Kultusministerkonferenz (2019): Dokumentation zur Beruflichen Orientierung an allgemeinbildenden Schulen. (Beschluss der Kultusministerkonferenz vom 07.12.2017 i. d. F. vom 13.06.2019). Abrufbar unter https://www.kmk.org/fileadmin/Dateien/veroeffentlichungen_beschluesse/2017/2017_12_07-Dokumentation-Berufliche-Orientierung-an-Schulen.pdf, zuletzt aufgerufen am 3. Oktober 2019.

Kultusministerkonferenz, Bundesagentur für Arbeit (2017): Rahmenvereinbarung über die Zusammenarbeit von Schule und Berufsberatung zwischen der Kultusministerkonferenz und der Bundesagentur für Arbeit (Beschluss der Kultusministerkonferenz vom 15.10.2004 i. d. F. vom 01.06.2017). Abrufbar unter https://www.kmk.org/fileadmin/Dateien/pdf/PresseUndAktuelles/2017/2017-10-16_Rahmenvereinbarung_KMK-BA-Anl-ohne_Wasserzeichen.pdf, zuletzt aufgerufen am 3. Juli 2019.

Lamnek, Siegfried; Krell, Claudia (2016): Qualitative Sozialforschung. Weinheim.

Land Baden-Württemberg, vertreten durch das Zentrum für Schulqualität und Lehrerbildung: Berufs- und Studienorientierung. Abrufbar unter https://lehrerfortbildung-bw.de/u_gewi/wirtschaft/gym/bp2016/fb4/6_orient/, zuletzt aufgerufen am 22. Juni 2020.

Land Baden-Württemberg, vertreten durch das Zentrum für Schulqualität und Lehrerbildung: Modelle zur Umsetzung der Kontingentstundentafel. Abrufbar unter https://lehrerfortbildung-bw.de/u_gewi/wirtschaft/gym/bp2016/fb4/2_hilfen/1_tafel/, zuletzt aufgerufen am 22. Juni 2020.

Landesbildungsserver Baden-Württemberg, vertreten durch das Institut für Bildungsanalysen Baden-Württemberg: Was ist BOGY? Abrufbar unter https://www.schule-bw.de/themen-und-impulse/leitperspektiven/berufliche-orientierung/bogy/ueber/info, zuletzt aufgerufen am 5. Oktober 2019.

Landesinstitut für Schule Bremen (2012): Richtlinie zur Berufsorientierung an allgemeinbildenden Schulen. Abrufbar unter https://www.lis.bremen.de/fortbildung/schule_wirtschaft/materialien_schule_wirtschaft-22604, zuletzt aufgerufen am 9. Oktober 2019.

Landesinstitut für Schule und Medien Berlin-Brandenburg (2012a): Hinweise zum Unterricht. Der Seminarkurs in der gymnasialen Oberstufe (Brandenburg). Abrufbar unter https://bildungsserver.berlin-brandenburg.de/fileadmin/bbb/themen/berufs-_und_studienorientierung/seminarkurs/Seminarkurs_ergaenzte_Fassung_Januar_2015.pdf, zuletzt aufgerufen am 8. Oktober 2019.

Landesinstitut für Schule und Medien Berlin-Brandenburg (2012b): Das Schülerbetriebspraktikum im Land Brandenburg. Beitrag zu einer gelungenen Berufs- und Studienorientierung. Eine Handreichung für Schülerpraktika und weitere Formen des Schule-Praxis-Lernens. Abrufbar unter https://bildungsserver.berlin-brandenburg.de/fileadmin/bbb/themen/berufs-_und_studienorientierung/BO_News_2012/Schuelerprktikum_WEB.pdf, zuletzt aufgerufen am 15. Dezember 2019.

Landesinstitut für Schule und Medien Berlin-Brandenburg (2017): Rahmenlehrplan Teil C. Wirtschaft-Arbeit-Technik. Abrufbar unter https://bildungsserver.berlin-brandenburg.de/fileadmin/bbb/unter

richt/rahmenlehrplaene/Rahmenlehrplanprojekt/amtliche_Fassung/Teil_C_WAT_2015_11_10_WEB.pdf, zuletzt aufgerufen am 16. Dezember 2019.

Landesregierung Brandenburg: Verordnung über die Anforderungen an das Lehramtsstudium an den Hochschulen im Land Brandenburg (Lehramtsstudienverordnung - LSV). Abrufbar unter https://bravors.brandenburg.de/verordnungen/lsv#_11, zuletzt aufgerufen am 22. Mai 2020.

Landesregierung Schleswig-Holstein (2007): Schleswig-Holsteinisches Schulgesetz vom 24. Januar 2007. Abrufbar unter http://www.gesetze-rechtsprechung.sh.juris.de/jportal/portal/t/45cy/page/bsshoprod.psml?pid=Dokumentanzeige&showdoccase=1&js_peid=Trefferliste&fromdoctodoc=yes&doc.id=jlr-SchulGSH2007pG20&doc.part=X&doc.price=0.0&doc.hl=0#jlr-SchulGSH2007V24P4, zuletzt aufgerufen am 10. November 2019.

Landesregierung Schleswig-Holstein (2019): Landesverordnung über die Sekundarstufe I der Gymnasien (Schulartverordnung Gymnasien – SAVOGym) vom 21. Juni 2019. Gesamtausgabe in der Gültigkeit vom 01.08.2019 bis 31.07.2024. Abrufbar unter http://www.gesetze-rechtsprechung.sh.juris.de/jportal/portal/t/47rp/page/bsshoprod.psml?pid=Dokumentanzeige&showdoccase=1&js_peid=Trefferliste&documentnumber=1&numberofresults=1&fromdoctodoc=yes&doc.id=jlr-GymVersVSH2019rahmen&doc.part=X&doc.price=0.0#focuspoint, zuletzt aufgerufen am 10. November 2019.

Landsberg, Georg von (1977): Aufgaben und Verfahren der Berufsberatung. Köln.

Landsberg, Georg von (1978): Streitsache: Berufsberatung. Die berufliche Einzelberatung im Urteil der Beratenen. Köln.

Lange, Elmar (1978): Berufswahl. Eine empirische Untersuchung der Berufswahlsituation von Hauptschülern, Realschülern und Abiturienten. München.

Lazarsfeld, Paul F. (1931): Jugend und Beruf. Kritik und Material. Jena.

Lemmermöhle, Doris; Nägele, Barbara (1999): Lebensplanung unter Vorbehalt. Jungen und Mädchen in Brandenburg zwischen Bildungs- und Beschäftigungssystem. Mössingen-Talheim.

Liebel, Manfred (2006): Profit im Klassenzimmer? Zum heimlichen Lehrplan wirtschaftlichen Handelns von Kindern in der Schule. In: Die deutsche Schule. 2006. Vol. 98 (1). S. 11-27.

Lincoln, Yvonna S.; Guba, Egon G. (1985): Naturalistic Inquiry. London.

Little, Dolores M.; Roach, Arthur J. (1974): Videotape modeling of interest in nontraditional occupations for women. In: Journal of Vocational Behavior. Vol. 5 (1). S. 133-138.

Löffler, Isabella (2010): Berufsorientierung in der Schule – ein Vergleich der Lehrplaninhalte von Wien und Berlin. Hamburg.

LSJ Sachsen e.V.: Der Berufswahlpass (BWP). Abrufbar unter https://www.lsj-sachsen.de/berufswahlpass/portfolios/bwp/, zuletzt aufgerufen am 2. November 2019.

Maier, Jürgen; Maier, Michaela; Rattinger, Hans (2000): Methoden der sozialwissenschaftlichen Datenanalyse. Arbeitsbuch mit Beispielen aus der Politischen Soziologie. München.

Maiwald, Kai-Olaf (2004): Professionalisierung im modernen Berufssystem: Das Beispiel der Familienmediation. Wiesbaden.

Mansfield, Roger (1973): Self-esteem, self-perceived abilities, and vocational choice. In: Journal of Vocational Behavior. Vol. 3 (4). S. 433-441.

Maree, Jacobus G. (2013): Latest developments in career counselling in South Africa: towards a positive approach. In: South African Journal of Psychology. Vol.43 (4). S. 409-421.

Marti, Peter (2011): Persönlichkeitstypen. Die Typologie von John L. Holland. Zürich-Wipkingen. Abrufbar unter http://www.jugendarbeit.ch/download/pa_hollandtypen.pdf, zuletzt aufgerufen am 6. Januar 2019.

Mayring, Philipp (2016): Einführung in die qualitative Sozialforschung. Eine Anleitung zu qualitativem Denken. Weinheim.

Meyer, Christian; Meier zu Verl, Christian (2019): Ergebnispräsentation in der qualitativen Forschung. In: Baur, Nina; Blasius, Jörg (Hrsg.): Handbuch Methoden der empirischen Sozialforschung. Wiesbaden. S. 271-289.

Miller, Delbert C.; Form, William H. (1951): Industrial sociology. An introduction to the sociology of work relations. New York.

Minister für Bildung, Jugend und Sport des Landes Brandenburg (2016): Verwaltungsvorschriften zur Umsetzung der Berufs- und Studienorientierung an Schulen des Landes Brandenburg. Abrufbar unter http://bravors.brandenburg.de/verwaltungsvorschriften/vv_bsto#1, zuletzt aufgerufen am 8. Oktober 2019.

Ministerium des Innern des Landes Nordrhein-Westfalen (2016): Verordnung über den Zugang zum nordrhein-westfälischen Vorbereitungsdienst für Lehrämter an Schulen und Voraussetzungen bundesweiter Mobilität (Lehramtszugangsverordnung – LZV). Vom 25. April 2016. https://recht.nrw.de/lmi/owa/br_vbl_detail_text?anw_nr=6&vd_id=15620&vd_back=N211&sg=1&menu=1, zuletzt aufgerufen am 24. Oktober 2019.

Ministerium für Arbeit, Gesundheit und Soziales des Landes Nordrhein-Westfalen: Kein Abschluss ohne Anschluss – Übergang Schule–Beruf in NRW. Zusammenstellung der Instrumente und Angebote. Abrufbar unter https://broschueren.nordrheinwestfalendirekt.de/broschuerenservice/mags/uebergang-schule-beruf-in-nrw-zusammenstellung-der-instrumente-und-angebote-oktober-2018/1539, zuletzt aufgerufen am 23. Oktober 2019.

Ministerium für Bildung Rheinland-Pfalz (2019): Elektronischer Brief an die Schulleiterinnen und Schulleiter der weiterführenden Schulen in Rheinland-Pfalz. Tag(e) der Berufs- und Studienorientierung 2019-2020. Abrufbar unter https://berufsorientierung.bildung-rp.de/fileadmin/user_upload/berufsorientierung.bildung-rp.de/TagBSO/Tag_der_BSO_2019-2020_-_Anschreiben_zur_EPOS_Abfrage.pdf, zuletzt aufgerufen am 27.10.2019.

Ministerium für Bildung Sachsen-Anhalt (2014): Betriebspraktikum für Schülerinnen und Schüler im Sekundarbereich I der Gymnasien. RdErl. des MK vom 4.8.2014 - 21-83004. SVBl. LSA S. 179. Abrufbar unter https://mb.sachsen-anhalt.de/fileadmin/Bibliothek/Landesjournal/Bildung_und_Wissenschaft/Erlasse/Betriebspraktikum_fuer_Schuelerinnen_und_Schueler.pdf, zuletzt aufgerufen am 6. November 2019.

Ministerium für Bildung Sachsen-Anhalt (2016): Leitlinie zur Berufs- und Studienorientierung an den Gymnasien in Sachsen-Anhalt. Abrufbar unter https://mb.sachsen-anhalt.de/fileadmin/Bibliothek/Landesjournal/Bildung_und_Wissenschaft/Publikationen/leitlinie_berufs_studienor.pdf, zuletzt aufgerufen am 4. November 2019.

Ministerium für Bildung Sachsen-Anhalt (2017): Fachlehrplan Gymnasium. Wirtschaftslehre. Abrufbar unter https://lisa.sachsen-anhalt.de/fileadmin/Bibliothek/Politik_und_Verwaltung/MK/LISA/Unterricht/Lehrplaene/Gym/FLP_Gym_Wirtschaftslehre_LT.pdf, zuletzt aufgerufen am 4. November 2019.

Ministerium für Bildung Sachsen-Anhalt (2019): Fachlehrplan Gymnasium/Berufliches Gymnasium. Deutsch. Abrufbar unter https://lisa.sachsen-anhalt.de/fileadmin/Bibliothek/Politik_und_Verwaltung/MK/LISA/Unterricht/Lehrplaene/Gym/Anpassung/Deutsch_FLP_Gym_01_07_2019.pdf, zuletzt aufgerufen am 4. November 2019.

Ministerium für Bildung Sachsen-Anhalt: Ausbildungsdidaktisches Konzept für den Vorbereitungsdienst im Land Sachsen-Anhalt. Pädagogischer Bereich. Abrufbar unter https://lisa.sachsen-anhalt.de/fileadmin/Bibliothek/Politik_und_Verwaltung/MK/LISA/Lehrerausbildung/Vorbereitungsdienst/Rechtsgrundlagen/ausbildungsdidaktisches_Konzept_12.7.18.pdf, zuletzt aufgerufen am 9. Juli 2020.

Ministerium für Bildung und Frauen des Landes Schleswig-Holstein (2008a): Berufs- und Studienorientierung an Gymnasien und der Oberstufe der Gesamt-/ Gemeinschaftsschulen (Konzeption für G8; für den 9-jährigen Bildungsgang entsprechende Verwendung). Abrufbar unter https://lehrplan.lernnetz.de/index.php?wahl=86, zuletzt aufgerufen am 10. November 2019.

Ministerium für Bildung und Kultur Saarland (2001): Richtlinien zur Durchführung von Betriebspraktika für Schülerinnen und Schüler an Schulen der Sekundarstufe 1. Vom 5. Juni 1996 (GMBl. Saar S. 114) - geändert am 2. Juli 2001 (GMBI. Saar S. 200). Abrufbar unter https://www.saarland.de/dokumente/thema_bildung/SchuelerbetriebspraktikumSI.pdf, zuletzt aufgerufen am 31. Oktober 2019.

Ministerium für Bildung und Kultur Saarland (2010): Empfehlungen und Handreichungen für das Seminarfach in der Hauptphase der Gymnasialen Oberstufe Saar. Abrufbar unter https://www.saarland.de/dokumente/thema_bildung/HandreichungenSeminarfach.pdf, zuletzt aufgerufen am 31. Oktober 2019.

Ministerium für Bildung und Kultur Saarland (2012): Lehrplan Sozialkunde Gymnasium. Jahrgangsübergreifender Teil. Abrufbar unter https://www.saarland.de/dokumente/thema_bildung/LP_SK_Gym_9_Mai_2012.pdf, zuletzt aufgerufen am 31. Oktober 2019.

Ministerium für Bildung und Kultur Saarland (2013): Berufs- und Studienorientierung in der gymnasialen Oberstufe. Abrufbar unter https://www.saarland.de/dokumente/res_bildung/Beruf-Studium-Orientierung-Sek_II.pdf, zuletzt aufgerufen am 31. Oktober 2019.

Ministerium für Bildung und Kultur Saarland (2017): Richtlinien zur Berufs- und Studienorientierung an allgemein bildenden Schulen im Saarland. Abrufbar unter https://www.saarland.de/dokumente/thema_bildung/Brosch_Studienorientierung_final.pdf, zuletzt aufgerufen am 31. Oktober 2019.

Ministerium für Bildung und Kultur Saarland (o. J.): Berufliche Orientierung „BeSt" an den allgemein bildenden Schulen im Saarland. Ort der Veröffentlichung nicht bekannt.

Ministerium für Bildung, Jugend und Sport des Landes Brandenburg: Vorbereitungsdienst- Überblick. Abrufbar unter https://mbjs.brandenburg.de/bildung/lehrerin-lehrer-in-brandenburg/lehrkraefte-grundstaendige-ausbildung/vorbereitungsdienst/vorbereitungsdienst-ueberblick.html, zuletzt aufgerufen am 22. Mai 2020.

Ministerium für Bildung, Wissenschaft und Kultur des Landes Schleswig-Holstein: Berufs- und Studienorientierung. Informationen und Projekte zur Berufs- und Studienorientierung. Abrufbar unter https://www.schleswig-holstein.de/DE/Fachinhalte/S/schule_und_beruf/berufs_studienorientierung.html;jsessionid=7D261E1972F0C33CDAB0CFF017AB0F4F#doc1923388bodyText2, zuletzt aufgerufen am 11. November 2019.

Ministerium für Bildung, Wissenschaft und Kultur des Landes Schleswig-Holstein (2019): Nachrichtenblatt des Ministeriums für Bildung, Wissenschaft und Kultur als besondere Ausgabe des Amtsblatts für Schleswig-Holstein. ISSN 2365 1466. Ausgabe Nr. 4/2019. Abrufbar unter https://www.schleswig-holstein.de/DE/Fachinhalte/S/schulverwaltung/Downloads/Nachrichtenblatt/04_April_nbl.pdf;jsessionid=663C80742F572D8D914D68758CEB037E?__blob=publicationFile&v=2, zuletzt aufgerufen am 14. November 2019.

Ministerium für Bildung, Wissenschaft und Kultur Mecklenburg-Vorpommern: Schulkongress 2019. Abrufbar unter https://www.bildung-mv.de/lehrer/fort-und-weiterbildung/rueckblick/schulkongress-2019/index.html, zuletzt aufgerufen am 28. Mai 2020.

Ministerium für Bildung, Wissenschaft und Kultur Mecklenburg-Vorpommern (2017): Berufs- und Studienorientierung an allgemein bildenden und beruflichen Schulen des Landes Mecklenburg-Vorpommern. Verwaltungsvorschrift des Ministeriums für Bildung, Wissenschaft und Kultur vom 17.01.2017. Abrufbar unter https://www.bildung-mv.de/export/sites/bildungsserver/downloads/017-17-Verwaltungsvorschrift-Berufsorientierung.pdf, zuletzt aufgerufen am 19. Oktober 2019.

Ministerium für Bildung, Wissenschaft und Kultur Mecklenburg-Vorpommern (2019a): Mecklenburg-Vorpommern. Mitteilungsblatt des Ministeriums für Bildung, Wissenschaft und Kultur. Nr. 1/2019. 29. Jahrgang. Abrufbar unter https://www.regierung-mv.de/serviceassistent/download?id=1610365, zuletzt aufgerufen am 19. Oktober 2019.

Ministerium für Bildung, Wissenschaft und Kultur Mecklenburg-Vorpommern (2019b): Rahmenplan für die Qualifikationsphase der gymnasialen Oberstufe. Deutsch 2019. Abrufbar unter https://www.bildung-mv.de/export/sites/bildungsserver/downloads/unterricht/rahmenplaene_allgemeinbildende_schulen/Deutsch/RP_DEU_SEK2_2019.pdf, zuletzt aufgerufen am 20. Oktober 2019.

Ministerium für Bildung, Wissenschaft, Weiterbildung und Kultur Rheinland-Pfalz (2015): Richtlinie zur Schullaufbahnberatung sowie Berufswahlvorbereitung und Studienorientierung. Abrufbar unter http://landesrecht.rlp.de/jportal/?quelle=jlink&docid=VVRP-VVRP000003673&psml=bsrlpprod.psml#Nr3_3, zuletzt aufgerufen am 25. Oktober 2019.

Ministerium für Kultus, Jugend und Sport Baden-Württemberg (2016a): Bildungsplan 2016. Wirtschaft/Berufs- und Studienorientierung (WBS). Abrufbar unter http://www.bildungsplaene-bw.de/site/bildungsplan/get/documents/lsbw/export-pdf/depot-pdf/ALLG/BP2016BW_ALLG_GYM_WBS.pdf, zuletzt aufgerufen am 5. Oktober 2019.

Ministerium für Kultus, Jugend und Sport Baden-Württemberg (2016b): Leitfaden Berufs- und Studienorientierung in der Kursstufe der allgemeinbildenden Gymnasien in Baden-Württemberg. Abrufbar unter https://www.schule-bw.de/themen-und-impulse/leitperspektiven/berufliche-orientierung/bogy/lehrer_innen/Leitfaden2016/Leitfaden_BO_end.pdf, zuletzt aufgerufen am 5. Oktober 2019.

Ministerium für Kultus, Jugend und Sport Baden-Württemberg (2017): Verwaltungsvorschrift des Kultusministeriums über die berufliche Orientierung an weiterführenden allgemein bildenden und beruflichen Schulen (VwV Berufliche Orientierung) in der Fassung vom 3. August 2017. Abrufbar unter https://www.schule-bw.de/themen-und-impulse/leitperspektiven/berufliche-orientierung/bogy/info/vwv_2017.pdf, zuletzt aufgerufen am 22. Juni 2020.

Ministerium für Kultus, Jugend und Sport Baden-Württemberg, vertreten durch das Zentrum für Schulqualität und Lehrerbildung: Berufliche Orientierung. Abrufbar unter http://www.bildungsplaene-bw.de/,Lde/Startseite/BP2016BW_ALLG/BP2016BW_ALLG_LP_BO, zuletzt aufgerufen am 5. Oktober 2019.

Ministerium für Schule und Berufsbildung des Landes Schleswig-Holstein (2016a): Fachanforderungen Wirtschaft/Politik. Allgemein bildende Schulen. Sekundarstufe I. Sekundarstufe II. Abrufbar unter https://lehrplan.lernnetz.de/index.php?DownloadID=1067, zuletzt aufgerufen am 14. November 2019.

Ministerium für Schule und Berufsbildung des Landes Schleswig-Holstein (2016b): Rahmenbedingungen für Schülerpraktika in allen Schularten. Abrufbar unter https://www.schleswig-holstein.de/DE/Fachinhalte/S/schulrecht/Downloads/Rechtsquellen/praktika_rahmenbedingungen.pdf;jsessionid=0A69E1C1BCB08C956406F9784AE54B7A.delivery1-replication?__blob=publicationFile&v=1, zuletzt aufgerufen am 30. November 2019.

Ministerium für Schule und Bildung Nordrhein-Westfalen (2019): Das Standardelement „Koordinierte Übergangsgestaltung mit Anschlussvereinbarung“ im Rahmen der Landesinitiative „Kein Abschluss ohne Anschluss – Übergang Schule-Beruf in NRW“. Abrufbar unter http://www.berufsorientierung-nrw.de/cms/upload/pdf/KH_AV_2019.pdf, zuletzt aufgerufen am 25. Oktober 2019.

Ministerium für Schule und Bildung Nordrhein-Westfalen: Berufliche Orientierung. RdErl. d. Ministeriums für Schule und Bildung v. 23.01.2019 (ABl. NRW. 02/19). Abrufbar unter https://bass.schul-welt.de/11020.htm, zuletzt aufgerufen am 23. Oktober 2019.

Ministerium für Schule und Bildung Nordrhein-Westfalen: KAoA - EckO – Eckdaten-Onlineerfassung zur Anschlussvereinbarung. Abrufbar unter https://www.schulministerium.nrw.de/BiPo/EckO_Ein gabe/online, zuletzt aufgerufen am 24. Oktober 2019.

Ministerium für Schule und Weiterbildung des Landes Nordrhein-Westfalen (2016): Kerncurriculum für die Ausbildung im Vorbereitungsdienst für Lehrämter in den Zentren für schulpraktische Lehrerausbildung und in den Ausbildungsschulen. Anlage zu: Runderlass des Ministeriums für Schule und Weiterbildung vom 02. September 2016. Abrufbar unter https://www.schulministerium.nrw.de/docs/bp/Lehrer/Lehrkraft-werden/Vorbereitungsdienst/Kerncurriculum.pdf, zuletzt aufgerufen am 29. Mai 2020.

Ministeriums für Bildung, Wissenschaft und Weiterbildung (2000): Erkundungen und Praktika an allgemein bildenden Schulen Verwaltungsvorschrift des Ministeriums für Bildung, Wissenschaft und Weiterbildung vom 9. Oktober 2000 - 1545 B - Tgb.Nr. 2229/98 - (Amtsbl. S. 737 ff.). Abrufbar unter https://berufsorientierung.bild ung-rp.de/fileadmin/user_upload/berufsorientierung.bildung-rp.de /PL_Bilder/VV_Erkundungen_und_Praktika_2000.pdf, zuletzt aufgerufen am 25. Oktober 2019.

Mitchell, Lynda K.; Krumboltz, John D. (1994): Die berufliche Entscheidungsfindung als sozialer Lernprozess: Krumboltz' Theorie. In: Brown, Duane; Brooks, Linda u.a. (Hrsg.): Karriere-Entwicklung. S. 157-210. Stuttgart.

MM New Media GmbH: Generation Z. Abrufbar unter https://unterneh mer.de/lexikon/online-marketing-lexikon/generation-z, zuletzt aufgerufen am 29. Juli 2020.

Moll, Judith (2015): Wie beeinflussen Eltern das Berufswahlverhalten Jugendlicher im Sekundarbereich II am allgemeinbildenden Gymnasium in Niedersachsen? Hildesheim. Abrufbar unter https://docplay er.org/storage/26/9205958/1540051367/GYiAMITZcll2dR30CAmgW g/9205958.pdf, zuletzt aufgerufen am 20. Oktober 2018.

Nafziger, Dean H.; Helms, Samuel T. (1974): Cluster analyses of interest inventory scales as tests of Holland's occupational classification. In: Journal of Applied Psychology. Vol. 59 (3). S. 344-353.

Netzwerk Berufswahl-SIEGEL: Warum eigentlich? Abrufbar unter https://www.netzwerk-berufswahlsiegel.de/berufswahlsiegel/fakten/, zuletzt aufgerufen am 15. Juli 2019.

Nevill, Dorothy D.; Super, Donald E. (1988): Career maturity and commitment to work in university students. In: Journal of Vocational Behavior. Vol.32 (2). S. 139-151.

Niedersächsisches Kultusministerium (2017a): Berufs- und Studienorientierung. Musterkonzept mit Handreichungen. Abrufbar unter http://db2.nibis.de/1db/cuvo/datei/nkm_berufsorientierung_final.pdf, zuletzt aufgerufen am 22. Oktober 2019.

Niedersächsisches Kultusministerium (2017b): Durchführung der APVO-Lehr. RdErl. d. MK v. 26. 4. 2017 – 35-84110/413 – VORIS 20411. Abrufbar unter http://www.nds-voris.de/jportal/;jsessionid=6AD473618507EDC1A801F7488BB2440F.jp15?quelle=jlink&query=VVND-204110-MK-20170426-SF&psml=bsvorisprod.psml&max=true#ivz27, zuletzt aufgerufen am 25. Juni 2020.

Niedersächsisches Kultusministerium (2018): Berufliche Orientierung an allgemein bildenden Schulen. RdErl. d. MK vom 17.09.2018 – 24-81403 – VORIS 22410. Abrufbar unter https://www.mk.niedersachsen.de/download/4613/Erlass_Berufliche_Orientierung_an_allgemein_bildenden_Schulen.pdf, zuletzt aufgerufen am 22. Oktober 2019.

Niedersächsisches Kultusministerium: Kompetenzfeststellungsverfahren. Abrufbar unter https://www.mk.niedersachsen.de/kompetenzfeststellung/kompetenzfeststellungsverfahren-138555.html, zuletzt aufgerufen am 22. Oktober 2019.

Noeth, Richard J.; Engen, Harold B.; Noeth, Patricia E. (1984). Making Career Decisions: A Self-Report of Factors That Help High School Students. Vocational Guidance Quarterly. Vol. 32 (4). S. 240-248.

O'Hara, Robert P.; Tiedeman, David V. (1959): Vocational self concept in adolescence. In: Journal of Counseling Psychology. Vol. 6 (4). S. 292-301.

Osipow, Samuel (1972): Success and preference: A replication and extension. In: Journal of Applied Psychology. Vol. 56 (2). S. 179-180.

Ostendorf, Annette (2009): Die Bedeutung des „Sozialen“ im wirtschaftspädagogischen Denken: Rekonstruktionen und Anschlusspunkte. In: bwp@ Berufs- und Wirtschaftspädagogik – online. Nr. 16.

S. 1–13. Abrufbar unter http://www.bwpat.de/content/uploads/media/ostendorf_bwpat16.pdf, zuletzt aufgerufen am 29. Januar 2020.

Otto-von-Guericke-Universität Magdeburg (2018a): Modulhandbuch für den Masterstudiengang Lehramt an Gymnasien. Unterrichtsfächer: Technik. Wirtschaft. Deutsch. Ethik. Mathematik. Sozialkunde. Sport. Abrufbar unter http://www.bekanntmachungen.ovgu.de/media/Modulhandb%C3%BCcher/Master+_+Studieng%C3%A4nge/Lehramt+an+Gymnasien/Modulhandbuch+vom+September+2018+%28SPO+2018%29.pdf, zuletzt aufgerufen am 26. November 2019.

Otto-von-Guericke-Universität Magdeburg (2018b): Studien- und Prüfungsordnung für den Masterstudiengang Lehramt an Gymnasien Unterrichtfächer: Technik. Wirtschaft. Deutsch. Ethik. Mathematik. Sozialkunde. Sport. Veröffentlicht am 06. Juli 2018. Abrufbar unter https://www.bekanntmachungen.ovgu.de/media/A_Rundschreiben/1_05+Studienordnungen/Master+_+Studieng%c3%a4nge/Lehramt+an+Gymnasien/Studien_+und+Pr%c3%bcfungsordnung+Lehramt+an+Gymnasien+vom+06_06_2018-p-11058.pdf, zuletzt aufgerufen am 27. Mai 2020.

Pelz, Bodo (1976): Anspruch und Wirklichkeit von Schülerbetriebspraktika. In: Die Arbeitslehre 7. Heft 2. S. 63-71.

Petersen, A. Willi; Wehmeyer, Carsten (2000): Die neuen IT-Berufe auf dem Prüfstand: Erste Ergebnisse der bundesweiten IT-Studie. In: Berufsbildung in Wissenschaft und Praxis. Vol. 29 (6). S. 13-18.

Pfitzner, Vicky; Lange, Astrid; Pitsoulis, Athanassios (2018): Wie nützlich sind Berufsorientierungsmaßnahmen für Schüler/-innen der Sekundarstufe I? Eine Fallstudie. In: Arndt, Holger (Hrsg.): Intentionen und Kontexte Ökonomischer Bildung. Frankfurt am Main. S. 226-241.

Plant, Peter; Watts, Tony (2002): OECD-Gutachten zur Berufsberatung – Deutschland. Länderbericht. In: Informationen für die Beratungs- und Vermittlungsdienste der Bundesanstalt für Arbeit. Nr. 38. S. 2679–2698.

Platte, Hans Kaspar (1981): Betriebspraktika in schulischen Bildungsgängen. Bonn.

Popp, Ulrike (1992): „Heiraten – das kann ich mir noch nicht vorstellen" – Das psychosoziale Moratorium bei Jungen und Mädchen in der Oberstufe. In: Tillmann, Klaus-Jürgen (Hrsg.): Jugend weiblich – Jugend männlich. Sozialisation, Geschlecht, Identität. Opladen. S. 51-64.

Porst, Rolf (2019): Frageformulierung. In: Baur, Nina; Blasius, Jörg (Hrsg.): Handbuch Methoden der empirischen Sozialforschung. Wiesbaden. S. 829-842.

Pratzner, Axel (2001): Evaluation durch webbasierte Fragebogen aus erwachsenenpädagogischer Perspektive. Theoretische Grundlagen aus der Erwachsenenbildung, wissenschaftlich fundierter Aufbau von Fragebogen und eine Beurteilung von bestehenden Softwarelösungen. Abrufbar unter http://www.fragebogen.de, zuletzt aufgerufen am 17. März 2019.

Preis, Nina; Niebl, Frauke, Stecher, Ludwig (2012): Das Schülerbetriebspraktikum –Pädagogische Notwendigkeit oder überflüssige Maßnahme? In: Gießener Beiträge zur Bildungsforschung. Heft 3. Abrufbar unter http://geb.uni-giessen.de/geb/volltexte/2012/9104/pdf/PreisNieblStecherPraktikum.pdf, zuletzt aufgerufen am 20. August 2019.

Przyborski, Aglaja; Wohlrab-Sahr, Monika (2019): Forschungsdesigns für die qualitative Sozialforschung. In: Baur, Nina; Blasius, Jörg (Hrsg.): Handbuch Methoden der empirischen Sozialforschung. Wiesbaden. S. 105-123.

PsycINFO Database Record (2016): Abstract zu Noeth, Richard J.; Engen, Harold B.; Noeth, Patricia E. (1984). Making Career Decisions: A Self-Report of Factors That Help High School Students. Vocational Guidance Quarterly. Vol. 32 (4). S. 240-248. Abrufbar unter https://psycnet.apa.org/record/1984-27347-001, zuletzt aufgerufen am 11. Mai 2019.

Quante-Brandt, Eva (2000): Zum Stellenwert von Praktika im Berufswahlprozess Jugendlicher in Zeiten der Krise am Ausbildungs- und Arbeitsmarkt. In: Zeitschrift für Praxis und Theorie in Betrieb und Schule. 54. Jahrgang. Heft 63. S. 32-34.

Raab, Erich (1996): Jugend sucht Arbeit. Eine Längsschnittuntersuchung zum Berufseinstieg Jugendlicher. Zusammen mit Christine Preiß, Christine Pritzl und Hermann Rademacker. München.

Ratschinski, Günter (2008): Berufswahlkompetenz. In: Koch, Martin; Straßer, Peter (Hrsg.): In der Tat kompetent. Zum Verständnis von Kompetenz und Tätigkeit in der beruflichen Benachteiligtenförderung. S. 73-90. Bielefeld.

Rehberg, Richard A.; Sinclair, Judie; Schafer, Walter E. (1970): Adolescent Achievement Behavior, Family Authority Structure, and Parental Socialization Practices. In: American Journal of Sociology. Vol. 75 (6). S. 1012-1034.

Reinders, Heinz (2016): Qualitative Interviews mit Jugendlichen führen: ein Leitfaden. Berlin.

Reuband, Karl-Heinz (2019): Schriftlich-postalische Befragung. In: Baur, Nina; Blasius, Jörg (Hrsg.): Handbuch Methoden der empirischen Sozialforschung. Wiesbaden. S. 769-786.

Reuel, Günter; Schneidewind, Klaus (1989): Das Betriebspraktikum: Eine technokratisch funktionierende, didaktisch noch unterentwickelte Unterrichtsform. In: Die Arbeitslehre - Arbeiten + lernen, 11. Jahrgang, Heft 61, S. 10-15.

Ries, Heinz (1970): Berufswahl in der modernen Industriegesellschaft : Beitrag zu einer Theorie der Berufswahl mit einer empirischen Untersuchung bei 320 Berufswahlschülern. Bern.

Rohrbach-Schmidt, Daniela; Uhly, Alexandra (2015): Determinanten vorzeitiger Lösung von Ausbildungsverträgen und berufliche Segmentierung im dualen System. Eine Mehrebenenanalyse auf Basis der Berufsbildungsstatistik. In: Kölner Zeitschrift für Soziologie und Sozialpsychologie. Vol. 67 (1). S. 105–135

Rolff, Hans-Günter (1980): Soziologie der Schulreform. Theorien, Forschungsberichte, Praxisberatung. Weinheim.

Rübner, Matthias; Höft, Stefan (2019): Berufswahl als mehrdimensionaler Prozess. In: Kauffeld, Simone; Spurk, Daniel (Hrsg.): Handbuch Karriere und Laufbahnmanagement. Berlin. S. 39–62.

Sächsisches Staatsministerium für Kultus (2014): Handreichungen Betriebspraktika. Abrufbar unter https://publikationen.sachsen.de/bdb/artikel/11735/documents/29321, zuletzt aufgerufen am 2. November 2019.

Sächsisches Staatsministerium für Kultus (2016): Lehrplan Gymnasium. Auf dem Weg ins Berufsleben. Abrufbar unter https://www.schule.

sachsen.de/lpdb/web/downloads/2059_lp_gy_fvgk_auf_dem_weg_ins_berufsleben_2016.pdf, zuletzt aufgerufen am 6. November 2019.

Sächsisches Staatsministerium für Kultus (2017): Curriculum für den Vorbereitungsdienst. Lehramt Gymnasien. Unveröffentlicht.

Sächsisches Staatsministerium für Kultus (2018): Bausteine zur Beruflichen Orientierung am Gymnasium in Sachsen. Abrufbar unter https://www.bildung.sachsen.de/download/download_bildung/18_09_24_Endfassung_Bausteine_GY.pdf, zuletzt aufgerufen am 2. November 2019.

Sächsisches Staatsministerium für Kultus: Neues Schulfach soll Gymnasiasten besser auf das Berufsleben vorbereiten. https://www.bildung.sachsen.de/blog/index.php/2017/08/16/neues-schulfach-soll-gymnasiasten-besser-auf-das-berufsleben-vorbereiten/, zuletzt aufgerufen am 6. November 2019.

Sassenberg, Kai; Kreutz, Stefan (1999): Online Research und Anonymität. In: Batinic, Bernad; Werner, Andreas; Gräf, Lorenz; Bandilla, Wolfgang (Hrsg.): Online research: Methoden, Anwendungen und Ergebnisse. Göttingen. S. 61-75.

Saterdag, Herrmann; Stegmann, Heinz (1980): Jugendliche beim Übergang vom Bildungs- in das Beschäftigungssystem. Ergebnisse der Basiserhebungen einer Längsschnitt-Untersuchung. Nürnberg.

Savickas, Mark L. (1995): Construcivist Counseling for Career Indecision. In: The Career Development Quarterly. Vol. 43 (4). S. 363-373.

Savickas, Mark L. (1997): Career Adaptability: An Integrative Construct for Life-Span, Life-Space Theory. In: The Career Development Quarterly. Vol. 45 (3). S. 247-259.

Savickas, Mark L. (2002): Career Construction: A developmental theory of vocational behavior. In: Brown, Duane; Brooks, Linda and Associates (Hrsg.): Career Choice and Development. S. 149-205. San Francisco.

Savickas, Mark L. (2005): The Theory and Practice of Career Construction. In: Brown, Steven D.; Lent, Robert W. (Hrsg.): Career Development and Counseling. Putting Theory and Research to Work. S. 42-70. Hoboken, New Jersey.

Savickas, Mark L.; Nota, Laura; Rossier, Jerome; Dauwalder, Jean-Pierre; Duarte, Maria Eduarda; Guichard, Jean; Soresi, Salvatore; Van

Esbroeck, Raoul; van Vianen, Annelies E. M. (2009a): Life designing: A paradigm for career construction in the 21st century. In: Journal of Vocational Behavior. Vol. 75 (3). S. 239-250.

Savickas, Mark L.; Nota, Laura; Rossier, Jerome; Dauwalder, Jean-Pierre; Duarte, Maria Eduarda; Guichard, Jean; Soresi, Salvatore; Van Esbroeck, Raoul; van Vianen, Annelies E. M. (2009b): Life designing: A paradigm for career construction in the 21st century. In: Journal of Vocational Behavior, Vol. 75 (3). S. 239-250. Deutsche Übersetzung von Ertelt, Bernd-Joachim und Ruppert, Jean-Jacques (2011). Abrufbar unter http://www.mitglieder.dvb-fachverband.de/fileadmin/medien/scripte/Savickas__u.a._2011.pdf, zuletzt aufgerufen am 27. Januar 2020.

Scharmann, Theodor (1966): Jugend in Arbeit und Beruf. München.

Scheller, Reinhold (1976): Psychologie der Berufswahl und der beruflichen Entwicklung. Stuttgart (u.a.).

Schmidt-Koddenberg, Angelika; Zorn, Simone (2012): Zukunft gesucht! Berufs- und Studienorientierung in der Sek. II. Opladen.

Schnell, Rainer; Hill, Paul B.; Esser, Elke (2018): Methoden der empirischen Sozialforschung. Berlin.

Schober, Karen (1997): Berufswahlverhalten. In: Kahsnitz, Dietmar; Ropohl, Günter; Schmid, Alfons (Hrsg.): Handbuch zur Arbeitslehre. München. S. 103-122.

Schuhen, Michael (2009): Schülerbetriebspraktikum an Gymnasien. In: bwp@ Berufs- und Wirtschaftspädagogik – online. Ausgabe 17. S. 1-15. Abrufbar unter: http://www.bwpat.de/ausgabe17/schuhen_bwpat17.pdf, zuletzt aufgerufen am 18. August 2019.

SCHULEWIRTSCHAFT Bayern: Dein direkter Weg zu Praktikum und Ausbildung. Abrufbar unter www.sprungbrett-bayern.de, zuletzt aufgerufen am 11. September 2019.

SCHULEWIRTSCHAFT Bayern: Wie können Sie als Eltern Ihr Kind am besten bei der Berufsorientierung unterstützen? Abrufbar unter https://www.sprungbrett-bayern.de/eltern/wiejugendlichefuerpraktikamotivieren/, zuletzt aufgerufen am 28. Juli 2020.

Schupp, Jürgen (2019): Paneldaten für die Sozialforschung. In: Baur, Nina; Blasius, Jörg (Hrsg.): Handbuch Methoden der empirischen Sozialforschung. Wiesbaden. S. 1265-1280.

Schussel, Robert (1974): Circularity of Vocational Interests: Spherical Analysis of VIP Items. In: Measurement and Evaluation in Guidance. Vol.7 (2). S. 86-91.

Schweizerisches Zivilgesetzbuch: Artikel 302. Abrufbar unter https://zgb.gesetzestext.ch/artikel.cfm?key=360&art=Die_Verwandtschaft, zuletzt aufgerufen am 23. November 2018.

Seifert, Karl Heinz (1977): Theorien der Berufswahl und der beruflichen Entwicklung. In Seifert, Karl Heinz; Eckhardt, Hans-Henning; Jaide, Walter (Hrsg.): Handbuch der Berufspsychologie. S. 173–279. Göttingen.

Sekretariat der Ständigen Konferenz der Kultusminister der Länder in der Bundesrepublik Deutschland (2020): Statistische Veröffentlichungen der Kultusministerkonferenz. Dokumentation Nr. 224 – März 2020. Schüler, Klassen, Lehrer und Absolventen der Schulen 2009 bis 2018. Abrufbar unter https://www.kmk.org/fileadmin/Dateien/pdf/Statistik/Dokumentationen/Dok224_SKL2018.pdf, zuletzt aufgerufen am 10. Mai 2020.

Senator für Finanzen der Freien Hansestadt Bremen: Verordnung über die Sekundarstufe I des Gymnasiums vom 26. Juni 2009 (Brem.GBl. 2009, 256), zuletzt Anlage 1 geändert durch Artikel 3 der Verordnung vom 19. Dezember 2014 (Nds. GVBl. 2015 S. 5). Abrufbar unter https://www.transparenz.bremen.de/sixcms/detail.php?gsid=bremen2014_tp.c.67095.de&asl=bremen02.c.732.de&template=20_gp_ifg_meta_detail_d, zuletzt aufgerufen am 9. Oktober 2019.

Senatorin für Kinder und Bildung (22. Mai 2019): Informationsschreiben Nr. 92/2019. Abrufbar unter https://www.bildung.bremen.de/sixcms/media.php/13/Info_92-2019.pdf, zuletzt aufgerufen am 13. Oktober 2019.

Senatorin für Kinder und Bildung: Berufliche Orientierung. Abrufbar unter https://www.bildung.bremen.de/berufliche_orientierung-18658, zuletzt aufgerufen am 25. November 2019.

Senatsverwaltung für Bildung, Jugend und Familie (2017): Rahmenlehrplan 1-10 kompakt Themen und Inhalte des Berliner Unterrichts im Überblick. Berlin.

Senatsverwaltung für Bildung, Jugend und Familie (2020): Blickpunkt Schule Bericht. Schuljahr 2019/20. Abrufbar unter https://www.ber

lin.de/sen/bildung/schule/bildungsstatistik/, zuletzt aufgerufen am 4. Juni 2020.

Senatsverwaltung für Bildung, Jugend und Familie: Rahmenlehrpläne. Abrufbar unter https://www.berlin.de/sen/bildung/unterricht/faecher-rahmenlehrplaene/rahmenlehrplaene/, zuletzt aufgerufen am 9. Oktober 2019.

Senatsverwaltung für Bildung, Jugend und Wissenschaft (2011): Studium und Beruf. Handreichung zum Ergänzungskurs in der gymnasialen Oberstufe. Berlin.

Senatsverwaltung für Bildung, Jugend und Wissenschaft (2016): Landeskonzept Berufs- und Studienorientierung Berlin. Abrufbar unter http://www.psw-berlin.de/fileadmin/content/Downloads/landeskonzept/landeskonzept.pdf, zuletzt aufgerufen am 6. Oktober 2019.

Senatsverwaltung für Bildung, Wissenschaft und Forschung (2011): Curriculare Vorgaben für die gymnasiale Oberstufe. Gymnasien. Integrierte Sekundarschulen. Berufliche Gymnasien. Ergänzungskurs Studium und Beruf. Abrufbar unter https://www.berlin.de/sen/bildung/unterricht/faecher-rahmenlehrplaene/rahmenlehrplaene/, zuletzt aufgerufen am 7. Oktober 2019.

Sloane, Peter F. E. (2001): Wirtschaftspädagogik als Theorie sozialökonomischer Erziehung. Eine Annäherung. In: Wirtschaftspädagogische Beiträge. Nr. 1. S. 1-61.

Sonntag, W. (1975): Instrumentalität als Erklärungskonzept von Berufspräferenzen (Diss.). Bochum.

Sowi-online e.V.: Beruf im historischen Kontext. Abrufbar unter https://www.sowi-online.de/reader/berufsorientierung/beruf_historischen_kontext.html, zuletzt aufgerufen am 10. Mai 2020.

Spranger, Eduard (1924): Psychologie des Jugendalters. Heidelberg.

Steffens, Heiko (1979): Berufswahl. In: Bundesanstalt für Arbeit (Hrsg.): Handbuch zur Berufswahlvorbereitung. S. 183-191. Nürnberg.

Stiftung der Deutschen Wirtschaft: Studien- und Berufsorientierung wirksam begleiten! https://www.sdw.org/das-bieten-wir/transferaktivitaeten/studien-und-berufs-orientierung-wirksam-begleiten/ueberblick.html, zuletzt aufgerufen am 16. Dezember 2019.

Stiftung Warentest (2007): Berufsberatung. Berater müssen nachsitzen. In: Finanztest. Heft 10. S. 12-17.

Stratmann, Karlwilhelm (1967): Die Krise der Berufserziehung im 18. Jahrhundert als Ursprungsfeld pädagogischen Denkens. Ratingen.

Strijewski, Christian (2002): Berufsorientierung in der Zusammenarbeit von Schule und Berufsberatung. Der Beitrag der Arbeitsämter. In: Schudy, Jörg (Hrsg.): Berufsorientierung in der Schule. Grundlagen und Praxisbeispiele. Bad Heilbrunn. S. 85-106.

Super, Donald E. (1953): A theory of vocational development. In: The American Psychologist. Volume 8. Number 5. S. 185-190.

Super, Donald E. (1957): The psychology of careers. An introduction to vocational development. New York.

Super, Donald E. (1963): Career development: Self-Concept Theory. Essays in vocational development. New York.

Super, Donald E. (1969): Vocational Development Theory: Persons, Positions, and Processes. In: The Counseling Psychologist. Vol. 1 (1). S. 2-9.

Super, Donald E. (1983): Assessment in Career Guidance: Toward Truly Developmental Counseling. In: The Personnel and Guidance Journal. Vol. 61(9). S. 555-562.

Super, Donald E. (1984): Career an Life Development. In: Brown, Duane; Brooks, Linda and Associates (Hrsg.): Career Choice and Development. S. 192-234. San Francisco.

Super, Donald E. (1994): Der Lebenszeit-, Lebensraumansatz der Laufbahnentwicklung. In: Brown, Duane; Brooks, Linda u.a. (Hrsg.): Karriere-Entwicklung. S. 211-280. Stuttgart.

Super, Donald E.; Bohn, Martin J. (1970): Occupational Psychology. London.

Super, Donald E.; Nevill, Dorothy D. (1984): Work Role Salience as a Determinant of Career Maturity in High School Students. In: Journal of Vocational Behavior. Vol. 25 (1). S. 30-44.

Super, Donald E.; Overstreet, Phoebe L. (1960): The vocational maturity of ninth-grade boys. New York.

Swanson, Jane L.; Gore, Paul A. Jr. (2000): Advances in vocational psychology theory and research. In: Brown, Steven D.; Lent, Robert W. (Hrsg.): Handbook of counseling psychology. S. 233-269.

Thibaut, John W.; Kelley, Harold H. (2009): The Social Psychology of Groups. New York.

Thoresen, Carl E.; Krumboltz, John D. (1968): Similarity of Social Models and Clients in Behavioral Counseling: Two Experimental Studies. In: Journal of Counseling Psychology. Vol. 15 (5). S. 393-401.

Thüringer Ministerium für Bildung, Jugend und Sport (2018): Der Thüringenplan. Für eine gute Zukunft unserer Schulen. Abrufbar unter https://www.thueringen.de/mam/th2/tmbwk/bildung/werkstatt/thueringenplan-zukunft-schule.pdf, zuletzt aufgerufen am 21. November 2019.

Thüringer Ministerium für Bildung, Jugend und Sport (2019): Thüringer Schulgesetz ab 1. August 2021. Abrufbar unter https://bildung.thueringen.de/fileadmin/schule/schulwesen/schulrecht/Thueringer_Schulgesetz_ab_01_08_2021.pdf, zuletzt aufgerufen am 5. Dezember 2019.

Thüringer Ministerium für Bildung, Jugend und Sport: Seminarporträt. Ausbildung. Abrufbar unter https://www.schulportal-thueringen.de/web/guest/seminare/ausbildung?tspi=76139, zuletzt aufgerufen am 4. Juni 2020.

Thüringer Ministerium für Bildung, Wissenschaft und Kultur (2013): Landesstrategie zur praxisnahen Berufsorientierung in Thüringen. Abrufbar unter https://www.bildungsketten.de/_media/Bildungsketten_Vereinbarung_Thueringen_Anlage_2.pdf, zuletzt aufgerufen am 21. November 2019.

Tiedeman, David V. (1961): Decision and Vocational Development: A Paradigm and Its Implications. In: The Personnel and Guidance Journal. Vol.40 (1). S. 15-21.

Tiedeman, David V.; Miller-Tiedeman, Anna (1984): Career Decision Making: An Individualistic Perspective. In: Brown, Duane; Brooks, Linda and Associates (Hrsg.): Career Choice and Development. S. 281-310. San Francisco.

Tiedeman, David V.; O'Hara, Robert P. (1963): Career development: Choice and adjustment. New York.

Toenjes, Carol M.; Borgen, Fred H. (1974): Validity Generalization of Holland's Hexagonal Model. In: Measurement and Evaluation in Guidance. Vol.7 (2). S. 79-85.

Tourangeau, Roger; Rips, Lance J.; Rasinski, Kenneth (2000): The Psychology of Survey Response. Cambridge.

Trautmann, Thomas (2010): Interviews mit Kindern: Grundlagen, Techniken, Besonderheiten, Beispiele. Wiesbaden.

Trent, James W.; Medsker, Leland L. (1968): Beyon High School. A Psychological Study of 10,000 High School Graduates. San Francisco.

Tscheulin, Jochen; Castellucci, Lars; Hein, Kirstin (2010): Warum Netzwerkarbeit? Was zeichnet erfolgreiche Netzwerke im Übergangsmanagement aus? – oder: „Vom Solo zur Sinfonie". In: Sauer-Schiffer, Ursula; Brüggemann, Tim (Hrsg.): Der Übergang Schule-Beruf. Beratung als pädagogische Intervention. S. 101-111.

Ulrich, Joachim Gerd; Ehrenthal, Bettina; Eden, Andreas; Rebhan, Volker (2002): Ohne Lehre in die Leere? Zur Situation von Ausbildungsstellenbewerbern, die bis zum 30.9.2001 nicht in eine Lehrstelle einmündeten. In: Informationen für die Vermittlungs- und Beratungsdienste. Heft 27. S. 2119-2198.

Universität Potsdam (2013): Fachspezifische Studien- und Prüfungsordnung für das Bachelor- und Masterstudium im Fach Wirtschaft-Arbeit-Technik für Lehramt für die Sekundarstufen I und II (allgemeinbildende Fächer) mit einer Schwerpunktbildung auf die Sekundarstufe I an der Universität Potsdam. Auszug aus den Amtlichen Bekanntmachungen Nr. 8 vom 20.06.2013. S. 439–459. Abrufbar unter https://www.uni-potsdam.de/am-up/2013/ambek-2013-08-439-459.pdf, zuletzt aufgerufen am 16. Dezember 2019.

Universität Trier: Anmerkungen zum Schutzbereich von Art. 12 Abs. 1 GG. Abrufbar unter https://www.uni-trier.de/fileadmin/fb5/prof/OEF005/Andrea_Grundrechte/Fall_6/D1_Fall_6_Schutzbereich__Art._12_.docx.pdf, zuletzt aufgerufen am 22. Juli 2020.

Vogelgesang, Waldemar; Kersch, Luisa (2016): Jung sein! Und das auf dem Land? In: Informationen zur Raumentwicklung. Heft 2.2016. S. 201-218.

Vogl, Susanne (2005): Gruppendiskussionen mit Kindern: Methodische und methodologische Besonderheiten. In: ZA-Information. Vol. 1 (57). S. 28-60.

Vogl, Susanne (2015): Interviews mit Kindern führen. Eine praxisorientierte Einführung. Weinheim.

Vroom, Victor H. (1964): Work and Motivation. New York.

Wakefield, James A.; Doughtie, Eugene B. (1973): The geometric relationship between Holland's personality typology and the Vocational Preference Inventory. In: Journal of Counseling Psychology. Vol. 20 (6). S. 513-518.

Wakefield, James A.; Yom, B. Lee; Doughtie, Eugene B.; Chang, Wei-Ning C.; Alston, Herbert L. (1975): The geometric relationship between Holland's personality typology and the Vocational Preference Inventory for blacks. In: Journal of Counseling Psychology. Vol.22 (1). S. 58-60.

Weber, Max (1972): Wirtschaft und Gesellschaft. Tübingen.

Wensierski, Hans-Jürgen von; Schützler, Christoph; Schütt, Sabine (2005): Berufsorientierende Jugendbildung. Grundlagen, empirische Befunde, Konzepte. Weinheim und München.

Willstätter-Gymnasium Nürnberg (2015): Jahresbericht 2015. Nürnberg.

Wisdorff, Flora (2013): Deutschlands Jugend strotzt vor Selbstbewusstsein. Abrufbar unter https://www.welt.de/wirtschaft/article119370856/Deutschlands-Jugend-strotzt-vor-Selbstbewusstsein.html, zuletzt aufgerufen am 20. Mai 2019.

Wittmer-Gerber, Saskia (2015): Studien- und Berufswahl begleiten! Unterrichtseinheiten für das P-Seminar am bayerischen Gymnasium. Hrsg.: Vereinigung der Bayerischen Wirtschaft e.V., Stiftung der Deutschen Wirtschaft gGmbH, Bayerisches Staatsministerium für Bildung und Kultus, Wissenschaft und Kunst. Berlin.

Wolfenstädter, Oskar (1962): Der Zusammenhang zwischen Wirtschaftspädagogik und Sozialpolitik. Dargestellt am Beispiel der Berufsberatung und Berufswahl. Darmstadt.

Zaccaria, J. S. (1970): Theories of occupational choice and vocational development. Boston.

Verwendete Fassungen Bayerischer Schulgesetze

Folgende Fassungen bayerischer Schulgesetze wurden für die vorliegende Dissertation als Quellen herangezogen:

Bayerisches Gesetz über das Erziehungs- und Unterrrichtswesen (BayEUG) in der Fassung der Bekanntmachung vom 31. Mai 2000 (GVBl S. 414, zuletzt geändert durch Gesetz vom 23. Juli 2010).

Bayerische Schulordnung (BaySchO) vom 1. Juli 2016 (GVBl. S. 164, 241, BayRS 2230-1-1-1-K), die zuletzt durch § 1 Abs. 207 der Verordnung vom 26. März 2019 (GVBl. S. 98) geändert worden ist.

Gymnasialschulordnung (GSO) vom 23. Januar 2007 (GVBl. S. 68, BayRS 2235-1-1-1-K), die zuletzt durch § 5 der Verordnung vom 9. Juli 2019 (GVBl. S. 420) geändert worden ist.

Lehramtsprüfungsordnung I (LPO I) vom 13. März 2008 (GVBl. S. 180, BayRS 2038-3-4-1-1-K), die zuletzt durch Verordnung vom 29. Mai 2020 (GVBl. S. 301) geändert worden ist.

Mittelschulordnung (MSO) vom 4. März 2013 (GVBl. S. 116, BayRS 2232-3-K), die zuletzt durch § 4 der Verordnung vom 9. Juli 2019 (GVBl. S. 420) geändert worden ist.

Realschulordnung (RSO) vom 18. Juli 2007 (GVBl. S. 458, 585, BayRS 2234-2-K), die zuletzt durch Verordnung vom 22. Juni 2018 (GVBl. S. 566) geändert worden ist.